·国家社科基金特别委托项目·

本丛书由中国社会科学院世界社会主义研究中心编

教育部重大课题攻关项目"世界社会主义主要流派的历史演进研究"阶段性研究成果

（项目号：13JZD002）

世界社会主义研究丛书·研究系列 63

探索与变革

资本主义国家共产党的历史、理论与现状

EXPLORATION AND TRANSFORMATION:

History, Theory and Current Situation of the Communist Party of the Capitalist Countries

聂运麟 / 主　编

商文斌　余维海 / 副主编

社会科学文献出版社

SOCIAL SCIENCES ACADEMIC PRESS (CHINA)

目 录

世界社会主义研究丛书·研究系列 63

导　论

　　21 世纪是变革与发展的世纪。在高新科技革命和生产力革命的推动下，社会生产方式、生活方式和思维方式均发生了巨大而深刻的变化，经济全球化、科技信息化、世界多极化、政治民主化、社会福利化、阶级中间化等在迅猛发展。由此也带来了资本主义国家共产党生存环境的巨大而深刻变化，世界社会主义运动面临严峻挑战，展现出新的发展态势。在此情况下，全面系统深入地研究资本主义各国共产党关于社会主义的理论与实践，把握其发展的特点与规律，对社会主义事业的发展就具有重大的理论价值和实践意义。

一　苏东剧变 20 多年来世界社会主义运动的发展

　　苏东剧变是 20 世纪下半叶最重大的历史事件，它对人类社会发展和世界格局已经产生并将继续产生深远的影响。人们对苏东剧变后世界社会主义运动的发展有种种不同的看法，有人认为苏东剧变后国际共产主义运动已经没有了，[①] 少数人认为国际共产主义运动在不断走向高潮，[②] 大多数人认为当前世界社会主义运动处于低潮。笔者认为，前两种看法失之偏颇，与事实不符。对当前世界社会主义运动发展的总体态势，我们以为用"低潮中的奋进"[③] 来概括较为贴切。

[①]　萧国亮：《冷眼向洋——看世界经济六百年》，《读书》2007 年第 9 期。

[②]　丛大川等：《当代国际共产主义运动处于低潮？》，《济宁师专学报》1999 年第 4 期；刘玉仙、丛大川：《再谈国际共产主义运动是处于低潮吗？》，《济宁师专学报》2008 年第 2 期。

[③]　参见聂运麟《当代资本主义国家共产党：低潮中的奋进、变革与转型》，社会科学文献出版社，2007。

（一）20多年来世界社会主义运动总体处于低潮

苏联东欧剧变，使地处欧亚的10个社会主义国家倒退到资本主义，这一事件对世界社会主义运动打击的广度和深度都是空前的，导致世界社会主义运动坠入了谷底，带来了长达20多年的运动低潮。

之所以称为低潮，是因为这20年来，资本主义世界没有出现统治阶级不能照旧统治下去、被统治阶级不愿照旧生活下去的危机形势，没有出现波涛汹涌的工农群众运动和大范围的革命发动；有的是反动势力对进步力量的摧残和高压，革命队伍的涣散和解体，群众政治意识的淡漠。特别是作为科学社会主义发源地的西欧国家，其共产党在社会政治生活中日益被边缘化，在2008年夏天爆发的极其严重的资本主义金融和经济危机中，资本主义国家的工人运动并没有得到明显的增强，这就充分说明当前世界社会主义运动处于低潮是无可争辩的事实。

苏东剧变后，世界社会主义运动长期处于低潮不是偶然的，它有着深刻的社会历史根源。

第一，苏东剧变的深远影响。从世界社会主义运动自身发展的历史来看，运动的低潮有两种不同的情形。一种是在革命运动高潮后由于革命运动的失败而导致的运动低潮，如十月革命成功后，引发欧洲资本主义国家的革命运动高涨，经过一段时间后，革命运动走向失败，社会主义运动也随即进入低潮。另一种并不是在革命失败之后，而是在社会主义制度巩固地建立后，由于建立社会主义制度试验的失败而导致的运动低潮，如苏东剧变后出现的运动低潮。前一种低潮形成的路径是：革命高潮——革命失败——运动进入低潮；后一种低潮形成的路径是：革命成功——新社会制度建立——新社会制度的实验失败——运动进入低潮。上述两种社会主义运动低潮形成的原因和发展的路径有很大的不同，因此，我们不能把革命运动失败所造成的后果与苏东剧变所造成的后果相提并论，也不能把革命运动失败后的低潮与苏东剧变后的低潮相提并论。从世界历史发展的宏观视野来看问题，苏东剧变是一次历史的大倒退，是地处欧亚的10个社会主义国家的全面资本主义复辟。人们想要把已经倒退的历史重新推向前进，其困难要比一次革命之后的恢复性发展大得多。这是因为：第一，苏东剧变对世界社会主义运动的打击的规模空前。它直接殃及欧亚10个国家的2600多万平方公里土地上生活的4亿以上的人民，同时其深远影响还辐射到全世界的每个角落；当然，社会主义革命运动的任何一次失败，也都会殃及成千上万的劳动群众并产生广泛的影响，但它们绝不可能与苏东剧变所造成的伤害的广度相比。第二，苏东剧变对世界社会主义运动打击的深度前所未有。一次社会主义革命的失败，带来的主要是对革命的失望和对反革命镇压的恐惧、仇恨，而对于劳苦大众来说，革命的理想和对新社会的憧憬则是不会长期熄灭的。但是，一种新社会制度试验的失败，特别是它在世界范围内试验的失败则会有所不同，它给亿万人民群众带来的是对曾经向往的新社会制度的失望，甚至是理想信念的丧失；旧的伤痛久久挥之不去，要想使群众重新回到社会主义的理想和信念的基础上来，则是相当困难的事情，需要更长的时间和花更大的气力，所谓夹生饭难做，就是这个道理。可见，苏东剧变对社会主义运动伤害的深度，也是社会主义运动史上的任何一次革命的失败都无法相比的。在1917 年十月革命引起的世界革命高潮之后，再一次世界革命高潮的到来是在第二次世界大战胜利的 1945 年前后，其间相隔了约 30 年；而苏东剧变后社会主义运动低潮所经历的时间，一般会比十月革命后社会主义运动低潮所经历的时间要长。也许只有新社会制度的试验再次取得令人信服的、无可争辩的成功，才能比较好地消除苏东剧变所造成的异常严重的后果，并使世界社会主义运动重新获得发展的推动力。在这方面，建设有中国特色社会主义事业的成功将具有特殊的重要意义。

第二，高新科技革命条件下资本主义国家经济的发展与改良思潮的盛行。当前，高新科技革命正在迅猛发展，经济全球化正在世界范围内迅速推进，工业化推动的现代化进程正在被信息化推动的现代化进程所取代，而领导这一发展势头的正是发达的资本主义国家。尽管这些国家贫富差距悬殊，内部矛盾不断积累和深化，特别是美国，对外穷兵黩武，妄图称霸世界，这既是它内部矛盾加深的表现，同时又进一步加深了其内部矛盾。但是由于发达资本主义国家走在科技革命和生产力发展的前列，因此，它们可以尽享率先发展的优势和红利。在经济全球化和科技信息化的进程中，它们利用世界各国相互联系和依赖加深的有利条件，通过多种途径和办法，进一步加强了对不发达国家的盘剥，利用从不发达国家获得的无比丰厚的利润，来改善国内劳动群众的物质和文化生活，从而使内部的矛盾和危机得以缓和。所以当前在发达资本主义国家中，人民群众中比较普遍存在的是改良资本主义的要求，而要求用社会主义取代资本主义的则主要是少数的先进分子，这是发达资本主义国家社会主义运动长期处于低潮的重要原因，要使大多数劳动群众站到社会主义的立场上来，需要一个长期发展的历史过程。

第三，阶级结构的变化对社会主义运动阶级基础的冲击。新科技革命使产业结构发生了巨大变化，并带来社会阶级结构的巨大变化。由于信息化的发展和知识作用的提高，出现了产业结构的软化，即在社会生产和再生产过程中，体力劳动和物质资源的投入相对减少，而脑力劳动和科学技术的投入相对增多。与此相适应，在发达资本主义国家，从事体力劳动的蓝领阶层的比重由占社会劳动者的80%逐渐下降到20%左右，而从事脑力劳动的白领阶层的比重则逐渐上升至80%左右。这就意味着中间阶层的人数上升，而传统的产业工人的人数在减少。以法国为例：法国中间阶层上升很快，从1962年占总人口的16.5%，上升到1989年的26.7%，再到21世纪初的30%。法国产业工人却在减少，从1962年占总人口的39.1%，下降到1989年的30%，再到21世纪初的27%。法国总工会会员从1981年的200万人减少到1997年的40万人。① 资本主义社会阶级结构的上述变化，意味着原来以从事体力劳动的工人阶级和中下层劳动群众为主要阶级基础的各国共产党，其主要的依靠力量萎缩了，这对发达资本主义国家的共产党、对世界社会主义运动的发展不能不产生深远的影响。

第四，资本主义国家共产党适应生存环境的变革异常艰难。从马克思主义工人政党发展的状况看，当今的高新科学技术革命和生产力革命的发展使资本主义社会的经济和政治的运行、整个社会的经济结构、工人阶级的内部结构、劳资矛盾的发展等都发生了深刻的变化，这就要求马克思主义工人政党根据新的经济和政治状况即新的斗争环境，调整自己的战略和策略。为此党自身也必须进行自我变革，使党的思想观念、组织结构、主要功能、运行机制、活动方式等适应社会发展的新变化，从而使党在新的历史条件下能够获得新的发展。但是，这种适应新社会环境的变革，不是简单的直线发展的运动，而是一个长期的、充满曲折和艰辛的、反复探索和试验的过程。目前，这个过程虽然不是刚刚开始，但离成功却还有一段距离。一个没有完成适应社会发展需要而进行自我调整和变革的党，是很难成功地担当起领导社会主义运动的历史重任的。资本主义国家共产党特别是发达资本主义国家共产党生存环境的变化及其变革的艰难，也是社会主义运动长期处于低潮的重要原因。

由此可见，当前社会主义运动在低潮中发展，并不是什么不可理解的事，因为它的发展并没有脱离事物本身发展的辩证法，相反，如果不是今天这样的发展，那倒是应当令人感到诧异的事。

（二）20多年来资本主义国家共产党的艰难历程

处在世界社会主义运动发展低潮中的资本主义各国共产党，并没有沉沦

---

① 李周：《法国共产党衰退的原因》，《国外理论动态》2003年第3期。

下去，他们在艰难的条件下坚持斗争，对其理论和政策进行了调整和变革，并取得了相应的斗争成果。自苏东剧变以来的20多年，资本主义各国共产党经历了三个相互联系而不可分割的发展进程。

其一是资本主义国家共产党在受到剧烈冲击后经历了一个站稳脚跟的过程。（从苏东剧变到2001年的"9·11"事件）

苏东剧变后，跨国垄断资本向各国共产党发动了猖狂的进攻，其野蛮程度是"二战"以来所未曾有过的，特别是在前苏联东欧国家，竟采取法西斯手段，宣布共产党为非法。在此情况下，有的党从此解体；有的党则改行社会民主主义；有的党发生分裂；所有资本主义国家共产党都面临党员退党和党员人数锐减的困难局面。在极端艰难的条件下，各国共产党顶住了外部的压力，高举马克思主义的旗帜，始终坚持社会主义的信念不动摇，科学地分析了苏东剧变的原因及教训，实事求是地总结了20世纪社会主义运动的历史性成就和基本经验，克服了内部的思想混乱和组织分裂，逐步实现了党在政治思想上的一致和组织上的团结统一，勇敢地进行了反对垄断资本和捍卫劳动群众基本权益的斗争，从而使各国共产党基本稳定下来。目前在世界100多个资本主义国家中约有127个党仍然坚持马克思主义理论的指导和保持共产党的称号，党员总数达700多万人，比苏东剧变前锐减了2/3。① 应该说，这是个很难得的成就。

其二是资本主义国家共产党经历了一个总结经验教训和制定新的理论与策略的过程。（从2001年的"9·11"事件到2008年经济危机）

正当以美国为首的西方国家陶醉于反共产主义运动的"成功"时，2001年9月11日在美国纽约世界贸易大厦发生了震惊世界的恐怖袭击。"9·11"事件使以美国为首的西方国家不得不重新诠释了国际政治力量的对比关系，不得不面对自己同伊斯兰极端势力之间的严重分歧和深刻矛盾。尽管西方国家仍然把共产主义看成是对资本主义制度的根本性威胁，希望除之而后快；然而"9·11"事件的惨败也使他们不得不承认，恐怖主义乃是其面对的更现实、更直接的威胁。他们组成了反对恐怖主义的世界阵线，在阿富汗、伊拉克和巴基斯坦等国家和地区发动了反恐战争，耗去了大量的人力、物力和财力。这在客观上减缓了苏东剧变后反共势力给各国共产党所造成的压力。在此情况下，资本主义国家共产党进一步分析了新科技革命和生产力革命条件下资本主义的新调整和新变化，总结了国际共产主义运动以及本国社会主

---

① 转引自中央组织部党建研究所课题组《低潮中的变革与奋进——全球化信息化背景下国外共产党的发展趋势研究》，《当代世界与社会主义》2009年第2期。

义运动的历史经验和教训，深化了对资本主义的认识，深化了对走具有本国特色的社会主义发展道路的认识，并制定了相应的战略和策略，从而使其处境在新世纪有不同程度的好转。资本主义国家共产党的党员人数基本稳定下来，少数党还有所发展，党的影响力有所提升。如印共（马）党员发展到100多万人，日本共产党稳定在30万人以上，巴西共产党有16万人，俄罗斯联邦共产党有16万人，捷克和摩拉维亚共产党有14万人，法国共产党有13万人，乌克兰共产党有11万人等。其中，摩尔多瓦共产党人党、塞浦路斯劳动人民进步党、印度共产党（马克思主义）、尼泊尔联合共产党（毛主义）、尼泊尔共产党（联合马列）等还先后执掌过或正在执掌全国政权或地方政权。这些成就的取得雄辩地说明，世界社会主义运动已经走出低潮的谷底。

其三是资本主义国家共产党正在经历一个深化对资本主义的认识和完善社会主义理论与策略的过程。（2008 年经济危机至今）

2008 年夏天爆发的资本主义金融和经济危机，是世界社会主义运动走向振兴的一个新的契机。这次经济危机使资本主义再次坐上了历史的被告席，并使马克思主义理论获得了新的证实，从而使全世界的工人阶级和劳动群众再次认识到只有社会主义才是人类的光明未来。这就进一步坚定了在艰难条件下斗争的各国共产党人的社会主义信念，极大地鼓舞了他们的斗争意志。从总体来看，这次危机使工人运动出现了某些活跃，并加强了各国共产党之间的联系与合作。在此期间，资本主义各国共产党都制定了符合本国国情的反危机斗争纲领，加强了反对垄断资本的斗争，密切了党与工人阶级和其他反垄断资本力量的团结与合作，增强了共产党的国际联系和多边交流，从而进一步完善了自己的理论与策略。

（三）资本主义国家共产党在世界社会主义运动低潮中的奋进

经过苏东剧变后 20 多年的艰苦斗争，资本主义各国共产党不仅顶住了反共反社会主义浪潮的高压，实现了党在思想、政治和组织上的统一，而且还在争取民主和社会主义的斗争中取得了新的进展，从而使世界社会主义运动从低谷中走出来，构成了世界各国共产党人在低潮中奋进的生动局面。

低潮中的奋进之一，是资本主义国家共产党为适应生存环境的变化而对其理论与策略进行了调整和变革。这主要表现在以下诸方面：改变过去对马克思主义的教条主义态度，将马克思主义与本国实际相结合，并将其创造性地运用于现实的斗争中；走出资本主义总危机的理论误区，改变过去对资本主义的僵化态度，实事求是地看待当代资本主义的变化与发展，辩证地认识社会主义与资本主义的关系；彻底摆脱了对苏联模式的迷信，承认建设社会主义必须从本国的具体国情出发，建设具有本国特色的社会主义，未来的社会主义不是整齐划一的，而是多样的；在取得国家政权的方式上，也主张从本国实际和时代特征出发，不能拘泥于十月革命和现实社会主义国家的革命发展道路，主张采取灵活的革命策略，当前以走和平民主的发展道路为主；为适应阶级结构的新变化，党的组织形态也发生了改变，即从传统的工人阶级先锋队政党逐步转变为工人阶级和全体劳动者的现代群众性政党；总结苏共的历史教训，在党的运行机制方面也作了调整，即从传统的民主集中制转变为创造性地运用和发展民主集中制；适应信息技术的突飞猛进的新发展，要求党在工作中尽可能地使用新的科学技术手段，从而使信息技术在党的工作中起着日益重要的作用；等等。

低潮中的奋进之二，是部分资本主义国家共产党在苏东剧变后的极端困难条件下，经过对理论与政策的调整，其力量获得了新的发展。如印度共产党（马克思主义）已经发展成为拥有百万党员的强大政党，是苏东剧变以前党员人数（40万人）的2.5倍，是整个资本主义世界的第一大共产党，是印度国内的第三大党。同时印共（马）还先后在西孟加拉国邦、卡拉拉邦、特里普拉邦三个邦长期执政，在人民院和邦议会中占有多个议席，在国内外具有广泛的影响。再如日本共产党的党员人数稳定在30万人以上，基层党支部2万2千多个；参众两院议员15名，地方议员3000多名；党中央机关报为《赤旗报》，发行200余万份。日共是日本国会中的第四大政党和第三大在野党，是发达资本主义国家共产党中党员人数最多、组织比较严密、理论建设成就显著的党，在国内外有着广泛的影响。另外，尼泊尔联合共产党（毛主义）、尼泊尔共产党（联合马列）、塞浦路斯劳动人民进步党、摩尔多瓦共产党人党等，它们或正在现行宪法下执掌国家政权，或曾经在现行宪法下执掌国家政权，所有这些都反映了资本主义国家共产党的力量和政治影响力的恢复和发展。

低潮中的奋进之三，是各国共产党之间新的国际联系的建立。资本主义各国共产党不仅关注自身的发展，也关注各国共产党之间的经验交流与合作，关注世界社会主义运动的整体性发展。苏东剧变之后，世界社会主义运动的国际联系也几乎中断。然而，经过近20多年的发展，社会主义运动的国际团结合作又出现了新的形式。

首先，发展各国共产党相互之间的关系，已经成为各国共产党进行国际联系、交流经验和相互支持的主要形式。早在20世纪八九十年代，中国共产党就提出了发展党际关系的四项基本原则，即"独立自主、完全平等、互相尊重和互不干涉内部事务"。日本共产党在党际关系上，也主张在"独立自主、对等平等、不干涉内部事务"三原则的基础上，开展与国内外所有政党的党际交流。新时期党与党之间相互关系的特点是：独立自主、完全自愿和平等、互不干涉内部事务，这就避免了过去以某个大党为中心的国际联合所产生的强制性、不平等性、依附性和干涉别国党内事务等不正常现象的发生。

其次，"共产党和工人党国际会议"已成为世界各国共产党工人党加强联系、交流思想观点和工作经验、促进世界社会主义运动发展的重要形式。苏东剧变以后，各国共产党试图重组国际共产主义运动。1993 年印度共产党（马克思主义）第一次进行了这种尝试，举办了关于"当代世界形势与马克思主义有效性"的国际研讨会。从 1998 年开始，希腊共产党连续主办7 次共产党和工人党国际会议，目前共产党和工人党国际会议已经轮流在各大洲召开过 15 次。

再次，"国际共产主义研讨会"已成为世界各国共产党工人党加强联系、交流思想观点和工作经验的一个形式。自 1992 年以来，国际共产主义运动研讨会（ICS）每年在布鲁塞尔举办一次，目前已经召开 22 次，有来自五大洲的约 150 个政党和组织参加到该研讨会中来。

最后，社会主义学者和马克思主义学者的国际学术会议也是世界社会主义运动在理论上相互交流的重要形式。苏东剧变以后，先后在巴黎、莫斯科、纽约、伦敦、北京、特利尔、武汉等地召开了多次社会主义学者国际学术会议。在社会主义运动低潮时期，社会主义学者国际会议的意义已大大超过了会议本身，它起到了交流社会主义思想，加强全世界马克思主义者之间的团结与合作，鼓舞社会主义者的斗志和扩大社会主义影响的积极作用。

从总体上看，苏东剧变 20 多年来的世界社会主义运动长期处于低潮，它并没有出现量的扩展，但却有质的一定提高，这突出表现在各国共产党开始真正独立自主地探索本国社会主义发展的道路上。经过 2008 年开始的资本主义金融和经济危机的推动，世界社会主义运动必将迈出新的、更加坚实的步伐。

二 当代世界社会主义运动的重大变化及转型

1848 年《共产党宣言》的发表，标志着科学社会主义理论的诞生和世界社会主义运动的发端。自那以来的 160 多年，世界社会主义运动始终处在不断发展和变化的进程之中，20 世纪的世界社会主义运动发展的历史说明，它不同于 19 世纪的世界社会主义运动，当今 21 世纪的世界社会主义运动的发展也已经表明，它又将不同于 20 世纪的世界社会主义运动。这正如哲人所说：理论是灰色的，而生活之树是常青的。世界社会主义运动也是常青的。

（一）　当代世界社会主义运动的十个重要变化

今日之世界社会主义运动已经发生了重大而深刻的变化，在许多方面不同于以往，正处在变革与转型的过程中。其主要变化有以下诸方面。

1. 当代世界社会主义运动的目标

世界社会主义运动是以争取实现社会主义和共产主义为其目标的。但是不同时代的社会主义运动，对其目标的理解和实现程度有很大的不同。第二国际时代，以德国社会民主工党为代表的欧洲各国工人政党明确在纲领中规定自己的目标是实现社会主义，但是，如何达到这一目标和实现无产阶级夺取国家政权，为此需要经历哪些经济、政治结构的变革和经过哪些一般的社会发展阶段等，则缺乏明确的理论思考和精确的理论阐明。第三国际时代，以苏联共产党（布尔什维克）为代表的各国共产党也明确规定自己的目标是实现社会主义和共产主义。由于有了苏联成功的经验，因此各国共产党对如何实现无产阶级夺取国家政权和达到既定的目标，以及需要经历哪些经济、政治结构的变革和哪些一般的社会发展阶段等，都有了比较清晰的理论思考和阐明，可惜这种思考和阐明是千人一面的，即是一种策略、一条道路、一个模式。苏联东欧剧变的历史教训说明，传统社会主义发展模式虽然在历史上取得了一定的成功，但是它也存在着严重弊病；中国特色社会主义建设的成功说明，不存在统一的社会主义发展模式，必须根据每个国家的具体国情，建设具有本国特色的社会主义。因此当今各国共产党在争取社会主义的目标上，都特别关注本国的具体情况和特点，提出了具有本国特色的发展社会主义的具体目标。

对未来社会主义社会的构建，各国共产党虽然各有不同的民族特点，但也有其共通之处：其一，主张建立公有制起主导作用的混合经济体制；其二，越来越多的党承认市场经济在建设社会主义社会中的作用，主张把计划经济与市场经济有机地结合起来；其三，高度重视民主的建设，认为民主是社会主义的实质，要求把议会民主与直接民主或参与式民主有机结合起来；其四，主张实行多党制，有的国家的共产党就明确宣示自己基本承袭了"民主的、多党制的社会主义模式"；[①]　其五，主张实行最广泛联盟的政策；

---

① 姜辉：《欧洲发达国家共产党的变革》，学习出版社，2004，第 87 页。

其六，提倡科学精神，反对教派主义，保证思想、信仰的自由等。①

2. 对现代资本主义社会的新认识

苏东剧变以后，大多数资本主义国家共产党已经从"资本主义总危机"的理论误区中走出来，对资本主义的认识比过去更加实际而辩证。由于所在国家的发展程度和民族特点的不同，各国共产党对资本主义的认识也不完全相同，例如在对现代资本主义发展阶段的认识上就有不同的提法：有的党认为现代资本主义仍然是垄断资本主义阶段，有的党认为已经由垄断资本主义发展到国家垄断资本主义阶段，有的党认为已经由垄断资本主义发展到金融垄断资本主义阶段，有的党认为已经由垄断资本主义发展到国际垄断资本主义阶段，等等。但是不管其对资本主义的认识有什么不同，有些基本认识又是比较一致的：其一，是认为现代资本主义与自由资本主义时代、与垄断资本主义初期相比有很大的不同，它已经具有了较强的自我调节、自我更新和自我发展的能力，这已经为半个多世纪西方资本主义的发展所证实；其二，是认为资本主义的自我调节、自我更新和自我发展的能力，并没有、也不可能消除资本主义社会的基本矛盾，2008 年夏天爆发的金融和经济危机就是最好的证明，解决这一矛盾的根本途径是用社会主义取代资本主义；其三，是认为在资本主义的发展中，其内部的新社会因素也在增长，新社会因素并不能等同于社会主义，但它却能为实现社会主义准备条件。其四，是反对资本主义的全球化。资本主义国家共产党认为，全球化是伴随着社会生产力发展的自然历史进程，但当前的全球化进程是由资本主义大国主导的，是新自由主义的和帝国主义的全球化，这一进程扩大了剥削、统治和压迫，给人类社会造成了异常严重的后果。因此，资本主义国家共产党反对资本主义的全球化，要求为建立造福于全人类的完全不同的全球化而斗争。

3. 当代世界社会主义的革命策略

社会主义革命的策略不是一成不变的，而是根据客观斗争环境和党的历史任务而不断发展变化的，马克思主义要求把战略的坚定性与策略的灵活性结合起来。20 世纪初年，自由资本主义已经过渡到帝国主义阶段，战争与革命成为时代的特征，列宁为俄国无产阶级革命制定了暴力革命的策略，把革命的和平发展看做是罕见的例外。"二战"胜利以后，国际形势发生了巨大的变化，由此而引发了是暴力革命还是革命和平发展的激烈争论，并成为60 年代国际共产主义运动大分裂的重要原因之一。

---

① 曹天禄：《日本共产党的"日本式社会主义"理论与实践》，中国社会科学出版社，2004，第 156 页。

　　苏东剧变以后，大多数资本主义国家的共产党根据国内外经济政治和社会发展的变化，都主张通过和平、民主的道路走向社会主义，一般不再主张暴力革命，也不再提建立无产阶级专政。但是，在经济文化比较落后的发展中国家，情况有所不同，这些国家的共产党往往分为两派，一派主张走议会民主的道路，另一派则主张走由农村包围城市的武装夺取政权的道路，或者主张在实践中将这两种策略结合起来，加以灵活的运用。

4. 社会主义运动的阶级力量配置

　　正确配置社会主义运动的阶级力量，是社会主义运动取得成功的关键条件之一。第三国际时期各国共产党在对待中间阶级的问题上是有失误的，主要体现在对待知识分子、对待比较富裕的劳动农民、对待广大的中小资产者等社会力量的问题上，采取了"左"的理论和政策，给社会主义事业造成巨大的损失。冷战结束以后，由于社会阶级结构在高新科技革命和生产力革命的推动下已经发生了巨大的变化，各国共产党吸取了历史的经验和教训，逐步放弃了宗派主义的策略，实行了广泛联盟的政策，将广大中间阶层和其他反对垄断资本的力量都包括在自己的联盟的阵线之中，从而使社会主义运动的社会基础有了新的扩大。资本主义国家共产党对社会主义运动阶级力量的基本配置是：工人阶级（其中脑力劳动无产者或知识工人阶级所占的比例不断增长）是社会主义运动的领导力量；广大工人、农民、知识分子是社会主义运动的中坚力量、依靠力量；中小资产阶级是社会主义运动需要争取和团结的力量；大垄断资本是社会主义革命的对象。

5. 社会主义革命的发展阶段

　　苏东剧变前，一般马克思主义者认为，经济文化落后国家走向社会主义必须经过人民民主革命和社会主义革命的两个发展阶段，而发达资本主义国家则在革命成功后可能直接向社会主义过渡。苏东剧变使人们对社会主义建设的长期性、复杂性和艰巨性有了新的认识。不少发达国家共产党在制定走向社会主义的具体纲领时采取了谨慎的态度，制定了分为两步走的战略。第一步，建立民主联合政府，对国家的经济和政治进行民主的改造，反对大垄断资本；第二步，在条件具备以后，对国家的经济政治进行社会主义改造，建设社会主义社会。美国共产党认为，"美国的社会主义革命分为两个阶段，即反垄断资本的民主革命和社会主义革命两个阶段"。[①] 日本共产党纲领也指出，日本当前的革命是反对美帝国主义和日本垄断资本统治的"新民主主义革命"，"这个革命必然从一个争取独立和民主的任务为中心的革命，

---

　　①　丁淑杰：《美国共产党的社会主义理论与实践》，中国社会科学出版社，2006，第143页。

不间断地发展成为一个社会主义革命"。① 巴西、墨西哥、印度、尼泊尔等发展中国家的共产党则明确将自己走向社会主义的道路规划为人民民主革命和社会主义革命的两个发展阶段。

6. 领导当代世界社会主义运动的马克思主义政党

早在20世纪70年代中叶，和平与发展已经成为时代主题，资本主义国家的经济、政治与社会均发生了深刻的变化，在此情况下，部分西方国家共产党认为继续沿用20世纪初期秘密政党的基本体制进行活动是不合适的，并提出了变革党的要求和愿望。苏联东欧的剧变，突出地表明了在以高新科技革命为先导的生产力第三次革命不断发展和世界的经济、政治、文化和社会都发生了前所未有的深刻变化的条件下，以苏共为榜样建立和发展起来的各国共产党，只有进行自我革新，才可能获得发展，否则便是没有出路的。20世纪末和21世纪初，大多数资本主义国家共产党都提出了使共产党现代化和建设群众性政党的方针，以使党的组织形态更加适应当前国内外形势发展的需要。当今资本主义国家共产党在建设现代群众性政党方面，并没有固定不变的模式，然而从其有关的理论与实践来看，它们既继承了先锋队政党在理论、组织和政治上的优良传统，同时又有自己新的特征。这就是：群众性、开放性、民主性和独立自主性等。

7. 指导当代世界社会主义运动的理论基础

马克思主义历来是指导世界社会主义运动的理论基础。然而，马克思主义理论本身在发展，人们对世界社会主义运动的认识也在不断深化，因此，不同时期人们对马克思主义的认识和态度是不完全相同的。在当今的世界社会主义运动中，有的党只提马克思主义是指导党的思想的理论基础；大多数党认为马克思主义和列宁主义都是指导党的思想的理论基础等；还有的党，特别是发展中国家的共产党认为，马克思主义、列宁主义、毛泽东思想，都是党的指导思想的理论基础；等等。

在对待马克思主义的态度上也有重大的转变，这就是从教条式地对待马克思主义到创造性地运用马克思主义，从坚守传统社会主义理论到探索现代社会主义理论的转变。自20世纪的30年代起，教条主义在世界社会主义运动中便日益占据主导地位，马克思主义实际上被教条化、凝固化了。苏联东欧的剧变使各国共产党更深刻地认识到教条主义的危害，同时苏共这个曾经被教条主义所腐蚀的"理论权威"的消失，也为人们创造性地运用马克思

---

① 曹天禄：《日本共产党的"日本式社会主义"理论与实践》，中国社会科学出版社，2004，第127页。

主义创造了有利条件。当今，将马克思主义与本国的具体实践相结合，已经成为各国社会主义运动发展必须遵循的基本指导原则。在这一原则的指导下，各国共产党纷纷探索本国的社会主义发展道路，已经或正在形成自己的理论和策略。日本共产党提出了"日本式社会主义"理论，希腊共产党提出了"反帝反垄断的社会主义革命"理论，印度共产党（马克思主义）提出了"人民民主革命"理论，巴西共产党提出了"具有巴西特色的新型社会主义"理论，俄罗斯联邦共产党提出了"俄罗斯社会主义"理论等。有些国家的共产党虽然没有对其理论冠以"本土化"的名称，但将马克思主义与本国实际相结合则是其努力遵循的基本指导原则。

8. 当代世界社会主义运动团结与合作的新形式

20世纪的上半叶，曾经出现了第三国际和九国共产党工人党情报局等共产主义运动的国际联合组织，五六十年代，虽然不存在有形的共产主义运动的国际联合组织，但是，以一定的国际会议为中心形成的无形的国际共产主义运动的联合是存在的。到60年代中期之后，这种有形的或无形的国际联合都不存在了，因为这种联合早已不适合各国社会主义运动发展的需要，而且往往是妨碍各国社会主义运动发展的重要因素。

苏东剧变之后，世界社会主义运动的国际联系受到严重破坏。然而，经过近20年的发展，社会主义运动的国际团结合作又出现了新的形式。首先，发展党与党之间的双边关系，已经成为各国共产党进行国际联系、交流经验和相互支持的主要形式。新时期党与党之间相互关系的特点是：独立自主、完全平等、互相尊重和互不干涉内部事务，这就避免了过去以某个大党为中心的国际联合所产生的诸多不正常现象的发生。其次，一年一度的"共产党和工人党国际会议"是世界各国共产党加强联系、交流思想观点和工作经验、促进世界社会主义运动发展的重要形式，目前它已经在五大洲轮流召开了15次会议。再次，"国际共产主义研讨会"（ICS）每年在布鲁塞尔召开，这也是世界各国共产党工人党加强思想联系、交流理论观点和工作经验的一个形式，目前它已经召开了22次会议。此外，社会主义学者国际会议也是世界社会主义运动在理论上相互交流的补充形式。

9. 当代世界社会主义运动与其他左翼社会运动的关系

长期以来，国际共产主义运动中流行着一种以自己的政治理论画线，唯我独"左"唯我独"革"的不良风气，既影响了社会主义运动的团结，又妨碍了对社会主义发展道路的探索，给社会主义事业的发展带来了严重的危害。苏东剧变以后，人们对社会主义的本质和社会主义发展的多样性问题有了更深刻的认识，因此对世界社会主义运动不再预设政治门槛，对反对资本主义，争取社会主义的运动持比较宽容的态度，凡是有利于解放生产力，发展生产力，消灭剥削，实现公平和正义，有利于社会进步和人类生存和发展的运动，都表示支持并愿意学习其成功的经验。因此，当今的世界社会主义运动与左翼社会运动的联系明显加强。各国共产党把争取和平、民主、妇女解放、青年权利、社会公正和保护生态环境等社会进步运动，都看成是对世界社会主义运动的支持，并发展与各种新社会运动的合作关系，尊重其对社会主义发展道路的不同探索。其中特别重要的是共产党与社会党的关系由敌对转向了共存互容。主要国家的共产党和社会党的党际关系已经正常化。

共产党和社会党关系的改善促进了左翼政党国际会议的召开，其中影响比较大的是 1990 年开始举行的圣保罗论坛会议，该论坛会议已经成为世界左派政党的每年一次的重要聚会。同时，共社两党关系的改善还促进了地区性的左翼政党联盟的建立。2004 年 5 月，来自欧洲国家的 15 个左翼政党在罗马聚会，成立了"欧洲左翼党"，这有利于欧洲左翼运动的团结与合作。

10. 当代资本主义各国共产党的工作方式和方法

长期以来，马克思主义者习惯于把议会斗争看做是一种辅助性的斗争手段，认为它只是为我们提供了讲坛，去揭露资产阶级政府反人民的政策，并宣传党的方针政策等。而当代世界社会主义运动根据新的历史经验，在把议会外的群众斗争看做是最基础性的斗争的同时，又提高了对议会斗争的地位和作用的认识，把议会斗争看成是掌握国家政权，进一步对资本主义进行民主改造和社会主义改造的不可或缺的重要斗争手段。因此，议会斗争已经成为各国共产党争取实现社会主义的重要斗争形式。

另外，信息技术在世界社会主义运动的发展中起着日益重要的作用。人类已经进入信息化时代，能否掌握信息工具、运用信息手段，关系着社会各政党的生存和发展。瞬息万变、公开透明和广泛传播的信息，对各国共产党的领导、组织、宣传工作带来了严峻的挑战，原有的工作方式和方法已显得不够用了，大多数国家的共产党都拥有自己的报纸、杂志和网站等，有的党还拥有定时开播的电台和电视台，不少党还创办了自己的出版社，这些传媒工具的采用在党的日常工作中起着越来越重要的作用。同时，现代科学技术加强了各国共产党之间的交流和联系，成为推动世界各国社会主义运动发展的重要手段。

（二）当代世界社会主义运动已实现新的转型

苏东剧变 20 多年来，世界社会主义运动发生的并不是一般的变化，而是全面而深刻的重大变化。说全面，是因为这些变化几乎涉及了世界社会主义运动的所有基本方面：如运动的发展目标、指导思想、战略和策略、发展阶段、领导力量和依靠力量、社会基础，以及两制的关系等等。说深刻，是因为这些变化不仅关系到运动量的方面，而且还关系到运动质的方面的。特别是，由于社会主义运动目标的深化、革命斗争策略的转换、议会斗争的地位和作用的提升、共产党组织形态的新发展、运动社会基础的扩大、对两制关系的新认识等因素，已经使世界社会主义运动实现了新的转型。

当前世界社会主义运动转型主要内容是：它已经从过去由一个国际中心指导、走唯一革命道路、建设唯一社会主义模式的世界社会主义运动，转变成为由各国共产党独立自主领导，走符合本国国情的革命发展道路，建设具有本国特色社会主义的世界社会主义运动。这一转型给当代世界社会主义运动的内涵以深刻的影响，这就是它已经从处在资本主义体制之外的运动，转变成为处在资本主义体制之内的运动；从通过无产阶级革命推翻资本主义的运动，转变成通过和平民主方式对资本主义实行革命性变革的运动；从部分先进分子为大多数人谋利益的运动，发展成为大多数人为大多数人谋利益的运动。从哲学的意义上讲，当代世界社会主义运动的本质未变，但却发生了部分质变。

世界社会主义运动发生重大变化和转型不仅与苏联东欧的剧变有着直接的联系，更有其深刻的社会根源。

第一，高新科技革命和生产力革命为世界社会主义运动的变革和转型提供了物质前提和基础。源于"二战"后的高新科技革命和生产力的革命，使资本主义经济、政治的结构和运行、整个社会的阶级结构、工人阶级内部的分层、社会矛盾的发展等都发生了深刻的变化，这突出表现为经济全球化、科技信息化、政治民主化、社会福利化、阶级中间化等。面对资本主义发展的新态势，领导社会运动的各阶级政党（包括资产阶级、工人阶级或其他阶级的政党），都出现了"不适应"的危机，并相继作出反应，先后调整和变革自己的理论与策略，以适应社会发展的要求。共产党和工人党处在当今资本主义社会的大环境之中，为求得生存和发展，就必须适应当今资本主义的新变化。这就要求资本主义国家共产党根据新的经济和政治状况，拟定新的发展目标、采取新的战略和策略，为此党自身也必须进行相应的变革，使党的理论观念、组织结构、运行机制以及斗争的方式等适应社会的新发展，从而使党能够在新的历史条件下立足于社会，并获得新的发展。

第二，时代主题的转换是促使世界社会主义运动的变革和转型的重要国际环境。20世纪的上半叶，由于资本帝国主义基本矛盾的激化，战争与革命成为时代的主题，大部分国家的共产党处于非法状态，从而迫使第三国际各国党制定了武装夺取政权的革命策略。然而，在第二次世界大战以后，特别是在 20 世纪六七十年代以后，由于世界经济、政治的新发展，再没有爆发大的战争和革命，一般不存在战争引起革命的条件，求和平、谋发展已经成为各国人民群众的深切愿望，和平与发展成为时代的主题。在此情况下，已经处在合法地位的马克思主义工人政党，只有体民心，顺民意，转变自己的理论与策略，实行和平民主的发展方针，才能获得人民群众的拥护，并最终获得新的发展。

第三，资本主义的新变化是世界社会主义运动变革与转型的客观依据。资本主义国家为适应高新科技革命和生产力革命发展的需要，对本国经济、政治、文化和社会进行了一定程度的调节和更新，从而获得了新的发展，这就使资本主义国家共产党的生存的环境发生了巨大的变化。其一，资本主义的政治经济力量相对增强，资本主义的法律和制度具有了更大包容性和弹性；其二，社会阶级结构出现了深刻的变化，由金字塔形发展成橄榄形，中间阶级的人数持续增长，工人阶级中蓝领工人的比例下降，白领工人的比例上升；其三，广大劳动群众的生活水平有了新的提高，并获得了相应的福利保障，人民群众的政治和经济参与有了更多的途径；其四，在资本主义获得新发展和人民的经济政治状况有了新的改善的条件下，广大群众并不急于要求改变现状，而是热衷于改良现存制度中的不足；其四，各国共产党也相继取得了合法的地位，从体制外的政党转变成为体制之内的政党；等等。所有这一切就使资本主义的社会基本矛盾，特别是劳资矛盾有了一定程度的缓和。这与"二战"前阶级矛盾极端尖锐的情况有很大的不同，甚至与战后初期的情况也有很大的不同，因此各国共产党需要根据生存环境的变化而变革自己，革新自己的理论与策略，以适应客观条件的新变化。

第四，阶级力量对比关系的严重失衡，是世界社会主义运动变革与转型的内在要求。20 世纪的五六十年代，以苏联为首的社会主义各国的团结，是抗衡以美国为首的帝国主义阵营的重要力量，这对各国社会主义运动的发展是非常有利的。苏东剧变使世界范围内的社会主义与资本主义的力量对比关系严重失衡，使资本主义国内的阶级力量对比关系向着有利于大垄断资本的方向发展，这严重打击了资本主义各国争取和平、民主和社会主义的力量，并加速了欧美国家共产党在国家政治生活中走向边缘化的进程。显然，在国内外阶级力量对比关系均不利于社会主义发展的条件下，资本主义各国共产党必须革新自己的理论与策略，变攻势为守势，以便积蓄力量，实现未来的发展。

第五，马克思主义理论，是世界社会主义运动变革与转型的理论依据。

马克思恩格斯在不同时期为无产阶级制定了不同的革命策略，他们要求把原则的坚定性与策略的灵活性结合起来，这是资本主义国家共产党制定和平民主革命策略的依据。马克思恩格斯提出关于旧社会孕育和形成着新社会因素的理论①是资本主义国家共产党渐进地变革资本主义的理论依据。

（三）世界社会主义运动在当代发展的新趋向

在上述深刻转变的基础上，当代世界社会主义运动呈现出新的发展趋向，这就是多样性发展趋向、渐进性发展趋向和大众性发展趋向。

1. 当代世界社会主义运动呈现出多样性的发展趋向

20 世纪的世界社会主义运动是在共产国际的指导下发展起来的，它以苏联共产党为其建党的样板，以十月革命道路和苏联社会主义发展模式作为其社会发展的方向，呈现出同一性的发展趋向。第二次世界大战后，出现了世界社会主义运动发展的大好形势，各国共产党也表现出了要求独立自主发展的意愿，但由于大国主义和大党主义的干扰，同时还由于人们对独立自主发展的重要性和必要性还认识不足，运动的同一性发展格局并没有完全被打破。苏东剧变后，世界形势发生重大变化，由一个国际中心领导、走唯一革命道路、建设同一社会主义模式的世界社会主义运动已经成为历史，力主"一个中心，一条道路，一种模式"的苏共已不复存在，这就为各国共产党独立自主的发展开辟了广阔的前景。

世界本来就是多样的而不是单色的，自然、社会和人的思维都是如此。社会主义运动的发展也不例外，由于各国的经济、政治、文化和社会诸方面的发展极为不同，其历史文化传统和民族的心理素质也极不相同，因此，各国共产党在革命道路的采取、社会主义发展模式的选择和党的建设等方面，就必然存在着巨大的差异，多样性才是社会主义的本来面目。

马克思在论述未来社会主义的发展道路时，就没有排除俄国将走不同于西方发展道路的可能性。1881 年 2 月，马克思在《给维·伊·查苏利奇的复信》初稿中写道："俄国是在全国范围内把'农业公社'保存到今天的欧洲唯一的国家。它不像东印度那样，是外国征服者的猎获物。同时，它也不是脱离现代世界孤立生存的。一方面，土地公有制使它有可能直接地、逐步地把小地块个体耕作转化为集体耕作，并且俄国农民已经在没有进行分配的

---

① 《马克思恩格斯选集》第 1 卷，人民出版社，1995，第 292 页；《马克思恩格斯选集》第 3 卷，人民出版社，1995，第 60 页；《马克思恩格斯选集》第 2 卷，人民出版社，1995，第 519 页。

草地上实行着集体耕作。俄国土地的天然地势适合于大规模地使用机器。农民习惯于劳动组合关系，这有助于他们从小地块劳动向合作劳动过渡；最后，长久以来靠农民维持生存的俄国社会，也有义务给予农民必要的垫款，来实现这一过渡。另一方面，和控制着世界市场的西方生产同时存在，就使俄国可以不通过资本主义制度的卡夫丁峡谷，而把资本主义制度所创造的一切积极的成果用到公社中来。"[1] 马克思在给查苏利奇的正式复信中又写道："我根据自己找到的原始材料对此进行的专门研究使我深信：这种农村公社是俄国社会新生的支点；可是要使它能发挥这种作用，首先必须排除从各方面向它袭来的破坏性影响，然后保证它具备自然发展的正常条件。"[2] 在这里，马克思认为"农村公社"可能使俄国"不通过资本主义制度的卡夫丁峡谷"，并成为"俄国社会新生的支点"，就是肯定了俄国有可能走不同于西方国家的发展道路，即在"在农村公社"基础上走向社会主义的可能性。当然，马克思和恩格斯在肯定俄国走新式发展道路的可能性时，总是将其同西方革命的胜利并建立起社会主义制度联系在一起。

列宁在十月革命前就指出人类走向社会主义的道路具有多样性。他在《论面目全非的马克思主义和"帝国主义经济主义"》一文中指出："在人类从今天的帝国主义走向明天的社会主义革命的道路上，同样会表现出这种多样性。一切民族都将走到社会主义，这是不可避免的，但是一切民族的走法却不会完全一样，在民主的这种或那种形式上，在无产阶级专政的这种或那种形态上，在社会生活各方面的社会主义改造的速度上，每个民族都会有自己的特点。"[3] 十月革命后，列宁又非常明确地指出，俄国的革命不仅有别于以往西欧国家的革命，而且未来东方国家的革命还将不同于俄国革命，他在《论俄国革命》一文中写道："世界历史发展的一般规律，不仅丝毫不排斥个别发展阶段在发展的形式或顺序上表现出特殊性，反而是以此为前提的。"列宁认为，"俄国革命能够表现出而且势必表现出某些特殊性，这些特殊性当然符合世界发展的总的路线，但却使俄国革命有别于以前西欧各国的革命，而且这些特殊性到了东方国家又会产生某些局部的新东西"[4]。

当代世界社会主义运动的发展明显不同于 20 世纪，它呈现出各民族国家发展的特点，从而使不同国家的社会主义运动之间呈现出巨大的差异性。在指导思想方面，有的共产党只承认马克思主义是党的指导思想的理论基

---

[1] 《马克思恩格斯选集》第 3 卷，人民出版社，1995，第 765 页。
[2] 《马克思恩格斯选集》第 3 卷，人民出版社，1995，第 775 页。
[3] 《列宁全集》第 28 卷，人民出版社，1991，第 163 页。
[4] 《列宁选集》第 4 卷，人民出版社，1995，第 776 页。

础，对列宁主义采取一定程度的批判态度；有的共产党则把马克思主义和列宁主义并列作为党的指导思想的理论基础，认为列宁主义是马克思主义在20世纪的新发展；有的共产党则把马克思主义、列宁主义、毛泽东主义并列作为党的指导思想的理论基础，认为毛泽东主义是马克思主义发展的第三阶段。在取得政权的革命道路上，大多数国家的共产党主张通过议会民主的道路取得政权，并表示不放弃对统治阶级进行暴力镇压的警惕性；少数国家的共产党则主张要在农村建立革命根据地，走武装夺取政权的道路，也不拒绝在一定条件下革命的和平发展。在建设社会主义的道路上，大多数国家的共产党主张建立以公有制为主体，多种经济成分共同发展的经济制度；但在对待市场的问题上，各国共产党的态度有很大的不同，有的共产党主张把计划经济与市场经济结合起来，认为计划和市场的作用都是不可或缺的；有的共产党则主张坚持计划经济，但要适当考虑市场经济的作用；有的共产党则认为市场经济是资本主义的，对其采取否定的态度。在政党制度问题上，所有国家共产党都认为，对于建设社会主义的国家来说，共产党的领导是至关重要的，但大多数国家共产党都承认现行的多党民主制，愿意在多党议会民主体制下开展活动；也有少数国家的党主张共产党的绝对领导地位。在党的建设问题上，有的党主张坚持民主集中制；有的党主张坚持"发展"了的民主集中制；有的党则放弃了民主集中制。在政党现代化的问题上，大多数国家的共产党主张建设现代化的群众性政党；有的国家共产党则主张将先锋队政党与群众性政党结合起来，建设群众性的先锋队政党；还有少数国家的共产党仍然坚持建设先锋队政党的立场。在处理共产党与其他左翼政党的关系上，有的国家共产党主张所有左翼力量的联合，包括发展同社会民主党的合作关系；有的国家共产党虽然也主张左翼力量的联合，但对社会民主党持严厉的批判态度。在对当代资本主义的认识上，有的国家共产党认为现代资本主义就是垄断资本主义，有的国家共产党认为现代资本主义是国家垄断资本主义，有的国家共产党认为现代资本主义是金融垄断资本主义，有的国家共产党认为现代资本主义是国际垄断资本主义。在世界社会主义运动团结合作的问题上，有的国家共产党主张召开一般左翼政党的国际会议，但不主张召开共产党的专门国际会议；有的国家共产党主张各国共产党不仅要通过国际会议取得共识，而且还应采取联合行动；有的国家共产党则认为，发展党与党之间的双边关系是实现各国共产党之间团结合作的主要形式，国际会议只是各国共产党进行多边交流的平台，不主张各国共产党采取联合行动；等等。

当前，日本共产党、美国共产党、希腊共产党、俄罗斯联邦共产党、巴西共产党、南非共产党、澳大利亚共产党、印度共产党（马克思主义）等，都制定了各具民族特色的社会主义革命和建设的纲领。各国党的纲领在革命道路、社会主义建设模式和党的建设等一系列问题上，都显示出自己的民族特点，呈现出多样性的发展态势。

多样性的发展是世界社会主义运动发展的一个进步，它将为未来社会主义事业的发展开辟广阔的前景。显然，从过去单一社会主义模式的实践发展到今天各具民族特点的多种社会主义模式的实践，将极大地解放各国共产党、工人阶级和广大人民群众的思想，激发他们走社会主义道路的积极性和创造性。同时，从一种社会主义模式的实践发展成各具民族特点的多种社会主义模式的实践，必将有助于各种社会主义模式实践之间的相互学习、取长补短、互相促进，从而不断提高社会主义运动抗拒风险的能力，进一步提高社会主义实践成功的概率。所有这一切，都将有力地推动世界各国社会主义理论与实践的发展，促进社会主义事业的最终胜利。

2. 当代世界社会主义运动呈现出渐进性的发展趋向

在传统的世界政治体系中，世界社会主义运动被归之于激进的左翼运动，领导这一运动的共产党则被称之为激进的左翼政党；与之相对应的是社会民主主义运动，则被归之为温和的左翼运动，领导这一运动的社会民主党则被称之为温和的左翼政党。时至今日，世界政治体系中的传统划分似乎没有大的变化，社会主义运动仍然被归之于激进的左翼运动，领导这一运动的共产党仍然被称之为激进的左翼政党。然而运动的形式和内容却已经发生了很大的变化，当前，各国共产党及其领导的社会主义运动的激进的色彩日益减退，其渐进的温和色彩日益浓厚。

回顾国际共产主义运动发展的历史进程，我们可以清楚地看到，19 世纪 40 年代诞生的社会主义运动，经过巴黎公社革命、十月革命到第二次世界大战，无产阶级革命采取的基本是暴力革命的策略。

第二次世界大战以后，国际形势发生了深刻的变化，新中国的成立和一系列人民民主国家的诞生，使社会主义从一国的胜利走向多国的胜利，组成了强大的社会主义阵营；资本主义世界的情况则相反，除美国以外的帝国主义国家都被战争削弱了，国际阶级力量的对比关系向着有利于社会主义而不利于资本主义的方向发展。与此同时，资本主义各国共产党的力量在"二战"期间也得到了很好的锻炼和发展，特别是在法国、意大利、西班牙和希腊等欧洲国家，共产党领导的左翼已经成为影响该国政治发展的重要力量，在国内举足轻重。客观形势促使部分发达资本主义国家共产党率先进入了探索新的社会主义发展道路的历史进程：英国共产党、意大利共产党、澳大利亚共产党、加拿大共产党、法国共产党、西班牙共产党等都先后制定了和平过渡到社会主义的纲领。

1956 年 2 月召开的苏联共产党第二十次全国代表大会在总结发达资本主义国家共产党关于和平过渡到社会主义理论的基础上，提出了自己关于和平过渡的理论，从而引发了各国共产党之间有关暴力革命还是革命和平发展的大论战，最终导致世界社会主义运动的大分裂。一部分国家共产党坚持暴力革命的策略，但声称并不拒绝革命的和平发展；另一部分国家共产党主张革命和平发展的策略，也声称不放弃对反革命暴力的警惕性。前者批判后者为"修正主义"，后者批判前者为"教条主义"，最后谁也没有说服谁。

20 世纪 80 年代末和 90 年代初的苏东剧变，使国际阶级力量对比关系和各个资本主义国家内部的阶级力量对比关系，都发生了有利于资本主义而不利于社会主义的新变化；同时在新的科技革命和生产力革命的推动下，资本主义的经济、政治、文化和社会等诸方面均发生了深刻的变化。在此情况下，包括所有发达资本主义国家的共产党、绝大多数发展中国家的共产党〔如南非共产党、巴西共产党、印度共产党（马克思主义）等〕、和前苏东国家的共产党（如俄罗斯联邦共产党、乌克兰共产党、摩尔多瓦共产党人党等）在内的绝大多数国家的共产党，为适应生存环境的巨大变化，纷纷放弃了武装夺取政权的策略，明确表示认同多党民主制度，承诺在宪法范围内，利用资本主义的议会民主，和平地取得政权，然后对国家的政治、经济、文化和社会进行民主改造和社会主义改造，逐步过渡到社会主义社会。

从武装夺取政权实现社会主义，转变到以和平民主的方式实现社会主义，这是社会主义革命策略的重大转变。在武装夺取政权方针的指导下，从资本主义到社会主义的转变采取的是对抗的形式，即爆发性的飞跃形式。这种形式的飞跃，是在充分的量变准备之后，无产阶级与资产阶级经过剧烈的外部冲突，采取一次或多次决定性的打击，最后无产阶级领导的革命力量摧毁资本主义的政治经济统治，从而为社会主义制度的建立创造条件。在和平民主革命方针的指导下，从资本主义到社会主义的转变，采取的是非对抗的形式，即非爆发性的飞跃形式。在这种飞跃形式下，资本主义向社会主义的转化不是通过资产阶级与无产阶级剧烈的外部冲突，而是通过社会主义因素的逐渐积累和资本主义因素的逐渐衰亡来实现的。

革命斗争策略的转变，给社会主义运动带来了深刻的变化，它使通过无产阶级革命推翻资本主义的运动，转变成为通过和平民主方式对资本主义进行革命性变革的运动；使通过暴力革命的激变过程走向社会主义的运动，转变成为通过革命性变革的渐变过程走向社会主义的运动；使共产党从主张对资本主义进行革命的政党，转变成为对资本主义进行改革的政党。所有这一切，就使当代世界社会主义运动具有了渐进的温和的色彩。

进化和革命是社会发展的两种形式，发展是进化和革命这两种运动形式的统一。进化为革命性的变革做好准备，革命性的变革则完成进化，并为今后的进化发展创造条件。人类社会的发展就是在进化和革命这两种状态的交互更替过程中前进的，因此这两种形式对人类社会的发展都具有重要的意义。然而无论是革命还是进化，都并非出自人们的主观愿望，而是世界的和各国的政治经济的发展所使然。马克思主义十分重视革命的伟大历史作用，讴歌革命是历史发展的火车头，但并不是一般地反对改良，不否认在一定历史阶段上和一定条件下进行改良、改革的必要性，更不否定或排斥变革形式的多样性和变革策略的灵活性，但他们反对一味追求改良并排斥革命的改良主义。在当今革命形势还没有具备的条件下，推动社会的进化，推动社会的渐进发展，无疑也是马克思主义工人政党应尽的职责。

资本主义国家共产党认为，虽然社会民主党也主张采取和平民主的方式走向"社会主义"，但这与自己的主张有着很大的不同。最关键之点在于：社会民主党对资本主义采取和平民主的方式，是以不触动资本主义的根本政治经济制度为前提的，它只是在资本主义制度范围内进行某种程度的改良，实际上是在管理和修补资本主义制度；而资本主义国家共产党主张通过和平民主的方式走向社会主义，是要在工人阶级和劳动群众掌握国家政权后，适时地对国家的政治、经济、文化和社会进行改造，首先是进行民主改造，然后在民主改造的基础上再进行社会主义改造，最终将资本主义社会改造成社会主义社会。当然，这种改造并不是脱离原有的文明基础上的改造，而是在资本主义已经取得的文明成果基础上的改造。在这里，和平民主方式是手段，变革资本主义和实现社会主义才是目的。由此可见，资本主义国家共产党是对资本主义进行革命性变革的政党，而社会民主党则是对资本主义进行改良的政党。

3. 当代世界社会主义运动呈现出大众性的发展趋向

马克思和恩格斯非常重视加强社会主义运动的大众性质，他们始终认为，社会主义运动是由工人阶级领导的、有广泛社会阶级参加的、是绝大多数人的和为绝大多数人谋利益的独立的运动。1848 年他们在《共产党宣言》中曾经指出，"过去的一切运动都是少数人的或者为少数人谋利益的运动。无产阶级的运动是绝大多数人的、为绝大多数人谋利益的独立的运动"。[①]

---

① 《马克思恩格斯选集》第 1 卷，人民出版社，1995，第 283 页。

1895 年恩格斯在《1848～1850 年的法兰西阶级斗争》导言中进一步阐发了上述思想，指出历史上有三种类型的革命：第一种是"为少数人"的"少数人的革命"，① 第二种"是由少数人领导的"，"为了多数人的真正利益进行的革命"。② 第三种是"少数人革命变成多数人革命"，即变成为有多数人参加的为多数人真正利益进行的革命③。恩格斯在谈到"少数人革命变成多数人革命"时指出：造成这种革命的条件是"使所有其他的社会阶级，农民和小资产者，团结到无产阶级周围，以致在共同胜利时和共同胜利后，应该成为决定因素的已经不是大资产阶级，而是有了经验教训已经变得聪明起来的无产阶级"。恩格斯问道："在这些条件下，难道不是完全存在着少数人革命变成多数人革命的前景吗？"④

资本主义国家共产党特别是发达资本主义国家的共产党认为，当代的世界社会主义运动应该是由工人阶级及其政党领导的，有多数人参加的、为多数人谋利益的运动。

美国共产党第二十九次全国代表大会（2010 年 5 月）指出："要想实现自己的目标，必须建立和进一步巩固以工人阶级为领导的联盟。"因为"只有多数人的运动才可以解决少数人暴富与多数人被剥削、不安全和失业之间的基本矛盾。只有多数人的运动才可以消除核武器和全球变暖这两把悬在人类未来之上的达摩克利斯剑。"⑤ 美国共产党认为，革命是一个深刻的民主进程，涵盖了绝大多数人民的行动和决定。

英国共产党第四十八次全国代表大会（2004 年 5 月）通过的《英国共产党的目标和章程》指出："我们相信，社会主义只有通过工人阶级领导下的大多数人民的意志和行动得以实现。"⑥

意大利重建共产党第五次全国代表大会（2002 年 4 月）通过的纲领指出："与传统政党不同，重建共产党认识到政治和社会行动不能仅有由党员和相关组织来完成，而应该通过众多的个人和组织的群众来实现。"⑦

日本共产党第二十三次全国代表大会（2004 年 1 月）通过的纲领强调指出："社会主义改革并不是在短时间内一蹴而就的，而是必须在国民取得

---

① 《马克思恩格斯选集》第 4 卷，人民出版社，1995，第 510 页。
② 《马克思恩格斯选集》第 4 卷，人民出版社，1995，第 511 页。
③ 《马克思恩格斯选集》第 4 卷，人民出版社，1995，第 512 页。
④ 《马克思恩格斯选集》第 4 卷，人民出版社，1995，第 512 页。
⑤ Sam Webb, A way out of the deepening crisis, http：//www. cpusa. org/29th - convention/.
⑥ 刘洪才主编《当代世界共产党党章党纲选编》，当代世界出版社，2009，第 681 页。
⑦ 刘洪才主编《当代世界共产党党章党纲选编》，当代世界出版社，2009，第 670 页。

共识的基础上，一步一步分阶段推进的长期过程。其出发点就是形成多数国民对向社会主义、共产主义前进达成共识，以获得国会的稳定多数为基础。建立以社会主义为目标的权力。其所有阶段都是以国民的共识为前提的。"因此，日本共产党将"以社会多数人的理解和支持为基础，努力向社会主义改革的道路前进"。①

俄罗斯联邦共产党第十一次全国代表大会（2005年10月）通过的纲领在谈到社会主义事业胜利的条件时指出："历史的经验证明，只有在劳动群众和全体人民正确认识到自己民族和国家根本利益的情况下，我们祖国才拥有这一事业的成功。"②

为了使大多数人参加到社会主义运动中来，资本主义国家共产党制定了新的广泛的联盟政策。它们认为，将所有反对大垄断资本的各社会阶级和阶层的力量团结起来，组成最广泛的反帝反垄断联合阵线，就能使绝大多数人参加到争取民主和社会主义的斗争中来，并取得社会主义事业的最终胜利。

加强社会主义运动的大众性，是世界社会主义运动的一个进步，它是对历史上出现过的"左"的理论与政策的一个纠正；同时，它又是世界社会主义运动自身发展的需要，是资本主义各国共产党面对正在发生重大变化的社会阶级和阶层结构的应对之策；另外，跨国垄断资本的发展为加强社会主义运动的大众性提供了广泛的可能条件，而资产阶级政府建设福利国家和完善资产阶级政治民主的政策，为各国共产党团结广泛的社会阶层和大多数人民群众提供了新的政治空间；最后科学技术特别是信息技术的新发展，为各国共产党加强社会主义运动的大众性建设提供了物质技术基础。

当代世界社会主义运动的多样性、渐进性和大众性的发展趋向还处在不断发展和变化的过程之中，它对世界社会主义运动将产生怎样的影响还有待于进一步的观察和研究。然而可以肯定的是，多样性、渐进性和大众性的发展趋向已充分表明，世界社会主义运动已经进入到一个与以往有着很大不同的新的发展时期：一方面，新时期的社会主义运动与20世纪的社会主义运动有着历史的、本质的联系；另一方面，新时期的社会主义运动在行为方式和发展模式上，又与20世纪的社会主义运动存在着明显的差别，有着它自己的特点。

世界社会主义运动的当前发展阶段，与列宁所说的巴黎公社失败后的"和平"准备阶段有某些相似之处：其一是运动长期处于"低潮"；其二是

① 刘洪才主编《当代世界共产党党章党纲选编》，当代世界出版社，2009，第125页。
② 刘洪才主编《当代世界共产党党章党纲选编》，当代世界出版社，2009，第488页。

运动的发展带有"和平"的性质；其三是"没有发生革命"。如果说巴黎公社失败后没有发生革命的原因，是"西方结束了资产阶级革命，东方还没有成熟到实现这种革命的程度"。那么，苏东剧变后"没有发生革命"的原因则有些相反，这就是：东方进行的社会主义革命已暂告一段落，社会主义国家的建设事业正在深入发展，而西方却还没有成熟到实现这种革命的程度，运动正进入"为未来变革的时代作'和平'准备的阶段"。①

在这个阶段里，各国共产党坚持马克思主义的理论指导和社会主义的前进方向；与时俱进地变革和完善党的理论与策略；不断加强党的自身建设；努力巩固党的阶级基础和扩大党的群众基础；学习和运用资产阶级议会民主制度，积累执政的初步经验；学习和运用新的大众传媒手段，创建和发展自己电台、电视台、网站和出版社；积极办好党校和党员培训班；推动合作社事业的发展，创办党的产业；等等。所有这一切都表明，资本主义各国共产党在新的历史时期的严峻挑战面前并没有却步，而是在低潮中奋进，勇敢地探索符合本国国情的社会主义发展道路。世界社会主义运动在这一艰难的探索过程中"正在缓慢而持续地向前发展"②。

（四）正视当代世界社会主义运动的变革与转型

对世界社会主义运动的变革与转型及其新的发展趋向，我们一要正视现实，二要正确对待。

首先，世界社会主义运动的变革与转型是世界经济、政治和社会发展的产物，是各国共产党为适应生存环境的变化而改变自己。回顾资产阶级政党发展的历史，我们就可以清楚地看到，那些存在百年以上的"老字号"政党，没有一个不是经历过了多次的变革和转型后而发展壮大起来的。所以今天各国共产党及其领导的世界社会主义运动的变革与转型，是符合世界政党发展规律的，也是符合社会主义运动发展规律的。

其次，这种变革和转型是工人阶级和广大劳动群众经过几个世纪的斗争所取得的成果，是一种社会的进步。我们还记得，直到1975年以前，像西班牙、葡萄牙、希腊这样的老牌资本主义国家（现在已经是发达国家）的共产党还处在非法的地位；到20世纪90年代，前苏联东欧地区的不少国家还一度将共产党置于非法地位。然而，经过人民群众的顽强斗争，到了21世纪的第一个10年结束时，所有的发达国家的共产党和大多数发展中国家

---

① 《列宁选集》第2卷，人民出版社，1995，第306页。
② 《列宁选集》第2卷，人民出版社，1995，第307页。

的共产党都已争得合法的地位，因而有条件采取不同于过去的斗争方式来进行新的实验，以便用较小的代价和牺牲，来取得社会主义的胜利，这是值得我们欢迎的事。

再次，在争取社会主义的斗争中，各国共产党有独立自主地制定自己的理论和策略的权利，我们应该尊重这一基本权利。邓小平曾经指出："我们也不赞成搞什么'大家庭'，独立自主才真正体现了马克思主义。"① 他说："各国的情况千差万别，人民的觉悟有高有低，国内阶级关系的状况、阶级力量的对比又很不一样，用固定的公式去硬套怎么行呢？就算你用的公式是马克思主义的，不同各国的实际相结合，也难免犯错误。"② 因此，"各国的事情，一定要尊重各国的党、各国的人民，由他们自己去寻找道路，去探索，去解决问题"③。

最后，人类实现社会主义道路将是艰难、曲折而漫长的，在这个过程中，实践才是检验真理的唯一标准，应该由历史来评价今日世界社会主义运动的是非曲直。邓小平在谈到"欧洲共产主义"时曾经指出："各国党的国内方针、路线是对还是错，应该由本国党和本国人民去判断。最了解那个国家情况的，毕竟还是本国的同志。""归根到底由他们的实践做出回答。人家根据自己的情况去进行探索，这不能指责。即使错了，也要由他们自己总结经验，重新探索嘛！"④

---

① 《邓小平文选》第3卷，人民出版社，1993，第191页。
② 《邓小平文选》第2卷，人民出版社，1994，第318页。
③ 《邓小平文选》第2卷，人民出版社，1994，第319页。
④ 《邓小平文选》第2卷，人民出版社，1983，第318、319页。

第一章 印共（马）"人民民主革命"的
历史、理论与现状

印度共产党（马克思主义）简介

印度共产党（马克思主义）［以下简称印共（马）］的前身为原印度共产党，1920 年 10 月成立于苏联塔什干。由于内部长期存在派系斗争且愈演愈烈，1964 年 10 月，以孙达拉雅为代表的较为激进的一派单独召开党的七大，通过了新党纲，标志着印共正式分裂，随后党的名称更改为印度共产党（马克思主义）。1968 年 12 月党的八大通过了新党章，2005 年 12 月党的十八大和 2012 年 4 月党的二十大分别对其进行了修订。2000 年 10 月，在特里凡得琅召开的党的特别会议通过了经修订的新党纲。目前，印共（马）拥有 104 万多党员，6200 多万群众组织成员，在议会中占有 16 个席位。此外，印共（马）还在西孟加拉、喀拉拉和特里普拉等邦长期或多次执政。

该党党章规定，印共（马）是印度工人阶级的革命先锋队，本党以马列主义哲学和原则作为党一切行动的指南。它的目标是建立无产阶级专政的国家并实现社会主义和共产主义。该党政治纲领强调，党在现阶段的中心任务是进行新型的由工人阶级组织和领导的、以工农联盟为基础的、有中产阶级和非垄断资产阶级参加的反封建、反垄断、反帝国主义的"人民民主革命"，革命的直接目标是建立人民民主国家。

现任总书记为普拉卡什·卡拉特（Prakash Karat）。

党的机关报为《人民民主》周报（People's Democracy），机关刊物为《马克思主义》季刊（The Marxist）。

网站地址：http://www.cpim.org

新成立 40 多年来，印共（马）坚持把马克思主义的基本原理同印度的具体实际相结合，独立自主地对印度的社会主义发展道路进行了艰辛的探索，逐步形成了具有印度特色的"人民民主革命"理论；与此同时，印共

（马）在实践中通过议会斗争和议会外群众斗争相结合的方式，不断扩大自身的力量和影响，并发展成为印度最大的左翼政党，在整个印度政坛中发挥着举足轻重的作用。

一 印共（马）的曲折发展及其对社会主义道路的探索

依据不同历史时期印度国内外的政治经济形势以及印共（马）自身的发展状况，我们将其成立以来 40 多年的发展历程分为以下三个阶段。

（一）建党初期的抗争与探索（1964～1976 年）

从成立之初到 70 年代中期，印共（马）的生存环境一直很恶劣。国际上，美国凭借其强大的经济实力在全世界范围到处推行霸权主义，它对共产主义充满了恐惧和仇恨，所到之处，对各种进步力量进行打压、清除，这对印共（马）的生存自然构成了严重的威胁；另外，随着国际共产主义运动的分裂，世界上大多数的共产党都采取尾随苏共的政策，印共（马）是为数不多的敢于反对苏共的共产党之一，因此它招致了许多共产党的反对和敌视，它在外界只与朝鲜劳动党、越南劳动党等少数几个国家的共产党保持联系，年轻的印共（马）陷入了孤立无援的艰难境地。在国内，随着尼赫鲁于 1964 年的去世，国大党政权及其内部原来隐藏的种种问题和危机开始暴露，印度逐渐陷入了经济衰退和政治动荡的双重危机中。[①] 为了表达对现状的不满，各地的工人、农民、雇员、学生不断掀起不同形式的反政府运动，声势日益浩大，到 70 年代中期，国大党中央政权已岌岌可危。为了维护自己的统治，国大党政府在全国实施了"紧急状态"，对包括印共（马）在内的各种进步力量进行了残酷的镇压，到 1975 年底，被逮捕的人数已达 10 万人。此外，印共（马）内部也产生了新的分歧和矛盾，形成了以 P. 孙达拉雅为首的多数派和以查鲁·马宗达为代表的激进派（也称"纳萨尔巴里派"）。两派的矛盾不断激化，最终导致党的分裂。1969 年 4 月 22 日，纳萨尔巴里派成立了自己的组织，党的名称确定为印度共产党（马克思列宁主义），查鲁·马宗达担任党的总书记，这标志着印共（马）与纳萨尔巴里派正式决裂了。这次分裂使印共（马）的力量遭受空前巨大的损失，据印共

---

① 〔美〕弗朗辛·R. 弗兰克尔著《印度独立后政治经济发展史》（孙培钧等译），中国社会科学出版社，1989，第 445 页。

（马）自己的统计，其党员人数在 1964 年为 118，683 人，到 1968 年时已下降到 76，425 人。

尽管印共（马）的生存环境异常恶劣，然而它并没有坐以待毙，反而同国大党政府的迫害行径作了针锋相对的斗争，它通过发动各种形式的群众运动给国大党政府以沉重的打击。此外，印共（马）还进行了合法的议会斗争。在 1967 年第四届全国选举中，以印共（马）为首的联合阵线在西孟加拉和喀拉拉邦取得了胜利，并组成了联合阵线政府。虽然由于国大党的破坏，两个联合阵线政府的存在时间都不长，但在当时的特殊环境下，印共（马）能在两个邦的议会选举中取得胜利本身就具有重要的意义。在同国大党政府展开斗争的同时，印共（马）以自己一贯的独立自主、不盲从权威的风格对印度的社会主义道路进行了艰辛的探索，这在当时复杂的国际国内形势下是很难做到的，需要有相当的魄力和勇气。在 1964 年 10 至 11 月间召开的七大上，印共（马）根据当时的国际国内形势，独立自主地制定了党的纲领、路线、战略及策略等，提出并详细阐述了它的"人民民主革命"理论，确立了"人民民主革命"的道路。1968 年党的八大和 1972 年党的九大都重申了七大所确立的纲领、路线和策略。

（二）70 年代中期以后的发展与探索（1977～1989 年）

这个时期，国际形势总体上逐步趋向缓和，这不仅表现在东西方关系的缓和，也表现在一些社会主义国家间关系的正常化，这种局势为印共（马）的发展营造了比较有利的外部环境。从 70 年代后期开始，印度的国内形势发生了剧烈的变化。表现之一是国大党在印度政坛的地位浮沉不定，印度进入多党轮流执政时期。在 1977 年 3 月举行的第六届全国大选中国大党遭到致命性打击，执政 30 年来，首次被迫沦为在野党。虽然在 1980 年的第七届大选中国大党再次赢得了执政地位，但在 1989 年的第九届大选中再次落败。国大党的衰落在客观上为印共（马）的发展创造了条件。表现之二是印度教教派主义势力日益抬头，对进步力量造成了严重的威胁。70 年代末，印度国内在"振兴印度"口号的掩盖下掀起了一股狂热的印度教复兴主义浪潮，印度教教派主义势力因此而不断膨胀。它们不仅对穆斯林联盟等少数派宗教团体进行打压和排挤，而且还对包括印共（马）在内的进步力量构成了严重的威胁。在严峻的形势面前，印共（马）不甘示弱，它同印度教教派主义势力进行了针锋相对的斗争。

由于自身艰苦的斗争和不懈的努力，印共（马）在这个时期的力量得到了较快的发展，其党员人数从 1977 年时的 15.7 万人发展到 1988 年的

46.5 万人，几乎增长了两倍。印共（马）群众组织的力量也得到了较快的发展，如印度工会中心的会员从 1978 年的 106 万人发展到 1989 年的 238 万多人，全印农民协会的会员从 1977 年的 229 万人发展到 1990 年的 1176 万人，印度学生联合会的会员从 1977 年的 40 万人发展到 1990 年的 198 万人。此外，印共（马）在议会斗争中也取得了不错的成绩。就全国大选而言，尽管印共（马）的表现时好时坏，但其所获席位总体上呈上升趋势。在地方议会选举中，印共（马）的收获颇丰。1977 年 6 月，在西孟加拉邦举行的议会选举中，印共（马）领导的左翼阵线赢得总共 294 个席位中的 228 席，其中印共（马）独得 177 席，并组成了印共（马）领导的左翼阵线政府，印共（马）政治局委员乔蒂·巴苏出任首席部长。自此之后，印共（马）在西孟加拉邦确立了长期而稳定的执政地位。此外，印共（马）在喀拉拉和特里普拉邦也是数次获得选举胜利并执政。

这一时期，印共（马）继续对印度社会主义道路进行了有益的探索。1978 年 4 月，印共（马）在贾朗达尔召开了第十次代表大会，通过了《政治决议》《总结报告》等文件。大会继续肯定党的七大所确立的基本路线，重申党的奋斗目标是实现人民民主，进而过渡到社会主义。大会号召各左翼和民主力量团结起来，组成左翼民主阵线，共同对付反动势力的进攻，走一条既不同于国大党又不同于人民党的替代性道路。同年 12 月，印共（马）在萨尔基阿召开了全国会议，专门讨论党的组织问题，提出要把党建设成为"群众性的革命党"。在此后召开的十一（1982 年）、十二（1985 年）和十三大（1988 年）上，印共（马）每次都重申要坚持党的基本路线，强调党将致力于建立一个"人民民主"国家。

（三）苏东剧变以来的新发展与新探索（1990 年～至今）

苏东剧变使整个世界社会主义运动陷入了极端严峻的困境，这种国际大环境对印共（马）也造成了不小的冲击，党内一度出现了某些思想混乱，部分党员对社会主义的前途感到迷茫，有人甚至对马列主义的科学性产生了怀疑。苏东剧变导致持续近半个世纪的冷战格局彻底瓦解，然而美国并没有放弃长期以来的冷战思维，它对各社会主义国家和各国共产党充满了仇恨，妄图把社会主义、共产主义从地球上完全铲除掉，这种状况对印共（马）的发展自然是非常不利的。在印度国内，各届政府推行了自由化和私有化经济改革，但改革的受益者主要是少数富人，占人口大多数的下层民众并没有因此而受益，贫困人口有增无减，社会矛盾更加尖锐。90 年代以来，印度的世俗主义进一步式微，教派主义活动更趋猖獗。1998 年，带有浓厚教派主义色彩的印度人民党控制了中央政权，在其执政的6年多时间内，在政治、文化、教育等领域实施了一系列违反民主和世俗主义原则的政策，这对包括印共（马）在内的各种进步力量自然构成了严重的威胁。从2004年一直到现在，尽管是倡导世俗主义的国大党一直执掌全国政权，但印共（马）的生存空间还是不断地受到挤压。

　　虽然国际国内环境并不利于自己的发展，但通过不懈的斗争和努力，印共（马）的整体力量还是得到了较快的增长，其党员队伍从1991年时的579，666人增加到目前的1044833人，① 增长近一倍。与此同时，印共（马）的群众组织也得到了较快的发展，在十四大召开之时，印共（马）的群众组织成员还不到2880万，目前，群众组织人数已增至6200多万。②

　　这个时期，印共（马）在议会选举中的表现时好时坏。在90年代所举行的四次人民院选举中，印共（马）所获的席位数和所获选票的比例并没有增长，但在2004年的大选中，印共（马）却获得了前所未有的好成绩，赢得43个议席，得票率为5.69%。在2009年举行的第十五次人民院大选中，印共（马）遭受重创，仅获得16个席位。自1991年始，在西孟加拉邦所举行的前四次邦议会选举中（1991年、1996年、2001年、2006年），印共（马）都赢得了压倒性的胜利，并一直持续执政。然而在2011年5月举行的西孟加拉邦议会选举中，印共（马）及其领导的左翼阵线惨遭失败，在总共294个席位中仅获得62席，其中印共（马）获得40席，丧失了自1977年以来持续34年的执政地位，而草根国大党领导的联盟却获得227个席位，赢得了执政地位。③ 在1991年3月举行的喀拉拉邦议会选举中，印共（马）领导的左翼民主阵线落败，并丧失了1987年以来的邦政权。不过在1996年5月举行的邦议会选举中，印共（马）再次获胜，得到44个席位，其领导的左翼民主阵线共获得80个议席，居绝对优势地位，并恢复了执政地位。④ 在2001年5月的邦议会选举中，印共（马）再度落败，只获

---

① http：//www.cpim.org/about - us.

② Communist Party of India（Marxist），Political-Organization Report Adopted at the 19th Congress. http：//www.cpim.org.

③ Communist Party of India（Marxist），Review Report of the Assembly Elections. http：//www.cpim.org/documents/2011 - June - election%20review.pdf.

④ Jyoti Basu，Sailen Dasgupta，Buddhadev Bhattacharya，Anil Biswas and Shanti Shekhar Bose，Documents of the Communist Movement in India［Vol. XXV（1994 - 1996）］，National Book Agency Private Limited，Calcutta，1998，p.778.

得 24 个席位,以印共(马)为首的整个左翼民主阵线也只获得 40 个席位(占该邦总共 140 个议席的 28.5%),并丧失了邦政权。① 在 2006 年举行的邦议会选举中,印共(马)领导的左翼民主阵线重新赢得执政地位,共获得 140 个议席中的 98 席,其中印共(马)独得 61 个席位。② 然而在 2011 年 5 月举行的邦议会选举中,印共(马)领导的左翼民主阵线仅获得 140 个席位中的 68 席,丧失了执政地位。③ 自 1993 年始,在特里普拉邦所举行的总共五次邦议会选举中(1993 年、1998 年、2003 年、2008 年、2013 年),印共(马)领导的左翼阵线都赢得了压倒性的胜利,并一直持续执政至今。目前,在特里普拉邦总共 60 个议席中,左翼阵线占 50 席,其中印共(马)独占 49 席。④

面对复杂的国际国内形势,印共(马)在继续坚持"人民民主革命"理论的基础上,根据时代发展变化的要求,不断进行新的探索。1992 年 1 月,印共(马)在马德拉斯召开了十四大,会议通过了《关于某些意识形态问题的决议》《关于修改党纲的决议》等文件。大会充分肯定了党的基本路线的正确性,重申党将继续致力于实现"人民民主"这一基本目标。大会通过的《关于某些意识形态问题的决议》重新分析了党所面临的国际国内形势,对原来一些过时的认识进行了修正。此外,该《决议》就当前世界的矛盾、无产阶级专政、社会主义民主、民主集中制、社会主义经济建设、计划与市场等理论问题进行了全面而深入的阐述。大会通过的《关于修改党纲的决议》充分肯定了 1964 年《党纲》中有关革命阶段、党的战略、印度政府和国家的性质、"人民民主阵线"等方面内容的正确性,但《决议》同时也指出,1964 年《党纲》关于国际形势和国内发展的分析以及政策声明的内容需要更新。此后,经过 8 年多艰苦的努力,党纲的修订工作于 2000 年 10 月最终完成。新党纲是印共(马)根据新时期国际形势及印度国内政治经济发展变化的特点所作出的理论总结和概括,是全党集体智慧的结晶,它的通过标志着印共(马)的理论水平又大大地向前迈进了一步。2012 年 4 月,印共(马)召开党的十二大,通过了《政治决议》和《关于意识形态的决议》。其中《关于意识形态的决议》深入分析了当前世界形势、资本主义经济危机及社会主义所经受的考验和挑战等问题;《政治

---

① Election,http://www.cpim.org.

② Governments,http://www.cpim.org.

③ Communist Party of India(Marxist),Review Report of the Assembly Elections. http://www.cpim.org/documents/2011 - June - election%20review.pdf.

④ http://www.cpim.org/about - us.

决议》则对印度国内外形势、资本主义经济危机、印度国内通货膨胀、印共（马）选举失利的原因等问题进行了深入分析，这些都进一步丰富了印共（马）"人民民主革命"理论的内容。

二 印共（马）"人民民主革命"理论的主要内容

经过几十年艰辛的探索和努力，印共（马）逐步形成了一个内涵比较丰富的理论体系——"人民民主革命"理论，其主要内容包括对世界形势的判断，对印度国家性质和社会状况的认识，对"人民民主革命"的性质、任务、手段及阶级力量的阐述，对未来"人民民主"政府有关政策和纲领的说明，关于建设"群众性的革命党"的主张，对社会主义相关理论问题的阐述等。

（一）世界形势

印共（马）对苏东剧变以来的国际形势的认识，概括起来主要有以下方面的内容：第一，资本主义国家生产力的发展，没有也不可能消除资本主义所固有的社会化大生产和生产资料的私人占有之间的根本矛盾，社会主义取代资本主义的最终趋势不会改变。2008 年美欧等主要资本主义国家金融危机的爆发、持续的经济萧条以及严峻的政府债务危机等，充分暴露了资本主义所固有的矛盾和不可避免的危机。第二，随着苏联的解体，自从旧殖民主义瓦解以来一直追求新殖民战略的帝国主义加紧构筑全球的支配地位，特别是美国，正在利用经济、政治和军事力量建立其全球霸权，它企图颠覆现存的社会主义国家，在意识形态、经济以及政治领域发动一场残酷的反对社会主义国家的战争。第三，中国、越南等社会主义国家在社会主义建设中取得了举世瞩目的巨大成就，充分显示了社会主义的巨大优越性和强大生命力，全世界的共产党人都有理由为此感到振奋。第四，当今世界仍然存在四大矛盾。印共（马）继续坚持长期以来关于世界四大社会矛盾的观点，[①]只不过对四大矛盾的具体表述稍作了一些改变，即"世界社会主义力量和帝国主义力量之间的矛盾，帝国主义和发展中国家人民之间的矛盾，帝

---

① 1968 年 4 月印共（马）中央全会通过的《关于意识形态的决议》指出："所有在科学社会主义理论和马克思列宁主义指导下的共产党人都会认为，当今时代存在着四大基本矛盾，即世界社会主义阵营同资本主义阵营的矛盾，资本主义国家无产阶级同资产阶级的矛盾，帝国主义国家同被压迫国家的矛盾以及不同帝国主义国家之间、垄断资本主义集团之间的矛盾。"

国主义国家之间的矛盾以及资本主义国家内部劳资之间的矛盾"。① 印共（马）认为，在这四大矛盾之中，世界范围内的帝国主义和社会主义之间的矛盾在当今时代最为突出，占据主导地位，虽然其他矛盾中的某一个可能在某一特定时间激化，并可能在世界形势发展的舞台上显得很突出，但它也不会取代主要矛盾。

（二）印度的国家性质及社会状况

印共（马）认为，印度国家的性质是大资产阶级领导的资产—地主阶级联合统治。虽然印度广大的人民群众积极地参与了争取民族独立和自由的斗争，但印度独立后，领导权却掌握在资产—地主阶级手中。印度资产—地主阶级政权只代表少数人的利益，在这种政权之下，权力都集中在上层，由特权官僚所支配。在国家结构上，印共（马）指出，印度名义上是联邦制国家结构，而实质上多数权力和资源都集中在中央政府手中，各邦只享有很少的权力，这使它们不得不依赖中央政府，从而限制了各邦的发展。在这种状态下，中央政府与各邦之间的矛盾日益增大，并导致了不少地方性政党的出现。印共（马）认为，印度独立后在经济上"走的是资本主义的发展道路"，虽然资产阶级政府曾通过制定国家计划，使公营企业得到一定的发展，但从根本上讲，印度实行的是资本主义私有制，统治者没有也不可能允许公营企业得到很好的发展，它们唯一的目的是促进资本主义经济的发展。在土地问题上，印共（马）认为，独立后国大党统治者并没有消灭地主阶级，实行的是把半封建的地主转化成资本主义地主和促进富农阶层发展的土地政策。虽然国大党政府曾制定了土地最高限额法、租佃法等限制土地集中和部分保护农民利益的法律，但在实践中几乎没能得到执行，大量土地继续为少数地主占有，而大多数农民仍无地可种。印共（马）还指出了印度所存在的各种社会问题和社会弊端：教派主义势力不断膨胀；种姓歧视和种姓压迫问题仍十分严重；性别歧视和性别压迫问题也非常严重。

（三）"人民民主革命"的性质、任务、手段及阶级力量

印共（马）认为，现代印度社会是占支配地位的垄断资本主义与种姓制度、教派制度和部落制度的奇异混合，印度社会的这一性质决定了现阶段

---

① The Communist Party of India (Marxist), Documents of the 14th Congress of the Communist Party of India (Marxist) (Madras, January3 – 9, 1992), Published by Hari Singh Kang on behalf of the Communist Party of India (Marxist), New Delhi, 1992, p. 100.

印度革命的性质，印度首先要完成过去资产阶级民主革命未完成的任务。在印共（马）看来，现阶段印度的革命不是旧式的资产阶级民主革命，而是新型的由工人阶级组织和领导的、以工农联盟为基础的、有中产阶级和非垄断资产阶级参加的反封建、反垄断、反帝国主义的"人民民主革命"。这一革命阶段是通向社会主义的必经阶段，没有"人民民主革命"的完成，向社会主义的过渡就无从谈起。印共（马）指出，"人民民主革命"的直接目标是"建立工人阶级领导的、以工农联盟为基础的所有反帝、反封建、反垄断力量实行广泛联合的人民民主国家，从而取代现存的资产—地主阶级国家"。① 印共（马）指出，"人民民主革命"的首要任务是充分体现农民利益，完成激进的土地改革，彻底扫除封建和半封建残余对农业和工业生产力的束缚。印共（马）认为，作为对土地改革的必不可少的补充，还要进行社会制度的改革，以扫除使农村长久保持落后状态的前资本主义社会的残余（如种姓制度等），这一任务与土地革命的完成有着不可分割的联系。"人民民主革命"的第二项紧迫任务是使人民群众的经济、政治和社会生活摆脱帝国主义的灾难性影响以及跨国公司和形形色色的国际垄断资本代理人的控制。印共（马）认为，与前两项任务密切相关，"人民民主革命"的第三项紧迫任务是打破垄断资本势力。要坚决反对大资产阶级及其在国家政权中的政治代表，并与之进行坚决的斗争，否则就无法完成其他各项基本革命任务。为了维护他们的阶级统治地位，大资产阶级同地主阶级结成同盟，他们还运用国家权力对外国垄断资本实行保护，以利于它的进一步渗透。此外，大资产阶级通过与外国垄断资本家的妥协、勾结以及与印度地主阶级的结盟，疯狂地追求资本主义的发展，这反过来又极大地促进了垄断资本的增长。印共（马）由此而进一步强调，"人民民主革命"不仅要与地主所有制和外国垄断资本主义进行不妥协的斗争，还要与控制国家政权的大资产阶级进行斗争。② 在向社会主义过渡的方式上，印共（马）认为印度尚不具备实行暴力革命的主客观条件，因此当前应力争通过和平方式通向社会主义。印共（马）的这一主张继承了马克思主义经典作家关于和平过渡的思想，它认为，马克思和恩格斯并没有把暴力与和平绝对化，他们不愿放弃任何通过和平方式夺取政权的机会，只是在和平的方式没有可能的情况下，他们才强调暴力革命。印共（马）虽然主张和平过渡，但它并没有排斥暴力革命的

---

① The Communist Party of India (Marxist), Programme, Published by Hari Singh Kang on behalf of the Communist Party of India (Marxist), New Delhi, 2001, p. 30 – 31, p. 39.

② The Communist Party of India (Marxist), Programme, Published by Hari Singh Kang on behalf of the Communist Party of India (Marxist), New Delhi, 2001, pp. 39 – 40.

可能性，它不同意赫鲁晓夫在苏共二十大提出的"和平过渡"理论，即只强调和平过渡一种可能性，而是采用 1957 年《莫斯科宣言》中关于和平与暴力两种可能性的提法。印共（马）党纲指出："党尽力通过和平手段建立'人民民主'，并实现社会主义的转变。通过发展强大的群众革命运动，通过把议会斗争和非议会斗争结合起来，工人阶级及其同盟军将尽最大努力击败反动力量的抵抗，并通过和平手段实现这些转变。但也必须牢记，统治阶级从来不会自动放弃他们的权力，他们极力藐视人民的意愿，试图采取非法的和暴力的手段倒行逆施，对人民实行镇压。因此，革命力量务必要谨慎行事，必须勇敢而坚定地开展工作才能面对各种突发事件，才能应对国家政治生活中出现的任何困难和挫折。"①

为了完成"人民民主革命"的任务，实现建立"人民民主"国家的目标，印共（马）主张建立工人阶级领导的、以工农联盟为基础的、有中产阶级以及非垄断资产阶级参加的广泛的"人民民主阵线"。印共（马）指出，"人民民主阵线"中的四个阶级各自起着不同的作用，其中工人阶级及其政党——印共（马）发挥着领导作用，只有坚持工人阶级的领导，才能够建立"人民民主阵线"，并使革命取得胜利。占农村居民绝大多数的农业工人和穷苦农民，深受地主和资本家的残酷剥削，他们是工人阶级的基本同盟军；中农也是高利贷者、农村封建和资本主义地主、跨国公司以及大资产阶级进行掠夺的对象，因此在"人民民主阵线"中他们也是可靠的同盟军；富农是农民中有影响的部分，资产—地主阶级的农业政策无疑使他们中的一部分受益，由于他们在自己的农场中雇用农业劳工，因此倾向于加入资产—地主阶级，但由于他们经常受到价格波动的冲击，并受到垄断商人和跨国公司所控制的市场的掠夺，他们会起来反对资产—地主阶级政府，尽管他们具有动摇的本性，但在某些关键时刻，他们也可以被吸收进"人民民主阵线"，并在其中发挥作用。② 印共（马）认为，白领雇员、教师、自由职业者、工程师、医生以及新型知识分子等构成了印度社会的中产阶级，他们中的绝大多数会受到生活必需品价格的不断上涨、国家税收的不断增加、严峻的失业以及基本生活设施的匮乏等问题的困扰，也是"人民民主阵线"中的同盟军。印度非垄断资产阶级具有两面性，应充分利用他们同印度垄断资本家以及外国跨国公司具有矛盾性的一面，积极争取他们加入到"人民民主阵线"中来。

---

① The Communist Party of India (Marxist), Programme, Published by Hari Singh Kang on behalf of the Communist Party of India (Marxist), New Delhi, 2001, p. 45.

② The Communist Party of India (Marxist), Programme, Published by Hari Singh Kang on behalf of the Communist Party of India (Marxist), New Delhi, 2001, p. 41.

（四）未来"人民民主"政府的政策与纲领

印共（马）新党纲详细阐述了未来"人民民主"政府所要执行的政策和纲领，包括未来的国家结构与民主，农业和农民，工业和劳动，文化教育、医疗卫生及环境保护，对外关系五个方面的内容。

第一，未来的国家结构与民主。印共（马）主张发展联邦民主国家结构，其关于未来国家结构与民主的设想主要有以下一些内容：1）主权在民。所有国家权力机关对人民负责，行使国家权力的最高权威是基于成年选举权和比例代表制的人民代表。2）印度各邦拥有真正的自治和平等权。3）各邦不设上院，也不设国家任命的邦长。4）议会和中央政府将确认所有民族语言的平等地位。5）在地方管理方面，"人民民主"国家将保证村以上的地方机构由人民直接选举产生，并赋之以足够的权力和责任。6）对执法要进行民主变革，保证迅速而公平的司法判决。7）保证全面的公民自由权。8）消灭种姓压迫和不可接触制。9）消除对妇女的歧视，使妇女与男性享有同等权利。10）保证国家的世俗性质，禁止宗教机构对国家事务和全国政治生活的干预。[①]

第二，农业和农民。印共（马）未来"人民民主"政府将主要实行以下一些农业和农民政策：1）实行激进的土地改革，消灭地主所有制，把土地无偿分给农业劳工和穷苦农民。2）废除穷苦农民、农业工人和小手工业者欠高利贷者和地主的债务。3）发展国家主导的市场经济制度，保护农民免受大商人、跨国公司和激烈的价格波动所带来的侵害。4）保证农业工人有足够的工资、社会保障措施和生活条件。5）实施全面的公共分配制度，向人民提供廉价的粮食和其他生活必需品。[②]

第三，工业和劳动。印共（马）未来"人民民主"政府将实行以下一些工业和劳动政策：1）采取适当的措施，清除工业、金融、贸易和服务等领域的国内外垄断资本。2）通过各种方式强化公营部门，使其能在国家经济中占据支配地位。3）帮助中小企业的发展，为它们提供信贷和价格合理的原材料，帮助它们进入市场。4）采取各种措施迅速改善工人的生活水平。5）从税收上为工人、农民和手工业者提供最大限度的救济。[③]

[①] The Communist Party of India (Marxist), Programme, Published by Hari Singh Kang on behalf of the Communist Party of India (Marxist), New Delhi, 2001, pp. 31 – 34.

[②] The Communist Party of India (Marxist), Programme, Published by Hari Singh Kang on behalf of the Communist Party of India (Marxist), New Delhi, 2001, p. 36.

[③] The Communist Party of India (Marxist), Programme, Published by Hari Singh Kang on behalf of the Communist Party of India (Marxist), New Delhi, 2001, pp. 37 – 38.

第四，文化教育、医疗卫生及环境保护等公共事业。印共（马）未来"人民民主"政府将实行以下一些公共政策：1）发展具有民主和世俗世界观的、新型的、进步的民族文化。2）发展以公共广播系统为主的大众传媒，促进电子传媒的发展。3）发展公共教育体系，提供全面的各个层次的科学教育。4）建立广泛的健康、医疗及生育免费服务网络。5）保证残疾人作为完整公民的生活权利，使他们融入社会。6）采取广泛措施保护生态环境。①

第五，对外政策。印共（马）未来"人民民主"政府将实行以下一些对外政策：1）在友谊与合作的基础上同所有国家发展关系。2）发展同社会主义国家和一切爱好和平的国家的友好合作关系。3）努力消除核战争的威胁；促进普遍核裁军；消除各种大规模杀伤性武器。4）致力于和平解决同巴基斯坦、中国、孟加拉国等周边国家的现存分歧与争端，并巩固同它们的友好关系。②

（五）建设"群众性的革命党"

1978 年 12 月，印共（马）在萨尔基阿专门召开全国组织会议，就如何加强党的建设问题集中进行了讨论和研究。会议提出要把党建设成为"群众性的革命党"，其主要内涵是指，要加大对群众的宣传力度，进一步密切党同群众的关系，大力鼓励群众入党，迅速扩展党的力量和影响力，使党成为一个具有广泛群众基础的革命性政党。确立这一目标后，印共（马）强调要从思想、组织及作风等方面不断加强自身建设。

第一，思想建设。印共（马）坚持马列主义的指导，主张用马列主义武装全党，与此同时，它还坚决反对右倾主义和"左"倾冒险主义对党的发展的危害，反对封建主义、种姓主义、教派主义、民族沙文主义等各种腐朽落后思想对党员思想的侵蚀和毒害，不断教育广大党员同这些思想作坚决斗争。为了不断提高党员的思想觉悟，印共（马）采取了以下一些措施：一是利用党的机关报刊大力进行宣传教育。印共（马）中央于 1965 年 6 月27 日创办了英语版的《人民民主》（People's Democracy）周报，到 2008 年十九大召开时，《人民民主》周报的发行量为 25733 份。③ 该报自创办以来

---

① The Communist Party of India (Marxist), Programme, Published by Hari Singh Kang on behalf of the Communist Party of India (Marxist), New Delhi, 2001, pp. 34 – 35.

② The Communist Party of India (Marxist), Programme, Published by Hari Singh Kang on behalf of the Communist Party of India (Marxist), New Delhi, 2001, pp. 38 – 39.

③ Communist Party of India (Marxist), "Political-Organization Report Adopted at the 19th Congress", http://www.cpim.org.

在不断对各种反马克思主义的思想进行揭露和批判、对政府的各项反动政策进行强烈批评的同时，还对党的路线、方针和政策进行了大量的阐述和宣传，起到了教育党员的作用，大大促进了党员思想觉悟的提高。印共（马）还利用其他报刊，如《人民潮流》（Lok Lahar）、《马克思主义者》（The Marxist）等，大力进行宣传教育。二是通过出版各种书籍和小册子加强党的宣传工作。印共（马）通过自己的出版机构，出版了大量有关马克思主义的理论著作，这为广大党员干部提高自身的理论素养和思想认识水平提供了很好的教育材料。三是成立专门的宣传与动员部。为了加强党的思想建设，1978年萨尔基阿全会后不久，印共（马）成立了宣传与动员部，专门负责党的宣传工作。该部为加强宣传教育做了大量的工作。

第二，组织建设。印共（马）通过以下一些措施强化党的组织建设：一是规定了严格的入党程序。印共（马）党章规定，非党人士入党时必须向党的一个支部提交个人申请并需经两个党员的推荐。党支部再向党的上一级委员会进行推荐，并由该委员会决定是否吸收申请者为党员。如果申请者被接纳入党，他（她）就成为预备党员，预备期为一年。在此期间内，有关支部或委员会将为预备党员安排党纲、党章以及党的现行政策等方面的基本教育，预备党员的预备期结束时，有关支部或委员会将就该预备党员是否被吸收为正式党员进行讨论，如果发现预备党员不合格时，其预备资格即被取消。二是规定了党员需要履行的义务。印共（马）党章规定，党员必须履行以下义务：定期参加其所属党组织的活动，忠诚地执行党的政策、决议和指示；认真学习马克思列宁主义，努力提高自身的理论水平；订阅、支持并宣传党的杂志和出版物；遵守党章和党的纪律；把人民和党的利益置于个人利益之上；全心全意为人民群众服务，不断加强同他们的联系，虚心向他们学习，并加入一个群众组织；相互间建立同志式的友谊，在党内发展兄弟般精神；进行批评与自我批评，互帮互助，以改进个人和集体工作；对党忠诚，永不叛党；坚决推进党的事业，敢于同一切敌人作斗争。三是规定了严格的党内纪律。印共（马）党章规定，对党章和党的决议的违反以及任何不符合党员标准的行为，都将构成违纪行为，要受到相应的纪律处分。印共（马）党章规定的纪律处分主要包括：警告；检讨；公开检讨；撤销党内职务；暂停党员资格，最长期限可达一年；开除党籍。四是强调要坚持民主集中制，强化中央的领导力量。民主集中制原则要求少数必须服从多数，下级必须服从上级，个人必须服从集体，全党的组织服从党的代表大会和中央委员会。

第三，作风建设。印共（马）十分重视党的作风建设，要求全党所有党员无一例外地严格遵守党的纪律，不谋取个人私利，以身作则，处处为人民利益着想，全心全意地为人民办实事。为了在人民心目中树立廉洁自律的良好形象，印共（马）专门规定，中央委员会、各邦委会和各县委会的所有委员都要公布并提交他们一切收入和财产的年度报告。自成立以来，印共（马）一直注意塑造良好的自身形象，许多党员和党的领导同志在人民当中享有崇高的威望。

（六）社会主义相关理论问题

印共（马）对有关社会主义的一系列理论问题，如关于无产阶级专政、关于社会主义民主、关于社会主义经济等，都有自己明确的看法和观点。

第一，关于无产阶级专政。印共（马）认为，与少数人对多数人实行统治的资产阶级专政相反，无产阶级专政是大多数人对少数剥削阶级的专政，是由阶级社会向无阶级社会过渡时期的国家的性质。无产阶级专政的形式并非永恒的或固定不变的，随着社会主义社会的发展，专政的形式会不断发生变化，在不同的阶段采取不同的形式。从一个阶段向另一个阶段过渡的能力是由国际国内阶级力量的对比及对这种力量对比的正确估计决定的。在发生帝国主义干涉、内战以及对新生的社会主义竭力摧毁的情况下，无产阶级国家就必须要粉碎这种反革命进攻，并根除剥削势力。这就要求建立中央集权的国家机器，这也是建立计划经济必不可少的。但是，在这个阶段结束以后，当社会主义制度和国家得到巩固，阶级力量对比发生有利于自己的变化的时候，就应该创造机会扩大民主，激发人们新的首创精神。苏东国家在对现实形势进行估计时犯了严重的错误，它们把自己早期管理国家机器的手段顺延到后来的阶段，这不仅没能扩大和深化社会主义民主，而且还使社会主义发生了种种"扭曲和变形"，如日益增长的官僚主义、对社会主义法制的践踏以及对个人自由的压制，等等。印共（马）认为，对这些"扭曲和变形"当然必须进行"矫正"，但在进行"矫正"的时候，既不能放弃国家的阶级性，也不能放弃党的领导作用，否则就会放弃革命本身，苏东剧变就给人们提供了惨痛的教训。印共（马）指出，为适应具体形势的发展变化，每一个社会主义国家的无产阶级专政形式都会不断发生变化，但这种变化无需也不可能在各个社会主义国家采取同样的形式，一个国家无产阶级专政的具体形式由该国具体的社会经济条件和历史背景所决定。

第二，关于社会主义民主。印共（马）认为，社会主义制度的建立以及与之相伴的社会化生产方式的发展和人剥削人制度的取消，为实践最广泛的民主提供了物质基础。社会主义并不否定民主价值和民主传统，相反，它大力推进人民在资本主义制度下通过斗争而得来的民主成果。印共（马）指出，没有经济上的解放，民主就犹如受到阉割一样。资产阶级民主只是形式上的民主，它虽然也宣扬民主，但并不能为人民行使民主权利提供物质基础。资本主义国家每一个公民都有购买所生产的一切产品的"民主权利"，然而，绝大多数人都缺乏必要的资源来行使这一民主权利。相反，社会主义及无产阶级国家却在充分考虑人民基本需求的情况下，为人民在最广泛的意义上行使真正的民主权利打下了基础，为人的个性的全面发展提供了种种途径，营造了良好的气氛。

第三，关于社会主义经济。印共（马）关于社会主义经济的理论主要包括以下三方面的内容：一是关于社会主义的经济建设。印共（马）指出，社会主义经济建设的基本特征是生产方式的社会所有和中央集权的国家计划。生产方式的社会所有取缔了人剥削人的基础，而国家计划却能保证社会经济的均衡发展，这与资本主义经济不平衡发展的特性恰恰形成鲜明对比。这种计划还可以使国家承担起自身所负的社会和经济责任，保证满足所有公民普世意义上的生存与发展的基本要求。印共（马）同时也警告，社会主义计划必须要考虑到当前生产力的发展水平，过度集中往往会窒息人们的创新精神，从而阻碍生产力的进一步发展。印共（马）强调，随着形势的不断发展变化，社会主义经济的管理方式也应不断作出相应的变革。① 二是关于所有权的形式。印共（马）指出，在社会主义建设的过程中，社会生产方式的社会化要经历很长的过程，这就要求不同形式的财产所有权能够同时存在，如国家所有制，集体所有制，合作制以及小型个体所有制等。印共（马）认为，任何限制财产所有权形式的做法都会破坏个人的首创精神，并会使社会主义丧失生机与活力，这是有悖于社会主义精神的。与此同时，那些试图恢复私人所有制形式并以此作为增加生产和克服弊端的唯一渠道的做法，都会破坏社会主义经济的基础。② 三是关于计划与市场的关系。印共（马）认为，社会主义经济的本质是中央计划。实行计划以及均衡发展是社会主义的一个独有的特征，也是社会主义固有的相对于资本主义最大的优势。但印共（马）同时指出，在整个社会主义阶段，商品货币关系是必不

---

① The Communist Party of India (Marxist), Documents of the 14th Congress of the Communist Party of India (Marxist) (Madras, January3 - 9, 1992), Published by Hari Singh Kang on behalf of the Communist Party of India (Marxist), New Delhi, 1992, p.114.

② The Communist Party of India (Marxist), Documents of the 14th Congress of the Communist Party of India (Marxist) (Madras, January3 - 9, 1992), Published by Hari Singh Kang on behalf of the Communist Party of India (Marxist), New Delhi, 1992, p.115.

可少的。商品生产在前资本主义社会就存在，商品生产更是整个资本主义时代生产活动的基本内容，而且商品生产还会在后资本主义时代长期存在。在社会主义的框架之内，计划与市场不应被看做相互对立的原则，计划应该运用市场关系，并对之进行规范，从而实现相应发展阶段的经济目标。不过印共（马）又警告，除非使市场关系、商品货币关系与计划融为单一的经济机制，否则它就会加剧收入的差距，破坏社会主义制度之下的社会所有制形式，并导致不均衡的发展，使利益驱动占据主导地位。[①]

三　印共（马）在地方执政中取得的成就

自 1977 年至 2011 年，印共（马）在西孟加拉邦连续执政达 34 年之久，在资本主义制度的框架之内，共产党通过议会选举赢得的地方政权能存在这么长时间，这不仅在印度的历史上绝无仅有，就是在整个世界史上也极为罕见。此外，印共（马）在喀拉拉和特里普拉等邦也长期或多次执政。印共（马）在这些邦的执政过程中注意推行保护下层民众特别是广大农民切身利益的政策，赢得了广泛的民意基础。具体而言，主要体现在以下几个方面。

（一）推行土地改革，促进农村经济发展

土地问题一直是困扰印度社会的老问题。在英国殖民主义者统治时期，印度主要的土地制度是"柴明达尔制度"。所谓"柴明达尔"，在印度也叫"包税人"，就是英国殖民主义者在当地指定的替政府征税的人。在"柴明达尔制"下，英国殖民主义者把土地所有权交给了"包税人"，由此产生了一批大土地所有者，而广大农民只能靠租种这些地主的土地谋生，这极大地阻碍了印度农业生产力的发展。1947 年印巴分治后，国大党政府曾推行过土地改革，剥夺了拥有一万英亩以上的大地主土地，但改革的主要受益者并非广大农民，而是地位仅次于大地主的富农。由于土改问题敏感而复杂，国大党政府的土改政策最终由于受到既得利益者的阻挠而宣告失败。

1977 年，印共（马）领导的左翼阵线赢得西孟加拉邦议会选举的胜利，并开始了其在该邦的长期执政。印共（马）西孟加拉邦政权一直把土地问题作为其关注的首要问题，因为它认识到，在一个农村人口占总人口绝大多

---

① Jyoti Basu, Sailen Dasgupta, Buddhadev Bhattacharya, Anil Biswas and Shanti Shekhar Bose, Documents of the Communist Movement in India [Vol. XXⅢ (1989 - 1991)], National Book Agency Private Limited, Calcutta, 1998, p. 314 - 315.

数的国度里，如果土地问题得不到解决，其他一切就无从谈起。印共（马）1964 年党纲和 2000 年经过修订的新党纲都明确指出，"人民民主革命"的首要任务是充分体现农民利益，完成激进的土地改革，彻底扫除封建和半封建残余对农业和工业生产力的束缚。[①] 为了切实改善广大农民的处境，解决他们最为关切的土地问题，1977 年刚一上台，左翼阵线政府就立即采取行动，阻止地主驱赶佃农现象的发生，并大大降低了地租。随后，左翼阵线政府在印度宪法许可的范围内，开始逐步实施土地改革。第一项改革是开展"永佃行动"（Operation Barga）。1978 年，左翼阵线政府开展了著名的群众性运动——"永佃行动"，该项行动的主旨是，经过政府对佃农进行注册登记，确保他们的租佃权。左翼阵线政府对该邦有关的法律条款进行了修订，保证所有进行过登记的佃农对自己租种的土地享有永佃权和继承权。第二项改革是回收宪法规定的超过土地持有最高限额的富余土地，并把它们分配给穷苦农民和无地农民。左翼阵线政府的上述土改措施取得了明显的成效，主要体现在以下四个方面：一是"永佃行动"成效明显。据英国学者 T. J. 诺西特估计，1977 年之前，在西孟加拉邦只有 275000 户佃农进行过登记，而到 1984 年 12 月，在总共约 200 万户佃农中，约 130 万户进行了登记。[②] 据印共（马）自己的统计，在整个"永佃行动"中，共有 150 万户佃农进行了登记，大约 110 万英亩土地被永久性地置于佃农的控制之下，他们对这些土地的耕种权受到保护。[③] 二是大量土地被政府收回，并重新分给了无地和贫苦农民。依据土地改革法案，到 2010 年，西孟加拉邦左翼阵线政府总共收回大约 137 万英亩土地，大约有 130 万英亩土地被重新分配给了 300 万户无地农民和边际农。即使按最保守的估计，这相当于把价值 13000 亿卢比富人的财富分给了穷人。[④] 大约 50 万户人家（包括农业工人、渔民和手工业工人）分到了宅基地。在全国所有依据土地改革法案收回的土地总数中，西孟加拉邦就占了大约 18%，而在全国所有重新分配的土地中，西孟加拉邦占了大约 20%。三是贱民和部落民得到了实惠。贱民和部落民是土地改革的主要受益者，在重新分配的土地中，大约 55% 的土地被分给贱民和部

① The Communist Party of India (Marxist), Programme, Published by Hari Singh Kang on behalf of the Communist Party of India (Marxist), New Delhi, 2001, p. 39.

② T. J. Nossiter, Marxist State Governments in India: Politics, Economics and Society, Printer Publishers, London and New York, 1988, p. 139.

③ The Communist Party of India (Marxist), "On the Occasion of the 25th Anniversary of the Left Front Government of West Bengal", http://www.cpim.org.

④ Editorial, "For a Better India, Ensure Success of the Left", People's Democracy, Vol. XXXV, No. 10, March 06, 2011.

落民，而在所有进行过登记的佃农中，贱民和部落民就占 42%。四是妇女的利益得到一定照顾。西孟加拉邦的土地改革也同样改善了妇女的处境，在土改政策下，55 万多妇女获得了共有和个人所有的地契。总之，西孟加拉邦通过土地改革使小农和边际农占有了该邦 84% 的耕地面积。① 印共（马）在喀拉拉和特里普拉邦也进行了类似的土改。

印共（马）的土改大大解放了农村的生产力，促进了各邦农村经济以较快的速度发展。以西孟加拉邦为例，1977 年以来，西孟加拉邦年均农业增长率为 4%，远远高出印度全国的农业增长率。② 2009～2010 年，西孟加拉邦的农业增长率更上升为 4.2%，而同期印度全国的农业增长率则下降为 0.2%。③ 另据统计，从 1977 至 2002 年，西孟加拉邦的粮食产量年均增长率为 6%，这一数字在全印 17 个人口最稠密的邦中是最高的。西孟加拉邦是全印大米生产第一大邦，2010 年的产量是 1.48 亿吨。西孟加拉邦现在也是印度蔬菜和水果生产第一大邦。④ 西孟加拉邦农村经济其他领域的生产也得到大幅度提高，如西孟加拉邦的渔业非常发达，它是全国产鱼第一大邦，也是鱼苗生产第一大邦，鱼和鱼苗的产量分别占到全国总产量的 30% 和 62%。西孟加拉邦肉、蛋和牛奶的产量在全印的排名也比较靠前，分别为第一、第五和第十一位。⑤ 随着农业生产的较快增长，农业领域的就业状况得到很大改善，人民的物质生活水平有了较大的提高。1977 年至 1997 年，西孟加拉邦的农村贫困人口的下降幅度在全国各邦中是最大的。在此期间，西孟加拉邦生活在贫困线以下人口的比例下降了 36 个百分点。西孟加拉邦的土地仅占全国土地面积的 2.7%，其中还有 13.5% 的森林，5% 的不可耕地和 19.6% 的城市占地，可耕地仅剩 61.9%。⑥ 然而，这么少的土地却养活了占全国 8% 的人口，这在很大程度上应归功于印共（马）领导的西孟加拉邦政府所实施的以土改为主的一系列农村发展政策。在喀拉拉邦，印共（马）

---

① Madan Ghosh, "Land Reforms and Agriculture in West Bengal", *People's Democracy*, Vol. XXXV, No. 10, March 06, 2011.

② Editorial, "For a Better India, Ensure Success of the Left", People's Democracy, Vol. XXXV, No. 10, March 06, 2011.

③ Madan Ghosh, "Land Reforms and Agriculture in West Bengal", People's Democracy, Vol. XXXV, No. 10, March 06, 2011.

④ Madan Ghosh, "Land Reforms and Agriculture in West Bengal", People's Democracy, Vol. XXXV, No. 10, March 06, 2011.

⑤ Communist Party of India (Marxist), "Rural Development, Strengthening the Agrarian Base", http://www.cpim.org.

⑥ Nirupam Sen, "Industrial Development in West Bengal: Achievements and Constraints", People's Democracy, Vol. XXXV, No. 10, March 06, 2011.

领导的左翼民主阵线曾数次执政，在其执政时期内，左翼民主阵线政府通过推行土地改革和采取其他一些措施，大大推动了喀拉拉邦农村经济的发展，如在 1987～1991 年左翼民主阵线政府执政期间，喀拉拉邦农业的增长率达到了 9.08%。[①] 在 2006～2011 年间，左翼民主阵线政府每年要花掉 100 多亿卢比，用来补贴低收入家庭，这大大提高了农村居民的生活水平。[②]

（二）实行潘查雅特制度，推进基层民主发展

在 1977 年上台执政后不久，西孟加拉邦左翼阵线政府在全国率先实施了潘查雅特制度，即把地方政府机构重新组织成经民主选举的三级体制，包括村潘查雅特或村评议会（Grama Panchayats）、区委员会（Panchayat Samities）和县委员会（Zilla Parishads）。目前，西孟加拉邦共有 3354 个村评议会，341 个区委员会，18 个县委员会。西孟加拉邦的这种三级地方民主机构在全国都有很大的影响。正如印共（马）在总结西孟加拉邦左翼阵线政府执政 25 年经验时所指出的那样："17 年以后，在第七十三和第七十四次宪法修正案颁布时，西孟加拉邦的这种三级地方体制已成为全国各邦仿效的样板。"[③] 自 1978 年以来，西孟加拉邦每 5 年定期举行一次潘查雅特机构的选举。在西孟加拉邦地方政府机构中，收入微薄和社会地位低下的阶层在各级机构中有着广泛的代表。据印共（马）的有关文献，在所有种姓和社会群体当中，贱民和部落民在地方政府机构中的代表最广泛，并在不断地增加。无地农民、边际农和小农在地方政府机构中所占的比例从 75% 到 90% 不等。自 1995 年以来，地方机构中 1/3 的主席职位被保留给了妇女。20 世纪 90 年代末，西孟加拉邦左翼阵线政府又通过成立"村总议事会"（Grama Sansads）进一步加强了潘查雅特体制。左翼阵线政府规定，"村总议事会"由每个选区的选民代表组成，其法定人数不得少于该选区选民总数的 10%。"村总议事会"每年要召开两次会议，讨论各级潘查雅特的工作情况以及资金的使用情况。西孟加拉邦的潘查雅特地方机构享有充足的资源，县一级机构的总开支一般占到全邦总开支的 50%。西孟加拉邦的潘查雅特在改变农

---

① The Communist Party of India（Marxist），Documents of the 14th Congress of the Communist Party of India（Marxist）（Madras，January3－9，1992），Published by Hari Singh Kang on behalf of the Communist Party of India（Marxist），New Delhi，1992. p. 72.

② V S Achuthanandan，"Achievements of the LDF Govt"，People's Democracy，Vol. XXXV，No. 10，March 13，2011.

③ The Communist Party of India（Marxist），"On the Occasion of the 25th Anniversary of the Left Front Government of West Bengal"，http://www.cpim.org.

村面貌方面起着重要的作用。正如印共（马）自己指出的那样："左翼阵线自觉地把各级潘查雅特机构作为同农村既得利益者进行斗争以及改变阶级力量对比状况并使其朝着有利于劳动人民的方向转化的平台。潘查雅特机构在土改中起着重要作用。西孟加拉邦地方机构积极履行其改善民生的义务，努力促进各项事业的发展，如兴建医院、学校、图书馆，促进农业、合作企业和家庭手工业的发展以及推进儿童福利事业发展等。潘查雅特机构在制定地方计划和执行政府计划中发挥着重要的作用。它们还在诸如促进农业生产、推进地方资源管理以及确认住房、扶贫和社会保险计划的对象等许多活动中发挥着重要作用。这一切使潘查雅特成为西孟加拉邦农村地区最重要的地方政府机构。"①

印共（马）领导的喀拉拉邦左翼民主阵线政府在其数次执政过程中，通过推行潘查雅特制度和实施"人民计划运动"等，大大推进了农村基层民主的发展。喀拉拉邦左翼民主阵线政府推进农村基层民主的重要举措之一就是实行潘查雅特制，规定各级潘查雅特都实行民主选举，由人民代表来管理这些机构。喀拉拉邦左翼民主阵线政府推进农村基层民主的另一个重要举措就是大力推行"人民计划运动"。左翼民主阵线政府在 20 世纪 80 年代曾大力支持"民众科学运动"（KSSP）的发展，该运动在 80 年代末推行全民识字运动之后，又于 90 年代初开始推行后识字运动，在社区发动人们调查自然资源、人力资源，包括健康问题、贫穷问题等，然后选取了十多个乡做试点，与乡民一起制订了民间的 15 年全面发展计划，包括如何利用本地资源，促进本地的生产和消费。人们把这一运动称为"人民计划运动"。该运动得到了印共（马）的大力支持，在 1996 年喀拉拉邦议会选举前，印共（马）领袖南布迪里巴德坚持把这个计划写进了党的竞选纲领。以印共（马）为首的左翼民主阵线政府上台执政后，在全邦各地大力推行"人民计划运动"，并制订了一些相关的法规，把更多的权力下放到地方的自治组织。与此同时，左翼民主阵线政府还把全邦财政预算中作为发展基金的 40% 直接划拨给各个乡，然后由村民直接参与讨论，提出一些方案，比如说打算修一条水渠还是一条公路，或者是建立一个公共饮水系统等，最后决定资金的使用办法。通过这种办法，左翼民主阵线政府直接扩大了基层人民的民主权利，这种民主不是空洞的，也不是理念上的，而是实实在在的自下而上的民主实践，是经济资源的下放，直接与村民们自己的现实生存和现实利

---

① The Communist Party of India（Marxist），"On the Occasion of the 25th Anniversary of the Left Front Government of West Bengal"，http：//www.cpim.org.

益相关。村民代表们提出的方案，上级没有否决权，只可排序分步实施。左翼民主阵线政府还建立了严格的基层民主监督制度，每三个月召开一次村民大会，所有账目公开，任何人都可以来查询。

（三）实行较为灵活的产业政策，大力推进二三产业的发展

20 世纪 90 年代初，国大党联邦中央政府开始推行一系列自由化、私有化的新政策。为了适应新形势的发展，1994 年 9 月底，西孟加拉邦左翼阵线政府公布了新产业政策，它在重视公营企业发展的同时，积极鼓励国内外私人资本在该邦独资办厂或与邦政府合资办厂。为了充分吸引国内外企业家到西孟加拉邦投资，以进一步推动第二、第三产业的发展，左翼阵线政府专门设立了数个经济特区（SEZ），并在财力很有限的情况下不断加大对道路、桥梁、机场、港口、电力、通讯等基础设施的投资力度，努力创造投资条件，改善投资环境。功夫不负有心人，良好的投资环境吸引了国内外众多企业家，像国际商用机器公司（IBM）、百事、三菱等不少大型跨国公司纷纷在该邦投资建厂。据统计，与西孟加拉邦政府签订企业家合作备忘录（IEMs）并履行了投资协议的企业数量从 2001 年的 86 家增加到 2009 年的262 家，增长了 2 倍多，这些企业在西孟加拉邦的资本投入从 2001 年的219.45 亿卢比增加到 2009 年的 849.34 亿卢比，增长了近 3 倍。（见下表）[①]这些投资主要集中在汽车、钢铁、化工、石油化工、生物技术、IT 及 IT 带动的服务业、食品加工与园艺、不动产、皮革、珠宝等领域。左翼阵线政府特别重视高科技产业的发展，如 IT 产业、电子工业等。2000 年 1 月，左翼阵线政府专门出台鼓励 IT 产业发展的新政策，推动这一产业的快速发展。由于左翼阵线政府的大力支持，西孟加拉邦的 IT 产业发展迅猛，目前已有250 多家 IT 企业（仅软件企业就有 100 多家），直接创造了 5 万多个就业机会。仅在 2006 年 3 月至 2007 年 3 月期间，西孟加拉邦 IT 产业的外贸收入就达 350 万卢比。[②] 许多在印度国内外享有盛名的 IT 企业纷纷落户西孟加拉邦，如塔塔咨询服务公司（TCS）、维普罗公司（Wipro）、国际商用机器公司（IBM）、高知特公司（Cognizant）、普华永道咨询业务公司（PWC）、西门子公司（Siemens）等。为了加快经济发展，提高人民生活水平，解决工人失业问题，西孟加拉邦左翼阵线政府在大力推进大中型企业发展的同时，

---

① Nirupam Sen, "Industrial Development in West Bengal: Achievements and Constraints", People's Democracy, Vol. XXXV, No. 10, March 06, 2011.

② 30 Years of Left Front Government in West Bengal, http://www.wbgov.com/e-gov/English/GovtPublication/ViewPublication.

采取提供低利贷款、廉价原材料等措施大力扶持小微企业的发展，使小微企业的数量大幅度增加。据统计，从 1991 年到 2010 年，西孟加拉邦的小微企业数量从 34 万家增加到 275 万家，解决了 550 多万人的就业问题。仅在 2006 至 2010 年期间，就新增了近 5 万家小型企业，解决了 46 万多人的就业问题。[①] 左翼阵线政府的新产业政策有力地推动了西孟加拉邦二三产业的发展，使二三产业在国内生产总值中的比重大大提升。据统计，以 1999 ~ 2000 年不变价格计算，西孟加拉邦二三产业在国内生产总值中的比重从 2000 年时的 67.11%（其中工业占 14.85%，服务业占 52.26%）上升到 2006 年时的 73.10%（其中工业占 16.93%，服务业占 56.17%），而同期农业在国内生产总值中的比重从 2000 年时的 32.89% 下降到 2006 年时的 26.90%。[②]

2001 ~ 2009 年实际履行投资协议的企业数及实际投资额

年份	实际履行投资协议的企业数（家）	实际投资额（亿卢比）
2001	86	219.45
2002	113	232.60
2003	137	233.52
2004	196	224.38
2005	227	251.59
2006	221	343.62
2007	291	507.28
2008	217	443.45
2009	262	849.34

（四）多措并举，切实推进文化教育和医疗卫生事业的发展

印共（马）执政各邦，都在财政十分紧张的情况下，想方设法，大力推进文化教育事业的发展。以喀拉拉邦为例。在 1987 ~ 1991 年间，左翼民主阵线政府通过积极支持"民众科学运动"的发展，大力推进了该邦文化教育事业的发展。左翼民主阵线政府十分重视教育特别是基础教育的发展，为了使所有孩子都能享有受教育的权利，它规定所有小学和中学阶段的孩子

① Nirupam Sen, "Industrial Development in West Bengal: Achievements and Constraints", People's Democracy, Vol. XXXV, No. 10, March 06, 2011.

② 30 Years of Left Front Government in West Bengal, http://www.wbgov.com/e - gov/English/ GovtPublication/ViewPublication.

都可享受免费教育，并在各地建立了许多学校。大力开展扫盲运动是左翼民主阵线政府在发展文化教育方面的又一重大举措。从 1988 年底开始，左翼民主阵线政府积极支持该邦的"民众科学运动"，发起全民识字运动，数以万计的志愿者到各识字率低的社区开办识字课，并用充满创意、活力与欢乐的方式（如街头剧，集体读报等），赢得民众的广泛参与。识字方式与文化表演带来的欢乐气氛，帮助民众克服了不识字的自卑，自愿加入遍布各地的识字班。除了训练民众的阅读与书写能力外，"民众科学运动"的识字教育还为民众传播了更多的有关人类的基本需求、公共卫生健康、政治制度、自由平等、民主权利等常识与观念，这在客观上也对种姓制度等种种不平等制度造成了严重的冲击。经过几年的不懈努力，"民众科学运动"的识字教育取得了十分明显的成效，据统计，到 1991 年时，喀拉拉邦的识字率已达到100%，这在文盲率很高的印度是非常难得的事情。在 1996～2001 年间，左翼民主阵线政府通过实施"人民计划运动"，推动了农村文化教育事业的快速发展。为了进一步推进教育事业的发展，左翼民主阵线政府通过实施"人民计划运动"，给基层教育机构下放更多的权力，尽可能为教育划拨更多的经费，让地方来决定学校所要开设的课程和使用的教材，使学生学到真正有用的、可以改变他们生存状况的知识。此外，全邦从小学到大学的公立学校都实行完全免费教育，甚至农村小学也都为学生提供免费午餐。正是由于政府的大力支持，该邦教育事业得到了十分明显的发展，据统计，到2001 年，大约 90% 以上的人口（包括 70%～80% 的妇女）普及了中等教育，远高于同期印度全国的水平。在左翼民主阵线政府的大力支持下，喀拉拉的农村文化事业也取得了世所瞩目的发展。据统计，在喀拉拉邦的 900 多个乡里，共有图书馆 5000 多个，出版 3000 多份报纸杂志。每个乡还有自己的乡报，派发给本乡各家各户。"民众科学运动"的科学家们自豪地说：在喀拉拉，没有人不读报，没有人不谈政治，没有人不唱歌。

在西孟加拉邦，左翼阵线政府为了改变文化教育的落后状况，提高人民的识字率和促进基础教育的发展，采取了以下一系列措施：一是加大对基础教育的财政投入，兴建校舍，以提高基础教育阶段的入学率。西孟加拉邦教育财政预算支出占财政预算总支出的比例从 1976～1977 年时的 12% 上升到2000～2001 年时的 25%。近年来，印度政府一直在推行普及基础教育的计划，要求中央政府和各邦政府按 50：50 的比例进行财政投入（"九五"时期的比例为 85：15，"十五"时期的比例为 75：25），西孟加拉邦政府的投入远远超过了这一比例，兴建了不少学校。据统计，到 2010 年，西孟加拉邦每 10 平方公里拥有 8.64 所小学，位居全国第一，而全国的平均数仅为

3.35 所。学校数量的增加，大大提高了基础教育的普及程度。据统计，到 2010 年，西孟加拉邦基础教育阶段的净入学率达到了 98.95%。[①] 二是选择合适的位置建立学校。左翼阵线政府在建立学校时充分考虑学校同居住区的距离，为了充分照顾贱民和部落民的利益，新学校大多建立在贱民和部落民集中居住的地区。三是增加教师数量，改善工作条件。左翼阵线政府增加了学校教师的数量，使每个学校教师的平均数在 1992 年时就达到 3 个，近年来又新录用了不少教师。到 2010 年，西孟加拉邦各学校平均师生比为 1:39，在全印位居第四。[②] 为了使每位教师都能认真从事教学，左翼阵线政府还尽力改善他们的工作条件。四是实施成人识字培训计划，努力消除文盲。印共（马）西孟加拉邦政府通过举办识字班等措施，努力提高 15～35 岁成人的识字率，取得了比较显著的成效。据统计，民众的识字率从1991～2001 年时的 68.6% 提高到 2001～2011 年时的 77.1%，高于全国 74% 的平均水平。通过培训，受训者一般可以读懂报纸，并会简单的加、减、乘、除运算。[③]

西孟加拉邦左翼阵线政府把推进公共医疗卫生事业的发展放在了十分重要的位置，并取得了显著的成绩。一是死亡率、出生率及婴儿死亡率几乎都处于全国最低水平。2009 年时，全印所有各邦中死亡率最低的邦就是西孟加拉邦，仅为 6.2‰，全印的平均死亡率是 7.3‰。同年，西孟加拉邦的出生率为 17.2‰，而印度全国的平均出生率为 22.5‰。2009 年，西孟加拉邦的婴儿死亡率为 33‰，而印度全国的婴儿平均死亡率为 50‰。二是人的平均寿命处于全国前列。西孟加拉邦的平均寿命为 72 岁，仅次于喀拉拉邦和马哈拉施特拉邦。三是公共医疗卫生系统比较健全，农村看病也比较方便。西孟加拉邦的公共医疗卫生系统比较健全，可以解决多数人的看病问题。据统计，大约 73% 的病人可以在公共医疗卫生机构得到救治，远高于 40% 的全国平均水平。另据统计，到 2010 年，在西孟加拉邦医疗管理机构进行注册的医生共有 57474 名，其中在公共医疗卫生系统供职的医生 8825 名，位

① The Communist Party of India (Marxist), "Economic Performance of West Bengal under Left Front Government", CPI (M) Campaign Material for West Bengal Assembly Election, April-May, 2011.

② The Communist Party of India (Marxist), "Economic Performance of West Bengal under Left Front Government", CPI (M) Campaign Material for West Bengal Assembly Election, April-May, 2011.

③ The Communist Party of India (Marxist), "Economic Performance of West Bengal under Left Front Government", CPI (M) Campaign Material for West Bengal Assembly Election, April-May, 2011.

居全国第一。西孟加拉邦公共医疗机构共有床位54759张，在全国排名第二，每1604人可拥有1张床位，远优于2105人拥有1张床位的全国水平。①四是农村饮水系统得到很大改善。根据第三次全印家庭健康卫生状况的调查，2006年时，西孟加拉邦有94%的家庭能够饮用经过处理的干净水，远高于88%的全国平均水平。喀拉拉邦左翼民主阵线政府也很重视农村医疗卫生事业的发展。在该邦实施的"人民计划运动"中，各地利用邦政府下拨的发展基金，或建立新的医疗机构，或对原有医疗设施进行改进，使乡村医疗卫生事业获得了飞速发展。在喀拉拉邦，村民们的医疗非常方便，甚至超过了大城市。他们虽然比较穷，但只要感觉身体不舒服，就可以在很近的地方找到医生和医疗所，并得到及时的治疗。

（五） 维护各宗教的和睦相处，确保少数派团体的权益

印共（马）在执政的各邦致力于推行积极的宗教政策，主张各宗教之间和睦相处，它的这一政策收到了明显的成效。随着印度教极端教派主义势力的迅速膨胀，全国的宗教冲突不断升级，流血事件时有发生，但在印共（马）执政的各邦，各派宗教间却能和睦相处，这当然应归功于印共（马）所实施的积极的宗教政策。印共（马）还采取措施努力保护宗教少数派和语言少数派的权益，确保他们也能得到同等的发展。印共（马）西孟加拉邦左翼阵线政府所倡导的世俗和民主实践为宗教少数派特别是占全邦人口25%的穆斯林提供了平等的发展机会，这些机会使他们能够为争取更好的生活条件、享受更好的教育以及过上富有尊严的生活而奋斗。左翼阵线政府已为穆斯林农民分配了从大土地所有者手中收回的100多万英亩土地。左翼阵线政府成立了"少数派团体发展与福利部"，专门为少数派群众提供各种帮助。左翼阵线政府也致力于改善西孟加拉邦语言少数派的权利。讲穆斯林语的乌尔都族（Urdu）既是宗教少数派，又是语言少数派。为了确保其文化特性，并考虑到这一少数群体的需要，左翼阵线政府在成立孟加拉学院的同时，也成立了乌尔都学院。乌尔都学院除了低价为中学到研究生阶段的学生提供课本以外，还出版发行了一大批刊物。左翼阵线政府还采取有效的措施促进尼泊尔语言的发展。

坦率地讲，印共（马）执政各邦的经济并不富裕，然而它们却在人文

---

① The Communist Party of India（Marxist），"Economic Performance of West Bengal under Left Front Government"，CPI（M）Campaign Material for West Bengal Assembly Election，April-May，2011.

社会和民主政治等方面取得了上述明显的进步，特别是喀拉拉邦，其城乡差别并不明显，各个农村都拥有基本的住房、商店、道路、医院、饮水系统等，各种设施齐全，整个生活很方便，其人文社会发展的某些主要指标，甚至达到了发达国家的水平，这引起了印度国内外广泛的关注。例如，获诺贝尔奖的经济学家阿马提亚·森就曾经把喀拉拉邦的经验作为一个有重大意义的个案进行了深入的探讨。2000 年，印度总统在印度独立日发表演讲时指出，喀拉拉应当是全国学习的榜样。① 2010 年，印度新闻杂志《今日印度》评价指出，喀拉拉邦是印度全国治理最好的邦。② 许多第三世界国家对喀拉拉的经验也给予了特别的关注，他们还派自己的代表团到喀拉拉邦进行考察和学习。

---

① M. A. Baby, "Historic Janamunnetta Yatra Inspires Millions", People's Democracy, Vol. XXV, No. 10, March 11, 2001.

② V S Achuthanandan, "Achievements of the LDF Govt", People's Democracy, Vol. XXXV, No. 10, March 13, 2011.

第二章 尼泊尔联合共产党（毛主义）的历史、理论与现状

尼泊尔联合共产党（毛主义）简介

尼泊尔联合共产党（毛主义），简称尼联共（毛），成立于 1995 年 3 月，是尼泊尔的主要政党之一。2008 年 4 月 10 日，尼泊尔举行首届制宪议会选举，尼联共（毛）赢得了 601 席中的 220 席，成为尼泊尔第一大党。于 2008 年 8 月至 2009 年 5 月、2011 年 8 月至 2012 年 5 月两度与其他政党联合执政。尼联共（毛）现任主席为普拉昌达。目前尼联共（毛）拥有党员约 30 万名，在全国 75 个县有严密的组织，下属有各种群众组织，包括全尼泊尔妇女联合会、全尼泊尔民族独立学生联盟（革命）、全尼泊尔工会联盟（革命）、全尼泊尔农民协会（革命）、全尼泊尔教师联盟（革命）、全尼泊尔人民文化联合会以及尼泊尔全国知识分子组织等。

该党政治纲领指出，尼联共（毛）是用最先进和最科学的思想武装起来的，由社会中最进步的阶级组成的，最有觉悟和最有组织性的无产阶级先锋队，党的指导思想是马列毛主义，党的奋斗目标是社会主义和共产主义。当前的任务是通过制宪议会制定新宪法将这些成果巩固和制度化，完成新民主主义革命的未竟的事业，并为社会主义革命做准备。

尼联共（毛）倡导独立自主的外交政策，主张在和平共处五项原则和不结盟的基础上与所有国家发展友好关系，特别是发展与两个主要邻邦——中国和印度的友好关系。尼联共（毛）坚持一个中国的立场，承认西藏和台湾是中国领土不可分割的一部分，强调西藏问题和台湾问题是中国的内部问题，其他国家不应干涉。

尼联共（毛）的出版物主要有：《进步》《红星报》。

网站地址：http://ucpnmaoist.org

尼联共（毛）是原尼共党内信奉毛泽东思想的部分党员建立的一个共

产党组织。自 1995 年成立以来，尼联共（毛）由一个反政府武装发展成为尼泊尔第一大党和主要执政党。尼联共（毛）的成功是冷战后世界社会主义运动的重大事件，其独特的发展道路也引起了世人的关注。在当代世界社会主义运动整体处于低潮的情况下，研究尼联共（毛）的历史、理论与实践，探寻其领导的"新民主主义革命"胜利发展的原因、意义和前景，是当代世界社会主义研究的一个重要课题。

一 尼泊尔联合共产党（毛主义）的历史

尼联共（毛）的前身是 1949 年 4 月 22 日成立的尼泊尔共产党。在长达63 年的时间里，它由一个建立时仅有 5 人的松散的小党发展成为尼泊尔第一大党和主要执政党。在这期间，尼联共（毛）先后经历了尼泊尔共产党、尼共（四大）、尼共（新火炬）、尼共（团结中心）、尼联共（毛）五个阶段。

（一）尼泊尔共产党

1949 年 4 月 22 日，尼泊尔的共产主义者普什帕·拉尔·施瑞斯塔（Pushpa Lal Shrestha）与奈雷·巴哈杜尔·卡玛查亚（Nara Bahadur Karmacharya）、纳拉杨·比拉斯·乔希（Narayan Bilas Joshi）、哥文达·维迪亚（Govinda Vaidya）、莫提·代维（Moti Devi）在印度加尔各答组建了尼泊尔共产党。之所以选择 4 月 22 日，是因为这一天为列宁的诞辰日。由于尼共是在普什帕·拉尔·施瑞斯塔倡导下成立的，他也因此被称为"尼泊尔共产主义运动之父"。同年 9 月 15 日，尼共发布了建党宣言，宣言详细地阐述了尼泊尔的政治、社会和经济形势，分析了当前的政治方案，强调要将国家和人民从封建专制统治和外国控制下解放出来。宣言也强调要赋予在经济、社会和文化上受剥削和歧视的人们以各种民主权利和自由，使他们成为国家的真正主人。① 1951 年 9 月 27 日至 10 月 2 日，尼泊尔共产党在印度共产党的帮助下在加尔各答召开了第一次会议，成立了以普什帕·拉尔·施瑞斯塔为书记的临时中央组织委员会。临时中央组织委员会以尼泊尔共产党的名义起草并发布了一个倡议书，要求尼泊尔的工人、农民、青年人、学生、民族资产阶级和全体民主人士为了人民的自由而奋斗，并呼吁人们建立一个

---

① Yuba Nath Lamsal, "Retrospection Of Communist Movement In Nepal", The Rising Nepal, Sep 9, 2009.

地下的人民自由委员会，通过合法的和非法的方式来获得自由。[①] 在尼共的领导下，尼泊尔的各界进步人士组建了全国人民联合阵线（National People's United Front）。1951 年 11 月，全国人民联合阵线发布了成立宣言。宣言声称，尼泊尔 75% 的商业和企业被印度所控制。印度正在试图阻止尼泊尔与中国发展友好关系。宣言表达了对社会主义的中国和苏联的崇敬之情，并公开谴责尼泊尔大会党已沦为尼赫鲁政府的傀儡。[②] 全国人民联合阵线成立后，主要通过举行罢工和示威游行来反对大会党—拉纳联合政府的统治。此时，尼共也成为为捍卫民族主权、争取人民的民主权利和自由而进行斗争的人民运动的领导力量。1952 年 1 月，尼共由于同情尼泊尔大会党人孔·英·辛格医生（Dr Kunwar Inderjit Singh）领导的拉克萨·达尔（Raksha Dal）起义[③]而被特里普文国王取缔被迫转入地下。1953 年 3 月，曼·莫汉·阿迪卡里（Man Mohan Adhikari）在尼共中央全会上取代普什帕·拉尔·施瑞斯塔当选为总书记。1954 年 1 月 30 日，尼共在加德满都附近的帕坦（Patan）秘密召开了第一次全国代表大会，来自全国的 78 名代表参加了这次大会。大会再次选举曼·莫汉·阿迪卡里为总书记。一大通过了党章、党纲和党的政策决议，确立了反帝反封建的"新民主主义革命"的政治纲领。会议要求成立制宪议会，强调要发展民主，反对《德里协议》，并要求权力归于由人民选出的议会。会议认为"国家元首不应有任何特权"，旨在削弱国王的权力，并间接地支持君主立宪制。会议还提出开展反封建剥削的斗争，要求地主把土地分给农民。[④]

（二）尼共（四大）

1960 年 12 月 15 日，马亨德拉国王发动王室政变夺权，解散大会党内阁和议会两院，改首相内阁为大臣会议制，由王室直接控制政府。王室政变后，曼·摩汉·阿迪卡里与沙穆布拉穆·什雷斯塔（Shambhu Ram Shrestha）、莫汉·比克拉姆·辛格（Mohan Bikram Singh）等领导人被捕入狱，尼共在组织上基本处于瘫痪状态。1962 年 4 月，正在印度流亡的尼共领导人在印度的瓦拉纳西（Varansi）召开第三次代表大会。三大重组了中

---

① M. D. Gurung, "Communist Movement in Nepal", *Economic and Political Weekly*, Vol. 12, No. 44（Oct. 29, 1977）, p. 1850.

② Anirudha Gupta, "Politics in Nepal, 1950 – 60", Kalinga Publications, 1993, P. 202.

③ 拉克萨·达尔（Raksha Dal）起义：是尼泊尔大会党的一个准军事组织拉克萨·达尔因反对《德里协议》而发动的武装起义。

④ 王宏纬主编《列国志 尼泊尔》，社会科学文献出版社，2004，第 151 页。

央委员会，大会通过了由图尔西·拉尔·阿玛蒂亚（Tulsi Lal Amatya）提出的民族民主革命纲领，纲领主张实行"民族民主"，根除封建主义；消除外国资本在民族工业中的影响；废除不平等条约，发展同社会主义国家的关系。强调无党派评议会制度是一个军事专制制度，这个高度剥削性的封建制度注定要垮台，国家的一切权利属于人民，建立作为最高权力机构的议会。① 大会选出了由51人组成的全国委员会，17人组成的中央执行委员会和7人书记处，并选举阿玛蒂亚为总书记，大会决定由阿玛提亚和施瑞斯塔共同负责党的领导工作。1968年曼·摩汉·阿迪卡里、沙穆布拉穆·什雷斯塔在发表了一个"愿意效忠国王陛下"的声明后获释出狱。1971年莫汉·比克拉姆·辛格也获释出狱。1971年12月5日，阿迪卡里与沙穆布拉穆·什雷斯塔、莫汉·比克拉姆·辛格、耐玛尔·拉玛（Nirmal Lama）等尼共原领导人成立了一个名为"中央核心"委员会（"Central Nucleus" committee）的组织，试图将尼泊尔共产主义运动的所有派别组织起来以重建尼泊尔共产党。1974年9月，"中央核心"委员会一部分坚持以毛泽东思想为指导，以暴力革命夺取政权作为斗争策略的党员在莫汉·比克拉姆·辛格、耐玛尔·拉玛的领导下，在印度的瓦纳西（Varanasi）召开了尼共四大，辛格当选为总书记，这次大会所成立的党被称为尼共（四大）（CPN [Fourth Convention]）。这标志着尼泊尔"毛派"政党（Maoist）的正式诞生。20世纪70年代中期，尼共（四大）也成为尼泊尔最大的和组织得最好的共产党组织。

（三）尼共（新火炬）

1976年毛泽东的逝世以及"四人帮"的倒台在尼共（四大）内引起了激烈的争论。耐玛尔·拉玛对中国新的领导人表示认同，而辛格则指责中国在走修正主义道路，将以邓小平为代表的中共领导层斥为"反革命"，并表示忠于正统的毛主义和支持"文化大革命"。② 1978年，辛格由于作风问题被撤销总书记的职务，由拉玛接任。1979年5月，比兰德拉国王宣布，在成年人选举权的基础上，通过无记名的方式举行全民公决，以决定这个王国应当继续实行无党派评议会制度并加以适当改革，还是建立多党制政府。拉玛由于赞同全民公决而受到了党内以辛格为首的一些人的批评，并被迫辞去

---

① Michael Hutt edited, Himalayan 'people's war': Nepal's Maoist rebellion, Indiana University Press, 2004, p. 29.

② Arjun Karki and David Seddon, *The People's War in Nepal*: *Left Perspectives*, Adroit Publishers, 2003, p. 12.

总书记的职务，巴克特·伯哈德·斯利萨（Bhakta Bahadur Shrestha）被选为新的总书记。1980 年 5 月 2 日，尼泊尔举行了全民公决，结果有 54.4%的人赞成继续保持无党派评议会制度，但要对它进行改革，如通过全民大选选出评议会议员等。[①] 而此时在尼共（四大）内，拉玛认为应该利用一切机会进入无党派评议会，辛格则坚决反对。1983 年 8 月，随着总书记斯利萨的被捕入狱，尼共（四大）内部的矛盾进一步升级。同年 11 月，尼共（四大）发生分裂，以辛格为首的多数"左派"分裂出去，成立尼共（火炬）（CPN［Marsal］），尼联共（毛）的现任领导人普拉昌达（Prachanda，真名Pushpa Kamal Dahal）、基兰（（Kiran，真名 Mo-han Vaidya）和巴布拉姆·巴特拉伊（Baburam Bhattarai）当时都是尼共（火炬）领导层的主要成员[②]；而尼共（四大）余部则由拉玛继续领导并沿用原名。[③] 1985 年 11 月，辛格因其反党行为被开除出党。同月，辛格以尼共（火炬）的名义组建了新的五人中央委员会，在此后举行的第一次全国代表大会上辛格当选为总书记。为了与辛格领导的尼共（火炬）区别开来，原来的尼共（火炬）则改名为尼共（新火炬）（CPN［Mashal］），由基兰担任总书记。在基兰的领导下，尼共（新火炬）决定采取暴力活动来唤起民众起义。1989 年，尼共（新火炬）在加德满都举行武装暴动，这次暴动的代号为"部门起义"（*Sector Kanda*）。但暴动最终以失败而告终，许多党员干部被捕。暴动失败之后，尼共（新火炬）领导层对此次暴动进行了猛烈的批评，并将失败的责任归咎于基兰，撤销了基兰的总书记职务，并选举普拉昌达为总书记。

（四）尼共（团结中心）

1990 年 11 月 9 日，比兰德拉国王颁布了新宪法，宣布实行君主立宪制。普拉昌达领导的尼共（新火炬）、耐玛尔·拉玛领导的尼共（四大）、鲁普拉·比斯瓦卡玛（Ruplal Biswakarma）领导的尼共（农民组织）（CPN［Peasant'Organization］）对新宪法持反对态度，并决定联合起来共同抵制1991 年举行的大选。1990 年 11 月 23 日，三党合并组建了尼共（团结中心），普拉昌达当选为总书记。尼共（团结中心）成立不久，跟随辛格的巴布拉姆·巴特拉伊带领着尼共（火炬）的部分党员以及比达里（Bidari）带

---

①　王宏纬主编《列国志 尼泊尔》，社会科学文献出版社，2004，第 132 页。

②　S. D. Muni, "The Maoist Insurgency of Nepal: Origin and Evolution", ISAS Working Paper, No. 111 – 28 July 2010, p. 3.

③　Michael Hutt edited, Himalayan 'people's war': Nepal's Maoist rebellion, Indiana University Press, 2004, p. 32.

领尼共（人民导向）（CPN［People Oriented]）① 的部分党员也加入了尼共（团结中心）。② 1991 年 11 月，尼共（团结中心）召开了第一次代表大会，大会决定以"马克思列宁毛主义作为党的指导思想"，以"建立一个无产阶级领导下的、以工农联盟为基础的、反帝反封建的人民民主专政的新民主主义共和国作为党的战略目标"。为了实现这一战略目标，大会决定"走持久'人民战争'的路线，并采取农村包围城市的战略"。③ 尼共（团结中心）成立后，为了更好地宣传党的路线、方针和政策，决定参加将于 1991 年举行的大选。但尼共（团结中心）认为，由于党的基本目标是进行革命来夺取政权，与参加选举不相符，因此决定不以自己的名字注册参加大选。为了履行参加选举的程序，尼共（团结中心）决定组织"联合人民阵线"（United People's Front Nepal）来代表自己参加选举。1991 年 1 月 21 日，"联合人民阵线"成立，由巴特拉伊作为召集人和主席。1991 年 5 月，尼共（团结中心）以"联合人民阵线"的名义参加了恢复多党议会民主制以来的第一次大选。在巴特拉伊的领导下，联合人民阵线在下议院总共 205 个席位中获得 9 个席位，排在大会党和尼共（联合马列）之后，成为议会第三大党。此后，尼共（团结中心）内出现了采取何种方式来实现革命性变革的争论。普拉昌达为首的一派认为武装斗争时机已成熟，主张进行中国式的持久的"人民战争"来夺取政权；而以拉玛为首的一派则主张走苏联式的城市暴动的道路。1994 年 5 月，尼共（团结中心）一分为二成两个同名党，即尼共（团结中心）拉玛派、尼共（团结中心）普拉昌达派。

（五）尼联共（毛）

1995 年 3 月，普拉昌达领导的团结中心召开中央委员会第三次扩大会议，将党名改为尼泊尔共产党（毛主义）。1996～2006 年，尼共（毛）进行了长达 10 年的"人民战争"，其活动和影响范围已波及 68 个县，人口达 1000 多万，全国 80％的农村地区处于他们的控制或影响之下。2005 年 2 月，尼国王贾南德拉发动政变，解散议会并逮捕和关押了尼泊尔各议会党的领导人。尼共（毛）抓住有利时机，于 11 月 22 日和 7 个议会政党在印度首

---

① 尼共（人民导向）也称尼共（杰纳姆克）［CPN（Janamukhi)］是从尼共（火炬）分裂出来的一个派别。

② Pancha N. Maharjan, "Role of The Extra-parliamentary Political Party in Multi-Party Democracy: A Study of The CPN Unity Center", CNAS Journal, Vol. 20, No. 2（July 1993), p. 221.

③ CPN（United Centre）, "Political Line of CPN（Unity Center)", The Worker, No. 1, February 1993.

都新德里签订 12 点协议，结成反封建独裁同盟。2006 年 4 月，尼共（毛）和七党联盟共同发动人民运动，推翻了贾南德拉的独裁统治。随后，尼共（毛）与七党联盟政府进行了具有历史意义的第三次和谈，当年 11 月双方签订了全面和平协议。2007 年 4 月，尼共（毛）加入过渡政府。2007 年 9 月 24 日，尼共（毛）与尼共（马列毛）进行了合并。2008 年 4 月，尼共（毛）参加尼泊尔首届制宪议会选举，在总共 601 个席位中获得 220 个议席，成为制宪议会第一大党。2008 年 8 月，尼共（毛）与尼共（联合马列）、马迪西民族权利论坛等党派组建联合政府，普拉昌达任政府总理。2009 年 1 月 11 日，尼共（毛）与尼共（团结中心—火炬）合并，成立了尼泊尔联合共产党（毛主义）（Unified Communist Party of Nepal（Maoist）。① 2010 年 4 月 3 日，尼联共（毛）与尼共联合（纳巴拉杰·苏贝迪派）（CPN-Unified［Nabaraj Subedi］）举行会议，宣布并入尼联共（毛）。② 同年 11 月 1 日，尼联共（毛）又与尼共（火炬）进行了合并。2009 年 5 月 4 日，普拉昌达由于不满总统否决其解除陆军参谋长卡特瓦尔职务的决定而宣布辞职，尼联共（毛）联合政府在执政短短 9 个月后宣告垮台。在 2011 年 8 月 28 日下午举行的尼泊尔制宪会议总理选举中，尼联共（毛）副主席巴布拉姆·巴特拉伊获得 594 席中的 340 票，成为尼泊尔第三十五任总理，尼联共（毛）也因此得以在 2 年 3 个月之后再次执政。2012 年 5 月 3 日，巴特拉伊为首的尼泊尔内阁成员宣布集体辞职，为尼主要政党组建一个新的联合政府并继续推动制宪进程铺平道路。5 月 16 日，巴特拉伊组建由所有主要政党参加的全国共识政府。2013 年 3 月 13 日，执政的尼联共（毛）与大会党、尼共（联合马列）主要反对党进行谈判，同意解散巴特拉伊政府，同时成立临时政府性质的"临时选举委员会"，由首席人法官雷格米任委员会主席。

二　尼泊尔联合共产党（毛主义）的理论主张

（一）尼联共（毛）的指导思想

尼联共（毛）坚持以马列毛主义作为党的指导思想，主张用马列毛主义武装全党。尼联共（毛）认为，马克思主义是在阶级斗争的历史经验和发展

---

① Nepali leading CPN-M unified with minor communist party, people daily, January 13, 2009.

② Party unity completes, krishnasenonline, April 3, 2010.

之中总结出来的国际无产阶级的革命科学，作为一门科学，马克思主义的持续发展是一个自然的过程。毛泽东主义在国际无产阶级革命理论的形成过程中，是继马克思主义、列宁主义之后世界革命进入第三阶段的产物，"毛泽东同志从哲学、政治经济学和科学社会主义这三个组成部分的整体方面全面地发展了马克思主义的科学，使之在质上提升到了一个新的阶段。在这样的情况下，无产阶级以马列毛主义这一专有武器的形式获得了自己解放的理论"。①尼联共（毛）强调：毛泽东主义是马克思主义的新发展，反映的是当今世界阶级斗争的情况。贬低毛主义，实际上就是贬低马列主义本身。

尼联共（毛）在领导尼泊尔人民进行反帝反封民主革命的过程中总结出了自己特有的思想体系"普拉昌达路线"。"普拉昌达路线"是马列主义、毛泽东思想在尼泊尔现实条件下的应用。尼联共（毛）指出："社会主义革命有两种模式，包括十月革命模式和毛主席创立的'人民战争'模式。就'普拉昌达路线'而言，我们不能机械地照搬这两种模式，而必须吸收这两种模式的长处。因此，'普拉昌达路线'是人民起义模式和'人民战争'模式的融合。在21世纪的具体背景下，我们试图在尼泊尔开辟一条新的道路。"②"普拉昌达路线"从灵活、独创的新角度来看待共产主义运动，它的主要思想可以提炼为：通过农村包围城市的武装斗争取得对敌人的战略优势和平等的政治发言权，然后通过和平协商和谈判走上议会民主道路参政，进而逐步推进必要的社会改革来实现自己的政治主张。在"人民战争"中诞生的普拉昌达路线是马列毛主义本土化的理论成果，其创新之处可以概括为：农村持久"人民战争"同城市武装起义有机结合的理论；关于武装斗争并不完全排斥议会道路的理论；关于"发展21世纪民主的理论"，这一理论涉及在党、军队和人民政权中发展民主的问题，是普拉昌达路线在2003年后的最新发展。③尼共联（毛）强调"普拉昌达路线"只适用于尼泊尔。

（二）尼联共（毛）的奋斗目标

尼联共（毛）认为，尼泊尔的革命将分为两个阶段进行：第一阶段，是通过新民主主义革命夺取国家政权，建立新民主主义社会；第二阶段是通

---

① Prachanda, "On Maoism", The Worker, No. 1, February 1993.

② 周勇进、姬东：《尼共（毛）领袖欲访韶山 学习中国建经济特区》，《南方都市报》2008年6月30日。

③ 何朝荣：《普拉昌达选集简介》，《国外理论动态》2009年第1期，第57页。

过生产资料的社会主义改造，进入社会主义社会，最终实现共产主义。① 尼联共（毛）强调，"新民主主义革命"是通向社会主义的必经之路，既不能跳过，也不能超越。

尼联共（毛）认为，尼泊尔半殖民地半封建社会的性质和尼泊尔革命的历史任务，决定了尼泊尔革命的性质不是旧式的资产阶级民主主义革命，而是新式的资产阶级民主主义革命，即"新民主主义革命"。它是世界无产阶级社会主义革命的一部分。所谓"新民主主义革命"就是"无产阶级领导的，以工农联盟为基础的、反帝反封建的资产阶级民主革命"。② 之所以是新式的资产阶级民主主义革命，是因为："从一般意义来看，与少数剥削阶级的旧的国家政权相比较，无产阶级的（新民主主义或社会主义的）国家政权是新式的。并且，在苏东剧变后，在21世纪的新环境下建立的国家政权必然是新式的。从尼泊尔半殖民地半封建的具体国情来看，尼泊尔的旧的资产阶级革命还没有完成，因此未来的无产阶级国家政权也必然是新式的。"③

执政后，尼联共（毛）认为十年人民战争已取得了新民主主义革命的部分成果，这些成果包括共和国的建立、世俗主义、联邦主义、比例代表制和包容性民主。当前的任务是通过制宪议会制定新宪法将这些成果巩固和制度化，完成新民主主义革命的未竟的事业，并为社会主义革命做准备。④

（三）尼联共（毛）的革命道路

在成立伊始，尼联共（毛）系统地分析了尼泊尔的社会性质，科学地论证了尼泊尔革命必须走农村包围城市、武装夺取政权的道路。尼联共（毛）指出，第一，尼泊尔是一个内陆国家，三面为印度所包围，一面与中国比邻。虽然它很小，然而除了占领土面积17%的特莱平原外，其他地区大多是有着不同的气候、民族、文化和语言的山区和喜马拉雅山脉。第二，长期以来，尼泊尔都是一个反动集权制国家，反动政府有着强大的、现代化的常备军和官僚机构，它们主要集中在中心城市。尼泊尔人民在内部遭受着

---

① "Strategy and Tactics of Armed Struggle in Nepal, Document adopted by the Third Expanded Meeting of the CC of the CPN (Maoist) in March 1995", The Worker, No. 3, February 1997.

② "Strategy and Tactics of Armed Struggle in Nepal, Document adopted by the Third Expanded Meeting of the CC of the CPN (Maoist) in March 1995", The Worker, No. 3, February 1997.

③ Baburam Bhattarai, "The Question of Building a New Type of State", The Worker, No. 9, February 2004.

④ UCPN-Maoist's Views On The World: Yuba Nath Lamsal, http://www.gorkhapatraonline.com/trn/op – ed/367 – ucpn – maoist – s – views – on – the – world – yuba – nath – lamsal. html.

封建主义、官僚买办势力，在外部遭受着帝国主义特别是印度扩张主义的双重剥削与压迫。第三，尼泊尔的政治经济发展是不平衡的，90％的人口是分布于广大农村地区的受压迫的农民。尼泊尔城市化的进程已经兴起，但是，只是刚刚起步。第四，长期以来尼泊尔的农民和其他群众经历了各种形式的斗争。在群众中，共产主义有着广泛的吸引力。然而，改良主义和修正主义的影响依然十分强大。在尼泊尔，共产党实际上并没有进行武装斗争的直接经验。第五，在半封建、半殖民地的尼泊尔，反动统治阶级正在经历着严重的危机，这种危机在政治领域已经凸现出来。第六，有很多尼泊尔人在世界各地工作，主要是在印度参军和从事其他方面的工作。尼联共（毛）认为，通过上述特点就可以看出尼泊尔武装斗争的走向、政治和策略。"从第一个特点可以看出，这种地理环境最有利于开展与人民群众进行直接联系的游击战。由于武装斗争是反抗针对大多数少数民族的民族压迫，因此，这也将为游击战提供了坚实的群众基础。第二个特点表明我们与敌人之间没有发生直接冲突的形势，所以人民武装力量可以趁机占领一些地方。这也表明尼泊尔武装斗争从一开始就不能采取直接的或阵地战的形式，而必须通过不断地攻击敌人的弱点，以及在一些有利于发动群众的地方开展游击战来发展人民武装力量。通过第一和第二个特点也可以看出，正如中国的井冈山那样，在某些特定的地区建立和发展革命根据地是可能的。第三个特点表明通过在农村地区发动、依靠和团结农民，在尼泊尔的各个地区开展游击战是可能的。第四个特点表明如果右倾改良主义的图谋被彻底地曝光，武装斗争的策略就会得到坚定地执行，人民对我们的支持也会与日俱增。第五个特点表明通过武装斗争来建立人民革命政权的步伐将加快，并将激发我们采取更加大胆的策略来实现这一目标。第六个特点表明了可以动员在国外，主要是在印度工作的尼泊尔人为尼泊尔武装斗争的胜利提供各种必需品。尼联共（毛）指出，上述特点表明尼泊尔的武装斗争不可能很快地演变为总暴动，并打败敌人。然而，通过系统性的发展尼泊尔的武装斗争，并最终打败敌人却是完全有可能的。由此可以得出结论，尼泊尔的武装斗争必须采取农村包围城市的战略。"①

　　尼联共（毛）成立伊始坚决主张武装斗争，否定议会道路。2001 年第二次全国代表大会以后，尼联共（毛）的看法有了重大转变，即认为在坚持武装斗争和城市武装起义的同时，并不应该完全排斥多党竞争和议会道

---

① "Strategy and Tactics of Armed Struggle in Nepal, Document adopted by the Third Expanded Meeting of the CC of the CPN (Maoist) in March 1995", The Worker, No. 3, February 1997.

路。而且，不再仅仅把它看做一种策略，而是出于战略上的考虑。在 2003
年 5 月召开的中央全会上，尼联共（毛）就作出了赞成多党民主的重要决
定，强调："我们必须参加政治竞争"，"离开了政治竞争，机械主义和形而
上学的作风就会产生"，"没有竞争，我们就不能前进"。2005 年 8 月在罗尔
帕召开的中央全会上，尼联共（毛）再次肯定了 2003 年的上述决定。指出
"我们发动'人民战争'，不反对或者说大体上是不反对多党民主的。它主
要的是反对封建独裁统治、反对封建制度。"同时，尼联共（毛）还强调这
种多党民主的反帝反封建的性质，指出："我们是在特定意义上，在特定的
宪法框架之下讨论多党民主的。我们讲的不是资产阶级和议会民主。这个多
党民主将是反帝反封建的。换句话说，只有在反帝反封的宪法框架之下多党
民主才是可能的。"① 对于这一重要战略转变，尼联共（毛）认为主要基于
以下考虑。一是从当今世界政治军事力量的对比来看，世界社会主义运动正
处于低潮，绝大多数国家的共产党组织都坚持走议会民主道路，只有极少数
的共产党组织坚持搞武装斗争。二是从 20 世纪的经验教训看，社会主义国
家普遍失败的主要原因，在于"民主"与"专政"的关系没有处理好。在
20 世纪不同的人民民主制度和社会主义国家的实践中，真正的民主机构和
程序却被弱化了。在苏联，特别是在斯大林时期，苏维埃——一个具有重要
影响的民主机构，逐步变成了一种官僚国家机器。21 世纪的革命者应该吸
取 20 世纪的经验教训，去发展一种新型的无产阶级民主。同时，民主是人
类文明进步中不可阻挡的潮流，多党竞争和议会民主是资产阶级反封建斗争
取得的政治成果，尼泊尔的封建专制制度违背人类进步的历史潮流，政党只
要是反帝、反封建并为人民群众服务的，就可以自由地竞争。三是从国内的
阶级斗争、政治形势和力量对比上看，尼联共（毛）通过"人民战争"控
制了全国绝大多数地方，并在革命根据地建立了人民民主政权，封建统治者
的权力受到严重削弱，民族资产阶级又愿意合作，国内出现了和平的希望，
如果尼联共（毛）能很好地利用已取得的革命成果作为自己的政治筹码，
就有可能通过和平谈判、多党竞争和议会竞选的方式实现自己的目标。

尼联共（毛）指出，新民主主义革命和社会主义框架内的多党竞争不
同于资本主义国家的多党竞争，这种竞争是通过宪法禁止反动派、帝国主义
者和犯罪分子参加，只有进步势力、民主势力和人民群众才允许参加的竞
争。在革命之后，党的首要任务是重新分配财产。从此将不再有穷人和富

---

① 〔印〕斯帕夫·魏瓦德瑞金：《专访尼共毛派普拉昌达同志》，《印度教徒报》2006 年 2 月 8
日、9 日和 10 日。

人，贫富差距也将消除。这样，在组织选举时，人民群众就会享有平等的竞争机会。而在帝国主义和资本主义制度框架内有产者和无产的工人阶级之间的差距是十分巨大的。这种竞争是十分不公平的，因为没有财产的工人阶级是根本无法与有产者、资产阶级和帝国主义竞争的。只有通过社会主义和新民主主义方式对财产进行重新分配，才能组织起以平等为基础的政治竞争。因此，在新民主主义和社会主义框架内选举的思想，是与在资本主义制度下的形式上的选举根本不同的。

（四）尼联共（毛）的党建理论

1. 党的思想建设

尼联共（毛）反对意识形态领域的教条主义和经验主义，主张在具体问题具体分析的基础上，把马克思主义的基本原理与本国的实际结合起来，以灵活的方式发展自己的理论。它认为："马克思主义作为社会实践的哲学是被压迫阶级掌握的改变世界的武器。列宁教导我们'具体情况具体分析是马克思主义活的灵魂'。这意味着当具体情况发生改变时，这件武器也要随之更新。既然马克思、列宁和毛泽东都无法预料当代资本主义的发展，这就要求我们要认真查找共产主义运动自身所存在的缺点，并正确看待帝国主义制度给当今世界带来的新变化。如果我们不进行反思，并拒绝汲取以前的经验教训，那么我们就会遇到新的挑战。其结果是，马克思主义不仅得不到捍卫，而且更得不到发展。只有当我们正确地领会并根据客观条件正确地运用了马克思主义，它才能得到发展。"[1]尼联共（毛）指出，要捍卫和发展马克思主义，就必须在意识形态领域反对三种趋向：一是以具体问题具体分析的名义背离马克思主义的基本原理，这一趋向的结果是右倾修正主义。第二种趋向是承认马克思主义是社会实践的科学，但却以此认为马克思主义在具体的运用过程中会自动地得以发展。这一趋向的结果是实用主义。第三种趋势是认为在当前形势下，除非马克思主义发展完善了，否则革命就不能进行。这种趋向以捍卫和发展马克思主义为借口，沉迷于过去取得的成绩，而不愿投身于现实的革命实践之中。这一趋向的结果是教条主义。尼联共（毛）认为，教条主义和实用主义也会给革命的发展带来障碍。在这种情况下，一方面要与右倾修正主义进行坚决的斗争，另一方面又要密切关注教条主义和实用主义可能带来的危害。当马克思主义运用于实践时，会产生新的经验。这些经验有正面的，也有负面的。这些经验应当反复地进行总结。在总结的过

---

① "Imperialism and Proletarian Revolution in the 21st Century", The Worker, No. 11, July 2007.

程中会产生新的思想，这些新思想必将丰富马列毛主义的哲学宝库。理论和实践将呈现出螺旋式发展以致无穷。

2. 党的组织建设

尼联共（毛）指出，党的组织原则是民主集中制。党需要集中制来指导革命，但是如果这个集中制不能创造广泛的民主基础，那就是不可接受的。否则，民主集中制就可能退化为官僚集中制。尼共联（毛）认为，党内对任何问题都有着不同的观点是正常的，集中制将动员干部和人民群众去讨论这些问题，然后再作出决定。一旦作出决定，就必须得到执行。但在作出决定之前，任何观点都可以拿来讨论，这样首先是实行广泛的民主，然后在此基础上再实行集中。只有这种集中制才是真正的民主集中制。

尼联共（毛）始终把干部队伍建设作为党的建设的一项重要任务。它指出如果没有一大批久经考验的、优秀的领导干部，革命就不可能取得成功。而衡量领导干部是否优秀的标准是看他能否把马列毛主义的普遍真理与本国的具体实际相结合。党的干部路线是根据上述标准培养和选拔"又红又专"的干部队伍。[1] 尼联共（毛）还强调无产阶级政党要高度重视培养和造就革命接班人。普拉昌达提出要提名更多的年轻干部进入党的各级委员会，并使之制度化，以保持各级领导班子之老中青干部比例的平衡，从而使党的领导层更具生机和活力。[2] 在后来举行的中央全会上，普拉昌达还提议主要领导人和核心领导层应一天天地离开管理工作，集中精力于理论工作，好为把新一代革命者培养成接班人创造环境。他认为培养接班人要防止主要领导人去世后发生反革命的危险，保证革命继续进行。[3]

普拉昌达高度重视党员队伍建设。在"人民战争"期间，尼联共（毛）主要是从工人、农民、学生以及被压迫民众中发展党员。为了提高广大党员干部的思想理论水平，尼联共（毛）在党内开设了政治课，在课堂上每位党员通过学习和讨论马列毛主义、哲学、政治、历史、经济学等方面的政治文献，来接受思想理论教育。在执政后，为了扩大党的执政基础，他们又吸收一些知识分子和各界领袖进入党内。为了培养党的后备力量，尼联共（毛）在普拉昌达倡议下于2007年2月1日成立了党的青年组织——共产主

---

[1] Pracanda, Problems & prospects of revolution in Nepal: a collection of articles by Com. Prachanda and other leaders of the CPN (Maoist), Nepal: Janadisha Publications, 2004.

[2] The Great Leap Forward: An Inevitable Need of History, http://www.ucpnm.org/english/adopted - resol. php.

[3] "Prachanda, Hoist the Revolutionary Flag On Mount Everest in the 21st Century", The Worker, No. 10, Sep 2006.

义青年团。共青团的任务是"组织青年、参加党的活动、宣传政治思想、在党的开拓性工作中充当志愿者"。①

3. 党的作风建设

尼联共（毛）十分重视党风建设问题，把党的优良作风概括为："又红又专、艰苦朴素、努力工作"②，并指出，广大党员只有发扬党的优良作风才能保证党不蜕化变质。

在"人民战争"期间，尼联共（毛）在县以上干部中实行财产"共有制"，所有领导人的个人财产均自愿捐献给党统一调配。按照尼联共（毛）的规定，士兵除了吃、住、穿之外，每人每月可以得到 500 尼泊尔卢比（约合 55 元人民币）的生活补贴。但领袖们没有工资，其本人及家庭成员的基本生活开销向党的相关部门报销。③ 2007 年 4 月，尼联共（毛）加入过渡政府后，为本党的内阁成员制定了 14 点道德准则。内容包括：严格执行政党决议；为建立联邦民主共和国不懈努力；继承先烈遗愿，全心为人民谋福祉；生活简朴，财产交公，不敛私产；禁欲，摈弃奢侈享受；改正主管部门的不当之风；等等。④ 在制宪议会选举获胜后不久，普拉昌达在会见党员时表示，党员要从大会党和尼共（联合马列）的失败中吸取教训，没有任何力量胆敢忽视人民的授权，包括国王在内。"人民对尼联共（毛）的期待与日俱增"，他要求党员规范言行审慎行事，因为选举的成功赋予尼联共（毛）新的责任。⑤

执政后，尼联共（毛）规定担任政府要职的领导人的工资属于国家和人民，除了留下一些作为维持日常的开支，工资将被存放在党的金库里。普拉昌达在就任总理职务后接受首次采访时指出，我们并不认为私有财产应当废除，但领导层一定要远离赚钱、发财，并以此保证人民的财产得到保护和增加。⑥ 尼联共（毛）还制定了《15 点行为准则》对领导干部的私有财产、经济活动、生活作风等作出了明确规定。⑦ 为此，尼联共（毛）设立了专门

---

① Young Communist League, http://www.satp.org/satporgtp/countries/nepal/terroristoutfits/YCL.html.

② Pracanda, Problems & prospects of revolution in Nepal: a collection of articles by Com. Prachanda and other leaders of the CPN (Maoist), Nepal: Janadisha Publications, 2004.

③ 张松：《普拉昌达进城三年间》，《环球时报》2010 年 1 月 8 日。

④ 尼泊尔 2007 年 4 月政局动态，http://np.mofcom.gov.cn/aarticle/ddgk/divisoin/200705/20070504670001.html。

⑤ 尼泊尔新闻（2008 年 4 月 26 日），http://np.chineseembassy.org/chn/znbedsg/nbo/t429549.htm.

⑥ Prachanda's first interview as Nepal PM, http://www.pragoti.in/node/2008.

⑦ "Com. Biplab, Central Committee Decisions with its Special Importance", The Red Star, December 5, 2009.

的纪检小组，不定期对各级领导干部的经费开销进行审核。2009 年 12 月，普拉昌达在中央委员会会议上批评了一部分同志身上出现的无产阶级行为方式和工作作风正在急剧退化，关心集体，为党和革命事业奉献的积极主动性和牺牲精神正在逐步被对个人利益的关心所取代的问题，号召广大党员干部要坚定地在党内弘扬无产阶级的行为方式和工作作风，全心全意地为人民服务。①

4. 党的统战工作

团结一切可以团结的力量，争取一切可以争取的同盟者，实现革命的奋斗目标，是尼联共（毛）一贯坚持和强调的基本思想。在"人民战争"时期，尼联共（毛）建立了一系列的民族和地区阵线，如马加拉特解放阵线、塔姆旺民族解放阵线、萨鲁万民族解放阵线、塔芒民族解放阵线、萨米民族解放阵线、马吉民族解放阵线、尼泊尔达利特解放阵线和卡纳里地区解放阵线等。为了扩大党的社会基础，尼联共（毛）还建立了比较广泛的群众组织，比较有影响的有：全尼泊尔妇女联合会、全尼泊尔民族独立学生联盟（革命）、全尼泊尔工会联盟（革命）、全尼泊尔农民协会（革命）、全尼泊尔教师联盟（革命）、全尼泊尔人民文化联合会以及尼泊尔全国知识分子组织等。尼联共（毛）还在旅居印度的尼泊尔人中建立了自己的群众组织，如全印度尼泊尔学生联合会、全印度尼泊尔青年联合会、全印度尼泊尔少数民族团体等。② 在建立国内统一战线的同时，尼联共（毛）还强调，革命力量的联合和团结必须以国际组织为载体。在缺少无产阶级的国际组织的今天，无产阶级应该向这个方向进行不懈的努力。为此，尼联共（毛）主张积极发展同国外相关政党的关系，并与这些党联合成立了一个国际组织——革命国际主义运动。目前该组织的政党和组织有 14 个。尼联共（毛）还成立了南亚毛主义政党和组织协调委员会，其主要职能是协调南亚毛主义政党、组织的行动。执政后，为了实现人民至上、建立民族联合政府的目标，尼联共（毛）又建立了由党领导的两个层面的统一战线。第一个层面是在党的领导下，由各种群众组织和全国的、地方的知名人士组成的统一战线。第二个层面是由全体左翼的、进步的、爱国的人士以及支持人民至上的其他党派、组织和个人组成的统一战线。

---

① Present Situation and Historical Task of the Proletariat （2009）, http：//www. ucpnm. org/english/doc12. php.

② P. G. Rajamohan, Communist Party of Nepal （Maoist）-CPN （M）, www. ipcs. org/agdb14 - nepalmaoists. pdf.

（五）尼联共（毛）的理政纲领

1. 尼联共（毛）的政治纲领

在政治方面，尼联共（毛）指出，"要建立一个无产阶级领导的，以工农联盟为基础的，包括民族资产阶级和被压迫民族在内的一切进步阶级参与的，人民民主专政的新民主主义的共和国"。① 新民主主义共和国代表大多数劳动阶级的利益，它通过暴力和专政对少数寄生阶级实行专政。在尼联共（毛）看来，在新民主主义共和国的初级阶段，是无产阶级、农民阶级、民族资产阶级等所有反帝、反封建的进步阶级的联合民主专政，也即人民民主专政。在完成资产阶级民主革命，过渡到社会主义之后，国家的性质将是无产阶级专政。在共产主义社会，所有的专政形式都将消失。

尼联共（毛）关于新民主主义国家政权结构的设想有以下内容。政府结构分为三个层次：中央、自治共和州与地方。考虑到尼泊尔的种族构成、地理环境、语言基础和经济情况等，设立 11 个自治共和州和其他的次自治州或单位。中央、州和地方的权利及义务应在宪法中明确界定；中央实行两院制——上院和下院，在上院各联邦有相同数量的代表，下院代表由各联邦有选举权的公民直接选举产生。实行总统负责制，总统由人民直接选举产生，行使国家元首和全国武装力量总司令的职权，总理作为行政首脑，负责管理政府的日常事务；在新民主主义阶段和社会主义阶段实行多党竞争制，承认所有社会团体和政治党派的独立性，定期举行公开、自由的选举；人民享有基本的政治权利，如言论和表达自由，选举权和被选举权，信仰宗教和不信仰宗教的自由；建立有效的可选择性的宪法机构，严惩政府部门的官僚主义、违法犯罪和腐败行为；建立"行政重建委员会"使现存的政府行政部门更加诚实、精干、公正和透明；对人民解放军和尼泊尔军队实行整合，重建统一的国家军队。尼泊尔军队应民主化，人民解放军应更专业化，新的国家军队应尽快以适当的方式实现整合；所有民族，被压迫地区、妇女及德里特人参与军队的比例应得到保证。军队现代化应通过使军队更有效率来实现。应制订条款向所有已满 18 岁及到特定年龄的健康公民提供军事教育和培训。②

---

① Common Minimum Policy & Programme of United Revolutionary People's Council, Nepal (URPC), September 2001, Adopted by the First National Convention of the Revolutionary United Front consisting of the representatives of the C. P. N. (Maoist), http：//www.ucpnm.org/english/adopted - resol.

② CPN (Maoist), New Ideology and New Leadership For A New Nepal：Commitment Paper of The CPN (Maoist) For The Constituent Assembly Election, www. unmin. org. np.

2. 尼联共（毛）的经济纲领

尼联共（毛）认为，尼泊尔是世界上最不发达的国家之一，为了发展新民主主义经济，必须摧毁与帝国主义、扩张主义相联系的半封建的生产方式，建立起新型的社会主义导向的新民主主义的生产制度。尼联共（毛）对经济纲领作了系统的阐述。

第一，进行科学性的土地改革。尼联共（毛）认为，像尼泊尔这样以半封建的农业为基础的国家，土地革命是新民主主义革命的基础。这是因为"不实行真正的'耕者有其田'，农民就不能成为土地的主人，就不能进行土地革命，并最终完成新民主主义革命"。[①]土地改革的主要目标是：最大限度地利用大多数农民的生产力，通过使无地农民拥有土地以及为贫苦农民提供充足的生产资料（如土地、信贷等）来促进社会生产力的发展；通过最大限度地利用属于封建主的废弃的或未充分使用的生产资料（如土地、货币资本等）来促进社会生产；通过促进农业生产和增加农产品的种类使更多的资本和原材料用于国家的工业化；通过提高占人口大多数的农民的收入为工业的发展提供足够的内部市场。[②]

第二，实现国家工业化。尼联共（毛）认为，新民主主义经济纲领的另一个重要内容是通过优先发展工业，尽快地在全国实现工业化。工业化的主要目标是：通过将落后的半封建的农业部门的剩余劳动力转移到工业生产部门来促进社会生产，提高劳动生产率和国家的整体经济水平；通过为农业部门生产必要的生产资料，为农产品提供市场以及为农业部门的剩余劳动力提供生产性就业来促进农业部门以及所有经济部门的先进的生产方式（如资本主义和社会主义的生产方式）的发展；通过生产必要的资本商品、基本生活资料、半成品和消费品来阻止资本外流，结束对外国的依赖；在国际分工中通过生产具有比较优势的商品来促进出口；满足社会更高的物质和文化需求。要实现上述目标，首先要通过对现存社会进行革命性的变革来为国家工业化所必需的资本、劳动力和市场的协调发展创造条件。对于原始积累的资本，如果这些资本来自于农业部门，并闲置在封建主手中，或被他们用于挥霍性的消费，或被用于放高利贷，如果这些资本掌握在大买办官僚资产阶级手中，那么将被没收，并置于国家的控制之下。

第三，促进全国经济均衡和全面发展。新民主主义经济纲领的又一重要

---

① 袁群译：《巴特拉伊论尼泊尔的新民主主义革命》，《国外理论动态》2010 年第 3 期，第 44 页。

② Baburam Bhattarai, Political-Economic Rationale of People's War in Nepal, The Worker, N. 4 May 1998.

内容是协调区域经济发展，保证全国经济的均衡和全面发展。这一战略的主要内容是：充分发挥不同地区的生产潜力，加速社会发展步伐；根据各地区的经济和地理条件，通过权力下放实现经济的自力更生，保护它免受外部的干涉和压迫；通过防止社会和地区的两极分化，引导社会朝着更进步和更民主的方向发展。通过不同的社会部门和地区间的互助合作来保证可持续发展。要实现上述目标，必须做好以下工作：控制城乡之间的两极分化；健全建立在相互依存的大中小城镇和乡村基础上的安置制度；通过明确山区和特莱平原的劳动力分工，发展它们之间的相互关系；建立以工业和农业一体化发展为基础的生产园区；在受压迫的民族地区实行民族自治；在受压迫和偏远地区实施区域自治和地方自治；在旧的社会系统中，特别是由于基本的经济、社会、医疗服务和基础设施只集中在少数城市中心，以及大城市人口无限制的增长和集中，导致了城市的农村化。在这种背景下，新民主主义制度将为农村地区提供经济、社会、医疗服务和基础设施。

3. 尼联共（毛）的文化纲领

尼联共（毛）认为："当前的尼泊尔正在进行着两种文化——倒退的文化和民主的文化的斗争。倒退的文化是建立在宗教的、传统主义的、保守主义的、财富、命运、前世再生、天堂地狱等唯心主义、神秘主义的基础上的，是封建主义、扩张主义和帝国主义文化的混合物。"[1] 它指出，在新民主主义社会应该摒弃倒退的文化，发展新民主主义文化，而这种新民主主义文化"应该是民族的、民主的和科学的文化"。[2] 尼联共（毛）主张，在文化教育领域，要提高人民的文化水平，树立服务于人民的、进步的、科学的世界观，以取代封建的、官僚买办的和反人民的世界观，为社会和国家重建培养又红又专的劳动者。普及免费义务教育。发起专门的识字运动，消灭文盲。教育将与劳动相联系，并有益于生活。要重视专业技术教育，大力发展高等教育和科学技术教育。重视文学艺术的保护和发展。提倡服务于群众、提升人们的政治觉悟、增强人们尊重劳动意识的文学艺术。促进和保护大众艺术和大众文化。废除从外国传入的无政府主义的、神秘的、虚无主义的、畸形的、消极主义的反人民、反国家和非科学的艺术和文化。培养人民作家和艺术家，为艺术和文化的发展创造有益的氛围。褒奖优秀的文学艺术。禁

---

① "Kiran, Literature, Art, and Culture in New Nepal", The Worker, No. 9, July 2007.

② Common Minimum Policy & Programme of United Revolutionary People's Council, Nepal（URPC），September 2001, Adopted by the First National Convention of the Revolutionary United Front consisting of the representatives of the C. P. N. （Maoist），http：//www.ucpnm.org/english/adopted - resol.

止粗俗、淫秽的文学作品和电影。保护人们的言论自由，实行百花齐放、百家争鸣的政策。鼓励报纸和杂志发表客观的新闻和观点。注重出版对社会有益的、为人民所喜闻乐见的书籍和杂志。大力保护具有历史意义、考古和艺术价值的文化遗产。对被压迫民族的语言和文化的保护要给予特别的关注。为文学、艺术和文化的保护和发展制订专门的计划与方案。为了文学、艺术、音乐和电影的发展，重建相关院校。发动专项运动以反对社会文化差异，并为国家、民主、科学和文化的发展制订必要的政策。

4. 尼联共（毛）的社会纲领

在尼泊尔，封建主义剥削十分严重，种姓、等级制度森严。全国71%的人口生活在绝对贫困线以下，10%的劳动力失业，60%的劳动力未充分就业，没有基本的社会服务，农村的医疗保障几乎不存在，卫生条件很差。为了改善人民的医疗卫生、工作条件及生存环境等，尼联共（毛）提出了新民主主义的社会纲领：给所有公民提供免费的、普遍的医疗服务，把医疗卫生工作的重点放到农村去。对穷人、老人和孩子实行国家照顾，应按照老年公民对社会的贡献提高每月分配给他们的津贴，使他们能过上体面的生活。结束妇女所遭受的所有形式的家长制剥削，给予妇女与男性同样的权利，保障妇女在各个部门的特殊权利，包括在政府部门的代表权。贩卖和强奸妇女者将受到严厉惩罚。男女之间的婚姻应建立在相互爱慕和自愿的基础之上，严格执行一夫一妻制，禁止一夫多妻制。对贱民（指印度瓦尔纳种姓制度中的受压迫的种姓）的所有形式的剥削和压迫都将取缔，贱民享有与其他公民同等的权利。不可接触制度将完全取缔。消除阶级、种姓、语言、性别、文化、宗教和地区歧视，并在包容、民主、进步的基础上以重建国家结构的方式来解决妇女、贱民、原住民、被压迫种姓、被忽视人群、少数民族和落后等问题。[①]

5. 尼联共（毛）的外交政策

尼联共（毛）认为，在帝国主义时代，由于资本主义发展的内在的不平衡性，使得无产阶级（人民民主或社会主义）革命有可能在世界上某个特定国家爆发。然而，由于帝国主义控制着整个世界的经济、政治、军事和文化，因此，在单独一个国家建立无产阶级政权的过程中，国际关系将是极为复杂和重要的因素。如果在处理国际关系的过程中，不能保护国家独立、主权和领土完整，一个新的、繁荣的尼泊尔就不可能很快地建立。尼联共

---

① CPN（Maoist），New Ideology and New Leadership For A New Nepal：Commitment Paper of The CPN（Maoist）For The Constituent Assembly Election，www. unmin. org. np.

（毛）指出："对于新型的无产阶级国家来说，必须从一开始就制定相关的政策来抵御帝国主义、扩张主义和霸权主义。为此，一方面，在战略上，要在无产阶级的国际主义的基础上，团结世界上的所有的无产阶级力量。另一方面，在策略上，要在和平共处原则的基础上与所有国家建立外交关系，最大限度地利用帝国主义国家之间的矛盾。"① 依据这一方针以及尼泊尔特殊的地缘政治环境，尼联共（毛）积极倡导独立自主的外交政策，主张在和平共处五项原则和不结盟的基础上与所有国家发展友好关系，特别是在两大邻邦——中国与印度之间建立一种平衡的和巩固的关系，结束过去尼泊尔一直作为"缓冲国"的状况，制定相关政策使尼泊尔在已经成为世界经济的新引擎的中国和印度之间发挥积极的桥梁作用，进而使尼泊尔从它们的经济发展中受益；主张对自英国统治印度时期以来尼泊尔与印度之间的不平等关系做出严肃的评估。1950 年尼泊尔与印度签署的友好条约应被废除，并在和平共处五项原则与互利互惠原则的基础上签订新条约，同样，所有其他的条约都应根据需要进行审查、修正、改进或废除。为此，应采取相关的重大的外交及其他手段。

（六）尼联共（毛）对当前国际形势的分析

尼联共（毛）认为，帝国主义是当今世界为了进步性的变革而开展革命运动的劳苦大众的主要敌人。帝国主义为了保护统治者和资产阶级的利益经常改头换面，如改变它的颜色、表现形式、口号和策略。经济自由化、私有化、全球化是其最近的一些新变化。这些变化的目的是为了捍卫资本主义垄断和帝国主义对全球的统治。尽管资本主义采取了一些新的措施，但是这并没有阻止资本主义制度进入到一个新的更为严重的危机阶段。资本主义想要获得无限的利润，只有通过掠夺全球资源和剥削压榨整个发展中国家的人民才能获得。在殖民主义的鼎盛时期，帝国主义为了殖民国家的利益常常直接地干涉甚至接管殖民地的政权，掠夺他们的资源。"二战"后，由于发展中国家民族意识的高涨和民族解放运动的兴起，帝国主义开始了新的转向。为了控制和榨取更多的利益，西方国家以支持民主、人权、反恐的名义，对那些战略意义重大和资源丰富的国家采取了干涉主义的政策，以达到继续控制这些国家的目的。它们对阿富汗、伊拉克和亚洲、非洲其他一些国家的控制就是明证。但是西方国家的所作所为并没有能够阻止全球资本主义危机的

---

① "Baburam Bhattarai, The Question of Building a New Type of State", The Worker, No. 9, February 2004.

爆发。而且，资本主义危机还有进一步恶化的趋势。当前这场自 2008 年从美国开始并蔓延至全球的经济危机，是资本主义所面对的一场无比严重的危机。这表明为了结束这场仍在不断发展的危机就必须寻找一种替代资本主义制度的方案。这一替代方案实际上我们已经找到，那就是社会主义，只有社会主义才能解决和终止全球经济危机，并为人的发展提供更好的条件。

尼联共（毛）指出，资本主义国家和它们的媒体联盟正在发起一场媒体战，大肆宣扬马克思主义和社会主义已经失败，社会主义不是一个可替代资本主义的政治经济模式。苏东剧变被资本主义媒体描述为社会主义模式的失败。在斯大林逝世和赫鲁晓夫上台后苏联社会主义的失败是世界社会主义运动的一个重大挫折。但这并不意味着社会主义失败了，而资本主义胜利了。在拥有有限资源的世界，资本主义将获得无限利润作为自己的根本目标是不可能实现的。由于根本不存在无限的利润，资本主义注定要走向失败。目前的全球经济危机就是其原因和结果。现在那些正力求从资本主义内部寻找危机的解决方案的努力是徒劳的。事实业已证明，金融资本的全球化只是帝国主义通过剥削贫困的发展中国家的人民来获取巨额利润的手段。其后果是，整个世界可能在未来陷入一个更大的经济危机的旋涡。尼联共（毛）认为，美国是全球资本主义和帝国主义的领导者。但是华盛顿的领导地位甚至受到了资本主义世界的挑战。由于在控制世界有限资源方面存在分歧，资本主义阵营内部已经显露出对立和分裂的迹象。帝国主义国家对发展中国家的干涉和掠夺正在激起那里的劳苦大众反对帝国主义、资本主义及其走狗的浪潮。这种形势正在为全球革命营造一个有力的环境。鉴于帝国主义和资本主义国家的危机正在深化，尼联共（毛）认为，世界各国，特别是发展中国家的劳苦大众和无产阶级需要采取行动来领导反对帝国主义和资本主义的运动。为此，有必要与国内外所有共产党革命派建立密切联系，有计划地推进运动的发展，从而为革命的发展和社会主义政权的建立打下坚实的基础。①

三　尼泊尔联合共产党（毛主义）的实践斗争与现状

（一）尼联共（毛）的执政实践

尼联共（毛）于 1996 ~ 2006 年在尼泊尔开展了 10 年的人民战争。2006

---

① UCPN-Maoist's Views On The World：Yuba Nath Lamsal, http：//www.gorkhapatraonline.com/ trn/op－ed/367－ucpn－maoist－s－views－on－the－world－yuba－nath－lamsal.html.

年 11 月尼联共（毛）与"七党联盟"政府签订了《全面和平协定》，停止自 1996 年开始的武装斗争。尼联共（毛）党于 2008 年 4 月 10 日参加选举成为制宪议会第一大党，并推动尼泊尔制宪议会第一次会议在 2008 年 5 月 28 日宣布终结有近 240 年历史的沙阿王朝，废除君主制，建立尼泊尔联邦民主共和国。并分别于 2008 年 8 月至 2009 年 5 月、2011 年 8 月至 2012 年 5 月两度与其他政党联合执政。执政期间，尼联共（毛）采取了一系列措施来履行其关注民生、推进和平进程、制定新宪法、实现经济发展的承诺。

1. 废除农奴制度，消弭种姓裂痕

尼泊尔农奴制又称哈里亚（Haliya System）制度。"哈里亚"在尼语里是耕作者的意思，是指那些从高利贷者借贷而不能及时偿还的欠债农民，定期去债主家里耕种土地或者服其他劳役，通过提供无偿劳动来偿还债务的一种租佃制度。哈里亚制度主要在尼最偏远落后的西部和中西部地区盛行。据统计，目前在尼泊尔西部大约有 10 万名哈里亚在这些地区遭受着不同形式的剥削。[①] 哈里亚主要由为低种姓的"不可接触者"贱民（untouchables），又称"达利特人"（Dalits）组成。2008 年 9 月 6 日，尼联共（毛）内阁会议做出决定，从即日起废除在尼中部和远西部盛行数年的佃户制度。尼共（毛）政府还决定出台安置计划，向失业的佃农提供职业培训，提高他们的就业能力，向佃农无偿提供住房用地和每户 10000 卢比的建房补贴，让他们有起码的安身之所。政府还要求地主和债主减免佃农的债务和租佃。

2. 推行科学的土地改革，实现"耕者有其田"

尼泊尔是世界上最落后的农业国之一，整个农业生产水平十分低下，基本上处于自给自足的自然经济状态。尼泊尔农业发展缓慢的主要原因是存在着封建土地所有制形式，土地高度集中。2008 年 11 月，尼联共（毛）政府承诺执行全面土地改革政策，废除保护地主利益的旧法律，同意起草保护人民利益的新土地法，要求土地拥有者在新法出台前不要更换土地承租人。[②] 12 月 10 日，内阁召开会议，决定成立由 7 名成员组成的高级别科学土地改革委员会。委员会 7 名成员中，执政联盟的六个政党各占 1 名，另 1 名来自全国土地权利论坛。在内阁任命另外 6 名成员之前，总理将与各政党及无土地农民进行商谈，征求他们对土地改革的看法。委员会的职责是向政府提交

---

① "Govt abolishes Haliya system", Nepal News, September 7, 2008.
② 尼泊尔新闻（2008 年 11 月 29 日），http://np. chineseembassy. org/chn/znbedsg/5/t524300. htm.

一份土地改革报告，确保能够科学地分配土地。[①]

3. 大力发展经济，提高人民的生活水平

尼泊尔是世界上最不发达国家之一，不发达和贫困、农业滞后、就业率低、不平等和歧视、基础设施不足、经济依赖性强是尼泊尔经济面临的主要问题。尼泊尔人民渴望改变贫困落后的面貌，发展经济也成为新政府所面临的最为迫切的任务。尼联共（毛）执政后多次承诺要将社会经济改革作为工作重点，用 10 年时间改变尼的面貌，20 年走向繁荣，使尼泊尔成为"亚洲的瑞士"，人均国内生产总值将从 300 美元上升到十年后的 3000 美元。为此，尼联共（毛）采取了一系列刺激经济发展的计划：解决贫困、失业等社会经济问题；建立混合经济体制，鼓励民族企业发展，壮大国有企业，推动公私合营；引进国外先进技术，鼓励外商投资；因地制宜地开发喜马拉雅山南麓丰富的水资源和良好的旅游资源；借鉴中国的经验，加强与中国、印度的经贸往来等。尼联共（毛）政府还确定将农业、水资源、旅游业、发展人力资源和工业作为优先发展领域。

4. 积极推进政府改革

尼联共（毛）执政后对效率低下的官僚体系进行了大刀阔斧的改革。2008 年 9 月 6 日，尼联共（毛）政府公布了《勤俭办公条例》。条例规定：所有政府部门在负担相关费用前必须征求财政部同意，在没有获得费用来源时不能承担任何费用；除了工资以外，日常工作不能再额外获得补贴和津贴；不能随意雇用顾问，只有以合同形式明确顾问的工作计划才能雇用；除地方津贴外，此前各部、委员会、秘书处和大臣委员会确定的津贴一律取消；除特殊情况外，所有享受公车待遇者只能享受一辆公车，各部门之间不能相互借用公车，所有公车牌照均需换成政府牌照；除接待外国客人外，不能使用政府资金举行宴会；出访代表团不能超过 3 人。[②] 为避免官僚主义，政府决定将交换数以千计的公务员岗位，将近两年在首都工作特别是"油水"多的公务员交换至全国各地，同时将边远地区的公务员交换至首都。政府表示，将建立一套体系监督指导有关公务员的交换工作。2011 年 8 月巴特拉伊任总理后，也推出了提高政府工作效率、改善政府形象，进行经济、社会改革等一系列政策，并以身作则，一改以往总理都选用外国汽车作为用车的惯例，宣布自己将选用尼泊尔自制的"木斯

---

① 尼泊尔新闻（2008 年 12 月 10 日），http：//np. china - embassy. org/chn/znbedsg/i/t525834. htm.

② 尼泊尔新闻（2008 年 9 月 9 日），http：//np. china - embassy. org/chn/znbedsg/w/t511973. htm.

塘"吉普车。

5. 推进军队整编和安置

2006 年 11 月 21 日尼联共（毛）与七党联盟政府签订的《全面和平协定》规定，"临时内阁应成立一个特别委员会来检查、整编、复员毛主义者的武装人员"。[①] 协定签订后，"人民解放军"被安置在全国 28 个兵营里，在联合国驻尼泊尔特派团的监督下实行集中控制和管理。这支受监控的部队最初曾高达 3 万多人，后来经联合国尼泊尔特派团的甄别，最终留下的约有 1.9 万人。2011 年 11 月 1 日，执政党尼联共（毛）和尼泊尔大会党、尼泊尔共产党（联合马列）等主要政党达成"七点协议"。根据协议，1.9 万多名先前由尼共（毛主义）领导的武装人员中，6500 人整编为政府军，受军方领导，但仅限于执行非战斗任务，例如参与建设、维护林业和工业安全。其余武装人员可选择重新融入社会，当局向他们发放 50 万至 80 万卢比（约合 6300 美元至 1.1 万美元）不等的安置费，用作开始新生活的启动资金。2012 年 4 月 19 日，"人民解放军"的第二阶段整编工作已经完成，共有 3100 多名"人民解放军"武装人员选择编入尼泊尔政府军，6500 多人自愿退役，后者已拿到遣散安置费并离开军营。[②]

6. 发展对外关系，拓展外交空间

尼联共（毛）执政后视与两大邻国——中国和印度的关系为最重要的外交关系。在对华政策方面，执政后的尼共（毛）一直注重发展与中国的关系，将与中国的关系看做尼联共（毛义）政府外交关系的重中之重。[③] 在对印政策方面，尼联共（毛）由于其角色的转变，也调整了以往的"反印"政策，表示将在尼、印、中三边关系中奉行基于地缘政治的"等距离外交"，保持同印度的传统关系。在对美政策方面，"反对美帝国主义"是尼联共（毛）执政前一贯的政治主张。在执政后尼联共（毛）的对美政策也根据形势的变化进行着灵活的、策略性的调整，意识形态领域的反美倾向在弱化，国家利益和经济发展被提高到应有的地位。2008 年 9 月，普拉昌达在纽约参加第 63 届联合国大会期间与美国总统布什进行了会谈。2012 年 9 月 6 日美国将尼联共（毛）从其全球恐怖组织名单中去除。

---

① Comprehensive Peace Accord Concluded Between the Government of Nepal and The Communist Party of Nepal（Maoist），http：//www.peace.gov.np.

② 陈炎炎：《尼泊尔对前反政府武装的第二阶段整编工作结束》，http：//news.xinhuanet.com/world/2012－04/20/c_111815983.htm.

③ 国秀：《尼共（毛主义）将带尼泊尔走出苦难》，《环球时报》2008 年 5 月 30 日。

（二）尼联共（毛）的党建工作

尼联共（毛）成立以来实行的是党主席的集中领导制，重大战略决策由政治局和常委会讨论，但最终决定由党主席普拉昌达作出。这种领导体制集中有余而民主不足。2009 年 7 月 30 日，尼联共（毛）中央委员会 30 日在首都加德满都召开会议，决定改组中央领导机构，实行集体领导制。该党中央领导集体除了普拉昌达外，还包括 3 名新任副主席——基兰、巴特拉伊、普拉卡什、新任总书记巴德尔以及 2 名书记处书记——高达夫、迪瓦卡，共 7 人。[①] 2011 年 7 月，尼联共（毛）又对党的主要领导人的具体职责进行了分工：普拉昌达作为党的总负责人；巴特拉伊负责党的议会党团的工作，并在将来组建共识政府时作为党的总理候选人；基兰负责组织部和纪检部的工作；巴德尔负责军事部门和中央办公厅的工作；普拉卡什将在政府中任副总理和内务部长；高达夫负责统一战线工作，并与迪瓦卡一起负责和平进程的谈判工作。[②] 与此同时，对于党的重大决策，中央委员也被允许公开表达自己的意见。

2013 年 2 月 2 日至 8 日，尼联共（毛）召开了第 7 次全国代表大会。这也是自 1992 年以来该党第一次召开党的代表大会，来自全国各地的 1000 多名干部参加了此次会议。大会再度选举普拉昌达为党的主席，巴特拉伊和施里萨为副主席。此次会议还采取了新的政治路线，其主要内容包括：在指导思想上，强调坚持马列毛泽东主义为指导（此次会议将以前的 Marxism-Leninism-Maoism 改为了 Marxism-Leninism-Mao Tse Tung），但认为"普拉昌达路线"已不再适于作为指导思想。[③] 在奋斗目标上，尼联共（毛）认为十年人民战争已取得了新民主主义革命的部分成果，这些成果包括共和国的建立、世俗主义、联邦主义、比例代表制和包容性民主。当前的任务是通过制宪议会制定新宪法将这些成果巩固和制度化，完成新民主主义革命的未竟的事业，并为社会主义革命做准备。在实现手段上，尼联共（毛）主张通过和平手段实现对资本主义的替代，但不完全放弃革命道路。[④] 此次会议对党的政治路线的调整在一定程度上适应了当前尼联共（毛）和尼国内政治发

---

① 章建华：《尼泊尔联合共产党决定改组 即将实行集体领导制》，新华网，2009 年 7 月 31 日。

② UCPN-M lays to rest intra-party feud, The Himalayan Times, 24 July 2011.

③ Nihar Nayak, Maoist's New Political Line and Challenges, http：//www.idsa.in/idsacomments/MaoistsNewPoliticalLineandChallenges_ nnayak_ 180213.

④ UCPN-Maoist's Views On The World：Yuba Nath Lamsal, http：//www.gorkhapatraonline.com/trn/op – ed/367 – ucpn – maoist – s – views – on – the – world – yuba – nath – lamsal. html.

展的要求，对于统一全党思想，增进党的团结，维护尼国内政治稳定起到了积极的作用。

（三）尼联共（毛）的党际交往

1. 尼联共（毛）与尼共（联合马列）的关系

尼联共（毛）与尼共（联合马列）可谓同母同源，两者也是尼泊尔最大的两个共产党派别，在尼泊尔政坛上发挥着举足轻重的作用。由于在理论政策、政治立场和现实利益上的差异，1995 年尼联共（毛）成立后，两党之间的关系总体处于相互对立、相互攻击的状态。执政后，尼联共（毛）开始与尼共（联合马列）积极接触，发展友好关系。2008 年 12 月 27 日，尼联共（毛）和尼共（联合马列）召开会议，双方达成协议，将加强两党关系，并按照人民的期望共同促使政府顺利运作。两党高级领导人决定为此制定工作计划表。[①] 2009 年 2 月 1 日，尼联共（毛）主席兼总理普拉昌达与尼共（联合马列）总书记卡纳尔在普官邸举行两党高层领导人会议。双方一致同意今后在发布新的政令之前，将先征求其他各党的意见。两党领导人还决定结束两党之间的"口水战"，并经常性召开联席会议，消除彼此之间的分歧。[②] 2009 年 2 月 16 日，普拉昌达应邀出席了尼共（联合马列）第八次代表大会开幕式并发表了讲话。普拉昌达表示，我一直倡导各党达成共识与谅解，让我们从今日起落实共识文化，尼联共（毛）将落实以往协议，对任何冒尼联共（毛）名义进行的违法活动将采取严厉措施。普拉昌达呼吁左翼力量保持团结。[③] 2011 年 11 月 19 日，卡纳尔在该党学生组织举行的一个研讨会上说："如果尼联共（毛）能够放弃它们的激进思想，两党的合并是可能的"，"联合马列和尼联共（毛）这两个议会民主政党的合并将推动尼泊尔的共产主义运动达到一个新高度。"[④] 总的来看，自执政以来，尽管尼联共（毛）和尼共（联合马列）之间的分歧与矛盾依然存在，但两党之间合作与共识是主流。

2. 尼联共（毛）与中国共产党的关系

中国共产党与尼联共（毛）之间的关系曾走过了一段曲折的道路。从 2007 年开始，随着尼泊尔局势的发展，双方都采取了务实的政策，两党的

---

① 尼泊尔新闻（2008 年 12 月 27 日），http：//np. china - embassy. org.

② 尼泊尔新闻（2009 年 2 月 1 日），http：//np. china - embassy. org.

③ 尼泊尔新闻（2009 年 2 月 16 日），http：//np. china - embassy. org.

④ If Nepal Maoist abide by demo norms, UML-Maoists merger possible: khanal, November 28, 2011, Telegraph Nepal.

关系逐步走上了正轨。2008 年 8 月 23 日，普拉昌达顶住印度的压力，借参加奥运会闭幕之机首访中国，并于 8 月 24 日与胡锦涛主席和温家宝总理举行了会谈。8 月 25 日普拉昌达在会见中共中央对外联络部部长王家瑞时，尼共（毛）同中国共产党正式建立党际关系。2009 年 9 月 2 日，中国中央政治局委员张高丽在尼访问期间会见了普拉昌达。2009 年 10 月 11 ~ 19 日应中国共产党邀请，尼联共（毛）主席普拉昌达率该党代表团访华。中共中央政治局常委、全国政协主席贾庆林会见了普拉昌达一行。在中国共产党建党 90 周年之际，尼联共（毛）外事部负责人、副总理兼内政部长马哈拉致函表示热烈祝贺。2011 年 8 月 16 日，中共中央政治局常委、中央政法委书记周永康在尼访问期间会见了普拉昌达。2012 年 1 月 14 日，温家宝总理抵达加德满都对尼泊尔进行正式访问，这是中国总理 10 年来首次访尼。温家宝总理在与巴特拉伊总理的会谈中表示，当前，尼泊尔处于关键的历史转型期。中方尊重尼方选择的发展道路，支持尼维护国家独立、主权和领土完整，相信尼泊尔各政党能够以国家和民族的根本利益为重，团结一致，共同奋斗，早日实现国内的和平、稳定与发展。会谈后，双方发表了《中尼联合声明》。两国总理共同见证了《中尼经济技术合作协定》《中尼边境口岸及其管理制度协定》《中尼边民过界放牧协定》《中尼文化合作协定》等 8 个合作文件的签署。① 2013 年 4 月，普拉昌达率该党代表团访华。中共中央总书记、国家主席习近平 18 日下午在人民大会堂会见了普拉昌达。习近平高度评价中尼党际交往成果，表示中国共产党愿继续与尼联共（毛）等尼泊尔主要政党加强交流合作，为促进中尼友好发挥积极作用。普拉昌达表示，尼方将继续坚定奉行一个中国政策，并坚信，在以习近平为总书记的中共中央的领导下，中华民族伟大复兴的中国梦一定能够实现。②

3. 尼联共（毛）与其他国家毛派共产党的关系

尼联共（毛）是革命国际主义运动委员会的成员党，该组织目前包括美国革命共产党、印共（毛）、土耳其共产党（马列）、哥伦比亚革命共产党等毛派政党 14 个。尼联共（毛）执政后，革命国际主义运动委员会的成员党对其进行了严厉批评，指责尼联共（毛）正在蜕变成一个改良主义的党。尼联共（毛）对此进行了反驳，并逐步与革命国际主义运动委员会及其成员党断绝了关系。

---

① 《开启友谊与合作的新航程——温家宝首次访问尼泊尔》，新华网，2012 年 1 月 15 日。

② 《习近平会见尼泊尔联合尼共（毛）主席普拉昌达》，http://cpc. people. com. cn/n/2013/ 0418/c64094 – 21191039. html。

（四）尼联共（毛）面临的问题

首先，关于如何保持党的先进性的问题。执政后，尼联共（毛）的地位和面临的环境发生了很大的变化。这些变化给党创造了更好地为人民服务的新条件，同时也使党内滋生了官僚主义、骄傲自满、贪图享乐等不良作风。正如普拉昌达所指出的："党的无产阶级行为方式和工作作风正在急剧退化，关心集体，为党和革命事业而奉献的积极主动性和牺牲精神正在逐步为对个人利益的关心所取代。同志之间的互相帮助、互敬互爱和善意批评也正在逐步为各谋其利、排除异己、恶意攻击所代替。一方面，经济上的混乱和不透明正在使党迅速地丧失共产主义理想。另一方面，同志之间的纯洁关系也正在变成一种相互猜疑的病态关系。勤俭节约的优良传统正在消失，资产阶级的消费方式正在逐步地蔓延。"① 这些不正之风严重损害了尼联共（毛）在人民群众中的形象，无疑将对尼联共（毛）的进一步发展造成不利影响。

其次，关于如何维护党的团结和统一的问题。尼联共（毛）自成立以来内部一直存在着强硬派和温和派之间的斗争。强硬派的代表人物分别是副主席基兰、总书记巴德尔和政治局委员巴桑塔。温和派的代表是副主席、现任尼泊尔总理的巴特拉伊。强硬派认为，武装起义是夺取政权的唯一方式，其武装力量——人民解放军是尼泊尔新民主主义革命取得胜利的重要保证。而温和派者认为，在坚持武装起义的同时，也不要放弃和平人民运动和议会斗争，军队合并是将革命成果制度化的新途径。2011 年 11 月 1 日，在尼联共（毛）与其他主要政党签订有关军队合并的《七点协议》后，强硬派表示了强烈的反对，认为这是背叛革命，他们还公开要求普拉昌达和巴特拉伊辞职。2012 年 6 月 16 日，基兰带领原尼联共（毛）约 1/3 的中央委员脱离尼联共（毛），另行组建新党——尼共（毛），原毛派支柱和根基的 26 个工农学知妇团体中，亦有 19 个加入新党。这一分裂使尼联共（毛）的实力地位大为下滑，势必对其进一步发展造成严重影响。

最后，关于如何独立自主地推进变革的问题。在尼联共（毛）执政后，为了达到控制尼泊尔以及防止尼联共（毛）倒向中国的目的，一些外国势力如美国和印度一直设法推动尼联共（毛）按照西方政党制度进行改造，转型成为"民主政党"。在 2009 年 5 月迫使普拉昌达辞职的军政风波中，

---

① Prchanda, "Present Situation and Historical Task of the Proletariat (2009)", http://www.ucpnm.org/english/adopted - resol.php.

印度施加了积极和显著的影响，并最终迫使尼联共（毛）放弃了原有的单位整合的方案，接受了个人整合的模式，从而阻止了尼联共（毛）对军队的控制。2008 年 5 月，美国修改了此前不同尼联共（毛）对话的政策，但仍拒绝将其从美国所确定的恐怖组织名单中删除，声称这将取决于该组织参与尼泊尔民主进程和"放弃暴力"的程度。① 在尼联共（毛）完成"人民解放军"与尼泊尔军队的合并并决定解散其青年组织——"共产主义青年团"后，美国才宣布不再把尼联共（毛）列为恐怖组织。② 因此，如何按照自己的意愿独立自主地推进党的变革，防止党蜕变成为丧失了革命性的纯粹的议会政党，将是对尼联共（毛）的巨大考验。

---

① 《美国宣布修改对尼泊尔共产党（毛主义）的政策》，新华网 2008 年 5 月 30 日。
② 《美国宣布不再把尼联共（毛主义）列为恐怖组织 》，新华网 2012 年 9 月 7 日。

第三章 日本共产党的历史、理论与实践

日本共产党简介

日本共产党成立于 1922 年 7 月 15 日，其 92 年的发展历程大致经过了"黑暗中的抗争"（1922～1944）、"占领下的和平革命"（1945～1949）、"占领下的暴力革命"（1950～1957）、"争取和平革命"（1958～1970）、"人民议会主义"（1971～1989）和"资本主义框架内的民主改革"（1990～至今）6 个阶段。目前，日共拥有党员约 30 多万，参众两院议员 11 名，是日本国会中的第七大政党和在野第五大政党，并以此成为发达资本主义国家中人数最多的共产党组织。2000 年和 2004 年日共分别对党章和党纲进行了修改，适时对理论路线和斗争策略进行了重大调整，使日共步入了新的发展时期。

党章规定，日本共产党既是日本工人阶级的政党，又是日本国民的政党，所有人都可以申请加入党。党以科学社会主义作为理论基础，实行民主集中制的组织原则，最终目标是实现没有人压迫人和没有战争、真正平等自由的共同社会。

现任日共委员长是志位和夫。

中央机关报《赤旗报》，机关刊物《前卫》。

网址：www.jcp.or.jp

日本共产党诞生于 1922 年 7 月 15 日，至今已经有 91 年的发展历史。目前，日本共产党拥有党员约 30 多万，发行中央机关报《赤旗报》180 万份，参众两院议员 11 名，是日本国会中的第七大政党和在野第五大政党，并以此成为发达资本主义国家中人数最多的共产党组织。冷战结束后，日共面对新的国际环境和日本国内政治经济形势，适时对理论路线作出了调整，使日共步入了新的发展时期。

一　日本共产党的历史沿革

日本马克思主义者在共产国际与苏共的直接帮助下，将科学社会主义与本国工人运动相结合，于 1922 年 7 月 15 日成立了日本共产党。日共的成立标志着日本社会主义运动进入了一个新的历史时期。纵观日共的社会主义探索历程，日共依次经历了"黑暗中的抗争"、"占领下的和平革命"、"占领下的暴力革命"、"争取和平革命"、"人民议会主义"和"在资本主义框架内的民主改革" 6 个阶段。

（一）"黑暗中的抗争"阶段（1922～1944 年）

在俄国十月革命影响和"米骚动"等群众运动日益高涨的历史条件下，日本共产党于 1922 年 7 月 15 日正式成立。党成立大会是在东京涩谷伊达街（现在的涩谷区惠比寿三号）的一个群众家里召开的。日本共产党以科学社会主义理论为基础，以争取社会变革、维护国民利益为目标，党从创立之日起，就在群众中开展活动，进行了勇敢不懈的斗争。

1928 年 2 月 1 日，日共作为集体的宣传鼓动者和组织者创办了秘密的中央机关报《赤旗报》。《赤旗报》在群众中广泛地宣传党的方针，展开了使党密切联系群众的活动，成为斗争的指南。1928 年根据"普遍选举法"举行第一次大选时，党在非法的状态下，仍然通过劳动农民党提出德田球一、山本悬藏等日共党员为候选人。在当时严峻的形势下，劳动农民党、社会民众党、日本劳农党、民宪党等所谓无产阶级政党总共获得选票约 49 万票，其中以劳动农民党得票最多，共 19 万余票，有山本宣治等两人当选。

在第二次世界大战爆发前，日本共产党从成立之初的纲领草案，发展到 1927 年的纲领，又发展到 1932 年的纲领，提出民主主义革命面临的 5 个目标，即"推翻专制主义天皇统治，取得真正实现权力归人民的民主主义政治制度"、"废除半封建的土地所有制，实行土地归所有的农民公平分配"、"争取改善工人和劳动群众的同殖民地一样的低工资和劳动条件"、"反对一切侵略战争、争取和平"、"实行无产阶级国际主义和真正的爱国主义相结合，为争取民族自决、实现殖民地的解放而斗争"等[1]。日本共产党围绕这五个目标进行了不屈的斗争。

日本天皇政府在扩大侵略战争的同时，加紧反共宣传，加强对共产党的

---

[1]　陈立旭译《介绍日本共产党》，中共中央党校科研办公室印制，1986，第 11 页。

野蛮镇压，不仅逮捕、杀害党的干部，破坏党的组织，而且歪曲党的方针，妄图使国民对日共失去信任。1935 年，在残酷的镇压下，党中央委员会被破坏，《赤旗报》也于 2 月 20 日被迫停刊。此后，虽然每个党员和俱乐部在困难的形势下仍然坚持了活动，但是，党的全国统一的活动因此中断了十年，直至"二战"结束。

（二）"占领下的和平革命"阶段（1945～1949 年）

战后初期，美国占领军以联合国的名义进驻日本，并在日本国内外民主势力的强大压力下，根据《开罗宣言》《波茨坦公告》《雅尔塔协定》和自己制定的《日本投降后初期美国对日方针》（The U. S. initial post-Surrender policy for Japan）等文件精神，对日本进行了全方位的"战后民主改革"。

正是在国际国内暂时的和平大环境、国际民主势力飞跃发展和美国对日本的"战后民主改革"取得部分成果的基础上，日共开始了战后对日本社会主义发展道路的探索。1945 年 12 月召开的四大标志着日共的重建，随后日共又相继在 1946 年和 1947 年召开了五大、六大，制定了战后初期日共斗争活动的方针政策。尤其是 1946 年 2 月召开的五大，日共通过了《第五次代表大会宣言》，比较系统地以纲领的形式规定了日本革命的性质、对象、手段和任务等。而这一时期的纲领路线又集中地体现在《宣言》提出的"占领下的和平革命"思想，即"野板理论"。这是日共战后对"日本式社会主义"革命道路的第一次选择。

《宣言》指出，日共当前的基本目标是："以和平民主的方法，完成现在进行的我国资产阶级民主革命。因此，党不主张立即废除整个资本主义制度而实现社会主义制度。"强调"在资产阶级民主革命完成之后，我党决心按照我国社会的发展状况，取得大多数人民的赞成和支持，并依靠人民自己的努力，通过和平与民主的方法，从资本主义制度向更高级的社会制度，即没有人剥削人的社会主义制度发展"。并进一步指出"当实现这一发展时，党不使用暴力，摒弃专政，靠适应日本社会发展的民主人民共和政府，以和平教育的手段求其实现"。[①]

战后第一次大选，日共建党以来首次参加议会选举并进入议会，所有这些成果，是包括日共等民主势力在战前几十年为之殊死奋斗而未能实现的，

---

① 〔日〕日共中央委员会：《日本共产党纲领问题文献集》，日共中央出版局，1973，第 95、104 页。

现在却在外力的作用下一下子得到了，自然使日共产生了乐观的"和平革命"思想。因此，日共认为，要采取与《32 年纲领》[①] 不同的策略，即通过和平、民主、议会的方式实现民主革命，进而转向社会主义革命。

（三）"占领下的暴力革命"阶段（1950～1957 年）

为了进行朝鲜战争的动员，占领军当局和日本政府进一步加强了政治反动，公开迫害共产党员和进步人士。1950 年 6 月 6 日，麦克阿瑟终于下令解散日共中央委员会，褫夺全部中央委员会 24 名委员的公权，规定他们不得担任公职和从事政治活动，并相继罢免了他们国会议员的资格，7 日又下令褫夺《赤旗报》17 名编辑人员的公权。这就是占领军当局和日本统治阶级对日共展开的"赤色整肃"，即日本战后第一次反共高潮。共计 2 万多名共产党员和民主进步人士被政府机关、重要产业和新闻部门清除出去。朝鲜战争一开始，《赤旗报》因全文刊登了金日成的声明，而被麦克阿瑟下令停刊 30 天，稍后又改为无限期停刊。被禁止出版的其他进步报刊，在 1950 年 7 月至 1951 年 7 月的一年中就达 1737 种。为了加强反动统治，政府在战争爆发后大量增加警察力量，占领军当局还授予日本政府"重新审查各项法令"的权力，设立了"特审局"，迫害共产党、工会干部和进步群众，日共面临着战后以来最严峻的形势。

而此时，日共仍沉浸在对战后所取得成就的欢欣鼓舞之中，并认为革命形势很快就要到来，仍然坚持"占领下的和平革命"思想，仍把美军视为日本进行民主革命的力量，仍没有看到两大阵营已经发生的直接对抗。日共的反应受到了情报局的严肃批评。在占领军、日本统治阶级的强大攻势和情报局的批评面前，日共中央领导德田等人认为形势紧迫，匆忙作出了解散中央委员会和转入地下的决定。由此，日共开始全面修改党的理论路线，全面批判野坂参三的"占领下的和平革命"思想，全面否定和平革命的可能，转向极"左"冒险主义。1951 年 10 月，德田又在秘密状态下单方面召开了"五全协"，发展了极"左"冒险主义路线。日共不仅自己进行武装斗争，还将其方针和思想传达给了许多工会、农协组织。为此，占领军当局和日本政府加强了对日共武装斗争活动的镇压，在全国各地对日共地下组织和公开

---

① 战前共产国际于 1932 年为日共制定的第四个纲领，也是日共战前的最后一个纲领。纲领认为日本政权是专制主义天皇制、地主土地所有制和垄断资本主义三者的结合；日本革命的性质是具有必须过渡到社会主义革命倾向的资产阶级民主革命；革命的手段是暴力革命。纲领存在的主要问题是把反对天皇制与反对法西斯的斗争对立起来，将其他民主、中间势力视为日本革命的敌人，对革命形势过高估计，等等。——作者注

活动的机关进行搜查，查封日共地下刊物，出动警察搜捕山村工作队。与此同时，还设置了内阁调查室和公安调查厅，以取缔"暴力破坏活动"为名，企图通过"防止破坏法"，取缔以共产党为首的民主势力及工会、民主团体的组织和活动。

实践证明，日共在转向武装斗争期间，不但没有得到发展，反而使党组织遭到破坏，许多党员被捕，党的力量迅速下降，党势出现了大的倒退，从而宣告了日共武装斗争方针的失败和破产。1952 年，日共党员从两年前的 10 多万人骤减到 3 万人左右，在这年的大选中从 1949 年的 298 万张选票锐减到 65 万张选票，并失去了全部国会议席。党领导的各种群众团体数量也有较大的下降，不少原来在日共影响下的群众团体断绝了与日共的关系。

（四）"争取和平革命"阶段（1958～1970 年）

1952 年朝鲜战争已结束，国际紧张局势趋向缓和，日本经济也开始恢复，政治上出现了各政党重新整合的局面。日本国内外出现的新情况要求日共迅速结束分裂，恢复统一，重塑形象。为此，日共在 1958 年举行的七大和 1961 年召开的八大上，部分地否定了"占领下的暴力革命"思想，在革命方式上提出了"争取和平革命"的主张，即在革命道路选择上准备暴力与和平两手，但要争取用和平的手段解决革命胜利的问题，并在八大上自主制定了《日本共产党纲领》（即"61 年纲领"），这标志着日共独立自主探索"日本式社会主义"道路的开始。

为了进一步肃清党内存在的各种错误，为日共今后发展奠定坚实的基础，1958 年 7 月，日本共产党召开了具有重要意义的第七次代表大会。在革命道路问题上，七大对当前日本面临的国内外形势进行了分析，认为存在着和平革命的可能性。大会明确地排斥了"唯暴力革命论"，同时也拒绝了无条件的"和平革命必然论"。大会批判了战后以来在革命道路问题上的"左"、右倾机会主义错误，提出要依靠斗争和团结的力量，以扩大和平过渡的可能性；同时决不麻痹，以便应付敌人采取的任何一种态度，排除暴力，但又要根据敌人的态度准备两手[1]，即日共在革命道路上要采取"争取和平革命"的方式。但当时在党内对这一问题还存在着较大的争论，对此没能形成党的正式决议。

1961 年 7 月，日本共产党召开了具有重大历史意义的第八次代表大会。

---

[1] 〔日〕上田耕一郎：《现代日本与走向社会主义的道路》，陈殿栋等译，人民出版社，1984，第 29 页。

八大的最大贡献就是制定了《日本共产党纲领》（或称"61 年纲领"）①，该纲领继承了七大纲领草案中的一些提法。日共强调，在争取和平过渡的过程中，要同时根据敌人的态度准备两手：和平与暴力，并尽可能地争取通过和平手段实现革命。日共"将努力争取用和平的、合法的方式取得政权。但是掌握着暴力权力的统治阶级本质上是反动残暴的，他们并不总是采取温和手段。……因此，日共的方针是，当敌人采取和平方式时，革命势力也同样采取和平方式；如果敌人用非和平方式，则革命势力也应采取与之相适应的非和平方式"。②八大路线的确立，标志着日共革命思想从以暴力手段为主的方式，转向了以和平手段为主的方式，从此日共的工作重心开始转向通过和平的，即通过议会选举斗争来达到目的。

（五）"人民议会主义"阶段（1971～1989 年）

60 年代，苏、中两大党发生了论战，世界共产主义运动出现了分裂。日共在 60 年代末也先后与苏共和中共中断了正常的关系。在进入 70 年代之际，日本已成为资本主义世界中的第二大强国和世界第三大强国。在经济成功和工人生活水平提高面前，日本工人运动出现了衰退。但是，有日共参加的反对美日安全条约的斗争却取得了进展，并取得了部分成果，党在大选中取得了新的进展，党组织也获得了发展，1970 年 2 月，日共党员发展到 30万人，《赤旗报》读者约 180 万人。这些成绩是日共成立以来前所未有的。在这种形势下，日共对革命道路进行了新的探索，

1970 年 7 月日本共产党召开了第十一次代表大会，明确提出了"人民议会主义"的概念，确立了"多党议会制革命"的路线。大会在总结 60 年代日共斗争经验的基础上，指出了 70 年代和更长时间里日共的发展道路。十一大认为，"日本共产党毫不动摇地、坚决地站在人民议会主义和多数人的革命这一民主的立场上"③，目前"发达资本主义国家的革命，在地球上还没有真正地获得成功。因此，这的确是一个新的、人类进行伟大的探索和实践的领域"。大会强调，在向社会主义道路前进的时候，一方面要以社会发展的普遍规律为指针，另一方面也要努力"探索适合发达资本主义国家条件的新的可能"。"人民议会主义"正是日共在历经多次选择后得出的一

---

① 1961 年八大制定的党纲，虽然也经过多次修改，但其主要内容和基本框架并没有太大的变化，直到今天仍在沿用，可见该纲领在日共历史中的地位和作用。——作者注
② 〔日〕小林荣三：《日本共产党的纲领及其发展》，《前卫》1986 年第 11、12 期。
③ 〔日〕上田耕一郎：《现代日本与走向社会主义的道路》，陈殿栋等译，人民出版社，1982，第 33 页。

个重要结论，并认为，"人民议会主义"不同于所谓"一党制的苏联模式"，而是一个新的"多党制的议会模式"，像日本这样高度发达的资本主义国家，已经具备了通过议会斗争，和平过渡到社会主义的条件。

与"人民议会主义"思想相伴的是"日本式社会主义"概念的明确提出，这是日共在新形势下对日本革命道路的全新选择，表明了日共的逐渐成熟，对国情认识的不断深化，对发达资本主义国家的民主制度有了更多的了解，并逐渐学会了在资产阶级政治舞台上运用合法手段进行斗争的方法。

（六）"资本主义框架内的民主改革"阶段（1990～至今）

苏联东欧剧变和日本国内的反共高潮，使从80年代以后步履艰难的日共更是雪上加霜，党员从1989年时的近50万人骤降到1994年的36万人，1990年大选日共从原有的27席减少了11席，在地方议会选举中也遭败绩，《赤旗报》发行量也大幅度下滑。日共内部也发生了思想混乱，不少党员对党存在的价值失去信心，一批党员退党，党内个别领导也提出了"对内不问资本主义还是社会主义……对外反对大国霸权主义"的主张①。这些都构成了对日共的严峻考验。

为分析国内外政治、经济形势变化的实质和发展方向，回击国内外反共势力掀起的反共浪潮，日共在1991、1994年分别召开了十九大和二十大，总结了苏东剧变的经验教训，并在二十大上提出了"资本主义框架内的民主改革"这一主张，即在资本主义宪法范围内对资本主义消极的一面进行改革，进而实现"人类共同社会"。这一思想主张在1997、2000年分别召开的二十一大、二十二大上得到了确认，这是对"人民议会主义"思想的继承和发展，是"日本式社会主义"的重要内容。

日共认为，在"资本主义框架内的民主改革"的条件已成熟，其实质就是在资本主义宪法范围内对资本主义有害于广大国民权益的方面进行"全方位"改革。1994年日共二十大明确提出了通过"资本主义框架内的民主改革"，争取在"21世纪早期建立民主联合政府"，这一路线又在随后举行的二十一大和二十二大被再次强调。实际上"资本主义框架内的民主改革"论是对"人民议会主义"思想的继承和发展，是日共面向新世纪对革命道路的新探索。

日共在很短时间内恢复了元气，在日本政坛掀起了一股"共产党旋风"。在1996年大选中，日共的议席数从1993年的15席跃进到26席，得票数也从上次的483万跃进到727万，重新获得了议案提案权。在1997年

---

① 〔日〕《朝日新闻》，1994年9月4日。

东京都议会选举中，日共从 1993 年的 13 席上升到 26 席，成为仅次于自民党的第二大党。在 1998 年参议院选举中，其当选数从 1995 年的 8 席上升为 15 席，这样，日共从上次的 14 席上升到 23 席。在 1997 年地方议会中，日共的地方议员数为 4049 人，超过自民党的 3657 人成为第一大党。到 1999 年，日共地方议员数更是增加到了 4476 名，达到了"历史的最高峰"。受此鼓舞，日共领导人甚至提出要"在 21 世纪早期建立民主联合政府"。

二 世纪之交日本共产党对理论路线的调整

面对苏东剧变后国内外形势的变化，日共于 1997 年、2000 年和 2004 年，分别召开了党的二十一大、二十二大和二十三大，适时地对理论和路线进行了调整，这对日共在 21 世纪的发展具有重要的指导意义。

（一）党章调整的主要内容[①]

对日共性质的新规定。新党章将党的性质规定为："日本共产党是日本工人阶级的政党，同时又是日本国民的政党。为了民主主义、独立、和平、提高国民生活和日本的未来而努力，向所有的人开放门户。"这一新规定与旧党章相比有这样几个特点：

一是新增了"党的名称是日本共产党"并作为第一条。在日共看来，这一名称包括党反对侵略战争和主权在民的原则，并使其写进了战后的新宪法，铭刻着战前先辈们不屈的斗争。苏联东欧巨变后，日本社会党也改名为社民党。日共顶住了来自国内外的各种压力，坚持使用"日本共产党"这一具有 80 年光荣悠久历史的名称不变，二十二大报告仍认为："将积极高举日本共产党党名而斗争"。志位指出，日共不会像换衬衫一样改换自己的名字。

二是删除了"前卫政党"或"前卫党"的提法。在日共看来，"前卫政党"这一提法的本来意义最集中地表现为实践上的"不屈性"和理论上的"预见性"。《共产党宣言》指出："在实践方面，共产党人是各国工人政党最坚决的、始终起推动作用的部分；在理论方面，他们胜过其余无产阶级群众的地方在于他们了解无产阶级运动的条件、进程和一般结果。"[②]"前卫政

---

① 参阅曹天禄《日本共产党的"日本式社会主义"理论与实践》，中国社会科学出版社，2004，第 147～151 页。

② 《马克思恩格斯选集》第 1 卷，人民出版社，1995，第 285 页。

党"所要指明的就是这个意思，但是这一提法包含有容易被人误解的因素，容易使人将党与国民的关系，或者党与其他群众团体的关系误解为"领导与被领导的关系"。同时"前卫政党"这一规定，只是科学社会主义事业历史中一定阶段的表现，不是党对工人阶级或者对日本国民发号施令，不是将党的思想和方针强加给国民，为了消除误解，应删除"前卫政党"这一表述。

三是出现了日共是"日本国民的政党"的新表述。在旧党章中，日共的阶级基础只是工人阶级中的先进分子，是"工人阶级的前卫政党"；而新党章则扩大了党的阶级基础和群众基础，党要"向所有的人开放门户"，日共不仅是工人阶级的政党，而且还是"日本国民的政党"。日共认为，现实的日本社会中工人阶级与国民的关系早已发生了根本的变化，工人阶级已与日本国民融为一体了，这就是现实日本社会中工人阶级和国民的关系，所以日共向所有人开放门户，其主体仍是指向工人阶级。不仅如此，日共还认为，日共"国民性"的特征，还体现在包括日本所有民族，即日本大和民族和少数民族——阿伊努族，以及加入日本国籍的外国人。

对日共目标的新规定。旧党章的规定是："通过社会主义革命，实现社会主义社会和共产主义社会。"新党章规定日共的目标是"实现没有人剥削人、没有压迫、没有战争，人与人之间关系真正平等的自由的共同社会"。与旧党章相比，新党章这一规定具有以下特点：

一是删除了"社会主义革命"、"社会主义社会"和"共产主义社会"这些术语。在日共看来，删除"社会主义革命"等术语不是否认"社会主义革命"。日本现阶段处在"民主主义革命"阶段，日共是以社会主义为目标的政治力量，是实现民主主义、民族独立等这些国民任务的更积极和更彻底的推动者。马克思、恩格斯在德意志革命时，就是作为更彻底的民主主义派进行活动的。战前日共进行的不是社会主义革命，高举的是民主主义革命旗帜，目的是推翻天皇制的专制统治，赢得主权在民、国民自由和人权，反对侵略战争，同时为了殖民地的解放，抵抗所有的压迫而斗争。今天，日共已把民主主义革命的路线具体化为在资本主义框架内进行民主改革的路线，工人阶级的历史使命虽然是以社会主义为目标，但是党决不认为不论在哪里不分条件的，总是高举社会主义旗帜而斗争才是好的。为了实现社会主义，必须扫除各种障碍，实现民主的任务，如果超越民主阶段的要求去高举社会主义要求的旗帜进行斗争，那是脱离实际而不会取得成功的。

二是出现了"共同社会"这一新提法。虽然日共实现的目标不是通过"社会主义社会"和"共产主义社会"这样的术语来表现，但是日共却是以

"共同社会"来表示其目标社会具有怎样的特征和内容的。日共认为，"共同社会"包含了三个方面的内容：一是消灭人剥削人；二是不仅没有经济剥削，而且也没有政治等压迫和没有战争；三是真正平等的自由的人与人之间的关系。这就是日共目标社会所要达到的而其他社会所没有的特征，体现了马克思主义对未来社会展望的本来意义。《共产党宣言》指出，古代社会是以"阶级和阶级对立"作为特征的，未来社会是一个联合体，"在那里，每个人的自由发展是一切人的自由发展的条件"[①]。因此，在日共看来，新党章关于"共同社会"这一规定就是指社会主义社会和共产主义社会这一目标社会。"共同社会"的规定是基于科学社会主义立场上更适应日本民主主义革命阶段的一种提法。

对民主集中制的新规定。旧党章规定，党的组织原则是"民主集中制"，表现为"党的决议应无条件执行。个人服从组织，少数服从多数，下级服从上级，全国的党组织必须服从党代会和中央委员会"；新党章规定，党的组织原则是"民主集中制"，其基本点已被新概括为五根支柱，将"无条件执行"改为"自觉执行"等。与旧党章相比，新党章这一规定具有这样一些特点：

一是删除了"党的决议应无条件执行"和"四个服从"等表述。"民主"表现为党内民主主义，"集中"指的是凝聚统一的党的力量，这是作为现代各政党所必需的。民主集中制是日共的组织原则，是党内纪律和自愿结成团体的纪律。日共认为"无条件执行"与"四个服从"虽然恰好是民主集中制的核心表现，是党生活和党活动的理想状态，但这只是从上到下单方面通行的表现，容易给人一种上对下强迫命令式的意思表示。日共认为最为重要的是紧紧抓住民主集中制是党的内部纪律，日共决不将它强加给整个社会。

二是将民主集中制定式化为5根支柱这一新的表述。新党章将民主集中制概括为5根支柱，日共认为这就容易解决对民主集中制的种种议论。第一，党的决策通过民主讨论，最终采纳多数人的意见决定。无论在什么情况下，都必须坚持民主集中制，同时也要看到出现和存在的少数人的意见。第二，决定了的事情，全体执行。统一行动是党对国民负责的表现。第三，所有的领导机关通过选举产生。第四，党内不建立派别、派阀。第五，党内意见不一致时，必须通过少数服从多数的组织原则解决。日共认为虽然党已向社会说明了民主集中制的这5根支柱，但在实际中它仍会被敌对势力作为攻

---

① 《马克思恩格斯选集》第1卷，人民出版社，1995，第294页。

击日共的材料。

对党员权利义务的新规定。新党章首次把"遵守市民道德和社会道德，对社会负责"写进党章，且放在党员权利义务的第一条。旧党章将党员的义务与权利分列为 8 项和 7 项，新党章则合二为一共 10 项，且将"权利"放在了"义务"二字的前面，即"党员的权利和义务"。在措辞上，新党章去掉了表述上的"必须什么什么"或"不应怎样怎样"这一"义务式"的、轻视基层党组织和党员权利的表述。在日共看来，日共在国民生活和日常生活中要得到国民和社会的信赖，就要以积极的条款来表述。现在自民党在政治上的堕落和腐败越来越严重，在经济上则陷入了穷途末路，社会也发生着深刻的变形和弥漫着不安，"欺负弱者"和性颓废等问题日益深刻化，各种社会病态现象蔓延。针对这一现状，日共要求作为新日本社会建设者的日共及其党员，在各个地域、工厂、学校、家庭和政治场所，与轻视人及道德沦丧的行为作斗争，站在社会改革的最前面。

（二）党纲调整的主要内容①

2004 年 1 月 13～17 日，日共召开了第二十三次全国代表大会。会议的一个主要议题就是讨论通过党纲修正案。旧党纲是 1961 年日共八大制定的。此后，日共分别在 1973 年、1976 年、1985 年、1994 年四次对此进行了部分修改，而这次修改则根据日本国内外形势，从框架、结构到内容等方面进行了根本的和全面的修改，采取了一条更加现实主义的纲领路线，从而明确了日共在新世纪的方针政策和奋斗目标，对日共在 21 世纪初的活动具有十分重要的指导意义。

（1）对革命阶段和手段的新表述。新党纲强调日共当前所进行的"不是社会主义革命，而是打破异常的对美从属和大企业、财界肆虐的统治——以确保日本真正的独立和实现政治、经济和社会的民主主义改革为内容的民主主义革命"，而这一革命是在"资本主义框架内的民主改革"。旧党纲在这一问题上的表述是："反对美帝国主义和日本垄断资本统治的新民主主义革命、人民的民主主义革命。"

新党纲删除了"新民主主义革命"和"人民的"术语，强调当前不是"社会主义革命"。因为，旧党纲中关于"新民主主义革命"的表述，并没有说清"新民主主义革命"与"民主主义革命"是同一个"革命"，还是

---

① 参阅曹天禄《日本共产党的"日本式社会主义"理论与实践》，中国社会科学出版社，2004，第 324～332 页。

革命的两个阶段。而"人民的"限定语，有将赞成民主主义革命，而不太赞同立即实现社会主义的组织、团体和人士排除在民主主义革命之外的嫌疑。

在民主主义革命的发展方向上。旧纲领虽然提出，民主革命要"根据形势和国民要求，在国民多数支持下，通过这个革命，以全部废除资本主义为目标，并向社会主义革命发展"，但强调"民主主义革命客观地将成为继续开辟迈向社会主义道路的基础"。新纲领则全部删除了这些表述，只载明了"在日本社会发展的下一阶段，是超越资本主义，谋求向社会主义·共产主义社会前进的社会主义变革"。在日共看来，旧党纲的这一表述，有强烈的一旦"民主主义革命"完成后，就要将这一革命不顾民意地立即转为"社会主义革命"的指向，是"不断革命论"和"连续革命论"的表现。同时，"全部废除"含有使用"暴力"的意向，不利于将更多的国民团结在党的周围。所以，新党纲强调民主主义革命是"超越"旧制度，"谋求"向新社会"前进"和发展。

在旧党纲中，实现民主主义阶段的任务是通过"革命"手段来完成的，而新党纲则强调通过"变革"、"改革"来实现，强调了"和平"，淡化了"暴力"。在日共看来，日共要在民主主义阶段得到更多国民的支持，就应删除可能会引起歧义的表述。

（2）对日共最终目标的新描述。新党纲中，日共实现社会主义和共产主义社会的目标没有变，但在表述和理解上与旧党纲有较大区别。旧党纲主张借由"人民民主主义革命"，再经过"社会主义社会"，实现"共产主义社会"的理想，其最终目标是真正迈向平等自由的"社会主义、共产主义"社会，强调在这一过程中，要确立"工人阶级的权力"。新党纲的表述则是"超越资本主义"，实现"以社会主义·共产主义为目标"的人类"共同社会"。

首先，"共同社会"这一新提法是原党纲没有的。在日共看来，"共同社会"就是没有人剥削人、人压迫人，没有战争，人与人之间关系真正平等的自由的"社会主义·共产主义社会"。在日共看来，"共同社会"是基于科学社会主义立场，更适应民主主义阶段的一种提法。

其次，新党纲是"社会主义·共产主义社会"这一表述，而不是旧党纲中"社会主义、共产主义社会"这一提法。虽然这只是标点符号的区别，但日共认为"社会主义·共产主义社会"不同于"社会主义、共产主义社会"这一提法，前者表示是"同一社会"，后者是一种"两阶段发展论"的错误表示，因此新党纲在社会主义和共产主义之间用了"·"来表示二者是同一用语。但日共又指出，新党纲反对将社会主义和共产主义当成两个不同阶段，但是不否认"未来社会要经过不同的发展阶段"。为此日共删除了旧党纲中的"社会主义是共产主义第一阶段"的表述。

最后，新党纲强调指出，"社会主义变革不是在短期内一举进行的，而是在广大国民的同意下，必须经过一步一步阶段性前进的长期过程"。而不是旧党纲所指出的那样，在民主主义革命后，自然客观地过渡到社会主义社会。这就是说，即便民主主义革命完成后，也要在广大国民的"同意"下，才能沿着"社会主义·共产主义社会"前进，且是一个长期的复杂的过程。

（3）对未来社会经济政治政策的新阐述。旧党纲的表述是，为了保障国民生活和经济的丰富繁荣，发展生产力，实现"社会主义计划经济是必要的"，又说要"重视和坚持计划经济与市场经济相结合的富有弹性和效率的经济运营"。新党纲的表述为"通过市场经济迈向社会主义，是适应日本条件的社会主义法则的发展方向……探索使计划性与市场经济相结合的富有弹性和效率的经济运营……是重要的"。并首次在党纲中写进了保护私有财产的条文。

新党纲强调，在未来社会，必须尊重农渔、中小工商业等私人企业的创造，"统制国民生活消费，或者整齐划一的所有的'统制经济'，在社会主义·共产主义的日本经济生活中是被全面否定的"。由此看来，市场经济将在未来的社会主义·共产主义社会占主导地位。但是，如果放任市场经济的话，也会给社会带来危害，必须与计划经济有机结合起来，才能发挥市场经济的积极作用。

为此，新党纲强调了"生产手段社会化"，指出生产手段的社会化作为"社会主义变革的中心，是将主要生产资料的所有权、管理和经营转移到社会之手"。并根据形势和条件，探索出适应日本社会独特的所有权、管理和经营形式，"严禁践踏'劳动者就是主人公'这一社会主义原则"，以"国有化"和"集体化"为名，行苏联式的错误的压迫劳动者的官僚专制体制之实，在日本是绝对不能重现的。为了消除国民对共产党在"社会化"问题上的疑虑，日共首次在党纲中表明了自己对私有财产的态度："作为社会化对象的只是生产手段……保护私有财产"。

在未来社会的政治政策上。旧党纲几乎没有提出未来社会的具体政治政策，新党纲则提出了一些具体主张：一是"以支持社会主义·共产主义的国民多数意见的形成，以及获得国会稳定的过半数为基础，建立以社会主义为目标的权力。"二是坚持支持向社会主义方向前进的所有党派和人士结成的统一战线政策，尊重劳动市民、农渔民、中小企业家的利益，

"以多数人的理解和支持为基础，沿着社会主义改革的道路前进"。三是"继承以民主主义和自由为主的，资本主义时代有价值的全部成果，并使之更加发扬光大"，"国民是主人公"这一民主主义理念将在政治、经济、文化和社会生活的各个领域成为现实。四是严格保障包括各种思想、信仰的自由，以及反对党的政治活动自由，社会主义的日本反对"在社会主义名义下，赋予特定政党'领导'党的特权，或者将特定的世界观作为'国家哲学'"。

（4）对天皇制和自卫队的新看法。旧党纲规定，"天皇制虽然失去了绝对主义的特征，但是却作为资产阶级君主制的一种被保留了下来，成为美帝国主义和日本垄断资本政治思想统治和军国主义复活的工具"。而自卫队"在事实上被美军控制和指挥，成为日本垄断资本统治的工具，同时，还担当起了美国世界战略一翼的作用，并策划向海外派兵和扩大规模"。为了"进行彻底的民主主义革命"，必须"废除天皇制"和"解散自卫队"。

在天皇制问题上，新党纲规定："严格实施关于天皇'没有对国政的权能'等的限制规定。一个人或者一个家庭成为'国民统合'象征的现行制度，不是与民主主义以及人类平等的原则对立的。为了国民主权原则始终如一的展开，党应站在谋求实现民主共和制的政治体制的立场上。天皇制是宪法规定的制度，其存废将来在条件成熟的时候，应根据国民的公断来解决"。由于目前日本有较多的国民赞成天皇制，这就使日共在纲领上首次承认了天皇制存在的事实。

在自卫队问题上，新纲领规定："停止海外派兵立法，采取裁军措施……通过国民的同意推进宪法第九条（解散自卫队）完全实施"。[1] 虽然新党纲仍提出"解散自卫队"，但与旧党纲相比，新党纲多了一个前提条件，即自卫队的存在与解散，要征得国民大多数的同意。目前日本大多数人是赞同自卫队存在的，这样日共在事实上也就默认了自卫队的存在。

（5）对"帝国主义"的新认识。在旧党纲中，日共一般都将"垄断资本主义"等同于"帝国主义"。但是，在新党纲中，日共认为"这在现代情况下一般是不成立的，把所有垄断资本主义及其经济体制一律作为'帝国主义'的特征是欠妥的"。日共认为，这样的认识是日共对"帝国主义理论的新发展"，是对当前世界形势的分析结果，"具有重大的实践意义"。

---

① 以上党章、纲领引文，参阅日共网站：www.jcp.or.jp

三 冷战后日共的主要斗争实践活动

(一) 议会选举斗争与日共的策略

在制定选举政策和进行选举斗争过程中，日共十分注意反映国民利益要求，树立政党形象，争取选民支持。如果说日共的选举政策在战后初期具有纯粹反体制的特点的话，那么随着日共的逐渐成熟，开始将资本主义民主制度为我所用，将反体制斗争和反映国民利益要求结合起来，以期得到更多选民的支持。

日共为了调动选民的政治积极性，使选民在投票中支持自己，十分注意选举策略，将政治宣传活动多样化、具体化和日常化。日共也对自己的候选人进行包装，并全方位向选民介绍，增强候选人在群众中的亲和力，提高候选人在群众中的知名度。党的候选人也经常走街串户，亲近选民，在推销自己的同时，也宣传日共的方针政策。在整个选举过程中，注重将选举活动与选民喜闻乐见的形式相结合，激发群众的政治热情。如在宣传方式上，将街头演说和口头宣传结合起来，除了用板报、传单、小册子、明信片、图片、报纸和号外等传统手段外，还利用幻灯、录音、录像、电视、电影和网络等现代手段进行宣传。

在大选前夕，日共积极筹划，深入选民，宣传选举政策，扩大与选民的交流。为了发动更多民众参与投票，日共向民众描绘即将到来的大选将会建立一个民享、民有、民治的民主联合政府。

充分发挥党的积极主动性。日共充分认识到，选民的支持不是坐等的，必须积极放手发动群众，吸引百万群众参加日共的地方会议，向他们解释日共的纲领，以及如何构想日本的未来等。据日共统计，为了迎接这次大选，在日本大约有 2/3 的日共地方支部举行了这样的会议，吸引了大约 58 万人参会。如果加上参加日共讲演和座谈会的人员，人数则超过了百万。为了响应日共中央委员会关于在所有市级单位、自治区、自治市开展集会和演说的号召，会议和演说甚至进入了一些偏远的小岛。通过这些活动，许多民众直接了解到日共的主张和政策，部分选民对日共由反感、不熟悉到了解、增加好感，甚至不少人还因此加入了日共，投身到日共所进行的日常斗争中来。①

---

① 〔日〕《しんぶん赤旗》2009 年 1 月 6 日。

总之，日共各层议员始终站在维护广大国民利益立场上，根据相关法律，积极行使提案权，提出了关于政治、经济、教育改革等一揽子议案，阐明日共有关国土、公害、交通、福利、医疗、保险、外交等方面的政策建议，使统治阶级有时也不得不考虑这些来自社会底层的呼声而予以采纳。但是由于所占席位少，在大多数情况下，日共不少提案在国会中因达不到法定票数而不能成为法律。

（二）建立民主联合政府与日共的行动

在日共看来，冷战结束后，"五五年体制"的瓦解，多党联合政府的建立，为日共参加联合政府提供了契机，而日共 90 年代中期以来出现的党势增长也为达到这一目标奠定了基础。于是，日共在世纪之交开始调整其理论路线和方针政策，为实现这一目标作准备。在修宪、天皇制、自卫队、海外派兵、日美安全条约等问题上，出现了较原来更为灵活的立场，即对于这些问题的解决，最终应决定于"广大国民的态度"。

为了实现自己的目标，日共除在政策主张上作大幅度调整外，在实践上也开始大踏步迈进，以争取更多民众的支持。除了继续把主要精力集中放在对各民主团体的工作外，日共还注意了对其他各阶层、无党派人士的联系，甚至也开始加强与保守的自民党内部的思想开明人士和中间分子的联系，尽可能做到统一战线的广泛性，集结各领域的大多数国民，将统一战线植根于日本广大国民这一深厚的土壤之中，以实现 21 世纪早期建立民主联合政府的目标。这一转变在冷战结束前是不可想象的，曾几何时甚至将中间力量视为对立面，表明日共在建立统一战线和成立民主联合政府的问题上策略较原来更加成熟。

（三）反对日美安全条约与日共的态度

以日共和社会党为首的民主力量从 50 年代起为争取日本民族独立，使日本脱离作为美国战争基地掀起了波澜壮阔的斗争浪潮，显示了日本人民的力量。

随着冷战的结束，按理日美安保条约也当寿终正寝，但老布什政权又提出了"地区不安定因素"比"苏联威胁"更危险的观点，于是日美两国为了亚洲地区的"安全"，赋予了"安全条约"新内容，使条约不仅没有消亡，反而更加强化和扩展。条约在失去苏联这一老对手后，美日在亚洲又找到了新的存在依据，如朝鲜半岛危机、台海危机和"中国威胁"等问题，因此，日美认为条约仍有存在的"必要"。1995 年，美国进一步认为在亚洲可能会爆发"朝鲜战争"和"台海危机",因而抛出了一份《东亚战略报告》,建议日本政府对原来的日美"安全条约"予以"新的定义"。

1996年4月,克林顿访日,与桥本龙太郎发表了《日美安全保障共同宣言》,并同时决定修改日美防卫合作指导方针,将"日本有事"扩展到"日本周边有事",实质上是将日本本土的安全防卫扩展到对付亚太地区的"不稳定和不确定的因素"。这表明日美安全体制的防御范围扩大,将矛头直指整个亚太地区的军事同盟体制。随后,"周边有事法案(Guideline)""自卫法修正案"和"物品役务相互提供协定"(ACSA)等与宪法相悖的法案相继出台。

日共认为,依据《宣言》建立起来的日美军事同盟体制,是把从前的日美安全条约"改成了北大西洋公约组织那样的攻守同盟了",从而"对亚洲构成了最大威胁",对此日共坚决予以反对。对于"周边有事法案",日共认为该法案等于"战争法案",它不仅会打破亚太地区的和平战略平衡,而且会对世界格局产生影响,将使日本陷入美国发动战争的泥潭,是违反日本宪法第9条既不参加战争,也不设立军队的规定,日共强烈要求撤销这一法案。

(四) 反对修改宪法与日共的立场

战后日本新宪法——《日本国宪法》,是日本在国内外民主力量的强大压力下,在美国占领军主导下完成的。这部以和平与民主为特色的宪法,确立了"主权在民、尊重人权、和平主义"三项基本原则。其中,作为日本"放弃战争"的第9条尤为重要,所以新宪法被人们称为"和平宪法"。新宪法在战后50年来一直受到国际社会和广大日本国民的拥护,也是日本经济腾飞的前提和保障。但是,日本国内一小撮政界保守人士和右翼势力却以此为耻,认为该宪法是美国强加给日本的,世界上还没有一个国家的宪法像日本一样是由外国制定的,先后掀起了多次修改宪法(尤其是修改第9条)的恶浪,由此激起了日共等民主势力的"护宪"斗争。

日共在宪法问题上,长期以来扮演着护宪派的中坚角色,与以自民党为首的新旧保守势力和其他右翼势力进行坚决的斗争。日共认为战后宪法是日本民主化措施的重要组成部分,是美国对日占领所需的民主化措施的一环,它不是美国的恩赐,而是与战后国际形势相适应,体现着日本广大国民的要求,因此必须维护宪法的尊严,不容修正[①]。

---

① 〔日〕《前卫》1986年第11、12期。

日共在二十大上指出，宪法问题已成为"日本的最大焦点"和"进步与反动的中心问题"，通过修改宪法为复活军国主义开辟道路已成为反动势力的"战略性课题"。因此，在当前这一严峻形势下，日共要团结一切愿意推动社会进步的力量，坚决捍卫宪法的和平和民主的条款，为开辟出符合多数国民愿望的、走向新日本的道路而努力①。日共在二十一大上认为，自民党等在国会中设立诸如"宪法调查委员会"之类的机构，将使"策动改宪进入新的危险阶段"，是"军国主义的全面复活和日本式法西斯的危险道路"②。虽然日共极力反对在国会中设立"宪法调查会"，但是保守势力还是利用其在国会中的多数通过了使之设立的决定。

日共为了在新世纪建立广泛的统一战线，争取成立民主联合政府，在二十二大上对这一问题态度发生了部分变化，认为是否修改宪法"应尊重广大国民的意愿"③。

（五）反对修改历史教科书与日共的认识

冷战结束后，由于日本国际国内原因，修改历史教科书的逆流进入了一个新阶段，并成为一种时髦。其特点是大量知识界和政界人物直接加盟这一阵营和运动，从幕后走到了前台。一些著名的政界人士组织参加到各种右翼组织，利用国家机器，鼓吹右翼思想，这在一定程度上怂恿了右翼势力的膨胀，为修改教科书打气撑腰开了绿灯。

反对修改正确反映历史的教科书是日共的一贯立场，并始终站在这场斗争的前列。每一次发生教科书事件时，日共总是与其他群众一起，通过示威、游行、发送传单、召开声讨大会等形式，抗议对历史教科书的篡改和对学生的误导，呼吁学校不要采用这类教科书。当《新编日本历史》通过审查后，日共领导人不破哲三为此发表了《这里存在"历史教科书"的核心问题》一文，指出该书所说的日本所进行的战争是"为保卫日本的安全和生存自卫"，是"在解放亚洲各国为目的的战争"，是"将自己的生存和亚洲从美国统治下解放出来"，建立"大东亚共荣圈"等说法，是"完全错误的"。不破认为日本进行的战争的根本目的是"在天皇统治下统一世界"，"不是解放亚洲，而是从这些地方驱逐法国、英国等国的殖民统治，建立新的殖民统治"④。

---

① "日共二十大文件"，载日共网站：www.jcp.or.jp。
② 〔日〕《しんぶん赤旗》，1997 年 9 月 27 日。
③ 〔日〕《しんぶん赤旗》，2000 年 11 月 22 日。
④ 〔日〕《しんぶん赤旗》，2001 年 7 月 15 日。

随后，不破又发表了《历史教科书（扶桑社）是怎样描写了对中国的侵略战争》的文章。文章对教科书所篡改的历史事实进行了逐一批判，并回顾了日中战争从日本对中国提出"21条"发端时起，一直到日本在中国战场的彻底失败的全过程史实。指出建立"满洲国"、张作霖事件、"9.18"事变、卢沟桥事变、华北事变等都是日本首先挑起的。驳斥了教科书提出的由于中国在"苏联共产主义思想影响下"，出现了"排日运动"、"销毁日本商品"和"袭击日本人"等歪理。

在对政府进行教科书审定的问题上，日共认为这一制度违反了宪法关于保障学术自由和表现自由的规定，以及违反了教育的基本精神，是公然践踏宪法、教育基本法、和平和民主主义的精神，应予以废除[①]。面对以日共为首的日本民主、进步势力反对篡改历史教科书的斗争，右翼分子谩骂日共是"卖国贼"，并对其领导人进行人身攻击。但是日共至今在反对修改历史教科书立场上，没有采取像它在其他方面提出的要"尊重民意"的立场。

四　新世纪日本共产党的发展走向

（一）新世纪日共面临的机遇和挑战[②]

（1）日共已成为革新力量的代表。从历史上看，由于社会党和日共在许多方针政策上相似，其社会基础上也具有相同性，代表的都是社会弱者的利益，因而两党被认为是日本社会的革新力量。冷战结束后，社会党为了获得执政地位，对其理论路线进行了大的调整[③]。在1994年六十六大上不仅表示要维护日美安全保障条约，承认自卫队存在的合理性，放弃"非武装中立"等一贯立场，支持"维和法"，承认"日之丸"是国旗、"君之代"是国歌，如此等等。结果，社会党虽然获取了与自民党等党派联合执政的地位，但却失去了传统支持者对社会党政策改变的认同。据1995年的舆论调查表明，对社会党不再抱期望的国民竟然高达75%[④]。恰恰在这时，日共却在这两次选举中增加了近300万张选票，其中大部分就是来自原来支持社会

---

① 〔日〕《しんぶん赤旗》，2002年4月17日。

② 参阅曹天禄《日本共产党的"日本式社会主义"理论与实践》，中国社会科学出版社，2004，第266~297页。

③ 日本社会党在1945年成立时的党纲中规定了党的三大任务（政治纲领），即政治上的民主主义，经济上的社会主义，外交上的和平主义。——作者注

④ 王新生：《简论日本社会党》，《日本学刊》1996年第5期。

党的选民转而支持日共所致，使日共一跃成为第二大在野党，取代了社会党"革新政党"代表的位置。这在当前日本政坛"总体保守化"或右倾的情况下，独树一帜的日共可能会获得比以前更多的选票，使原本支持其他革新力量的国民转而支持日共，并承担起革新政党在新世纪被历史赋予的任务。

（2）日共清廉政党形象的树立。战后初期，日本政治承续了战前政治家、官僚和财界三位一体的关系，即财界向政治家和握有实权的政党提供政治资金，并同时提出利益要求；而政治家或政党再利用自己手中的权力给财界、经济界以各种"关照"，满足他们的利益要求，结果"政治献金"成了日本政治腐败的同义语，从而引爆了日本政坛连续不断的贪污事件，经新闻媒体披露后引起了广大国民的强烈不满，要求废除这一制度的呼声越来越高。由于日共一直以来远离政治资金，在国民心目中逐渐树立起了廉洁政党的形象，赢得了更多选民的信任和支持。日共财政收入的特点是没有企业、团体的政治献金和政党助成金，而以自民党为首的其他政党这两项收入占了其总收入的八成。由于日共历来拒绝接受政治资金的资助，因而在日本政坛不断爆发的"金权政治"丑闻中，唯有日共身在其外，这是日共在政党政治斗争中的优势。

（3）新老领导班子的顺利交接。在二十一大上，统率日共近 40 年、年近 90 岁的宫本从主席职位上完全退居二线，只作为"名誉主席"。同时，确立了以战后成长起来的第二代领导人不破哲三和第三代领导人志位和夫为核心的集体领导干部体制。为了适应形势发展需要，二十一大还大胆地调整了整个干部队伍结构，本届中央委员会委员 30% 为新面孔，而候补中央委员会委员则全部为新人，政治局和书记处也作了重大调整。志位和夫自 35 岁任书记处书记以来，以其深厚的理论素养、旺盛的精力、敏锐的目光和灵活的思维，在党内外影响大增①。时隔 3 年举行的二十二大，日共又对党中央领导机构作了进一步的重大调整，使整个领导集体成为日共近 30 年来最年轻的②。2006 年 1 月，75 岁高龄的日共资深领导人不破哲三在日共二十四大上以高龄健康因素和希望实现领导班子的年轻化为由向党提出退任要求获准。这样日共完全实现了新老领导班子的和平顺利交接。这两次领导班子的改换旨在树立日共新形象，为日共改变原来的僵化组织方式，采取一条更加灵活、现实的理论路线奠定了基础，也为日共在 21 世纪更能适应新形势创造了条件。

---

① "日共二十一大报告"，载日共网站：www.jcp.or.jp。
② 〔日〕《しんぶん赤旗》，2000 年 11 月 22 日。

（4）灵活现实的理论路线制定。新的理论路线和方针政策在党的阶级基础和群众基础，在对待日美安全条约、自卫队、海外派兵、修改和平宪法等问题上，都出现了与以前不同的提法。其中最主要的一个转变就是要"尊重广大国民的意见"，即是说在通常的情况下，如果大部分国民认可，那么日共也就持肯定的态度，相反，则持反对态度。这标志着日共开始从一条僵化的理论路线向灵活现实的方针政策转变。

（5）世界经济危机对日共势力的提升。2008年9月，美国因次贷危机而引发了金融危机，其破坏性从虚拟经济向实体经济扩展，从美国向全球蔓延，并最终演化为一场自1929年以来最严重的全球性经济危机。迄今为止，这场危机不但触发了全球性经济衰败，还对整个资本主义生产体系乃至世界各国人民的生产生活造成了深远影响。在危机面前，资本主义各国共产党迅速作出反应，他们深入剖析金融危机产生的根源，探讨应对金融危机的对策。不仅如此，日共还紧紧抓住这一历史机遇，结合本国实际制定了反危机的斗争纲领、路线和方针政策，开展了本国工人阶级和劳动群众的抗议运动，发起对资本主义的批判，加强自身建设。对此，日共领导人志位和夫分析了这场金融经济危机爆发的原因、日共的应对和发展自身的机遇。日共认为从国际上看，金融危机源自于资本主义自由市场经济，赌场资本主义是当代金融危机的根源；从国内看，对美国经济的依赖性是日本金融危机的重要原因。在金融危机中，日共拿起批评的武器，不仅向世人深入剖析、挖掘危机产生的根源，揭示资本主义的罪恶，同时又积极开展应对金融危机的斗争。在斗争中，日共既提出了应对金融危机的政策主张，又始终代表了民众的利益，积极捍卫中小企业的利益，体现了自身政党的阶级本性。第一，以普通大众的利益为根基，把民生问题放在首位；第二，反对牺牲民众利益的救市计划；第三，保护中小企业，避免中小企业在危机中破产；第四，改变日本的出口依赖性经济，恢复内需拉动型经济；第五，加强社会保障的法制化建设，促进经济社会的协同发展。

在危机面前，日共不仅始终代表人民的根本利益，积极展开斗争，而且充分利用资本主义链条上的这一薄弱环节——金融危机所带来的契机，不遗余力地加强了自身政党建设，扩大了党在日本政治社会生活中的影响。2009年3月，志位和夫在东京向日本外国记者协会演讲中透露，在刚过去的16个月，加入日共的新党员人数急剧上升，共有1万6千多人。日本共产党目前共有近40万党员，2万2千多个支部，3千多个地方议员。据日共统计，2008年党员增加1.4万人。"在去年6月份举行的冲绳县议会选举中，日共还成为了第一在野党。据日共称，去年党员人数平均每月增加1000多名。"

日本《东方时报》称，日共机关报《赤旗报》的读者，在去年短短的半年时间里，也增加了1.8万人。2008年4月以来，日本共同社针对日共人气飙升的情况做了一个调查，结果显示，该党的民众支持率为4.1%，比前一个月大幅上涨3个百分点。其在30多岁男性中的支持率为11.0%，在20多岁女性中的支持率为9.4%，均为历史新高。新加入的党员有两成是年轻人，还有一些是60岁以上的高龄层。特别是青年党员的逐步增多，是日共长期将日本青年利益纳入自己关注视域的结果，这次世界金融危机则起到了桥梁作用。同时，青年党员的增多，使日共党员结构长期处于老化的状态有了一定程度的改善。

正是基于以上分析，日共认为，资本主义的极限和一系列危机会给新社会的出现带来新的历史机遇，实现日共党章所描绘的社会主义或共产主义社会，其曙光将在21世纪逐渐清晰起来。

但是，如果我们冷静思考，就不难发现新世纪制约日共进一步发展的因素大于其发展的因素。正确的态度是，只有看到挑战和自身劣势，才能使日共在前进的路途中，不急躁冒进，而是脚踏实地地进行斗争。从总的来看，日共面临如下主要挑战。

（1）保守势力的猖獗使日共面临强大的反对力量。从历史上看，日本右翼思潮盛行，保守势力猖獗，并成为日本发动"二战"的思想理论基础。军国主义分子和右翼分子作为政府的另类补充，并在其支持下猖狂一时，是天皇政府的帮凶。"二战"结束后，美国占领军虽然对日本进行了"战后民主改革"，但天皇制被保留了下来，对军国主义分子和右翼分子及其组织进行的取缔和处理很不彻底，不久他们就在美国的庇护下粉墨登场或借尸还魂。20世纪80年代以来，尤其是90年代后由于日本经济持续的萎靡不振，右翼思潮借机逐渐形成了一股越来越强大的有组织的势力和运动，公开与政界结合，从幕后走上前台，从民间向政界扩展，又从政界向社会蔓延。事实上，战后一直掌握日本政治权力的是新旧保守势力的代表人物。为了使保守和右翼思想畅通无阻，就必须扫除绊脚石——日本革新力量。前首相中曾根就曾提出过，"必须把共产党在政界的势力限制到无足轻重的地步"①。在这样的国内外背景下，日本右翼势力从90年代后，对日共这一日本"唯一"的革新力量的指导思想、政治纲领、组织原则、经济主张、社会目标、方式手段、领导人人身等方面发起了全方位的攻击。他们避开日共政策锋芒，采取迂回战术，用现存社会主义国家存在的问题，或夸大其辞，或造谣中伤、

---

① 〔日〕中曾根康弘：《新的保守理论》，世界知识出版社，1984，第23页。

无中生有、混淆视听。在反共土壤深厚和右翼势力猖獗的影响下，一般国民也对日共产生了偏激的看法，要扭转这一看法还有待时日。

（2）传统文化积淀的深厚导致日共宣传科学社会主义的困难。日本长期是一个以绝对权威、绝对服从为特征的权威主义政治理念的国家。这种权威主义经过长久的积淀和内化，逐渐成为日本国民性的一个重要方面和文化特征①。这对日共进行社会动员和推动大众参与政治过程是一个难以想象的又必须克服的障碍。这种权威主义所体现的绝对服从的思想意识也渗透到了各个大、中、小企业，影响到工人阶级与企业的关系。以企业为中心，服从企业主的绝对领导，对企业的忠心从来被视为一个工人是否合格的重要条件。所以即使有冤屈，也只能装在肚里，久而久之，这种思维方式就形成了一种定势和惯性，并使企业管理逐步演绎成具有日本独特式的家庭经营模式和形成了严格的官僚等级制度。由此看来，日本工人阶级关注较多的是本企业的生产发展，而不是日共所宣传的革命理论。当代日本工人阶级除了马克思主义所说的一些特征外，还有敬畏权威、盲目服从或被驯服的性格一面，从而使日共在动员、组织、开展工人斗争运动上，将会遇到超常的困难。

（3）"中流意识"的泛化使工人阶级政治意识淡漠。从50年代起，日本经济进入高速增长期，经济的飞速发展带来了产业结构、社会阶级结构和社会意识的变化。"中产阶级"和"中流意识"得以出现、形成与扩大、泛化，造成广大国民的政治意识越来越淡薄，并导致他们接受马克思主义革命理论的难度增加，预示着日共的进一步发展将会遇到不少障碍。

随着经济的发展，日本国民收入的明显提高和生活条件的普遍改善，形成了所谓"中产阶级"，按日本官方的统计法，这一阶级包括研究人员、技术人员、教师、法律工作者、记者、音乐家等在内的从事某种专业和技术工作的人员以及从事治安工作的人员。传统的工人阶级队伍日益缩小，"中产阶级"队伍日趋扩大。从而打破了原有的社会阶级和阶层结构，使日本国民的阶级和阶层归属意识发生了变化，形成了所谓"中间阶级"的"中流意识"，并成为社会价值观的主流。"中流意识"一般表现为各阶级生活方式、生活观念日益一致，贫富差距日益缩小，对经济生活的满足感和政治上"求稳怕乱"的心理，即国民中不关心政治的倾向迅速发展。显然，国民意识的保守化对现有统治阶级极为有利，并成为自民党统治的重要社会基础。这种思想意识对日本社会，特别是对日共产生了深远的影响。工人阶级队伍虽然随着经济的发展而大增，但是其政治意识却日益淡薄，直接导致了日共

---

① 聂运麟：《政治稳定与政治现代化》，湖北人民出版社，2000，第291～292页。

组织发展和宣传科学社会主义的困难。

（4）方针政策的调整可能使日共失去传统支持力量。日共理论路线的调整是一把双刃剑，既可能使党采取一条更加现实的路线，沿着健康的轨道发展壮大，也可能因为一些失误或偏差而失去传统力量的支持，从而影响其发展，甚至可能出现倒退的现象。实践证明，日共理论路线和方针政策调整后，日共党内外就出现了不同的声音。日共专家加藤哲郎教授认为，"现在党内已经根本不重视对马克思主义理论的学习"了，"理论与政策的联系也越来越削弱"了。原来在日本大学的经济学部，还开设马克思主义经济学，现在则全部取消了。在"宫本体制"时代还保持着"虽然斯大林是错误的，但列宁是正确的"这样一种立场，但现在不破哲三已经开始公开批评列宁，同时也不再硬性要求党员和知识分子接受马克思主义的正统理论教育。这对于年轻时接受过这种理论教育而支持日共，现在却已老龄化的传统支持者来说，不可能不让他们感到迷惑。

（5）政治资金缺乏的挑战。日共认为，政治资金有违宪法，使日本政党政治滑向了"金权政治"，是造成日本"政治腐败、堕落的温床"和"元凶"，所以，日共历来拒绝接受政党助成金（每年大概有 20 亿日元）和企业团体的政治献金。由此，日共在国民中树立起了"干净政党"的形象。而民主党和自民党等几个大党不仅有政府的政党助成金的资助，而且还有许多大企业的政治献金，因此，这些党经费宽裕，有足够的经费投入宣传和运营，日共就显得格外寒酸。在今天需要包装的年代，由于经费短缺，影响了日共扩大自己形象的宣传力度，以及一些专职干部的生活，进一步影响到党组织的建设和发展。

（6）事实上的"两党制"对日共的挑战。冷战开始后，日本就形成了与此相适应的"五五年体制"，即自民党和社会党主导下的多党制，虽然在这一政治框架下，自民党一直是"一党独大"，但社会党的力量也不可小视，这种"自社对决"状态直到冷战结束。在此背景下，包括日共在内的许多小党实际上是被排斥在日本主流政治活动之外的。冷战结束后，民主党取代了社会党成为最大的反对党，又走上"民自对决"的政治时代。因此，从这个意义上说，两党制在日本政坛一直是存在的。正是因为如此，包括日共在内的许多小党都反对民主党的这一政策建议。问题是，反对力量有多大，能阻止民主党这一政策动议吗？这将是对日共提出的最大挑战。

（7）党势弱小对日共的挑战。党势即党的势力，包括党在各层次议会所占议席比例、党员数、党的支持率和政策竞争力等。与民主党和自民党相比，日共在地方议会拥有的席位排在首位外，其余都远远不如民主党和自民党。仅从最具指标意义的这次众议院大选看，在共 480 个议席中，民主党获308 席，自民党 119 席，而日共仅有 9 席。有学者认为，在认识日共获得最多地方议会议席时，应当把选民支持日共党员个人与支持日共本身区分开来。虽然作为个体的日共党员候选人与日共是密不可分的，但也有不同。关于这一点，加藤哲郎教授认为："这些地方议会因为支持那些热心于地方活动的共产党员个人，所以虽然并非绝对支持共产党，也未必直接支持社会主义或共产主义思想。"① 从国民的态度看，据日本广播协会在 1990 年地方选举前进行的舆论调查，竟有 70%～80% 的人对日共抱有反感，表示不支持日共②。许多人形成了这样一种特殊的偏见，认为日共的政策好，人品也好，对实现民众的要求也是积极的，现在的日共确实不错，他们能干，理论先进，财政"干净"，国民在这方面对日共没有什么不满，但是从东欧、苏联的事态来看，这个党即使现在不错，将来也会带来全国性的不幸和灾难，因为其他社会主义国家就是榜样，由此大部分选民不信任和支持日共。目前，国民对日共不信任的这种状况没有太大的变化。

（二）新世纪日共发展前瞻

通过对日共 90 多年曲折发展过程的审视，尤其是对其冷战结束后的重点观察，我们认为，日共在新世纪的发展会有以下几个特点出现。

（1）日共所面临的挑战大于机遇。新世纪出现的新形势使日共的发展面临两难境地：一方面，为了欢迎更多的人加入到日共队伍中来，必须调整方针政策，以求得最大多数人的理解和支持；另一方面，这样一来又会引起了老一辈党员和传统支持力量对日共降低理论路线和目标的不满。结果是，要么日共停滞不前，甚至是倒退；要么与老一辈党员和传统支持者决裂，最终导致日共分裂。当然，由于人们长期形成的惯性，理论路线的调整要一下得到所有人的支持和理解是不可能的，这需要一个过程，即出现所谓的"调适期"或"转型期"，问题在于这一"过程"或"期"需要多长时间，才能使没有转变思想的支持者理解日共的理论路线的调整，并在此基础上，进一步扩大其显现的和潜在的阶级基础和群众力量，将由此带来的损失减少到最低程度。

另外，在认识日共获得最多地方议会议席时，也应当把选民支持日共党员个人与支持日共本身区分开来。虽然作为个体的日共党员候选人与日共是

---

① 谭荣邦：《冷战后的日本共产党》，《科学社会主义》2002 年第 2 期。
② 陈殿栋：《日共近况及观点》，《政党与当代世界》1991 年第 8 期。

密不可分的，但也有不同。关于这一点，加藤哲郎教授认为："这些地方议会因为支持那些热心于地方活动的共产党员个人，所以虽然并非绝对支持共产党，也未必直接支持社会主义或共产主义思想。"① 由于"五五年体制"的瓦解，日本政界重组与政权更迭频繁，使其他各主要政党自顾不暇，缓解了对日共的围堵，使日共获得了发展的机遇。但是一俟联合政府重组完成，政局相对稳定，相信不仅是保守势力，而且其他政党也会对日共进行打压，这一点已为战前和战后日本反共史多次证实。

同时，当金融危机暂时消解和日本经济步入正轨后，加入日共的人数是否还会大量增加，我们也不持乐观态度。2009 年 3 月，志位和夫在东京向日本外国记者协会演讲中透露，在刚过去的 16 个月，加入日共的新党员人数急剧上升，共有 1 万 6 千多人。日共目前共有 40 万党员，2 万 2 千多个支部，3 千多个地方议员。如何看待这一问题，这当然是值得日共庆贺的事情，但我们要看到当金融危机一过，日本经济向好后，其党势发展还是否会一直迅猛呢？从历史经验看，日共党势迅速发展一般都有相应背景，当这一背景消失，日共的发展就并不乐观，能保持现有水平就相当不错了。

（2）新世纪日共还将进一步调整其理论路线。长期以来，日共以科学社会主义为指导思想，以实现社会主义、共产主义为奋斗目标，是一个较为典型的阶级政党。作为日本工人阶级先锋队的日共，站在先进生产力的发展方向和社会大众立场上，寻求实现人类进步理想的主张和为此进行的各项努力，无可厚非。但是，日共这种理论路线与其他政党相比，具有强烈的政治意识形态特征。同时，又由于在相当一个时期内，日共纲领路线受战后世界共产主义运动中"左"的路线影响，因此，日共在战后不同程度地将社会主义的政治理想与政治主张，提升为比较绝对的信仰，从而导致在实践中一定程度的"左倾"冒险主义和教条主义。虽然这在某种程度上对党的组织发展和扩大党的影响力、号召力等方面产生过积极作用，但也给日共的长期发展带来了更多的负面影响，如引发了过多的对党的理论争论等。

也直接源于此，使得日共的政策主张在很大程度上不是来自现实的要求，而是来自作为日共的意识形态本身，从而导致了日共在相当程度上对现实反映的迟钝和应变能力的欠缺②，使现实斗争的战略和策略出现僵化，久而久之使理论路线失去弹性。也正是发端于此，使日共面对新形势的政策转型，都必须基于理论的首先转型。因为理论是对现实和实践的认识、抽象和

---

① 谭荣邦：《冷战后的日本共产党》，《科学社会主义》2002 年第 2 期。
② 林尚立：《政党政治与现代化》，上海人民出版社，1998，第 435 页。

概括，是在实践有了充分的发展基础上形成的，理论具有滞后性的特征。在理论出现意识形态化和教条化的倾向下，要转变为具体的政策就需要一个较长的时间过程，因为它需要持这种理论的人转变传统的认识和观念，甚至引发具有新旧观念的人的直接交锋，并可能导致党的分裂。最终使整个党在应变能力上跟不上对现实的把握和对实践的认识，从而对党的理论本身和实践带来损害。

从日共建党到现在，与其他政党相比，其纲领路线中一直具有较浓厚的"革命"思想，而新的日共理论路线调整中，社会主义"目标"突然没有了，"革命"的意味也淡薄了，从而引起人们的不同议论是不足为奇的。但是我们认为，长期以来，日共的纲领路线虽然将革命的阶段分为"两个阶段不间断革命"，但其民主革命阶段的内容实际上大多是社会主义阶段的内容，期望值过高，得不到更多国民的理解和支持。世纪之交，日共提出了要"在21世纪早期建立民主联合政府"的口号，并开始在国会斗争中与其他在野党积极进行政策合作，但收效甚微。2000年举行大选时，日共再次提出有意参加在野党联合政权，但立即遭到执政党的抨击。最大的在野党民主党也明确表示，只要日共不修正其过高要求，两党就不可能合作。这次对理论路线的调整就是为了缩短现实与理想的距离，在政策上缩短与其他在野党的差距，使党的理论路线更具有灵活性。

但是，即使是这样，日共的纲领路线与其他民主势力的理论路线相比，还具有相当的"革命性"意味，这一方面说明了日共将继续作为日本革新力量的代表，并将长期作为日本左翼力量存在于日本政坛。另一方面也说明，在一个具有保守传统和发达民主国家的日本，对于日共在现有情况下还具有"激烈"和"革命"的意图充满着疑虑和恐惧。如果日共要达到建立或者参与"民主联合政府"的目标，使其他政党具有最大程度的认同心理，争取大多数国民的支持，还必须进一步调整其纲领路线，这就是日共领导人不破哲三在二十二大后接受其媒体访问时说的，条件和时机成熟时还要对党纲进行"全面的"和"根本的"修改。

（3）新世纪日共仍将继续扮演在野党的角色。由于国际共产主义还处在低谷，由于日本国内还存在强大的反共势力，也由于日共目前势力还无法与自民党和社会党抗衡，从而决定了日共将继续扮演其在野党的角色，发挥其在野党的功能。现代资本主义民主政治在赋予在野党合法地位的同时，也赋予了它相应的社会政治功能。这主要包括代表和反映一定的社会利益，并在政治领域努力保护和实现这种社会利益；依法对执政党及其政府的各项活动和政策进行监督和批判；通过选举，从在野党上升为执政党，组织政府，从而实现政党政治下的政权交替①。日共在战后取得合法地位以来，也正是围绕这几大功能进行斗争活动，并取得了不俗的成就，在斗争中发展壮大。面对 21 世纪，日共在日本政坛中又将以什么面目出现和扮演什么角色呢？

第一，从成为执政党或参政党转变为"建设性参与的反对党"②。政治的核心问题是政权问题，日共从成立以来应该说都在为此而斗争。90 年代中期以后的国内形势变化，增大了日共成为执政党或参政党的概率。所以从二十大开始，日共在其理论路线和目标的表述上，提出了"争取在 21 世纪早期建立民主联合政府"的主张，表现了日共要努力成为执政党或参政党的决心。但是，"五五年体制"瓦解后，日本政坛的政治格局总体上仍然是"一党独大，野党多党化"的局面。为了实现"建立民主联合政府"的目标，决定了日共在纲领路线上更多地将关注与其他政党的关系。由于各在野党的势力大小不同，其具体的政治动机和立场又不一样，所以各党对建立民主联合政府的态度就会出现较大的差别，但达到执政的目标又是各在野党最大的目标。因此，这又决定了日共要与其他政党进行更激烈的"政策和权力博弈"。然而，日共的愿望由于各种原因却一直不能实现。

2009 年日本实现政权更替后，各政党开始重新制定路线方针，重新为自己定位，重新为自己发展谋划。日共也不例外，已不再像原来那样坚持和强调成为执政党，与民主党、社民党等"革新势力"一起建立"民主联合政府"，而是首次提出将作为"建设性参与的反对党"。从表面上看，这是日共在近期目标上的倒退，实际上这恰恰是日共对自身势力终于有了一个更加全面和清楚认识后的结果。从而更能使日共在制定方针政策上切合实际，有利于打好基础，培育打持久战的决心和勇气，而不是在条件不成熟的情况下，动不动就一相情愿地幻想成为执政党或参政党。

日共在反对党前面还特别加上了"建设性的"修饰语，具有特殊意义。在一个特定时期，日共虽然也曾认为自己是反对党，但是日共所理解的反对党是对整个体制的反对，即凡是执政党提出的政策或方案，都予以反对。自民党为此将日共称之为"什么都反对"的党，这在选民中造成了一定的负面影响。这次民主党上台，对日共改变"什么都反对"的党的消极影响提供了机遇。因为日共的一些主张与民主党的主张相同，在这种情况下，日共

---

① 林尚立：《政党政治与现代化：日本的历史与现实》，上海人民出版社，1998，第 401 页。
② 〔日〕《しんぶん赤旗》，2009 年 9 月 11 日。

认为对于民主党维护民众利益的主张会在国会中予以支持，同时，在实践中将发动群众给予监督；对于危害民众利益的政策主张日共还是要坚决反对，而不像以前那样为了反对而反对。

在民主党与自民党轮流上台执政这种新形势下，日共客观地分析了当下日本的政治形势，尤其是自己弱小的党势后，强调自己作为"建设性参与的反对党"的定位。为此，在未来的政治发展中，日共面临着三大"建设性"的任务。

"首先，为了满足民众最急迫的需求，日共将提出政策建议，在与政府目标一致的议题上与其合作，做这些政策的'推手'。其次，日共将努力起'维护'作用，防止民主党制定倒退的危险政策，例如增收消费税、提出修宪、减少众议院比例代表议席等。在相互一致的基础上，日共在这些政治目标上将与其他政党合作，努力提高公众意识，和人民一起开展斗争防止政治力量把整个国家变为一个压抑性的社会。再次，日共将努力促进建立一个人民为主人的民主联合政府。"[1]

第二，作为革新力量的代表和社会弱者的代言人[2]。90 年代中期以来，日共发展强劲，迅速取代了社会党的地位，成为了革新力量的代表。在其他政党日益自民党化的情况下，尽管日共在二十二大上对其理论路线进行了重大调整，但在目前方针政策仍是较激进的。其他一些极左翼组织在纲领路线上虽然比日共更为激进，但其势力远远不能与日共相提并论。这样日共就成为了新时期革新力量的代表。因此，日共作为在野党对自民党的反对、限制和抗衡的事实在 21 世纪是不会改变的，只不过其斗争激烈程度可能会减弱，方式会有所改变而已。日共的斗争活动表明，日共不仅代表了工人阶级的利益，而且在国会、社会、舆论等斗争舞台上，也在为广大妇女儿童、老人、残疾人、农民的权益奔走呼喊、提出议案等。从 90 年代后，日共制定的许多政策主张和提案都是以维护这些社会弱者的权益为中心的，在社民党沦为二流政党后，日共实际上成了他们的主要代言人。

第三，批判者。一个社会，如果没有批判的声音，这个社会就不具有活力，批判是社会发展的动力之一。长期以来日共扮演的就是批判执政党和政府的重要角色。在可以预见的 21 世纪早期，日共难以问鼎政权，因而它不必提出作为政权担当政党所要提出和实行的具体政策，但是它可以利用在国会所占有的议席等政治资源，发挥党的领导人和政治活动家个人的魅力，运

---

① 〔日〕《しんぶん赤旗》2009 年 7 月 17 日。
② 〔日〕自由民主党编《日本政党》，自由民主党广报委员会出版局，1979，第 100～105 页。

用所掌握的传媒工具，继续发起对执政党和现政权内外政策的批判。实践证明，这种批判能起到一定的作用，国会也通过了日共提出的一些维护社会弱者权益的提案，使当局提出的个别侵害社会弱者权益的议案成为废案。当然这种批判避免不了从理想主义出发而作出的不切实际的纯粹批判。值得注意的是，这一批判功能在新时期阻止日本军国主义复活和右翼势力猖獗等方面，将发挥积极的作用。

第四章　印度共产党（毛主义）的历史、理论与现状

印度共产党（毛主义）简介

印度国内存在着众多的毛主义派别，各派掌握着人数不等的武装力量。据印度警察和情报机关估计，印度各毛主义派别，全国仅核心干部就总共约有9300名，毛主义武装人员总共约有2万人。印度共产党（毛主义）［Communist Party of India（Maoist）］是实力最强和影响最大的一支，目前已经发展成为全国性统一的毛主义政党。该党成立于2004年9月15日，其前身是印度毛主义共产主义中心（Maoist Communist Center of India）和印度共产党（马克思列宁主义）［人民战争集团］｛Communist Party of India（Marxist-Leninist）［People's War Group］｝。合并之后的印共（毛）并未公开其党员和武装人员的具体数目，但据印度政府和相关媒体估计，其党员人数约为7000人，在其控制下的"人民解放游击军"（People's Liberation Guerrilla Army），拥有包括6500~7000名正规军队，另外还有数目不详的游击队和民兵。该党于2007年底秘密召开了"团结九大"，通过并正式颁布了一系列纲领性文件。根据文件内容，该党以"马列毛主义"作为指导思想，主张抵制议会选举，继续走农村包围城市武装夺取政权的道路，坚持在印度开展人民民主革命，然后建设社会主义并最终实现共产主义。印共（毛）目前处于非法地位，现任党的总书记是贾纳帕蒂（Ganapathy），党内曾经的理论家兼发言人是查鲁库里·雷吉库马［Cherukuri Rajkumar，化名"阿萨德"（Azad）］，拥有《人民征途》（"People's March"）和《人民真相》（"People's Truth"）两种理论宣传刊物。

20世纪50~60年代，中苏两党发生意识形态大论战，导致国际共产主义运动的大分裂，使世界各共产党的思想陷入混乱当中。愈演愈烈的党内路线斗争导致不同派别的广泛出现，宗派主义成为大多数共产党面临的严峻挑

战。在中苏大论战的影响下，印度共产党（以下简称"印共"）党内思想分歧和路线斗争更为尖锐，直接导致印共分裂为"亲中派"和"亲苏派"，混乱的思想和两派的路线斗争，加快了"毛泽东主义"派别的分裂步伐，最终单独建党。经过半个世纪的风云变幻，毛主义的影响在世界的不少地方已经式微，但南亚的情况却与此相反。21 世纪，南亚地区毛主义作为一种思潮和运动还有所发展，特别是在尼泊尔和印度等主要国家。如果说尼泊尔联合共产党（毛主义）[以下简称"尼联共（毛）"] 曾在 21 世纪的毛主义运动中"奏出了历史最强音"，那么印度共产党（毛主义）[以下简称"印共（毛）"] 在 21 世纪则是再次"华丽出场"。

一　印共（毛）的源起与演进

印共（毛）是印度国内经济社会基本矛盾不断发展的产物，迄今已有半个多世纪的发展历史。期间，印度毛主义运动历经国际和国内形势的风云变幻，运动起伏跌宕，组织分分合合，直至新世纪独立建党，并以一系列反政府袭击活动而再次进入世人关注的视野，令人惊呼"印度的毛主义又回来了"。

（一）印共（毛）的源起

1946 年，印度爆发了特仑甘纳农民斗争。这场持续近五年的反对封建土邦王公统治和要求土地的斗争，由印共支持下的安得拉大会直接领导。斗争发展迅速，规模不断扩大，并蔓延到临近地区。最终，印度联邦政府对海德拉巴展开"警察行动"，结束了海德拉巴封建王公的统治，将土邦并入印度联邦，特仑甘纳农民斗争也在政府的镇压中逐渐平息。

在领导特仑甘纳农民斗争过程中，印共党内出现了战略分歧。印共在苏共主导的第三国际的指导下，坚持走十月革命道路，将其战略路线定为城市暴动与罢工运动相结合，因而对这场斗争并非十分重视。而直接参与斗争的安得拉邦共产党（印共在安得拉邦的地方党组织），则主张以中国革命作为榜样，走农村包围城市武装夺取政权的道路，因而全力参加并领导这场斗争。为此，安得拉邦共产党致力于寻求一种新的革命理论，来作为革命路线的基础，"安得拉邦共产党人早在一九四八年就援引毛泽东的教导对党的全国领导在印度革命的阶段、战略、策略方面的看法提出异议"[1]。利用印共

---

[1]　〔印〕莫汉·拉姆著《印度共产主义运动分裂再分裂》（陈峰君译），中共中央对外联络部一局（1980～1985），第 259 页。

党内指导思想的混乱，安得拉邦共产党以毛泽东的教导为依据，确立了不同于印共中央的革命路线，并且在广阔的特仑甘纳地区的斗争实践中，贯彻和运用这条路线领导农民斗争。因此，作为南亚地区最早的毛主义倡导者和实践者，安得拉共产党"在毛主义正式形成一种战略之前，就已经是毛的学说在印度的监护人"。①

安得拉邦共产党逐渐成为主要领导力量，并在萨里卡库兰县扩大了"特仑甘纳式"农民武装斗争。在斗争过程中，开始主张将"毛泽东的教导"与实际相结合来制定路线和战略，并将其灵活运用于斗争当中，毛主义路线在特仑甘纳农民斗争中得到实际贯彻，逐步发展成为南亚地区早期的毛主义战略。安得拉邦共产党认为，"两阶段四阶级"的新民主主义革命战略，是他们在毛泽东《新民主主义论》中找到的"殖民地和半殖民地走向社会主义的新的革命斗争形式。"这一战略具体表现为"在透彻了解既有区别又有联系的基础上，进行两个阶段的革命；建立根据地以指导农民斗争，实现无产阶级领导权和赢得民主革命的胜利；建立工农之间的紧密联盟并进而同民族资产阶级建立反帝的革命阵线"②，在实际运用中表现为以反帝反封建为战略，以农民游击战争为策略。

因此，特仑甘纳农民斗争中安得拉共产党的战略路线探索和斗争实践过程，既是毛泽东思想在印度的传播过程，也是毛泽东思想与印度实际相结合的过程，同时也是在斗争实践中得以贯彻和发展的过程。安得拉共产党在特仑甘纳农民斗争中的毛主义路线虽然于1951年在国际共运的压力下被遏止，但是从此登上了南亚地区共产主义运动的舞台。安得拉邦共产党继续以毛主义战略作为斗争路线，在印度坚持开展武装革命，在斗争实践中不断发展和完善这一战略。安得拉邦共产党认为毛泽东的新民主主义论和中国革命经验，是毛主义战略路线的依据，"具有历史意义的中国解放斗争的领袖毛泽东，从他独特的丰富经验和研究中，创立了新民主主义的理论"③，毛泽东的教导和学说，是对马克思列宁主义的新的理论补充，因此，毛泽东与马克思、恩格斯、列宁和斯大林一样，是马克思主义合法的和权威的来源。"在印度进行游击抵抗的客观条件，除了一些地区以外是完全具备的。毛主义已来到印度，特仑甘纳就是印度的延安。"④

---

① 〔印〕莫汉·拉姆著《印度共产主义运动分裂再分裂》（陈峰君译），中共中央对外联络部一局（1980～1985），第26页。

② 《印度共产主义运动分裂再分裂》，第2页。

③ 《印度共产主义运动分裂再分裂》，第31页。

④ 《印度共产主义运动分裂再分裂》，第43页。

（二）印共（毛）的演进

二十世纪 60 年代的中苏大论战，极大地影响了印度的共产主义运动，激化了共产党的党内斗争，导致印共分为"亲苏派"和"亲中派"，两派在思想意识形态和政治路线上的分歧，导致党内路线斗争愈演愈烈，最终走上了组织分裂的道路。1964 年，两派分别召开了自己的"七大"，以孙达拉雅为首的左翼和极左翼，从印共党内分裂出去，另建印度共产党（马克思主义）［以下简称"印共（马）"］。新党的建立并未能消解党内左翼和极左翼之间的分歧，两派在意识形态上仍然存在着严重分歧。以查鲁·马宗达为首的极左翼势力，于 1966 年在印共（马）党内秘密建立了"印度共产党毛主义中心"组织。这预示着一旦时机到来，毛主义路线将会"复活"。

1. 毛主义运动的复兴与"夺取国家政权"目标的提出

1966 年，印共（马）党内以查鲁·马宗达为首的一派，秘密成立了以毛泽东思想为指导的"印度共产党毛泽东主义中心"，这成为印共（毛）的组织源头。组织的出现推动运动从自发走向自觉。1967 年 3 月，"印度共产党毛泽东主义中心"等信奉毛泽东思想的组织召开农民代表会议，号召农民夺取土地并建立解放区。纳萨尔巴里农民斗争随后爆发并迅速发展，蔓延至安得拉、比哈尔等邦。斗争遭到镇压后，查鲁·马宗达领导的"共产党革命派全印协调委员会"① 召开会议对运动进行总结，认为"纳萨尔巴里运动是'印度革命的转折点'和'印度议会主义的坟墓'。它号召抵制选举。消极的抵制口号必将带来积极的行动，把人民吸引到'毛主席思想旗帜下'的革命阶级斗争中来，开展纳萨尔巴里式的运动，并引导到人民民主革命"。② 号召在纳萨尔巴里式农民斗争中建立真正的共产党③。

1969 年 4 月 22 日，即列宁诞辰 100 周年之时，查鲁·马宗达等人将"共产党革命派全印协调委员会"正式改建为印度共产党（马克思列宁主义）［以下简称"印共（马列）"］。新党肯定了特仑甘纳农民起义斗争道路

---

① 其前身是查鲁·马宗达于 1967 年 11 月在加尔各答公开建立的印共（马）"革命派全印协调委员会"，目的是试图协调全国活动并逐步建立一个毛主义政党。1968 年改名"共产党革命派全印协调委员会"。

② ［印］莫汉·拉姆著《印度共产主义运动分裂再分裂》（陈峰君译），中共中央对外联络部一局（1980～1985），第 264 页。

③ 在以查鲁·马祖达为首的极左派眼中，印共及获得全国大选胜利后的印共（马）都走上了右倾投降主义路线，于是不能代表印度的无产阶级利益，因而不是真正的共产党。

的正确性，并对正在进行的纳萨尔巴里运动进行了总结。该党宣称坚持毛泽东思想，走中国式革命道路，并公开打出"中国的主席是我们的主席；中国的道路是我们的道路"① 口号。

1972 年查鲁·马宗达去世，印共（马列）走向了分裂，持续了近 7 年的纳萨尔巴里运动也逐渐平息。虽然最终失败，但纳萨尔巴里运动却具有一种象征意味，是印度共产主义运动甚至南亚地区共产主义的一个里程碑。因为这场运动的主要领导者和党的理论家查鲁·马宗达首次提出，毛主义革命的目标是夺取全国政权。查鲁·马宗达"在回顾纳萨尔巴里运动一年的情况时说，这一斗争的主要教训是：必须开展军事斗争，这个斗争不是为了土地、庄稼等等，而是为了夺取政权。"② 与此同时，还提出应该建立相应的政党，"这个党基本上将由工人阶级、农民和劳动的中等阶级的青年人组成，他们不但在口头上接受主席的思想，而且还在自己生活中运用这种思想，在广大群众中传播和宣传这种思想，并且在农村建立武装斗争根据地。这样一个党不仅是一个革命党，而且同时又是人们的武装力量和人民的政权。这样一个党的每个党员必须参加军事、政治、经济和文化等方面的斗争"。③

2. 印度毛主义运动在"黑暗篇章"时期再次陷入低潮

纳萨尔巴里运动成为南亚地区毛主义运动的一个"代名词"，南亚地区毛主义者又被统称为"纳萨尔巴里分子"。此后，印度毛主义组织陷入相互冲突的"黑暗篇章"时期，使毛主义运动再次陷入历史低潮。在印度毛主义者的长久内斗中，南亚地区毛主义运动的重心逐渐转移到了尼泊尔。

1972 年查鲁·马宗达牺牲后，印共（马列）党内开始派别丛生④。其中实力最强的两派"印共（马列）［人民战争集团］"和"印度毛主义共产

---

① 转引自〔美〕本杰明·史华慈著《"毛主义"战略的基本特征》（陈玮译），《湖南科技大学学报（社会科学版）》2005 年第 2 期。

② Charu Mazumdar: One Year of Naxalbari Struggle, Writings of Charu Mazumdar, see: http://www. bannedthought. net/India/CPI（ML）- Orig/index. htm.

③ Charu Mazumdar: The Indian People's Democratic Revolution, Writings of Charu Mazumdar, see: http://www. bannedthought. net/India/CPI（ML）- Orig/index. htm.

④ 1977 年 7 月 4 日被中央政府禁止的毛主义派别就有 10 个，分别为：印共（马列）［查鲁·马宗达集团 - 亲林彪派］；印共（马列）［查鲁·马宗达集团 - 反林彪派］；联合印共（马列）［辛格 - 雷迪集团］；安得拉共产主义者委员会（革命者）［纳吉·雷迪集团］；印共（马列）中央组织委员会［桑提·古斯 - 萨尔玛派］；印共（马列）东印度地区团结委员会；毛主义共产主义者中心；穆克提·尤得哈集团；印度共产主义革命者联合中心（马列）；印度共产主义者中心。参见：Manoranjan Mohanty, *Revolutionary Violence: A Study of the Maoist Movement in India*,（New Delhi: Sterling Publishers Pvt. Ltd. , 1977）, pp. ⅹⅹⅰ.

主义者中心"，分别以安得拉邦和比哈尔邦为基地，在印度南部和北部独立进行革命斗争。印共（马列）〔人民战争集团〕原是印共（马列）党内实力最强的派别，1980 年 4 月 22 日与联合马列派①合并，成为印度国内实力最为强大的毛主义组织。该派提出要"把印度左翼极端组织联合起来，共同致力于推翻那些与帝国主义相勾结的买办资产阶级和大地主阶级的统治"，"建立一个无产阶级领导下的，以实现社会主义与共产主义为目标的新国内政府"的构想，②并得到"毛主义共产主义者中心"的赞同。"印度毛主义共产主义者中心"则是由"印度共产主义革命中心（毛主义）"与成立于 1969 年 10 月 20 日的印共（马列）党内派别"毛主义共产主义者中心"两个毛主义组织合并而来。合并之后实力和影响力也得到提升，并加入"南亚毛主义政党和组织协调委员会"。

黑暗篇章时期的印度毛主义各派之间冲突不断，特别是 20 世纪 90 年代后期出现直接的武装冲突，导致大批毛主义者相互残杀，力量遭受重大损失的同时，受到支持者的批评从而影响力骤减。为了结束愈演愈烈的冲突，提升影响力，实力最强的两派在 1988 年和 1992 年两次进行谈判，重提 1981年首次会晤时达成的共识，即尽管分属不同的源流，但是都走着基本相似的道路，有着共同的"阶级敌人"，因而具有坚实的合并基础。在停火谈判中，两派各自对"黑暗篇章"时期的行为作了公开反省和检讨。于是，两派在 2003 年"二月会议"上达成协议，决定以后无论出现何种分歧也不能与各自的阶级战友发生冲突，这为两派的正式合并奠定了基础，并制定了具体的合并计划。

3. 全国性统一的印共（毛）在新世纪正式建立

2004 年 9 月 21 日，"印度毛主义共产主义中心"与印共（马列）〔人民战争集团〕正式合并组建"印度共产党（毛主义）"。印共（马列）〔人民战争集团〕中央委员会主席贾纳帕蒂任新党总书记，两派所属之武装力量也完成合并。包括党纲党章等文件草案随之出台，供全党讨论。统一的全国性政党的成立，使印度南北分离的毛主义运动连在一起，发展为全国性的斗争，这标志着印度国内毛主义力量完成了重要的组织和力量整合。此后，新的的印共（毛）针对印度政府部门、警察机关及监狱频繁发动袭击活动，使印度政府大感头疼。该党所属武装力量在袭击活动中不断壮大，并由于经

---

① 印共（马列）党内派别，与印共（马列）〔人民战争集团〕在意识形态上更为接近，信仰马列主义。

② 韩冰：《印度共产党（毛）的历史发展与现状》，《当代世界与社会主义》2007 年第 6 期。

常见诸报端媒体，从而党的影响力也不断扩大。2007 年 2 月，印共（毛）秘密召开了"九大"，贾纳帕蒂再次当选为总书记。会议通过了经过全党讨论过的一系列纲领性文件，并发表了政治决议。文件和决议详细阐明了党的指导思想、政治目标、革命道路以及战略规划，确定了党的基本路线和具体战略。这标志着印共（毛）初步完成了思想整合，对诸如革命的战略策略、形势、道路等一系列斗争问题拥有了统一的认识。思想整合的完成使印共（毛）逐渐走向成熟，开启了组织建设和运动发展的新时期。

二 印共（毛）的理论主张

世界极左力量力图对毛泽东思想进行重新发现，构建出"马列毛主义"的理论形态作为运动的象征性资源。在印共（毛）眼中，之所以十分推崇毛泽东及毛主义，正如一位毛主义者所说，"因为那些资产阶级有他们的上帝，他们信仰他们的上帝，同时剥削我们，所以我们要有我们的上帝，而毛就是我们印度革命者的上帝，毛选就是我们的圣经，我们相信这一定是上天的安排，就如同释迦牟尼诞生在印度，他的思想却在中国发扬光大。毛泽东诞生在中国""……但对我们印度的劳苦大众来说，唯有毛的光辉思想使我们看到了光明，我们就是把他当做自己的救星。"[①] 而印共（毛）的革命主张，以及该党的群众基础都是由被剥夺者所构成的现实，恰恰证实了这一切。

（一）信奉"马列毛主义"意识形态

印共（毛）眼中的"马列毛主义"，不仅仅是一个特定领域的知识科学，而且是一种代表了无产阶级通过革命实现对世界的根本性改造的哲学体系、政治经济学、科学社会主义和战略策略整体。"马列毛主义"不但是世界无产阶级最先进和最科学的意识形态，而且是全能武器。同时，马列毛主义具有不断发展的品质，是经历了马克思主义、列宁主义和毛泽东主义三个重要阶段的发展才最终得以形成。

当无产阶级自觉意识到自己是一支可以决定社会和自身命运的革命性阶级力量的时候，作为革命科学的马克思主义诞生了，世界的无产阶级的革命

---

① 郭宇宽：《把红脸唱到底——毛主义在印度的前世今生》，载《二十一世纪》（网络版）2007 年 7 月号。转引自尚庆飞著《国外毛泽东学研究》，江苏人民出版社，2008，第 236 ~ 237 页。

有了科学的意识形态理论作为指导，革命斗争实践在马克思主义的指导下蓬勃发展。当世界资本主义由自由竞争阶段发展到垄断阶段，列宁坚持马克思主义观点，对帝国主义时代特征和世界无产阶级革命进行分析后，形成了列宁主义。列宁主义是列宁为马克思主义的持续发展作出的贡献，是对马克思主义进行进一步总结并发展到新的更高阶段的无产阶级意识形态。经过列宁的发展，无产阶级的意识形态由马克思主义发展为马克思列宁主义。

　　毛泽东通过把马列主义的基本原理与中国革命实践和国际无产阶级革命发展相结合，坚决捍卫和继承马列主义的同时，在哲学、政治经济学、军事学以及科学社会主义等领域发展了马列主义。尼联共（毛）的领导人普拉昌达指出，"毛泽东同志从哲学、政治经济学和科学社会主义这三个组成部分的整体方面全面地发展了马克思主义的科学，使之在质上提升到了一个新的阶段。在这样的情况下，无产阶级以马列毛主义这一专有武器的形式获得了自己解放的理论"。① 毛泽东对马列主义的捍卫、丰富和发展，具有特定的国际背景。首先，是"二战"结束后世界出现了一个社会主义阵营；其次，是列宁晚年及其去世之后，世界形势出现了剧烈的变动；再次，世界范围内民族解放斗争蓬勃发展，从而导致了世界进入一个新殖民主义控制和压迫的时代；最后，是发生在苏联和东欧的剧变，这是由于赫鲁晓夫现代修正主义集团对国家权力的侵占而发生的资本主义的全面复辟。毛泽东就是在这样的背景下，综合和完整地发展了马列主义，将其发展到更高的、全新的第三阶段。

　　印共（毛）还指出，毛泽东不但在当代条件下发展了马列主义这一科学的无产阶级意识形态理论，并且还进一步提出和发展了马列主义的一系列科学的战略策略，从而阐明了半殖民地半封建国家的社会主义革命路线②。在广为人知的中苏大论战中，毛泽东还领导了世界性的反对修正主义的斗争，领导了震惊世界的无产阶级文化大革命，提出了马列主义的无产阶级专政下继续革命以实现共产主义的理论。毛泽东对马列主义的捍卫、丰富和发展，其内容主要除了哲学、政治经济学、军事学、科学社会主义以及革命的战略策略这些大的领域外，还有更为具体的理论内容，堪称革命的直接行动指南。一方面，形成了适用世界各半殖民地半封建国家的毛主义革命路线，这条路线包括政治路线（新民主主义革命理论和纲领）、军事路线（持久的

---

① Prachanda, On Maoism, The Worker, No. 1, February 1993.

② Central Committee（P）of the CPI（Maoist）, "Hold High the Bright Red Banner of Marxism-Leninism-Maoism", see: http://www.bannedthought.net/India/CPI – Maoist – Docs/index.htm #Founding_ Documents.

人民战争道路)、组织路线(即中国革命取得胜利的"三大法宝")和群众路线。另一方面,还具体到无产阶级政党、民主集中制原则、人民军队、革命的统一战线、妇女问题、艺术和文化问题、帝国主义和民族国家问题、反对现代修正主义的大论战和意识形态斗争理论以及无产阶级"文化大革命"和继续革命论,等等。因此,印共(毛)认为,毛泽东对马列主义的捍卫和发展是科学且全面的。正是毛泽东的理论贡献,无产阶级的意识形态由马列主义发展到今日的马列毛主义。

在印共(毛)的理解当中,马列主义毛泽东思想与"马列毛主义"之间并不存在本质区别。并且,使用"毛泽东主义"这一术语,能够更加精确而科学地表明毛泽东的贡献。尤其是在现代修正主义轻视毛泽东思想或者贬低和否定毛泽东思想的历史性意义和国际性意义的情况下,用"毛泽东主义"这一意识形态术语替代毛泽东思想这一术语更为准确和必要,非此不能与现代修正主义划清分界线。印共(毛)强调指出,"马列毛主义"不仅延伸了他们对无产阶级专政下继续开展阶级斗争的认识,深化了对阶级状况和阶级对抗的矛盾的分析,而且也加强了在通向社会主义和共产主义的过程中,对党内存在的资产阶级分子的警惕和无产阶级专政下继续革命的认识。因此,"马列毛主义"是一个有机统一的整体,毛泽东主义是当代的马列主义,任何轻视、贬低或者否认毛泽东主义,就是否认马列主义本身。

印共(毛)指出,当代世界正处于向一个无法预测的方向快速发展的时期。各国人民群众正被卷入反对帝国主义和本国反革命的帝国主义代理人的斗争当中。因此,世界上真正的毛主义者,必须向斗争着的人民群众宣传和灌输"马列毛主义"意识形态。将"马列毛主义"作为武装党员和群众思想的意识形态武器,并将其与印度的实际条件和当代世界形势相结合,如此一定能够推动持久的人民战争进一步深入发展到一个新阶段。印共(毛)坚信,在"马列毛主义"的指导下,该党一定能够领导印度人民群众胜利地完成人民民主革命并成功抛弃资本主义,从而建立社会主义并最终走向共产主义。因为,运用"马列毛主义"作为思想武器,可以彻底打败资产阶级的意识形态,彻底揭露和打败其他各种形式的甚至是戴着毛主义"面具"的现代修正主义意识形态。

同时,印共(毛)指出,只有正确把握"马列毛主义"的科学内涵,并创造性地将其与不同条件下的阶级斗争相结合,在革命运动具体问题中进行具体的运用,在党的建设、人民解放军建设、革命的联合阵线建设以及人民运动的战略转变中进行实事求是的运用,这样才能将"马列毛主义"广泛宣传和灌输给革命群众,才能保证革命的最终胜利。同时,也只有在对

"马列毛主义"进行创造性运用和对该党长期的革命经验进行总结概括的过程中，才能进一步丰富无产阶级科学。基于此，印共（毛）在 2009 年 7 月《给尼联共（毛）的公开信》中，对尼联共（毛）的"普拉昌达路线"和"发展 21 世纪民主"（也称"多党竞争民主"）理论提出质疑，认为尼联共（毛）仅依据尼泊尔特殊国情而提出"普拉昌达路线"和"发展 21 世纪民主"理论，对尼联共（毛）试图赋予自身理论以普遍适用性的努力，都提出尖锐批评，认为这是对"马列毛主义"指导思想持不慎重态度的表现，并提醒尼联共（毛）尊重"马列毛主义"指导思想和远离现代修正主义路线。[①]

（二）主张在印度开展人民民主革命

以"马列毛主义"为意识形态和指导思想的印共（毛），其革命的最高纲领是建设社会主义并最终实现共产主义。从本国国情和时代条件出发，印共（毛）主张本国人民民主革命必须分两步走，现阶段的革命纲领是完成反帝反封建的人民民主革命任务，建立人民民主专政性质的人民民主国家，为实现社会主义和共产主义的革命最高纲领奠定基础。为此，必须结合印度实际和时代特征，为革命制定相应的纲领和战略策略，以此作为现阶段革命斗争的行动指南。

1. 印度人民民主革命的主要内容

印共（毛）指出，印度半殖民地半封建的社会性质，决定印度革命必须分两步走。第一步是开展人民民主革命，变半殖民地半封建社会为独立、自主和民主的社会，彻底解决当前印度社会的两大最基本的矛盾，然后进行第二步革命，即建立一个社会主义社会，最终走向共产主义社会。印度的人民民主革命和社会主义革命是前后紧密相连的两个革命阶段，二者既不能"毕其功于一役"，同时中间也不允许横插一个资产阶级专政阶段。作为第一个阶段，人民民主革命的胜利发展，将为社会主义革命扫清道路，并为社会主义革命创造前提和准备基础。

（1）中国新民主主义革命的启示

印共（毛）认为，世界无产阶级革命的中心任务，都是夺取全国政权。这是在南亚地区毛主义产生之初的纳萨尔巴里运动中，查鲁·马宗达早就提

---

① Central Committee of CPI（Maoist）：Open Letter to Unified Communist Party of Nepal（Maoist）From the Communist Party of India（Maoist），see：http：//www. bannedthought. net/India/CPI - Maoist - Docs/index. htm#Nepal.

出的革命目标。国际共运史上的无产阶级革命，曾经出现两种不同的模式，一种是列宁领导的，基于当时国内外形势和具体国情的，以城市工人暴动方式夺取国家政权的苏联十月革命模式。另一种是毛泽东领导的，同样从中国国内外形势及本国国情出发而形成的，以农村包围城市武装夺取政权的中国新民主主义革命模式。

早在印度特仑甘纳农民斗争时期，安得拉邦共产党发给印共中央的阐述自己对印度革命的分析观点和革命路线主张的信中，就对印度革命道路作了独立自主的思考，"我们的革命在许多方面都同典范的俄国革命不同，却在很大程度上与中国革命相同。我国革命的前途不大可能是举行总罢工和总起义来达到农村的解放，而是以土地革命的形式进行顽强的抗战和持久的内战"①，最后夺取革命的胜利。虽然此时印度的毛主义革命尚未提出夺取全国政权的目标，但是已经是印度人民民主革命的萌芽。

坚持"马列毛主义"思想指导的印共（毛），指出在印度开展革命，尤其须要借鉴和吸收毛泽东领导中国新民主主义革命取得成功的历史经验。该党认为，毛泽东领导中国新民主主义革命实践，并从实践中总结出来的新民主主义革命理论，是国际共运当中的一种创新理论和实践，是适合半殖民地半封建国家开展民族解放运动和社会主义革命的"亚洲的共产主义"。毛泽东的新民主主义革命理论，为国际共运，特别是亚非拉等洲落后国家的共产主义运动，提供了新的可资借鉴的理论，是半殖民地半封建国家开展社会主义革命的有力武器。中国的新民主主义革命模式，为亚非拉三大洲仍然处于半殖民地半封建社会的国家探索本国社会主义革命道路提供了现实启示。因此，印共（毛）主张在印度开展反帝反封建的人民民主革命，须要以毛泽东思想和中国新民主主义革命实践作为榜样，将马列主义和毛泽东思想与印度革命实际相结合，具体问题具体分析地加以运用。

印共（毛）认为，当代世界社会主义运动的道路，主要有武装革命斗争道路和和平选举的议会道路。当代印度国内，印共（马）也同样主张进行反帝反封建的"印度人民民主革命"，制定了革命纲领和政策，并且坚持议会道路争取上台执政，在执政实践中予以贯彻执行。印共（毛）指出，印共（马）选择议会道路试图取得印度人民民主革命的胜利，这是不可能的，原因在于议会道路不符合印度的革命实际条件，而且会在选举中与阶级敌人妥协，容易走上修正主义方向。并且，印共（马）已经滑向现代修正

---

① 〔印〕莫汉·拉姆著《印度共产主义运动分裂再分裂》（陈峰君译），中共中央对外联络部一局（1980~1985），第25页。

主义的道路，因而不可能在印度真正夺取革命胜利，更不可能实现社会主义。因此，必须要以中国新民主主义革命模式为借鉴，走"持久的人民战争"道路来开展印度人民民主革命。

（2）印度的社会阶级性质

印共（毛）坚持毛泽东思想的认识论和阶级分析方法，对印度社会性质进行阶级分析，以此作为认识和解决印度人民民主革命一切问题最基本的出发点。印共（毛）指出，自1947年独立以后，印度的社会性质，从殖民地半封建性转变为当前的半殖民地半封建性。英国殖民帝国主义的直接殖民统治结束后，多个帝国主义国家代替了英国，通过将印度的大资产阶级和大地主阶级变为他们在印度国内的代理人，间接地对印度人民进行着殖民统治，掠夺着印度，以维持其帝国主义资本和利益。正是这些帝国主义国家，真正控制着印度的政治、经济和文化。印度由多个而不是单个帝国主义进行着控制，因而印度并不是一块新殖民地或一个殖民国家。因此，印度是一个被多个帝国主义国家以新的殖民剥削和控制压迫形式，实行间接统治、控制和剥削的半殖民地国家。

与此同时，印度没有像西方资本主义国家那样已经完成反对封建主义任务的资产阶级民主革命，印度国内的封建主义势力依然很强大。众多帝国主义势力支持印度国内的封建主义势力，通过买办官僚资产阶级和封建主义势力作为代理人，对印度进行间接的殖民统治、控制和掠夺。正是由于这三股敌人的共同阻碍，印度国内封建主义土地关系和封建主义生产关系无法在中央政府的主导下完成，农村的封建阶级关系和结构也未得到改变，农村中的封建主义的高利贷阶级对农民的压迫和剥削，甚至比所谓的"独立"以来近半个世纪时期内的任何时候都要深重。特别是印度农村里的农民大众，深受封建地主阶级和高利贷阶级的剥削和压迫的同时，还受着买办官僚资产阶级—地主阶级性质的中央政府设在农村的统治机器的镇压。封建剥削和压迫不但束缚了印度农村经济的发展，同时还阻碍着印度工业的发展道路，封建主义成为印度经济和社会发展的主要障碍之一，封建主义与最广大人民之间的矛盾也成为印度国内诸多基本矛盾之一。封建主义依然存在，因而印度仍是一个半封建社会性质的国家。

（3）人民民主革命的总路线

印共（毛）通过对印度社会的阶级状况和阶级特征进行分析后认为，印度目前正处于资产阶级—封建地主阶级性质的政权统治之下，中央政权依附着帝国主义势力，残酷剥削人民。首先，帝国主义者残酷掠夺印度的土地、劳动力、原材料以及其他自然资源，以各种名义在印度赚取超额利润。

帝国主义阶级及其在印度的代理人，通过残酷剥削和疯狂掠夺，逐渐征服了整个印度的经济、政治、军事以及文化，严重破坏了印度本国的工业，尤其是中小型的工业，将大批工人抛弃于街头，使他们沦为穷困的失业者，阻碍着印度民族经济的自由和独立发展。其次，作为帝国主义者附庸并与封建主义连在一起的买办官僚资产阶级，同样摧残着印度的中小型工业，他们不但对工人阶级、农民和其他劳苦大众实行残酷镇压，而且还压迫着印度国内的民族资产阶级。最后，封建主义早已成为印度国内生产力发展的桎梏。封建主义在经济上保留了占压倒性数量的贫苦穷困人口，对这些人的创造性予以压制，限制了国内市场的成长和阻碍工业的发展，由此导致大量的失业者和经济陷入停滞当中；在政治上，封建主义剥夺了人民群众的各项民主权利，甚至在很多地方，比如在广大的农村地区，地主阶级依靠私人武装或者雇佣兵而形成一个个的"国中之国"，将农民置于永久的被征服和被奴役的地位。

印共（毛）提出，现阶段必须进行人民民主革命，以帝国主义、买办官僚资本主义和封建主义作为革命对象，完成反帝反封建的革命任务，夺取全国政权，建立人民民主专政性质的印度人民民主国家。印共（毛）主张印度人民民主革命必须借鉴中国的新民主主义革命模式，将马列毛主义指导思想和毛泽东的新民主主义革命理论具体运用于印度的革命实际，抵制和平选举的议会道路，坚持"持久的人民战争"道路，通过"农村包围城市，以武装夺取政权"。为此，必须广泛宣传和动员起作为革命动力的印度的无产阶级、农民阶级（包括无地贫苦农民、半无产者、中农和富农）、小资产阶级（包括知识分子和学生、小商业者、艺术家以及专业技术掌握者）、民族资产阶级以及流氓无产阶级[①]，建立起无产阶级领导的最广泛的人民民主革命统一战线，反对印度国内反革命的帝国主义、买办官僚资本主义和封建主义敌人，这就是党开展印度人民民主革命所必须坚持的正确的革命总路线。

2. 印度人民民主革命的基本纲领

印共（毛）指出，在"马列毛主义"的指导下，党现阶段所进行的革命是人民民主性质的革命，首要任务是在印度进行反帝反封建和建立人民民

[①] 马克思恩格斯在《共产党宣言》中指出："流氓无产阶级是旧社会下层中消极的腐化的部分，他们在一些地方也被无产阶级革命卷到运动里来，但是，由于他们的整个社会状况，他们更甘心于被人收买，去干反动的勾当。"［见《马克思恩格斯选集》（第 1 卷），人民出版社，1995，第 283 页。］印共（毛）认为，印度的流氓无产阶级也同样深受统治阶级的压迫和剥削，是革命可以争取、团结和改造的对象。

主专政性质的人民民主国家。为此，必须通过革命斗争，在印度实现人民民主的政治、经济和文化的各项基本纲领。

（1）人民民主国家的政治纲领

印共（毛）提出，人民民主的政治纲领，是以武装斗争的方式推翻半殖民地半封建社会的国家机器，建立人民民主国家，这是印度新民主主义革命的首要任务。反对帝国主义和封建主义的人民民主专政国家，基础是无产阶级领导下的工农联盟，这是无产阶级专政的一种特殊的萌芽形式，保障最广大被压迫人民群众的各种自由、权利和民主，同时也以各种有效方式全力保障广大参与群众的日常管理工作，深刻捍卫人民的利益。与此同时，对反革命的帝国主义者、大买办资本家、大地主以及依附于他们的少数人实行专政。为此，必须建立最广泛的人民统一战线，比如武装斗争统一战线。在人民统一战线中，工人阶级（经由共产党）掌握领导权，反对帝国主义、买办资本主义和封建主义，建立工人阶级领导下的人民民主专政，是印度新民主主义革命的首要任务，是革命任务的核心组成部分。同时，这样的人民统一战线的建立与发展，也有利于促进国际性的紧密团结。

（2）人民民主国家的经济纲领

印共（毛）提出，人民民主经济的主要任务，一是为国家的经济和社会发展铺平道路，二是为抛弃半殖民地半封建经济建立社会主义经济准备基础。这是一种在无产阶级领导的人民民主专政下从资本主义转向社会主义社会的经济形态。一切由帝国主义者和买办资本家所有的工业、银行以及其他企业都将被剥夺，转为人民民主国家所有；一切封建地主所占有的土地都将被剥夺，无偿分给贫困和无地农民；剥削农民的高利贷者和商人将被消灭，以此释放农民的主动性和潜力。建立自愿的合作组织和国家贸易，控制国家经济的命脉。允许诸如民族资本等未控制国家经济命脉的资本主义产品在国家的管制和规范下发展。人民民主国家将在工业和商业中扮演主要角色，控制着国家的经济生命线。这不仅仅是促进人民民主经济的建立，同时更是为社会主义经济铺平道路。在这个过程中，毛泽东领导下社会主义中国的丰富经验将被作为指导。人民民主经济的本质，是抛弃垂死的封建主义并完成农民革命，剥夺帝国主义和买办官僚资本，使其转变为人民民主国家的财产，通过建立人民民主国家对国家经济的主导和控制，为印度经济发展和社会进步打开一条宽广的道路。印度人民民主经济的发展，将为印度的社会主义经济奠定基础。

（3）人民民主国家的文化纲领

印共（毛）提出，现阶段革命中文化战线上的主要任务，是通过根除伴随着现代修正主义意识形态的半殖民地半封建文化，建立科学的、民主的和大众的新的人民民主文化。人民民主文化是一种反帝反封建文化，这是对被压迫大众历经长期发展而来的丰富文化遗产中的世俗化的、真实民主和科学的继承。如果不能广泛宣传"马列毛主义"指导下的人民民主文化，就不能武装人民的思想意识，使他们觉醒，更不能组织他们进行人民战争。要抛弃剥削阶级及其国家机器，贯穿人民民主革命全过程的首要任务，就是进行意识形态斗争，以此塑造和形成支持农民革命和"持久的人民战争"的普遍共识。现代修正主义是"马列毛主义"指导思想、人民民主理论和革命斗争的主要敌人之一。人民反帝反封建的革命文化只有在同现代修正主义做斗争当中形成，而"马列毛主义"就是这场斗争中最强大的武器。特别是在印度，封建思想不但根深蒂固，而且以多种形式表现出来，如种姓制度、宗教少数主义偏见、宗教狭隘主义、团体主义、不可接触制、家长制以及众多其他形式。党必须教育民众去反对所有这些反民主的价值观和文化，并且以劳动者和无产阶级的平等、自尊、世俗主义、尊贵等观点来取而代之。为了取得印度革命的胜利，反帝反封建文化阵线必须要组建起来并坚决予以增强。人民民主文化将成为广泛的反帝反封建的革命的人民民主阵线的不可分割的一部分。这一文化阵线的任务之一，就是以反帝反封建农民革命斗争和持久人民战争思想去教育工人、农民和辛勤劳作的大众。人民民主国家将承担起的文化任务，从经济、政治、哲学、军事、历史、文学等一切社会科学领域当中将帝国主义和封建主义文化扫除出去，并在它们原来所在的地方建立人民民主文化。

3. 印度人民民主革命的战略策略

印共（毛）坚持斯大林的观点，指出革命的战略和策略必须以革命的基本纲领作指导，并且战略必须指导策略。因此，印度革命的胜利必须依靠科学合理的战略和策略。战略和策略的科学合理与否，既取决于同时也是来自于"马列毛主义"指导思想、新民主主义革命理论和基本纲领。

通过对中国、越南以及其他国家的革命经验进行总结，印共（毛）强调指出，"持久的人民战争"战略具有一条普遍原则，那就是都将经历战略防御、战略相持和战略反攻三个阶段。这条普遍原则同样适用于在印度运用"持久的人民战争"战略。同时，其他各国成功的革命经验还表明，三个战略阶段中，战略防御阶段将会持续一个很长的时间，紧随其后的战略相持和战略反攻两个阶段，将会在一个相对短暂的时间里结束，而从第二个阶段转向第三个阶段，将主要依靠国内外具体形势的变化。印共（毛）认为，印度革命的"持久的人民战争"战略，目前正处于战略防御阶段。在此阶段中，党领导的农民革命是印度人民民主革命的主轴，而人民军队和革命根据地的建设，是这一阶段中的根本的和迫切的斗争任务，必须坚持游击战争，开拓出新的游击区，并在斗争中将其逐渐建设和发展成革命根据地。要真正坚持"持久的人民战争"战略，顺利推进和完成三个战略阶段的斗争任务，确保革命能够获得成功，必须重视毛泽东提出的"三大法宝"，将其与印度革命实际相结合，加以创造性地运用。

印共（毛）主张抵制议会选举，拒绝议会道路。印共（毛）认为，参加或抵制议会选举，虽然都是马列主义政党进行斗争的一种形式和一种相关的战术策略，但是自赫鲁晓夫修正主义出现后，议会道路逐渐成为现代修正主义者极力主张的一种战略，他们提出的理由：其一，目前并没有出现革命高潮；其二，目前开展和促进武装斗争的主观力量十分微弱；其三，目前人民依然梦想在和平的议会制度体系下开展运动。印共（毛）对此提出批评，认为议会道路既无法促进革命出现高潮，无法增强武装革命的主观力量，更无法通过议会制度实现自己的革命目标。印共（毛）坚持认为，作为半殖民地半封建社会的印度，目前并不存在进行民主选举的和平环境，议会道路无法使人民民主革命走向胜利，因此必须将"持久的人民战争"作为战略，将议会选举作为一种辅助性的战术策略，在具体环境具体条件具体时间里加以灵活运用。

印共（毛）就联合尼共（毛）提出的"战略融合理论"进行了批评。尼联共（毛）在 2001 年第二次全国代表大会上正式提出了以"战略融合理论"来取代"持久的人民战争"战略："科学和技术的发展，特别是信息技术的快速发展，必然引发世界各国采取新的革命模式，这种新模式就是将'持久的人民战争'的战略与总暴动的战略相融合"。[1] 印共（毛）认为，在半殖民地半封建国家的革命尚未完全取得成功的情况下，提出这种"战略融合理论"是对"马列毛主义"的严重背离，也是对毛泽东新民主主义革命思想的否定。"战略融合理论"使广大党员和军事人员的思想出现混乱，对革命速胜产生幻想，这不啻是一个悲剧，表明尼联共（毛）出现了现代修正主义路线，正逐步滑向改良主义深渊。[2]

"持久的人民战争"是印共（毛）领导开展印度人民民主革命的根本战略，为了更好地结合革命实际条件，完成革命的阶段性任务，必须注重对一

---

①　转引自袁群著《尼泊尔联合共产党（毛主义）"新民主主义革命"的理论与实践》，中国社会科学出版社，2012，第 122 页。

②　Central Committee of CPI（Maoist）: Open Letter to Unified Communist Party of Nepal（Maoist）From the Communist Party of India（Maoist），see: http://www.bannedthought.net/India/CPI - Maoist - Docs/index.htm#Nepal.

些革命战术策略的制定和运用。这些革命策略主要体现在党组织建设、人民军队建设、统一战线和根据地群众基础建设、印度特殊社会阶层的工作以及城市区域的工作当中。印共（毛）指出，必须以战略和策略作为基础，共同推进印度人民民主革命的发展。

首先，作为革命的领导核心，党组织建设是首要前提。而革命政党组织的建设，必须坚持马列毛主义建党原则，加强党的革命性、纪律性和纯洁性。当前必须结合实际情况和条件，灵活运用各种战术策略来发展和壮大党组织。从"持久的人民战争"战略要求出发，必须建立无产阶级政党的领导地位，加强对印度被压迫和被剥削人民群众所掀起的斗争运动的领导，在群众组织中扩大党的影响力，增强领导能力。同时，由于反革命力量暂时还十分强大，并且对党和人民进行着疯狂镇压，因此党必须作为秘密机构进行工作。在秘密的地下状态，党必须同时加强"两翼"建设，即专业的革命者队伍和临时党员队伍的建设，协调好合法斗争运动和非法革命运动之间的关系。党组织建设必须坚持阶级路线和群众路线，坚持正确的领导方式和方法，对党员、武装人员和人民群众进行思想意识形态教育和政治教育，注重及时就党内和军队内部出现和存在的非无产阶级倾向开展专项整治运动。除此之外，科学的干部政策和烈士政策，也是党组织建设策略的重要组成部分。

其次，人民解放游击军是党领导的进行革命斗争的最为重要的工具，在武装斗争和根据地建设与发展当中扮演着关键角色，可以说关系着革命的最终成败。印共（毛）指出，人民解放游击军的领导权必须牢牢掌握在党的手中，须臾不可放弃。党必须运用一切合理策略，加强人民军队建设。一方面，加强对人民解放游击军的三种形式部队（正规部队、游击部队和民兵部队）的建设，在发展和壮大队伍的同时，协调三种部队之间的作战行动。根据不同的需要，科学组织和使用部队在印度开展游击战、移动战和阵地战策略，使军队能够适应印度革命的发展进程和党的革命需要。另一方面，必须坚持以毛泽东提出的"三大纪律八项注意"来严格要求人民解放游击军，尤其是正规部队，使军队成为严格的纪律部队，唯此才能时刻保持革命性，适应印度革命的发展需要。

最后，党坚持以"持久的人民战争"作为根本战略，重视农民斗争和根据地建设的同时，同样必须注重对统一战线、印度特殊社会阶层以及城市区域工作的策略性领导和扩大影响。印共（毛）指出，群众组织和群众运动必须进入党的战术策略视野，党必须对不同的群众组织（如处于地下状态的革命性群众组织、公开和半公开的革命性群众组织、与党非直接相连的群众组织）运用不同的策略，使其开展的群众运动能够促进和辅助党的军事斗争战略。尤其是在党的影响力尚处于十分弱小的城市区域，包括根据地和游击区附近的城市地区，都必须注重对诸如妇女阶层、表列种姓阶层、表列部落民阶层、宗教少数派阶层等特殊社会阶层的影响，促进党与他们以及其他各民族人民之间的团结和统一，努力建立同盟关系，扩大党的群众基础。另外，党在城市区域的工作目标，是适应不同的条件和需要，在重点行业和领域建立特定的党组织架构，不断动员和组织底层民众、建设统一战线和开展部分的军事任务，并为党的武装斗争和"持久的人民战争"战略的顺利执行，提供充分的后勤保障和支援。

（三）评估当前的革命形势和党的任务

印共（毛）在马列毛主义思想的指导下，从党的纲领和战略策略出发，理论联系实际，对开展印度人民民主革命所面临的当代国内外形势进行了分析，并在此基础上提出了党的各项革命任务。[①]

1. 当前印度革命面临的国内形势

印共（毛）认为，当前的国际形势是"二战"以来最为复杂且多变的历史时刻，世界秩序陷入极为不稳定的状态当中。特别是 2001 年"9·11"事件发生后，国际形势更加混乱、动荡和不稳定。国际上以美国为首的帝国主义势力，打着反恐主义的旗帜，以多种多样的形式，在世界各地进行着帝国主义侵略战争，追求世界霸权，到处镇压人民的民主和自由斗争，向人民群众的各项基本权利进行猖狂进攻。亚非拉等洲的广大不发达国家日益被拖进帝国主义世界秩序当中，人民遭受着残酷剥削和压迫。与此同时，自 2008 年以来，帝国主义大多数国家爆发了经济危机，帝国主义势力为了摆脱危机，维护帝国主义者和资产阶级的利益，加剧了对国内外人民群众的压迫，疯狂镇压人民运动，剥夺人民的基本权益。这更加剧了世界秩序的不稳定性，导致国际形势走向更加的混乱和动荡，使世界人民再次面临着战争的威胁。而美国帝国主义是世界反恐急先锋和最大的战争贩子，是世界人民的头号敌人。

帝国主义国家的经济危机本质上是资本主义的制度性危机，是资本主义的总危机。资本主义总危机的爆发和蔓延，反映出帝国主义势力的贪得无厌和反人民本质。帝国主义势力在国际上相互勾结的同时，同样进行着相互的

---

① Central Committee of CPI（Maoist），"Political Resolution"，see：http：//www. bannedthought. net/India/CPI - Maoist - Docs/index. htm#Founding_ Documents.

利益争夺。印共（毛）强调指出，帝国主义之间的勾结是暂时的和相对的，而他们之间的争夺则是永恒的和绝对的。同样的，资本主义制度的世界性危机是永恒的和绝对的，而其恢复则是暂时的和相对的。为了摆脱经济危机，恢复对人民权益的侵夺，帝国主义势力的侵略本性和谋求世界霸权的企图在经济危机中凸显，这一方面加剧了国际形势的动荡和战争威胁，使各种基本矛盾不断突出和尖锐化，另一方面也从反面促进了无产阶级运动的复兴，而亚非拉等洲的不发达国家，就是当代国际形势下的世界革命风暴的中心。

印共（毛）指出，美国国防部将帝国主义战争划分为三类：高烈度战争，即两个以上的国家发生冲突，比如两次世界大战；中烈度战争，即两个国家之间的冲突，比如两伊战争、越南战争等；低烈度战争，即发生在一国的国内战争。印共（毛）认为，低烈度冲突是以美国为首的帝国主义为了实现全球霸权目的和阴谋的反革命战略，[1] 是利用代理人进行帝国主义战争和镇压人民的新的斗争策略。印度国家和人民也面临着帝国主义及其在印度的代理人和附庸的战争威胁。如今，美国帝国主义势力越来越将其侵略目光投向印度，在印度寻求帝国主义附庸和代理人，对印度国内的自然和人力资源进行疯狂掠夺，对印度人民的革命反抗运动进行残酷镇压。与此同时，以美国为首的世界帝国主义势力，还以其掌握下的国际组织作为工具，对印度国家的政治、经济、社会和文化进行渗透，对人民权利进行压制，使印度不但沦为帝国主义国家的附庸，成为半殖民地半封建性质，最重要的是国家和人民的发展都遭到巨大阻碍，现代化进程极为缓慢。

帝国主义势力及其印度国内的代理人，共同对印度国家和人民发起帝国主义侵略，导致印度国内的基本矛盾迅速尖锐化。目前，印度国内的主要矛盾，一是帝国主义和印度人民之间的矛盾，二是封建主义和广大人民群众之间的矛盾，三是资产阶级和劳动者之间的矛盾，四是统治阶级内部的矛盾。要彻底解决这些矛盾，并打败帝国主义势力的掠夺和侵略阴谋，必须依靠持久的人民战争战略，坚持领导印度广大被压迫和被剥削人民群众，在印度进行反帝反封建的人民民主革命，然后进行社会主义改造，将印度建设成为强大的社会主义国家。而目前的国内外动荡的形势，尤其是资本主义总危机爆发后造成的世界秩序更加动荡和不稳定，使世界面临着战争威胁，这十分有

---

① Central Committee of CPI（Maoist），"LIC is the latest Counter-Insurgency Doctrine of the Imperialists! Defeat LIC through Protracted People's War!" p. p. 9 – 10，see：http://www. bannedthought. net/India/CPI – Maoist – Docs/index. htm#Books.

利于革命力量的复兴，是十分有利的革命形势。为此，印共（毛）强调，必须利用这有利的革命形势，加强理论宣传和动员工作，增强革命的主观力量，推进印度和世界的无产阶级革命。

2. 印共（毛）推进革命的各项任务

在当前有利于革命发展的国内外形势下，印共（毛）进一步指出了推进革命的各项具体任务。首先，党的首要任务，是在印度全国推进和延伸人民战争，通过武装的农民革命，将人民解放游击军改建和发展成人民解放军，将根据地进一步建设和扩展为解放区，将游击区发展为革命根据地。引导印度国内的革命力量，增强党、人民解放游击军和统一战线的力量，扩大游击战争和根据地，以革命的斗争反抗中央政府的反革命镇压和清剿。革命力量和革命根据地必须朝着党所制定的正确方向和目标，一步一步地向前推进和发展。在这个过程中，党必须全身心地将目标投向人民解放军和解放区的建立与建设当中，必须以当前的政治形势和相应的政治口号，去教育和武装全国人民群众的思想，动员他们广泛参与到反帝反封建斗争的全部进程当中来。同时，对所有的特殊阶层民众也需要按照他们的要求和愿望，由党做动员工作，使其同样参加到印度的人民民主革命当中来。

除了党的首要任务外，印共（毛）提出了当前革命形势下的多项迫切任务，其中包括广泛宣传"马列毛主义"意识形态；教育人民并使他们相信，苏东剧变后苏联超级大国的消失，并不代表世界大战的威胁也完全消失；揭露、反对和回击美帝国主义在印度和其他国家的掠夺、压榨和武力威胁策略；动员人民群众从政治上反对帝国主义及其印度代理人在印度实行的帝国主义政策；注意动员城市中的工人阶级开展阶级斗争；动员人民群众反对印度统治阶级的法西斯压迫和侵略扩张倾向，特别是在南亚地区的扩张主义和霸权主义倾向与步骤；孤立和打败印度斯坦民族主义的法西斯势力，支持宗教少数派的反对印度教歧视政策。印共（毛）指出，要推进这些革命任务，鼓动性的政治策略口号是必要的。为此，从各项任务的目的出发，印共（毛）提出了可以选择的政治策略口号，比如："建立一个强大的群众组织，反对帝国主义战争企图，反对帝国主义对个人的专制独裁、反对帝国主义的自由化和全球化！"；"揭露、孤立和打败印度法西斯主义危险的同时，揭露所有其他原教旨主义势力！"；"抵制和打败不断增长的镇压，抵制和反对《防恐怖主义法案2001》以及其他所有的黑色法律！"

印共（毛）在2009年曾对外发出政治宣言，称革命已经成功地发动和组织农民，并拥有人民解放游击军；党播下的星星之火已经燃遍全国28个邦中的 13 个；下一步是建立武装根据地和"人民政权"；在正式取得武装割据政权后，把人民解放游击军改编为人民解放军，将游击战推进到全面的"人民战争"阶段。由于无法在短时间内彻底铲除印共（毛）赖以生存的土壤，而该党的革命信念又如此坚定，前印度空军中将卡皮尔·卡克就认为"彻底打败左派武装势力需要决心和耐心，其过程可能超过 10 年"①。

三　印共（毛）的当代发展态势

进入新世纪后的社会主义运动，和平的议会道路是各主要共产党的选择。然而，印共（毛）和世界上的其他众多毛主义政党一样，继续坚持马列毛主义思想的指导，在本国以武装斗争的方式谋求建立社会主义。在南亚地区，曾经与印共（毛）有着紧密联系并相互支援的尼泊尔联合共产党（毛主义），已经结束了 10 年"人民战争"并回归主流政治，人们开始关注起印共（毛）运动的发展。那么，印共（毛）运动的发展现状如何？当前面临着什么样的现实挑战？其未来走向又将如何？

（一）印共（毛）的发展现状

印共（毛）由印度毛主义共产主义者中心和印共（马列）［人民战争集团］于 2004 年合并而来。前者原主要以比哈尔邦为基地在北印活动，后者则主要以安得拉邦为基地在南印活动。印共（毛）的合并建党，标志着印度的毛主义运动正式结束南北各自为战的状况，成为全国性统一的运动。完成组织合并后的印共（毛），在 2007 年秘密召开了团结"九大"，通过了一系列纲领性文件决议，标志着该党真正成为具有鲜明革命色彩的共产党组织。

1. 系统的指导思想和完备的理论体系

在指导思想上，合并之前的"印度毛主义共产主义者中心"和印共（马列）［人民战争集团］的意识形态虽有分歧（前者认同毛泽东主义，后者认同马列主义），但有"消灭阶级敌人"的共同信仰。新党建立后即宣布以马列毛主义作为一切行动的纲领。在该党眼中，"毛泽东主义"在国际无产阶级革命理论的形成过程中，是继马克思主义和列宁主义之后世界革命进入第三阶段的产物，是马列主义发展到新的更高阶段的标志。强调毛主义具

---

① 《平定反政府武装印度为何不用军队围剿？》，见西陆军事网：http://junshi.xilu.com/2010/0618/news_ 340_ 90835. html。

有国际普遍性意义，将其与马列主义并提为当代的马列主义，认为马列毛主义是当代国际无产阶级需要掌握的完整思想体系。具体到实践，印共（毛）认为与马列主义相比，"毛泽东主义"更重视农民阶级，从实践中得出一套基于游击战的战略指导思想，特别重视发动群众和自力更生，具体方式是发动农民进行"人民战争"，这些都适合目前的印度革命实际。

2. 健全的组织体系和不俗的实力

（1）建立了严密而完备的组织系统。印共（毛）的党章详细规定了入党的条件和考察期，保证组织的纯洁性，同时明确规定党员的权利和义务，保证组织生活的正常化。党内实行民主集中制，强调组织性、纪律性和战斗性，以适应革命的需要。以地域和产业部门为依据建立组织架构，分设中央、地方和基层三级组织，实行自上而下的领导。规定在军队各级都必须设立党委，其职责除领导作战外，还要担负军队思想政治工作，以此保证党对军队的绝对领导。该党认为革命要获得成功，必须动员和组织起广大的群众，因此该党及其武装人员以"化整为零"的方式，采取"分散以动员群众，集中以打击敌人"策略，广泛渗透进印度社会各阶层，扩大组织覆盖面。如此严密而完备的组织系统，保证了该党的有效领导和动员的能力。据估计，该党目前有正式党员7000人左右，如今已控制和影响着印度1.8亿的人口，占总人口比例近1/6。

（2）提升了自身武装实力。由于身处非法地位，印共（毛）的党军群组织均不透明，其确切的人员数并未公开。该党控制的武装力量称为"人民解放游击军"，诞生于特仑甘纳起义农民在1947年底自发成立的正规游击队。在起义全盛时期的1948年初至9月，游击队便发展到约2000人，并拥有村志愿队10000余人。此后经历纳萨尔巴里农民斗争以及"黑暗篇章"时期的洗礼，游击队在数量和质量上都得到发展，并逐渐走向正规。"人民解放游击军"主要由主力军、游击队和民兵构成。据媒体的相关报道和官方及学者的估计，主力军目前有6500～7000名武装士兵，拥有5500多支枪炮，其中包括大量的AK型来复枪、自动来复枪、卡宾枪、连发左轮枪以及手榴弹、地雷等。印共（毛）还拥有一支技术型队伍，能够制造12轮连发手枪和所用弹药，并能修理各种武器，具有相当的实力。[①] 除主力军之外的其他武装力量近2.5万人，在村一级的外围成员有近5万人。因此，其实力为印度国内任何一个单一的反政府武装所不能比拟。并且，印共（毛）领

---

① 转引自韩冰《印度共产党（毛）的历史发展与现状》，《当代世界与社会主义》2007年第6期。

导人民解放游击军，采取"分兵以发动群众，集中以应付敌人"的策略进行武装斗争，由此进一步提升了自身的实力和影响。

（3）扩大了控制区域和影响范围。自 2004 年以来，随着袭击活动的增多，印共（毛）的活动区域发展迅速，影响范围愈益扩大，已从 2003 年末的 9 个邦 55 个县发展到遍及印度 28 个邦中的 17 个，在 604 个地区中的 233 个地区拥有重要影响，几乎覆盖了印度 40% 的国土和全国 35% 的人口。2005 年以来，该党已经建立起一条"红色走廊"，从而打通了全国革命的南北通道，其面积已达 9 万多平方公里。该党正努力将其建成一个革命联合区域，以求进一步扩大毛主义的势力和影响，最终实现将其势力范围楔入印度重要地区的目标。该党还在其控制区内建立"人民政权"，涵盖了税收、司法、学校及报刊出版等组织机构，对公共事务施加影响，甚至取代政府行使管理职能，被人形象地表达为"警察统治白天，印共（毛）统治夜晚"。这种"国中之国"的运转，使其在民众中树立了威望。

（4）保障了革命经费来源。印共（毛）在进行自力更生生产的同时，借助"人民政权"在根据地以征税、打击地主恶霸等方式筹募经费。如今，外部援助已是不可能，该党从实际出发，在控制区内对商人及工程承包商强征"税费"和开采自然资源便成为其经费的主要来源。印共（毛）活动的重要区域都拥有良好的自然资源，比如切蒂斯格尔邦拥有丰富的铁矿、煤炭、铝土等矿产资源，而比哈尔邦除矿产资源外，还拥有良好的土地资源和独特的旅游资源。"印度官方估计，20 世纪 90 年代初，受纳萨尔派影响的地区还只有 4 个邦中的 15 个区，现在，已经扩大到 7 个邦。印度的采煤活动集中在这些邦，不过，虽然有丰富的自然资源，这些邦的人类发展指数却非常低，贫富之间的鸿沟经常成为纳萨尔派赢得支持的基础。"[①] 据统计，该党最活跃的五个邦煤炭储量占印度总储量的 85%，这成为该党解决经费的主要途径，为其继续革命提供了物质保障。

3. 坚持土地革命基础上的"人民战争"

印共（毛）在现实中采取包括军事、政治和经济在内的，有攻有守的"组合拳"方式推进革命运动。通过对策略的灵活运用，该党已能够不断达成自己的阶段性目标。

（1）游击战和根据地建设并举。印共（毛）宣称坚持游击战来开展武装革命，最终夺取国家政权。政府的清剿行动使自身生存成为其首要问题。

---

① 西德哈斯·斯利瓦斯塔瓦：《印度重拳清剿"毛主义"》（卫安毅编译），《世界报》2009 年 11 月 25 日。

该党总结切·格瓦拉的经验教训后认为，游击战必须与根据地的建设并举，才能发挥实效。脱离了根据地这个基础，游击战便堕为"流寇主义"。因此，该党坚持游击战与建立根据地紧密相连的革命战略原则，认为这是关系存亡的根本问题。联邦政府将印共（毛）视为影响地方社会稳定的因素，根据宪法规定司法和维护治安是邦政府的职责，将其交由邦政府负责清剿。据此，该党在邦界地区建立根据地，以"时间"换取生存和发展的"空间"。各邦之间的独立关系使其在清剿的行动中缺少合作，这使得印共（毛）在遭到清剿时能够迅速地转移到邻近的邦，及时脱离与政府警察的接触，从而免遭覆灭，并不断发展。

（2）武装袭击政府和警察部门。武装袭击是印共（毛）运动的主要方式。该党针对政府和警察部门展开了一系列袭击活动，堪称低烈度战争。据统计，"印度全国发生的91%的暴力事件和89%的因暴力事件导致的死亡都与其有关。从2004年到2009年，纳萨尔派共发动了10046次暴力事件，造成了4246人死亡。在这些事件中，不乏震世之举。2005年11月，1000多名纳萨尔派分子偷袭了比哈尔邦的杰哈纳巴德监狱，释放了大约350名纳萨尔派囚犯……2007年12月……袭击了查蒂斯加尔邦的一座监狱，释放了299名纳萨尔派分子。2009年3月，纳萨尔派劫持了一趟载有300多名乘客的火车，近5个小时后释放扣押人员。2010年4月，纳萨尔派偷袭了中央警察部队和查蒂斯加尔邦当地警察，造成了76名警员死亡，其中包括一名中央警察部队副司令和一名地方警察局局长，另有多人受伤，而印共（毛）仅1死1伤。"[1] 2011年第一季度袭击造成的总伤亡人数（包括平民、对手和自身）为174人。2012年1月，印共（毛）在贾坎德邦对警察部队发起袭击，造成13人死亡。3月27日，该党对途经马哈拉施特拉邦加德奇罗利县的警察车队发动袭击，结果造成12人死亡和28人受伤。持续的袭击活动使印共（毛）的影响不断扩大，令印度政府十分头疼。

（3）抵制中央和地方的选举。印度号称"世界最大的民主国家"，拉奥政府时期全面推行三级潘查雅特制度，从而使中央到基层都建立起民主选举制度。坚持武装斗争道路的印共（毛）视"民主选举"为"昂贵的骗局"，称议会为"猪圈"。该党的群众基础几乎都是被剥夺了选举权的社会底层人员，这决定了该党极难赢得选举，由此进一步加深了其对选举的抵制态度。印共（毛）政治局2009年9月发布的一封党内通信称，该党在人民院第15届大选期间组织了大规模抵制活动，对国家政治产生了重大影响。虽然中央

---

[1]　时宏远：《纳萨尔派武装：印度崛起之碍》，《南风窗》2010年第13期。

和地方政府曾派出警察部队对其活跃地区进行了三个多星期的驻守,以保障选举,但是印共(毛)及其武装力量、外围组织仍发动了规模较大的抵制运动,除了对持枪挟持人民去投票的政府军实施战术性反击外,还进行了有效的宣传,以至于丹达卡冉亚几乎没有政党参加竞选,在比哈尔、恰尔肯德和奥里萨等邦的不少地区也同样发起了对选举的全面抵制。同时,该党也会有选择地支持一些公开活动的政党和政界人士。在该党活跃的邦,多年来主流政党要想竞选获胜就必须赢得其支持,至少是不抵制。对此,亚洲时报在线曾指出,在比哈尔、恰尔肯德、切蒂斯格尔、奥里萨、安得拉等邦的郊区和一些小镇,没有毛泽东主义者首肯就什么也干不成。① 由此可见该党在政治战线上的斗争能力。

(4)适时对政府统治区实施经济封锁。相比武装袭击,印共(毛)并未将经济封锁活动作为战略性运动。然而,该党发动经济封锁的能力却非同一般,历史上也有过成功的案例。"2007年6月,纳萨尔派宣布对中部和东部的6个邦实行'经济封锁',结果这些邦立即爆发了一系列暴力活动,有些邦的经济活动还真的陷入了瘫痪。过后,一些投资商撤出了投资。在西孟加拉邦,出于安全考虑,印度一家大钢铁公司投资70亿美元建成的工厂迟迟不敢运转,而印度著名的塔塔集团则干脆放弃了在该邦投资生产微型小汽车的计划。"② "2010年5月18日,印共(毛)武装勒令奥里萨、比哈尔、西孟加拉、恰尔肯德、切蒂斯格尔五个邦所有企业、机构和运输部门罢工两天,印度内政部部署了大量安全人员警戒,但切蒂斯格尔邦和奥里萨邦仍大面积停工。"③ 仅此即可想见该党发动经济封锁的能力及其影响所达的程度。考虑到印度历届中央和邦政府对引进外资、建立经济特区发展经济的积极程度,以及印度优势条件的吸引力,该党在经济战线上的斗争将会逐渐得到重视。

(二)印共(毛)面临的现实挑战

1. 印度中央政府的镇压

2005年8月,印度中央政府宣布印共(毛)及其外围组织为非法组织,冻结其资产,限制其活动。2009年6月22日,印度内政部正式将该党列为

---

① 梅新育:《低烈度内战及其贫困和社会矛盾根源》,见中华网:http://club.china.com/data/thread/12171906/2726/38/50/1_1.html。

② 时宏远:《纳萨尔派武装:印度崛起之碍》,《南风窗》2010年第13期。

③ 梅新育:《低烈度内战及其贫困和社会矛盾根源》,见中华网:http://club.china.com/data/thread/12171906/2726/38/50/1_1.html。

恐怖组织。2007 年 12 月，印度总理辛格在一次有关该党的会议上称其为"印度国内安全的最大单一威胁"。从此立场出发，政府对其持坚决镇压和清剿的态度，并在现实行动中采取了较为灵活和务实的"打谈结合"的具体策略。2004 年安得拉邦政府与该党曾一度达成停火协议并举行和谈，但最终没能达成任何实质性协议。2006 年 3 月，印度内政部印发题为《毛主义目前情况》的政策声明，要求各邦不得与印共（毛）单独谈判。和谈之所以未能取得预期效果，一方面在于双方分歧太大，相互指责"要价太高"，另一方面也在于政府未能妥善安置"招安人员"，激起他们的不满和失望而重新"归队"。2006 年 4 月，总理辛格专门召开安全会议，进一步提出了"两条腿走路"的对策：除继续坚持强化警察力量进行武力镇压，创造一种宽松的环境对其成员进行招安外，明确要求加强农村建设，努力减轻和消除农村民众的被剥夺被抛弃感，剥离印共（毛）的群众基础，使其成为无源之水。

如今，随着印共（毛）势力和影响的扩大，完全由地方政府承担的传统镇压方式也发生了变化，联邦政府开始介入行动。这一变化导致了两个后果：一方面是投入镇压的人力、物力和财力都大大增加，有效弥补了邦政府力量的不足，促进了其镇压的意愿；另一方面是镇压行动的协调性得到提升。继西孟加拉邦在邦内开展"拉尔噶行动"的集中清剿之后，2009 年 10 月底，印度内政部长奇丹巴拉姆宣布在全国范围内实施"绿色狩猎"的集中清剿行动，计划在五年内彻底将印共（毛）镇压下去。随后，清剿在恰尔肯德、奥里萨、切蒂斯格尔、西孟加拉等邦迅速展开。结果，印共（毛）遭受重创，其流动作战和邦际转移策略效果大减，生存挑战大增。

2. 正规军越来越多地介入清剿行动

随着印共（毛）运动越来越频繁和影响越来越大，印度正规军越来越显现出突破法令框架，直接介入对镇压和清剿行动的意愿和可能性。印度正规军的现代化武器装备和作战素质，印共（毛）始终难以望其项背。2010 年 5 月，印共（毛）在西孟加拉邦袭击火车的事件发生后，"印度国防部长安东尼与陆军司令辛格进行了会谈。安东尼表示，政府将会认真考虑派遣陆军事宜。一位不愿公开姓名的政府官员则称，陆军已做好准备，可以随时进入纳萨尔派武装活动频繁的地区，只待政府作出决定。"① 如果印度正规军真的获准介入，印共（毛）的抵抗可能持续不了多长时间。事实上，印度的正规部队已经有过小规模的直接参与行动的事实，2009 年"绿色狩猎"

---

① 时宏远：《纳萨尔派武装：印度崛起之碍》，《南风窗》2010 年第 13 期。

行动中就有特种部队的协助，如眼镜蛇部队。印度有着做"有声有色大国"的雄心，尤其是20世纪90年代以来尝到了改革带来的经济发展和国际地位提高，特别是成功打击了印度北方诸邦的民族分裂主义势力和宗教极端势力的甜头之后，印度政府绝不会坐等该党的不断壮大。历史表明，镇压威胁国家安全和发展的势力时，印度政府对正规部队的动用从不犹豫也从未手软。何况，"印共（毛）是国内安全最大威胁"的共识越来越高。

3. 群众基础日益被剥离

印度的经济社会发展和政府采取的"两条腿走路"对策，对印共（毛）的群众基础造成了严重的挑战。通过对该党群众基础成分的分析后，政府愈益达成共识：印共（毛）运动的产生与发展，不仅是一个安全问题，同时也是一个发展问题，发展的问题就要用发展的手段来解决。所依靠的发展手段，以绿色革命战略为典型代表。印度发展农村的"绿色革命"战略，曾经因"激进政党公开宣称要将农村的社会张力转化为政治冲突"①而对农村的稳定造成很大影响。现如今，"绿色革命"的政治成本不断降低，经济效益逐渐显现，红利得到释放，开始有效降低农村的贫困度。同时，印度政府在继续坚持为表列种姓、表列部落、妇女和低种姓阶层保留政府公职和奖学金名额，保留名额所占比例并没有减少，并且随着潘查雅特制度的推行而覆盖到县、乡、村三级。这种来自经济、政治和社会的全方位手段，使印共（毛）赖以发展的群众基础面临着被剥离的挑战。

除此之外，印共（毛）的群众基础也遭到左翼政党的争夺，其生存与发展的空间遭到挤压。以西孟加拉邦为例，对于执政的印共（马）来说，一方面，群众基础对其是否能够赢得选举至关重要，而印共（毛）的群众基础与其存在交集，因此对群众支持的争夺更为激烈。另一方面，如果印共（马）镇压态度不积极或者效果不彰，则极有可能丢失执政地位（印度宪法规定邦政府如果不能维护本地安全和稳定，中央政府有权予以解散，实行总统治理并重新进行选举）。因此，出于维持执政地位的考虑，印共（马）极力镇压印共（毛）运动，而同为共产党的印共（马）对印共（毛）更为熟悉，这对印共（毛）运动来说是更为严峻的挑战。

4. 不可能获得来自国际方面的支持和帮助

单从印度国内来看，印共（毛）运动得到了卓有成效的发展。然而，从国际视角进行审视，世界性的毛主义运动在新世纪的发展，其势头极为缓

---

① 王立新著《印度绿色革命的政治经济学：发展、停滞和转变》，社会科学文献出版社，2011，第18~19页。

慢，其态势并不乐观。综合考虑，进入新世纪后，随着国际环境的变化，印共（毛）运动未来发展，无法期望从外部得到任何实质性的援助。同时，和平与发展的时代主题和科技发展，使政府镇压的手段更为便利，也增加了受到外部打压的程度。另外，伴随着对毛主义话语权的争夺以及各国实际情况的不同，世界毛主义也逐渐走向分化，这加剧了其应对外部压力的困难程度。最后，相比而言，印度政府的镇压立场更易获得世界的认同，特别是"9·11"事件以后，更易得到诸如美国等西方反恐急先锋的情报和物质方面的实质性支持。因此，不可能获得来自国际方面的援助，是印共（毛）运动未来发展所不得不面对的压力。

（三）印共（毛）的未来走向

与印度国内存在的宗教极端势力和民族分裂势力不同，印共（毛）作为印度政治体制的破坏性力量，其革命目的直指国家政权，要求打碎国家旧机器建设"新世界"。早在2004年，联邦院议员、前军方首脑 S. R. 乔杜里将军就在国会中声称："纳萨尔主义运动是危害国家的主要威胁。它要比查谟·克什米尔或东北地区的局势更为危险。"总理曼莫汗·辛格在2006年亦称："可以毫不夸张地说，纳萨尔主义已成为我国迄今为止国内安全面临的最大的挑战。"① 官方表态之外，印度媒体也越来越多地出现关于该党袭击活动的报道。但是，印共（毛）的组织和武装力量整合尚未完成，其革命总体上还处于积蓄力量的阶段。在此期间，该党在应对政府清剿而遭受严重外伤的同时，还不得不面对因分裂传统和党内斗争分歧所可能带来的威胁组织统一的内伤，由此，其未来发展及斗争都须经历一个艰辛的"内外兼修"过程。

在此形势下，印共（毛）运动的未来走向，既不会如很多观察者所说，很快就能够取得革命胜利，夺取全国政权；也不会如诸多观察者所认为的，该党是一股恐怖主义势力，在当代世界反恐形势下很快就会被完全消灭。印共（毛）运动最有可能的趋向，是在可预见的时期内不会主动放下武器，也不会因政府的清剿而销声匿迹，而是会坚持继续革命。当然，转向政治运动的可能性依然存在。综合看其前景，将会是与政府长时间保持对峙状态，政府无法完全消灭之，其革命也无法"速胜"。理由是：

其一，印共（毛）已经发展为全国性统一的力量，具备了思想和组织

---

① 孙培钧：《纳萨尔主义农村武装斗争——印度政府国内安全的头号威胁》，《四川大学学报（哲学社会科学版）》2006年第5期。

条件，拥有不俗的实力。纲领和政策赢得了众多贫困群众的支持，而且在城市也有不少同情者，甚至连印度前总理 V. P. 辛格都曾愤怒地表示想成为一名毛主义者，可见其感召力。该党在国内已经建立并能够坚守住根据地，受其影响的区域不断扩大，"红色走廊"打通了革命的南北通道。该党革命原则的坚定性与策略的灵活性也是一大优势，这使其能够应对政府的镇压和集中清剿，摆脱生存危机。印度政治体制和政党斗争钳制了镇压行动，印度的现代化战略和发展成就，没有也不可能立刻彻底地解决严重的农村贫困和社会公正问题。政府在短时期内无法彻底铲除滋生印共（毛）的土壤，单纯依靠政府军力也无法彻底将其剿灭，而政府内部的分歧和政策的诸多失误，为该党的进一步发展提供了客观条件。总之，拥有发展所必要的时间和空间，且在与政府的对峙当中能够谋求到更多的利益，决定了印共（毛）运动未来必定继续坚持革命。

其二，从当代发展潮流看，世界形势的变化决定印共（毛）运动存在胜利的可能性，但是较小，且任重道远。首先，和平与发展这一时代主题早已深入人心，激烈的革命运动得不到广泛认同。其次，发展迅速的科技，为印度政府的清剿行动和谋求外援提供了便利。印度以科技带动本国发展和现代化进程的战略，比以往任何时候都能够有效地剥离印共（毛）的群众基础。反观印共（毛）运动，则并未从科技的发展当中得到相应的助益。最后，印共（毛）运动被政府认定为恐怖活动，在镇压立场上已达成共识。特别是"9·11"事件后，这种立场能够获得广泛的支持。而印共（毛）运动想寻求外部认可和援助都已不可能，甚至如尼联共（毛）也都出于自身利益的考虑而一再疏远。因此，印共（毛）未来想完全依靠自身实力的缓慢累积，依靠传统革命方式来夺取全国政权，其成功的可能性微乎其微。考虑到其对手是强大的印度，可能性更显微小。

其三，议会道路逐渐成为当代世界社会主义运动的主流，和平建立社会主义成为主要共产党的倾向性选择，尼联共（毛）的先例也使得印共（毛）可能考虑转向合法的政治运动。当代各国共产党坚持独立自主的原则探索本国的社会主义道路，不再盲目地追求国际联合和推动世界革命，这对印共（毛）运动同样不利。真实情况是，毛主义不被当代世界社会主义运动的主流力量所认同，印共（毛）同样不被本国其他两个合法共产党所认可。即使是在世界毛主义阵营中，印共（毛）同样无法与其他国家的毛主义开展联合行动，所获支持也一减再减，其运动完全需要依靠自力更生。并且，印共（毛）自身所带的分裂"基因"，为其未来发展更添一层阴影。因此，该党应对诸多挑战时必然不断调整战略策略，因此会增加其转向政治运动的可能性。然而，这并不会改变其短时期内继续坚持革命的根本趋向。

印共（毛）既具有保持自身生存的能力，也有谋求进一步发展的潜力，其发展前景是机遇与挑战并存。印度政府的镇压手段及其变化，在短时期内依然无法彻底消灭印共（毛）运动，因而将不得不长期受其挑战。对此，彻底解决印共（毛）问题的根本出路，依然在于加快发展，缓和社会矛盾，通过社会变革来促进社会公平。政府只有通过这种"软抽离"的方式而不是武力镇压的"硬清剿"方式，才有利于改变印共（毛）继续坚持革命的根本趋向，跳出"剿而不灭"和"越剿越大"的怪圈，也才能从根源上真正杜绝国内类似印共（毛）的问题。

第五章　土耳其共产党的艰难探索与斗争

土耳其共产党简介

1920 年 9 月 10 日，土耳其共产党成立于阿塞拜疆巴库，土耳其共产党是土耳其最古老的政党之一。首任总书记是穆斯塔法·苏布希。在党的历史上大部分时间都被迫沦为非法状态，大批党员被拘押。受国内外多种因素的影响，土耳其共产党出现多次派系纷争，实力不断被弱化。第二次世界大战期间，广泛开展了反对土耳其政府与法西斯德国勾结的斗争。20 世纪 50 年代党的活动主要在国外。1958 年在布达佩斯创设广播电台"我们的声音"。20 世纪 70 年代早期，党走向复兴，制定了新章程，在莱比锡创设无线电台"土耳其之声"，1974 年开始创办党的机关刊物"突破"，1980 年 9 月 12 日军事政变之后数百名党员被捕，1983 年 10 月在莫斯科召开了党的五大，1987 年与土耳其工人党合并，成立土耳其联合共产党。

土耳其共产党（TKP）是现代土耳其共产党中的一支，该党成立于2001 年，由社会主义力量党改名至今，是土耳其的合法政党。新成立的土耳其共产党虽然不是直接继承前土耳其共产党，然而它宣称要继承前土耳其共产党的遗产和经验。土耳其共产党以自己的真实党名参加了 2002 年 12 月的大选，其后参加了历次土耳其大选，其中，2011 年在大选中获 64006 张选票，占总选票的 0.15%。

土耳其共产党（TKP）的网站：http：//www.tkp.org.tr/

土耳其共产党是世界社会主义运动中的一支重要力量，对土耳其国内社会发展与历史进程发挥了重要作用。1920 年，该党成立伊始即积极参加了土耳其民族解放运动，"二战"期间更是广泛开展了反法西斯的斗争。然而，受国内外特殊环境的影响，土耳其共产党长期面临着恶劣的生存环境，在党的历史上大部分时间都被迫沦为非法状态，大批党员被拘押，党的活动被迫长期转到国外。同时，受国内外多种因素的影响，土耳其共产党出现多次派系纷争，实力不断被弱化。2001 年，现代土耳其共产党（TKP）成立。土耳其共产党（TKP）成立之后便以合法身份活跃在国内、国际舞台上，展示了活跃的身影，在国内团结并带领群众与垄断资产阶级的反动统治作斗争，国际上又以共产党和工人党国际会议、巴尔干共产党和工人党大会、欧洲共产主义者会议等为舞台，走在反帝反垄断斗争的前线，为维护中东、巴尔干地区的和平与稳定而斗争。

一　土耳其共产党的曲折发展

土耳其共产党成立于 20 世纪 20 年代初，成立之初旋即加入了凯末尔领导的轰轰烈烈的土耳其民族解放斗争。然而，1923 年，土耳其共和国建立后，凯末尔政府却对共产党采取压制政策，禁止其活动，从此，该党不得不长期转入地下斗争，并把党组织设在国外。数十年内，土耳其共产党在国内长期遭到土耳其政府的残酷镇压，同时又深受苏联及世界社会主义运动整体态势的影响，其党组织经历了数次裂变。在内忧外患中进行了艰苦卓绝的斗争。

新土耳其共产党（TKP）的前身是社会主义力量党。该党成立于 2001 年，继承土耳其共产党的一贯革命传统，在国内赢得了合法地位，并积极参与议会斗争和阶级斗争。在世界舞台上，土耳其共产党积极参加各类共产党和工人党国际会议，向世界表达反帝反垄断的坚定立场。土耳其共产党以崭新的姿态书写了土耳其社会主义运动的新篇章。

（一）土耳其共产党早期的艰苦斗争（1920～1960 年）

19 世纪末马克思主义思想开始传入土耳其，但是和西欧、北美国家不同的是，土耳其工人数量较少，这个奥斯曼帝国当时缺乏马克思主义生长的条件。尽管在土耳其帝国时期有各种左派组织和革命组织，他们大部分因为民族宗教的差异而处于分裂状态，不能发展成为一个广泛的群众组织。

1920 年 9 月 20 日，聚集在苏联的土耳其社会主义者在阿塞拜疆巴库成立了土耳其共产党，通过了党纲党章，选举穆斯塔法·苏普希（Mustafa Subhi）为党主席。该党积极参加了土耳其民族解放运动，支持穆斯塔法·凯末尔领导的革命斗争。1923 年，土耳其共和国建立，凯末尔政府对共产党采取压制政策，禁止其活动。1925 年在安纳托利亚东部发生库尔德人暴动，凯末尔政府随即宣布国家进入紧急状态，颁布《土耳其维持秩序法》，禁止工农社会主义党和土耳其共产党活动。这条禁令的法律效力一直持续到第二次世界大战结束，共产主义和社会主义运动被政府长期压制。1926 年 5 月，土耳其共产党在维尔纳召开代表大会，大会通过了《工作纲领》，批判了合法主义倾向，决定有步骤地组织人民群众对资产阶级专政展开不调和的持久的斗争，建立以工农联盟为基础的苏维埃政权。1927～1932 年，曾在党内进行过两次清洗，党组织亦受到多次破坏。在 1927～1938 年间，土耳其共产党刊印了一系列刊物，如《红色伊斯坦布尔》（Kizil Istanbul）（1930～1935），《布尔什维克》（Bolşevik）（1927），《共产主义者》（Komünist）（1929），《革命之路》（Inkilap Yolu）（1930～1932 刊印于柏林）。

在"二战"期间，土耳其共产党以下列期刊为阵地，进行了反战反法西斯宣传活动：《声音》（Ses）（1939），《新文学》（Yeni Edebiyat）（1940），《祖国与世界》（Yurt ve Dünya）（1941），《步伐》（Adimlar）（1943）。1943 年党的全体会议颁布了一份题为"反法西斯主义与暴利的斗争前线"的文件。

"二战"后初期，执政党共和人民党面临新的国际环境和国内政治紧张局势，在土耳其政治生活上采取了较为宽松的政策，新颁布的联邦法律中允许成立新的政党和政治组织。受此影响，许多以"工人"、"社会主义"命名的政治组织纷纷成立。1946 年 5～7 月，土耳其社会主义党和土耳其社会主义工人农民党成立。土耳其国内社会主义运动的迅速发展引起了共和人民党政府的不安。1946 年 12 月，该政府宣布土耳其社会主义党和土耳其社会主义工人农民党为非法政党。这一举措严重损害了土耳其社会主义运动和土耳其共产党。土耳其共产党在极端恶劣的生存条件下继续坚持斗争，并提出"废除同美国签订的一切奴役协定"、"清除外国专家顾问"的口号。1950年，民主党赢得了议会选举。新政府变本加厉地镇压左翼力量，土耳其共产党再次受到强烈镇压，大约 200 多名党员被捕，党在国内的组织陷于瘫痪状态，很多党员流亡国外。1958 年在布达佩斯创设广播电台"我们的声音"。在民主党统治时期（1950～1960 年），社会主义运动被彻底禁止，就像在20 世纪 20 年代的大部分时期一样。在 1953～1973 年间，党的活动主要局限在国外。在这一阶段，《祖国之声》和《新时代》两个期刊分别于 1963年、1964 年开始刊发。

（二）土耳其工人党与土耳其社会主义运动的大发展（1960～1980 年）

20 世纪 50 年代末、60 年代初，土耳其出现了严重的经济、政治和社会危机。1960 年 5 月 27 日，土耳其发生军事政变。政变的发动者认为凯末尔所奋斗的土耳其现代化并不能仅局限于社会、经济和文化事务上，还要通过民主进程的发展，走上西方文明的发展道路。1961 年土耳其通过了历史上最民主、自由的宪法，标志着土耳其开始了新民主时期。受压制的各政治各派别首次被允许参加国家的政治生活。土耳其工人也首次获得了建立工会的权利和罢工的权利。一些伊斯坦布尔工会的领导者抓住政治回暖的机会于1961 年 2 月建立了土耳其工人党（Turkish Labour Party，简称 TLP）。在工会会员和左翼知识分子的联合努力下，土耳其工人党在很短的时间内就成为一个群众性组织，在土耳其的许多省或主要行政区建立党的支部。

在 1965 年 10 月的议会选举中，该党赢得了近 270000 张选票（接近总选票的 1/3），土耳其工人党在议会中获得 15 个席位。受选举成功的鼓舞，土耳其工人党的领导决定把党的路线从为赢得民主转型而斗争转移到实现社会主义目标上来。"土耳其工人党是一个社会主义政党，其目标在于用社会主义取代资本主义体制，把工人阶级组织起来，领导他们走向胜利。"[①] 该党把"非资本主义道路"定位为土耳其工人党经济政策的总主题，并将在党执政后实施，以便建设社会主义。

1966 年 11 月，土耳其工人党在马拉蒂亚召开了第二次代表大会。这次大会上提出了一项关于国民民主和社会主义革命具有不可分割性的新战略。党主席艾巴尔（Aybar）认为凯末尔领导的解放战争并不是为了社会主义而斗争，土耳其人民最终发现自己步入了西方的阵营。因此，非常有必要去着手一场新的、第二次民族解放战争，以反对帝国主义、主要是反对美帝国主义对土耳其的统治。艾巴尔认为，土耳其社会主义的概念包含三层内涵：民主的、平民的、独立的。

土耳其工人党的成功引起了土耳其工人们对社会主义和革命问题的热烈讨论。理论和政治的著作得以大量翻译。在土耳其工人党的影响下，1967年革命的群众性工人组织——革命工会联盟成立。

1970 年议会通过决议，禁止革命工会联盟的活动。成千上万的工人游行至伊斯坦布尔，占领该城市达两天之久。1971 年 3 月 12 日土耳其又一次发生军事政变，左派遭到迫害，土耳其工人党在 1971 年 7 月被禁止。1973 年 10 月大选产生了由共和人民党主导的联合政府，在恢复土耳其民主的口号下掌握政权。随着之后政治生活的正常化，政府大赦了左翼和社

---

① Igor Lipovsky, "The Legal Socialist Parties of Turkey, 1960 – 80", Middle Eastern Studies, Vol. 27, No. 1 (Jan., 1991), p. 96.

会主义运动的活动分子。然而，社会主义力量内部出现了严重的分裂，博兰、艾巴尔、贝莉等开始建立他们自己独立的社会主义党，而该组织内部又产生了反对派，其中包括1978年从土耳其工人党分裂出来的"社会主义力量"（Socialist Power），此派别即为2001年成立的土耳其共产党（TKP）的前身。

共产主义者则抓住每一次机会开展与社会主义者的团结行动。1959年，巴什特马尔任土耳其共产党总书记。不久，土耳其共产党开始派党员回国加入一些群众团体进行活动。尽管如此，1960年之后，土耳其宪法依然没有撤销对共产党的禁令。在1960年之后，土耳其共产党在欧洲成立国外局，依赖于莫斯科，成员由苏联共产党中央委员会直接任命。土耳其共产党成为70年代中后期土耳其左翼政治中比较有影响力的一支力量，拥有半合法的群众组织，指挥着革命工会联盟。1973年，土耳其共产党召开政治局会议，会议决定该党和1968年的青年运动中的领导者一起，再次努力使党在土耳其取得新的突破。会议还起草了新的党纲和章程，选举伊兹梅尔·比林（Ismail Bilen）为党的总书记。土耳其共产党1974年刊印了一份中央委员会的机关刊物，即《突破》（Atilim），在德国莱比锡开始设立广播电台"土耳其共产党之声"（TKP'nin Sesi）。1977年3月，在土耳其的科尼亚秘密召开代表大会，通过了新的党纲、党章。在土耳其共和人民党执政期间，政府对土耳其共产党采取宽容政策，该党在国内的活动日益活跃，在一些群众组织里产生了较大的影响，但党的领导机构仍在国外。比林选择与土耳其社会主义工人党和土耳其工人党合作，他认为，"在许多问题上这些党都是受科学社会主义思想指导自己的立场……我们党正在寻找与土耳其工人党和土耳其社会主义工人党建立斗争联盟的方式方法"。[①] 然而，直至1980年军事政变，土耳其工人党和土耳其社会主义工人党都拒绝这样的合作。每个社会主义政党都把自己视为土耳其唯一合法的、真正的社会主义代表，并谴责其他政党分裂社会主义运动。

在20世纪70年代后半叶，土耳其社会主义者总体上都没有把他们的政党转变成群众的政治组织。社会主义运动的分裂，各政党之间的紧张关系以及他们之间的相互指责最终导致社会主义的支持者被迫把选票投给了左翼的共和人民党候选人。在1977~1979年选举中，所有社会主义政党加在一起赢得的选票总数还不及工人党在20世纪60年代后半叶的选票数。

---

① Igor Lipovsky, "The Legal Socialist Parties of Turkey, 1960 – 80", Middle Eastern Studies, Vol. 27, No. 1 (Jan., 1991), p. 107.

（三）左派的衰落与社会主义力量党的顽强斗争（1980～2000年）

1980 年 9 月 12 日，土耳其发生了又一次军事政变。军事政变之后，是一场大规模的破坏和逮捕行动，根据土耳其刑法典 141、142 条款被逮捕或监禁的土耳其共产党员达千人之众。

尽管如此，土耳其共产党依然于 1983 年 10 月在莫斯科召开了五大。大会制定并批准了新的党纲和章程，提出不能通过和平方式实现人民民主革命，指出土耳其共产党要开拓群众阵地，团结左派力量，推翻军事独裁政府，建立民族民主政府。1983 年 11 月，文官政府接管政权，该党又提出建立民族民主政权。1984 年 12 月，土耳其共产党联合其他五个左翼政党宣布建立"土耳其和土耳其库尔德斯坦左翼团结"，共同推进争取民主的斗争。"社会主义力量"派决定从 1986 年开始出版理论刊物《传统》。

1986 年 10 月，土耳其共产党召开全国代表大会，通过了克服党的缺点和不足，增进党在思想上、政治上和组织上的团结以及与土耳其工人党的合作等决议。1987 年 10 月 7 日，土耳其共产党在布鲁塞尔举行的记者招待会上，宣布和 1974 年重建的"土耳其工人党"将合并成"土耳其联合共产党"。为了合法地成立土耳其联合共产党，两个党的总书记海达尔·库特卢（Haydar Kutlu）和尼哈特·萨尔根（Nihat Sargin）于 1987 年 11 月 16 日从政治流亡中回到土耳其。然而，他们一回来旋即遭到逮捕。政府的反民主行为遭到人民群众的强烈谴责，在舆论压力下，当局于两年后不得不将两人释放。1990 年 6 月 4 日，该党正式向土耳其内政部递交建党申请和 36 位建党人的名单，宣告合法成立，改名为"土耳其联合共产党"，并于当天召开建党大会。大会选举原工人党总书记尼哈特·萨尔根为主席，原共产党总书记海达尔·库特鲁为总书记。土耳其联合共产党坚持科学社会主义和国际主义，主张在土耳其实现政治和社会生活民主化，经济上实行国家经济计划化，实行工业、外贸、银行及保险业国有化，推进土地改革等。该党认为，土耳其是一个封建主义依然存在的资本主义国家，军人集团、买办资产阶级同帝国主义融为一体。党的近期任务就是通过包括共产党人、共和人民党内部的爱国左翼、赞同团结的社会党、爱国官兵以及由一切爱国人民组成的民族民主阵线，实行反帝反封建变革，建立进步和民主的革命秩序；党的长期任务是在土耳其建立社会主义，消除任何形式的剥削和压迫。[①] 然而，在

---

① 廖盖隆等主编《社会主义百科要览》，人民日报出版社，1993，第 3619 页。

1991 年底，宪法法院做出判决，事实上禁止了土耳其联合共产党。

苏东剧变和国际上的资本主义意识形态对社会主义的攻击给土耳其社会主义运动带来了严重冲击，许多左派组织解散。在这一严峻的形势面前，《传统》杂志的创办者决定在 1992 年 10 月 7 日成立一个公开的合法的政党，即"社会主义土耳其党"。不到一年时间，宪法法院审判便取缔了土耳其社会主义党，事由就是党纲中关于库尔德人的一个条款。1993 年，社会主义力量党成立。该党宣布坚持四项原则：反对帝国主义、集体主义（反对私有化）、保卫启蒙原则反对伊斯兰原教旨主义、独立于资本主义制度及其机构。该党的活动集中于两个领域：大学和工会。

20 世纪 90 年代，新自由主义笼罩着土耳其。几乎所有的公共投资被私有化，工会的影响在衰退。资产阶级给社会强加资产阶级的腐朽文化，大力扶持了伊斯兰原教旨主义文化，以求消除早期左派传统的影响。针对这种情况，社会主义力量党从各个方面与资产阶级和帝国主义进行斗争，积极宣扬社会主义的替代方案。

1999 年，社会主义力量党参加大选并获得 37680 张选票，占总选票的 0.12%。2000 年，社会主义力量党在一次要求恢复早期共产党人、著名诗人希克梅特的国籍的群众运动中，共征集了 50 多万个签名，该活动扩大了党的群众基础。2001 年，该党发动了另一次群众运动，即"人民备忘录"运动，在这次运动中，土耳其共产党向群众宣传了社会主义的基本思想。

（四）新土耳其共产党的成立及土耳其社会主义的新篇章（2001年至今）

从"社会主义土耳其党"和社会主义力量党的建立到 2001 年，是土耳其共产党在思想上、政治上和理论上的形成时期。在此阶段，社会主义力量党与资产阶级推动的反共思潮作斗争，坚持不懈地扩大社会主义的思想宣传，扩展党在广大工人阶级和劳动群众中的影响。与此同时，党的内部也在发生实质性的变化。早在 1995 年，社会主义力量党就决定要尽可能早地采用"共产党"的名称。2000 年，党报由《社会主义力量》改名为《共产主义力量》，作为转向土耳其共产党的一个过渡环节。

2001 年，土耳其共产党成立的条件已经成熟。"社会主义力量党"的第六次代表大会决定改名为"土耳其共产党"，即 TKP。新成立的土耳其共产党宣称要继承前土耳其共产党和土耳其革命运动的全部遗产和经验。2003 年夏，土耳其共产党召开了一次党纲会议，着手制定新的纲领。为了配合党转变成一个群众性政党的目标，为了更便于在群众中宣传党的纲领，新的党纲在语言和内容上更加简洁、直接。2004 年 2 月 29 日，土耳其共产党召开第七次代表大会，全体一致通过了新党纲。新党纲认为，消灭剥削、阶级斗争和阶级解放是土耳其共产党的三个主要概念。土耳其共产党认为只有阶级斗争才能消灭剥削，阶级解放是全人类解放的前提条件。而资本主义制度在私有制的基础上建立，私有制是社会分工、阶级压迫和阶级差别的根源，并不断强化了它们。阶级社会的统治阶级是财产所有者。为了消灭阶级社会及其政权，必须消灭私有制。生产资料成为整个社会的财产，实行计划经济。共产主义是全人类解放的思想体系。共产主义不仅是对现有财富的公平分配，而且要通过公平自由地利用人类积累的生产力和潜在的力量来创造财富和繁荣。共产主义是现实的运动，因为它对于如何利用今天的可能性来实现社会目的的问题给予了具体有效的分析。

土耳其共产党参加了 2002 年 12 月的大选，赢得了 50496 张选票，占总选票的 0.19%。2003 年土耳其共产党动员社会力量，成立了反对占领伊拉克、反对帝国主义战争的委员会，并把委员会建立在许多工厂、中学、大学和社区。在土耳其共产党和其他左派组织的斗争下，成千上万的民众被动员起来参与到反战运动中去。2004 年 6 月北约峰会在伊斯坦布尔举行，土耳其共产党发动民众集会反对这次峰会。由于土耳其共产党在群众运动中不断扩大了自己的影响，它在 2004 年的地方选举中获得了 8 万 5 千多张选票。

2009 年 1 月 31 日~2 月 1 日，土耳其共产党在伊斯坦布尔召开了九大，对 2008 年爆发的金融危机进行了深刻剖析，认为这不是一场简单的金融危机，资本主义应对危机所做出的调整，其实质是为了掩盖危机爆发的根源，维护资产阶级的利益。会议认为 2008 年资本主义新一轮严重的经济危机开始使一切陷入困境。一方面，这次危机极有可能使得人类的历史积累和成就以及人类生活被资本霸权破坏至前所未有的程度。另一方面，此次危机又激励了社会力量奋起通过革命努力冲破这种霸权。在这种情况下，要么帝国主义—资本主义体制通过粗暴地侵犯主权来克服这场危机，要么工人阶级又一次开始走上社会主义的光辉征程。此次大会还通过了党的纲领，提出在现阶段社会主义不只是一个选择方案，还是必要方案。

2012 年 6 月 9~10 日，土耳其共产党在安卡拉召开十一大，600 余名代表出席了大会。大会对正义与发展党（以下简称正发党）政府进行了严厉的批评，指出了亲美、亲市场、亲资本的反动本性，分析了土耳其国内的阶级形势和状况。在这次大会上，土耳其共产党从土耳其一路凯歌向前的态势中分析了土耳其隐藏的危机，并从阶级形势与斗争的视角指明了社会主义革命的方向。大会做出了"打倒反动势力，选择社会主义"的政治决议，选举产生了新一届执行机构。

2013 年 9 月 14 日土耳其共产党在伊斯坦布尔召开年会。2013 年会议强调在人民暴动之后土耳其共产党的新的任务，这次人民暴动改变了土耳其的社会和政治生态平衡。大会决定向党的代表大会建议由 24 人组成的新一届中央委员会名单，并一致通过了题为"人民抵抗之光下的革命任务、创造社会主义的替代选择"的政治报告。土耳其共产党在此次会议上对土耳其资产阶级政府进行了猛烈抨击，对新奥斯曼主义进行了详细阐述，对 2013 年 6 月爆发的"六月抵抗"运动及土耳其共产党的工作进行了系统总结。会议指出"资本主义，甚至无法给人民制造虚假希望，正在坐以待毙"。"土耳其共产党对光明的未来充满信心，号召土耳其所有的工人、知识分子和学生加入进来，强化社会主义替代，建立社会主义政权。"①

二　土耳其共产党的理论探索

土耳其共产党站在时代的前沿，揭示了金融危机的根源、本质与影响，并对正发党政府的统治阶级进行了深入批判，对当今的帝国主义侵略的相关理论问题也进行了系统阐述，以此来论证社会主义的必要性，进而向世人描绘了未来社会主义的蓝图。

（一）土耳其共产党对 2008 年金融危机的分析

土耳其共产党在第 11 次共产党和工人党国际会议上对 2008 年爆发的金融危机发表了自己的看法。该党认为，2008 年以来，资本主义经历了一场自 1929 年以来最严重的危机，危机开始使一切陷入困境，极有可能使得人类的历史积累和成就以及人类生活被资本霸权破坏至前所未有的程度。虽然此次危机是由帝国主义国家金融市场的崩溃首先引发的，但是并不意味着这是一场"金融危机"。危机的根源不是源自于资本家的错误或不可预测与偶发的事件。危机是资本主义直接、不可避免的结果。资本主义无法克服深陷其中的经济危机。它面临着历史和结构的问题。目前的危机不只是金融政策导致的，而是最终反映了过度生产、利润率下降、生产的社会化结构和生产、生产资料集中在垄断阶级手中之间的矛盾。②"资本主义危机是资本主

① http：//www. solidnet. org/turkey－communist－party－of－turkey/cp－of－turkey－tkp－2013－conference－statement－en.
② http：//www. solidnet. org/turkey－communist－party－of－turkey/cp－of－turkey－tkp－2013－conference－statement－en.

义生产方式的固有矛盾的产物，是自 20 世纪 80 年代初期以来强加在劳苦大众身上的资本积累和收入分配方式的产物，是处于帝国主义阶段的资本主义的寄生性和腐朽性的产物，是各帝国主义国家之间的相互对抗和矛盾的产物。我们今天所经历的这场危机是过去 20 年以来发生在世界各地的危机的进一步拓展。"①

土耳其共产党指出，为了缓解危机，在历史上每当危机爆发之时，资本主义都会做出相应的调整和改变，在社会各阶级力量的对比中寻找平衡，维护自身的统治。但是，不论资本主义进行何种改变，危机都是资本主义生产方式固有的，危机只能短暂地缓解，却不能根除，资本主义总会不断产生新的危机。帝国主义霸权国家——美国采取的措施事实上不但使美国国内的问题恶化了，而且使资本主义世界经济更加恶化了。美国的经济通过借贷的权力得以维持，实质上就是通过其控制货币市场的能力。通过政治、军事的统治地位而不是经济权力来维系其在帝国主义世界中的领导权，美国如果不继续保持这种帝国主义的统治权力，则难以为继。②

危机造成的破坏计划由劳动者买单。"资本家知道一种办法、且唯一一种办法摆脱危机并再次提高利润，那就是更多地剥削劳动力、破坏生产力！"③ 资本主义是一个不理性的制度，创造了危机，为了结束危机，资本主义在更大程度上剥削劳动力、破坏了它创造的事物。20 世纪最后几十年、21 世纪初，资本主义体制开始否定发展，通过私有化抢劫社会和国家的财富，通过把大部分活动都集中在金融部门上来广泛地弱化与实体经济价值的联系。

土耳其共产党认为，此次危机既和资本主义历史上的经济危机如出一辙，都造成了严重的社会问题，都是资本主义基本矛盾的集中体现；同时，此次危机中又有新的情况。在 19 世纪末的经济危机和 1929 年的经济大萧条中，工人阶级具有丰富的革命传统和革命经验，以战斗精神应对危机，工人运动在危机中更加高涨。而此次危机爆发的时代条件则大不相同。因为此次危机爆发的时代，正是一个反对革命的时代，工人阶级的斗争经验相对薄弱，这会影响危机中阶级斗争的发展和工人阶级阶级意识的增强，也为资产

---

① http：//www. solidnet. org/turkey – communist – party – of – turkey/11 – imcwp – intervention – by – cp – of – turkey，转载自刘卫卫《土耳其共产党论资本主义经济危机和国际共产主义》，《唐山师范学院学报》2010 年第 6 期。

② http：//www. solidnet. org/turkey – communist – party – of – turkey/cp – of – turkey – tkp – 2013 – conference – statement – en.

③ http：//int. tkp. org. tr/basic – documents/program – of – communist – party – of – turkey.

阶级利用思想和政治等手段控制工人阶级留下更大的空间。比如，2008 年，土耳其官方公布的失业率约为 15%，而真正的失业率却达到了 25% 左右。正发党执政的政府为了拯救危机，大幅削减了社会生活保障金，实施反劳工的政策，授权伊斯兰社区发放少量的"救济金"以帮助生活困顿之人。失业者、穷人为了生存下去，不得不争先恐后向政府乞求救济金。这样一来，政府既免去了庞大的公共利益开支，又可以轻而易举地让民众臣服于这些反动政策。

因危机所致的控制资源和市场的斗争更加激烈了。处于体制中心的发达的帝国主义—资本主义国家内部展开了竞争，并导致了破坏性的区域战争的爆发。随着冲突的加剧，战争在更大范围内爆发的可能性增强了。同样的帝国主义中心国家把战争的可能性引向附属国家地带，让劳动者成为危机后果的承担者。增加对附属国家领土上的战争可能性带来的另一个问题就是刺激宗教极端保守主义，刺激产生独裁政权、军国主义及与之不可分的民族主义。另外，世界范围内建立起来的意识形态基础及执行了数十年的体制性的洗脑运动也失败了。更加明确的是，市场培育了极端保守主义、强制和军国主义，全球化意味着导致民族经济在国际危机中毫无防守之力，并将危机尽快地出口到他国。

（二）土耳其共产党对正发党政府的批判

土耳其正发党自从 2002 年 11 月上台执政以来，已经连续三次获得国民议会选举胜利，建立了较为稳固的单独执政地位。土耳其在正发党的领导下，经济获得了稳步增长，人民生活水平节节攀升，国际地位不断提高，埃尔多安政府也赢得了较高的声誉。然而，由于埃尔多安政府在宗教、库尔德人、国际与地区事务、内政等多方面执行了颇具争议的政策，因而引发了广泛的忧虑。土耳其共产党认为，正发党政府是大资产阶级和中产阶级利益的代表，对内执行的是反动的市场化政策，极力恢复极端保守主义，反对世俗主义，对外执行亲美政策，幻想复兴古奥斯曼帝国，推行新奥斯曼主义，幻想建立地区霸权。

土耳其共产党认为，任何政党和政府都是特定阶级或阶层利益的代表，正发党也是如此。正义和发展党本质上是一个资产阶级政党，正发党过去 10 年的统治全面反映了资产阶级的反动本性。正发党组阁的反动政府通过削减劳动者的权益、制定法律条令、掠夺地下地上资源等手段为资本扫除障碍，为资产阶级和国际垄断阶级开拓市场。在政策取向上，正发党政府表现出明显的亲美、宗教和市场化特征，教育上推行的 4 + 4 + 4 制度是正发党的宗教政策与其市场倾向政策相重叠的一个典型例子。正发党之所以坚定地奉行亲美政策，是由于该党的帝国主义性质的地区计划与美国的帝国主义政策不谋而合。从本质上，还由于作为军事资产阶级代表的正发党政府，为了扫除资本在土耳其周边地区的运行障碍，不惜和美国一道甘冒动用军事手段之风险。

土耳其共产党指出，正发党固然在某种程度上较多地体现了部分资产阶级——如绿色资本家（即穆斯林资本家）的利益，然而它和其他资产阶级并无你死我活的矛盾，该党和资产阶级集团的利益本质上是一致的，因而该党的政策得到了国内外资产阶级和帝国主义的支持。尽管正发党从政治和意识形态出发维护了某些特定资产阶级集团的利益，而其他资产阶级群体却也能在其统治下大规模地扩大利润。但是某些资产阶级群体仍然不满正发党的某些政策而进行了抵制，而正发党却通过政府投标、金融控制机制和司法制度等方式进行了成功的化解。正发党并不担心资产阶级群体形成垄断，那是因为国际资本进入土耳其就会与大垄断资本融合，对此设置障碍显然是极不明智的，那样将使正发党得罪国际资本，从而失去对自身极端重要的国际支持。正是由于正发党政府推行对资本的放任和无限自由的政策，因而正发党政府从根本上受到整个资产阶级集团的欢迎，这也是资产阶级反动本性的体现。

土耳其共产党认为，实践表明，正发党领导下的第二共和国已经失败。由资产阶级的需求、美帝国主义地区计划和土耳其极端保守主义的愿望共同带来的变革已经趋于失败，无力保障资本秩序。其中，最有代表性的就是"新奥斯曼主义"的破产。新奥斯曼主义执行的是"离欧回伊"的政策，是深化与反动的阿拉伯政府的政治、军事和金融关系的途径。新奥斯曼主义被认为是深化与美帝国主义合作的工具，使土耳其成为华盛顿在该地区的主要总代理。新奥斯曼主义经历了四个阶段。第一阶段是准备和咨询阶段。正发党在上台前和美国政府沟通，希望说服他们相信正发党政府将发挥的新作用。当正发党无法说服华盛顿在该地区和伊斯兰势力合作时（因为那时美国政府要伊斯兰主义者发挥不同的作用来应对美国树立的新敌人），却仍然得到美国的支持并成功上台执政。在这一阶段，正发党增强了在伊斯兰世界的政治、文化和经济的影响力。新奥斯曼主义的第二阶段重点集中体现在土耳其反动领导埃尔多安身上，他开始通过塑造反帝和反犹太复国主义的立场，以这种错觉全面欺骗中东人民，乃至成为美国侵略目标的叙利亚和伊朗政府、巴勒斯坦的政治势力及大部分阿拉伯人民都相信正发党是他们的朋友。土耳其和以色列之间的紧张关系在相当程度上都是在作秀，被用作进一步欺骗，正发党成功地改变了土耳其——阿拉伯世界的北约成员——的不良印象。第三阶段是在奥巴马成为美国总统之后。由于美国政府无法派遣更多的军队到该地区，正发党说服美国和该地区的逊尼派政治势力合作。突尼斯动荡、埃及叛乱及其后发展成为所谓的"阿拉伯之春"，这些和新奥斯曼主义的策略有明显的关联。两个国家上台执政的政党后来都和正发党是亲密的盟友，成功地摧毁了利比亚，现在轮到了叙利亚，叙利亚对埃尔多安和奥巴马而言都是一个重要国家。新奥斯曼主义的第四阶段也可能是最后一个阶段。在推翻叙利亚政府上受挫、叙利亚人民对恐怖集团的抵抗、土耳其人民对正发党的叙利亚政策的反对、埃及穆斯林兄弟会由于大规模的民众运动的反对而无法继续执政，所有这些变化都打乱了原有的计划。俄罗斯明确表态要保护自己在该地区的利益，美国政府暗示对安卡拉的外交实践不满。美国的一些其他代理人也企图建立新的领导权，这表明他们也不愿意接受正发党的领导。①

土耳其共产党认为，种种迹象表明，正发党政府已经出现了执政危机。在长达 10 年时间里，自由主义者曾经支持正发党稳住政权、领导改革。革命运动和自由主义者之间存在严重冲突，这也是未来时间里最重要的政治问题。这种冲突有时候会发生在不同的宗教利益团体中，有时候会发生在正发党领导和个别宗教团体之间对政治、经济权力的分配上，有时候会发生在自由主义者对正发党施政实践的不满中。土耳其共产党认为，资产阶级统治内部结构上出现的松动、统治联盟内部出现的裂缝不只是统治阶级削弱的迹象，这一变化也意味着思想和政治斗争出现新的具体问题，意味着劳苦大众政治意识的增强。

土耳其共产党认为要全面认清正发党的反动本性，与其进行坚决、彻底的斗争。要远离一切资产阶级政党，首要阐明禁止和资产阶级中的任何部分在战略上有一丝一毫的合作。那种从正发党的某些局部特征上做文章以寻找其进步性的做法是错误的，那样只能逐渐失去革命性。土耳其共产党不期望在资产阶级的内部看到任何可取之处，对他们在反第二共和国的斗争中能否发挥进步作用也不抱任何幻想。

（三）土耳其共产党对当代帝国主义的分析

针对世界局势的急剧变化及人们对帝国主义认识上的误区和偏差，近年

---

① http：//www. solidnet. org/turkey – communist – party – of – turkey/cp – of – turkey – tkp – 2013 – conference – statement – en.

来，土耳其共产党中央委员会在其网站刊发文章，对当代帝国主义的理论与实践相关问题进行了深入剖析。

1. 纠正自由主义和左派对帝国主义的认识误区

随着冷战结束、苏东剧变，世界局势发生了重大变化。自由主义认为，帝国主义时代已经终结了，当前要用"全球化"代替帝国主义，即一种所谓的国际非等级的相互依赖的"全球化"。同时，部分左派在认识上也存在误区。他们指出，最近挤进全球体制的国家，或在全球体制中发挥重要作用的国家，能够在一定程度上阻止美帝国主义，至少可以通过其声明和政策来遏制美帝国主义的影响，即这些国家能够在反帝的实践斗争中发挥进步作用。在反帝斗争中，这些国家被左翼运动寄予厚望。左派中的另一部分人认为，那些认为当前世界存在一个单一（全球化）体制的观点是错误的，因为每个融入该单一体制的成员无论在资本主义发展层次、军事能力或对他国施加地区影响等方面都是"帝国主义的"，是一种竞争的关系，因而帝国主义内部远非铁板一块。显然，自由主义和左派对当今世界格局和帝国主义体制存在截然不同的看法。

土耳其共产党认为，就左派的第一种观点而言，即使最近挤入该体制的那些重要国家能够成功阻止美帝国主义，且他们的行为得到其他国家的认同，也要认清这些国家暗藏的其他目的。即使这些国家持反对美国的立场在一些特定情况和事务中发挥了实际作用，也难以把这些立场看成是持续的、始终如一的"反帝国主义阵线"。推动这些国家"反帝"的动因，在于谋求世界市场为他们的资本主义发展提供支持，加强其在地区的影响力——总之是从全球范围的劳动剥削中占领相对多的份额。这些国家为了获取竞争优势，通常会压榨工人、降低薪酬，甚至抑制各地的经济组织来强化在全球体制中的位置。这些国家自身存在许多问题，在劳工环境、集会自由和人权等方面比较落后，远远落后于"老牌帝国主义国家"。在"阻止美国"、"反帝"旗帜下民众转而全面支持执政当局，或者在"左派"的名义下民众支持本国政府的对外政策，这实际上是"社会沙文主义"的新形式，也是阶级安抚的新办法。

土耳其共产党认为，在使用"帝国主义"这一概念上要抱持谨小慎微的态度。土耳其共产党并不把今天的世界看成一个各国家间相互融合成一体的所谓"帝国主义"的结构体系。正如共产主义运动中的一些特定概念应该被正确地使用，不能夸大那样，在连续的、不可分割的整体中选择一两个部分来描述帝国主义并把这些部分说成足以代表整个"帝国主义"的方法是站不住脚的。

土耳其共产党采用历史的方法而非结构的视角来分析当代世界体系结构。当前的结构并没有和 1991 年前的时代的结构截然不同。相反，它是对 1991 年前旧结构的一种延续，是同一的现象，是与出现于 20 世纪早期、二战后形成的等级结构相同的结构。土耳其共产党认为，在全球体制内的许多帝国主义国家之间（包括新近挤入该体制的新兴大国）的冲突和紧张并不是当今的时代特征，尽管在全球体制中，等级制被证明不再具有正当性。今天的时代特征仍然是少数帝国主义国家竭力重新确立等级制，这点正如 20 世纪前半叶一样。

2. 帝国主义是资本主义全面扩张的历史结果，当代新兴大国不是帝国主义国家，只具有帝国主义倾向

土耳其共产党认为，帝国主义起源于资本的政治、意识形态、文化和军事霸权等相互联系、不可分割的多方面的持续扩张运动，是资本运动规律的直接后果。资本主义某个层面上的发展，地区—全球视域中的某个国家的民族主义、扩张政策或军事能力等都不足以界定该国为帝国主义国家。而诸如俄罗斯、印度甚至土耳其等这样的新兴大国，由于这些国家提出要成为全球化背景下的区域大国，因而对这些国家进行评价时要用更宽广的视野，并从历史整体进程的角度来分析。这些国家的统治阶级像美国一样有野心、有侵略性，会抓住一切机会加深对工人阶级和劳苦大众的剥削、压迫，也能够充分动用军事、政治和社会资源以扩大在海外的投资，寻求建立新的市场和原材料来源。土耳其共产党认为，这些国家却并不是像美国或以德国为核心的欧盟那样进行霸权竞争的帝国主义核心国，只是有迈向帝国主义的倾向。

自从帝国主义首次在历史上出现并成为一种现象以来，主要帝国主义国家之间的关系和冲突、帝国主义国家的崛起就复杂化了。然而，它们总有共同特征。在两次世界大战之间的德国和美国取代英国成为世界霸主国家的经历有如下共性：霸权的替代是由于具有强烈追求"变化"的崛起的新兴国家不接受现有的全球秩序，特别是经济方面。因此，处于领导地位的帝国主义国家具有安于现状的特征，而这个或这些崛起并提出更多需求的国家具有修正主义特征。然而，在当今世界，新兴大国经常主动避免出现挑战这个霸权的可能性。在这一构图中，俄罗斯和美国相反，在军事、政治上保持低姿态；印度和巴西也并不想在政治和军事领域发生竞争，竞争只发生在经济领域。这种只发生在经济领域的单一竞争甚至挑战并不是帝国主义产生的唯一要件。

尽管俄罗斯和巴西都倾向于建立一个围绕本国特定地理区域内的经济—政治集团，然而他们并没有建立一个持续的霸权隔离区。俄罗斯在反对美国在乌克兰直达高加索和中亚各共和国的广大区域的努力中没有获得绝对成功，莫斯科政权对北约或美国的扩张只是采取了防御性的反对立场。另外，即使巴西在拉美的自由运动中声名显赫，它依然缺乏按照自己意愿打造拉美的政治工具。

3. 西亚、北非等地区的动荡实质是当代帝国主义新侵略扩张的结果

由于资本主义运动规律的支配和资本主义经济危机深化的影响，处于中心的帝国主义—资本主义国家内部的竞争加剧，并导致了破坏性的区域战争的爆发。随着冲突的加剧，战争在更大范围内爆发的可能性增强了。帝国主义中心国家把战争的可能性燃向附属国家地带，让劳动者成为危机后果的承担者。增加对附属国家领土上的战争可能性带来的另一个问题就是刺激宗教极端保守主义，刺激产生独裁政权、军国主义及与之不可分的极端民族主义。这也是当代帝国主义侵略扩张的必然结果。

事实上，2010 年底以来，西亚北非陷入 30 多年来罕见的政治社会大动荡，这场动荡被西方媒体称为阿拉伯世界的一次革命浪潮，即"阿拉伯之春"。土耳其共产党认为，所谓的"阿拉伯之春"正是帝国主义侵略扩张的结果，只是被新的帝国主义侵略方式所掩盖了。这种新的侵略方式没有依靠像入侵阿富汗和伊拉克那样的直接军事入侵。通常，经帝国主义财政扶持和受训的小团伙首先发动一次叛乱，或发起一场反对执政者的不服从运动。除了对这些小团伙的暗中支持外，帝国主义者同时也从外部对政府施压，迫使政府投降。

而早在"阿拉伯之春"之前，帝国主义的新侵略已经在部分前社会主义国家付诸实施了，这就是所谓的"颜色革命"。发生颜色革命国家的政治结构被改变了，变得更加契合帝国主义政权的利益。与前社会主义国家的"颜色革命"中招募一些由数百个年轻人组成的小团伙作为执行帝国主义计划的代理人不同的是，在西亚北非，局限于这种小团伙的运动策略却行不通。其原因是多方面的。独裁者的残暴统治、数十年压迫所积压的人民的愤怒导致这一地区民众失控般的抗议。一旦人民站出来表达他们对独裁者和压迫者的愤怒，帝国主义的代理人就不可能把他们团结起来，更不可能让他们退回去。另一方面，如果没有爆发一次大的、不顾一切的起义，是不可能推翻独裁者的，埃及就是例证。

从这个意义上说，突尼斯和埃及的大规模示威起初都是人民对压迫制度愤怒的反应。但是从人民奋起反抗独裁统治运动伊始，他们没有把斗争矛头指向帝国主义，而帝国主义对独裁者的暗中支持对于后者维系其反对各种威胁的统治至关重要。最终，尽管独裁者被取代了，发生的变化却被操纵着，帝国主义始终操控着变化的过程，并设计了新的政权结构。利比亚和叙利亚的局势更为明朗，美帝国主义近期在阿拉伯世界成功包装了"人民反对独裁者"的模式。

（四） 土耳其共产党对未来社会主义的展望和探索

土耳其共产党认为，社会主义曾经对人类历史做出过巨大贡献。社会主义在1/3的世界上传播。社会主义国家中数亿劳动者拥有最广泛的社会权利，有计划的工业化广泛地提高了生活水平。通过建立反帝国主义扩张的平衡，社会主义国家遏制了军国主义和战争，并迫使资本主义国家对劳动群众的剥削和压迫不得不进行一定的限制。社会主义极大地降低了社会的不平等，社会主义国家消除了资本主义国家普遍存在的饥饿、愚昧和失业等现象，在健康、教育、交通等领域取得了资本主义国家从未有的成就。然而，在帝国主义—资本主义的围剿下，苏联与东欧没有展示出必要的意识形态和政治的创新与胆识，反而逐渐退却到防御姿态。这些先锋队政党根深蒂固的失误和缺陷导致了20世纪80年代末90年代初的一个时代的结束。

尽管如此，土耳其共产党依然认为，土耳其经济、社会和政治问题只能通过社会主义来解决，此外别无他法。具体说来，社会主义是加速土耳其社会发展、推进启蒙进程的先决条件，是获取经济、社会、军事和文化独立的先决条件，是给予库尔德人民平等权的先决条件，是建立一个民主的政治结构的先决条件。①

那么，土耳其共产党所构建的社会主义是怎样的社会呢？2004年2月29日，土耳其共产党七大通过了新党纲，详细阐述了未来社会主义社会的基本特征。②

首先，关于社会主义社会的政权形式。

土耳其共产党主张，社会主义社会国家政权将实行社会主义民主。工人阶级通过其社会组织掌握各种权力。国民议会是最高立法机关，决定着政府的组建，并经常检查其决议的执行。社会主义社会将鼓励和确保地方政权机关发挥其积极性，并扩大其权力。各级行政机关、所有组织都将通过自由的选举来决策。选民有权在其所选代表任期结束之前"召回"他们，这种权利的行使由法律所调整和保护。

---

① http://www.tkp.org.tr/ing/program-of-the-communist-party-of-turkey-722，May 4，2009.

② 土耳其共产党七大上通过的土耳其共产党党纲及其对未来社会主义的描述，刘春元已经做了翻译和介绍，本部分摘自于刘春元《土耳其共产党对社会主义的探索》，《当代世界与社会主义》2010年第5期。

　　社会主义社会将在各个单位和社会领域建立相应的组织。地方组织在其内部根据法律来决策和活动。地方组织使社会主义社会的个人能够从其所属单位开始参与社会生活。地方组织是个人成长的适当媒介，可以确保群众与政治和法律决策机构（即各级国家机关和议会）之间维持密切的交流、互动和监督的关系。

　　社会主义社会将对议会或行政机关的当选人员采取特殊的预防措施，确保他们与其生产单位或服务领域保持密切联系；将采取必要的预防措施防止执行机构与工人阶级和社会利益相疏远；将建立沟通机制，使政权机关能够时时刻刻认识到所有社会组织的需要和问题，并接受社会的监督；将确保行政人员履行其责任时公开透明，使社会能够及时了解和监督；在行政、思想、经济和法律方面防止失职、浪费、贿赂、滥用权力和懒散等不法行为。

　　其次，关于社会主义社会的经济形式。

　　在社会主义社会里，所有自然资源和主要的生产资料（包括土地）都属于公有财产。土耳其共产党在过渡时期的经济纲领是根据特定的计划逐渐消灭私有制。在这个过渡时期里，不同的财产所有制将并存，其中社会主义经济因素将受到法律和行政机构的特殊保护。银行、保险公司及其他金融机构将被国有化。

　　社会主义经济的主要目标是促进整个社会的繁荣富强，提高公民的生活水平。在工人阶级统治之下，可以对经济发展进程实行计划。在消灭阶级斗争的过程中，中央计划能够确保经济各个部分的和谐统一，实现为社会福利而生产的目的。在实行计划的同时，要发挥劳动者的积极性，实现生产过程中决策机制的民主化。

　　在对外经济关系中，独立自主和阶级利益具有重要的地位。政府将按照有利于社会主义经济的标准来管理对外经济关系。与帝国主义国家达成的导致土耳其劳动者陷入沉重债务、使土耳其处于依附地位的所有协议都将被单方面取消。根据国际主义的原则，社会主义的土耳其将与其他社会主义国家进行和谐的经济整合。新社会将消除农业生产对外国的依赖性，并注重减小城乡差别。当然，社会主义经济的独立自主并非意味着闭关自守。

　　再次，关于人民的基本自由和权利。

　　人民的演讲自由、宣传自由和组织自由是建立和发展社会主义社会所必不可少的。社会主义社会将在经济、政治、思想文化领域采取措施，防止民族和种族的差别以及性别差异导致隔离现象的发生；将为所有社会组织提供进行文字和视讯交流、召开会议以及举行游行示威的机会；确保旅行自由和住宅免受侵犯，通讯的隐私将被保护；被检举人的辩护权利将受到国家的保护；对于在押人犯不能施加身体或心理的压力，在任何情况下也不能对任何人进行严刑拷打。此外，贩卖人口、卖淫、赌博和贩毒等活动阻碍了社会发展，破坏了道德建设，社会主义社会将禁止此类现象。

最后，社会主义社会将创造全新的人。

创造新个人是建设社会主义的标志、结果和途径。社会主义社会将为全新的人的健康与和谐发展负责。社会主义社会将综合运用教育、大众传媒、政治生活和文化生活、保健和运动等手段来培养全新的人，使个人能够在社会上表达自己、具有集体意识、相信所有人的平等以及各民族间的深情厚谊。

社会主义社会将为所有人提供受教育机会，禁止 18 岁以下的孩子和年轻人参加不属于教育过程的工作。社会主义社会的最基本目标是扫除文盲，为个人提供各种增加知识、提高能力的机会。所有的私人医院和健康机构都将被国有化，所有的医疗服务都将由国家免费提供，包括医药和治疗费用。新社会将为每个人提供满足其需要的住宅，为妇女提供各种参与政治生活和文化生活的机会，为残疾人提供受教育以及参与生产过程和社会生活的机会。

在完善社会主义社会和创造新个人方面，科学活动是至关重要的。资本主义社会发展科技的目的是加强剥削，把科学商业化，与群众相异化。社会主义社会将结束这种情况，使科学活动为了整个社会的利益而进行。科学家的研究成果是全人类的共同财富。减少工作时间成为创造社会主义新人的主要途径之一。社会主义社会的主要目标包括把体力劳动降到最低点，以发挥脑力劳动的潜力。新社会将广泛应用工农业生产的先进技术，使机器从事那些不适宜人类承担的工作。同时，将采取措施预防生产过程中的各种异化现象，尤其是工人与机器、工人与产品的异化。

三　现阶段土耳其共产党的实践斗争

土耳其共产党始终坚持社会主义的奋斗目标，利用合法政党的身份，充分参与国内政治活动，抓住一切机会激发土耳其人民的"启蒙主义"和"爱国主义"精神，进而壮大革命力量。在国际舞台上，土耳其共产党的活动也日趋频繁，积极组织并参与各种国际会议，声援世界各国人民的正义斗争，开展反帝反垄断的斗争。土耳其共产党的斗争，增强了党的战斗力，也扩大了党组织的社会影响力。

（一）积极发动群众，壮大革命力量

土耳其共产党认为，要胜利打响推翻资产阶级反动统治的战役，土耳其

共产党要肩负起组织这一历史进攻的职责，"土耳其共产党号召一切工人、男人或女人、无论操何种母语的人民、全部青年朝着这一必然方向行动起来，组织起来进行斗争，加入作为土耳其的精神和道德心的我们的政党"。同时土耳其共产党也号召左翼政党和运动、工人阶级先锋、亲工会会员分子、进步的知识分子和一切爱国人士团结起来形成共同的斗争力量。

1. 壮大工人阶级的革命力量

创新工作方法，注重阶级差异性。工人阶级不但是土耳其社会主义革命的主要力量，而且还是削弱当前统治阶级力量的最重要的社会保证。土耳其共产党认为，土耳其工会组织不断衰弱，社会主义意识形态的日益边缘化，1980 年 9 月 12 日的军事政变极大破坏了工人阶级的团结，土耳其工人运动的形势不容乐观。面对不断分化的工人阶级和阶级内部丰富的差异性，土耳其共产党创新了工作方法，根据不同的对象采取不同的方法，传播有助于维持工人阶级团结的政治观念。土耳其共产党计划在工人阶级中建立起一个工作模式，在确立共产党组织对基层工人的领导下，在中央委员会而不是各支部通盘制定对涉及整个阶级相关的日程安排的同时，认真考虑每个部门的具体特征，尤其是深入了解第一产业。阶级差异性日益扩大的职业组织也采用同样的方法。

重视工会的工作。土耳其共产党尽可能地在各分支机构扩大工会的力量，努力将工会培养成具有阶级取向的组织。在这一过程中，土耳其共产党避免使用拉平差异的惯用方式，而是用创造性的方式为每个部门使用最合适的方法，在没有工会组织或工会组织不够的地方，大胆地采用多种合适的工作方法。目前阶段土耳其共产党的工作重点不是寻求"工会的团结"或根据整个工会形态去强调普遍原则，而是要在各分支大力发展工人阶级的组织，并在这些组织中注入政治内涵。

重视工人学校。土耳其共产党认为，工人学校能够宣传党的无产阶级文化，把处于繁重环境中的工人阶级团结到党的工作中来。自从 2011 年以来，土耳其共产党重新激活了工人学校，现在的工人学校变成了党的最重要的基本组织机构，为工人阶级了解土耳其共产党提供了大量的机会。土耳其共产党十一大通过了一个能够贯彻党的政治和组织目的的工人计划，进一步总结了这一经验并加强制度化建设，加强对工人阶级的组织和领导。①

---

① CP of Turkey, Political Report, http://www.solidnet.org/turkey - communist - party - of - turkey/3222 - cp - of - turkey - political - report - en, 05 July 2012.

2. 重视青年与学生工作

土耳其共产党认为，只有付出加倍的、创造性的努力才能吸引成千上万的青年。因而，土耳其共产党深入到年轻工人的居住地和聚集区去，接触年轻工人并减轻他们对失业的顾虑，加强青年抵制体制对他们的腐化的、个人主义的、远离生活与现实的那种文化和意识形态。土耳其青年和学生有其自身的特点。一方面，统治阶级不断鼓励青年的个人主义、消费主义和创业精神，另一方面，相当一部分青年成为工人阶级的一部分，就业环境比往年更加恶劣，不管他们是否辍学或完成了高等教育。为了谋生、结婚，大部分年轻工人都肩负沉重的债务负担，拼力工作以应对失业的风险。此外，统治阶级限制了青年的活力，对他们自由的生活方式强加限制。青年在这种强加在自身的理想文化价值和现实之间左右摇摆，因而易于接受新的观念。土耳其共产党认为，若非由于自由、宗教和民族主义意识形态的影响，相当部分青年从幼年开始就将朝着社会主义方向前进。

土耳其共产党决定加大对青年学生的工作力度。2012 年创立的社会主义培训班正是为了争取青年学生而做出的努力，土耳其共产党希望它能成为高校组织中的核心之一，该核心可以作为常设组织而满足并应对全年的不同需要。土耳其共产党正在制定详细的计划以强化社会主义培训班对高校内学生党员的指导作用，注意发挥大学党员在理论上、政治上、文化创造上的更深远、更直接的贡献，它将加速学生个体的生长，减少党成为排他性组织的危险。

3. 支持妇女解放斗争，把妇女引领到社会主义斗争的轨道上

土耳其共产党分析指出，统治阶级没能隐藏其在生产过程和科学文化生活中对妇女的歧视。妇女被迫改变或减小她们的作用，她们进行了单枪匹马的斗争，试图创造自由的生活空间。大部分女工和女学生都不接受体制强加给她们的生活方式。但是，真正采取拒绝态度的则在整个社会中占的比例较小。

土耳其共产党鼓励并支持各种反抗压迫的斗争，坚持认为政治斗争是妇女解放的首要斗争领域。当前土耳其的政治斗争不但能够强化妇女追求平等的斗争，也能让她们抵制面前的各种虚伪的、反动的伦理封锁。在这场政治斗争中，土耳其共产党认为要抛弃那种加深社会性别差异、割裂妇女问题与其他社会问题的联系、尝试把妇女带入孤立的斗争日程的思想。要建立起另一种方法，即让妇女与当前的剥削体制和政治权力决裂，把她们引导到社会主义斗争的轨道上来。实现土耳其共产党本土化需要由土耳其共产党带领更广大的妇女实现政治化。土耳其共产党鼓励妇女全面参与党的工作，肩负起

更大的党内的职责和义务，而不是寻求一种抽象的平等。同时，让妇女组织和各工人组织相联系，使工人组织、高校组织、阿拉维派劳动者组织和文艺组织，都成为相互联系的纽带。

4. 谨慎对待库尔德政权，捍卫库尔德人民的正义要求

库尔德人的政治运动对土耳其政治和地区发展产生了持续的影响，对正发党的权力稳定有很强的相关性，他们总是为正发党制造许多政治难题，而库尔德问题在资本主义条件下是根本无法解决的。

土耳其共产党指出，库尔德人的政权在美国和欧洲帝国主义之间摇摆，这种双向态度值得研究。在土耳其的库尔德人和在伊拉克的库尔德人不一样。由于库尔德人现阶段的状态，库尔德人政权很难参与进美国的计划。库尔德人政权在反对社会宗教化方面也有复杂的态度。他们一方面要尽力保持作为库尔德人觉醒产物的世俗化成果，另一方面却幻想反动的军事武装能成为"解放者"。土耳其共产党并不赞同库尔德政权。如果顺应他们的主张，共产党人无法对土耳其政治和人民施加影响，因为库尔德政权积极迎合各种外来干涉，而社会主义思想不能容忍这样的让步。土耳其共产党认为库尔德政治已经步入无可挽回的道路，它将和第二共和国相妥协，直接去除自身的革命性。库尔德人民的平等和自由主张的政治渠道变得暗淡无光。

在这种情况下，土耳其共产党决定扩大宣传反对新宪法。该党认为那种期望正发党提出新宪法并进入议事日程，迅速解决库尔德问题，并毫不犹豫地支持库尔德人民迅速解决问题的想法是错误的。土耳其共产党认为要采取一切措施避免新宪法被一条条地讨论，而是要强调正发党的宪法并不合法而应整体抛弃。

土耳其共产党从社会主义视角去集中力量改变土耳其政治平衡，捍卫库尔德人民的正义主张，阐明对受压迫的库尔德人的政治态度，同时密切关注并联系与反动派和自由主义做斗争的各项社会运动。这是土耳其共产党的原则性态度。具体而言，即在这个框架内与库尔德政权代表保持明确、坦诚、建设性的沟通与团结，加强库尔德人民内的党组织、特别是西部教派的联系，建立与库尔德人民的沟通渠道和方式。

5. 加强培养知识分子的革命意识

土耳其共产党认为要正确看待知识分子与工人阶级的关系，指出知识分子能够支持工人阶级的斗争，工人阶级也要培养自己的知识分子。因此，一方面，土耳其共产党要提高自身的先进性和创造性思想，付出巨大的努力提高社会主义斗争所急需的政治调研和分析能力。另一方面要用不同的方式组织科学、文化和艺术界的知识分子。社会主义者大会（The Assembly of Socialists）的成立引起了德高望重的科学家、知识分子、艺术家和土耳其政治家的极大关注，为他们提供了一个自由的、富有成效的社会主义交流平台。土耳其共产党认为这种独特的方式要进一步强化。而大学理事会联盟（The Association of University Councils）、希克梅特（Nazım Hikmet）文化中心、希克梅特学会、马列主义研究中心也是活跃在该领域的一些组织，这也需要土耳其共产党研究如何和这些机构开展合作的问题。

现阶段土耳其共产党的优先任务就是使先进的思想、丰富的理论、富于创造性且自由的艺术联系起来，并使之注入党派性。在此，知识分子党员肩负重要责任。土耳其共产党的工作要迅速转移到理论、文化和艺术的组织和目标上来，争取在下一次大会上形成清晰、革命和系统的观点。

6. 积极争取旅居海外的土耳其人的支持

土耳其共产党指出，旅居海外的土耳其共和国公民，目前并没有把注意力集中在反对资本主义的斗争上。土耳其共产党要开展对旅居海外的土耳其人的工作，关注移居欧洲特别是德国的移民，让他们一方面和土耳其国内的斗争联系起来，另一方面让他们参与所在国家社会问题的解决，参与所在国家的阶级斗争。二者是相互联系的，但是在不同地方因为斗争目标不一样，因而采用不同的方法。

土耳其共产党还将对居住国外的移民采取必要措施，尽可能让他们参与广泛的政治工作。土耳其共产党计划在下一阶段采取迅速有效的方法，将在海外一些国家建立党的代表机构和分支组织。

（二）组织群众运动，推翻正发党的反动统治，为社会主义而斗争

土耳其共产党提出，正发党的反动政权正在丧失其统治的社会基础，人民在统治阶级面前非但不会投降，种种迹象还表明土耳其社会正在悄然发生积极的变化，这为土耳其社会主义斗争提供了绝佳的机遇。因而，土耳其共产党认为，与其坐等反动政权灭亡，不如主动出击，组织起各种反抗的力量，为社会主义而斗争。

积极利用土耳其社会与日俱增的不满情绪，为社会主义斗争创造条件。毋庸置疑，在正发党的领导下，土耳其在经济上获得了极大的成功。然而在其成功的背后也隐含了种种危机，土耳其经济的结构性问题日益严重。正发党提出的政治生活和社会生活宗教化的新举措并没有受到广大民众的支持。曾经在政治上、思想上迷恋于正发党"经济成功"演说的大众

的不满情绪正在迅速增长，在正发党的追随者中也出现了越来越多的对未来的担忧。尽管反对的声音目前还呈现无组织和分散的状态，但对正发党提出的生活方式、文化、教育政策的反对声音却正在逐渐增强。这种反对虽然是非持续性的、局部的、具有较少的阶级特征，却丝毫不影响其效果。

2013 年 6 月，土耳其爆发席卷全国的反政府示威活动，即"六月抵抗"运动。运动的导火线是 2013 年 5 月底政府的一项对伊斯坦布尔市中心塔克西姆广场周边公园的拆迁和改造工程，该工程遭遇了愤怒的群众的阻止和抗议。6 月中旬，土耳其政府采取强硬手段驱散了塔克西姆广场的示威群众，却换来了民众持久的"静站式"抗议。土耳其共产党不仅为这场运动摇旗呐喊，还深深地参与了这场运动，号召全体党员齐聚到塔克西姆广场参加抗议示威。土耳其共产党从运动的第一天开始就是运动的一部分并发动了其所有力量，设法增强运动的无产阶级和革命特征，努力加强运动的组织纪律性，组织了数次行动和示威。在此行动中，警察对土耳其共产党在安卡拉的总部发动了一次严重的袭击，数名党员受伤和被逮捕。

2013 年 9 月 14 日，土耳其共产党分析了这场运动的性质和影响。该党认为，六月抵抗有明确的理论和政治框架，是历史上最重要、最广泛彻底的自发的社会运动，六月抵抗喷发了反正发党和埃尔多安的政治能量，所有行业、失业者、退休人员、家庭主妇、小店主和学生都参加了这一抵抗运动。在"六月抵抗"运动中，土耳其共产党扩大了政治影响和群众基础。六月抵抗使得议会中的反对党、工会和阿拉维组织猝不及防，甚至主要的反对党共和人民党也不能形成一个政治目标，被晾在一边。土耳其共产党全党参与了抗议示威活动，为抵抗运动制定了斗争目标和方案："政府必须宣布停止执行破坏加济公园和阿塔图尔克文化中心的计划；释放在抵抗运动中被拘留的人民，立即撤销对他们的所有指控；凡是被律师协会联盟和地方律师协会开具的调查报告中证明了对人民犯罪的官员要被解职；要停止阻碍人民获取事件发展真相的企图；废除禁止开会、示威和游行的禁令；所有限制人民政治参与的所有事实上或法理上的障碍都要被取缔，包括'政党法'中的 10% 的选举门槛和反民主条款；要停止所有企图强加在全体人民身上的单一化生活方式的方案。"[①] 土耳其共产党认为，"土耳其共产党对这次反抗运动做出了重大贡献，也从中学习到许多东西，并重获了政治和意识形态的自

---

① http：//www. solidnet. org/turkey – communist – party – of – turkey/cp – of – turkey – declaration – of – the – central – committee – of – the – tkp – on – recent – developments – en – pt – it.

信。土耳其共产党将竭力回应大众的要求，将完成其革命性的任务"。①

土耳其共产党试图扩大社会主义宣传，帮助那些习惯于体制内思考、通过官方媒体观察社会的人，让他们明白自己被统治阶级政权所蛊惑，让他们从对统治阶级的绝望中警醒，让那种认为对正发党政府的黑暗施政"必须干点什么"的人数远远超过认为"没有人能够阻止他们"的人数。"我们不能让悲观主义和社会恐慌占据了土耳其左翼运动、笼罩党的四周。"② 因此，加强宣传，用社会主义来削弱正发党。这将是社会主义者的机会，也是土耳其共产党当前的任务。

（三）积极融入国际舞台，推进反帝斗争，维护世界和平

土耳其共产党在国际上以共产党和工人党国际会议、巴尔干共产党和工人党大会、欧洲共产主义者会议等为舞台，走在反帝反垄断斗争的前线，为维护中东、巴尔干地区的和平与稳定而斗争。

土耳其共产党指出，反帝斗争并不是建立在阶级妥协的改良主义政治战略的基础上，建立工人阶级政权的社会主义革命的主要社会进程将是反对帝国主义，爱国主义和独立是进行社会主义革命的意识形态主调。任何非社会主义的追求和选择在这个帝国主义—资本主义体制中都将遭到挫败。土耳其经济、社会和政治问题只能通过社会主义来解决，此外别无他法。"只有社会主义革命才能取得反帝斗争的胜利，社会主义革命进程只有在反帝斗争中才能深化。"③ 要摆脱帝国主义的经济、政治、文化包围，在全球资本主义体系中摆脱美国的干涉，共产主义运动的战略非常重要。为此，土耳其共产党提出了几条建议：

首先，土耳其共产党认为要抛弃一切推迟社会主义的纲领，抛弃对资本主义进行"好的"与"坏的"的仁慈式评价，建立把反帝斗争与推翻本国资产阶级相结合的策略。

其次，共产主义运动要充分重视国家的独立和主权的要求，不要给阶级妥协和狭隘民族主义留有余地，要在社会主义革命的视角之内重建爱国主义。这一挑战性的任务要根据每个国家的具体历史与现状来重新制定完成。

① http：//www.solidnet.org/turkey－communist－party－of－turkey/cp－of－turkey－tkp－2013－conference－statement－en.
② CP of Turkey, Political Report，http：//www.solidnet.org/turkey－communist－party－of－turkey/3222－cp－of－turkey－political－report－en，05 July 2012.
③ http：//www.tkp.org.tr/ing/program－of－the－communist－party－of－turkey－722，May 4, 2009.

再次，由于某些地区的复杂情况和国际形势，共产主义运动的任务在某一时期将更为困难。例如，在被帝国主义侵占的国家，阶级间的权力平衡和相互关系有可能随着侵略者的介入而发生极大变化，共产主义者不但要同资产阶级进行斗争，还要与占领者的帝国主义力量进行斗争。能否成为斗争的领导者，能否体现斗争的工人阶级属性，这既不是主观意愿能控制的，也不是一朝一夕能实现的。然而，在任何条件下都要保持思想和政治的独立性，警惕不要忘记社会解放的目标。

最后，那些试图限制或阻止帝国主义的国家有时也会在他们自身利益的目标下，做出入侵或军事干涉的选择。在此情况下，各国共产主义者对待帝国主义国家和"阻止国"不能遵照"等距离"的原则，而应该把斗争的重点放在那些支持国际资本、威胁革命力量的帝国主义国家上。共产主义者不能放弃保护工人阶级利益和权利，革命的利益是共产主义者的指针。像北约扩张、美国通过"公民"操控而颠覆不同国家的政府那样的行为应该被共产主义者视为"威胁"，因为他们限制了革命的可能性，引起了工人阶级在政治和思想方面的倒退。

总之，土耳其共产党提出要主动、积极地组织起各种反抗的力量。土耳其共产党指出，与其浪费时间等待正发党的政策走向"强弩之末"，不如主动出击，抓住机遇，开展争取社会主义的斗争。正发党是一个妄图恢复历史、推行改革计划的特殊的政党。尽管该计划注定要失败，土耳其不可能穿上这件过时的外衣，然而为了让人民组织起来、为希望而斗争，土耳其共产党决定制定一项战略，抓住每时每刻机会，有耐心却迅速地向前进。在此背景下，不再是等待"让恶化的经济来打开人民的双眼"。土耳其共产党相信，人类正在朝着社会主义前进的历史进程中，正在迈向发达的共产主义社会的征途上。20世纪，人类在平等和自由方面取得了巨大的进步，在建立一个消灭剥削的世界秩序方面取得了巨大进步，21世纪初期的黑暗必将被征服，人类将从给自己带来毁灭性破坏的野蛮资本主义中解放出来。

第六章　俄罗斯联邦共产党的
历史、理论与现状

俄罗斯联邦共产党简介

俄罗斯联邦共产党（以下简称"俄共"）成立于 1990 年 6 月，是当时苏联共产党加盟共和国一级的党组织。1991 年"8·19"事件后，俄共同苏共一起被当局禁止活动。1993 年 2 月，俄共经过斗争得以恢复重建。此后，俄共以苏共继承者的身份活跃在俄罗斯政治舞台上。

截止到 2013 年 1 月，俄共的党员总人数为 158900 名，有基层支部 13793 个，占有国家杜马议员席位 92 个。目前，俄共是俄政坛上仅次于统一俄罗斯党的第二大议会党和最有影响的左翼反对派政党。党的机关报为《真理报》。现任党主席为久加诺夫。

俄共宣称以建立社会主义为奋斗目标，以共产主义为长远理想。现阶段党的主要任务是：建立人民信任的政府，对关系国计民生的部门重新实行国有化，确保社会公正，消除贫困，推行全方位外交政策，维护俄罗斯国家利益。

网站地址：http：//kprf. ru

俄共成立于苏联时期的 1990 年 6 月，发展到今天，它也仅仅存在了二十三个年头。在这短暂的时段内，俄共由被禁止活动到重新崛起、由体制外政党到成为议会第一大党，成为俄罗斯政治舞台上举足轻重的力量。然而在短暂的辉煌后，它又走入低谷。尽管如此，俄共仍然是迄今为止俄罗斯社会政治生活中最有影响的左翼反对派政党。它的兴衰、起伏几乎贯穿了苏东剧变以来俄罗斯的整个历史时期，并对俄罗斯的社会政治发展产生了重大影响。与此同时，俄共作为坚持社会主义的政党，在理论上积极思考、大胆探索，取得了巨大的成就，也有众多的失误和不足之处。

一　俄共的建立和曲折发展

本部分拟以俄共艰难曲折的历程为线索，来把握其发展的基本脉络。依据俄共在国家权力结构中发挥作用的程度，该党的发展可分为以下 3 个时期。

（一）俄共创立与重建时期

这一时期的时间从 1990 年 6 月俄共成立，到 1993 年 12 月俄共参加第一届国家杜马选举为止。众所周知，在苏联的 15 个加盟共和国中，俄罗斯联邦共和国由于是苏共中央所在地，所以，虽然俄罗斯的共产党员占苏共党员的 60%，但自 1925 年俄共（布）第十四次代表大会将党名改为苏联共产党（布）以来，一直没有自己共和国一级的党组织。80 年代中后期，伴随着苏共领导人戈尔巴乔夫的改革，苏共党内围绕改革问题的分歧越来越深，派别活动越来越盛。与此同时，随着各加盟共和国离心倾向加剧，俄罗斯民族意识增强和俄罗斯共产党人对苏共总书记戈尔巴乔夫产生不满的背景下，1989 年 7 月至 9 月间，俄罗斯境内一些激烈反对戈尔巴乔夫民主改革的共产党人和无党派人士开始筹备建立俄罗斯联邦自己的共产党组织。

1990 年 6 月 19～23 日，俄共召开了成立大会，来自俄罗斯联邦各个地区的 2700 多名代表参加了这次代表会议。素以忠于传统而闻名的克拉斯诺达尔边疆区委第一书记波洛兹科夫当选为俄共中央第一书记，伊里因当选为第二书记，安东诺维奇、久加诺夫、卡申、梅利尼科夫、希尔科夫和索科洛夫当选为书记。[①] 俄共的建立，结束了自 1925 年以来一直没有单独的俄罗斯联邦共和国一级共产党组织的历史，但它仍宣布自己是苏共的一部分。

当时，俄共创始人的基本目标是与资本主义复辟的企图和资产阶级意识形态作斗争。他们经常批评苏共和苏联国家领导人在改革中的种种失误，因此遭到种种责难和非议，被认为是保守派和顽固势力的代表，党的威望很低。到 1991 年 7 月，就有 7 万余人宣布退出俄共。"8·19"事件爆发后，叶利钦借机发布禁共令，俄共同苏共一样横遭厄运，被迫停止活动。

俄共被禁止活动后，它的影响并没有因此消失。俄共领导人公开表示，要为恢复党的队伍而工作。1991 年 12 月，巴布林等 36 位俄罗斯人民代表联名向宪法法院提出申诉，要求审议叶利钦的禁共令是否符合宪法。叶利钦

---

① Осадчий И. Как рождалась компартия РСФСР. Диалог，2000，№6.

反守为攻，授意俄联邦宪法委员会责任秘书鲁缅采夫出面，向宪法法院提出"关于承认苏共违反宪法，从而证明俄总统令符合宪法"的另一申诉。

1992年5月26日，宪法法院开庭同时审理两个申诉。久加诺夫、利加乔夫、雷日科夫等人为维护共产党人的荣誉和权利，在法庭上据理力争。同年11月30日，俄罗斯宪法法院做出"折中性"的判决，宣布总统禁止共产党上层机构符合宪法，但解散按区域成立的基层组织违法，基层组织具有社会性，它有权在法律范围内活动。[①] 显然，这一判决是折中主义的，但它毕竟给俄共的合法权利和组织重建提供了依据。

1993年2月13~14日，俄共第二次（非常）代表大会（又称俄共重建与联合大会）在莫斯科召开，会议批准了党的章程及一系列决议，通过了《纲领性声明》，提出了"忠于社会主义和人民政权的理想，阻止国家的资本主义化，建立有计划的市场经济，在独联体各国之间缔结新的国家间条约"的基本行动方针。从而为俄共恢复和建立各级党组织及动员共产党人同现行制度作斗争指明了方向。因此，这次代表大会具有里程碑的意义，它标志着由执政党转为在野党的俄共谋求生存和斗争的艰苦历程的开始。

此次代表大会之后，俄共领导人立即按照法律程序到俄罗斯司法部门申请注册登记。同年3月31日，俄共获准在司法部登记，注册党员50万人，取得了合法存在的资格。[②] 大会之后，俄共立即开展工作。在加紧重建党组织的同时，俄共向各派共产主义组织发出呼吁，建议召开协商会议，商谈合作和联合行动问题。俄共还同其他左派组织一起，发动群众进行反对现政权的斗争，等等。

（二）俄共发展与壮大时期

这一时期的时间从1993年年底俄第一届国家杜马选举，到2002年杜马风波为止。1993年12月，俄罗斯第一届国家杜马选举举行。选举结果，俄共获得杜马450个席位中的65席，成为议会第三大党。俄共与具有极端民族主义倾向的日里诺夫斯基的俄罗斯自由民主党（获70席）所获的选票相加竟包揽了国家杜马中的近1/3席位，在议会中几乎与"民主派"政党（"俄罗斯选择"、"亚博卢"集团和"俄罗斯统一和谐党"）形成对抗之势，令"民主派"极为震惊和失望。

---

① 参见万成才《俄宪法法院结束审理苏共案》，新华社莫斯科1992年11月30日电；王宪举《世纪案审理结束，俄共将恢复活动》，《中国青年报》1992年12月2日。
② 据俄塔社莫斯科1993年2月14日和3月31日电。

　　以俄共为首的左派力量不仅在国家杜马选举中取得重大胜利，而且在地方杜马选举中也旗开得胜。在1994年举行的地方选举中，甚至有多个联邦主体选出的地方杜马，全是俄共成员及其盟友。

　　1995年12月，俄罗斯举行了第二届国家杜马选举。选举结果，俄共异军突起，得票率为22.3%，加上在单席位选区中赢得的席位，俄共共获得157个议席，占450个杜马议席中的1/3强，一跃成为国家杜马第一大党团。俄共的议席加上其盟友"政权属于人民"议员团和农业党议员团，左派议员已占全部议员450人的一半左右。同时，俄共的谢列兹尼奥夫还当选为国家杜马主席。可以说，以俄共为代表的左派力量在这次杜马选举中取得了大胜利。作为反对派政党，俄共的影响进一步扩大，成为现政权强有力的竞争者。

　　1996年6月的总统选举，是关系俄罗斯命运和发展道路的重大事件。为此，以俄共为代表的左派同"民主派"之间展开了全力拼搏。面对咄咄逼人的左翼反对派，为了保住"民主派"政权和防止"共产主义势力"重新上台，叶利钦利用总统职权，几乎动用了一切竞选手段与以俄共为首的左翼反对派进行了一场面对面的政治决战。经过两轮激烈的较量，叶利钦终以微弱优势击败久加诺夫，成功蝉联第二届总统职位。俄共也由此失去了一次最有希望执掌政权的机会。

　　1996年总统选举的失利打断了俄共分阶段夺取政权的计划，一向以"不妥协的政权反对派"自居的俄共走到了它发展的十字路口。为适应选举后俄罗斯新的社会政治形势，以久加诺夫为首的俄共领导层适度调整了自己的斗争策略，暂时放弃"夺取政权"、"改变国家发展方向"等激烈的政治口号，对现政权采取既对抗又妥协的方针。俄共对现政权的态度，实际上已由不妥协的反对派变成"建设性的反对派"。

　　然而，俄共领导人针对现政权的这一政策调整却遭到了俄共党内来自"左"、"右"两派势力的激烈反对。党内激进派指责俄共领导人是在搞机会主义和妥协主义；而持"右"倾观点的一派则主张在目前形势下俄共应放弃对抗思想，继续扩大与政府的合作。这期间，观点对立的两派还在俄共党内相继成立了各自的政治派别。与此同时，由俄共领导的左翼"人民爱国力量联盟"也出现了分裂，在议会中一部分党派愿意通过"圆桌会议"或"四方会晤"与叶利钦政府合作，另一部分党派则坚决反对。

　　由于内部的分化与组织上的分裂，这一时期以俄共为首的左翼反对派影响力开始萎缩。尽管如此，在1999年俄罗斯第三届国家杜马选举中，俄共仍然取得了不小的成就，得票率为24.29%，加上单席位选举中当选的席位，俄共共获得 110 个议席，虽然与上届相比席位数有所减少，但保住了议会第一大党的地位，俄共的谢列兹尼奥夫也顺利蝉联杜马主席，在杜马 28 个委员会中有 11 个委员会的主席职务由俄共党团及其盟友农工议员团成员担任。[①] 在 2000 年 3 月举行的总统选举中，俄共候选人久加诺夫虽然败给了声望如日中天的代总统普京，但也得到 2200 万张选票，占总数的 29.21%，可谓战绩不俗。

普京执政后，对俄共采取了"外松内紧"的策略。一方面，以"强国富民"的口号赢得俄共的合作，在议会中与俄共党团开展建设性对话，以期在一系列内外政策上寻求俄共等左派党团的支持。另一方面，利用各种手段挤压俄共。如促成议会多数通过《俄罗斯政党法》；推动中右翼政党——统一俄罗斯党的建立，力图使该党取代俄共成为议会第一大党。

（三）俄共困难中前行时期

这一时期的时间从 2002 年 4 月杜马风波以来至今。2002 年 4 月，议会中支持普京政权的中右派势力向以俄共为首的左翼反对派发动了"政变"，要求剥夺由俄共控制的一些议会委员会主席职位。在这场议会左、右两大派别的争斗中，俄共失去了几乎所有由其控制的议会委员会主席职位。杜马事件的发生，表明俄共对俄罗斯政局的影响大幅减弱，其发展进入困难中前行时期。

面对接连不断的挫折，俄共欲借第四届国家杜马选举之机精心准备，一举夺回失去的阵地。然而事与愿违，在 2003 年 12 月 7 日如期举行的俄罗斯联邦第四届国家杜马选举中，全力以赴的俄共不仅没有夺回失去的阵地，反而受到重创，得票率仅为 12.7%，比 1999 年几乎减少一半，沦为杜马第二大党。

俄共此次杜马竞选的失利引发了党内严重的危机。2004 年 7 月 3 日，久加诺夫主持的俄共第十次代表大会在莫斯科一家饭店里举行。几乎就在同时，俄共内部的谢米金派召集部分党代表，在莫斯科河的一艘游船上也召开了"十大"，推举已被开除出党的伊万诺沃州州长吉洪诺夫为俄共领袖。虽然由俄共反对派领导人吉洪诺夫主持召开的俄共代表大会此后被俄司法部认定为不合法，但是分裂对俄共自身发展造成巨大的负面影响已经无法避免

---

① Головлев В. И., Нефедова Т. И. Государственная дума второго созыва: роль и место в политическом переломе. Москва, 2000, стр. 26, 182; Доклад заместителя председателя ЦК КПРФ И. И. Мельникова на XV пленуме ЦК КПРФ. http://www.kprf.ru / 27. 03. 2004.

了。在 2003 年初，即俄共重建十周年时，俄共尚有 50 万党员，而到 2005 年 10 月，即俄共召开十一大时，俄共的党员人数减至 18.8 万。①

同样，俄共在国家杜马中的处境也很不利。截至 2004 年年底，俄共党团在国家杜马中仅剩 47 席（与一年前进入这届议会时的 52 席相比又减少了 5 席），根本无法与占据议会多数席位（306 席）的统一俄罗斯党抗衡。正因为如此，这一年，俄共斗争的重心主要放到议会外，发动和组织民众进行抗议活动。

从 2004 年夏天开始，俄共通过其地方组织、互联网在全国掀起反对福利货币化的抗议集会和游行。2006 年年初，俄共针对政府推行的住房及公共事业改革方案，再次发动群众掀起抗议浪潮。抗议运动对政府的社会领域改革方案产生了压力，仓促出台的福利货币化改革被迫推延。与此同时，政府承诺将在医疗、教育、住房和农业四大领域拨款实施"国家项目"，以解决社会保障问题。

2007 年 12 月 2 日，俄罗斯第五届国家杜马选举如期举行。结果俄共的得票率为 11.57%，获得国家杜马 450 个席位中的 57 个。与上届杜马选举结果相比，俄共得票率仍位居第二，但在此次杜马选举中，俄共直接面对的竞争对手是普京亲自挂帅、阵营最强大的党——统一俄罗斯党，还面临来自侧翼的两个对手：公正俄罗斯党和俄罗斯自由民主党。考虑到俄共正是在与来自上述三方竞争对手的较量中参加议会选举的，取得如此战绩，实属不易。

2008 年世界金融危机爆发后，俄罗斯经济受到严重冲击，企业大量倒闭，失业率居高不下，人民生活水平下降。为了应对金融危机的严峻挑战，梅德韦杰夫总统和以普京为总理的俄罗斯政府制定并实施了一系列反危机措施，但未能有效遏制经济下滑的趋势。为此俄共举行各种活动，其领导人利用各种场合，对政府的反危机纲领提出尖锐批评，并从马克思主义的观点出发，阐述自己对当前金融危机的立场，提出了俄共的反危机纲领。

在金融危机向全球迅速蔓延的背景下，俄共第十三次代表大会于 2008 年 11 月 29~30 日在莫斯科举行。大会听取并通过了中央委员会的政治报告，审议并通过了新版本的党纲和一系列决议，选举产生了新一届中央委员会和中央监察委员会。其中，共产党人如何应对当前世界资本主义体系的危机是这次大会关注的焦点。俄共为迎接这场危机带来的发展机遇，不仅明确提出为建设"21 世纪社会主义"而斗争，而且从思想理论、队伍建设、行

---

① Зюганов Г. А. Народный подъем в России и задачи партии. Доклад ЦК КПРФ XI（внеочередному）съезду партии. http: //www. kprf. ru /29. 10. 2005.

动策略和国际联合等方面加快了迎接新的历史发展机遇的步伐。

2011 年 12 月 4 日，俄罗斯举行了第六届国家杜马选举。结果俄共得票率为 19.2%，获 92 席。在此次国家杜马选举中，俄共虽然仍逊于统一俄罗斯党（得票率为 49.3%，获得 238 个席位），位居第二，但得票率比上届杜马几乎增加一倍，并大大缩小了与统一俄罗斯党的差距。此外，俄共还获得了新一届国家杜马第一副议长和包括国防委员会在内的一些重要委员会主席职位。①

在 2012 年 3 月 4 日举行的俄罗斯总统选举中，俄共领导人久加诺夫得到 17.18% 的选票，得票率虽然远赶不上普京（得票率为 63.60%），但接近后面三个候选人的得票率总和（独立参选人普罗霍洛夫、自由民主党候选人日里诺夫斯基和公正俄罗斯党候选人米罗诺夫的得票率分别为 7.98%、6.22% 和 3.85%）。这一结果对俄共来说应该是不小的胜利。此后，俄共在 2012 年 10 月的地方选举中也表现不俗，取得了不错的战绩。由此可见，俄共经过近年来不懈的努力，增强了自身在俄罗斯政治舞台上和民众中的影响力，重新成为一支当局不可忽视的重要政治力量。

在这种背景下，2013 年 2 月 23 ~ 24 日，俄共在恢复重建二十周年之际隆重召开了第十五次代表大会。大会听取并讨论通过了中央委员会的政治报告和关于修改党章的报告，选举产生了新一届中央委员会和监察委员会，还讨论通过了 9 个决议，并发表了 4 个声明，分别就当前国内外热点问题以及俄共所面临的一系列具体任务，表明了俄共的态度和立场。此外，大会结束第二天紧接着举行了 72 个国家应邀参会 95 个共产党、工人党和其他左翼政党代表国际圆桌会议。此次大会规划了俄共未来的工作方向，对俄共下一步的发展至关重要，必将在俄共的发展史上起到承前启后的关键作用。

二 俄共关于社会主义的理论

是否有一套符合客观实际的理论做指导，是衡量一个政党成熟程度的基本标志之一，也是该政党能否发展壮大的重要前提。作为坚持社会主义的政党，俄共成立后，特别是 1993 年恢复重建以来，对其理论发展进行了深入思考。尤其是 2008 年世界金融危机爆发以来，俄共理论探索的步伐明显加快，其社会主义理论体系日趋完善和成熟。

---

① http://www.politcom.ru/13083.html.

（一）俄共对苏共、苏联历史的认识和基本观点

俄共是以苏共继承人的面目出现的。因此，俄共从重建之初就试图正确看待苏共的功绩又实事求是的清理它过去的错误，总结苏联社会主义的经验和教训，并努力在此基础上，提出革新的思想理论和纲领。

俄共认为，总结历史教训必须遵循的基本前提和原则是，社会发展一般规律与本国特点和自己的历史经验相结合；革命是推动历史前进的动力；未来只能建立在继承历史传统的牢固的基础之上。遵循这些原则，俄共对苏联的社会主义历史进行了总结。它认为，1917年十月革命是俄国当时在政治上、经济上和军事上已经破产，而执政的资产阶级和地主联盟完全无能为力的情况下，民族国家自我保护的唯一现实机会。但是，资本主义俄国落后的生产力给苏维埃国家和社会制度的整个面貌打上了明显的烙印。一方面，苏联建立了多数劳动者的政权，实现了公有制基础上向有计划国民经济管理的过渡，实现了文化革命，取得了巨大的社会成就。另一方面，生产力的性质同资本主义相比却变化很小。苏联在面临外部帝国主义威胁的形势下，唯一适宜的口号就是"赶超"。苏联在最短的时间内实现了工业化并加速实行了农业集体化，取得了伟大卫国战争的胜利并顺利恢复了国民经济。这条发展道路在当时的历史条件下是正确的。但是它常带有强制性质，要求极严格的集中化和使社会生活的许多领域国家化。遗憾的是，这条道路被错误地绝对化，并被树为指导原则。结果，人民自由独立的组织越来越受到限制，不再提倡劳动者的积极首创精神。

俄共认为，苏共在"二战"后未能及时回答时代的挑战。20世纪50～60年代，在西方科技进步、生产力大发展的情况下，苏联社会曾提出社会主义要在自身基础上发展的要求，但当时社会主义的思想被简单化了，"在科技革命的基础上进一步满足劳动人民日益增长的需求"的口号没有得到真正的实现。1961年通过的苏共第三个纲领的整个精神依然是原来的口号——"赶超！"，实质上是不加批判地照搬西方社会在生产和消费领域的早期模式。结果，一方面，这使社会主义经济处于注定失败的从属地位，另一方面，延误了社会主义的主要任务的解决。这个任务就是实现生产社会化，创造比资本主义更高的人民生活质量和生产力发展水平，在此基础上转向劳动集体的自治管理，采用更高更有效的劳动激励机制，为人的自由和谐发展创造条件。由于以过时的生产力发展模式为样本，社会主义在许多方面丧失了历史首创性，并且不只是在经济领域。[①] 社会主义的主要原则之一

---

① 刘淑春等：《当代俄罗斯政党》，中央编译出版社，2006，第150页。

"各尽所能，按劳分配"在很大程度上遭到破坏。由于广大劳动阶层被剥夺了实际支配自己劳动成果的权力，他们不认为自己是所有者，是全民财产的共有者，从而导致了依赖社会、漠不关心和消极旁观的心理。总之，苏联人民意识到了变革的必要性，需要革新社会主义，需要从它的早期形式转到更成熟、更符合社会主义社会的真正民主的、创造性本质的形式。但是苏共作为执政党往往跟不上生活的要求，并作出相应的决定。

俄共认为，导致苏联社会垮台的危机在很大程度上是由执政党几十年的危机造成的。苏共内部历来就存在对立的倾向——无产阶级倾向和小资产阶级倾向，民主主义倾向和官僚主义倾向。由于对小资产阶级的影响估计不足，由于垄断了政权和意识形态，由于党的许多领袖犯了"共产党员的狂妄自大"症，苏共高层领导越来越严重地脱离千百万共产党员，脱离劳动者；片面追求党员的数量，缺乏对领导干部更替和年轻化的机制，导致党的健康力量不能维护自己的合法权利，不能对党的上层实行监督以防止日益增多的投机钻营分子混入党内，党的主要历史过错和不幸就在于此。1985 年改革以来，戈尔巴乔夫一伙口头上宣布各种所有制形式一律平等，而事实上却千方百计地破坏最富生命力的公有制，歪曲合作社的实质和形式；有意识地把大众媒介交给诽谤和仇恨苏维埃国家的人所掌握。他们利用心理战，向劳动群众大量灌输污蔑苏联和俄罗斯的东西，放纵影子资本和反对苏维埃政权、反对统一的联盟国家。结果导致共产党被禁、苏联解体、社会制度改变、国家退回到野蛮原始的资本主义。由此，俄共认为，"戈尔巴乔夫、雅科夫列夫、叶利钦和谢瓦尔德纳泽应对背叛党、出卖民族利益和破坏我们祖国承担个人责任"。

（二）俄共对资本主义的批判和基本观点

俄共从马克思列宁主义的立场、观点和方法出发，对资本主义进行了深刻的剖析和无情的批判。俄共认为，目前还统治着全球大部分地区的资本主义是这样一种类型的社会：物质生产和精神生产服从于最大限度地榨取利润和资本积累的市场规律。在资本主义社会中，一切都变成了商品，金钱成了人们关系的主要衡量标准。资本主义的生产方式意味着资产阶级对人的剥削，意味着自然资源的开发不考虑对后代生活及其居住环境的有害后果。

俄共把 20 世纪的两次世界大战归因于资本的垄断。《俄共纲领》明确写道，"列宁关于帝国主义是资本主义发展的最高也是最后阶段的学说被证明是正确的。资本积聚的过程使 20 世纪初建立了大型的垄断联盟。银行资本与工业资本结合在了一起。重新瓜分市场的尖锐斗争导致了给人类带来巨大牺牲的两次世界大战和许多地区性的武装冲突。"由此可见，在对资本主义实质的认识上，在资本瓜分世界导致战争的问题上，俄共坚持了马克思列宁主义的观点没有变。

在俄共看来，资本主义国家靠战争、新殖民化、金融投机、掠夺性地使用全球大部分物质资源和劳动资源而发财。20世纪后半叶，这些发达资本主义国家进入了"消费社会"时期。在这样的社会，消费从自然功能变成了个体的"神圣义务"，个体的社会地位取决于对这个义务的努力履行，即通过追求消费水平而体现自己的社会地位。这就是说，消费成了资本主义制度下促使工人劳动的一般动力，这是迫使人超强度劳动的一种方式，是资本存在的最新方式。这种新方式在消费者的消费兴趣中找到了利润源泉，而消费者的兴趣是随着广告和其他心理压力工具的作用而变化的，所以，资本家及其企业总是推出新的广告和其他刺激消费的舆论工具，使人们不断地为了消费而奉献自己的劳动，为资本创造和实现利润。①

俄共认为，今天在世界上仍占优势的资本主义，在其存在的500年中，表面上似乎变得与从前大不相同，但它仍然原封不动地保持着其主要的、本质的特征。在当代，劳动和资本之间的矛盾越出了经济发达国家的国境而获得了全球性。当代资本主义使生态问题、人口问题和民族问题尖锐化，拉大了被称为"金十亿"国家的富人和地球上其他居民生活水平的差距。如果可以说在"金十亿"国家内部，社会阶级矛盾在一定程度上相对地有所减弱，那么在国际范围内这些矛盾却日益尖锐。现在世界被彻底分成富裕的"北方"和贫穷的"南方"，正如过去这些矛盾在一个国家内把人们分成无产者和剥削者一样。因此，"金十亿"资本主义国家的超级消费是以大部分居民的长期的消费不足、相对或绝对贫困化为基础的。现今资本主义并未克服剥削关系及其固有的一切矛盾，只不过是改变了自己的形式而已。

俄共还结合当前的世界金融危机对资本主义进行了批驳，认为已经持续5年之久的金融危机说明，世界资本主义正经历着严重危机。虽然这些国家也采取了反危机措施，但成效甚微，其根本原因就在于资本主义依靠剥削广大劳动人民而使少数人发财致富的本性没有改变。为了转嫁危机，帝国主义在全世界积极推行新殖民主义政策，不断挑起地区冲突，甚至是直接的军事入侵。资本主义极大地阻碍了世界发展进程，使各种矛盾趋于激化。

此外，俄共还从生态观点出发对资本主义进行了批判，认为资本主义社会存在形式已接近其发展能力的极限，资本主义的生产和消费的浪费性质造

---

① 李润明：《俄联邦共产党的经济社会发展思想》，《牡丹江教育学院学报》2009年第3期。

成了强迫性消费和对自然资源的掠夺性开发，已使其"不仅在国内，而且在自然界都走到了尽头"。就是它最狂热的支持者也承认，资本主义生产方式不仅受到自己的内部局限，而且受到自然的局限。以资本主义式的速度和方法发展生产正导致不可逆转的生态灾难，将使地球不适合人类生存。俄共运用马克思主义基本原理，结合新的社会现实，对于资本从国内走向全球并实行剥削以及"消费社会"的实质的分析，从生态观点出发对资本主义进行的批判，都颇具新意，也可以说，这是它的理论贡献。

（三）俄共对社会主义的追求和基本观点

依据马克思主义关于资本主义基本矛盾运动规律的原理，基于对资本主义的批判，俄共仍追求社会主义理想，坚信社会主义必将取代资本主义，共产主义终将是人类历史的未来。俄共认为，资本主义和社会主义之间的原则争论在历史上并没有结束。在进入 21 世纪时，人类不得不对进一步发展的道路作出整个人类史上最艰难的选择，而由对立的社会阶级利益所决定的道路只有两条：第一条道路是，在保留现有生产分配和消费结构的情况下，限制或停止世界经济水平的发展，这条道路是要借助所谓的"世界新秩序"建立起发达资本主义国家的全球统治。第二条道路是，在保持全球生态平衡的前提下，通过根本改变生产力、生产方式和消费方式，使科学和工艺进步向人道主义方向发展，不断提高地球上所有居民的福利水平。俄共强调，根据俄国的国情，选择最佳的社会主义发展道路是最有理由的，是最符合俄罗斯利益的。在这种发展过程中，社会主义作为一种学说、一种群众运动和社会制度将会获得新生。

俄共对社会主义的认识经历了一个不断深化的过程。1990 年 6 月俄共成立时，对社会主义的看法基本上沿用传统的马克思列宁主义观点，认为社会主义的主要特征是共产党领导下的苏维埃政权，经济上以生产资料公有制和计划经济为主，实行"各尽所能、按劳分配"原则。在与叶利钦政权的斗争中，俄共为了重塑自己不同于苏共的新形象，扩大在社会上的影响，曾多次强调：俄共主张国家回到社会主义的发展道路，但"不是向后退到社会主义，而是向前迈向社会主义"。1995 年 1 月俄共召开三大，在党纲中对社会主义作了全新的表述："完全的社会主义是没有人剥削人，根据劳动的数量、质量和成果分配财富的无阶级社会；是一个以科学计划和管理为前提，以珍惜劳动与资源的后工业化工艺为基础，劳动生产率和生产效率都达到很高水平的社会；是一个能够促进个人创造积极性和劳动者自治的真正民主的和精神文化发达的社会。"这里所突出的主要是消灭剥削，消灭阶级，生产力高度发展，真正的民主，发达的精神文明，劳动者自治，等等。并且俄共提出的未来社会主义，包含了许多符合新时代要求的内容：社会主义要"创造新的比资本主义更高的人民生活质量和更发达的生产力"；"资本主义把人类引向更深的矛盾，产生了前所未有的全球问题——生态问题、人口问题、民族社会问题"，而社会主义则"符合当代生产力水平、生态安全，人类面临的任务的性质"。2000 年 12 月俄共召开七大，对社会主义的基本特征进行了较为全面的概括："真正社会主义社会是强大的国家与人的自由、市场与计划、经济效益与致力于社会平等、民主与责任、集体主义精神、劳动人民利益优先与个性发展的总和。"①

2008 年俄共十三大通过的新版本党纲重新定义了社会主义，认为"社会主义是摆脱了人剥削人，建立在公有制基础之上，按照劳动的数量、质量和成果分配生活财富的社会。这是在科学计划和管理、运用科技含量高且又节约资源的技术的基础上达到高水平的劳动生产力和生产效率的社会。这是实行真正的人民政权和发达的精神文化、激励个性的创造积极性和劳动人民的自治的社会。人将成为社会发展的主要目的和因素。"与原纲领相比，新版本增加了"建立在公有制基础之上"和"人将成为社会发展的主要目的和因素"两项内容，前者体现了俄共对科学社会主义基本原理的坚持，后者则是对苏联社会主义历史教训的总结。

在当前世界金融危机不断蔓延的形势下，俄共认为金融危机表明世界资本主义正经历着严重危机，这使全球许多主要国家的政策左转不可避免。很多国家对帝国主义政策的反抗正在日益增加，它们不断加强合作，推进经济一体化进程，并为此成立了一些国家间组织和区域合作组织，如上合组织、美洲玻利瓦尔联盟等。资本主义的社会基础在缩小，任何力量都无法阻止数百万民众转向社会主义。世界正朝着有利于社会主义的方向发展，社会主义作为资本主义唯一替代选择的角色日益增长。社会主义是人类的未来，为此全世界的共产党人都必须在目前资本主义危机的条件下，巩固和加强在工人阶级和劳动人民中的阵地，并紧密地协调行动，为社会主义、为世界和平与友谊、为劳动人民的利益而斗争。②

2013 年俄共十五大政治报告强调，俄共的斗争目标是在俄罗斯建立"21 世纪社会主义"。"21 世纪社会主义"是具有共产主义前景的发展中的

---

① 臧秀玲：《论当前俄共在理论与策略上的新变化》，《理论学刊》2001 年第 6 期。

② О Политическом отчете Центрального Комитета КПРФ XV съезду партии. Доклад Председателя ЦК КПРФ Г. А. Зюганова. http://kprf.ru/party – live/cknews/115790.html.

社会主义，是将科学置于社会生活优先地位的社会主义，是消除了社会不平等、赋予并大幅增加了劳动者权利的社会公正的社会主义，是劳动人民真正掌权的社会主义，是保证俄罗斯国家安全的社会主义，是文化高度发达的社会主义。总之，"21 世纪社会主义"是包含了马克思列宁主义理论和现实社会主义经验的基本特征、并与当代实践、科技进步水平和具体国家特色相结合的社会主义。

（四）俄共对俄罗斯现行制度的抨击和基本观点

俄共对俄罗斯现行制度的评价经历了一个不断变化的过程。叶利钦时期，俄共主席久加诺夫等领导人在多次中央全会和代表会议上分析了国内形势，认为，俄罗斯的现状不仅复杂，而且极其危险。"在一个经历了 75 年社会主义发展的国家里正在复辟资本主义。俄罗斯的经济和整个社会基础正在崩溃之中"。因此，"1992 年开始实行的改革，实质上纯粹是根本改变俄罗斯社会制度的一种政治手段，是为了通过侵占几代苏维埃人创造的国民财富造就一个私有者集团"。[1] 所以，当前俄罗斯的资本主义是寡头资本主义，是投机性的、高利盘剥的资本主义，同时也是罪犯横行的、野蛮的资本主义，更是买办的资本主义。因此当代俄罗斯的资本主义是无生产效能的、寄生性的资本主义，是反人民的、反俄罗斯的资本主义，是没有前途的资本主义。[2] 从这一结论出发，俄共指出，复辟俄罗斯资本主义的正是以叶利钦为首的执政当局，"叶利钦主义是一种具有特定的社会基础、思想体系和组织结构的极其有害的社会现象，"[3] 它的"社会基础是买办资产阶级、被收买的官僚和刑事罪犯。现今克里姆林宫的主人尽力维护的正是这些社会集团的利益"；[4] 它的思想体系是建立在敌视俄罗斯民族传统世界观的基础之上的；它的组织结构是一种专横的制度。正因为如此，这个政权对正义和良心置若罔闻，肆意破坏一切国家制度和管理机构，由此产生的政治和经济混乱成为金融投机者和犯罪集团的理想的生存环境。有关民主和人民的权力等言论只是为了掩人耳目，实际权力集中在人数极少的寡头阶层手里。强加于人的宪法使总统享有无限制的权力，国家政权系统所能完成的任务就是对国家的洗劫和将权力保持在叶利钦及其亲信的手里。因此，必须推翻现政权，以社会

---

① 〔俄〕《对话》1999 年第 3 期。

② 参见范建中《世纪之交的俄共：基本主张与策略方针分析》，《当代世界与社会主义》1999
年第 4 期。

③ 〔俄〕《对话》1999 年第 1 期。

④ 〔俄〕《对话》1999 年第 8 期。

主义代替资本主义，才能使俄罗斯走上健康的发展之路。

普京执政后，俄共对现政权的看法没有实质性的改变。俄共认为，普京主义不过是叶利钦主义的继续。正因为如此，俄共确认，普京执政后，俄罗斯国家正处在"犯罪的资本主义已经复辟、犯罪的－黑社会的资产阶级已经形成"这样一个历史时期。"执政当局实施的方针具有破坏性，其目的与劳动人民的利益、俄罗斯的历史经验、俄国各族人民的传统相背离。这一方针正在导致民族灾难"。① 随后，俄共进一步确认国家制度的资本主义性质，认为"俄罗斯正经历近 15 年来战略性背叛的第三阶段。如果说戈尔巴乔夫'出卖了'党，叶利钦为了权力摧毁了联盟，那么普京在实践上抛弃了我国千百年形成的整个地缘政治遗产"。②

到了 2004 年，俄共领导人在九届十二中全会和十大的报告中开始用"官僚的资本主义"、"集权的资本主义"、"波拿巴主义制度"来界定普京的政治制度。久加诺夫在十大报告中指出，俄罗斯资本主义的特征在于，它完全是官僚一手制造的，官僚创造了资本主义，还想完全掌控资本主义。在俄罗斯，执政阶级的产生是腐败的官僚、投机的资本和有组织的犯罪共生的结果。这种制度在历史上称为波拿巴主义制度。历史上，波拿巴主义往往在社会的基本阶级力量薄弱的条件下产生。而在今天的俄罗斯，社会阶级处于重新改组的混乱时期，从前的社会主义社会的阶级结构已被摧毁，资本主义社会的阶级结构尚未形成，正是在这种情况下，当代俄罗斯的波拿巴主义才得以确立。③ 2005 年 10 月俄共召开十一大，进一步确认波拿巴主义制度在俄国已经确立下来。

总之，俄共认为，苏联解体后执政当局实行的是反人民、反社会的破坏性方针。所谓的"改革"导致俄罗斯损失了 2/3 的工业和 1/2 以上的农业，社会两极分化悬殊，人口持续减少，科技、教育投入严重不足，面对北约的威胁，当局实施的却是"削弱军队、武装警察"的反人民政策。与此同时，国内腐败现象丛生。2008 年世界金融危机爆发后，俄罗斯也很快被卷入其中。在危机形势下本应加强国家在经济中的作用，而当局却继续出卖国家所

---

① Очередные задачи партии. Советская Россия，07. 12. 2000.

② Зюганов Г. А. КПРФ—партия широких трудовых масс, партия национальных интересов. Доклад на Ⅷ （внеочередном） съезде КПРФ. http：//www. kprf. ru /23. 01. 2002.

③ Доклад заместителя председателя ЦК КПРФ И. И. Мельникова на XV пленуме ЦК КПРФ. http：//www. kprf. ru/ 27. 03. 2004. ；Зюганов Г. А. Мы выстояли. Впереди трудный марш！Политический отчет ЦК КПРФ Х съезду Коммунистической партии Российской Федерации. http：//www. kprf. ru/ 04. 07. 2004. 参见刘淑春等《当代俄罗斯政党》，中央编译出版社，2006，第 156～157 页。

有制，为保住政权不惜一切代价。现政权越来越成为国家发展的阻碍，俄罗斯社会产生了改变现行方针的要求。为了使国家摆脱危机，必须依据苏联社会主义经验，在俄罗斯建立"21 世纪社会主义"。①

（五）俄共对民主主义革命的探索和基本观点

恢复重建后的俄共虽然以建立社会主义为奋斗目标，以共产主义为长远理想，但是在当时条件下，作为现政权的一个反对派，它打出的不是社会主义旗帜，而是爱国主义和民族主义的旗帜。俄共的所有任务都要服务于一个基本目标：取得政权。俄共认为，当代俄罗斯的主要问题是政权问题，现政权正在使俄罗斯走向深渊，它垮台越早对俄罗斯的复兴越有利。但俄共也认识到，当前俄罗斯不存在采用激进手段改变现行制度和政策的形势，它主张比较符合实际的斗争策略。

针对夺取政权的战略目标，最核心的问题就是确定先夺哪一部分权力和如何夺权。由于在俄罗斯现行宪法结构中政党难以对政府组成及运作施加重大影响，因此，俄共把斗争目标首先针对着议会和总统选举。首先，俄共力争通过议会选举的胜利，达到宪法多数，即获得 2/3 的议会席位，以便修改宪法。其次，俄共主张运用议会内外所有合法的方式，为尽早结束现政权的统治而斗争。第三，在处理与现政权关系的问题上，俄共基本上采取了"不妥协的"但是"负责任的"反对党策略。第四，在国家杜马和总统选举问题上，俄共高举的不是其纲领确定的社会主义旗帜，而是大力宣扬爱国主义和强国思想，主张在俄罗斯人民爱国联盟的基础上实现一切健康的社会政治力量的广泛联合。

为实现夺取政权这一战略目标，俄共自 1993 年起即提出"进入政权"的口号，通过竞选，参加各级议会和政府，以达到逐渐改变现行政治制度的目的。俄共的斗争取得了明显的成效。然而，自从 1999 年 12 月叶利钦宣布辞职之日起，俄共的战略目标就面临重大挑战。在 2000 年春举行的总统选举中，俄共候选人久加诺夫在第一轮就惨遭淘汰。究其原因，是由于普京带有温和色彩的竞选纲领赢得了大多数选民的支持，从而打掉了俄共在未来相当一个时期里夺取政权的可能性。② 鉴于这种情况，俄共七大回顾了叶利钦时代俄共争取社会主义斗争的实践，克服了党在近期奋斗目标上的急躁情

---

① О Политическом отчете Центрального Комитета КПРФ XV съезду партии. Доклад Председателя ЦК КПРФ Г. А. Зюганова. http：//kprf. ru/party - live/cknews/115790. html.

② 杨玲玲：《国外社会主义前沿和热点问题研究》，云南人民出版社，2001，第 107 页。

绪，放弃了"推翻现政权"、"恢复社会主义制度"、"拯救民族和国家"等提法，确定了俄共在世纪之初的新战略目标：由夺取政权转向在群众中扩大宣传。

与此同时，俄共提出，在目前尚未夺得政权的情况下，党向社会提出与当局政策不同的可供选择的替代方案，始终不渝地贯彻国家复兴纲领。为此俄共七大宣布成立"影子内阁"，继续积累治国经验，准备承担国家发展的责任，"与同盟者一起组成人民信任的政府"。并注意运用共产党人及其同盟者手中所掌握的联邦、地区和地方的权力杠杆，"将红色地带和爱国主义地区变成国家在摆脱危机、利用现代经营方法和复兴社会公正方面获取先进经验的基地"。①

在 2003 年 12 月 7 日举行的俄罗斯联邦第四届国家杜马选举中，俄共受到重创，沦为杜马第二大党。此后，俄共决定把斗争的重心转到议会外，发动和组织民众进行抗议活动，"从社会防御转向社会进攻"。近年来，经过一系列的严重挫折和打击，俄共目前对通过议会斗争夺取政权不抱太大希望，而是把主要力量放在议会外的抗议运动中，并明确提出要根本改变现行制度。久加诺夫在十一大报告中提出，作为一个先锋队，党不仅要反映群众的现实要求，站在抗议运动的前列，还要看得更远，提出下一步的口号。当前，群众在社会公正方面的要求可归结为三个方面：富人要和穷人分享；当局要保护穷人不被富人剥削；当局要给穷人提供优惠。但这仅限于重新分配财富，无异于被掠夺者只要从掠夺者那里分一杯羹就行了，而不是改变占统治地位的所有制形式。共产党人的任务是，应当明确地向人们解释，俄共的斗争不是在不改变所有制关系和政治制度的情况下仅仅为人民讨要一点小恩小惠，而是要夺取政权和争取劳动人民的所有权！②

在当前世界金融危机对俄罗斯形成严重冲击的形势下，俄共十五大确立了党的近期任务：促成建立人民信任政府以贯彻拯救国家纲领，为社会主义改造打下基础。这个政府将实施经济基础部门国有化，实现新型工业化，对农业予以特别重视，保证科学与生产领域的良性互动，防止国家石油天然气收入流失海外，克服贫困和社会分化，建立公正和精神文明发达的社会，保障公民居住权，打造面向大众的优质免费教育和医疗服务体系，促进文化繁

---

① 臧秀玲：《普京执政以来俄共的新探索及其困境》，《当代世界社会主义问题》2002 年第 4 期。

② Зюганов Г. А. Народный подъем в России и задачи партии. Доклад ЦК КПРФ XI（внеочередному）съезду партии. http：//www. kprf. ru /29. 10. 2005. 参见刘淑春等《当代俄罗斯政党》，中央编译出版社，2006，第 148 页。

荣，制定新的外交和国防政策，保证国家安全、领土完整，与犯罪和腐败进行坚决的斗争，促使政治体系民主化，等等。

（六）俄共对全球化的解读和基本观点

俄共认为，全球化的开始是与人类历史的开始同时发生的，它是伴随人类整个历史的一个客观、必然的进程。但同时这也是一个渗透在个体、社会集团、阶层、阶级、民族、文明的活动和相互关系之中的社会进程。这一进程是极其不平衡的，有着尖锐的社会经济矛盾。20世纪，尤其是21世纪全球化的特点，恰恰是发展十分不平衡以及斗争和矛盾极大地加剧。

由于阶级立场的不同，资本主义和社会主义对全球化的理解是完全不同的。资本主义全球化的目的是形成资本对世界的统治：在上层是美国及其同伙，下层是第三世界国家。他们力图控制世界能源及原料资源，掌握金融市场，而对试图捍卫自己国家和民族利益者实行武力干涉，从而建立有利于资本主义的世界新秩序。而社会主义作为国际学说，丝毫不排斥世界一体化进程，其反全球化斗争是在支持各民族解放斗争基础上反对"新的世界秩序"，争取地球上所有民族的民主和独立。俄共指出，全人类共同面临的问题，在资本主义框架下是不可能解决的，因此西方竭力保持现状，通过所谓的全球化来固守自己的统治，在全球化这个新的术语下掩盖的是旧的、公开的帝国主义政策。社会主义作为一种国际主义学说，丝毫不拒绝世界一体化进程——经济体间的相互交织、不同文化间的相互充实、独特文明间的相互作用，但是，社会主义却是资本主义制度下世界一体化所采取的畸形形态的现实替代。只有社会主义能创造可持续的、有生命力的社会，这个社会将在不挤压邻邦和后代机会的情况下，满足自己的需求。[①]

俄共认为，当今世界帝国主义进入了一个新阶段——全球主义阶段。这一阶段具有以下特征：（1）生产资本、工业资本完全从属于金融资本、投机资本，后者已成为自给自足的并具有了再生产能力的资本，超越了商品阶段；（2）市场关系已经变成人为的不等价交换机制，在市场关系的幌子下，掩盖的是对一系列国家和人民的非经济的强制和掠夺；（3）"国际分工"的新模式得到巩固，使国际层面的不公正、日益突出的社会不平等加倍恶化；（4）跨国公司和金融集团的影响急剧扩大，其目标是觊觎国际关系体系中不受限制的权威和权力主体地位；（5）民族国家失去对世界经济进程的控

---

① Зюганов Г. А. Россия，труд，народовластие，социализм. Политический отчет Ценрального Комитета КПРФ Ⅶ съезду и очередные задачи партии. Советская Россия，05.12.2000.

制，国际法的基本准则遭到篡改，旨在取消国家主权和建立全球政权结构——世界政府；（6）传媒文化扩张成为侵略和摧毁传统价值观的一种形式，精神被划一在极低俗蒙昧的水平上；（7）寄生性，从使用高新技术和整合跨国公司资源而获得的好处仅仅为己服务，其余世界难以摆脱不可避免的贫困和衰落的命运；（8）腐朽并在质上阻碍技术进步。[①] 因此，完全可以把作为全球化最终目标的"世界新秩序"称为帝国主义的最高阶段，与古典帝国主义相比较，它具有一系列特点。这些特点即表明它与此前的资本主义存在形式的渊源，同时又突出了新的时代特征。

俄共分析认为，强大、统一的俄罗斯在全球性帝国主义格局中没有自己的位置。一旦全球主义胜利，等待俄罗斯的将是国家的瓦解、精神的退化和文化的衰落。"或者俄罗斯沦落到'第三世界'，并注定分裂和消失，或者俄罗斯在社会主义基础上复兴——这就是今天俄罗斯面临的残酷选择。"社会主义的使命不仅在于实现更高的数量指标，而首先在于实现人自身崇高的、和谐的发展，在于实现社会发展类型和"模式"的更替，在于改变经济和社会进步的质量。

总之，俄共对全球化的基本认识和态度是：人类必然走向统一和整体化，这是一个自然的发展过程，俄共并不否认这一全球化的发展趋势，但是在目前人类的一体化阶段上，不能采取帝国主义全球化的形式，而应当采取社会主义国际化的形式。

（七）俄共对国际恐怖主义的看法和基本观点

俄共认为，当代国际恐怖主义就是帝国主义全球化的工具。当代国际恐怖主义，包括某些恐怖集团的发展过程表明，它们本身就是帝国主义政策的产物，帝国主义凭借这一工具，同时达到如下几个目的：第一，破坏解放运动的声誉。第二，与妨碍建立所谓的"世界新秩序"的国家、社会经济制度和政治制度做斗争。第三，恐怖主义也可以成为帝国主义之间相互斗争的工具。因此，国际恐怖主义是世界帝国主义的另一面，是"世界新秩序"和帝国主义全球化不可分割的组成部分，是它们的产物和直接继承者。恐怖主义对人类是一个严重威胁，但是帝国主义的威胁和恐怖主义同样可怕，况且，帝国主义威胁是首当其冲的，当今世界头号恐怖分子便是美国，美国公

[①] Зюганов Г. А. Мы выстояли. Впереди трудный марш! Политический отчет ЦК КПРФ X съезду КПРФ. Материалы X съезда КПРФ. Москва, 2004. стр. 22. 参见刘淑春等《当代俄罗斯政党》，中央编译出版社，2006，第155页。

开的恐怖行为不胜枚举。

俄共指出，两次车臣战争和整个俄罗斯的演进过程的社会经济内容是一致的，都是对财富分配和再分配的争夺。车臣恐怖主义基地的建立不仅仅是姑息放任的结果，同时也是在现政权的直接协助下建成的。他们的恐怖活动即是现政权发动的针对自己人民的战争和种族灭绝的最为极端、最为准确的反映。只要恐怖主义深刻的社会根源得不到遏制，就不可能战胜恐怖主义。仅用暴力手段铲除恐怖主义是远远不够的，更为重要的是消灭恐怖主义产生的社会基础和原因。因为只要恐怖主义必然会繁衍生息的社会经济土壤还在，那么便不可能卓有成效地与恐怖主义做斗争。如果不与整个国家的犯罪制度作斗争，旧的社会经济方针仍然保持不变，那么与车臣犯罪体系的斗争也不会取得成效。

俄共分析认为，只有消除国际恐怖主义产生的深层原因，与国际恐怖主义的斗争才会变得卓有成效。近十年来恐怖主义之所以猖獗，原因是多方面的。首先，西方肆无忌惮地追求世界霸权，造成了最富有国家与其他国家之间在社会经济发展方面不可逾越的鸿沟，从而形成了服从式的金字塔，处在塔尖的是美国及它的同伙，处于塔底的是广大的第三世界国家；其次，美国及其北约盟国漠视联合国宪章，肆意践踏国际法中的某些准则；第三，几个世纪来，西方对广大殖民地的被征服民族实行排斥和种族隔离政策，西方是种族歧视和种族仇恨的主要罪魁祸首；第四，西方自由主义精神空虚的影响，它仇视世界所有宗教的精神财富和瑰宝。

因此，对付恐怖主义，问题关键在于怎样扭转世界的社会关系，在这种社会关系中，不再产生像美国和北约的国家恐怖主义，也不再产生像极端主义之类的野蛮行径，两者都是丑陋、对人类有致命危险的现象，它们之间的斗争是全球主义自我毁灭的征兆。今天人类要生存，就必须结成反恐统一战线。但是在这种情况下应该清楚，这一反恐统一战线只能是反帝国主义的，否则就彻底不要这一战线。

（八）俄共对当前世界金融危机的剖析和基本观点

俄共依据马克思列宁主义的基本原理，把这场世界金融危机放到20世纪末以来资本主义发展的新阶段这一背景下来进行分析。俄共认为，马克思主义揭示了危机是资本主义不可避免的产物，根源在于资本主义的基本矛盾。列宁的"帝国主义是资本主义最高阶段"的论断没有过时，"全球主义"是帝国主义发展的新阶段，而当前的金融危机，实际上是资本主义基本矛盾在当今"全球主义阶段"的反映。这是因为，20世纪末以来，资本主义进入全球化加速发展的阶段。在这一阶段，世界经济的一体化和高技术应用的基本好处都被跨国公司攫取了。跨国公司使西方的精英发财致富，却使世界上其他的人陷入贫困和衰落。与此同时，跨国公司的政治影响力也迅速增强，国际法的准则都可以为了满足全球主义者的欲望而被修改。正是在全球主义这一阶段，工业资本彻底被金融资本、投机资本所征服。在当今世界经济的整个交易额中，金融资本占80%以上，而物质生产仅占20%。正是这一特征埋下了金融危机在全世界蔓延的祸根。

俄共认为当前的危机已经从金融领域向实体经济和社会领域蔓延，并把这场危机的性质界定为"全球资本主义体系的结构性危机"。在俄共看来，由美国一些金融集团挑起的这场危机给整个世界经济带来沉重的打击。所谓资本主义经济体系可以长盛不衰、市场可以自我调节的神话不攻自破了。在危机面前，跨国公司的首领及其政治代言人匆忙聚集起来挽救资本主义。但它们把主要潜力都用在了对寡头利益的保护上，而千百万劳动人民却承受着危机的后果——被解雇或降低工资。经济危机势必激化社会矛盾。无疑，金融泡沫的破灭，使世界不可避免地进入了不稳定时期。一方面，资本主义可能通过暴力和战争转嫁危机，20世纪世界资本主义体系的危机导致了法西斯主义和两次世界大战对人类的摧残，这一教训人类不应忘记。另一方面，各国人民要求建立一个新的、更公正的世界秩序的意愿更加坚定，要求摆脱谎言、肮脏交易和压迫的意愿日益增强，在人类的发展中，"向左转"这一趋势显而易见，左翼力量的威信、影响和团结在增强，因此，现实生活不可抗拒地要求向社会主义的社会制度和发展方式过渡。①

俄共还从资本主义发展的规律性出发对当前的世界金融危机进行了剖析，认为资本主义总危机已经持续了一个世纪之久，它时而缓和，时而激化。资本主义在20世纪末摧毁了苏联，暂时维持了自身稳定。但是它的系统性矛盾仍在持续增长。今天，肆虐美国、欧盟乃至整个资本主义世界的金融危机表明，资本主义的结构性危机正处于激化阶段。在资本主义进入帝国主义阶段的当前时期，这场危机在各个方面都表现出全球性。科技革命为经济增长和社会进步提供了巨大的可能性，但是资本主义极大地阻碍了世界发展进程，使各种矛盾趋于激化。②

---

① 刘淑春：《为建设"21世纪社会主义"而斗争——俄共十三大述评》，《俄罗斯中亚东欧研究》2009年第4期。

② О Политическом отчете Центрального Комитета КПРФ XV съезду партии. Доклад Председателя ЦК КПРФ Г. А. Зюганова. http://kprf.ru/party-live/cknews/115790.html.

三 俄共重建社会主义的实践斗争与现状

作为坚持社会主义的政党，俄共成立后，特别是1993年恢复重建以来，在对其理论发展进行深入思考，不断探索在俄罗斯实现社会主义的途径的同时，在行动上更积极地为争取社会主义而斗争，努力维护绝大多数民众的权利和国家利益。因而，俄共以其强烈的意识形态色彩、广泛的群众基础和严密的组织结构，发展成为俄罗斯政治舞台上一支举足轻重的力量和对执政当局最具威胁的左翼反对派政党。

（一）俄共领导的议会内斗争

俄共恢复重建后表示认同议会民主制，从此走上了议会斗争的道路。从其议会斗争的实践看，俄共不仅接受了多党制的现实，而且成为一个在议会斗争中有所作为的政党，杜马因而成为俄共与执政当局进行斗争的坚固阵地。虽然目前俄共在国家杜马中屈居第二，但是从持续性和稳定性来看，在俄罗斯各派政治力量中，只有俄共可以称得上是"历届议会大党"。

1993年第一届国家杜马选举后，俄共、农业党等左翼反对派开始联合，并以议会为舞台在俄罗斯政治生活中发挥着实际作用。由于以俄共为首的议会反对派的存在，1993年以后俄罗斯政府对各项政策都进行了适度调整：放弃了"休克疗法"式激进经济改革政策，代之以内容没变但方式较为温和的渐进性改革方案；俄罗斯的外交政策由向西方的"一边倒"逐渐转向"全方位"外交，等等。

1995年第二届国家杜马选举后，俄共成为议会第一大党。在1996年的俄罗斯总统选举中，俄共不仅成为现政权强有力的竞争者，而且几乎改变了俄罗斯政治进程的发展轨迹。在这期间，俄共虽然宣称开展议会内外斗争，实际上以议会斗争为主，议会成为俄共的主要活动场所和斗争舞台。

1996年俄总统选举之后，俄共同其他政治力量一起，通过议会斗争，迫使现政权调整了国内经济政策，加强了对贫困阶层的社会保障，奉行东西方兼顾的全方位外交政策，更注重维护俄罗斯国家利益。在叶利钦执政后期，俄共利用日益加深的社会矛盾，发起组织了对叶利钦的弹劾案和有关限制总统权力的修宪运动。在以俄共为首的左翼力量的斗争下，叶利钦元气大伤，进入"没落"时期。

2002年4月"杜马风波"后，以俄共为核心的左翼力量严重受挫，其影响已让位于以统一俄罗斯党为主的中右翼势力。尤其是在2003年第四届国家杜马选举中沦为杜马第二大党后，俄共在国家杜马的地位日渐削弱，既左右不了立法，更难以钳制总统。虽然俄共在与支持普京的中派力量占主导的议会斗争中没有取得任何实质性的成效，但俄共在"土地法"、"劳动法"、"住房公用事业"改革等方面表明了自己的立场，声明了自己对人民利益和社会福利的维护，表现了党的原则性和先进性。

近年来，俄共用实际行动向社会展示，俄共是勇于接受挑战并经受住了考验的坚强政党。在当今俄罗斯政治舞台上，只有俄共一以贯之，坚持自己的反对派立场不变，在现行法律框架内为自己赢得生存空间。事实上，俄共的反对派政党的地位已经得到社会甚至得到执政当局的承认，没有哪个政党可以将之取代，俄共的某些纲领主张也被统一俄罗斯党甚至当局所吸收。这表明，作为反对派政党的俄共是俄罗斯社会所需要的一支政治力量，俄共的生存和发展是有其客观基础的。[①]

在 2011 年 12 月举行的第六届国家杜马选举中，俄共得票率几乎增加一倍，大大缩小了与统一俄罗斯党的差距。并且随着俄共获得新一届国家杜马第一副议长和包括国防委员会在内的一些重要委员会主席职位，其议会斗争的砝码有所加重。[②] 这大大增强了俄共在俄罗斯政治舞台上和民众中的影响力，使它重新成为一支当局不可忽视的重要力量。

（二）俄共领导的议会外斗争

1993 年俄共恢复重建以后，明确宣布自己是一个以社会主义为价值取向的政党，是现政权不妥协的反对派，其目标是要推翻现政权，建立"人民信任的政府"。在恢复重建初期，由于俄共对叶利钦改革政策产生的社会不满情绪估计过高，对广大群众厌倦社会运动的政治冷淡主义趋向估计不足，于是频繁不断地组织各种集会和游行，发动党员及其支持者参加街头抗议，成了俄共这段时间的主要活动内容。

1993 年十月事件后，俄共仍然坚持反对叶利钦政权的总方针，是当局不妥协的反对派，在几乎所有问题上都与叶利钦政权相对立，但以久加诺夫为代表的党内主流派转向采取宪法范围内的斗争方式，不再采取非宪法的斗争手段。特别是 1995 年 12 月议会大选以后，俄共出现了过分依赖于议会，削弱和忽视议会外斗争的倾向。

---

① 刘淑春：《经受大选考验的俄共——俄共大选结果解读》，《当代世界与社会主义》2008 年第 3 期。

② http://www.politcom.ru/13083.html.

普京执政后，在当局的支持下，中派和右翼联合起来挤压俄共，导致俄共失去了对议会的主导权。此后，俄共被迫调整工作方针，将工作的重心从议会内转移到议会外，发动群众，进行一系列抗议活动。俄共希望凭借社会中下层民众的支持，对当局形成强大的压力，恢复其在议会中举足轻重的地位，进而对政府的决策产生影响。

众所周知，2004 年普京进入自己的第二个总统任期后，抛出了酝酿已久的社会领域和政治体制改革计划，其中最引人注目的当属福利制度改革。俄共从 2004 年夏天开始参与反对福利货币化法案的通过。俄共与所有采取反对派立场的左翼、中派、甚至部分右翼一道抗议政府的改革方案。俄共通过其地方组织、互联网在全国掀起反对福利货币化的抗议集会和游行，抗议运动不仅波及贫困落后的边远地区，也波及一些相对富裕的大城市。[①]

2006 年年初，俄共针对政府推行的住房及公共事业改革方案，再次发动群众掀起抗议浪潮。抗议运动对政府出台的社会领域改革方案产生了压力，政府被迫重新审议有关福利货币化的 122 号法律的预算，不得不追加 3500 亿卢布来提高货币补偿标准，仓促出台的福利货币化改革被迫推延。与此同时，政府承诺将在医疗、教育、住房和农业四大领域拨款实施"国家项目"，以解决社会保障问题。

应该看到，俄共在议会内外的行动和主张对当局的内外政策调整产生了相当大的影响。众所周知，普京总统任内采取了一系列措施，努力使俄罗斯从自由市场经济转向国家干预的市场经济，其中许多措施是吸收了俄共的主张。在对外政策上，普京进入第二个任期后，更加强调"主权民主"，对以美国为首的西方向独联体的渗透作出抵制性回应。因此从国家发展道路的选择上看，俄共的某些主张越来越被社会甚至当局所接受。但是俄共与俄罗斯其他政治派别在最高纲领上是有区别的，共产党的战略目标是使俄罗斯重返社会主义发展道路。这也正是当局在政治上抑制作为反对派政党的共产党的原因所在。[②]

（三）俄共建立统一战线的努力和措施

1993 年俄共恢复重建之初就主张把社会主义的、中派的和彻底民主主义的政党及进步的爱国主义运动作为自己的同盟者，团结工人、农民、妇

---

① 刘淑春：《从社会防御转向社会进攻——俄共十一大简介》，《国外理论动态》2006 年第 2 期。

② 刘淑春：《21 世纪以来俄罗斯共产主义运动面临的危机与挑战》，《马克思主义研究》2007 年第 1 期。

女、老战士、青年、企业家、教育工作者和创作工作者组织以及所有传统教派的宗教团体。俄共认为，自己争取社会主义的方针是与争取国家复兴、解决一般民主主义的任务紧密相连的，作为现行制度的反对派，俄共与当局的斗争需要得到广泛的社会组织的支持。因此俄共要与一切珍视国家民族利益、具有爱国主义情感的人合作。①

1993 年第一届国家杜马选举的胜利使俄共更加认识到建立统一战线的重要性和迫切性。俄共表示，它愿意同议会中为祖国命运担忧的各议会党团进行合作，否则"根本谈不上社会主义复兴"。② 与此同时，俄共也通过多种途径和方式，加强与议会外其他政党、组织及政治力量的联系和合作。针对俄罗斯政治形势极不稳定这一状况，久加诺夫提出俄共将同所有党派共同努力，建立一个强大的中左联盟，实际上是建立"反叶利钦的统一阵线"，推翻现政权。

1996 年 8 月 7 日，俄人民爱国力量代表大会在莫斯科召开，以俄共为主的"俄人民爱国联盟"正式成立，该联盟包括 10 多个全国性政党、40 多个地区政治组织，在全俄罗斯 89 个联邦主体中，有 60 多个建立了联盟的地方组织。可以说，人民爱国联盟的成立，实现了自苏联解体以来俄左翼力量的最广泛的统一战线。

人民爱国联盟的团结并没有维持多久，1999 年俄第三届国家杜马选举前夕，人民爱国联盟发生分裂。针对这种情况，俄共决定对其改组。2000 年 9 月 23 日，俄罗斯人民爱国联盟召开了第三次代表大会，接受了 6 个新成员，改选了联盟的领导人。大会选举了由 23 人组成的联盟协调理事会，俄共领导人久加诺夫仍任俄罗斯人民爱国联盟的领导人和协调理事会主席，另设 6 位协调理事会共同主席，其中之一的谢米金同时担任俄罗斯人民爱国联盟协调理事会执行委员会主席。③

俄共在 2003 年杜马选举中遭到失败后，一直想取代久加诺夫的谢米金凭借其对人民爱国联盟和俄共地方党组织的控制能力，公开与俄共中央分庭抗礼。2004 年俄共十大发生分裂后，谢米金继续借助"俄罗斯人民爱国联盟"与俄共争夺对左翼反对派的领导权。他先是成立了"俄罗斯爱国者"联盟，后又将联盟改组为"俄罗斯爱国者"党。如此一来，俄罗斯人民爱国联盟最终一分为二，俄共领导的一部分仍沿用联盟原来的名称，另一部分

---

① 刘淑春等：《当代俄罗斯政党》，中央编译出版社，2006，第 178～179 页。
② 于洪君：《俄联邦共产党的目前状况及其发展趋势》，《当代世界社会主义问题》1994 年第 2 期。
③ 刘淑春等：《当代俄罗斯政党》，中央编译出版社，2006，第 140 页。

组成了以谢米金为首的名为"俄罗斯爱国者"的政治联盟。

为了进一步扩大支持选民基础，2013 年 2 月，俄共将近 130 个爱国主义、民族主义和东正教组织团结起来，打造了"俄罗斯和睦"运动。俄共认为，该组织的使命主要是从事"对俄语、俄罗斯文学、历史的保护"，与"认为俄罗斯人与欧洲人相比系落伍者的曲解"作斗争。其主席由俄共领导人久加诺夫出任。

（四） 俄共的反金融危机努力和纲领

基于对世界金融危机的分析和认识，俄共对金融危机在俄罗斯蔓延的原因和性质也进行了阐述，并提出了自己的反危机纲领。俄共认为，危机影响到每一个俄罗斯人的生活。危机已经蔓延到经济和社会生活的所有领域。俄罗斯目前经受着危机的第一波冲击，很快将遭到接二连三的冲击，这不仅是国家的金融和经济危机，而且是社会的精神危机。在资本主义链条中，俄罗斯是最薄弱的一环，危机对俄罗斯的打击最为沉重。而官僚寡头集团置国家利益于不顾，只为他们个人谋取利益。俄罗斯政府应对危机的措施收效甚微。这些措施出台过于迟缓，政府支持银行的款项多达 3000 亿卢布，而给处境艰难的各个地区只有 1500 亿卢布，小企业得到的更少，只有 6 亿。这再一次暴露了现政权的阶级实质。俄共批评俄罗斯政府死抱住资本主义教条不放，普京总理和财政部长库德林是"极端自由市场的最后骑士，寡头们的忠实奴仆"。

俄共认为自己是"唯一能够改变国家方针、使俄罗斯摆脱沉重危机的反对派力量"。它提出了以下 14 项反危机措施：1. 实行采掘工业和基础部门国有化，把受危机严重影响的部门直接收归国家管理，建立中央集权的国民经济管理机构，以动员和有效地利用恢复国家所必需的资源；2. 国家外汇储备只用于对本国经济的投资，防止资本外流；3. 对金融体系实行严格监控；4. 发行为期 10~15 年的反危机国家债券；5. 对收入 10 万卢布以上者实行累进税；6. 扩大内需，提高工资、退休金、奖学金和儿童补助金，规定基本商品的最高限价；7. 增加对建设廉价住房和维修住宅公用事业体系的财政拨款；8. 把支持农业的财政拨款提高到预算支出的 10%；9. 整顿土地使用秩序，采取措施把撂荒地纳入耕作范围；10. 对中小企业实行免税期，免除农业企业的税负（除土地使用税和退休基金税外）；11. 恢复受国家调控的、统一的能源体系 12. 振兴机器制造业，首先是飞机和船舶制造业、仪器和机床制造业；13. 大力发展交通运输基础设施，包括在西伯利亚和远东地区；14. 将科学研究和实验设计人员的收入大幅度提高两到三倍。

俄共认为，俄罗斯现统治集团错过了实现国家的经济现代化并在此基础上提高人民福祉的机会。现统治集团在一定时间内仍将掌权。但是，俄罗斯的国家利益与当今的掌权者利益之间的对立越来越明显。现政权的无能贪婪及其对人民和俄罗斯利益的熟视无睹，终将使其陷入绝境。俄共强调，只有左翼和爱国主义力量的广泛联盟才能够战胜现今的统治集团。俄罗斯全体人民都应该了解俄共提出的应对经济危机方案。这个方案考虑到了前苏联、中国、欧洲和美国的经验。俄共宣称自己的口号是："向社会主义前进！""未来属于社会主义，而不属于野蛮资本主义"。2009 年 4 月 15 日在杜马审议政府的反危机纲领时，俄共议员投了反对票。俄共还在五一节和 5 月 9 日胜利日等节假日期间在全国各地举行游行示威活动，对现政府的政策表示抗议。①

（五）俄共的组织建设

俄共极为重视组织建设问题。在俄共恢复重建之初的 50 多万党员中，中老年人和退休者居多，新党员和青年党员较少，平均年龄达到了 50～60岁。② 针对这一状况，早在 1993 年第一次议会大选获得成功后，俄共就提出要重视组织建设，积极进行党的发展壮大工作，尤其注重吸收青年人入党，并致力于干部队伍的年轻化，以实现更大的目标。

进入新世纪以来，俄共更加关注组织队伍建设，尤其注重领导层乃至中央领导层的年轻化问题。2004～2008 年间，俄共在改变党员年龄结构方面作了很大努力，相当一部分地区领导人都换上了年富力强的中年人，吸收了7 万名大学生和青年人入党，恢复了共青团和少先队组织并对之进行指导。为了在议会中发挥立法的主动权，俄共尤其注重推举既年轻又具有职业专长的候选人进入议会。在第五届俄共杜马党团中，这些新当选的议员占 1/3 以上，共 19 人，平均年龄 47 岁，有 5 个议员年龄在 30 岁以下。③

在 2008 年年底举行的俄共十三大上，久加诺夫要求各级党组织把组织发展当成头等重要任务来抓，尽快增加党员人数，吸收年轻人入党，提拔青年党员进入党的领导岗位，以提高党的战斗力。作为起步，俄共此次代表大

---

① 李兴耕：《俄罗斯各政党围绕俄政府应对金融危机措施的争论》，《国外理论动态》2009 年第 8 期。

② 李永全：《俄共目前的状况及面临的困难》，《当代世界社会主义问题》1995 年第 1 期。

③ 刘淑春：《经受大选考验的俄共——俄共大选结果解读》，《当代世界与社会主义》2008 年第 3 期。

会在组织机构上已作出调整，将候补中央委员增加了 1 倍，而且在这 105 人中，有 75 人为年轻人，这一举措使俄共领导机构成员的平均年龄下降30%。①

2012 年俄共继续推进地区领导机构年轻化方针，取得了不错的成绩。在此基础之上，2013 俄共十五大在中央层面上继续加大实施这一方针的力度。新一届领导机构成员平均年龄为 50 岁，比上届下降 10 岁，而候补中央委员的平均年龄仅为 39 岁，最年轻的中央候补委员奥布霍夫斯基只有 19岁。与此同时，俄共中央主席团和书记处也增加了年轻人的数量，安·克雷奇科夫、米·科斯特里科夫、阿·科尔尼延科都是首次入选中央最高领导机构。②

在不断改善自身结构的同时，俄共对支持选民的工作也给予了极大关注。俄共之所以能够在 20 世纪 90 年代中后期迅速发展壮大，根本原因之一就是俄共在农业区拥有一批固定的农村选民作为其主要支持力量。进入新世纪以来，俄共特别重视城市工作，因而俄共在城市，特别是大中城市的支持状况有了明显的改善。与此同时，俄共对农村工作并没有给予特别重视，从而造成了农村支持选民的大量流失。

近年来，俄共逐渐意识到在此问题上的失误，开始注重农村工作，因而俄共的选民结构有了改善的迹象。从 2007 年 12 月第五届杜马选举中俄共新增选票的地域分布来看，俄共选民有向俄罗斯中部地区尤其是向大城市倾斜的趋势。而在 2008 年的总统选举中，俄共在近些年丢票很多的农村及统一俄罗斯党控制的地方，其选民支持率又有回升迹象。这说明俄共争取选民的工作有了新的突破，在经济文化相对发达的地区补充了选民队伍，这对改善俄共的选民结构和党的社会基础具有重要意义。③ 由此可见，由于俄共坚持不懈的努力，注意平衡各方面工作，俄共的支持选民结构呈现出向好的趋势。

（六）俄共在党际交流与合作方面的努力和措施

俄共自建立之日起，尤其是 1993 年恢复重建以来，一直极为重视党际

---

① 刘淑春：《为建设"21 世纪社会主义"而斗争——俄共十三大述评》，《俄罗斯中亚东欧研究》2009 年第 4 期。

② О Политическом отчете Центрального Комитета КПРФ XV съезду партии. Доклад Председателя ЦК КПРФ Г. А. Зюганова. http：//kprf. ru/party – live/cknews/115790. html.

③ 刘淑春：《经受大选考验的俄共——俄共大选结果解读》，《当代世界与社会主义》2008 年第 3 期。

交流与合作，尤其注重发展与当今世界共产党以及其他左翼政党的友好往来。此外，俄共还同一些有国际影响的共产党和左翼政党签订了合作协议。积极发展党际交流与合作，有利于俄共展示自己的力量，提高自己在俄罗斯国内，乃至在国际政治舞台上的影响力，有利于俄共与各国共产党在世界重大问题面前采取共同行动。

与此同时，俄共积极参加世界左翼的活动。在世界社会论坛、欧洲共产党和工人党的会议上都能看到俄共领导人的身影。2006 年 1 月，当欧洲委员会代表大会通过题为《必须在国际上谴责极权主义的共产主义制度的罪行》的反共决议时，俄共领导人走在来自 20 多个国家的抗议游行队伍的前列，之后又准备了一份针锋相对的要求"必须在国际上谴责帝国主义罪行"的《备忘录》提交大会。2006 年 6 月 28 日，俄共第一副主席伊·梅利尼科夫代表"欧洲左翼联盟"小组在欧洲委员会代表大会上发言，谴责欧洲委员会纵容欧洲的反共势力、在维护人权问题上实行双重标准。[1]

2013 年 2 月，俄共举办了来自世界 72 个国家应邀参加俄共十五大的 95 个共产党、工人党和其他左翼政党代表国际圆桌会议。会议主题为"我们为之奋斗的社会主义的形象"。在这次国际圆桌会议上，俄共与参会的各共产党就会议主题进行了深入讨论和交流。俄共主席久加诺夫强调，要实现世界和平的主要目标，实现真正的民主——人民政权，共产党人团结一致采取共同行动极为重要。要达到这一点，通过国际圆桌会议类型的会晤相互交流观点和看法非常有益。

此次国际圆桌会议的重要成果之一是，参会的各共产党、工人党和其他左翼政党就年底在葡萄牙首都里斯本举行的世界左翼政党领导人会晤的一些主要问题协调了立场。此外，俄共与一些参会政党签署了合作协议，其中包括与中国共产党和越南共产党的交流经验、协同行动协议。并且这次圆桌会议是苏联解体以来，在俄罗斯举办的最具有代表性的世界共产主义政党、工人党、人民爱国主义政党和运动国际会议。通过举办这次会议，俄共扩大了与世界共产党的交往与合作。

积极发展与中国共产党的友好关系是俄共党际交流与合作工作的重中之重。俄共 1993 年恢复重建后努力谋求同中国共产党建立直接联系。1995 年 5 月，应中国共产党的邀请，久加诺夫率领俄共代表团正式访华。通过此次访华，俄共与中国共产党正式建立了友好党际关系。此后两党交往更加密

---

[1]　刘淑春：《21 世纪以来俄罗斯共产主义运动面临的危机与挑战》，《马克思主义研究》2007 年第 1 期。

切，双方互访不断。通过高层互访和友好往来，俄共与中国共产党及其领导下的中国保持并进一步发展了良好关系。

久加诺夫和俄共其他领导人对中国的改革事业表示钦佩。他们多次在记者招待会等公开场合赞扬中国改革取得的巨大成就，抨击俄罗斯现政权的改革使俄经济进一步崩溃。尤其称赞中国的改革是在原有权力框架内即共产党领导下进行的。他们强烈希望通过与中国共产党加强友好往来，"不仅俄罗斯联邦共产党，整个俄罗斯社会都应当从中国的发展中汲取社会主义建设经验"。

总体而言，俄共是迄今为止俄罗斯政治舞台上组织结构最严密、思想纲领最成熟、具有相对稳定的支持力量和社会基础的社会主义政党。它的发展对俄罗斯的社会主义运动乃至整个俄罗斯国家而言，都将起到无可替代的作用。只要俄共能够认真总结经验教训，根据时代和形势的变化，在新的实践的基础上探索出一整套完整、科学的理论体系，对国内外的许多重大问题作出马克思主义与俄国实际相结合的回答，同时审时度势，调整策略，必将在俄政坛上发挥应有的作用，并长期存在下去，进而为俄罗斯的社会主义运动乃至整个俄罗斯国家的发展作出自己的贡献。

第七章　英国共产党的历史、理论与现状

英国共产党简介

　　原英共（CPGB）成立于 1920 年 7 月，其发展在"二战"结束前达到顶峰后就一直处于衰退状态，最后在苏东巨变的冲击下于 1990 年底演变为"民主左翼"。冷战后，在英国影响较大共产党组织是简称为 CPB 的英国共产党。该政党成立于 1988 年 4 月。在上世纪 80 年代的英共党内危机时，英共党内的少数派在 1988 年 4 月召开重建英国共产党代表大会，另立组织。由于他们控制原英国共产党（CPGB）的机关报《晨星报》，所以也被称为"晨星报派"。该组织在原英国共产党（CPGB）1991 年演变为"民主左派"后，逐渐把英国共产党这个名称和旗帜接过来，声称继承了原英国共产党（CPGB）的传统。苏东剧变后的世纪之交，该党在前任总书记希克斯和现任总书记格里菲斯的领导下，坚持共产党的旗帜，在工会的影响有所扩大，力量也显露出一点回升的势头，党员人数达到 1200 人左右。该党不仅坚持每两年召开一次代表大会的传统，而且还通过积极参加英国大选活动来扩大自己的政治影响。

　　该党政治纲领指出英共是建立在马克思主义列宁主义基础上的，它是一个民主政党，但它又强调集中，它是按民主集中制这一党的最高组织原则组建的；党现阶段的首要任务是通过多党制和议会民主道路"争取建立一个开始执行左的政策的新型的工党政府"，然后彻底实行替代性的经济与社会政策，对英国着手进行意义深远的社会变革，最终建设具有英国特色的社会主义。

　　该党克服种种困难，坚持出版发行现今已成为西欧唯一一份有共产党背景的英文日报《晨星报》（MORNING STAR）发行量近 1 万份，读者有数万人，此外还办有英共机关刊物《共产主义观察》（Communist Review）。

　　网站地址：http//www. communist－party. org. uk

在整个 20 世纪，英国的科学社会主义运动，虽然无法与意大利、法国、西班牙、日本等发达资本主义国家的共产党所领导和发动的社会主义运动相提并论，但是英国共产党（CPGB）对英国社会主义发展道路的探索在西方发达资本主义国家中是独树一帜，它所提出的理论观点中有的对 20 世纪后半叶国际共产主义运动产生了较大的影响。同时由于英国是发达资本主义国家中非常典型的国度，其科学社会主义运动的历史、现状和未来发展前景对世界社会主义运动所产生的影响无疑是很大的。

一　英国共产党的产生与曲折发展

（一）英共的诞生与战前二十五年的发展

在英国这个老牌资本主义国家里，英国的社会主义组织和工人政党由于深受非马克思主义影响而一直为改良主义者和无政府主义者所左右。

1920 年 7 月 31 日至 8 月 1 日，由英国社会党、社会主义工党中的共产主义统一派及南威尔士共产主义委员会的 152 名代表在伦敦召开了"共产主义团结大会"，建立了约有 2000～3000 名党员的英国共产党。

在党的成立大会上，大会经过讨论一致通过了加入共产国际与世界各国战斗中的共产党人建立联系的决定和关于党的基本战略的决议，提出工人阶级通过苏维埃或工人委员会的组织形式夺取政权，认为无产阶级专政是资本主义向共产主义过渡时期打击反革命的必要手段，表决通过了参加议会和加入工党的决议。大会还选出了临时执委会和首任书记阿尔伯特·英克平、主席麦克马纳斯。

1921 年 1 月，英共第 2 次代表大会亦称统一代表大会在利兹举行，共产主义工党（其中主要是参加苏格兰车间组织运动和矿工改良运动的人物）连同工人运动的领袖加拉赫、甘贝尔、格狄斯以及工人社会主义联盟与英国共产党联合，不久独立工党的左派连同沙克拉伐拉和杜德也参加了新党，至此，联合的共产党便最终宣告成立。

英共成立后连续召开三次代表大会解决建党初期党在理论、组织上存在的问题。1921 年 4 月，党的第三次代表大会在曼彻斯特举行。会议经过充分讨论，最后通过了党的临时章程，规定党的宗旨是"建立一个人人共有的社会和经济地位平等的共产主义共和国……通过社会革命彻底消除现行的工资奴隶制"；建立苏维埃制度和无产阶级专政。1922 年 3 月和 10 月分别召开了党的四大和五大，这两次代表大会着重解决党的组织问题。由于英共是由几个社会主义组织和团体合并而成的，因此组织形式类似"联邦"。为了将党建成团结的、统一的并具有战斗力的组织，四大和五大对党的机构进行了改组，将原按地区和派别组成的中央执委会改成党代会统一选举最有能力的政治领导机构，在全国组建各级党委会。英共组织建设由此完成了从一个旧式社会主义的松散组织向一个革命政党转变的过程。

然而在建党初期，英共是在非常恶劣的环境中开展活动和斗争的，英共一成立就遭到资产阶级国家机器的镇压，许多党员被捕入狱。与此同时，英共还遭到劳工运动的右翼和改良主义者的攻击。继 1924 年工党剥夺了英共党员作为工党候选人参加选举的权利之后，1926～1928 年间，工党和职工大会对英共展开了一场大清洗运动，留在工党内的英共党员所剩无几。

1929 年 10 月，美国华尔街金融市场股票暴跌，预示了资本主义世界性经济危机的开始。大萧条中及此后的 30 年代，英共的发展经历了一个曲折的过程。

经济危机爆发后，英国受到很大打击，产业萧条，失业大增。为团结工人阶级保卫失业者，英国共产党协助组织了"全国失业工人运动"，举行了全国的"反饥饿大进军和要求工作或充分津贴"的示威[1]。1931 年，英共又发动了"伟大的'宪章运动'，呼吁工人阶级在反对失业的六点行纲领上团结起来。"[2] 正值群众运动高潮之际，共产国际却提出"阶级对抗阶级"的路线，将工党视为仇敌，将工会视为资产阶级的代理人。新路线执行的结果是英共陷入严重的孤立，党员人数在 1928 年到英共十一大期间从 7000 人锐减为 3000 人，唯一的英共议席也在 1929 年大选中丢失。

1931 年 10 月大选中保守党获胜，共产国际感到吃惊。12 月，共产国际英国局召开紧急会议，波立特在会上对共产国际的路线提出异议，认为英国当时的实际情况说明在现有的工会组织之外搞"独立领导"是不现实的。1932 年 1 月，共产国际作出决议，基本同意波立特的观点，从此开始了纠偏工作，英共也取得了较大的发展，到 1935 年 2 月英共十三大召开时，不仅党员人数恢复到 1928 年的水平达 7700 人，而且英共在十三大上还根据新的国内外形势以列宁的《国家与革命》为理论基础，制订并通过了党的新纲领《争取建立苏维埃的英国》。1935 年 7 月共产国际举行七大后，英共提出了建立"统一战线"的主张，并努力改善与工党关系。由于路线策略对头，再加上英共的努力，在 1935～1938 年间，英共获得了较大发展，党员

---

[1] 高兰等：《英国共产党三十年》，人民出版社，1953，第 13 页。

[2] 同上，第 14 页。

人数到 1938 年十五大时发展到 15570 人。

英共在国内获得较大发展的同时，在国际上还积极开展了一系列的反法西斯斗争。1936 年西班牙内战期间，英共组织了一支 1500 人的国际纵队英国营，其中有半数以上是英共党员，在两年半的战斗中，英国营牺牲者达 526 人，其中一半为英共党员。英共称这场可歌可泣的斗争"在它的历史上写下了最值得骄傲的一页。"[①] 1939 年 9 月 1 日，希特勒入侵波兰，第二次世界大战爆发。7 月 4 日，英共中央发表了题为《人民战胜法西斯主义》的宣言，称英共将支持政府反对希特勒的一切战争措施，放弃成立"人民政府"的主张，呼吁全国人民团结，争取反法西斯战争的胜利。正是由于英共采取了这一比较务实、正确的政策主张和卓有成效的工作，在以后几年中英共力量迅速发展壮大。1941 年仅有 2 万名党员，仅过一年多到 1942 ~ 1943 年间，增加到 5.5 万人这个英共历史上党员数的顶峰。1943 年 6 月共产国际解散，从此英共不再是一个世界党的支部，终于成为一个独立自主的党。

英共从其诞生之日起就以其主张和行动表明它是英国社会中一支新兴的社会进步力量。为了扩大影响，英共在成立后的第三年即 1922 年就参加了大选，并有多人次当选为国会议员。因此，从总体上看，二战结束前的 25 年，英国的共产主义运动虽然曲折、坎坷，但其发展的总趋势是上升的。

（二）战后英共的曲折发展及其社会民主党化

"二战"结束前英共缓慢上升的发展势头在战后并没有保持下去，而是开始走下坡路，其发展是异常曲折的。

1945 年"二战"硝烟甫定，英国就举行了战后第一次大选，英共凭借其二战期间的表现和影响一举赢得两个议席，加拉赫和皮雷廷当选为下院议员。1948 年冷战开始后，英国工党发起了大规模的反共运动使英共的处境日益困难，党员人数开始下降。在 1950 年 2 月大选中，英共一个席位也没有得到。此后英共在历届大选中均一无所获，长期被挡在英国主流政治社会之外。

面对"二战"后新的国内外形势，英共开始重新思考其战略策略，并着手制订适应新形势的新纲领。1951 年英共二十一大讨论并通过了题为《英国走向社会主义的道路》的新党纲，以"和平过渡到社会主义"取代"武装推翻资本主义，建立苏维埃英国"。然而，正当英共为实现新党纲而

---

① 高兰等：《英国共产党三十年》，人民出版社，1953，第 18 页。

采取新的战略策略，扩大自己的政治影响时，由苏共二十大和随后的匈牙利事件和波兰的波兹南事件所引发的资本主义世界反共反苏高潮，造成了紧张的政治气氛，英共处境艰难，党内思想更加混乱，英共出现了战后第一次严重的党内危机。20 世纪 60 年代国际共运因公开大论战而发生的分裂又再次使英共陷入困境，并发生党内第一次分裂。1968 年反对英共国内国际战线的一部分党员于 1968 年 4 月宣布正式建立"英国共产党（马列）"。

60 年代以后，英共逐渐转向"欧共路线"。1968 年"布拉格之春"和苏军入侵捷克以后，英共党内在对苏态度上逐渐形成尖锐对立的两派：以总书记高兰和政治局委员马修斯为首的一派，反对领导中心，反对苏军入侵捷克，不断公开批评苏联的某些政策，提出了要走英国自己的社会主义道路。在这一派的坚持下，1967 年英共三十大和 1977 年英共三十五大先后两次对其党纲进行修订。1977 年 8 月通过了英共的欧洲共产主义的党纲，在坚持"和平过渡"的指导思想下发展了以往的纲领思想，提出要根据英国的实际情况，独立自主地制订出本国革命的战略和路线。以原副主席、时任《劳工月刊》的主编杜德为首的另一派支持苏共立场，不断指责英共领导"反苏"，认为新修订的党纲是修正主义的产物。这种对立最后导致英共 1977 年 6 月又一次发生了政治上和组织上的分裂。在锡德·弗伦奇的领导下，成立了"新英国共产党"。

然而党内分歧并未真正解决。经过一段时间的重新组合，英共党内形成了以党刊《今日马克思主义》主编马丁·雅克为首的多数自主派和以党报《晨星报》主编托尼·蔡特为首的少数反对派。这场纷争最后导致反对派被开除出党。英共党内危机虽然暂时解决，但解决危机的代价是高昂的：英共党员人数锐减。据英共公布的统计数字，1983 年尚有党员 15000 多人，1985 年三十九大时降至 12711 人，到 1987 年 11 月四十大时，党员只剩下 9000 人；党报《晨星报》也落入反对派手中。原伦敦区委主席、全国执委希克斯被开除出党后成立了"共产主义运动小组"，并于 1988 年 4 月召开代表大会，正式同英共分庭抗礼。此次分裂使英共元气大伤。

然而，正当英共为阻止英共力量的下滑和政治影响的缩小而努力的时候，一场国际共产主义运动的大地震——苏东剧变正悄然袭来。苏东剧变对英共的冲击是巨大的。在这场剧变中所带来的生死存亡的考验中，英共没有像欧洲一些国家的共产党如法共、葡共、意重建共、西共、希共等那样经受住考验。1990 年 1 月，年仅 33 岁的尼娜·坦普尔接任总书记一职。她上任伊始，就表示要抛弃列宁主义，把英共变成一股"主张女权，维护环境，实施民主社会主义的势力"。同年 8 月，坦普尔准备改变党的名称。她的这一主张，终于在 1990 年 12 月 22 日召开的代表大会上以 135 票对 72 票的多数通过，大会同意抛弃马克思列宁主义的指导思想和民主集中制的组织原则，并接受从党名中删掉"共产主义"的提案，1991 年 11 月，把英共改名为"民主左派"（*Democratic left*）。至此，20 世纪英国社会主义运动陷入自 1920 年英共成立以来最严重的危机之中，英共也彻底淡出了国际共产主义运动，并彻底社会民主党化了。

二 战后英国共产党对社会主义发展道路的探索

（一）英共关于社会主义革命道路的理论

通过什么样的途径或方式来夺取政权，建立社会主义制度，是任何一个马克思主义政党必须面对和回答的问题。波立特讲："英国共产党是社会主义国家以外第一个将其党纲建立在和平过渡到社会主义可能性基础上的党。"[①] 自 1951 年第一次提出比较完整的"和平过渡"的党纲后，英共结合不断变化着的国内外形势不断地发展和完善它，并依据新的探索先后于 1957 年、1968 年、1977 年三次对党纲领进行修订，从而形成较为完整的"和平过渡"论。该理论比较系统地全面地回答了英国和平过渡到社会主义的一系列基本问题。

1. 关于英国和平过渡到社会主义的客观依据

英共认为十月革命的道路，暴动和建立苏维埃这种权力机构以及随后而产生的一党制是由沙皇的专制统治、反革命内战和帝国主义的干涉这些特殊情况和背景决定的。英国走向社会主义的道路将不同于其他国家的道路，同样是由其英国的特殊环境和当时的世界形势所决定的。

第一，"工人阶级占人口的大多数。"[②]

英国不仅是西方资本主义制度确立最早的大国，而且也是资本主义世界最早完成产业革命的国度。产业革命在导致生产力发生巨大飞跃的同时，也引起社会生产方式和社会关系发生深刻变化。这种深刻变化反映在阶级结构上，就是工人阶级占人口大多数，这样的阶级结构在 20 世纪中期并没有发生太大的变化。到 1951 年、1961 年工人阶级所占比例依然保

---

① 帅能应：《发达资本主义国家共产党的历史与现状》，人民出版社，1990，第 212 页。

② 中共中央党校科学社会主义教研室编《欧洲共产主义资料选编》（下册），中共中央党校科研办公室，1985，第 230 页。

持在 80% 左右。20 世纪下半叶，伴随着产业结构的演进，英国整个社会的阶级结构开始出现微妙的变化，然而，属于"工人阶级"范畴的职业阶层占社会绝大多数的格局并未发生质的变化，1971 年和 1981 年仍保持在 75% 左右。既然工人阶级占人口的大多数，因此英共有理由认为"劳工运动的潜力是巨大的。工人阶级及其同盟军一起就能以压倒一切的力量来孤立和对抗大资本家。"①

第二，英国的议会民主传统以及公民自由权利与民主权利的改善与扩大，为英国和平长入社会主义提供了有利条件。

英国是现代化民主政治的发源地，到 20 世纪，英国的民主制度从理论上看几乎是合理的，从形式上看也是比较完备的，民主的原则确实体现在制度中；从实践上看英国工人阶级及劳动人民享受到的民主与自由权利较之以前也有明显的改善。这一切使英国共产党有理由相信："各种民主力量具有长期斗争的经验并且赢得了公民自由权利和民主权利，虽然这些权利不断受到进攻，但它们为推动政治斗争提供了基础。"② 由此英共认为，伴随英国公民自由权与民主权利的扩大与改善，未来在英国不经过内战、赢得议会并变革议会的战略是行得通的。

第三，战后世界政治地图的改变以及威力巨大的新式武器的出现为英国和平走向社会主义创造的有利的和平的国际环境。

第二次世界大战后，欧亚相继有 11 个国家走上了社会主义道路。这样在全世界范围内，形成了与资本主义相抗衡的社会主义阵营。世界反法西斯战争胜利的另一个积极而重大的国际影响就是到 20 世纪 70 年代亚、非、拉美和大洋洲共有 130 多个国家摆脱了殖民主义的枷锁。"社会主义、民族解放、工人阶级和进步势力的力量日益增强，为英国创造了在没有外国军事干涉的情况下走向社会主义的更为有利的条件"。③ 也就在第二次世界大战结束前后，一种新式的、破坏力巨大的武器——核武器横空出世。英共认为在核武器时代，新的世界大战必将是一场毁灭整个世界与人类的核大战；核武器的巨大破坏性所形成的威慑，反过来有可能成为制止战争爆发的重要因素。

英共基于对世界力量的对比发生的决定性变化和现代武器的性质的分

---

① 中共中央党校科学社会主义教研室编《欧洲共产主义资料选编》（下册），中共中央党校科研办公室，1985，第 230 页。

② 同上，第 230 页。

③ 同上，第 202 页。

析，得出了这样的结论："第三次世界大战不是必要的也不是不可避免的。"① "这样，我们就有可能在世界大战被制止的情况下进行社会改造，而不会遭受这样一场大战（指第二次世界大战）将会带来的社会崩溃和人类的毁灭。"② "《英国走向社会主义的道路》所做的就是用另外一种战略（不经过内战，赢得议会并变革议会的战略）来代替社会主义革命的战略（通过起义和建立苏维埃的战略），亦即用现时完全不同的历史形势的产物来代替以前的历史形势的产物。"③

2. 关于英国和平过渡到社会主义的进程构想

英国作为世界上第一个资本主义国家，一度还曾经是最强大的资本主义国家，在和平过渡到社会主义的社会变革中，是一蹴而就还是一个长期的、分阶段实现过程，旧社会的因素又是如何渐渐淡出，新社会的因素又是如何逐步成长并最终完全占领阵地？英共对这些几个问题作了初步的回答。

第一，英共认为英国和平过渡到社会主义是一个长期的、分阶段实现的过程。

1977 年通过了新党纲明确指出："工人阶级及其同盟军夺取政权将不是一个单一的行动，而是一系列斗争进程的顶点。"这一进程的长短取决于各个阶段的斗争结果。"那种以为在一夜之间就从实际上是管理资本主义的工党政府推进到一个实行社会主义的政府"是不可能的，这不仅是因为"打破资产阶级在生活、政治、经济和文化等多个领域的控制以及争取大多数人民支持社会主义的政策"，"是一个需要时间的复杂、困难和多方面的进程"，而且还由于"建立一个社会主义政府的政治条件尚不存在，必须去争取这种条件"，"各个左翼政府是这一进程中的一部分。它们必须表明有必要进行更多的根本变革，同时为这种变革创造更为有利的条件"。④

第二，现阶段英国争取社会主义革命战略的首要任务是"争取建立一个开始执行左的政策的新型的工党政府"。⑤

英共认为这个新型的工党政府，不是一个被迫勉强执行一两条左翼措施和政策的右翼政府，而是一个广泛民主联盟的产物并由这个联盟具体组织而

---

① Noreen Branson：History of the Communist Party in Britain：1941 – 1951，London：Lawrence & Wishart，1997，p. 6.

② 中共中央党校科学社会主义教研室编《欧洲共产主义资料选编》（下册），中共中央党校科研办公室，1985，第 206 页。

③ 同上，第 281 页。

④ 同上，第 231 页。

⑤ 同上，第 231 页。

且对联盟负责的新型工党政府。这个政府"不是一个进行社会主义革命的社会主义政府，而是一个同议会外群众斗争关系密切，开始对英国社会进行重大民主改造的政府"①。在这个新型的工党政府建立起来的情况下，其结果必然是各届左翼政府的纲领也会有考虑得更为深远的内容，从而为争取社会主义革命战略——替代性的经济与社会政策的实行创造更为有利的条件。

第三，彻底实行替代性的经济与社会政策，对英国着手进行意义深远的社会变革。

英共认为新型的左翼工党政府要肩负起引导英国走上一条新的道路的任务，就必须执行彻底的替代性的经济与社会政策，在经济、国家、教育、文化及其他方面进行意义深远的社会变革。彻底的替代性经济与社会政策的基本内容主要包括：在经济上，主张把支配经济的最大公司中的关键公司特别是大银行、大保险和能源公司收归国有，与此同时，对私营公司的投资、生产和就业方针实行严格的控制；在政治与社会上，最主要的是使政权民主化和扩大民主，为此未来的新型工党政府应对选举制度、议会体制、政治权力结构进行改革，采取最有力的措施打击种族主义，保护工会的独立地位，扩大妇女权益；在外交上，英国应该奉行独立的外交政策，这一政策是建立在和平共处、与社会主义国家和资本主义世界中进步力量合作以及支持民族解放运动的原则基础上的。

第四，英国在向社会主义过渡的进程中，新型的工党政府应通过和平方式改造旧的国家机器。

英共认为，对社会主义革命和向社会主义的过渡来说，政权是至关重要的。为了把政权从资产阶级手里最终转到工人阶级及其同盟军手里，就必须对旧的国家机器进行彻底改造，使之为劳动人民的需要服务。但英共认为，对这一国家机器的彻底改造，没有必要采取暴力的方式，"左翼政府能够而且必须通过使国家机器民主化来改变它的成分和体制"。之所以如此，是因为"英国政治制度的中心问题是议会的权威"，左翼在下议院占多数和建立左翼政府将标志着一个重大的变化，它意味着"彻底结束垄断资本家对社会的控制，把政治和经济上的权力以及国家机器转移到占人口绝大多数的工人阶级及其同盟军手中。"②

3. 英国和平过渡到社会主义的策略方针

英共认为要实现和平过渡到社会主义的战略，就必须在今后的斗争与实

---

① 中共中央党校科学社会主义教研室编《欧洲共产主义资料选编》（下册），中央党校科研办公室，1985，第238页。

② 同上，第240～244页。

践中采取正确的策略方针。

第一，主张建立包括资产阶级下层在内的"广泛的民主联盟"（1977 年三十五大之前称之为"广泛的人民联盟"）。

英共认为战后英国现存的力量，如能得到加强和联合，就可以使英国走上一条新的道路，为人民的利益解决危机，扩大民主，打开通向社会主义革命的道路。为此，劳工运动必须与其他民主运动（包括黑人运动、民族运动、女权运动、生态运动、和平运动，等等）相联系，工人阶级必须同各阶级阶层包括中间阶级及资产阶级的下层建立起广泛的民主联盟。这一联盟要包括人民的绝大多数，并在人数与力量上超过那些想保护现状的势力。

第二，主张把议会斗争和议会外的群众斗争的相互配合作为争取政权的主要斗争形式。

在英国政治结构中，议会已成为英国民主制度的中心，因此充分利用议会讲坛是英共进行合法斗争的主要形式。战后英共也一直十分重视并积极参加议会选举活动，期望"使尽可能多的人有机会投共产党的票，争取在议会中有党的代表以及在地方议会中得到更多的议席"[1]，认为"力争使共产党人赢得选票，力争使共产党人成为地方议员或全国议员，应当成为我们争取社会主义进展的当前和长远的战略的第一个关键问题"[2]。然而仅有议会斗争是不够的，要有效地开展议会斗争，必须相应地有更为广泛的群众运动相配合，议会外的大规模群众运动对政治力量的对比、对议会内的斗争具有强大的推动力，议会内外斗争相互配合，相互支持已成为新型的阶级斗争形式。

第三，主张联合工党并争取加入工党。

战后英共加入工党的申请一次又一次遭到拒绝，但英共加入工党的愿望从来就不曾泯灭过。英共认为"工党是工人阶级的群众性的政党"，"它在选举中获得工人阶级广泛阶层的支持"[3]，因为它是以"工会为基础的"，"它的目标是要在政治上表达工人阶级的愿望和争取建立工党政府"，它的工会基础和联合会式的组织结构使它有别于其他国家的社会民主党。同时英共认为在战后工党内始终占统治地位的是改良主义思想的情况下，"一个有更大影响的共产党对工党本身的前途和劳工运动的发展以及对整个广泛民主

---

[1] 中共中央党校科学社会主义教研室编《欧洲共产主义资料选编》（下册），中共中央党校科研办公室，1985，第 219 页。

[2] 《欧洲共产主义资料选编》（下册），第 328 页。

[3] 《欧洲共产主义资料选编》（下册），第 215 页。

联盟是至关重要的。"① 英共正是在充分正视工党的上述特点，制订了联合工党并争取加入工党的策略，将它作为英国争取社会主义战略的一个重要组成部分。

第四，主张"争取和建立社会主义的斗争应在政治多元化的条件下进行"。

英共认为多党（两党制）是社会民主的一个主要内容，是英国社会主义的一种政治模式，两党或多党轮流执政是人民民主的政治表现。正是基于这种认识，英共明确指出：争取和建立社会主义的战略应在政治多样化的条件下进行。在英国和平走向社会主义的进程中，"应该保证所有的民主政党，包括反社会主义的政党，都享有政治权利和在选举中合法竞争的权利"，"包括共产党在内的劳工运动所宣布的立场是，它将尊重选民的裁决，如果左翼政府在选举中失败的话，它将下台"。②

（二）英共关于未来社会的理论

英国未来社会主义社会到底是什么样的模式，英共经过长期的探索，在总结国际共运的经验教训和全面深刻剖析英国国情的基础上，终于在1977年英共三十五大上对此作了比较具体明确的回答。英共认为，社会主义制度应有多种模式，英国在通过和平民主途径夺取国家政权以后，建设一个社会主义的英国，不能照搬苏联、东欧各国的现实社会主义模式，而应该实行具有英国特色的社会主义模式。

1. 社会主义英国的本质特征

英共认为未来英国的社会主义社会是一个完全不同于现存的资本主义的社会，改造现有的经济制度本身不是共产党人的目标，而是"人类能够实现其全部潜力，并为共同利益而在一起工作，而不被阶级、性别、种族或信仰所分裂"的手段，这个社会不仅要谋求"为人民提供丰富的物质和较好的社会服务"，而且谋求"使人民的伟大的、不同的才干能得到充分发挥"③。

第一，社会主义英国将是一个个性能得以充分发挥的社会。英共认为现在的英国资本主义社会是一个个性畸形发展的社会，所有的英国人在资本主义的制度下，被迫从属于利润制度的需要，而英共所追求的社会主义则正好相反，它是旨在创造一个使他们的个性得以发挥的社会。"在社会

---

① 中共中央党校科学社会主义教研室编《欧洲共产主义资料选编》（下册），中共中央党校科研办公室，1985，第220页。
② 同上，第242页。
③ 同上，第244页。

主义的英国，办事将是为人民，而不是为利润；为大多数人的利益，而不是为一小撮大工商业主和大金融家的利益"；"自由将被正确地理解为人类集体地控制环境来充分发展自己的兴趣、才智和天资的能力，而不是个人剥削他人的权利"①，因而也就为所有的人的个性充分发挥创造了非常有利的条件。

第二，社会主义英国将是一个和谐的社会。英共认为资本主义社会由于私有制和剥削阶级的存在，阶级的矛盾的对抗性不调和性决定了"国家与政府成为脱离人民的机构，要么统治人民，要么替人民包办一切。"而未来英国的社会主义社会则不同，"社会主义要由人民自己来建设，人民参与政府的工作并对社会的发展负责。"在这个过程中，不仅人们"将产生对社会、工作和文化的新的态度"，而且"在两性之间、两代之间、种族之间和民族之间，将出现建立合作而不是控制和剥削的基础上的新关系。"②

第三，社会主义英国将是一个十分重视民主的社会。英共不仅强调民主在社会主义革命进程、在政治经济结构变革中的特殊地位与作用，主张以和平民主的方式过渡到社会主义，而且在思想领域也十分强调民主的作用。英共认为"实现社会的变化和人们世界观的变化不会是容易的，这不仅是由于资本家的反抗，而且还由于在人民思想中的资本主义思想残余还会长期存在。"实现人们世界观的根本改变只能通过充分发扬社会主义民主的方式来加以解决，"因为只有在这个基础上才能有效地对抗和击败这些思想，改变人民的世界观，使他们能够积极和自觉地参加新社会的建设。"英共还认为社会主义民主是社会主义题中应有之义，"社会主义民主既不是一种附加的和非必需的奢侈品，也不是可以拖延到社会主义经济建成后的东西"，说到底"社会主义民主对建设社会是必不可少的。"③

2. 关于社会主义英国的经济特征

社会主义英国的本质特征是通过经济、政治以及社会与文化等方面的具体特征体现出来的。英共认为未来社会主义英国的经济制度以公有制为基础，经济的计划性与经济民主是社会主义英国经济的两大基本特征，伴随国有化的实施与社会主义计划的推行，以及经济管理日益民主化，劳动生产率会越来越高，人民的生活质量将稳步提高。

---

① 中共中央党校科学社会主义教研室编《欧洲共产主义资料选编》（下册），中共中央党校科研办公室，1985，第191页。

② 同上，第244页。

③ 同上，第245页。

第一，英共认为公有制是未来社会主义的经济基础。"在社会主义制度下，主要的工业和生产资料都是公有的，它们生产的一切财富，包括现在被资本家当做私人利润占有的那一部分，都将归全民所有。"① 社会主义国有化是社会主义英国的经济政策的基石。虽然工党在战后也推行了国有化政策，但这种国有化是不彻底的，并不能改变资本主义经济的性质。英共主张的社会主义国有化政策就是要改变英国资本主义经济的性质，使英国从一个资本主义国家转变为一个走社会主义道路的国家。

第二，对整个经济实行社会主义计划。英共认为社会主义国有化政策的推行、公有制的建立，使得未来的英国不仅有可能计划如何比较公平地分配已经生产的财富，而且有可能计划如何利用一切资源和技术发展，使生产大大提高。英共认为社会主义计划是覆盖全社会的，国家的资源、劳力、工厂、物资和土地都应纳入计划的范畴，整个社会经济的运行完全依靠计划机制来调节，而市场机制是不起作用的。

第三，社会主义英国的经济将实行民主化的管理模式。首先经济管理的民主化体现在社会主义计划是用民主的方式来制订的。其次体现在工厂企业的管理方面。英共不仅要求用民主的方式来管理现存和新建的国营工业，主张这些"工业的董事会中的大多数董事将是工厂中选出的工人并由工会予以任命"②，而且要求工会在经济管理方面发挥重要作用，要求用民主方式进行经济管理。

第四、社会主义的英国将会创造比资本主义更高的劳动生产率。英国是发展得最早，也是最为成熟的资本主义国家，然而必须看到，英国的经济"是一种被资本主义畸形发展了的经济"。而社会主义制度在英国的建立，特别是社会主义的国有化和计划化的实行，"为纠正这种畸形发展，提供了可能性，并最终结束这种情况"，社会主义英国"有可能取得高于资本主义的增长率"。③

3. 关于社会主义英国的政治特征

英共为了区别于苏联模式的现实社会主义，在理论上强调其要建立的社会主义社会的民主特色。英共认为通过民主途径实现社会主义这一变革方式，决定了由此所建立的社会主义社会，要在资本主义所发展的民主制度和形式的基础上进一步充分发扬民主，使得社会主义社会建立在政治民主的基

---

① 中共中央党校科学社会主义教研室编《欧洲共产主义资料选编》（下册），中共中央党校科研办公室，1985，第245页。

② 同上，第247页。

③ 同上，第246页。

础之上。

首先，在社会主义英国的国家政权性质方面，主张要由工人阶级及其同盟者行使国家政权，但不提"无产阶级""专政"一词。英共对放弃"无产阶级专政"一词的原因作了解释：第一，我们认为把'专政'一词用于说明我们想要建立社会主义社会是极不恰当的。第二，无产阶级专政一词在本世纪已经历史性地同通过武装起义实现社会主义的概念联系在一起，同苏联建设社会主义的具体形式，包括和一党制联系在一起。第三"'无产阶级'一词常常用来表示工人阶级的传统核心，即从事体力劳动的产业工人。因此，对于当代读者，这个词可能含有工人阶级的核心对其他人的专政。由于以上种种原因，我们认为在我们党的纲领中使用这个词是不适当的"。①

其次，在国家政治体制方面，主张实行议会民主制与多党制。英共主张实行议会民主制和多党制，要求"所有民主政党，包括敌视社会主义的那些政党，争夺政治支持的自由将得到保障"。英共认为在未来社会主义英国实行多党制，民主轮流执政，不仅因为它是防止共产党僵化、走向一党专政的一剂良药，而且具有实行多党制的社会基础，主张实行比例代表制，通过普选实现多数派轮流执政，"包括共产党在内的劳工运动所宣布的立场是，它将着重选民的裁决，左翼政府在选举中失败的话，它将下台"②。

再次，在人民的民主权利方面，主张保障公民的权利与自由。英共认为"几个世纪以来赢得的公民自由权利"在社会主义英国"将得到巩固和扩大"③。同时社会主义民主还应争取建立和保障全体公民的平等权利，坚决消除种族不平等现象，社会主义民主不仅是全面的，而且是有保障的，是形式与内容的统一。

最后，在人权保护方面，强调男女平等与妇女解放。英共认为"妇女的全面解放的条件只能在建立起社会主义社会向共产主义前进时才能实现"，主张"通过争取妇女解放的实际条件和反对性别歧视的运动"④ 来提高妇女在资本主义制度下的地位。在社会主义社会，虽然在法律上和经济上对妇女的歧视已经结束，但思想上的歧视仍然存在，为此要通过斗争最终达到"无论男人还是妇女都有可能运用他们的技术和才能造福于大家，并在

---

① 《晨星报》1976 年 11 月 16 日。
② 中共中央党校科学社会主义教研室编《欧洲共产主义资料选编》（下册），中共中央党校科研办公室，1985，第 242 页。
③ 同上，第 252 页。
④ 同上，第 254 页。

个人关系中充分表达自己。"①

4. 关于社会主义英国的外交政策

英共纲领指出："一个社会主义的政府将全面支持缓和与裁军以及资本主义国家和社会主义国家之间的和平共处原则。它将促进世界的和平和友谊，使战争宣传成为非法并鼓励为和平而工作的团体。"② 其对外政策的基本立场可概括如下。

第一，维护世界和平，反对一切战争。英共主张社会主义英国"将为一个没有战争的世界而努力，摒弃战争作为外交政策的手段。"③ 为此，英共支持取消敌对的"华约"和"北约"两大军事集团，支持世界裁军以及禁止核武器和其他大规模毁灭性武器，反对包括在外层空间使用新式武器和新的战争方法。

第二，建立国际经济新秩序，支持民族解放运动和不结盟运动。为此，英共主张消灭所有的法西斯和种族主义政权；所有国家拥有完全平等的权利和独立，尊重它们的民族尊严和不干涉它们的内政；支持所有的民族解放运动，结束帝国主义和新殖民主义继续剥削的政策；完全支持第三世界国家和地区为战胜贫困和帝国主义战争而采取的一切措施。同时，主张在联合国里所有国家无论大小，一律平等，且都应有它们应得的地位。

第三，提倡合作，充分发挥英国作为一个大国应有的作用。英共认为"英国作为一个欧洲国家，要在安全、贸易和经济等一切重要领域，以及在社会和文化问题上关心全欧合作的全面发展"；其目标将是在世界范围内尽可能在最广泛基础上扩大贸易和合作，特别是与社会主义国家和第三世界国家的贸易与合作。同时英国作为一个联合国安理会常任理事国和欧洲大国，应努力加强联合国的地位和权威，并履行对联合国和欧洲安全组织应尽的义务。

第四，在党际关系上英共主张建立新型的党际关系。英共反对国际共产主义运动中长期盛行的"唯一中心"的做法，反对大党大国主义，认为"每一个共产党的独立性和自主性，所有共产党在我们反对帝国主义的共同斗争中相互声援，这是共产党之间关系的极其重要的基础"④ 新型的党际关系要求每个共产党都是平等的和独立的。

---

① 中共中央党校科学社会主义教研室编《欧洲共产主义资料选编》（下册），中共中央党校科研办公室，1985，第 255 页。

② 同上，第 249 页。

③ 同上，第 249 页。

④ 英共总书记麦克伦南在苏共二十五大上的讲话，转引《共运资料选译》1983 年第 6 期，第 50 页。

（三）英共关于党的建设理论

英共从通过和平民主方式过渡到社会主义的需要出发，特别强调作为工人阶级政党的共产党的群众性与民主性及其在实现社会主义斗争中的领导作用。

1. 关于党的性质

英共认为"一个能够在改造劳工运动，加强工人阶级团结，同社会上其他民主运动建立联盟，从而实现在社会主义的斗争中发挥所需要的领导作用的党"应该具有如下基本特点：

第一，在指导思想和理论基础上，它必须"建立在马克思列宁主义包括正在形成的英国的马克思主义传统的基础之上"。之所以必须把党建立在马克思列宁主义基础之上是因为："这个基础使它能够分析社会的性质、阶级统治的性质以及工人阶级和其他阶层所经受的各种形式的压迫"，没有马克思列宁主义的指导，"这个马克思主义政党就不能正确理解各种力量的性质和党所应发挥的作用，也不能制定出走向社会主义的战略"[1]。

第二，在组织原则上，英共仍然坚持民主集中制原则是党的基本组织原则。在党纲中英共明确指出："英共必须是一个民主的政党，在制订计划、开展活动、执行政策和选举党的领导中要发挥党员的主动性和创造性"[2]；同时，党又是集中的，"一旦政策决定下来，它能够作为一个有纪律的团结的集体开展战斗、斗争和进行干预。"[3] 这两点体现了民主集中制的组织原则。

第三，在党的阶级基础上，英共不再提党是工人阶级的先锋队组织，主张把党建成一个群众性的党。英共认为"要成为一支起领导作用的政治力量，能把各种运动团结起来为民主和社会主义而奋斗，能够动员成百万人来掌握他们个人的生活和集体的生活，共产党就必须成为一块政治磁铁，从劳工运动和所有其他阶层中把新的力量吸到自己方面来"，[4]"这个党不仅党员人数要更多，而且党员要来自社会的各个阶层和领域并在那里活动，成为一

---

[1] 中共中央党校科学社会主义教研室编《欧洲共产主义资料选编》（下册），中共中央党校科研办公室，1985，第217页。

[2] 中共中央党校科学社会主义教研室编《欧洲共产主义资料选编》（下册），中共中央党校科研办公室，1985，第217页。

[3] 同上，第218页。

[4] 中共中央党校科学社会主义教研室编《欧洲共产主义资料选编》（下册），中共中央党校科研办公室，1985，第218~219页。

个吸引越来越多的人参加政治行动的党"①。

2. 关于党的作用

英共是"为开展社会主义革命而组织起来"②的政党。英共强调作为工人阶级的政党的共产党不是国内唯一的工人阶级政党,工党也是代表一部分工人阶级和劳动人民群众性的政党。在党对国家和社会作用的看法上,英共不再提共产党对国家和社会的绝对领导权,而主张同那些向往社会主义的政党和派别建立联盟,由这个联盟来领导国家和社会,共产党在联盟中起政治引导作用,认为"社会主义只有在工党——共产党联合的基础上才能赢得和建立。"③

英共认为党的这种政治引导作用表现在如下四个方面:

第一,为左翼规划一个可以实现的战略前景。英共认为由于党是建立在马克思列宁主义的基础之上,正确的理论指导使它能够分析社会的性质、阶级统治的性质以及工人阶级和其他阶层所经受的各种形式的压迫,使其能够为英国人民制定出走向社会主义的战略。1951年英共根据战后形势和英国国情所制定的《英国走向社会主义的道路》,为英国左翼指明了一条比较现实符合英国实际的通向社会主义之路。而这是英国其他任何左翼力量所不能做到的。

第二,英共是争取社会主义斗争的发起者和实践者。英共之所以能成为"斗争的发起者"和实践者,是因为它有马克思主义世界观的指导,从而使"它有别于工党左翼把全部精力用于竞选的政策。"英共党纲虽然"承认选举的重要性和左翼争取竞选胜利后能取得的合法性,但它从不以此代替更广泛的阶级分析",也更不会变成一个为选举而存在的政党④,英共是"为开展社会主义革命而组织起来"的。

第三,英共致力于加强与各种社会运动的联系并加强对这些运动的影响与引导。英共认为,各种社会运动产生于社会中特定的矛盾,不能简单归结为阶级原因,"英共欢迎并致力于加强妇女解放、反种族歧视、环境保护、民族独立以及和平运动。"党鼓励它们与工人阶级运动建立密切的相互联系,因为工人阶级是进步联盟的中坚力量。

第四,英共是"左翼不可缺的智囊团"。英共是左翼力量的重要组成部

---

① 中共中央党校科学社会主义教研室编《欧洲共产主义资料选编》(下册),中共中央党校科研办公室,1985,第219页。

② 同上,第217页。

③ 同上,第256页。

④ 见英共《今日马克思主义》,1984年4月期。

分，由于它是"一个以创造性的、开放性的马克思主义为基础的党"，因而它在提出和普及社会主义理论与战略方面有着其他政治派别无法比拟的优势，扮演着重要的"智囊团"的角色。其"智囊团"作用在"现代在英国社会的女权、生态和非工业化等新运动兴起和新问题不断涌现的新形势下，显得更加突出。虽然在当代英国社会主义还未提到目前的政治日程上来，但对社会主义英国的性质和形式的讨论还是十分紧迫的事，左翼运动不能忽视重新点燃对社会主义的憧憬和用现代语言宣传社会主义价值的必要性。"[①]

三　战后英国社会主义运动式微原因探析

（一）战后英国社会主义运动衰退的表现

通过对战后英共的历史的考察，我们不难发现战后英国由共产党所领导和发动的社会主义运动从总体上看是日渐式微的，其衰退在西方发达资本主义国家中是首屈一指的，这种衰退具体体现在英共的力量与政治影响力持续下降和减弱上。归纳起来有如下几个方面：一是党员人数逐年下降，自世界反法西斯战争前的 1944 年，英共党员人数由 1920 年的 2000 余人上升至56000 人后[②]，英共的党员人数自 1945 年开始就逐渐下降，至 1987 年第四十大召开时仅有 9000 余人。二是在大选中选票减少。在西欧国家，大选的得票率是衡量一个政党在政治生活中的地位和影响的重要标志。英共战后参加了英国历次大选，但战绩不佳，除战后的第一次大选有所收获外，在以后历次大选中是屡遭挫折，得票率一直在非常低的水平上徘徊，从未超过0.4%，基本上游离在英国主流政治之外，被边缘化了。三是英共的衰退还体现在其对青年、妇女、工会、新闻等各界影响力下降。1967 年，英国共产主义青年团的团员有 6000 人，但是到 1976 年，人数下降到仅 2000 人，1987 年更是锐减到区区 44 名团员。战后特别是 60~70 年代以后，妇女在领导层和党员总数上所占比例越来越小[③]。党报《晨星报》的国内销售从1973 年的 30000 多份跌落到 1987 年的不足 15000 份。四是英共的衰退还体现在党内分歧严重，派别矛盾加剧，先后发生了多次派别争论和三次组织分裂。

---

① 英共《今日马克思主义》1984 年 4 月期。

② 理查德·F. 斯塔尔编《1974 年国际共产主义事务年鉴》斯坦福德，1974 年；《1975 年国际共产主义事务年鉴》，斯坦福德 1975 年。

③ 见戴维·奥尔布赖特《西欧共产主义和政治体系》，商务印书馆，1983，第 315 页。

（二）战后英国社会主义运动日渐式微的成因

英共在战前曲折缓慢地上升，并在"二战"期间发展到其顶峰，之后就一直走下坡路，不仅党员人数下降，而且政治影响也日渐式微，其主体最终在苏东剧变的冲击下更名易帜，退出国际共运大家庭。造成战后英共力量和影响持续衰退的原因是多方面的。

1. 战后国际共运的曲折发展与英共的衰退

战后英共的兴衰沉浮同样也是与国际共产主义运动的命运同呼吸。第二次世界大战结束后，国际共产主义运动曲折发展的历程对英共兴衰产生了深刻的影响。

首先，苏东剧变前的苏联模式对英共产生了非常消极的影响。这种消极影响来自两个方面。其一，苏联在自己的发展过程中所暴露出来的问题、矛盾损害了社会主义的形象。其二，苏联模式在其他社会主义国家实验不成功或者失败强化了人们对社会主义的不信任感，以至于有些人将所有这些问题与矛盾统统归罪于社会主义制度，这一切都使包括英国在内的西欧民众对社会主义产生了程度不同的失望。

其次，战后国际共产主义运动内部特别是社会主义阵营的动荡、分化，对英共产生巨大冲击，加剧了英共的衰退。其一，引发党内多次危机，不仅使大批党员退党，而且还导致组织发生分裂。其二，扭曲了社会主义形象，降低了社会主义在包括英国在内的西欧民众中威信。战后苏共在国际共运内部推行大党主义和大国主义，导致国际共运的动荡、纷争乃至冲突。而这些纷争、动荡、冲突，在影响国际共产主义运动的团结的同时还造成英共内部关系紧张。战后英共党内的几次争论以及由此带来的派别争斗都是以国际共运的动荡、纷争与冲突为导火索的。其三，苏东剧变及反共反社会主义热潮对英共造成巨大冲击，人们对共产党的态度发生了转变，对共产主义产生动摇、彷徨。苏东剧变对英共造成的最大冲击就是直接导致英共出现严重的社会民主党化现象并最终演变为"民主左派"。

2. 战后国际政治经济形势的变迁与英共的衰退

随着社会主义与资本主义力量的消长、经济全球化和新科技革命的兴起与发展，战后国际政治经济形势发生了深刻的变化，其变化对战后包括英共在内的发达资本主义国家共产党的生存与发展产生的影响不可低估。

首先，战后冷战的发动和社会主义阵营与资本主义阵营的对峙，使处于在野地位的英共在政治上和经济上都处于孤立地位。冷战开始后，英国工党政府为了配合其对外战略在国内领导发起了大规模的反共运动，对英共采取了打压的政策，以抵制所谓的"共产主义威胁"在欧洲的扩张，从而使英共处境困难。当然英共在冷战时两极对峙的国际格局中，那种"凡是敌人赞成的我就反对"的过于简单的思维也给自己的生存与发展带来一定的负面影响，使处在东西方对峙前沿的英国民众对英共的独立性及公正性产生怀疑，这也在一定程度上降低了英共的吸引力与号召力，从而影响到英共组织的发展壮大。

其次，战后新科技革命的兴起和经济全球化程度的加深，深刻地影响着战后世界政治、经济形势的变化，社会主义与资本主义在此次变化中完全不同的表现，也使共产党和社会主义失去了对广大民众的吸引力。战后在以电子计算机为标志的第三次科技革命和新一轮经济全球化浪潮的挑战面前，一方面社会主义国家对战后西方出现的新科技革命重视不够，其集权的政治经济体制很难适应新科技革命带来的新的生产方式所要求的新的生产关系。另一方面，战后由于社会制度的不同以及意识形态的差异，东西方国家处于冷战状态，战后较长时期内经济全球化实际上是由西方资本主义国家主导的全球化，经济全球化所带来的利益与好处也基本上由西方资本主义世界独享，社会主义在与西方资本主义的竞争中处于守势与劣势。包括英国在内的西欧民众在比较之中往往将传统模式的社会主义对新科技革命和经济全球化的不适应性归咎于社会主义制度，从而对社会主义进而对以社会主义为目标方向的共产党失去信心，这应该也是导致英共衰退的一个重要原因。

3. 英共理论政策的僵化和思想组织建设的不力与英共的衰退

理论的创新是马克思主义政党保持生机活力和不断发展壮大的重要前提和基础。遗憾的是战后英共的理论探索与创新、政策的调整都滞后于形势的发展，未能找到切合英国国情的社会主义变革的道路与政策主张。其表现如下。

一是，英共的理论探索像大多数西欧共产党一样在某些方面表现出"趋同"于工党或社会民主党的迹象，理论创新没有亮点。战后英共依据英国的历史传统与新的国内国际形势，作出了"和平过渡到社会主义"战略决策，这在当时的确起到了振聋发聩的影响。然而在如何过渡到社会主义的问题上，英共的理论探索却表现出一步一步地趋同于民主社会主义的迹象，使普通民众无法体认英共与工党之间的不同，这也降低了英共在民众中的影响与吸引力。

二是，英共对资本主义的新变化和工党的战后改良措施带来的新问题反应迟钝。进入20世纪70年代末以后，欧洲新保守主义回潮，英国保守党人撒切尔夫人上台执政，表明资本主义制度对新的生产力的发展仍有较大适应余地，而且在一定程度上增强了资本主义制度的弹性适应能力，延缓了资本主义制度总体性危机的到来。这种变化超出了英共通常所作的预料和判断，对资本主义的新变化和战后工党政府的改良措施，特别是国有化与社会保障制度实施后带来的新问题缺乏足够的认识，未能提出科学的理论说明和采取相应的灵活应变措施，由此使英共失去了相当的社会支持，致使党内矛盾加剧，党员人数继续下滑。

三是，英共未能洞悉经济全球化的加速推进和新科技革命兴起所带来的新变化，及时调整斗争策略。战后经济全球化和新科技革命的发展，推动了包括英国在国内的当代资本主义生产力的发展，英国等发达资本主义国家经济实力持续增强，在社会保障制度等改良措施实行的情况下，英国的社会福利和人民生活水平大幅度提高。随着社会生产力的发展及社会福利和人民生活水平的提高，英国民众求稳怕变，希望和平、安定地生活。在这种情况下，英共应及时调整斗争策略，适应和平与发展的新形势。然而英共却仍坚持比较激进的主张和做法，失去了对广大群众的吸引力。

如果说科学理论与正确的路线方针政策是引导一个马克思主义政党不断发展壮大的根本指针与航标的话，那么党的思想上的统一与组织上的团结则是其不断发展壮大的保证。然而英共在战后的几十年斗争中，党内分歧严重，思想上从未达到真正的统一，以至于党长期处在派别争斗、组织分裂的状态。这是战后英共力量衰退、影响力降低的重要原因。

例如，20世纪70年代，欧洲共产主义思潮的涌动，引起了英共对国内问题的关注。是固守原有的策略、路线来改造英国社会，还是遵循欧洲共产主义路线来改革英国资本主义，对此英共党内掀起了战后规模最大的一场争论。这场争论的结果是在1985年5月提前召开第三十九次特别代表大会上，英共中央虽然以2比1的多数获得胜利，然而解决这场危机的代价是高昂的，一批主要领导人物、工会干部和老党员被开除出党，党员人数也因此而锐减。此次被开除出去的英共党员于1988年4月召开了"重建英共代表大会"，正式与英共中央分庭抗礼。战后英共组织一次又一次发生分裂，对力量和影响本来就不大的英共无异于雪上加霜。

4. 英国经济政治发展模式现状与英共的衰退

20世纪特别是战后英国共产主义运动的低迷、衰退有着深刻的经济政治根源。

首先，从经济根源看，英国资本主义生产方式的兴起、经济发展道路与模式所具有的特殊性，都对英国社会主义运动的发展产生了重大而又深刻的影响。

一是英国资本主义生产方式的较早兴起和持续发展有助于温和、改良的社会主义运动而不是激进的社会主义运动的生长与发展。在英国崇尚改良、渐进的工党在工会运动的基础上能迅速发展壮大，而具有崇尚激进色彩的社会主义运动和政党（包括共产党）却一直没有多大的市场。这应该是造成20世纪英国社会主义运动低迷、发展缓慢比较深层次的原因。

二是，英国资本主义经济发展的独特道路对20世纪英国共产主义运动发展的影响也是十分巨大的。英国资本主义经济的发展表现出某种稳定持续、和平进步的特征。经济的繁荣使劳动群众的生活水平不断提高，一种维护既定秩序的保守心理油然而生，中庸和妥协由此成为英国社会的特质，任何极端的思维和运动（不管是右的还是左的）都不可能有太大的市场①。

三是，英国资本主义经济结构的演进为英国政治社会崇尚妥协与改良的特性提供了适宜的经济环境和经济基础。英国资本主义经济结构的变革是从圈地运动开始的。随着英国工业的发展和经济的进步，资产阶级有可能对工人阶级日益增长的物质要求给予适度的满足，工人阶级的斗争往往可以只停留在经济的阶段而不必进入政治阶段就能达到自己的目的。同时由于英国在世界市场上还长期拥有工业和贸易的垄断地位，资产阶级可以拿出高额垄断利润的一部分来收买工人贵族和工会领袖。

四是，战后随着经济全球化和经济、科技的持续发展，英国的产业结构发生了巨大变化。战后英国传统的四大产业迅速衰落为"夕阳工业"，电子、机械、仪器仪表、化学等产业上升为新的"朝阳产业"，第三产业有了前所未有的发展，出现了"非工业化"现象。尤其是进入20世纪70年代以来，高科技的迅猛发展和"信息革命"带来了庞大的信息产业群体（第四产业）。上述产业结构的变化必然引起阶级结构发生相应的变化，蓝领工人减少，白领工人增加，工人阶级内部呈现"中产阶级化"现象。从这个意义上讲，是传统工业的衰落导致了英共的衰落。

其次，从政治根源来看，英国的政治发展道路、劳工运动、政治体制的架构等方面与其他资本主义国家相比，有其独特与不同之处，正是这种不相同，构成了战后英国社会主义运动较之法、意、西等西欧国家更为低迷的重要根源——政治根源。

第一，英国的政治变革进程是以渐进改革的方式推进的，这种独特的政治现代化进程所营造的政治环境有利于崇尚妥协改良的工党生存和发展，而不利于英共的发展壮大。英国的政治变革是在不露痕迹的渐进中平稳地完成

---

① 见陈林、侯玉兰等著《激进，温和，还是僭越》，中央编译出版社，1998，第 558～559 页。

民主化改革的。由此崇尚温和、渐进、妥协、改良的工党就有了迅速发展壮大的肥沃的政治土壤，而以激进面貌出现的英共难有作为也就不足为奇了。

　　第二，英国特有的政治、经济发展模式所造就的特殊政治、经济环境决定了该国的劳工运动易于培育改良主义而非共产主义思想。从英国劳工运动发展的历史看，英国的劳工运动深受工联主义的影响，热衷于经济领域的斗争，主张通过工会同雇主和平谈判，谋求工人生活条件的改善，对工人阶级的政治斗争缺乏兴趣。由于英国统治阶级在政治、经济、社会方面的适时妥协，使得工人的斗争往往在初始阶段（经济斗争阶段）就取得令人满意的成效而停止了进一步的发展。长期使用温和的经济斗争及其有效性，使改良主义和合法斗争的思想在劳工运动中扎下了根[①]。显然在改良主义思想浸润下的劳工运动难以成为共产主义思想生长和发展的沃土。

　　第三，英国政治现代化过程中建立起来的选举制度与政党制度对英共的成长与发展及政治影响的扩大极为不利。在西欧大部分国家都实行比例代表制选举，这种选举制度有利于小党的生存与发展。然而英国实行的却是简单多数制选举。在英国简单多数的选举制和两党制下，小党只能是一种政治上的点缀，小党是两党制的牺牲品。由此可见英国的简单多数制的选举制度是造成英共战后长期被排斥在议会之外而被边缘化、影响力下降与力量衰退的一个不可忽视的原因。

　　第四，以绿色政治为代表的新社会运动对英共造成巨大的冲击。战后发达资本主义国家的经济结构和社会结构发生变化，传统工业衰落，共产党失去了选民基础，代之而起的是新中间阶层力量，他们的价值观发生了变化，不再信奉共产主义。而以绿色政治为代表的各种新社会运动的政治主张正代表了这些人的愿望。从这个意义上来说，以绿色政治为代表的新社会运动与共产党在社会基础上是一种更替关系，在价值观上是一种修正关系。英国绿色政治的兴起对英共所产生的冲击是巨大的，不仅一批英共党员和原来支持英共的选民投奔了绿色政治运动，而且英共在社会民主党化的同时，也表现出浓厚的绿党化倾向，"民主左派"宣称其存在"是为了使其成员能够为民主的、人道的和绿色的社会主义人民运动的发展作出贡献。"[②]

　　第五，撒切尔主义的工会战略和新保守主义的新自由主义政策削弱了英共的社会基础，使英共的处境变得更加严峻。在长达10余年的保守党执政

---

① 见陈林、侯玉兰等著《激进，温和，还是僭越》，中央编译出版社，1998，第600~602页。

② Martin J. Bull and Paul Heywood（ed.），West European Communist Parties after the Revaluation of 1989《1989革命后的西欧共产党》，New York：St Martin's Press，1994，p.172.

时期，撒切尔夫人进行了频繁的立法活动，通过 5 项重要工会立法对工会权力进行限制。其结果一方面是 10 余年中，工会会员大量减少；另一方面则使保守党政治上的对手工党在 3 次大选中惨败，工会运动也因此元气大伤，有人甚至认为撒切尔主义的工会战略把英国工人阶级又推回到本世纪初。右翼政治势力的这次进攻，虽然主要是针对工党的，但作为左翼一支且以劳工运动为自己根基的英共不能不遭受连带损失，它不仅导致一些工会的执委中的英共党员被排挤出工会领导层，而且使英共在工会中的宣传鼓动与组织动员工作越来越困难了。

5. 民族文化传统与英共的衰退

任何思想理论及在其指导下展开的运动总是在特定的民族文化传统背景下形成和发展起来的。不同的国家、不同的经济发展模式与政治变革方式就必然会孕育出各具特色的民族文化传统，从而使不同地区、不同国家在历史传统、民族特性、价值观取向以及宗教文化观上呈现出差异性，这些各不相同的民族文化也必然会给不同国家的社会主义思想及运动带来不同的影响。

首先，从历史传统上看，英国独特的经济发展模式与政治变革方式铸就了浓厚的民主传统、讲求实效，反对走极端的思维方式。

随着资产阶级革命的爆发，英国几乎是在未经过强大专制王权统治就进入了资本主义社会，很多原始的民主形式得以保留，因此英国向来缺乏强有力的行政统治，民主传统却十分悠久和浓厚，王权力量同贵族力量之间历来存在某种制衡作用，久而久之，政治民主被视为理所当然的事，被认为是经济和社会发展的一个自然结果，且政治民主化进程显现出渐进、平稳、有序的传统，较少出现动荡、激烈、反秩序的状况。在长期的政治渐进主义的影响与浸润下，在英国形成了凡事讲求实效、反对走极端的思维方式，以实用、中庸、均衡为思维的落脚点。

其次，从民族特性看，英国民族的实用主义与妥协精神的特性更容易造就实用、渐进、广泛参与、富有成效的民主社会主义运动，而不大可能酝酿成激进的革命运动。

务实的北海地区的英国等国取代地中海地区成为欧洲的商业中心，作为新兴资产阶级精神产物的新教思想在这一地区广泛传播，资产阶级文化观念迅速勃兴；经济理论、法律制度等形式主义的东西逐渐失去了市场，在欧洲大陆被看得比生命还宝贵的最高荣誉体现的种姓制度，唯有在英国被"摧毁而非改头换面"，这使贵族和平民可以"从事同样的事务，选择同样的职业。"[1] 尽管新

---

① 托克维尔：《旧制度与大革命》，商务印书馆，1992，第 122 页。

兴的资产阶级商人坚信凭借自己的进取精神能致富,厌恶君主的绝对权力,但他们又认识到维护法律和秩序对他们的重要性,因而主张渐进的改良和相互妥协,并且"英国人典型的爱妥协世代相传下来"[①],成为世人所公认的大不列颠的民族特性。

再次,从宗教文化观看,新教所倡导的自由理性与自律的理念也不仅有助于人们养成实用主义与改良的精神,而且有利于社会的稳定。

欧洲是基督教的滥觞之地,作为基督教一个派别的新教,是以天主教和东正教等旧教的批判者和改革者的面目而出现的。新教崇尚自由与宽容,但这种自由决非为所欲为的自由主义,而是指每一个人都"必须照他自己的想法,与上帝达成协议",遵守按自己的自由选择所达成的协议是每一个新教徒的义务。正是在这样的一种自由观的激励下,随着经济现代化的实现,政治现代化和社会现代化持续、稳定、协调地展开,实用主义、改良主义也有了越来越大的市场。因此,英国的任何政治、社会运动都表现出对政权的浓厚兴趣,希望通过渐进、温和方式对英国社会进行逐步的改良,以实现社会的持续稳定、协调发展,而对思想的独特性尤其是激进的思想的追求却兴趣不大。正是这种稳定和英国宗教文化的熏陶,使英国工人阶级没有出现法国那种革命激情和冲动。

四 冷战后英国的社会主义运动

(一) 冷战后英国的共产主义政党和组织

经过 20 世纪 80 年代末到 90 年代初苏东剧变的震荡,英国的政治力量对比出现了新的变化。在这次政治力量重新洗牌与组合过程中,尽管中左力量在增强并显露出占上风的趋势,但作为左翼力量有机组成部分的英国共产党却演变成民主左派,其他仍坚持共产主义方向的政党和组织不仅力量很弱,而且在组织上处于四分五裂的状态,处境十分艰难。

在经历了几年的思想迷茫之后,原来从英国共产中分裂出来的新英国共产党 (NCPB) 仍坚持活动。该党于 1977 年成立后,虽然得到苏联共产党的支持,但却一直未得到苏共的正式承认。长期以来,该党被各种困难特别是经济困难所困扰,一度欠债高达 4 万~5 万英镑。苏东剧变后,当原英共易名为"民主左派",完全社会民主党化后,新英国共产党于 1993 年 12 月

---

① 伯特兰·罗索:《西方的智慧》,世界知识出版社,1992,第 281~282 页。

通过新纲领，声明坚持党的工人阶级先锋队性质和立场，在极其困难的情况下坚持开展活动。世纪之交，该党通过募捐等活动和工作，经济状况有所好转，现在已经基本上做到收支相抵。不过该党组织发展依然未见起色，党员人数仅有 300 人左右。该党出版发行党报《新工人报》（周报，发行量约 2000 份）。总书记为安迪·布鲁克斯。

而成立于 1968 年 4 月的英国共产党（马列）［RCPB（CML）］在世纪之交也在活动。2000 年 10 月召开了第十二次代表大会，会上讨论并通过了《阶级、国家和控制》的决议，2001 年 1 月又重申了该党 1971 年第二次代表大会通过的纲领《英国工人阶级及其政党》，认为这个纲领在新时期仍然像过去一样，不仅没有过时、陈旧，而且还富有启发性，在今天依然十分重要。由于该党教条主义严重，仍坚持传统的、过左、过激的、与现实脱节的理论观点，未能与时俱进，因此在民众中一直影响很小，人数也不过 200 人左右。

冷战后，在英国影响较大共产党组织是简称为 CPB 的英国共产党。在 20 世纪 80 年代的英共党内危机时，英共党内的少数派在 1988 年 4 月召开重建英国共产党代表大会，另立组织。由于他们控制原英国共产党（CPGB）的机关报《晨星报》，所以也被称为"晨星报派"。该组织在原英国共产党（CPGB）1991 年演变为"民主左派"后，逐渐把英国共产党这个名称和旗帜接过来，声称继承了原英国共产党（CPGB）的传统。苏东剧变后的世纪之交，该党在前任总书记希克斯和现任总书记格里菲斯的领导下，坚持共产党的旗帜，在工会的影响有所扩大，力量也显露出一点回升的势头，党员人数达到 1200 人左右。该党不仅坚持每两年召开一次代表大会的传统，而且还通过积极参加英国大选活动来扩大自己的政治影响。从 1997 年开始参加大选，在 2001 年的大选中有 6 名英共候选人参加了下院议员的角逐，虽然得票都在一二百张左右，与工党当选议员二三万张相比差了几百倍，但已表现出逐步扩大其政治影响的势头。该党还克服种种困难，坚持出版发行现今已成为西欧唯一一份有共产党背景的英文日报《晨星报》（MORNING STAR）发行量近 1 万份，读者有数万人，此外还办有英共机关刊物《共产主义观察》（Communist Review）。

总的说来，新世纪英国共产主义政党和组织还没有从 20 世纪 80 年代末 90 年代初的国际共运的那场大地震中缓过气来，仍然处于极度低迷的状态，不仅力量弱小、组织分散，而且政治影响力十分有限，几乎对英国社会没有产生什么影响，处在政治边缘地带。

（二）英共（CPB）的理论纲领

世纪之交，英国共产党（CPB）在原英共（CPGB）党纲基础上，制订了的新党纲《英国走向社会主义的道路》。新党纲不仅阐明了英共的相关理论和对一些重大问题的看法，而且还规划了党在新时期的斗争策略。[①]

首先，英国共产党重申了党的性质、宗旨、组织原则以及党际关系准则。英共旗帜鲜明地重申：英共是建立在马克思主义列宁主义基础上的，这个基础使它能够分析资本主义社会的性质，并能制定一个通向社会主义的战略；它是一个民主政党，但它又强调集中，它是按民主集中制这一党的最高组织原则组建的；它在自由、平等和相互尊重的基础上与世界上所有为和平、进步和民族解放而斗争的政党和运动建立友好关系，并认为这对在英国实现和建立社会主义至关重要。

其次，英共认真反思社会主义的历史和现状，在充分肯定俄国十月革命的伟大意义和社会主义的历史功绩的基础上，剖析了苏联社会主义模式的弊端。该党认为苏东剧变的首要原因，是从 20 世纪 20 年代末起苏联制定和采取了不少严重违背社会主义和民主原则的决策，并逐步形成了一种高度集中的政权体制，这种体制未能充分利用战后科技革命成果来实现比资本主义更有效地发展社会生产力。苏东剧变的第二个原因，是苏联热衷于与美国搞军备竞赛，大规模的军事扩张计划不仅消耗了大量有限资源，加重了经济负担，而且还衍生出一个官僚利益群体，这一切都严重影响到苏联东欧人民对社会主义的信心。而 20 世纪 80 年代开始的以"公开性、民主化、多元化、人道主义"为内容的政治和经济体制改革的失误，则是导致苏联东欧剧变的又一重要原因。

再次，英国共产党制定了党在新时期的斗争策略——"替代的经济和政治策略"。这个策略的基本内容主要包括三个方面。第一，关于经济和社会政策。英共主张减税，增加就业，提高低收入者的收入，减少贫富差距；关注传统产业，增加对传统制造业部门的投资，并给地方更多的发展经济的自主权；主张改善所有劳动人民的生活水平；要求立即停止私有化，原已私有化的部门应重新国有化，等等。第二，关于民主政策。英共认为工会应彻底独立，摆脱政府和国家的干预和控制；改革简单多数的选举制度；坚决反对保守党当政，主张恢复地方议会并赋予地方议会以相应的权力，废除君主制度和上院（贵族院）。第三，关于对外政策。英共追求的是独立的外交政

[①]　见 Britain' Road to Socialism. http//www. communist – party. Org. uk。

策，反对英国追随美国搞霸权主义干涉别国内政，主张退出北约；主张维护国家主权，反对全球化，反对单一货币，坚决要求英国从欧盟中退出；主张英国与第三世界国家之间不仅要建立互惠互利的贸易关系，而且还要免除发展中国家的债务并向它们提供其他形式的直接援助。

再次，英共提出了建设劳工运动和左翼联盟的策略方针。关于劳工运动，英共认为在"社会合作"或"第三条道路"的影响下，英国劳工运动中弥漫着"阶级合作"的思潮。因此现在在劳工运动中需要发出号召，以一个真正愿意服从于工人阶级利益的领导去代替布莱尔和他的同僚，并努力去团结和加强左派，反对右派。关于左翼联盟建设问题，英共认为《英国走向社会主义的道路》决定了工人阶级及劳工运动是社会主义革命的领导力量。为了赢得领导地位，有组织的工人阶级应该与所有的同盟者一道开展反对各种形式的压迫和剥削。在大规模的议会外斗争中，应围绕"替代的经济和政治策略"建立一个民主的反垄断同盟。

最后关于党的建设问题。英共认为在工党业已变成社会民主党并进一步右转的情况下，在英国建立一个强大的共产党就显得尤为必要。为了建设英共，党在即将到来的阶段应在宣传、公开工作、特别是在选举方面进一步加大力度，党在妇女、青年和学生中间以及反对种族主义斗争中的软弱无力状况应通过有计划、自觉的方式加以克服。

目前英国共产党虽然还是一个小党，政治影响力十分有限，但英共领导和党员普遍对英共的前途表示乐观。格里菲斯总书记说：前一阶段，英共经历了一段曲折，遇到了一些困难，党员人数下降，党员老龄化现象比较严重，但现在情况正向好的方面发展，很多年轻人加入共产党，党的队伍增加了新的血液，因此英共的前途是光明的。[①]

（三）新世纪英共（CPB）的国内外政策

2008 年以后，英共（CPB）面对国内外新的政治经济形势，于 2008年、2010 年 11 月、2012 年又分别召开了第五十、第五十一、第五十二 3 次代表大会。罗伯特·格里菲斯连任总书记，并在每次会议上作了党的重要讲话。3 次会议依据新的国内外形势讨论并通过了《帝国主义与人类未来的威胁》《反对帝国主义过度剥削和战争的运动》《为民众的关于紧缩、私有化和欧盟的替代方案而建设劳工运动》等决议。这 3 次大会决议以及会议前

---

① 王晓珺：《这里挂着五星红旗——访英国共产党总部和英共总书记》，2001 年 6 月 29 日。http//www.cctv.com.

后英共及英共的领导人在考察剖析国内外政治经济形势的基础上，对一系列国内外问题作了回答。

第一，关于国际问题。英共高度评价了古巴革命 50 年来在美国奉行封锁、孤立古巴的极为恶劣的国际环境下古巴社会主义建设事业所取得的伟大成就，对美国颠覆古巴政权的企图进行了严厉的谴责，坚定支持社会主义的古巴，赞赏其为革命 50 年来争取社会主义成就所作的巨大努力；要求加强与反帝国主义的、进步的、社会主义国家的团结，主张委内瑞拉、玻利维亚、厄瓜多尔、尼加拉瓜和所有的拉丁美洲及加勒比海国家团结起来努力避免新殖民主义统治，号召哥伦比亚的工人阶级与农民联合起来反对美国支持的独裁统治；针对包括英国在内的一些西方国家在 2008 年上半年所掀起的支持达赖集团分裂中国的反华运动，英共旗帜鲜明地予以反对，强烈谴责西方主流媒体对西藏问题的歪曲报道，指出西方对西藏分裂主义分子的支持是完全建立在对西藏和中国历史的无知基础之上的，"自由西藏"运动实际上是为帝国主义国家的利益服务的，其目的就是要造成中国的不稳定，对西藏民主改革以来所取得的成就给予了充分的肯定，并提出要加深对中国的理解，提升与中国的合作水平；强烈要求终止英国与美国在中东地区军事合作，结束以美国为首的帝国主义集团对中东有关国家的军事占领并实现完全撤军，反对对伊朗、利比亚、叙利亚的任何军事攻击；终止英国政府追随美国对以色列的战争机器的援助，督促英国政府支持巴勒斯坦问题按联合国决议得到正当解决；反对美国在东欧实施导弹防御计划，呼吁削减并最终销毁核武器；重申废除欧盟的主张，要求英国退出欧盟；等等。

第二，关于国内经济问题。英共认为自 1997 年工党重新上台执政以来，工党政府执行的实际上是最大限度增加大财团利润的政策，但却伪装说是能给劳动人民和他们的家庭带来财富。之所以如此，一方面是因为它与其他发达资本主义国家一样奉行新自由主义理念，另一方面也与英国极力维护它作为一个主要帝国主义力量有关。于是英国成为除美国以外资本流向海外最多的国家，其结果必然造成国内制造业的萎缩，那些劳动力低廉且遭受残酷剥削的工作岗位被转移到国外，公共服务部门被完全私有化和市场化了；而英国政府在拒绝保护英国工业基础的关键部门与拒绝为公共部门提供资金援助的同时，却将成千上亿英镑注入北洛克抵押银行；更为严重的是，当国家干预常常被用来拯救不负责任的公司主管和他们的所有者时，欧盟和欧洲中央银行却视而不见；英国经济过度依赖金融部门，海外投资利润又加剧了英国金融的不稳定和危机；此外高利率、英镑升值与资本输出也阻碍了英国对工业的投资与现代化以及进口的增加和出口的减少。为改变这种现状，缓解危机，英共主张强化政府对市场的干预，按照英国工人阶级和人民的利益来发展英国经济，优先解决急待解决的问题：控制资本输出，引导资本流向民用研究、开发与制造业，尤其是环保技术和替代能源的生产；通过政府干预严格限制企业大量盈余，对向英国出口的公司征收进口税，重建英国工业基础；对铁路、公共运输、能源部门实行国有化，重建国家金融体系；终止在公共部门的各种形式的私有化、市场化和牟取暴利的行为；等等。

第三，关于能源环境与社会进步问题。针对能源环境问题日益突出，英共指出英国工业将从减少大气污染的政策中获益，认为一味地依赖能源进口不仅会给经济和环境带来巨大伤害，而且还会加剧物价上涨与供给约束，敦促英国政府大力开发洁净的、可再生的能源，反对通过激增核电站方式来解决能源问题，主张通过发展公共交通运输、实行公有制与经济计划等途径来解决能源环境问题，认为这些措施不仅有助于新能源的开发与利用，而且还使二氧化碳的减排与转到可再生的、非核的能源生产目标的实现成为可能。在社会发展问题上，英共认为在因地产价格螺旋式上升而剥夺了许多家庭拥有一套住房的情况下，应通过实施大规模的地方当局房屋建造计划，为普通老百姓提供能负担得起的住房，并以此创造更多的就业岗位；在分配上，主张对富人和大财团征收财产税，对能源、金融和大型商业企业等部门的超额利润征收额外收益税，以此来扩大公共消费，同时还应严格控制生活必需品的价格，并通过工会发动一场旨在增加受雇于公共与私人部门的雇员的薪金水平的工资保卫战。在民主与平等权利方面，针对英国政府在国内外推行强化垄断资本主义政策、侵犯人民自由、扩大不平等和强化国家压迫机器的行径，英共强烈呼吁以工会与工人的权利法案代替现行的反工会法令，取消现行的各种对公民基本自由权利的限制，等等。

第四，关于劳工运动与工人政党。英共敦促工会摈弃工党集团，重新回到工人运动中来；赞成在国家和地方开展积极的旨在提升工会会员士气和改变政治力量平衡的运动，要求工人阶级必须改变对工党的政治抉择并为实现这一目标而采取行动；主张在劳工运动和新左派中广泛开展公开的、同志式的关于如何在劳工运动中建设一个力量强大的工人政党并重新规划党的未来目标选择的讨论；同时依据继续开展改造工党的斗争和激发关于如何在英国组建一个力量强大的工人政党的讨论两个方面的考虑，英共认为在国家和地方建立劳工代表委员会将一定会在构筑解决政治危机的基础方面发挥至关重要的作用；考虑到长期的英国帝国主义的影响与遗产，英国的工人政党不可避免存在着明显的改良主义和社会民主党化倾向，所以在任何情况下都需要有一个扎根于工人阶级、富有国际主义眼光与境界并拥有贯彻政治斗争理论于实践的社会主义革命纲领的马克思主义政党，一个强大的有影响力和富有战斗精神的共产党对人民与工人阶级的进步事业是极其重要的。为此一方面英国共产党人要通过英共在工人阶级和劳工运动中卓有成效的工作，以广泛的、非宗派的方式不断提升英共的政治斗争水平，提高英共的政治觉悟，增强英共的团结；另一方面要在选举领域通过结成和平与社会主义的统一战线，比如在英共与国内外共产党和工人政党之间组建共产党领导的联盟来不断扩大自己的政治影响力。针对英国劳工运动与工党的现状，英共认为现行的工党必须改变其路线政策，否则很难重返政权。为此英共向工党所有的工会集体会员发出如下号召：要求立即恢复工党会议民主，以使它有能力来思考当代的现实问题，有能力对政府所执行的解决这些问题的政策作出判断；只有当工党执行了保证使劳动人民和工人过上更好生活的政策时，才继续交纳集体会费，否则停止对工党的财政支持；利用工会集体会员在选举区党团中的选择权利要求工党终止亲大财团的政策。鉴于 2008 年爆发的这场危机为极右势力的泛滥提供了极好的环境，英共认为唯一的解决办法就是清晰地解释其真正的原因，并开展群众运动争取进步的替代方案，因为只有开展工会及劳工运动领导的群众运动，才能形成改变政府政策的广泛人民运动。

　　站在新世纪的起点展望英国社会主义运动，一方面，我们既要清醒地认识到，在今后较长一段时期内其生存与发展处境依然十分困难；另一方面，我们也必须看到英国资本主义制度的危机依然存在并在不断地拓展和加深，资本主义制度内部的社会主义因素在逐步积累，当代世界社会主义运动特别是现存社会主义国家正在通过自己的建设向全世界展示社会主义的优越性和吸引力。在此背景下社会主义代替资本主义的历史规律也终将在英国表现出来，英国社会主义运动必将走出泥泞的沼泽地。虽然这一过程不会一帆风顺，必然充满曲折与坎坷。

第八章　法国共产党的历史、理论与现状

法国共产党简介

1920 年，以马塞尔·加香为代表的社会党多数派从法国社会党中分裂出来，成立了以马克思主义为指导思想，以为工人阶级的利益而奋斗作为根本宗旨，以实现共产主义为最高目标的法国共产党。该党目前约有十多万党员，是欧洲最大的共产主义政党。该党最高领导机构为全国代表大会，主要完成决定和决策重大路线和方针，选举总书记及领导集体，修改党章等工作。大会每三年举行一次，闭会期间的日常党务由大会常务委员会负责，分管决策、宣传、财务等工作。该党在各地市（镇）有近 200 个基层党支部。皮埃尔·洛朗为现任总书记。

法国共产党始终坚持马克思主义与法国共产主义运动相结合的创新发展道路。苏东剧变后，前法共领导人罗贝尔·于及其继任者玛丽－乔治·比费经历冷战结束、全球化浪潮、金融危机等复杂的历史变革，他（她）们保持了法国共产党人理论探索的品格，法国式共产主义理论与实践道路并没有停止。

法共机关报：《人道报》

官方网址：http//www. pcf. fr

法国共产党是欧洲最大的共产党。历经 90 多年政治风云洗礼，这个拥有 10 多万党员的欧洲老党所走过的历史轨迹，创造的独特思想，建立的左翼联盟，面临的发展困境，构成了世界共产主义思想理论与社会实践的重要组成部分，当代法国共产党的理论变革，战略选择、实践兴衰更是综合反映了发达国家共产党发展变化的现状。

一　20 世纪 20～80 年代法国共产党的曲折发展与理论探索

法国共产党是具有光荣革命传统的马克思主义工人政党，它在二次世界大战前开创了反法西斯主义的人民阵线理论与实践，领导法国人民开展了武装反抗德国法西斯占领的英勇斗争；在二次世界大战后又勇敢地探索了法国色彩的社会主义发展道路，对"欧洲共产主义"的形成和发展作出了重要的贡献。

（一）法国共产党的创立与人民阵线的成功实践（20 世纪 20～30 年代）

1920 年 12 月 29 日，作为工人国际支部的法国社会党出现分裂，以马塞尔·加香为代表的社会党多数派（拥有 11 万党员）主张立即无条件加入共产国际，最终与反对这一主张的以莱翁·勃鲁姆为首的社会党少数派（拥有 3 万党员）决裂，成立了以马克思主义为指导思想，以为工人阶级的利益而奋斗作为根本宗旨，以实现共产主义为最高目标的法国共产党。法共的建立标志着法国历史上第一个马克思主义工人阶级政党的诞生。法国共产党与 1922 年成立的法国激进总工会长期保持着密切的联系，后者加入了职工国际，是争取法国工人阶级权益的重要社会力量。

法国共产党在其建立的初期，深受共产国际的影响。在列宁逝世后，共产国际把十月革命经验作为唯一的样板，强行在各国推广，并要求各国共产党把主要精力放在同社会民主党作斗争和组织武装起义上，把分析资本主义的实际和满足工人阶级日常需要的斗争当做右倾机会主义来批判。在"左"倾教条主义和宗派主义的影响下，从 1924 至 1927 年的三年间，法国共产党先后开除了总书记弗罗萨尔、驻共产国际代表苏瓦林、罗斯梅尔以及洛里欧、莫纳特等建党初期的领导人，并要求"立即夺取政权"、"建立无产阶级专政"、"以实际行动保卫苏联"等。这就为资产阶级政府的镇压行动提供了口实。1929 年，数千名积极分子遭到法国政府的关押，党中央委员会的成员几乎全部被捕，革命力量受到极大摧残。到 1932 年，法国共产党的党员人数由 1920 年的 11 万下降到 2.9 万，选票由 1928 年的 106 万下降到 79.6 万，国会议员由 26 席下降到 12 席，这表明法共的政治影响力已大大减弱了。

1930 年，世界经济危机波及法国，使法国经济衰退，法西斯势力增长。

面对严峻的形势，法国共产党依靠工人阶级和广大群众的支持，投身到反对法西斯主义的艰苦斗争之中。1934 年 2 月巴黎发生的法西斯暴乱事件，说明法西斯上台的威胁更加迫近了。在此情况下，法国共产党从广大群众的愿望和现实斗争需要出发，发起了建立反法西斯的人民阵线运动，并起草了《人民阵线纲领》，这一纲领反映了工人、农民和城市小资产阶级的政治经济利益和迫切要求。1936 年 1 月，法国共产党、社会党和激进社会党等左派政党和团体在《人民阵线纲领》下建立起法国人民阵线。在人民阵线中，法国共产党反对勃鲁姆政府屈从于垄断资产阶级的政策，要求政府解散法西斯组织，对税制进行民主改革，减轻人民的赋税，复兴法国的经济。法共主张的税制改革的具体内容是：对巨额收入者征收累进附加税；重新规定遗产税；实行纳税证制度，以消除流通证券的欺诈舞弊行为；大量豁免间接税，以及保护消费者的利益等。在人民阵线的努力下，维护工人和其他劳动群众基本权益的三项法令获得议会通过。法国共产党和社会党在人民阵线旗帜下的合作，还促进并实现了法国工会运动的统一，法国共产党的力量和影响也获得了新的增长，党员人数从 1932 年的 2.9 万人发展到 1937 年的 34 万人。

（二）法国共产党在反法西斯战争中的重大贡献与对法国社会主义道路的探索（20 世纪 40～50 年代）

1939 年，希特勒入侵波兰后图谋侵占法国，而法国政府对德国却宣而不战，同时在国内疯狂镇压以法共为首的爱国民主力量，1939 年 9 月 29 日，法国共产党被政府取缔，共产党议员和共产党积极分子悉遭逮捕，所有民主团体均被解散。1940 年希特勒、墨索里尼向法国宣战。德军 6 月 14 日占领了巴黎，法国贝当政府于 6 月 16 日向德国投降，24 日又向意大利投降。7 月法国贝当政府由巴黎迁至维希，被称为"维希政府"。"维希政府"改法兰西共和国为"法兰西国家"，积极为希特勒效劳，沦为德国法西斯的鹰犬。贝当政府还将法国前政府首脑雷诺、勃鲁姆、达拉第等人送交里奥姆法庭审讯，3 万名法国共产党党员被政府逮捕，15 万名犹太人被流放，法国人民沦为亡国奴。

德国法西斯的占领激起法国人民在全国开展了反对法西斯统治的抵抗运动。在这一斗争中，法国共产党始终站在运动的最前列。法共领导开展了群众性的游行、示威、罢工等反抗活动。1941 年 5 月法国共产党建立了广泛的"民族阵线"，团结全国各阶级的爱国民主力量，同德国法西斯主义进行坚决的斗争。同时还建立了以工人阶级为主体，有其他阶层爱国群众参加的

"义勇军"和"游击队",开展反对德国法西斯占领的武装斗争;在南方建立了"战斗"和"解放"等地下武装组织,法共总共有约25万人的武装力量活跃在森林、乡村和城市中。在整个反对德国法西斯统治的斗争中,有75000名法国共产党党员牺牲在战场上。在国际反法西斯主义力量的支持和援助下,法国共产党和全体法国民众的英勇斗争终于在1944年取得了胜利,赶走了德国法西斯,解放了法国的国土。法国共产党在反对德国法西斯占领的斗争中的卓越表现获得法国工人阶级和其他社会阶层的高度评价,在民众中威信高涨。

1946年1月20日,戴高乐政府因其独立于美国的政策在议会未能通过而提出辞职,社会党人勃鲁姆继任临时政府首脑,并制定新宪法。在法兰西第四共和国的多党议会制条件下,无论是代表工人阶级的共产党,还是代表小资产阶级的社会党、代表中产阶级的激进党,还是戴高乐组织的法兰西人民联盟以及亲美的人民共和党等,均不在议会中占绝对多数,因此,内阁必须由几个不同政纲的党派联合组成。1947年1月法国共产党有5人参加政府:莫里斯·多列士任副总理,其他法共党员任国防部长、复兴部长、劳动部长和卫生部长,法共第一次成为参政党。此时,法国共产党党员人数达到80多万,成为法国议会第一大党。

然而,第四共和国政府执行依赖美国的政策,内部矛盾重生,分歧不断,更迭频繁。1947年3月,法国政府为获得国际复兴开发银行2.5亿美元的贷款,接受了美国提出的"马歇尔计划",并将共产党排挤出政府,重新组成了一个亲美的联合政府。

被孤立和被排挤的法国共产党,从议会大党变成了在野党。在1947~1952年掀起的国内外反共浪潮中,在苏联共产党的压力下,法国共产党改变了参政与合作政策,改变了与左翼力量团结的政策,坚决反对政府接受"马歇尔计划",党的政策日益脱离法国的实际。1948年6月,苏联共产党领导的欧洲九国共产党和工人党情报局召开会议,无理地批判了南斯拉夫共产主义者联盟独立自主地对本国社会主义发展道路的探索,并以"背叛马克思主义"、"背叛国际主义"、"反苏、反共"、"狭隘民族主义"等罪名将南共开除出社会主义大家庭。在此情况下,法国共产党也被迫放弃了"以不同的道路实现社会主义"的探索。莫里斯·多列士在1950年4月法国共产党第十二次代表大会上强调要搞政治性罢工,并加大对"经济主义"的批判。1952年法共提出"反对法西斯主义"、"不能让戴高乐掌权"的口号,片面强调战争的危险性和保卫苏联的重要性,并把共产党以外的其他政治党派都说成是投靠美国的政党,把社会党奉行的第三种势力政策与戴高乐派相提并论,这就扩大了打击面,使自己陷于孤立和被动局面。由于法共在经济及社会问题上脱离了群众,表现出浓厚的亲苏色调,因而没有能够得到工会组织的足够支持,其领导的政治罢工都以失败而告终。最终法共领导人被政府指控犯有"组织阴谋活动罪"而遭到逮捕,党员由二战结束时的80多万锐减到50万。党的力量再次被削弱了。

这一阶段法国的社会经济迅速恢复到战前水平并有很大发展。法国新兴工业部门的大垄断集团一方面在国内加紧资本集中和兼并,另一方面也反对美国对法国的渗透和控制。与此同时,法国的和平、民主传统力量也获得了一定的发展。在新的历史条件下,1956 年莫里斯·多列士提出了"法国人民可以考虑通过不同于俄国共产党人的道路走向社会主义"的法国式道路构想,调整了党的政策。1958 年 5 月戴高乐第二次上台,通过新宪法,领导了法兰西第五共和国,戴高乐政府在美、苏两极格局中积极维护民族独立和国家主权,也得到法国广大人民群众的支持。法国共产党对戴高乐政府持支持态度,特别支持戴高乐政府结束阿尔及利亚殖民战争、促进非殖民化的政策,支持法国同新独立的国家签订"合作协定"。1958 ~ 1962 年,除吉布提外,法属非洲殖民地全部获得政治独立。1958 年 1 月法国联合德、意、荷、比、卢等国组建西欧共同市场与美国抗衡。1963 年,法、美在越南问题上的矛盾激化,法国共产党明确反对美国侵略越南的战争。就在这场战争不断升级之际,戴高乐于 1966 年 9 月强烈谴责美国的侵略政策,要求改组北约,退出北大西洋公约的军事一体化组织。戴高乐政府维护国家的独立和主权的政策与非殖民化政策,使法国取得了政治上的主动地位,改善了国际处境,恢复和扩大了在第三世界中的影响,增强了全球的抗美力量。

(三) 法国共产党重建左翼联盟与建设法国色彩的社会主义 (20世纪 60 ~ 70 年代)

20 世纪的 60、70 年代,谋求民主和左翼联合参政是法国共产党这一时期的重要策略。1967 年罗歇在法国共产党第十八次代表大会上指出民主不仅是实现社会主义的手段,而且也是社会主义的目标。1968 年苏联入侵捷克,促使法共进一步反思与苏联共产党的关系。同年"五月风暴"爆发,法国共产党先是支持学生罢课、工人罢工,后法共认为当时推倒资产阶级政府的可能性不大,转而采取保守态度。"五月风暴"的兴起和资产阶级政府在"五月风暴"期间对进步力量的压制,使法国共产党感到进一步建立左翼联盟的必要性和紧迫性。1970 年 2 月,法国共产党第十九次代表大会强调为了建立先进民主政权,法共要继续加强同其他左翼力量的合作和统一行动。同时法共对社会党作出了政治让步：不再坚持议会自动解散论、放弃立即销毁法国全部核武器的主张、赞成同时解散北约和华约、同意在继续扩大欧共体及其机构方面进行合作。法国社会党也作了让步，同意法国共产党提出的对9个大的工业垄断公司实施国有化的方案。经过两个月的艰苦谈判，法国共产党和社会党达成了共同纲领的草案。1972年6月，在乔治·马歇领导下，法国共产党同社会党、左翼激进党建立了"左翼联盟"。"左翼联盟"建立后的12年，法国共产党和社会党都出现了新的发展势头。法国共产党在1973年的议会选举中，得票率占21.3%，议席由34席增加到73席，比上届议会席增加1倍以上；社会党议席从57席增加到106席，比上届议会席增加近1倍。在1974年总统选举中，3党热情地为弗朗索瓦·密特朗拉票，使弗朗索瓦·密特朗在第一轮选举中就获得了占总票数43.4%的选票。为了争取中间派选民，法国共产党发表声明表示，如果左翼一旦掌权，将放弃原来一直想得到的内政部、国防部和外交部的职务，以消除中间派选民的疑虑，增加左翼的吸引力。5月19日第二轮选举投票结果揭晓，弗朗索瓦·密特朗得票率占总选票的49.3%，取得了1946年后左翼力量最好的选举结果，这标志着经过分化和组合后左右政治力量的对比已经形成势均力敌的状态。法国共产党的党员也从1971年的40多万人增加到1977年的60余万人。1974～1975年，乔治·马歇提出以新的民主、自由为基本内容的"法国色彩社会主义"，并通过与意大利共产党和西班牙共产党领导人的多次会晤和讨论，形成了"欧洲共产主义"的共识。"欧洲共产主义"是不同于苏联的另一种社会主义发展道路和社会主义建设模式的选择。

在法兰西第五共和国的最初23年里，面对戴高乐的高压，蓬皮杜的猜疑，吉斯卡尔·德斯坦的中间道路等复杂的政治环境，法国共产党发挥着建设性的反对派政党的作用，对政府既支持又斗争。法国共产党对法国政府在外交上推行西欧国家团结、与美国搞好平等伙伴关系以抗衡苏联、摒弃戴高乐的独立防务政策，对内征收增值税、实行行政管理现代化等政策，持有保留的支持态度；同时，法共对政府在解决老年人、妇女和青年就业等问题上抵制左翼联盟的意愿和打击左派势力的政策持反对态度，并积极地开展各种形式的斗争活动，被人们称为敢于对政府说"不"的政党。

二　20世纪90年代的思想解放与罗贝尔·于的"新共产主义"

1984法国共产党对社会党政府执行右翼的经济紧缩政策持严厉的批评

态度，并最终退出了政府，左翼联盟陷入分裂。法国共产党虽然参加 1988 年总统选举，却仅获 6.7% 的选票。苏东剧变后，世界的政治环境日益恶化，法国掀起了新反共反社会主义的浪潮，法国共产党内部也随之出现思想混乱，有的人认为社会主义已经终结，退出了法国共产党，有的人否定法国共产党的历史和贡献，主张取消法共。此时，法国共产党党员人数锐减至 10 万人。

20 世纪 90 年代以后法国共产党的发展，可大致分为三个阶段：在苏东剧变的冲击中稳定阵脚阶段（1990～1995）；"新共产主义"的理论与实践阶段（1996～2002）；对"新共产主义"的反思和战略调整阶段（2003 至今）。

1990～1994 年在法国共产党第二十七、二十八次代表大会上，乔治·马歇高举马克思主义的旗帜，提出不改名易帜、总体否定苏联模式，肯定法共独立自主地探索法国式社会主义发展道路的方向和历史，从而结束了党内的纷争和混乱，并为新时期法国共产党的改革扫清了道路。1996～2001 年罗贝尔·于在党的第二十九至三十一次代表大会上提出了告别经典社会主义模式，用"新共产主义"取代法国色彩社会主义的主张，确定了"新共产主义"的变革路线。法国共产党在坚持共产主义的理想和信念不动摇的前提下，实现了思想上的解放，从而带来了理论上新探索。这一新探索对欧洲其他国家共产党的理论与实践也产生了很大的影响。

"新共产主义"成为法国共产党创新和变革的指导思想，它的主要内容如下。

（一）"超越马克思"、"回到马克思"的理论指导原则

法国共产党曾在 20 世纪 70 年代批判了"斯大林主义"，但当时法共实际上并没有摆脱"苏联模式"的影响。1999 年罗贝尔·于在《共产主义的变革》一书中提出"超越马克思"，强调把马克思主义理论与实际相结合，从而为正确地评价"法国色彩的社会主义"，辩证地分析苏东剧变的原因与教训，并创新探索法国现实社会主义道路打开了思想之门。法国共产党认为，应该把马克思主义作为一个完整的体系来坚持和发展，使它获得新的活力，增添时代的内容。法共认为"回到马克思"并不是重复马克思。分析其中观念或提出异议是为了深化马克思；"超越马克思"是用马克思主义的矛盾分析法剖析法国的阶级关系和社会主要矛盾的新变化，使马克思主义获得新的发展。

法共中央理论刊物《思想》杂志进一步指出："超越马克思"、重新"回到马克思"是法国共产党从方法论上克服教条主义的一种真正的独创，

即"用马克思的批判方法超越马克思",解放思想,克服单一社会主义模式的束缚。

法共的"超越马克思""回到马克思"由五个要素构成一个较为完整的指导思想体系。其一是要"摆脱一个经典模式以及同它相关联的思维方式"①,否定将苏联经验唯一化和模式化,并且在否定中肯定一切顺应历史发展要求和规律的新形式和新道路。其二是要超越共产党是工人阶级的代表的简单化理解,现代共产党应维护全体劳动者的共同利益。其三是要超越共产主义计划的概念化制作,增加适应性和灵活性。其四是要超越"社会主义过渡阶段"的提法,法国社会主义因素的不确定性,使社会整体性的改变将是一个不确定的历史过程,这决定了所有制或某个方面的改变不可能是过渡阶段开始或结束的标志。其五是要超越传统党建方法和斗争方式,强调现代化政党与信息化时代的社会变革紧密联系。

(二)"超越资本主义"的共产主义变革规划

"超越资本主义"是在政治、经济、文化、社会等各个领域开展对资本主义"变革"运动的总提法,用马克思关于"人的发展第一"的逻辑超越资本主义"金钱第一"的逻辑。其变革方式包括人的革命、渐进变革、生态斗争、非政治意义的大左翼联盟等。这些斗争方式的提出,反映了法国共产党对传统的阶级斗争、暴力革命以及社会党的议会民主斗争方式的反思,也反映了法国共产党在现代化、信息化、全球化进程中积极寻找适应当代法国的发展道路。罗贝尔·于在《共产主义新规划》一书中,将共产主义表述为"自由、联合和平等的社会","全面分享的社会"②。认为分享的主体是全体公民,其内容包括分享文化、分享知识、分享权力、分享时间、分享信息、分享费用、分享财富、分享国营部门和私营部门等的权利。分享的共产主义社会的依据在于现代社会的信息、通讯、工作的智力化,要求每个人在同别人分享信息的合作关系中,推动自己的知识、智力、品格即个性的发展,推动生活方式朝着合作与分享的方向发展,全面保证雇佣劳动者的权力与权利,同时对"新自由主义经济"及全球化予以必要的限制。

共产主义新规划包括以下三个方面的改革计划。

经济改革方面。第一,实行公营经济占主导地位的混合经济。第二,不

---

① 见费新录《法国共产党全国书记罗贝尔·于谈"超越马克思主义"与"超越资本主义"》,《国外理论动态》1998 年第 9 期。

② 见费新录《法国共产党全国书记罗贝尔·于谈"超越马克思主义"与"超越资本主义"》,《国外理论动态》1998 年第 9 期。

断完善社会保障制度，提高工薪劳动者的地位；实现充分就业，包括反对资本主义的不平等和制定就业计划的两个基本方面；革新企业管理和民主决策，由工薪劳动者占有劳动资料，参与管理和监督；增加工资和培训方面的支出，主张公积金应当用于培训和发展新科技等。第三，积极投入建构社会公平市场的斗争，在这个过程中去寻找有效的改革方式，同时反对金融资本统治市场，加快税收改革。第四，以各国共同发展的合作的全球化去取代金融资本的唯利是图的全球化。

政治和社会改革方面。第一，开展"公民园地"活动，把民主扩大到企业和公共生活、国家机构和新闻媒介等社会各个领域里去，"包括地方的、国家的、国际的三个层次"①。第二，对国家机构进行重大改革，充分发挥代议制民主的作用，并使代议制民主从直接民主中吸取营养，让公民的主导性融进议会，逐渐使人民拥有更多的权力。第三，扩大直接民主的范围，提高民主的质量，使公民享有比代议制民主大得多的、新的权利和权力。第四，努力发展公益事业，建设更加互助的社会，加强生态保护，营造"蓝色地球"。

思想文化改革方面。法共呼吁深化对共产主义理论的研究，认为改变旧观念、建立新的思想观念具有首要的意义，认为更新劳动观念，劳动应该使劳动者实现自身的发展，而不是给劳动者造成生活的沉重负荷。创新共产主义观念，共产主义就在生活中，21世纪是个人革命的时代。建立新的政治参与观，"公民干预"运动是党的工作中心。建立国际政治新观念，从大欧洲经济与政治的整体结合上解决国际政治和世界安全问题，而不只是注重法国、法国共产党、左翼党派的局部矛盾，等等。

（三）建设一个现代化的法国共产党

法共认为，要实现上述目标和计划，关键是建设一个现代化的法国共产党，党的自身变革是保持党的生机活力的迫切要求。法共提出：

1. 从"领导的党"转变为"服务的党"，使党成为社会改革的工具

第二次世界大战前，法国共产党将自己定位为"领导的党"。第二次世界大战后，法国共产党将自己定位为指导的党。苏东剧变以后，法国共产党将自己定位为"服务的党"。党是社会改革的工具有三个确定的内涵：一是党要成为服务于企业的工具，为工人阶级和劳动群众谋取最大的利益。二是党要成为服务于民众的工具。要努力工作以接近群众，观察、了解他们的要

---

① 见林德山《在探索中前进》，《国外理论动态》2001年第12期。

求、感情，为民众谋取更大的利益。三是党要成为服务于青年的工具。要重视青年人的作用，探索与青年联合的形式，给青年的发展提供一切必要支援①。

2. 建设"完全开放"的新型共产党

罗贝尔·于指出，建设"完全开放"的新型共产党，就是党组织要向共产党员、妇女、青年和移民开放，向社会下层的人们和全社会开放②。开放是共产党的一个长久的和首要的问题，不是一时的权宜之策。必须更多地听取人民的呼声，坦诚了解，促进对话，比较观点。要改变传统的建设方法，解决法国共产党与党外民众关系疏远的问题，用开放原则进行党的现代化改革，以有利于党员之间、党派之间的相互沟通，促进党的发展。

3. 用"民主运转原则"取代"民主集中制原则"

民主运转原则的内容是：党员是党的主人，允许党员自由充分地展现各自的思想，尽快地寻求各种解决困难的办法。党要通过观点多样化和思想交锋来建立多样化的统一，党员可以开展多样性和充分的讨论，党的决定要以民主的方式通过多数做出，反对专制主义和独揽大权。支部建设具有头等重要的意义，党内不允许存在有组织的派别。

4. 党的领导机构年轻化、男女人数对等和代表具有广泛性

党要持久、稳定地发展，就必须努力使党做到人尽其才，物尽其用，使法国的各种资源更有价值。这就必须使党的领导机构现代化，承担其社会变革的重大职责。法国共产党第二十八次代表大会后，法共一直坚持建设"现代的、开放的、富有活力和民主的新型共产党"，坚持高层领导年轻化、男女人数对等和代表广泛性的基本组织原则。

（四）建立左翼进步力量大联盟的新策略

法共长期尝试用左翼进步力量新联盟的形式去变革议会政权。法国共产党第三十次代表大会在公民参与、发挥人民首创精神和协商权力的基础上提出了"左翼联盟"的新观念。

1. 放弃法国共产党是"左翼中的左翼"的"抱负"

改变以国家政权为重点的左翼联盟概念，由自上而下的变革运动转变为自下而上的左翼联盟运动，以人民为运动的中心。

---

① 法国共产党第二十九次代表大会，见法国共产党网站：www. nouvelobe. com。
② 原载塞利娜·科尔尼代：《法国共产党第30届大会：罗贝尔·于要求法国共产党对自身机构来一场革命》，法国《回声报》2000年3月22日，转引自《参考消息》2000年4月2日第3版。

2. 创造新的政治联盟

新政治联盟突破了法国共产党和社会党传统的联盟观念，是新的左翼联盟观念，它以复合的政治联盟形式服务于政党斗争，以多样性适应多元化社会。新的左翼联盟不仅要维护共社两党的合作关系，而且要努力促成各种改变政治力量对比关系的社会阶层在社会运动中发挥政治作用。

3. 使选举联盟转变为左翼合作的新范畴

旧"左翼联盟"实际上是选举联盟，新的联盟不单是选票同盟，更是不反对法国共产党的一切个人和组织的联合。左翼合作新的内涵是：法国共产党与一切反对剥削者的统治、反对种族歧视，与一切有利于改造资本主义的社会力量进一步集合起来。左翼联盟始终是把那些希望深刻地改造社会和改变社会面貌的人们联合起来的必要手段，但它又比过去的"左翼联盟"层次更多、范围更广。

（五）对资本主义全球化的分析

法国共产党认为，当代资本主义有较强的自我调节、自我更新、自我发展的能力，这也是资本主义内部增长社会主义因素的条件。法共指出，现代垄断资本主义是金融资本主义。金融资本主义为了保证自身的继续存在，巩固自己对整个社会的统治，便求助于经济全球化和知识蓬勃发展的可能性，以便对资本主义自身进行调节和更新，求得资本主义新的发展。现在经济全球化和知识经济发展的机遇已被资本主义制度滥用，并引入歧途。在资本主义迅速发展的同时，内部新社会因素也在增长，这为各国人民提供了新的机遇，为超越资本主义提供了新的条件。资本主义导致的社会破裂、文明倒退和不平等的加剧，正成为欧洲极右势力发展的温床。欧洲人民对此的震惊程度正在加深，现在已到了摆脱极端自由主义政策的时候了。

法国共产党认为，全球化过程实质上是资本主义固有矛盾不断发展的过程。虽然金融资本主义主导的经济全球化在世界上居于支配地位，但它并不能从根本上消除资本主义固有的基本矛盾，这一矛盾伴随着全球化的发展而不断发展，这正是现代资本主义每况愈下的原因。在资本主义的"过程的逻辑"中，既表现为资本主义的全球性扩张，又表现为资本主义各种社会关系不断的动荡。经济全球化要求在跨国基础上组织生产并形成世界性的、统一的消费标准，一切自然的、社会的空间都服从于资本主义的积累规律，因此，它仍然是资本在完成它本来的历史使命。全球化并非历史进步性的断裂，而是整个资本主义发展过程的一个阶段，它符合人类文明与社会的发展规律，但是人们要给予它以必要的限制。资本主义垄断了世界经济，并不等于说它已经胜利了，也不证明它不会被新的制度所替代。人们应当超越传统的观念，建立新的全球化观点，用各国共同发展与合作的全球化去取代金融资本唯利是图的全球化。

法共认为，在全球化的条件下，应该构建社会公正市场。要实行新国有化，即建立由公营经济占主导地位的混合经济。应当发挥国有企业的动力作用，将经济的有效性、社会的公正性和公民的平等性结合起来，对公用事业部门和公营企业实行革新和民主化管理，公众服务机构和国有大公司必须控制社会主要生产部门，如能源、信息、交通、通讯、航空、电子等部门，并且在共同发展时保持各自的独立空间和公司资产的多样化。在整个经济领域内，要推行各部门、各公司、各地区重点行业内的协商和计划化，推动国有企业与私营企业的合作和市场控制，积极建构企业合作和政府控制的社会公正市场。

三 21世纪初法国共产党的理论反思与战略调整

进入新世纪以来，世界政治经济发生了重大的变化，美国金融风暴扩展到全球，欧洲债务危机有新的发展，亚、非、拉美多国爆发了政治动乱和出现了政权更迭，世界社会主义运动正经历着深层变革并长期处于低潮。在法国，右翼政党在政坛上已经统治了十五年，法国共产党的"新共产主义"理论在实践中没有获得预期的效果，其发展进入困难时期。

（一）法国共产党面对的新挑战

玛丽－乔治·比费于2003年起任法国共产党总书记。她是在法国右翼势力猖獗、而法共的力量和影响不断下滑的形势下出任党的最高领导职务的，形势十分严峻。

1. 法国共产党在政治生活中日益被边缘化

21世纪的最初10年，法国共产党一直没有走出困境。法共的党员人数在减少。现在法共党员有10多万人，但按期缴纳党费的党员据称约为6万人。在整个党员队伍中，普通知识分子党员的比例近几年虽然有些提高，但是高级知识分子，特别是有社会影响力的社会名流加入的很少；失业和待业男性中青年的数量有所增加，造成党员流动性加大；党员年龄结构正在老龄化，60岁以上的老党员和妇女占党员的比例较大。党员的不断流失造成法共的战斗力下降，党的机关报《人道报》的日发行量已经下降至不足10万份。

法国共产党在选举中获得的选票也在持续下降，议会中的议席不断丢失。在过去的 5 年里，左翼选举力量已经失掉了近 100 万选民，法国共产党在 2002 年总统选举中得票率为 3.2%，2007 年选举中的得票率为 1.4%，2012 年大选中法共的得票率已经被绿党联盟超过了。法共在法国议会中的议席还不到 10 席，已失去了组成议会党团的资格，难以产生重大的政治影响。

法共的经费也陷入困难境地。全党只有不到 2/3 的党员能够交得出党费，法共从社会上争取到的个人赞助也日益减少，原有的固定党产中的一部分已经被变卖，地处巴黎的著名法国共产党总部大楼的一半已经长期出租出去了。

2. 新时期法共衰退的主要原因

政治竞选连续遭受挫折。在法国政党政治体制下，竞选的成败成为政党政治发展的风向标。在实践"新共产主义"理论的头 10 年，法国共产党一直认为捍卫本党候选人的资格就是为真理而战，而现在法共只能选择与左翼政党合作参加竞选。但左翼内部的思想观点和意识形态又各不相同，这就造成左翼联盟内部的纷争不断甚至走向分裂，并使参加选举的过程变得犹豫不决和动摇不定，这大大降低了竞选的成功率。1996 年和 2000 年，罗贝尔·于曾二次参选，花费了大量的人力、物力和财力，最后却以失败告终。2007 年玛丽－乔治·比费再次参选，此时法共在第一轮选举中的得票率甚至低于绿党。法共在 10 年内共经历了三次竞选的失败，这使全党在心理上产生了极大的挫折感，民众对法国共产党参选的态度也日益淡漠，认为该党除了热衷于政治竞选外，没有什么新思想、新主张、新作为，不再是真正的共产主义政党，不能捍卫普通劳动者的利益。2004 ~ 2006 年期间，罗贝尔·于因个人原因受到有关方面经济审查，这对法共的组织威信无疑又是一个沉重的打击。

党的民主集中制被取消。苏东剧变后第五年，罗贝尔·于取代了乔治·马歇成为代表新生代的法共总书记。此时，法国共产党便完全取消了民主集中制，其后果是党内组织涣散，思想处于混乱的状态。同时，"新共产主义"理论与实践并没有能够结束法国共产党内部的改革派和正统派之间的思想纷争。已经分裂出去的"共产党人"等组织不断指责法国共产党的变革背叛了共产主义的理想和价值观。一些"正统派"的成员则继续在党内与变革派进行斗争，党组织的团结统一面临严峻考验。另外，频繁的争论使得党的决策程序变动复杂而冗长，在实践中又缺乏对决议的执行力，致使党在经济全球化、信息多元化的条件下，对时局变化的反应迟钝，党的决策不能适应客观形势发展的需要。

社会阶级结构发生重大变化。"新共产主义"对如何在法国政治环境中坚持党的性质，调整党与各社会阶级的关系，保持党在思想上和政治上的一致等重大问题缺乏明确的理论阐明；特别是其改革方案只注重了思想变革，而对社会阶级力量的新变化缺乏准确而足够的分析，这带来严重的后果。在新的历史时期，法国的中间阶层人数在上升，传统产业的工人数量在减少，新兴产业的工人在增加，工人阶级的社会分层在细化。法国总工会会员从1997年的40万人，下降到近期的约30万人左右，各基层工会有30%的职员生活不稳定，人们参与政治斗争的态度普遍比较淡漠，阶级和革命等词语仅仅是在反对社会不公平时才被人们偶然提到。在此背景下，"新共产主义"在分析工人阶级和其他社会阶级的新变化方面的缺陷，便导致党在实践中对社会阶级和阶层的新变化缺乏有效的应对之策。例如"新共产主义"理论虽然明确承认职员属于工人阶级，改变了自20世纪70~80年代不承认职员属于工人阶级的错误做法，但是法国广大职员仍然认为自己早被法国共产党抛弃了，他们缺乏归宿感，而法国共产党在这部分人中所做的工作有限，影响也小。而事实上职员在法国工人阶级中占有相当大的比重。因此，在最近的两次总统选举过程中，不少工人投了社会党的票，还有的工人干脆投了右翼的票。而法国极左派（托派）所提出的消灭金融解雇（金融企业在获得利润的情况下，仍不断解雇职员），反对股市失业（因股市波动而失业）等主张则受到部分工人的赞同，他们投了极左翼的票。如何定位并聚集原有的社会阶级力量，争取广大工人阶级和中间民众的支持，成为法国共产党面临的重要课题。

右翼势力的肆意打压。资本主义全球化进程加剧了资本主义的社会基本矛盾，促使法国社会始终处在动荡不安之中。法国较早出现了金融危机、股票失业等危机现象，2000年、2003年、2007年间法国接连发生青年闹事、反对政府新修订法案的游行、多个部门工人罢工等。法国右翼势力却无理地指责法国共产党是社会动乱的根源，还指责法共的活动影响到欧洲宪法在法国通过。在欧元区债务缠身、危机四伏之时，右翼政府更是以国家稳定为由加大了对法国共产党在政治活动和其他方面活动的打压。右翼在打击法国共产党的同时，还将左翼提出的合作治理社会的主张运用于自己的选举主张之中，成为它们获得选票的手段，这使右翼政党在新世纪的选举中连连得手，而使法共的生存处境极其艰难。

（二）玛丽-乔治·比费领导的法国共产党对"新共产主义"的反思

由于"新共产主义"的实践没有达到预期的目标，并遇到的巨大的困难，因此，法国共产党对"新共产主义"变革的理论与实践进行了反思，并根据新的形势进一步调整了党的理论与策略，使之有效指导党的改革实践。从 2003 年起便担任法共总书记的玛丽－乔治·比费，在 2006 年法国共产党第三十三次代表大会上，开始领导法共深入反思了"新共产主义"的理论、政治路线、战略措施和实践方法。2008 年法共第三十四次代表大会明确肯定了党对共产主义变革的探索方向，并强调必须在实践中解释"新共产主义"。2010 年法共第三十五次代表大会上形成了以皮埃尔·洛朗为代表的新的集体领导核心后，法国共产党仍然坚持共产主义的变革理论与实践，并在改变生活现状、改进思想方法、改善党的领导等方面进一步提出了新的思想。

玛丽－乔治·比费针对"新共产主义"的理论与实践，提出了三点批评：（1）"新共产主义"理论在政治路线上存在较大偏移，自 1996 年以来"过于把主要精力放在谋取政府任职上"，对党内和民众的批评没有给予足够的重视，导致了党的决策脱离了广大党员的意愿，带来了十分不利的局面。（2）左翼在三次大选中出现同一个问题，这就是左翼在竞选大局不利的情况下，仍然陷于候选人的纷争，缺少团结精神，没有形成吸引多数社会成员的共同的竞选纲领，从而也失去多数社会成员的信任，导致选票向右翼政党方面流失，使法国共产党在竞选中被边缘化。（3）党自身的独立性在与社会党的合作关系中没有得到体现。坚持共产主义目标是法共的力量之所在，但法共在与社会党的合作中变成了依赖于社会党，只按社会党的意志参与政治活动，只寄希望于上层建筑的改革与调整，放弃了共产主义的目标，这将使党名存实亡。

以玛丽－乔治·比费为总书记的法国共产党在对"新共产主义"的反思中，提出了如下的理论和观点：

1. 辩证地看待斯大林，法国"新共产主义"变革的双重历史根源

法国共产党在"新共产主义"实践阶段曾经全面否定了苏联社会主义的僵化模式，同时也忽视了斯大林的重要贡献，这使得该党在世界社会主义运动、苏联社会主义革命、法国共产主义运动的历史逻辑认识上出现了不应有的偏离。有鉴于此，法共对苏联社会主义正反两个方面经验教训作出了新评论，指出斯大林干预人权和公民权的强权政治及其执政方式和思维习惯，加深了苏联国内外的经济政治矛盾，助长了国际资本的攻击性。但是人们不应该在本质上否定斯大林，要承认 1917 年的俄国革命及其胜利成果的巩固，实际上是第一次世界大战的必然产物，也是全世界广大民众的希望。因此，法共认为法国共产主义的变革在思想上有着双重历史渊源：一个是 1917 年俄国革命和法国各个历史时期的共产主义运动，比如巴黎公社、游击队斗

争、共产国际的团结与支持等；另一个是法国大革命精神和反对纳粹主义斗争，比如人民阵线、法国抵抗运动、左翼联盟等。

2. 阶级斗争并没有被超越，正在广泛而持久地对资本主义进行改造

在 1996 年法国共产党第二十九次代表大会至 2001 年的第三十一次代表大会上，虽然都没有明确否定阶级斗争，但是实际上阶级斗争已经被渐进的、缓慢的、形式多样的改革所取代。似乎暴力革命已经过时，阶级斗争与改革创新也难以相容。党内因此而产生了严重的分歧：承认阶级斗争，就是把改革拉回到传统的苏联模式上去；不提阶级斗争，政治方向就改变了，共产主义实际上已不复存在，改革就是搞社会党化。党内在阶级斗争问题上的思想不统一，目标不明确，行动不一致，在很大程度上削弱了党的战斗力。党外群众对法国共产党的工人阶级性质也产生了疑惑。针对上述情况，法共在 2003 年党的第三十二次代表大会上明确地指出：视阶级斗争为暴力革命，视暴力革命为不适应新时期共产主义运动的观点，是片面的观点，阶级斗争理论并没有过时。法共认为，资产阶级在资本主义全球化中已经联合成为强大的社会力量，在此情况下，阶级斗争就成为共产党人和争取解放的人们必须运用的斗争方式。暴力形式的阶级斗争并非在任何情况下都不可能。争取议会选举的胜利不应作为单一目标，而是其中的一种手段或一种形式。阶级斗争的新形式不应人为地事先设定，它存在于创造新社会的活动之中，用共产主义改造资本主义的实质就是一场新的阶级斗争。共产主义变革认为可以利用资本主义现有的条件，运用合法和灵活的手段，采取创造性的应对措施去抵抗和抑制资本主义，如实现公共事务管理的民主化，在生产力发展中发挥改善生活的作用等。法共认为，现阶段资本主义解决社会基本矛盾的方式出现的新变化，决定了社会主义超越资本主义出现了新态势，比如在资本主义经济全球化客观上形成霸权主义和经济融合这种双重作用的情况下，共产党要积极保留资本主义的有益形式，参与到资本主义市场体制的各种活动中，在与之既联合又斗争的过程中，去克服其剥夺人的权利、牺牲个人的尊严、破坏生态环境的严重缺陷。法共强调，阶级斗争并没有被超越，它正在走向更加广泛、持久的方向。法国共产党应该也必须是法国社会中被剥削和被压迫阶级、阶层群众的主要的最大的支持者，必须与这些力量一起进行反抗资本主义的阶级斗争。

3. 信息时代党的核心价值观是促进劳动者实现全面而自由的发展

法国共产党在第三十二次代表大会上重申了党的工人阶级性质。指出党要更加关注社会最低层劳动者的生活状况，要充分估计劳动者在信息时代的变化，把劳动者在现代化过程中改变自己生存状态的要求，视为推动法国共产党现代化的内在动力，把劳动者的要求看做是法国共产党的要求，把他们的利益视为法国共产党的利益，促进劳动者实现全面而自由的发展，以此作为法国共产党的价值观的基础。法共认为，只有代表生产力主体力量的利益去参政，法国共产党的力量才能重新发展壮大，重新成为人民真正拥护的党，才不会在法国政治风云变幻中被人遗忘。法共强调，在把握信息时代的变化的时候，要特别注重党的工人阶级先进性与先进生产力主体之间的联系。党只有代表先进生产力的发展要求，才能不断提高党的生机与活力。要更多地创造新的形式以实现发展生产力与发展劳动者能力的结合，寻找发展先进生产力和发展劳动者能力相联系的新形式，努力在发展生产力上表现出共产党的先进性，以纠正社会上存在的认为法国共产党只热心于生产关系、上层建筑的改革，这个昔日的工人阶级先锋队已经变成为退休工人、小职员、手工业者的代言人，难以在发展先进生产力上发挥作用的种种错误看法。

4. 以"实践上做得到"作为党的理论创新的根本点

针对罗贝尔·于时期的"新共产主义"理论中存在着某些脱离实践的因素，法国共产党提出了一个重要的共识：创新马克思主义观点首先是要看在现存社会条件下，哪些方面能够做得到，这是马克思主义在现实发展中的一个基本问题，也是法共的一个基本态度。

从上述根本点出发，以玛丽－乔治·比费为总书记的法国共产党提出了如下的理论和政策。

第一，法共指出，当前社会离阶级和阶层的消亡还十分遥远，但其发展已经呈现出新特点。产业工人并没有消失，工薪劳动者总数在增长，其中技术人员、干部、教师等占就业人口的大多数，工作的区域性流动越来越频繁，职业定位不再是单一的，行业之间、劳动组织之间、职业技术等级之间在相互渗透。在阶级意识消散、淡化的表象下面，阶层的集体意识在日益觉醒。越来越多的人正在认识到，依靠政府来摆脱被控制被压迫的地位是不可能的。因此，在劳动与资本对立、贫富差距增加、失业人口增长、社会保障制度被削弱、移民备受种族歧视的情况下，法国共产党就有生存空间，就必须奋起进行新的斗争，生存就是发展。

第二，法国共产党应该参与到当前的社会运动中去。经济全球化和高新科技革命并没有消除资本主义的社会基本矛盾，而是在加剧资本主义的社会基本矛盾。当前，越来越多的人参加到反对战争、反对特权、反对民粹主义的运动之中，形成了"运动型社会"，这就构成社会改革的重要前提条件。"运动型社会"与过去的社会运动是不同的，它反映了社会底层民众在政治民主、经济民主、思想自由等方面的自觉而强烈的愿望，其主体是广大社会成员。因此，法国共产党必须以普通一员的身份投身到"运动型社会"的行列中，通过参与式的斗争去实现自己的目标和任务。

第三，在经济全球化和以信息技术为先导的高新科技革命迅猛发展的条件下，法国共产党的共产主义变革形式必须根据资本主义全球化、信息化的新特点来选择，必须考虑到怎样才能将反对资本主义的各社会阶级的力量重新整合到共产主义的社会变革中来。

第四，在法国，左翼提出的合作治理社会的政策已经有20多年，但左翼选举联盟参与大选往往处于被动局面，其要求和愿望在资本主义金融资本统治的环境中无法充分表达，因此法国共产党提出其联合左翼的理论和政策有必要探索新的和更灵活形式。法共认为，总统竞选中的失败并不等于共产党和左翼斗争的失败，左翼联盟的战略和行动需要突破20世纪的传统，在有效运用民主参与的方式上作出新的选择，如使用财政民主的手段、参与宪法的修订、促进公共服务中的人力资源合作、开展思想文化领域的斗争、创建新的网站，等等。

第五，在全球化和欧洲一体化的进程中，单个国家的政治职能不断被削弱，区域性的国家联合组织的权力却在加强，国际货币基金组织和世界银行等已成为以美国为主导的国际垄断资本干涉各国及各国企业和员工利益的工具，但国际社会对美国霸权主义的限制能力却比较有限，右翼势力正在全球猖狂。在此情况下，法国共产党需要与各国工人阶级和其他劳动群众加强团结和合作，并有效地利用联合的国际组织的作用，加强各国民主政党的相互协调与合作，去实现对"以我为中心"少数国家的抑制。法共认为，这个斗争超越了一国范围，也不仅仅以左翼的胜利为标志，而是一场深刻意义上的社会新变革。

5. 从全球化动态角度认识未来共产主义社会发展特征

1999年法国共产党提出的《共产主义新规划》，纠正了传统社会主义观念中存在的一些形而上学的东西，是对共产主义的新探索。"新共产主义"理论与实践经过多年的探索，目前已经将共产主义新规划更换为对共产主义作出新的愿景和展望。强调以正义、自由、平等的社会统一价值观去反抗资本主义的全球化控制、种族歧视、人性冷漠、社会疏远，指出世界的自由和公正是人类进步的最高境界。从这个意义上讲，共产主义既要关注现实的社会改革，也要研究未来人类社会的特点。法共认为未来共产主义社会有如下新的特点。

（1）共产主义是社会深层次、高水平发展阶段，它反对现时的政治格局和政治强权，要求变革现行的监督和管理机构。

（2）共产主义反对资本主义金融市场的控制逻辑，要求走向强大而高效的社会。

（3）共产主义保护妇女的人身自由、就业、财产、避孕等权利，反对以男性为中心的控制。

（4）共产主义是生态文明的社会，环境保护是其组成部分。

（5）共产主义就是人类的永久和平，是在社会学意义上的尊重人性。

（6）共产主义是消除了经济鸿沟的中产阶层文明，是人们共同富裕的社会。

（7）共产主义将实现人类的自由和公正，今天被资本主义威胁着的人们，将会成为未来共产主义全球化的中心。

（三）玛丽－乔治·比费领导时期法国共产党的斗争实践

玛丽－乔治·比费领导法国共产党总共 8 年，其工作中心放在将法共建设成为一个能够在现实生活中发挥改变现状作用的左翼政党上。玛丽－乔治·比费在总体上没有改变"新共产主义"的政治方向，但在斗争形式和方法上作出了一些改进。她将法国社会的传统文化特点融入左翼联合行动之中，积极参与广大民众改变现实生活的运动，利用参与竞选活动，推进社会公共福利事业和公正法制的建设，注意在基层做细致的工作，以争取社会中间力量的支持。在国际和国家安全问题上，玛丽－乔治·比费坚决反对少数大国以强凌弱，侵犯他国领土与主权的行为，在欧盟债务危机中坚决反对右翼势力所推行的一系列损害普通民众利益的政策和措施等。

1. 法国共产党在议会中为社会底层民众谋求权益

近年来，法国共产党积极参与议会的立法活动，围绕着基本居住权、青年培训、就业保障、移民政策调整、妇女儿童特殊权益、教师职业的工作环境、社会治安等问题，以及反对欧洲联盟参加非洲等地区的战争，维护世界和平等问题，在议会中用提出建设性的批评和建议的方式，并采取议会内与议会外相结合的多种形式的斗争方法，在维护劳动群众的基本社会权益方面发挥了积极的作用。2008 年夏天的金融和经济危机发生后，法共在议会中严正地指出，这场危机是垄断资本操纵金融市场，谋取高额垄断利润的恶果，旗帜鲜明地反对政府将经济危机的后果转嫁到广大民众身上的政策，强烈地要求政府的财政承担起帮助人民群众免受经济危机打击的责任。法国共产党议员为争取更多人的工作机会，多次参与民众自发组织的游行活动，他们手执标语，要求停止削减公共开支，制止用纳税人的钱去支付少数财团因金融投机失败而带来的债务，减少投机利润下的失业和社会动荡。法国共产党议员还集体挂上了红色佩带接受媒体采访或发表演讲，他们站在群众集会的最前面，反对在金融危机中政府对中小企业实施的不公正待遇，谴责当局对社会文明的亵渎。2008 年法国共产党议员开展了要求废除不利于"机会平等"和"压抑自由"的法律的斗争。2011 年夏天法共征集了 10 万人签名，支持 60 岁退休的法案，反对政府延长退休年限的养老金法案。虽然这项法案最终仍被通过，但法共表示要将这一斗争进行到底。在 2012 年 1 月的选举中，萨科齐和奥朗德的竞选进入到最后较量的阶段，法国共产党强烈抨击萨科齐的右翼政策，指出把社会问题政治化已经成为萨科齐的个性和习惯，所谓发展教育、提高妇女的生育保险、加强社会安全等许多美好的承诺实际上是在玩政治魔术，他仍然不会关心其真正的实施。

2. 参与青年、社区、企业、社会网络等社团活动

法国共产党注意不断改进工作方法，积极倡导开展青年运动、女权运动、环境保护运动等。在争取解决生产者切身利益问题，解决中小企业、国有企业中的工人及其他社会弱势群体的利益时，法共要求首先实现法律方面已经拟定的改善群众生活的规定和条款，如要求政府将 35 小时工作周、生育期不加班等制度常规化。在经济社会进入持续衰退的不稳定时期，法共要求政府采取政治解决方案，保障劳动者的社会基本福利，创造就业机会，维持或恢复就业培训。法国共产党与全国总工会、妇女、青年等的基层组织开展了争取就业机会的联合行动。针对法国的失业人数继续扩大的趋势，法共强烈要求政府对 25 岁以下的年轻女性、50 岁以上的长期失业者即在危机中处于重灾区的人们实施有效的援助。法共反对政府的紧缩计划，指出这一计划造成金融市场的混乱，并使公共资金转移到了银行和政府一边。法共指出，法国经济在 2012 年第二季度的零增长与退休人员购买力不断下降并不是巧合，而是执政当局政治选择的后果。法共基层党员还用休息时间进行社会走访，开展社会调查，加强了党同社会各界的联系。法共非常关心年轻一代的教育问题，组织力量研究了各个层次学校的情况，呼吁社会把获取知识和分享知识当做当今社会的核心问题，强调牺牲青年教育的社会将牺牲自己的未来，坚决反对剥夺人的受教育权利和在教育问题上对移民身份的歧视。法共还积极参与有工人、工会成员、知识分子和社会团体举办的研讨会，近距离审视目前的社会忧虑，并欢迎各界人士对法国共产党的选举及其程序提出意见，积极回应社会群体对法共的诉求。

3. 促进欧洲左翼阵线的团结合作

法国共产党一直致力于欧洲和国际的和平与裁军，促进政治解决无核化和安全冲突问题，要求实现新欧洲联盟条约。法共支持欧盟和国际货币基金组织作出的有利于人民的大欧洲政策，但对欧盟国家转嫁欧洲公共债务危机的政策持强烈的批判态度，认为欧盟的紧缩计划产生的金融市场需求正加剧着欧洲的金融危机。要求欧洲议会制定社会发展、欧洲团结、生态保护的新计划。

2006 年法国共产党与意大利、卢森堡等国的左派政党创建了欧洲左翼联盟，还同比利时、德国等国的左派政党互通信息，联合召开情况分析会，所有这些努力都进一步拓宽了欧盟各国左翼政党之间的联系渠道。欧洲左翼联盟在反对金融危机及欧债危机等方面开展了相互协作的行动，增强了欧洲各国左翼政党的社会影响。

4. 努力利用新的传媒手段宣传党的理论和政策

法国共产党积极使用现代传媒手段，如网络、电视、电台、报纸和杂志等。在居民区和商业区的网络空间上，在国家公务人员、工人、管理人员、知识分子的聚会上，法共都积极参与，并广泛联系各种社会力量，共同讨论在金融危机爆发后，由于政府紧缩开支、削减社会福利而出现的千百万人的工作不稳定、失业和贫困问题，并提出自己关于保障人民大众基本权益的政策主张。党的机关报《人道报》在宣传党的理论和政策方面发挥了重要作用。该报设有共产党委员会、经济、社会、军事、文化等各类专栏，图文并茂，内容丰富，语言生动、视野宽广、消息更新快。人们从中可以了解到法共当前的理论与政策，还能阅读到法共历次代表大会的文件、决议、领导人的演讲、重要文章等。读者还可以参加该报各类问题的讨论，其中主要关于基本民生问题的讨论，如讨论"多劳动多报酬"的问题，就已经发表了数百篇文章。同时还对社会治安、青年就业、服务中介、未成年人犯罪、社会医疗、公共福利、侨民权利、国家安全等问题进行了讨论，并提出了许多改进方案。《人道报》每年都举行党报文化节，介绍该党的最新动态，讨论热点问题，吸引广大群众参加。法国共产党设有自己的专门网站，并联合了左翼政党、青年共产主义、马克思园地等专门网站，共同宣传马克思主义和共产主义，及时报道各种新信息，扩大法国共产党的影响。

5. 开展新型政党的建设

法国共产党高度重视党的思想理论建设。该党坚持共产主义理论创新，强调党在思想指导、政治领导、组织引导上的重要作用。党的重大理论问题经广泛而充分的研讨后，再集中和提交到党的代表大会上形成基本观点，然后成为统一全党的思想。多年来，法共开展的政治路线大讨论不设禁区，允许党外人士参加，这种民主讨论从基层征集问题开始，先作必要的发言和讨论，再形成文章在网络上公布，逐渐集中、上升成为重大的理论问题。党针对这些重大的理论问题组织理论调研，根据调研的结果作出初步思考并形成观点，再进行全党大讨论。在得到较多党员赞同的情况下，以党代表大会的报告或领导人重要讲话的形式解释该理论观点，形成党的新理论，以回应社会关注。这样，通过讨论形成新的理论，将全党思想统一到变革创新的理论上来。

法国共产党重视党的组织建设。法共的组织结构是从低到高的金字塔形，即从党员到党的全国代表大会。党的全国代表大会选举产生全国委员会，全国委员会选举产生全国执行委员会。在全国代表大会闭会期间，由全国委员会行使职权。该党在省一级的组织形式是党的省级联合会，按照法国省级行政区划进行划分，在每一个省都设立党的省级联合会。党的代表大会制定并修改党章，保证所有党员的权利和义务。在发展党员的程序上，愿意接受党章的人即可以就近参加新党员基层登记，根据自己的收入情况选择交纳党费的方式。

在党的领导机构建设上，法国共产党坚持年轻化、男女比例对等、适当提高党代表的文化程度等选举原则。全国委员会的成员由单数构成，设全国总书记、常务委员会等，全面负责党内外各项重大活动的决策工作。日常党务工作由全国管理委员会负责，实行分工合作制，各部门负责信息、宣传、财务、党产等具体事务。

按法国的有关法律规定，一个政党只有在议会中拥有20名议员即可组成一个议会党团。由于法国共产党目前在国民议会中只有10名左右的众议员，人数不足，所以只能与绿党共同组成一个联合议会党团。在法国共产党约13万党员中，有113名党员当选为各级民选代表，如市长、国会议员、大区议员、省议员、市议员等。

法国共产党重视国际交往的工作，与中国、希腊、美国、丹麦、土耳其等50多个国家的60多个共产党和工人党建立了联系，互通情况，相互交流、相互支持，团结合作。

综上所述，法国共产党90多年来，经历了战争与和平，冷战与解体，全球化与反全球化、发展与危机，单边主义与区域联盟等各种复杂而困难的局面。在这个漫长历史发展过程中，法国共产党有过辉煌的业绩，并对法国和欧洲的和平、民主、进步和社会主义的事业作出了自己的贡献。同时，法国共产党也经历了严重的挫折与失败，特别是在经济全球化和苏东剧变以来，法国共产党的发展实际上已经处在其"二战"后发展的最低谷。在严峻的形势面前，法国共产党没有退缩，而是勇敢地进行了"新共产主义"的理论探索与实践,力图走出困境,回答时代提出的新课题——发达资本主义国家如何走向社会主义和共产主义。尽管这一探索的是非曲直还有待于实践的不断检验,然而它却表现出在不同的历史时期、不同社会条件下,共产主义运动本身所具有的强大生命张力。就整个人类社会而言,共产主义理论的创新任重道远,社会主义创新道路的探索方兴未艾,对法国共产党来说,也是如此。

第九章 希腊共产党的历史、理论与现状

希腊共产党简介

希腊共产党的前身是成立于 1918 年 11 月 17 日的希腊社会主义工人党。1924 年 11 月 26 日至 12 月 3 日，希腊社会主义工人党（共产国际）在雅典召开了党的第三次特别代表大会，在这次大会上，希腊社会主义工人党正式改名为希腊共产党（共产国际希腊支部）。希共成立伊始，就领导起工人运动和农民运动，开展了反对独裁政权的斗争，也因此在 28 年（1936~1939、1949~1974）的漫长岁月里处于地下斗争状态，但它却始终坚贞不屈。"二战"期间，它建立了临时人民政权，领导人民取得了两次反法西斯武装斗争的胜利；1946~1949 年，希共为保护革命斗争成果而同国内外敌对势力进行了三年武装斗争，但终因力量对比悬殊而失败；经过 20 多年的民主斗争，1974 年希腊独裁政权被迫下台，希共取得合法席位，之后希共或联合其他党派或独立参加议会斗争，并取得了可喜的成就。苏东剧变也没有消磨掉希腊共产党人的革命意志，它作为工人阶级有组织有觉悟的先锋队，始终坚持马列主义指导和社会主义——共产主义奋斗目标不变，为希腊社会主义和世界社会主义运动事业作出了不懈努力。2012 年希共召开了第十九次全国代表大会，提出现阶段的任务是努力构建反帝反垄断民主阵线，为社会主义革命准备条件。

希腊共产党是希腊政治舞台上现存历史最悠久的政党，也是国内第三大政党。目前希共约有 3 万党员，拥有 22 名国会议员和 2 名欧洲议会议员。现任希共总书记为迪米特里·科特松巴斯（Dimitris Koutsoumbas），其在全国各级行政区域都有自己的基层组织，还有工会、妇女、青年团、学生阵线等群众组织，同时办有 902 电视台和电台，机关报为《激进者》日报，理论刊物是《共产主义评论》（双月刊）。希共还拥有十二种语言的网站：http：//inter. kke. gr/。

希腊共产党（KKE）是一个极具特点的马克思主义工人政党，在希腊国内发挥着不可忽视的政治作用，同时它又是国际共产主义运动中的一支劲旅。希腊共产党在第二次世界大战期间和以后，都有非常出色的表现。苏东剧变后，希腊共产党不易帜不改名，坚持马克思列宁主义和无产阶级国际主义的原则立场，为争取人民民主和社会主义而斗争，为恢复各国共产党之间的国际联系而努力，为促进世界社会主义运动的恢复和发展作出了自己的贡献。

一　希腊共产党的历史

希腊共产党成立伊始，就领导工人阶级和广大劳动群众开展了反对帝国主义和国内反动势力的英勇的争取民族解放、民主和社会主义斗争，并对希腊的社会主义发展道路进行了最初的探索。根据不同时期的历史任务，我们可以将希腊共产党争取民主和社会主义的理论与实践活动划分为五个阶段。

（一）希腊共产党的创立时期（1918～1924年）

在伟大的十月社会主义革命的影响下，1918年11月17日，在比雷埃夫斯市海运机械师协会总部所在旅馆的一间大厅里，希腊各社会主义组织和协会召开了第一次代表大会。23日，大会决定建立希腊社会主义工人党，并宣布希腊社会主义工人党加入第二国际。为了加入第三国际，在1920年4月召开的第二次代表大会上，希腊社会主义工人党更名为希腊社会主义工人党（共产主义），1920年9月21日，成立了一年半的共产国际（第三国际）作出了接纳希腊共产党加入共产国际的决定。1924年11月26日至12月3日，希腊社会主义工人党（共产主义）在雅典召开了党的第三次特别代表大会。在这次大会上，希腊社会主义工人党正式改名为希腊共产党（共产国际希腊支部）。

希腊共产党成立伊始，就领导工人阶级和广大劳动群众开展了反对帝国主义和国内反动势力的英勇斗争，并对希腊的民主和社会主义发展道路进行了最初的探索。保卫苏维埃政权、反对希腊政府参与英法对俄国的武装干涉，是希腊社会主义工人党（共产国际）独立领导人民进行斗争的最重要表现。在得知希腊政府派兵参与英法对苏维埃共和国的武装干涉行动后，希腊社会主义工人党（共产国际）与希腊工人总联合会组织了一次规模盛大的示威游行，要求希腊军队撤离俄国并承认苏维埃政权。接着希腊劳动人民响应党的号召，连续举行了长达3天的罢工示威活动，最终迫使政府作出让步。参加议会大选是希腊社会主义工人党（共产国际）在建党初期的另一个重要活动。1919～1920 年希土战争期间，维尼泽洛斯政府垮台，保皇党在 1920 年的大选中获胜。希腊社会主义工人党（共产国际）在选举中也获得了 10 万张选票，其 29 名候选人中有 23 人进入了议会。希腊社会主义工人党（共产国际）获得了议会斗争的最初胜利。反对希土战争和维护劳动人民利益的斗争也是希腊社会主义工人党（共产国际）独立领导人民进行的重要斗争。希土战争以 1922 年希腊军队在小亚细亚的失败而告终。希腊军队有 5 万人阵亡，7 万人受伤，几乎全军覆灭。希腊社会主义工人党（共产国际）发表声明，要求停止这场为帝国主义效劳的战争，并在前线成立了共产党人特别中央委员会，领导反战活动。

（二）反法西斯反君主制的民主斗争时期（1925～1944 年）

从 1925 年至 1944 年这段时期是希腊现代历史上的多事之秋。在国际上，它面临着国际经济危机的沉重打击以及意德法西斯的威胁、侵略和掠夺。在国内，君主制和军人独裁政权轮流冲击着本就十分脆弱的民主制，希腊逐步走上了法西斯式的独裁统治道路。

在严峻的国内外形势下召开的希腊共产党第三次代表大会（1927 年 3 月）和第四次代表大会（1928 年 12 月），指出党的任务是领导反君主制和反帝国主义的斗争，革命目标是建立工农民主专政的革命政权，以此作为向无产阶级专政的过渡。1934 年 1 月召开的希腊共产党四届六中全会提出了建立反法西斯阵线的策略，并将其看作是一个在本质上反对法西斯、反对君主制的斗争阵线。1935 年 12 月召开希腊共产党的第六次代表大会，全面制定了反法西斯独裁政权的目标和策略。1936 年梅塔克萨斯法西斯独裁政权建立后，希腊共产党先后召开三中全会、四中全会和五中全会，成立了秘密的反独裁组织联谊会等各种组织，领导了规模浩大的克里特岛起义。希腊共产党也为此付出了重大的牺牲，大批共产党员被关进监狱中。

1940 年后，意德法西斯先后入侵并占领希腊。1941 年，希腊共产党成立了民族解放阵线和希腊人民解放军，解放了大片国土。1944 年 3 月，希腊共产党在解放区成立了多党合作下的临时政府"希腊民族解放政治委员会"以及其议会组织——民族委员会，并举行了第一次议会选举，解放区和德军占领区的 180 万公民参加了投票，选出了 180 名国民议会代表，妇女以及年满 18 岁的青年首次享有选举权。

英国在"二战"期间就策划镇压希腊共产党及其领导的民族解放阵线，在开罗，丘吉尔支持乔治·帕潘德里欧当上了希腊流亡政府的首相，并建立了一支 5000 人的军队。在中东，英国人将 30 万希腊军队缴械并关进集中营。1944 年 5 月 5 日英国和苏联达成了划分战区指挥权的协议。英国从中获得了希腊和南斯拉夫境内反法西斯战争的指挥权，5 月 20 日，在英国操纵下，希腊流亡政府同包括希腊共产党在内的希腊各党派签署了《黎巴嫩协议》①，该协议规定，希腊共产党和民族解放阵线必须解散刚成立的民族解放政治委员会，派 6 名代表参加民族团结政府，改编国民军，并将建立一支统一军队的处理权交给政府和盟军中东司令部。9 月 26 日，民族解放阵线和希腊人民解放军签署了《卡捷尔塔协议》，将所有游击队置于英国将军斯科比的统一指挥下。至此，英国和希腊反动派玩弄统一希腊政府和军队的政治骗局得以实现。10 月 9 日，英国和苏联达成了在巴尔干地区划分势力范围的"百分比"建议，即苏联在罗马尼亚占 90% 的优势，英国在希腊有 90% 的发言权②。10 月 12 日，德军撤离希腊，希腊全境解放。希腊人民在希腊共产党的领导下取得了反法西斯战争的重大胜利。

1945 年 2 月 12 日，在经过三个月的示威游行和武装斗争未果的情况下，希腊共产党与希腊政府达成了《瓦尔基扎协议书》，根据协议，希腊共产党交出全部武器，解散了人民解放军。希腊反法西斯斗争胜利了，但希腊共产党领导的争取民主和社会主义的运动却遭到严重的挫折。

（三）反帝反君主制的民主斗争时期（1945～1974 年）

"二战"后的三十年间希腊共产党领导的反对君主制和帝国主义的革命斗争可分为三个阶段。

第一阶段从 1945 年到 1949 年，希腊共产党领导了反对君主制和英美帝国主义的武装斗争。希腊共产党在 1945 年 4 月的第十一次中央全会上作出团结一致开展反君主制斗争的决定。希腊共产党于 1945 年 10 月 1 日至 6 日在雅典召开了七大，制定了向人民民主政权迈进的政治路线。1946 年 10 月希腊共产党再次建立了自己的武装队伍——希腊民主军，并先后粉碎了反动政府发动的 1946 年秋季围剿以及 1947 年的春季攻势和夏季攻势。但希腊民主军终究孤立无援，而美国加强对希腊政府的援助，在 1949 年夏天发起总攻，希腊共产党领导的反君主制和帝国主义斗争终因力量对比悬殊而失败。

---

① 黎巴嫩协议又称贝鲁特宪章。
② 〔英〕温斯顿·丘吉尔：《第二次世界大战回忆录》第 6 卷（上）第 2 分册，商务印书馆，1975，第 337 页。

第二阶段从 1949 年到 1968 年，是希腊共产党领导的反君主制和独裁统治的地下斗争时期。内战失败以后，1951 年，希腊共产党在国内成立了包括社会党和其他民主人士在内的统一战线组织统一民主左翼党，并在该党的掩护下进行公开活动。但 1967 年希腊再次发生军人政变，统一民主左翼党被取缔。希腊共产党被迫再次重建地下党组织。1961 年 8 月希腊共产党在匈牙利召开了第八次代表大会，批准了《通过和平道路取得民族和民主自由》的纲领，提出了反帝民主革命的理论。但在这段地下斗争时期，希腊共产党内部发生了两次比较大的分裂。第一次是在 1956 年 3 月。由苏、罗、捷、匈、保、波六党成立的六党委员会在布加勒斯特主持召开了希腊共产党七届六中扩大会议。大会全盘否定了希腊共产党前领导，以"宗派主义"、"冒险主义"的罪名撤销了萨查利阿迪斯的总书记职务，选出了新的中央局。许多党员因反对这种做法而被开除党籍或退党。第二次分裂发生在 1968 年 2 月。由于希腊共产党中央长期流亡海外，因此，希腊共产党在国内的领导人与在国外的部分领导人发生了严重的分歧。留在国内的希腊共产党领导人于 1969 年 4 月在意大利召开了中央特别全会，选举了自己的代表，另建了希腊共产党（国内派）。以科里亚尼斯为代表的另一部分希腊共产党领导人则继承了希腊共产党的名称。这样，希腊就出现了两个共产党并存的局面，直到 1986 年希腊共产党（国内派）分裂为希腊左翼党和希腊共产党（国内派）振兴左翼为止。

第三阶段从 1968 年到 1974 年，是希腊共产党和希腊共产党（国内派）联合其他民主党派，领导工人、农民、学生和其他民主阶级开展强大的政治斗争时期。1967 年上校军人政权建立之后，在希腊共产党和统一民主左翼的倡导下，1967 年 5 月成立反独裁爱国阵线。1973 年 11 月 14 日，雅典理工大学的学生和雅典的青年工人发动了起义。尽管起义在流血中失败，但是军人政权却遭到了沉重的打击。1973 年 12 月份希腊共产党召开了第九次代表大会。大会认为希腊只有通过革命的手段才能成为社会主义国家，而这个革命分为两个阶段，第一阶段性质是反帝反垄断民主革命，第二阶段才是社会主义革命。1974 年 7 月 24 日，军人政权在塞浦路斯问题上失利以后，大规模的反独裁游行再次遍布希腊的各大城市。在人民群众的压力下，军人政权被迫下台。希腊共产党获得了合法地位。

（四）反帝反垄断的人民民主斗争时期（1974～1989 年）

在这一时期，希腊共产党共召开了三次重要的大会。其中第十次代表大会在坚持了九大基本原则的基础上为希腊革命发展的两个阶段制定了基本纲领。希腊共产党十一大和十二大将反帝反垄断民主革命发展为反帝反垄断人民民主革命，并详细阐述了革命的本质、纲领、革命依靠力量、组织形式、斗争方式、革命前途等各个方面的内容，初步形成了反帝反垄断的民主革命理论。

1978 年希腊共产党十大肯定了九大对希腊革命两阶段性质的判断，强调反帝反垄断民主革命和社会主义革命在一个统一的革命进程中是不可分的，前者的政治纲领为"人民民主纲领"，后者称为"社会主义纲领"。十大决议认为，希腊反帝反垄断民主革命要想成功，必须把政权从国内垄断寡头手中夺取过来交到反帝反垄断民主力量的手中，建立一个反帝反垄断的人民民主政权。鉴于希腊局势向左转，希腊共产党十大在革命道路上更加强调了走和平斗争的可能性，在党的十大的报告中，希腊共产党总书记弗洛拉基斯强调"和平道路完全符合劳动人民的利益和我们理想中的人道主义，党将尽力通过和平道路来达到自己的目的"①。

1982 年希腊共产党十一大提出"真正变革"方案，这一方案的基本目标和纲领概括为以下三个方面的内容：民族独立的方针、进行有利于人民的生产性调整的经济方针和全面民主化的方针。希腊共产党十一大政治决议指出，"真正变革"的目标，是共产党人开展直接斗争的纲领，是与其他进步力量在各条战线上实现人民团结合作的轴心，这些目标公开阐明了实现反帝反垄断变革的需要；实现这些目标的广度和速度将取决于各派力量对比的情况，将能够在阶级斗争的进程中得到发展，并与这一斗争的要求相适应。希腊共产党认为，"真正变革"方案的实现途径是改变国家管理方式，建立以反帝反垄断为指导方针的民主政府；而建立民主政府的基本前提是：第一，发展人民群众运动，加强贯彻人民群众运动反帝反垄断的方针；第二，加强希腊共产党队伍的建设，扩大希腊共产党的影响；第三，在各级组织中推动与那些在不同程度上关心国家生活实现真正变革的力量的合作。

1987 年希腊共产党召开了第十二次代表大会，阐述了"以社会主义为方向"的变革的理论。"以社会主义为方向"的变革，从整体上说，就是要使希腊摆脱迄今所走的依赖型资本主义发展的道路，走上一条民主的、独立的和有计划的发展道路，一个新型的发展道路。该变革的组织形式和前提条件是建立社会政治变革阵线。其前途将是建立一个左翼政府，这个由左翼与进步力量执政的国家将是一个资产阶级的国家。

---

① 中共中央对外联络部：《各国共产党总览》，当代世界出版社，2000，第489页。

（五）反帝反垄断的社会主义斗争时期（1989 年～至今）

为应对苏东剧变的严峻局面和探索希腊的社会主义发展道路，希腊共产党在 1991～2009 年间共召开了六次代表大会。1991 年 2 月召开党的十三大和同年 12 月召开党的十四大两次代表大会，使已经分裂的希腊共产党重新团结和振作起来。1996 年召开的希腊共产党十五大对苏东剧变的原因进行了总结，提出了现代希腊革命是一场社会主义革命，要走一条反帝反垄断民主斗争的道路，并将建立反帝反垄断民主阵线写入了党纲，大会还通过了新的党章和党纲。2000 年召开的希腊共产党十六大重点阐述了反帝反垄断民主阵线的政治基础、战略和策略问题。2005 年召开的希腊共产党十七大和2009 年召开的十八大着重论述了党的建设和阶级斗争的重要性，并对社会主义历史进行了总结和评价。2012 年希共召开了第十九次全国代表大会，大会选举了新的总书记，修订了党纲。苏东剧变 20 多年，希腊共产党对希腊社会主义发展道路不断进行理论探索，初步形成了具有希腊特色的社会主义革命理论。

二 希腊共产党的理论主张

（一）希腊共产党关于资本主义新变化的理论

1. 希腊共产党论资本主义发展阶段

苏东剧变后，希腊共产党根据马克思关于资本主义生产、流通的理论和列宁关于帝国主义的理论，对资本主义发展阶段及其特征进行了阐述，对伪"帝国主义"的理论进行了批判。

希腊共产党认为，20 世纪资本主义社会的显著变化是资本主义进入了它的最高也是最后阶段，即帝国主义阶段。在帝国主义阶段，形成了在经济、政治、文化和社会生活中起决定性作用的垄断资本，并出现了走向停滞和腐朽的趋势。资本主义经济在资本国际化和生产国际化方面达到了一个新的水平。银行资本和工业资本结合在一起，形成了金融资本和金融寡头。资本输出与商品输出相比，具有更加重要的意义。在希腊，资本主义形成了国家垄断资本主义；在整个世界体系中，几个资本主义强国瓜分世界的资本家建立了国际垄断同盟。

希腊共产党坚决批判和反对关于当今社会已经超越或取代了帝国主义阶段的观点，其中一个著名的代表就是所谓的"帝国"理论。该理论认为，在现代"信息"和"物质"经济中，私有财产对于生产方式的意义已经逐渐消失了，工人阶级也慢慢从这个世界上消失了。基于这样一种判断，所谓的"帝国"就是一种"主权的全球化形式，它由一系列具有同样组织结构的国家的和超越国家的组织构成，""是一种没有领地的主权，""是一种没有冲突和敌对的，民族国家这一角色已经逐渐消失或被取消的主权形式"，"是一种帝国主义历史、帝国主义国家之间的战争和反帝国主义战争终结了的形式"①。因此，这种理论认为，当今社会已经超越和取代了列宁所认为的那种"帝国主义"阶段，现今资本主义的新社会经济政治现实是已经处于"全球化"的阶段了。

希腊共产党认为上述荒谬的观点完全忽视了当今时代的生产力性质。它掩盖了下面的事实：第一，谁占有科技成果，资本家还是工人阶级？新技术的发展是为了满足人类的需要，还是在事实上满足资本家的利润追求？第二，技术的发展改变了生产关系了没有？而资本是一种社会关系。因此，不管生产过程的最终产品是一种精神产物还是计算机程序的产物，生产关系在本质上没有改变。第三，工人阶级和广大人民群众仍然受到资本的剥削，剩余价值和利润仍然为资本家所有，这种情况不仅没有减弱，反而日益增强。可见，这种理论的结论是完全不科学的，它们掩盖了资本主义的剥削关系和工人阶级的历史地位。

2. 希腊共产党论国际帝国主义体系

希腊共产党指出，发达资本主义强国在从国家垄断资本主义向国际垄断资本主义转变的过程中，表现出强烈的反动性和十分野蛮的嘴脸，通过反人民、反和平的卑劣手段形成了野蛮的非人道的国际帝国主义体系。

进入 21 世纪以后，帝国主义上层建筑的反动特性变得越来越明显。它们在经济、劳动关系、社会政策、政治制度、意识形态、文化领域、国际关系和环境方面等各个方面制定了隐蔽的侵略政策，推行其野蛮的非人道的"新世界秩序"，使人类正在经历了一段黯淡灰色的痛苦时期：帝国主义利用直接投资、不平等交易等方式使生产力得到飞速的增长；帝国主义十分注重通过高新技术的研发来为其带来经济、政治和意识形态上的实惠，但却很少注意由科技进步所开启的发展社会福利的潜力，对高科技在人们物质生活提高和精神素质培养方面表现出极为冷漠的态度；相反，与垄断行为相伴随的是对劳动人民权利的空前侵犯，帝国主义为了进一步剥削劳动力而创新雇

---

① Center for Marxist Research（KME）-Greece,'Empire?'or imperialism?, Mumbai, January 18, 2004, p. 1. http：//inter. kke. gr/.

佣体系、扩大私有化以及使社会安全卫生、教育、体育和文化等商业化；通过公开的竞争和干预、甚至不惜动用武力，争夺市场份额和势力范围，使一些国家成为帝国主义的新的附庸，并制造了新的热点和地区战争；社会生产力，尤其是人力资源遭到破坏，失业、饥饿、贫穷和移民潮大幅增长，社会犯罪、吸毒、种族主义、沙文主义、反共产主义等以惊人的速度蔓延；数以百万计的人们受到气候条件、生态和更普遍的环境灾难的威胁，但却没有最基本的保护能力；以所谓的"全球化"、"人权"、"反恐"、"工人阶级消失了"、"通过新技术消除资本主义私人占有制"、"后工业社会和后物质社会"、"社会经济"、"文明冲突"、"宗教冲突"等歪理邪说为帝国主义的侵略作辩解，已达到攫取超额利润和控制更多势力范围的目的。

3. 希腊共产党论当前资本主义经济的特征和经济危机

2008年夏天全球性资本主义经济危机的爆发对于希腊共产党而言并不是一种意外，而是如约而至。早在2000年其召开第十六次代表大会的时候，希腊共产党就预言"随着各地区帝国主义中心或其内部竞争和冲突的加剧，不久的将来人类可能经历一场全球性的危机"。

希腊共产党认为，国际经济危机是当前国际经济发展中的两大特点之一。2009年希腊共产党十八大指出，当前国际经济形势的主要趋向和特点有两个方面。一方面是"世界市场中的力量对比关系的变化日益深化并在过去的四年中成为一种主导趋势"[①]，这种趋势由于"美国在国际市场中的地位受到质疑和不断丧失而增强，具体的表现是：尽管美国仍处于领先地位，但它在世界生产总值中所占的比例在下降。同时中国和欧盟大大提升了它们的地位，而俄国、印度和巴西在世界生产总值中所占的比例也逐步上升"[②]。另一方面是全球资本主义发展出现减缓直至发生经济危机的现象。"2007年第四季度全球资本主义的发展就已经放缓并一直持续到2008年，其标志是它可能演化成一种危机。这种发展减慢的趋向在发达国家经济中体现得更加明显。2007～2008年世界生产总值的增长率达到1.3%，远低于2006～2007年的2.7%和2005～2006年的3%。全球资本主义经济发展放慢最初的表现是发生在金融资本（金融行业）流通领域的危机。美国的建筑业和其他产业都发生了金融危机，这一危机是美国金融资本过度积累的结果。不断演化的危机蔓延到其他发达国家尤其是欧盟成员国。"[③]

---

① "Theses of the CC for the 18th Congresss", Nov. 2008. http：//inter. kke. gr/.

② "Contribution of D. Koutsoumpas member of the PB of the CC of KKE", Nov. 2008. http：// inter. kke. gr/.

③ "Theses of the CC for the 18th Congresss", Nov. 2008. http：//inter. kke. gr/.

希腊共产党多次强调，"当前国际经济危机的根源在于资本主义的基本矛盾，但新自由主义也要对此次危机负责任。问题在于资本主义生产而不是货币流通。相互竞争的公司和行业对超额利润的追求加剧了资本主义经济发展的不平衡和矛盾。各部门毫无秩序地不平衡发展加剧了生产和人们消费之间矛盾。同时，金融系统的投机行为随之增加。因此，危机就是要通过它对生产力的破坏和企业的关闭与被接管来证明自己。"①

希腊共产党还特别指出，过去几十年的新自由主义政策加深了贫富差距，对经济危机的产生负有不可推卸的责任。在提交给第十八次代表大会的提纲中希腊共产党指出，希腊共产党政治局委员库兹苏母巴斯在世界共产党和工人党第十次代表大会的发言中强调，"在过去的许多年里，右翼、左翼、中左翼和中右翼政府所进行的资本主义结构调整战略还不仅仅是一种'新自由主义'管理模式。事实上，这种战略反映了历史上资本主义在国际上的需求，这种需求是以追求资本输出和商品输出的内在倾向为特征的。经济危机就是资本主义经济的机体特征，未来也是如此。这一事实表明资本主义不是万能的"②。

希腊共产党认为，帝国主义为挽救经济危机和拯救资本主义制度所采取的"任何管理性政策都不能缓解资本主义制度内在的腐朽性。不管国家是否援助这些负债累累的银行和公司，或是把它们交给市场，让市场去决定它们是摆脱困境还是遭受巨大损失。每一个国家的工人阶级和人民都不愿去为资本主义制度克服危机偿还债务。工人尤其是共产党应该反对这些欺骗性的观点：'调整'、资本主义的'心灵净化'和'人道主义'"③。

希腊共产党认为，当前的危机不仅表明了过去共产主义运动所取得的成就，而且今天比过去更加证明了，真正现实的出路在于联合行动以推翻现存的权力体系。在参加世界共产党和工人党第十次会议发表的讲话中，希腊共产党政治局委员库兹苏苏巴斯指出，现在的危机要求工人阶级予以坚决的反击，要求工人阶级围绕着有利于劳动人民的反帝国主义目标进行阶级斗争。工人阶级应该坚持毫不妥协的抵抗和斗争，而不是和解、妥协或"共识"的路线，后者会有利于资本主义治疗它的创伤。人民应该攻击这头"受伤

---

① "Contribution of D. Koutsoumpas member of the PB of the CC of KKE ", Nov. 2008. http：//inter. kke. gr/.

② "Contribution of D. Koutsoumpas member of the PB of the CC of KKE ", Nov. 2008. http：//inter. kke. gr/.

③ "Contribution of D. Koutsoumpas member of the PB of the CC of KKE ", Nov. 2008. http：//inter. kke. gr/.

的猛兽",而不是给它时间以疗伤和恢复。国际共产主义运动和国内共产党的战略应该在以阶级为导向的工会运动中、在反帝国主义运动中、在以引导人民实现生产资料社会所有制、计划生产和工人管理为目标的人民联盟中积聚力量。所有这些都要求推翻现有的各种资产阶级政权。

4. 希腊共产党论"全球化"和"反全球化"运动

希腊共产党认为,"所谓'全球化'不是一个中立的过程,而是穿着'帝国'的外衣,有深层的阶级导向和有利于资本的过程。它不会在人民和资产阶级政府之间进行利益分配,这种分配甚至不符合工人阶级的愿望和需求。"[1] 所谓的"全球化理论"基本上就是一种谬论,它掩盖了资本主义的阶级性质。它是加速资本主义国际化的借口,它符合资本家大幅提高国际贸易增长率和加大资本输出的要求。当今资本主义之所以宣称"全球化时代"到来了,是因为要掩盖资本主义处于其最高阶段也是其最后阶段,即腐朽和寄生性的帝国主义阶段的事实,是要模糊工人和广大民众的阶级意识,转移工人阶级的斗争视线,使其偏离反对帝国主义、反垄断的道路。因此,"全球化理论"反映出在当前国际国内阶级斗争中要制定一种革命性战略的必要性。

基于此判断,希腊共产党指出了当前"反全球化"运动的两条斗争路线,"一条倾向于加强反资本主义因素,认为反资本主义暴行和剥削的出路在于开展面向社会主义的反帝反垄断斗争;另一条路线则只是满足于在现行的社会制度框架内对资本主义进行改良"[2]。共产党人的使命在于开展反帝反垄断反资本主义的国内外联合斗争。因此,希腊共产党强调指出,"反全球化"运动的未来极大地取决于运动中的斗争结果,取决于运动是否或在多大程度上具有民主的反帝反垄断因素,取决于新的力量在多大程度上自愿参与到反帝运动中来,而其中关键的因素是以阶级为导向的工人运动的发展和加强。

希腊共产党认为,关键的是,反帝国主义斗争只能朝着推翻垄断政权,实现社会主义的方向前进。"'另一个世界是可能的',但这个世界只能是社会主义"[3]。

① Center for Marxist Research (KME)-Greece, 'Empire?' or imperialism?, Mumbai, January 18, 2004, p.10.

② Nikos Seretakis, member of the international section of KKE: Notes on the anti-globalization movement, 21th, Dec, 2002.

③ Center for Marxist Research (KME)-Greece: Empire or imperialism? January 18, 2004. http://inter.kke.gr/TheSocial/2004-01-kme/.

（二）希腊共产党关于当代世界社会主义运动的理论

1. 希腊共产党论苏东剧变的性质及原因

希腊共产党将苏东剧变称之为"反革命的胜利"，是社会的倒退。反革命之所以能够在苏东得逞，要优先考虑内部因素，但并不是说可以忽略外部因素的影响，因为反革命颠覆行动不是来自帝国主义的武装干涉，而是始于内部，来自上层，是通过失去革命性的执政党的政策实现的，具体的表现在经济、政党政治、意识形态、阶级、科技、对外政策等各个方面。苏东社会主义国家由于自身的缺点、错误并最终走入歧途，关键的问题是社会主义社会的基本矛盾被忽略了；社会主义经济机制的僵化、所有制和分配制度等社会主义因素的弱化对苏东剧变产生了潜移默化的作用；苏东社会主义国家政治体制的内在优势未能发挥出来，特别是作为政治体制核心的执政的共产党又逐渐丧失其先锋领导作用是苏东剧变的重要政治因素；政治工作和创造性的社会主义意识形态工作的弱化和出现偏差是苏东剧变的重要因素；苏东社会主义国家忽视了社会主义社会的阶级斗争问题；科技革命在社会主义国家的片面应用是不可忽视的原因；苏东社会主义国家在国际战略和策略上出现了重大失误；在国际共产主义运动中，无产阶级国际主义原则被严重削弱了；最直接的原因在于戈尔巴乔夫的反革命改革。正是在上述因素的综合作用下，反革命的"改革和新思维"政策才能打着"民主化"、"公开性"和"透明度"的旗号，颠倒是非，丑化社会主义、否定社会主义的优越性及历史贡献，抹杀国际共产主义运动的历史功绩，肆无忌惮地实行复辟资本主义的政策。

苏东剧变不能证明资本主义的复辟是必然的，不能证明俄国十月革命是不成熟的，不能证明社会主义制度是"新的剥削制度"或"国家资本主义"，不能证明社会主义"终结"了。希腊共产党认为以上种种看法的出现，都是源自对苏东剧变原因的误读或刻意曲解，这更表明了正确理解苏东剧变的原因具有重要意义。

2. 希腊共产党论社会主义对世界的历史贡献

希腊共产党认为，尽管苏东社会主义国家发生剧变，尽管帝国主义反动分子发动了一轮又一轮的精心策划的宣传攻势，对当前的社会主义运动采取意识形态色彩强烈的政治报复行动，尽管苏东剧变后各种各样的帝国主义宣传机器利用社会主义过去存在的某些弱点和问题，对社会主义制度进行恶意中伤、诽谤，但是苏联和其他社会主义国家为人类和平、解放、进步和团结作出的重大贡献的历史功绩是不容抹杀的。

首先，社会主义制度是人类文明的最伟大的试验，它废除了人剥削人的制度，证明了社会主义对于资本主义的巨大优越性和无限潜力。其次，人类历史发展证明，社会主义国家和争取和平、民主和社会主义的世界运动为世界和平作出了重要贡献。苏联在"二战"中为反法西斯主义所作出的贡献就是明证。再次，社会主义为世界各国人民反对帝国主义侵略、争取民族独立和人民民主的斗争树立了光辉的榜样，对世界殖民体系的解体起到了重要作用。最后，社会主义各国在无产阶级国际主义的原则基础上，实现了国家间在政治、经济和文化诸方面的平等与合作，从而为当今世界建立平等、互惠和兄弟般的新型国际关系开辟了道路。

3. 希腊共产党论现实社会主义国家

希腊共产党认为，苏东剧变给中国、古巴、越南、朝鲜、老挝等国的社会主义建设造成了极为严峻的国际环境。在新的形势下，现实社会主义国家正在进行改革。改革主要是在经济领域进行，采取的是在生产和旅游等行业引入和利用外国资本。这些改革正在引起同社会主义企业相竞争的资本主义企业的出现。希腊共产党十八大认为，中国和越南的现行社会可以解释为过渡性的"多种所有制社会（multi-sectored society）"，是一个共产主义关系与剥削性的生产关系并存了数十年的社会。这种"过渡型社会"与马克思主义经典文献中的"过渡时期"不一样。马克思主义经典文献中所说的"过渡时期"是具有特殊性的，即社会主义革命已经胜利，但爆发国内战争的危险还存在，共产主义生产关系与资本主义生产关系的斗争十分尖锐。过渡时期的长短取决于社会主义带有的资本主义社会痕迹和弊端的多少。苏联过渡时期在20世纪30年代中期就完成了的经验表明，这个过渡时期不会持续很长时间。而且，列宁强调在工业比较发达的国家，采取向社会主义过渡的措施相对比较少，或者说在某些情况下向社会主义过渡的措施就变得完全没有必要了。由此可见，过渡时期不能从社会主义建设过程中独立出来，因为在社会主义建设过程中，共产主义社会在最初阶段的基础已经确立起来了。

在这一特殊阶段，改变社会主义国家目前所面临的困难和危险取决于具体的因素，如共产党的正确政策、人民的政治意识水平、面对客观困难的忍耐力和战斗状态、国际工人运动和共产主义运动的发展，等等。因此，世界各国共产党、进步人士、反帝国主义的和平运动有责任同抵抗资本主义复辟的社会主义各国人民团结在一起，并给予积极支持。

4. 希腊共产党论反帝反垄断国际阵线

希腊共产党认为，国际共产主义运动的团结对于希腊实现社会主义革命的目标和争取社会主义前途具有重大战略意义。但是当前国际共产主义运动仍没有摆脱苏东剧变带来的冲击,主要表现在各国共产党和工人党在组织和意识形态上的松散状态,与国际群众组织和左翼力量的联系和合作弱化,各国共产党和工人党"去共产党化"的倾向愈演愈烈,反对共产党、反对共产主义的行动也时有发生。

因此,在当前各种思潮、论坛杂乱无章的时候,在社会民主党和资产阶级政府积极反共产主义的时候,希腊共产党认为需要有一个团结的系统或结构,建立一个有影响力和控制力的国际中心,一个在数量上和组织上十分强大的国际阵线,一个反帝反垄断力量的联盟。建立这个联盟的标准不是要求各种力量在思想上完全一致,而是可以求同存异,目标是形成一种团结的力量。希腊共产党认为,反帝反垄断国际阵线是一条破坏资本主义制度统治基础的总路线,是一条将工人阶级反帝反垄断的斗争和城乡小资产阶级反帝反垄断斗争团结在一起的总路线,是一条以另一个"人民政权(在共产党人来说是社会主义政权)"为目标的、坚决制止资本家反击的总路线,是一条真正开启革命进程、实现劳动人民的社会主义理想的总路线。希腊共产党强调,建立这样一个阵线是所有共产党人的义务和责任。要建立这样一个阵线,必须根据局势的变化制定最大限度地采取灵活政策。首先,坚决捍卫20世纪社会主义运动的伟大历史成果,肯定共产党在社会主义建设中的领导作用及杰出的贡献,努力吸取20世纪社会主义发展的历史经验和教训。其次,根据国际形势发展的需要,采取共同行动来反对以美国为首的帝国主义对各国人民进步运动的干涉,反对帝国主义的反共产主义的行动。第三,努力加强与各国共产党的联系与合作。主要是发展双边的党际关系,其目的是加强共产党和工人党的革命性,加强共产党和工人党在意识形态、政治和组织上的独立自主性,使其在国际共产主义运动中发挥主导作用。第四,不断加强同左翼政党的联系与合作。第五,同各种色彩的机会主义、改良主义进行坚决斗争。希腊共产党认为,只有世界各国共产党和工人党等左翼组织在求同存异的基础上,加强联系、统一行动,才能在复兴国际共产主义运动方面取得突出成就,才能逐步迈向社会主义。

(三) 希腊共产党关于社会主义发展道路的理论

1. 希腊共产党论当今时代

希腊共产党中央委员会在纪念希腊共产党成立九十周年的声明中指出,虽然苏东剧变是社会主义运动发展史上的重大挫折,但是,当今世界仍然处在从资本主义向社会主义过渡的时代。因为"社会主义 – 共产主义社会的最终胜利是世界发展的规律，人类社会进程不是由某一个特殊时期的事件决定的。"①

从资本主义发展的角度来看，20 世纪资本主义社会的显著变化是国家垄断资本主义的形成，瓜分世界的资本家的国际垄断同盟也形成了。资本主义在帝国主义阶段的典型特征是垄断，而垄断为资本主义向更高层次的社会经济制度迈进准备了成熟的条件。从社会主义发展的角度来看，希腊共产党坚定地认为，在苏东地区，虽然反革命一时得逞，但它并没有改变我们时代的走向。社会主义的必然性和现实意义来自于当代帝国主义体系日益尖锐化的矛盾。总之，从历史的发展趋势来看，资本主义正在失去现实性，社会主义的生命力和适应性正在涌现。曾经被证明是分析、理解和指导社会主义革命的不可取代的理论武器—马克思列宁主义，仍然具有强大的生命力。因此，希腊共产党坚信，虽然国际共产主义运动处于暂时的低潮，但 21 世纪将是一个革命力量重组，并对国际垄断资本上演决定性反击的世纪，将是一个印证世界革命运动和新社会革命高潮到来的世纪。

2. 希腊共产党论希腊的社会革命

（1）希腊的社会性质和社会主要矛盾

希腊共产党认为，希腊是一个"在国际帝国主义体系中处于中间和依附地位的国家垄断资本主义国家"②，社会的主要矛盾是希腊与外国帝国主义的矛盾以及希腊垄断资本与工人阶级和其他社会阶层的矛盾。

希腊共产党党纲和十八大报告指出，当前的希腊资本主义正处在其发展的最后阶段，即国家垄断资本主义阶段。希腊资本主义在国际帝国主义体系中处于中间地位和依附地位，其依据是：首先，从历史上看，希腊国家垄断资本主义的形成比其他发达资本主义国家要晚得多，希腊在 1974 年推翻了军事独裁政权之后才加速其现代化进程，这个拥有悠久历史与文化的国家曾因此被英国史学家李察·克罗格（Richard Clogg）称之为"错过进化的国度"③。因此，希腊垄断资本主义在其形成阶段对外国资本的依赖程度高，独立性差。其次，从地缘因素的角度来看，希腊处于亚非欧的交汇处，位于世界的"火药桶"巴尔干半岛之上，拥有大西洋、地中海连通黑海的重要交通枢纽地位，所有这些都使得希腊这个巴尔干半岛上的发达资本主义国家

---

① Thoughts about the factors that determined the reversal of the socialist system in Europe. 1995. http：//inter. kke. gr/.

② Programme of KKE, 1996. Also see http：//inter. kke. gr/, Theses of the CC for the 18th Congresss Nov. 2008. http：//inter. kke. gr/.

③ 〔英〕李察·克罗格：《错过进化的国度－希腊的现代化之路》，左岸文化出版社，2003。

成为各帝国主义强国既想拉拢又想控制、既想扶持又想压制的对象。再次，从希腊资本主义发展的策略上看，由于希腊既是欧盟成员国、申根条约国和欧元区成员国，又是北约成员国，这便有利于它积极参与欧盟建设和北约行动，从而得到了来自欧盟和美国的大量资金支持，尤其是在最近十年间它大大提升了在帝国主义体系中的地位，但其依附于欧盟和北约的地位没有根本改变。综合以上因素，希腊资本主义相对于巴尔干的其他资本主义国家来说具有一定优势，但相对于各帝国主义强国来说又具有一时难以改变的依赖性。这就造成了希腊垄断资本同巴尔干其他国家垄断资本和帝国主义强国垄断资本之间的矛盾。

（2）希腊社会革命的性质

苏东剧变后，在国内外形势发生重大变化、特别是希腊经济社会发生重大变化的基础上，希腊共产党十五大认为，在希腊存在争取社会主义变革的物质前提，这是由希腊的社会性质和社会主要矛盾的发展水平所决定，当代希腊的社会革命是一种社会主义性质的革命。2012年希腊共产党十九大再次强调希腊革命的社会主义性质。

因此，希腊共产党分析认为，当前希腊人民面临着两个历史性的任务：一是反对帝国主义，求得民族的真正独立；二是反对垄断资本，求得人民的民主和权利。这就决定了希腊社会发展只有两条路，"一条是为跨国公司和资本家们服务的道路，这是一条损害人民利益的道路，这是一条屈从于欧盟和北约的反劳工反人民政策的道路；另一条道路是建立反帝反垄断的民主阵线，这条道路给工人阶级、城乡较低收入阶层和青年人带来了希望。没有超阶级的第三条道路，或者为垄断者、为帝国主义和为资本主义服务，或者为人民和社会主义前途服务。"①

（3）希腊社会主义革命的阶级力量配置

希腊共产党关于建党九十周年的声明和希腊共产党十八大决议指出，希腊社会主义革命的动力来自作为领导力量的工人阶级、半无产阶级、贫苦农民、城市中大多数受压迫的小资产阶级和其他下层人民。在社会主义革命中起决定性作用的因素是希腊共产党的领导地位和工人阶级的团结。希腊共产党的政策是要使工人阶级、半无产阶级、贫苦农民和城乡小资产阶级等达到革命斗争所需要的政治上的成熟。同时，在希腊社会主义革命中，年轻人将起到积极的作用，因为年轻人已经在推翻独裁统治中显示出了巨大的力量。中间阶层是社会主义革命要积极争取的对象，即使它们中立也将有利于社会

---

① Declaration of the CC on the 90th Anniversary of KKE, 2008. http：//inter. kke. gr/.

主义革命。因此，希腊共产党要同工人阶级和青年保持不可分割的密切联系。

（4）希腊社会主义革命的经济、政治纲领

希腊共产党十六大为现阶段的社会主义革命制定了经济政治纲领——"人民经济"和"人民政权"。

所谓"人民经济"就是以公有制为主体，允许多种经济成分并存的经济。它主张将财产和大型生产资料社会化并通过全国范围的中央直接经济计划来满足人民的需要，除了人民经济的社会化部门之外，还允许农业合作的生产和小规模的商品生产正常进行，这体现了工人阶级和贫苦农民以及小资产阶级的联盟的共同利益。"人民经济"的主体要体现在将基础性生产和设施（如能源、电信、矿藏、自来水、运输、银行系统等）收归社会和国家所有上；体现在使教育、卫生、社会福利和社会安全等部门等变成完全免费的公共体系上；体现在用中央计划调控生产和分配的社会资源上；体现在运用先进方法、技术和现代科学成就进行的生产上；体现在摆脱对国际帝国主义经济的依赖和平等的国际经济合作上。总之，"人民经济"是真正为人民谋福利的经济。

所谓"人民政权"就是工人阶级领导的各革命民主阶级的联合专政，"人民政权"是真正满足人民需要的政权，是民族国家的政权，是一种强大的社会政治联盟，它不是为垄断资本和帝国主义同盟的特权阶层利益服务的。"人民政权"意味着人民从垄断资本剥削和帝国主义压迫下解放出来，确保社会生产和分配真正有利于财富的直接生产者。因此，"人民政权"的"根本特征是创造人民经济、社会所有权和劳动的社会控制"[1]，为实现"人民经济"提供相应的政治管理形式。

（5）希腊社会主义革命的组织形式

希腊共产党认为，社会主义革命的组织形式是反帝反垄断民主阵线。反帝反垄断民主阵线具有革命的性质，它是各种社会地位、政治观点不同的社会力量和政治力量，在反对帝国主义、反对垄断资本、争取民主的基础上的联盟，代表着广大工人阶级、农民、城乡小资产阶级、青年、妇女和各种社会运动的利益。阵线的建立有利于汇集反抗大资本家剥削和捍卫自身利益的广大群众，有助于改变国内阶级力量对比关系，在某种情况下，还将有助于接近和实现社会主义。工人阶级及其先锋队希腊共产党的加入将使阵线更具

---

[1]　于海青：《希腊共产党的理论主张与发展现状》，《国外理论动态》2003 年第 11 期，第 40 页。

有阶级斗争的特点，这也是阵线变革现有权力体系的基础和保证。

希腊共产党认为，反帝反垄断民主阵线的主要斗争是：反对帝国主义尤其是反对欧盟和北约的斗争，反对垄断资本尤其是金融寡头及其政策的斗争，反对机会主义、改良主义观点的斗争，反对腐败、颓废、宿命论和失败主义的斗争。所有这些斗争都不能是防御性的，而是要提升到阶级斗争的高度。

希腊共产党强调自己不是反帝反垄断民主阵线中的"特洛伊木马"，但在阵线的政治联盟中必须保持思想、政治和组织上的独立性，这是阵线团结和凝聚力增强的保障因素，也只有这样才能使阵线朝着有利于社会主义的方向发展。

（6）希腊社会主义革命的两种策略

希腊共产党认为，社会主义革命有两种可能的形式：和平方式和非和平方式。和平方式是社会主义革命的主要斗争形式，也是希腊共产党在现阶段的工作重心。但希腊共产党认为，非和平的斗争方式也是不能完全排除的。因为随着工人阶级和劳动群众阶级意识的日益增强，随着反帝反垄断力量的不断壮大，社会主义革命很可能会遭到垄断资产阶级及其国家机器的残酷镇压，国际帝国主义的反动本性也会暴露无遗，因此，希腊共产党要求在日常的反帝反垄断民主斗争中，要时刻为可能爆发的暴力革命做好准备。在这方面要加强马克思列宁主义的理论学习、强化工会和青年干部的培训工作，增强全体劳动者激进阵线和农民激进联盟两大组织的斗争力量。

（7）希腊社会主义革命的发展前景

希腊共产党十六大对社会主义革命的两种可能的前景作了分析：一种可能前景是，在革命条件成熟的条件下，可能会推翻垄断资产阶级的统治，建立"人民政权"和"人民经济"，组成一个各革命阶级联合专政的政府，并进而争取社会主义；另一种可能的前景是，在革命条件尚未完全成熟的情况下，则可能在议会的基础上产生一个反帝反垄断的民主政府，这样，希腊共产党就要争取使这个政府朝着符合人民利益和社会主义的方向前进。

3. 希腊共产党论未来社会主义社会

希腊共产党十八大认为，"社会主义社会是共产主义的第一阶段和较低级的阶段，它不是一个独立的社会经济形态，而是不成熟不发达的共产主义，还存在倒退到资本主义的可能性"[1]。

关于社会主义社会的政权形式。希腊共产党十八大认为，社会主义国家

---

① Theses of the CC for the 18th Congresss, Nov. 2008. http：//inter. kke. gr/.

的阶级本质是工人阶级的革命政权，是无产阶级专政。至于希腊是采取何种形式的政权，这要由工人阶级的阶级本质决定，但也会受其他社会因素的影响，如阶级力量的对比、经济政治的发展水平、地区和国际阶级力量对比、人民的政治意识水平和民族特性，以及在希腊社会主义运动历史上曾经确立过的各种人民政权形式，如苏维埃、人民委员会等，这些因素都要纳入考虑范围。但可以确定的是，民主集中制将作为社会主义国家建立、运行和发展的基本原则。社会主义的政权必须不断吸收劳动者进入各职能部门，加强劳动群众同重要的中央部门的联系，社会组织要建立在以社会所有制（social ownership）为基础的生产与分配的新型关系上。

关于社会主义社会的经济形式。希腊共产党十八大认为，社会主义的经济就意味着大型的生产资料的社会化，必须建立社会所有制，但在其开始阶段可有条件地允许一部分非垄断资本存在，个体和集体之间有商品货币关系，但社会的产品在尚不能实行"按需分配"的前提下实行按劳分配。在社会主义条件下，社会不平等仍然存在，城乡之间、体力劳动和脑力劳动之间、专业人员和普通工人之间的差别需要有步骤地逐渐解决。社会主义计划经济要服从社会主义建设的基本规律，在更高的现代科技成就基础上，开展以更广泛更全面地满足社会需要为动力而进行的生产，社会主义计划经济应该考虑价值规律的影响，在计划生产和社会所有制的框架内利用商业关系，目的是深化这些领域的社会主义生产关系。

关于社会主义社会的文化政策。希腊共产党纲领指出，社会主义社会文化政策的目的是发展人的全面个性。教育事业的总体发展要与职业化、专业化相联系，文化事业的总体发展要与加强社会所有制的社会主义意识相联系。

关于社会主义社会的外交关系。希腊共产党纲领指出，根据国际形势和希腊的周边环境，希腊愿同其他国家尤其是发展水平相近、面对问题相似、能够取得合作双赢的国家发展互惠互利的国家间关系。

关于社会主义社会的政党制度。希腊共产党纲领指出，社会主义共和国将保证各党派在社会主义制度的框架内活动，各种社会政治组织根据其社会基础发挥作用。社会主义社会的诞生和成长与共产党的领导是不可分割的，希腊共产党是工人阶级的先锋队，是执政党，希腊共产党的领导地位要在行动和生活中得到体现和巩固。

（四）希腊共产党关于建设马克思主义新型工人政党的理论

希腊共产党在新世纪特别强调要在马列主义建党原则基础上，结合希腊经济、政治、文化和社会等方面的新变化，针对党内出现的问题，建设一个马克思主义新型工人政党。

1. 党建的根本出发点和核心

党的性质的理论是马克思主义党的学说和党的建设的核心内容。党的性质问题是党的建设的根本问题，决定了党建的目标和方向。因此，保持党的先锋队性质，是希腊共产党加强自身建设的根本出发点，也是其核心内容。

希腊共产党是以马列主义为指导的工人阶级政党，是工人阶级自觉的有组织的先锋队，是工人阶级组织的最高形式，是怀有共同目标的、为推翻资本主义、建立社会主义—共产主义社会而奋斗的所有志愿者的革命组织，是以民主集中制、集体主义、相互监督、批评与自我批评以及无产阶级国际主义为原则的党，是希腊人民民族传统、民主传统和革命传统的真正继承者，是希腊人民民主权利、公民权和工会权利的坚定捍卫者，是希腊人民文化的坚定捍卫者。

希腊共产党认为，当今我们正经历的社会过程—资本主义和帝国主义的野蛮战争，帝国主义的内部竞争以及跨国性组织和区域性组织的普遍建立，只有求助于马克思和马克思主义才能得到解释。列宁对俄国资本主义的发展和帝国主义的基本特征的分析，以及今天对马克思主义的研究，确认了马克思主义的生命力和它的适应性。

2. 当前党建的主要目标

希腊共产党认为，党建的主要任务是根据资本主义结构调整引起的新变化，通过多样化的宣传和组织手段，提升干部和党员的理论政治素养、组织化水平和工作质量，加快党的发展速度和规模，扩大党同工人阶级、贫苦农民、个体户、青年和妇女及其组织的密切联系，在强化工人运动和群众运动阶级导向的一致性方面发挥主导作用，为建立反帝反垄断民主阵线创造积极良好的条件和环境。

3. 当前党建的主要内容

（1）加强党的思想政治建设

希腊共产党认为，思想政治建设在党建中居于优先地位，是其他方面建设的前提和先决条件。在思想政治建设方面，希腊共产党最突出的特点是将马克思列宁主义与国际形势和希腊的具体实际相结合，形成了比较成熟的社会主义革命理论。

同时，希腊共产党认为，思想教育和政治工作是不可分割的统一体。要开展多样式多内容的宣传和教育工作，其中主要的渠道是党校和研讨会。希腊共产党认为，党校是对党员进行马克思列宁主义思想政治教育的主阵地。

而研讨会则是提升党员思想政治素养十分行之有效的方式。在实际操作中，希腊共产党十分注意对党员思想政治教育的阶段性。当前的教育主题是"总结社会主义建设经验"和研究党史。

（2）强化党的组织建设

希腊共产党认为，可以在广泛的社会阶层中发展党员，但当前的主要工作是加快在新兴行业的工人、青年和妇女中发展党员的速度。希腊共产党党章特别规定，年满十八周岁、在希腊共产主义青年团中工作一年以上、要求入党的团员，只要经过两名正式党员推荐、同时由希腊共产主义青年团相关领导机构两名正式党员的推荐就可以直接成为正式党员。

民主集中制是希腊共产党构成和运行的根本组织原则，它包括党内民主和集中制两个方面。党内民主就是指党员的权利和义务平等，各级委员会在党的政策和总路线的框架内有独立处理地方问题的权利。集中制就是下级组织服从上级组织，党员服从中央决定，少数服从多数。在民主集中制中，希腊共产党特别规定了集体原则是党的领导的最高原则，是党组织正常运转、培训干部和调动党员积极性、主动性不可或缺的条件，但反对党内的小集团主义、宗派主义。希腊共产党强调，相互监督、批评与自我批评是党的运转机制的重要组成部分。妨碍批评的干部和党员将受严重的处罚，直至开除党籍。

希腊共产党重视干部队伍的建设，要求做到：第一，干部的选拔、轮换和改组应该更迅速和更及时。干部的选拔要以社会阶级成分和年龄为标准，大力发展女性干部。党的干部任职实行轮换制。第二，根据社会经济产业和国家行政划分情况，改善党的干部在各行业和各地区的配置。第三，干部要提高思想政治水平，创新工作方法，善于联系群众。党的干部和党员要深刻意识到，最有效的工作方式是要言行一致，将理论和实践统一起来。

（3）改进党的财政建设

希腊共产党的财政主要来源于党员的党费、资金募集活动、自愿捐款、赠品和遗产赠送、党的企业经营收入、党在政府部门任职人员的薪金、退休金和津贴以及国家对政党的拨款。但在财政问题上，希腊共产党原则上反对依赖国家拨款，因为那是需要付出代价的。希腊共产党主张，依靠党员的党费和广大人民的捐款来解决党的经费，只有这样，才能使希腊共产党真正成为一个在思想、政治和组织上独立的党，是一个代表希腊人民前途的党。希腊共产党要求中央委员会要学会管理党的财政，并定期向党员提供财政支出简报。希腊共产党各级审计委员会审查党组织的财政管理，是一项永久的不可更改的基础规定。挪用、滥用党产的党员将被直接开除出党。

总之，希腊共产党在思想政治、组织和财政上加强和改进党的建设的努力，是在苏东剧变后的新形势下建设一个马克思列宁主义思想明确、社会主义信念坚定、各级党组织团结奋进、行事雷厉风行、清正廉洁、与群众密切联系在一起的马克思主义新型工人政党的积极探索。

三　希腊共产党的实践活动与现状

（一）希腊共产党加强党的团结和巩固的斗争

1. 苏联改革、东欧剧变与希腊共产党的党内思想分歧

从 1989 年下半年开始，东欧社会主义国家相继出现政治动荡，执政的共产党和工人党纷纷下台，右翼党派上台执政。在此情况下，希腊共产党党内也出现了思想混乱。希腊共产党思想混乱在 1990 年 6 月召开的中央全会上演变成以党的总书记法拉科斯为首的"革新派"和以党的主席弗洛拉基斯为首的"传统派"之间公开的思想分歧。1991 年 2 月 19 日至 24 日的十三大就是在这种严峻的形势下召开的，1273 名代表和 660 名观察员出席了大会。"传统派"的观点得到大部分代表的支持，但"革新派"的许多意见也得到了大会的认可。最终，在经过激烈的争论之后，大会选出了有 111 名成员组成的中央委员会，其中"传统派"略占多数，通过了带有调和特点的政治决议和新的党章。

2. "革新派"争夺领导权的斗争与希腊共产党的组织分裂

在十三大中央委员选举中不占优势的"革新派"企图在党的总书记选举和政治局成员的选举中"大有作为"，但同样败下阵来。1991 年 2 月 27 日，希腊共产党召开第一次中央全会选举党的总书记。原总书记法拉科斯在开始选举时宣布不接受候选人提名，弗洛拉基斯也辞去了党的主席职务。最后阿莱卡·帕帕里加当选为希腊共产党总书记。这样，总书记的位置由"革新派"转到了"传统派"手中。3 月 9 日，希腊共产党十三大选举的中央委员会又选出了新的政治局，13 名成员中有 6 名是上届政治局成员，8 名是"传统派"的代表。至此，希腊共产党渡过了自 1989 年东欧剧变以来的第一道难关。

此后，在党内斗争不占优势的"革新派"采取了由外到内的斗争方式，将党内的斗争蔓延至"左联"① 组织当中，1991 年 6 月 26 日"革新派"退

---

① 左联，全名为希腊左翼和进步联盟，1989 年 1 月成立，由包括希腊共产党在内的 9 个左翼政党、组织及进步人士组成的，具有社会民主主义倾向，2003 年改名为左翼运动和生态联盟。

出希腊共产党加入"左联"。在 111 人组成的中央委员会中有近一半的重要委员退党，由 13 人组成的政治局中有 5 人退出希腊共产党，由 14 人组成的议员团中有 7 人留在"左联"，基层党员中也有 2/5 的人离党而去，希腊共产主义青年团和工会等群众组织也出现分裂，分裂出去的人大部分加入了"左联"。

3. 苏联解体与希腊共产党十四大争取团结的努力

希腊共产党发生组织分裂的同时，苏联的解体也已经到了最后的阶段，企图挽救苏维埃社会主义共和国联盟的"8·19"事件没有获得成功。1991年 12 月 18 日至 21 日，希腊共产党提前召开了十四大。大会以绝大多数赞成（只有 4 票反对，9 票弃权）通过了希腊共产党中央提交的报告，还选举了由 85 人组成的新的中央委员会，帕帕里加再次当选为总书记，并一致推选弗洛拉基斯担任党的名誉主席。希腊共产党十四大对于消除党内的思想混乱和组织涣散具有不可估量的意义，它明确地坚持了社会主义方向、坚持党的革命性质和共产主义性质，坚定地相信人类的未来不是资本主义而是社会主义。因此，可以说，希腊共产党十四大是一次结束分裂、重新建党的大会，是一次"结束过去，开辟未来"的大会。

（二）希腊共产党在本国议会和欧洲议会中的斗争

1. 希腊议会和欧洲议会的基本情况

希腊实行一院制议会，共和国议会是国家最高立法机构。希腊共和国的议会从 1974 年开始，基本实行的是"加强比例代表制"。300 个议席中的 288 个由选区投票直接产生，单一政党得票率超过 17%，两党联盟必须超过 25%，多党联盟须超过 30%，才有机会分享剩余的 12 名议员名额。希腊的地方议会也很有特点，在省级议会和市镇议会的议员都是由直接民选产生。

欧洲议会是欧盟唯一直接选举产生的机构。每五年选举一次，一般在 6 月份举行。欧洲议会设议长一名，副议长 14 名，以及由 5 名推事组成的推事院（由议员选举产生）。欧洲议会议员的组成不是以国家为阵营，而是以政治观点和意识形态为基础组成的集团，但党团内部政党关系比较松散，在议会之外没有任何组织关系。欧洲议员来自国内政党，获得本国选民的选票，而不依托于欧洲的政治党团。

2. 希腊共产党在议会选举斗争中的成就

希腊共产党的议会选举策略争得了工人和人民群众的支持，使希腊共产党成为国内政坛上一个十分重要的参政党。希腊共产党的议会选举在历史上的最好成绩是 1958 年获得的 79 个议席，不过之后由于各种原因成绩一路下滑，但从 1989 年开始，希腊共产党的选票和议席就不断增加，在 1989 ~

1990 年，希腊共产党所在左翼与进步力量联盟还曾两度获得了联合执政的地位。希腊共产党从 1993 年开始就以独立身份参加国家大选，并在 1996 年成为议会中的第三大党，一直保持至今。

进入新世纪以后，希腊共产党在欧洲议会选举中也取得了不错的成绩（如表）。希腊共产党是以议会党团欧洲联合左翼及北欧绿色左翼（GUE/NGL）的成员的身份参加欧洲议会选举的。希腊共产党在欧洲议会选举中的议席基本保持在 2~3 个之间。在 2004 年和 2009 年欧洲议会选举中，希腊共产党获得的议席分别为 3 个和 2 个。

1926 年以来希腊共产党在本国议会和欧洲议会的选票与议席情况

时间	类　型	得票数	得票率（%）	议席
1926	议　会	41982	4.37	10
1928	议　会		1.4	0
1929	议　会		1.7	0
1932	议　会	58223	4.97	10
1932	议　会		3.91	0
1933	议　会		4.5	0
1935	议　会		9.59	0
1936	议　会		5.8	15
1974	议　会	464787	9.47	8
1977	议　会	480272	9.36	11
1981	议　会	620302	10.93	13
1985	议　会	629525	9.1	12
1989.6	议　会	855944	13.1	28
1989.6	欧洲议会	936175	14.30	4
1989.11	议　会	734611	11.0	21
1990	议　会	677059	10.3	19
1993	议　会	313087	4.5	9
1994	欧洲议会	410741	6.29	2
1996	议　会	380167	5.61	11
1999	欧洲议会	557365	8.67	3
2000	议　会	379517	5.53	11
2004	议　会	436573	5.9	12
2004	欧洲议会	580396	9.48	3
2007	议　会	583815	8.15	22
2009	欧洲议会	425963	8.35	2
2009	议　会	517154	7.54	21

资料来源：维基百科网站 http://en.wikipedia.org/wiki/Communist_Party_of_Greece。

（三）希腊共产党在议会外领导的反帝反垄断群众斗争

希腊共产党强调在建立反帝反垄断民主阵线的时候，眼睛不能只盯着"上层"，即只注重同左翼政党之间的联系与合作，还应该切切实实地在各个领域开展形式多样的群众运动，而且，从目前来看，后者更为重要。

1. 加强党对群众组织的联系和领导

希腊共产党非常重视群众组织的工作，积极开展维护广大群众经济、文化和社会利益的活动，为反帝反垄断民主阵线的建立奠定了良好的社会基础。在希腊，群众组织非常多，而且内部关系比较复杂，大部分与利益相近的政党有密切关系。与希腊共产党有紧密关系的群众组织主要有希腊共产主义青年团、全体劳动者激进阵线、希腊农民激进阵线、希腊妇女联盟、学生激进阵线，等等。其中希腊共产党与希腊共产主义青年团之间是领导与被领导的关系，希腊共产党与其他群众组织之间是指导与被指导的关系，希腊共产党一般采取派遣干部到群众组织中传授经验、帮助其制定方针政策等方式进行了具体指导。

2. 开展多种形式的群众运动

从近 20 年希腊共产党领导和组织的群众运动来看，其主要的形式有以下四种：

第一，在传统节日或重大事件周年来临之际，开展多种形式的纪念活动，以引起人们对帝国主义和资本主义政策的仇恨、唾弃和对希腊共产党理想信仰的共鸣，对政治斗争的支持。如十月革命周年纪念日、希腊民主军周年纪念日、反法西斯斗争胜利纪念日等等。其具体的形式包括音乐会、演讲等。

第二，在各种群众组织成立的周年纪念日或召开代表大会等时机，希腊共产党会派代表参加以示支持。通常情况下，希腊共产党会以中央委员会的名义在会上发表自己对该群众组织的祝贺与希冀，并提出与该群众组织进一步合作的建议。

第三，希腊共产党与各群众组织建立干部交流机制。希腊共产党派遣党的优秀干部到各群众组织中去开展指导工作，并定期在群众组织中选拔一些政治思想素质高、业务素质出众的青年才俊到希腊共产党的党校等部门参加培训，以增进双方的了解，加强双方的联合行动。

第四，针对国内重大事件、尤其是经济危机到来、帝国主义发动侵略战争、北约峰会、欧盟峰会、本国政府制定和实施反工人、反人民的政策等重大事件发生时，希腊共产党和各群众组织联合开展罢工、罢课、阻塞国道、集会、游行、示威等多种形式的抗议和斗争活动。

（四）希腊共产党为世界社会主义运动所作的努力

1. 同各种群众组织建立联系，提高希腊共产党在国际群众组织中的影响力

与希腊共产党联系紧密的国际群众组织有世界青年民主组织、世界劳工组织、国际妇女联合会等。希腊共产党与国际群众组织的联系主要是通过它所领导的国内群众组织来实现的。希腊共产党指出，其下一步的首要的目标是通过希腊共产主义青年团加强世界青年民主组织的反帝斗争倾向，抵制社会民主党和机会主义的压力和影响。希腊共产党相信，希腊的全体劳动者激进阵线以及其他工人运动的阶级组织，将在促进国际工会运动重组并扩大为新的组织为目标的活动中起到重要作用。希腊共产党认为，下一步与国际妇女运动的合作，应该创造条件提高国际组织在各个层面的力量的协调。希腊妇女联盟的参与在发展反帝斗争方面作出了积极贡献，这为重新将劳动妇女纳入到国际工运和其他国际组织的联合行动创造了条件。

2. 通过各种方式加强与国外左翼政党的联系与合作

苏东剧变后，希腊共产党通过积极创建、主办和参加各种年会、研讨会和论坛，加强了世界各左翼政党与希腊共产党的联系，增强了它们对希腊社会主义运动的理解和支持，而且为国际共产主义运动的恢复和发展作出了积极的贡献。从目前来看，希腊共产党开展的会议合作形式可以划分为三类：

第一类是共产党和工人党之间会议，这也是最主要的合作形式。这种会议从范围上有国际性的和地区性的，从类型上看有年会、有研讨会，从内容上看有问题性的、有专题性的。在这些方面，希腊共产党的主要活动有：（1）首倡并主办了世界共产党和工人党国际会议（1998～2005），并使其年会化。从1998年举行第一次会议至今，已经召开过十四次会议。前七次会议和第十三次会议的举办地都是希腊雅典。可以说，世界共产党和工人党国际会议已经成为规模庞大、影响深远的世界共产党联系与合作的形式。（2）参与创建并出席国际共产主义研讨会（ICS）。自1992年以来，国际共产主义研讨会每年在布鲁塞尔（比利时）举办一次，该会议已经举办了21次，分别就苏联和东欧资本主义复辟的真正原因及其历史教训、世界新秩序下的反帝斗争、十月革命、共产党的历史地位和作用、工人阶级的领导作用、帝国主义与战争等问题进行了积极有益的探索。（3）希腊共产党积极参加的其他类似会议还有委内瑞拉共产党举办的"科学社会主义：对其建设的贡献"研讨会、"拉美共产党会议"、"论社会主义研讨会"、"巴尔干国家共产党和工人党会议"、"东地中海－红海－海湾地区共产党和工人党会议"、"罗莎·卢森堡会议"，等等。

第二类是共产党和其他左翼政党、组织之间的会议、研讨会。希腊共产党经常参加的类似会议主要有以下几个："欧洲－地中海进步与左翼政党会议"、"欧洲联合左翼会议"、"欧洲教育问题会议"、"东方问题会议"、"巴勒斯坦问题会议"、"气候问题会议"、"欧洲共产党和左翼政党会议"、"国际马克思大会"。其中最具代表性的是每三年召开一次的"国际马克思大会"。

第三类是共产党与左翼政党组织的各种论坛。在当前形式多样的论坛活动中，希腊共产党主要参加的是，共产党作为重要组成力量的成立于西欧的"新欧洲左翼论坛"和拉美地区的"圣保罗论坛"。希腊也曾参加过欧洲社会论坛、世界社会论坛和世界议会论坛等各种活动，但主要是作为一个阶级斗士的面目出现的。

除了创建、主办和参加各种类型的会议之外，希腊共产党还通过其他各种方式加强同世界各国共产党、工人党和其他左翼党派的联系。其主要的方式包括：

（1）发表声明，有单方的、双边的和多边的。如1998年5月在伦敦召开三方会议之后希腊共产党和塞浦路斯劳动人民进步党、土耳其共产党发表了关于"塞浦路斯问题"的声明。

（2）出访。从1997年以来，希腊共产党曾出访过中国、越南、古巴、朝鲜、老挝、委内瑞拉、巴勒斯坦、以色列、叙利亚、黎巴嫩、玻利维亚、捷克、斯洛伐克、墨西哥、葡萄牙、土耳其、塞浦路斯、卢森堡、荷兰、英国、比利时、法国、意大利、印度、巴基斯坦等数十个国家，同该国家的共产党或工人党组织进行了友好的交流。

（3）向各驻希使馆大使递交书信、传达信息或直接会晤等。希腊共产党坚持在国家议会和欧洲议会斗争中支持和声援被资产阶级政府机器和法律迫害的共产党人。如，针对波兰、捷克、匈牙利等国家实施的反共产主义政策、取缔该国共产党的法律，希腊共产党议员和总书记多次与这些国家的驻希大使会晤、并提出书面抗议。

（4）举办训练营。希腊共产党为了在青年人中培养反帝反垄断意识、加强青年人的在反帝反垄断斗争中的组织和活动能力，希腊共产党曾举办了多次巴尔干反北约青年训练营和国际反欧盟峰会训练营。

（5）建立干部交流机制。目前，希腊共产党已经同葡共、印共（马）、委内瑞拉共、玻利维亚共和墨西哥共等建立了党员和干部相互交流的培训机制。

（6）加入国际左翼组织。在国外，希腊共产党积极支持具有阶级导向的左翼运动。希腊共产党是欧洲左翼联盟与北欧左翼绿党党团（简称左翼联盟党团）的重要成员。

（7）党代会。如希腊共产党在 2008 年 9 月召开的第十八次代表大会上，就有 75 个共产党和工人党与会表示祝贺，这说明希腊共产党在联合国外共产党和工人党方面取得了重大的进展。

（8）出版书籍和办刊物。如 2009 年 12 月开始创办的世界共产党与工人党国际会议官方理论刊物《国际共产主义评论》等。

（9）联合开展集合、游行、示威等活动，反对帝国主义垄断资本及其机器、反对改良主义和机会主义、反对战争、反对反共产主义，争取团结与和平等。在布拉格、尼斯、热那亚等地进行的系列反全球化运动中，在反对多边投资协定和国际货币基金组织日内瓦服务贸易自由化谈判斗争中，在反对美国对伊战争的大规模反战示威游行中，我们都可以感受到共产党组织和其他左翼联合斗争的力量。如，希腊共产党从 2006 年 5 月 3 日开始举行了为期一周的同社会主义古巴团结在一起的大型集会活动，发起要求美国释放五位古巴囚犯的活动。在以色列空袭期间，开展示威游行活动和派代表访问黎巴嫩、巴勒斯坦和叙利亚。

总的来看，20 世纪 90 年代以来，希腊共产党通过各种实践活动，捍卫了社会主义的历史贡献，顶住了苏东剧变后国际垄断资本主义和右翼势力的联合进攻，在世界社会主义运动中拓展了反帝反垄断反资本主义联合斗争的舞台和活动空间，逐渐开辟出一条在世界社会主义运动的低潮中加强共产党团结与合作的新道路。

第十章 西班牙共产党的历史、
现状与发展前景

西班牙共产党简介

西班牙共产党，简称西共，成立于1920年，原名为西班牙的共产党，1921年与西班牙工人共产党合并后改为现称。1939后一直处于地下状态，1977年推翻佛朗哥政权后始获合法地位。1986年，西共与西班牙一些左翼小党建立左翼联合组织——联合左翼，1992年联合左翼公开登记为一个政党。西共是联合左翼最大的成员大党和领导党，尽管本身仍然是一个独立政党，但目前主要通过联合左翼开展活动。经过20多年的发展，联合左翼已成为西班牙最大的激进左翼力量。

西共是欧洲共产主义的三个主要创始党之一，一直在致力于探寻一条"在和平与民主自由中走向社会主义"的道路。目前西共的理论旗帜是"21世纪的社会主义"，强调民主在社会主义实现过程中的作用，认为"21世纪的社会主义"就是过渡到共产主义的一种民主过程，"是民主的连贯发展和充分实现过程"，指出其实现需要依赖各个层面的参与和民主决定，并通过运用国家的民主机制清除障碍。而马克思主义理论的深化，以及关于经济和公民充分参与构建无剥削社会的具体建议，是构建社会主义社会的基本要素。

西共现有党员2万人，党的领导人是何塞·森特利亚。联合左翼党员数3万左右，领导人是卡约·拉腊。

西共出版物主要是《工人世界》

网站地址：www.pce.es

西班牙共产党是欧洲地区传统的共产主义大党，也是变革幅度较大的西欧共产党之一。苏东剧变前后，西欧地区的共产主义政党普遍面临发展危机，并大都处在转型的过程之中，西班牙共产党为应对危机的挑战而在组织、意识形态和战略层面上进行着变革，其转型展现出显著特点。与其他西欧共产党大都围绕自身的变革调整不同，西班牙共产党在共产主义危机中率先通过与其他左翼小党建立联盟来寻求发展出路，着手创建了一个全新的组织——联合左翼（Izquierda Unida，IU）。经过 20 多年的发展，联合左翼已经成为西班牙最大的激进左翼力量。从整个发展进程看，作为目前西欧存在时间最长的左翼联盟形式，西共亲手缔造的联合左翼一直在冲突、分歧中蹒跚前行。近年来，联合左翼的分裂状况有所改观。但由于自身的身份界定问题、如何处理与社会运动和工人社会党的关系问题，以及战略策略的选择等问题长期未能根本解决，其未来发展前景仍然充满风险和挑战。

一　西班牙共产党产生和发展的历史轨迹

如同许多欧洲国家共产党一样，西班牙共产党的形成源于社会民主党和工人党的内部分歧。1920 年 4 月 15 日，工人社会党的一些青年组织的成员组建了西班牙的共产党。与此同时，随着工社党加入了社会党的国际工人联合会，一些共产国际的支持者退出该党，并于 1921 年 4 月 13 日建立了西班牙工人共产党（PCOE），同年 11 月 14 日两个共产党合并，改称西班牙共产党（PCE）。

20 世纪 20 年代末，西班牙共产党内支持苏联倾向的一派在党内占优势地位。1931 年西班牙第二共和国宣布成立之后，西共党内斗争进一步加剧，导致西共一度处于分裂边缘。1933 年，西共在议会选举中赢得两个议席。随后，西共积极参与始于 1934 年的阿斯图里亚斯工人起义，并在 1936 年加入人民阵线参加大选。1936～1939 年的西班牙内战期间，西共组织建立了人民武装，抵抗佛朗哥叛军，吸引了大量的支持者和新成员，其党员数一度增加至 20 万。1939 年西班牙第二共和国被颠覆后，西共被取缔，其党员和同情者遭到佛朗哥独裁政权的迫害，许多西共领导人流亡国外，主要是流亡到苏联和法国。直到 1977 年 4 月 9 日取得合法地位之前，西共一直是通过在国外建立的总部组织领导地下活动。

从整个西欧范围看，西班牙共产党是在独裁统治下长期坚持地下斗争的三个主要共产党之一（从 1939 年佛朗哥独裁统治开始至 1977 年结束，长达 38 年之久。另外两个党分别是葡萄牙共产党和希腊共产党）。但与一直坚守传统社会主义理论和模式的后述两党不同，20 世纪 60 年代后西共的理论和政策逐渐转向了独立自主的发展道路，"欧洲共产主义"

就是其发展转向的直接理论成果。这种发展战略在独裁统治终结后的过渡时期取得过一定成效，尤其在西共的议会选举成绩上有突出表现（参见表1）。在1977年西班牙首次自由选举中，西共获得了9.3%的选票和19个议席。在接下来的1979年大选中，西共选票增加到10.8%，获得了23个议席。

与此同时，温和化的现代发展战略也在西共党内引发激烈争论：党内支持苏共政治主张的一派坚决反对时任总书记卡里略的理论和路线，要求党在政治方向上泾渭分明；而倡导意识形态和政治变革的"革新派"则对党内民主化程度不满（比如，当时的西共虽然否定列宁主义，但却并不反对民主集中制），开始明确地批评和反对卡里略。这样，西共在参加1982年选举时基本处于一种分裂状态，其最终选举结果也确实证明是一场灾难性的失败：西共只获得了3.9%的选票和总共350个议席中的4席。在内外双重压力下，卡里略被迫辞去总书记职位，并召集部分支持其观点的党员组建了一个新政党——西班牙劳动者党（PTE-UC），而党内倾向于支持苏联的部分党员则脱党建立了西班牙人民共产党（PCPE）。因此，到1980年代中期时，西班牙共产党已经一分为三，组织实力遭到极大削弱。

面对政治边缘化的危险，西共积极寻求发展出路。经过党内多次讨论，1983年西共十一大提出了建立一种"融合式政治"（Politics of Convergence）的发展路线。这一新政治路线的核心内容，是强调"西共不能自视为转型过程的唯一行为者"。西共作为社会运动的核心角色概念，被解释为西共在引领走向未来社会主义道路、完成国家权力替代和转型过程中，必须考虑政治经济形势和社会民主化的迫切任务①。而持续发展的反对加入北约的抗议运动，成为西共将这种政治定位付诸实践的基点。

在当时西班牙国内，是否加入北约是一个非常敏感的问题。虽然由于在20世纪50年代后为美国提供军事基地而摆脱了因独裁统治而造成的国际孤立，但在80年代初核军备竞赛升级、冷战态势加剧的氛围中，加入北约对于年轻的西班牙民主共和国将是一个质的变化。从政治实践看，正是因为凭借把这一问题作为其核心议题而成就了社会民主主义的工人社会党（PSOE）。早在70年代末，在中右翼资产阶级政党民主中心联盟执政期间，工人社会党就已逐渐发展成为其主要的替代力量。在1982年大选期间，通

---

① Javier Navascués，" The Development and Challenges of the Spanish United Left（IU）"，*Transform*！，Issue 2，2008.

过提出在西班牙备受非议的加入北约问题，允诺将在选举胜利后就该问题举行全民公决，工社党加剧了民主中心联盟政府的危机，在同年 10 月大选中赢得绝对多数，并在此后连续执政长达 14 年之久。1986 年，在西班牙加入欧洲共同体之后，工社党虽然如约组织了加入北约的全民公决，但却突然转变立场转而支持加入北约，这引发民众普遍不满。加之工社党在 80 年代末大规模推行作为其"新社会民主主义"战略组成部分的新自由主义私有化政策愈益不得人心，从而为那些支持改善工人生活条件的激进左翼力量创造了新的发展空间。

在对工社党的普遍失望情绪中，西共与一些同持反对加入北约立场的激进小党建立了一个政治联盟，在 1986 年加入北约的全民公决中开展共同的抗议行动。尽管最终未能阻止西班牙加入北约，但这种联盟的组织形式却保持下来，并在 1986 年 4 月建立了一个以西共为主体、包括上述激进左翼组织参加的正式的选举联盟——联合左翼。联合左翼的创始成员共有 8 个，包括西班牙共产党、西班牙人民共产党、进步联盟、社会主义行动党、共和左翼、拥护卡洛斯党、人道主义党、安达卢西亚工人团结集体/安达卢西亚左翼集团。在 1986 年议会选举中，联合左翼获得 4.6% 的选票和 7 个议席；1989 年则攀升至 9.1% 的选票和 17 个议席。1988 年，西共十二大决定超越选举联盟，将联合左翼建设成"由集体或个人以及各种起源的共产党、社会党和左翼人士组成"的、"承认共同纲领和集体领导"的、"拥有充分自治权的社会和政治运动"。[1] 1992 年，联合左翼公开登记为一个政党，并逐渐发展成为西班牙最大的激进左翼政治力量。

二 纵横交错的历史：西共与"联合左翼"的当代演进

联合左翼是西班牙乃至西欧政党体系中一个非常独特的存在。它从结构松散的选举联盟发展而来，在转型成为独立的政党之后，虽然拥有名义上的最高机构——联盟会议（Federal Assemby，即党的全国代表大会）[2]，但原

---

① Javier Navascués," The Development and Challenges of the Spanish United Left（IU）", Transform！, Issue 2, 2008.

② 联盟会议选举由 100 名成员组成的联盟政治委员会，在党代表大会期间负责党组织运转，而联盟政治委员会反过来又选举产生执行局，由总协调员（coordinator general）领导，总协调员同时也是联合左翼的发言人。

来联盟中的各个组织和政党却仍然保持着形式、法律、组织和政治上的自治。同时，联合左翼本身也向下分解成 17 个地区组织，在地方上执行自己的政策，与各区域内联合左翼成员党的地区组织平行存在。正是因为这种毫无现代政党组织特点的组织方式，一些西方学者并不认同联合左翼的政党身份，认为其实质上只是西班牙社会众多左翼、共产主义和生态主义政党的一个保护伞组织。[1]

在 20 多年的发展进程中，联合左翼的成员不断发生变化，唯一具有历史连续性和拥有全国性基础的只有西班牙共产党。作为联合左翼的创始党和最大的成员党，西共自始至终占据着绝对主导地位。而从西共自身看，虽然一直在反对各种取消党的斗争中坚守着党的独立性，作为一个独立的政党依然继续存在，但其绝大部分精力都投入到联合左翼的建设与发展中，党的实际政治活动已经极大减少。[2] 无论在理论战略、政策主张方面，还是选举动员、群众斗争领域，西共与联合左翼早已结成密不可分的统一整体。但也正是西共的主导地位及其与联合左翼的这种紧密关系，导致西共党内以及联合左翼各成员党间围绕是否取消党、选举提名、资金分配、联盟纲领导向等问题的分歧、冲突不断。这种紧张关系充斥着西共和联合左翼的整个发展进程，构成其当代演进的主线。依据这一主要线索，可以将西共和联合左翼的发展划分为三个阶段：

第一阶段从联合左翼建立到 1996 年前后。这是联合左翼总体实力迅速提升的十年。20 世纪 80 年代末，执政工社党大力推行的新自由主义经济政策愈益引发民众不满，主张替代政策的左翼力量获得了巨大发展空间。以西共为主体的联合左翼趁势组织了推动政府实现政策转变的大规模罢工运动和抗议斗争，极大增强了联盟的影响力。在 1989 年议会选举中，联合左翼赢得 9.1% 的选票，一举跃升为西政坛第三大政治力量。进入 20 世纪 90 年代后，联合左翼的选举优势继续保持并有所扩大，全国议会和欧洲议会的最好选举成绩均出现在这一时期（参见表 1）。

---

① Dominic Heilig, "The Spanish United Left", in Birgit Daiber, Cornelia Hildebrandt and Anna Striethorst (ed.), *From Revolution to Coalition-Radical Left Parties in Europe*, Berlin: Rosa-Lxemburg Foundation, 2012, p. 255.

② Luis Ramiro-Fernández Lecturer, "Electoral competition, organizational constraints and party change: the Communist Party of Spain (PCE) and United Left (IU), 1986-2000", *Journal of Communist Studies and Transition Politics*, 2004.

表 1　西班牙共产党与联合左翼的选举结果，1977～2011 年

全国议会选举	百分比	议席数	欧洲议会选举	百分比	议席数
1977 年	9.3	19	1987 年	5.3	3
1979 年	10.8	23	1989 年	6.1	4
1982 年	4.0	4	1994 年	13.4	9
1986 年	4.6	7	1999 年	5.8	4
1989 年	9.1	17	2004 年	4.2	2
1993 年	9.5	18	2009 年	3.7	2
1996 年	10.5	21			
2000 年	5.4	8			
2004 年	4.9	5			
2008 年	3.8	2			
2011 年	6.9	11			

资料来源：Dominic Heilig, The Spanish United Left, in Birgit Daiber, Cornelia Hildebrandt and Anna Striethorst (ed.), *From Revolution to Coalition-Radical Left Parties in Europe*, Berlin：Rosa-Lxemburg Foundation, 2012。

但与此同时，西共内部潜藏的矛盾冲突也伴随社会主义阵营的解体再次浮现出来。苏东剧变发生后，西共党内围绕党的角色和定位、党中央与地区党组织的关系、西共的组织结构和发展方向、西共与联合左翼的关系以及西共与执政工社党的关系等问题上发生了激烈争论。在 1991 年西共 13 大上，以党的总书记安吉塔（Julio Anguita）为首、坚持西共独立性以及保持联合左翼"政治和社会运动"性质的"主流派"，与主张彻底葬老西共、将联合左翼建设成为一个"新左翼"政党的"取消派"展开了针锋相对的斗争。尽管"主流派"最终否决了"取消派"的建议，但后一思想的众多捍卫者仍然留在联合左翼内，并建立了一个新党——新左翼民主党（PDNI），继续与西共主流派相对抗。

在 20 世纪 90 年代的大部分时间里，二者尤其在两个重要国内议题上出现严重分歧：一是在西班牙加入欧洲经济货币联盟和批准《马斯特里赫特条约》问题上，新左翼民主党坚持一种批判性的支持态度，而西共和联合左翼主流则持坚决反对立场；二是在对待工社党冈萨雷斯政府（1982～1996年）的问题上，新左翼民主党明确的支持立场也与安吉塔等主流派的替代性政策形成对立。除此之外，联合左翼内部围绕民主、西共与其他政党的作用等组织问题也一直争论不休。这些冲突和对立，造成西共和联合左翼士气

低落，并直接导致数百名独立人士退出联盟。①

第二阶段从 20 世纪 90 年代末到 2008 年。从议会政治实践看，这是西共和联合左翼从致力于实现选举超越到为生存而战的时期。在这十余年间，联合左翼在全国议会选举中的支持率一路下滑，从 2000 年的 5.4%，到 2004 年的 4.9%，直到 2008 年 3.8%，西共与联合左翼遭遇前所未有的巨大挫败。

从组织上看，西共和联合左翼内部围绕政治、战略与纲领的争论和分歧日益加剧，联合左翼面临分崩离析的危险。② 新左翼民主党于 1997 年脱离联合左翼，并在 2000 年加入了工人社会党，而西共和联合左翼也在 1990 年代末实现了领导层的替代：1999 年弗鲁托斯（Paco Frutos）接替安吉塔担任西共总书记，2000 年西共党员利亚马萨雷斯（Gaspar Llamazares）以微弱多数当选联合左翼总协调员。利亚马萨雷斯上任后，致力于联合左翼的"重建"，其主要观点是主张将联合左翼建设成为一个红 - 绿政党，坚持认为"后共产主义"政治力量能够与绿党以及各种左翼民族主义政党结成联盟，并在政治实践中倾向于工人社会党政府。这些主张尤其是在 2004～2008 年间支持工社党萨帕特罗（Jose Zapatero）政府的做法，在党内引发巨大分歧。批评派认为，与工社党建立密切联系，将导致联合左翼失去那些具有左倾观点的工人的支持。③ 2008 年 3 月大选后，面对史无前例的低选票以及持续不休的党内争论，利亚马萨雷斯宣布退出党的领导层。

第三阶段从 2008 年末至今。这是西共和联合左翼进行艰难重建的时期。2008 年 12 月，西共党员卡约·拉腊（Cayo Lara）在联盟政治委员会中获得 55% 的支持率，当选联合左翼总协调员。拉腊就任后立即宣布要"纯净党的策略"，避免走入"误区"，并在随后解除了与工社党的战略联盟，开始再次强调联合左翼的自治。在实践中，拉腊主要从三个方面推进联合左翼的重建进程：一是重新建构党的组织，仿照西班牙最大工会——工会联合会（CC. OO，该工会与西共联系密切）的模式，建立具有持续性的党员入党和备案制度，目标是扩大党内的参与民主，改善诸多党员不支付党费的状况；二是着手进行地区党组织改革，2009 年 10 月后组织召开多次地区党组织改革论坛，议题涉及党在生态、女权、世界发展、捍卫社会国家等领域的联盟

---

① Javier Navascués, "The Development and Challenges of the Spanish United Left (IU)", *Transform*!, Issue 2, 2008.

② Vicky Short, "Spain: United Left splits as it lurches further right", March 6, 2008, http://www.wsws.org/articles/2008/mar2008/span-m06.shtml.

③ Alejandro López and Paul Mitchell, "Spanish Communist Party seeks to re-found United Left", Feb. 8. 2010, http://www.wsws.org/en/articles/2010/02/pce-f08.html.

定位，以及减少失业、解决移民和保护公民自由等迫切问题上的纲领革新，并在 2010 年 5 月举办全国论坛对地区党组织协商结果进行讨论，旨在从组织上解决联合左翼未来发展的政治和战略问题；三是扩大党的联盟范围，呼吁党向社会运动、非政府组织以及除工会联合会之外的工会组织，比如西班牙总工会（UGT）、联合总工会（CGT）和工人工会（USO）开放。①

　　2008 年后，西班牙遭遇国际金融危机冲击，经济急剧下滑。2009 年主权债务危机爆发后，受紧缩政策影响出现的失业率激增、实际收入和社会福利水平下降等，更是造成普通民众生活水准一落千丈。在这一背景下，如同多数欧洲国家一样，西班牙执政的工社党面临合法性危机。在 2011 年全国议会选举中，无法提出任何实质性危机解决方案的工社党得到自 20 世纪 70 年代末西班牙民主化以来最差选举战绩（28% 的支持率和 110 个议席），2004 年后的连续执政地位再次终结；同持紧缩立场、在战略和纲领上与工社党几乎难辨差异的中右翼人民党（PP），尽管最终成为议会绝对多数党（44% 的得票率和 186 个议席），但实际得票数比 2008 年获胜的工人社会党少了约 60 万张。联合左翼成为此次选举的大赢家，得票率几乎增加了 1 倍（从 3.77% 到 6.92%），获得了来自失望的工社党选民和抗议运动的大量选票。有西方学者因而认为，卡约·拉腊的"重建和民主化"纲领取得了巨大成功，推动联合左翼从一个处于分裂边缘的政党，在党内改革基础上正在发展成为一个高度自信的现代进步政党。②

三　理论战略的连续性：从欧洲共产主义到"21 世纪的社会主义"

　　西班牙共产党是欧洲共产主义三大创始党之一（另外两个是法国和意大利共产党），自 20 世纪 50 年代后一直致力于探寻一条不同于俄国革命的、"在和平与民主自由中走向社会主义"的道路。作为马克思主义和社会主义理论与意识形态重构的结果，到 20 世纪 70 年代末以合法身份登上政治舞台时，西共已经与传统上带有明显激进特征的共产主义政党呈现显著差异，比

---

① Dominic Heilig, "The Spanish United Left", in in Birgit Daiber, Cornelia Hildebrandt and Anna Striethorst (ed.), *From Revolution to Coalition-Radical Left Parties in Europe*, Berlin: Rosa-Lxemburg Foundation, 2012, pp. 265 – 266.

② Dominic Heilig, "The Spanish United Left", in in Birgit Daiber, Cornelia Hildebrandt and Anna Striethorst (ed.), *From Revolution to Coalition-Radical Left Parties in Europe*, Berlin: Rosa-Lxemburg Foundation, 2012, pp. 265 – 266.

如它不再提无产阶级专政、不再强调暴力革命的必要性、反对列宁主义组织原则（1991年正式取消民主集中制）、用马克思主义取代马克思主义 – 列宁主义作为党的指导思想等。

在此后30多年间，西共基本沿袭了"欧洲共产主义"的发展思路。尤其与为欧洲共产主义思想奠定了重要理论基础的西共1973年12月纲领①相比较，我们可以看出，近年来西共的理论政策展现出明显的连续性。比如，在对待马克思主义的态度问题上，西共仍坚持不能把马克思主义当做僵硬的教条和刻板的理论，强调应根据时代的发展对马克思主义、对党自身进行更新；在社会主义的发展模式问题上，西共基本承袭了"民主的、多党制的社会主义模式"，强调民主在社会主义发展中的重要性；在从资本主义向社会主义的过渡时期中，西共仍然强调要对政治、经济、社会和文化进行全面的民主改造，从而为今后向社会主义过渡创造条件；西共现阶段的左翼联合思想及其在联合左翼中的具体实践，与12月纲领提出的建立一个超越于党、"一切社会主义派别都不必放弃自己的思想特色、自己的特殊形式、自己的独立活动"的"新的政治组合"也具有一致性；在建立洲际范围的左翼联合问题上，12月纲领就提出西共要加强欧洲共产党之间的协作，欧洲共产党要与社会党、基督教、天主教和其他民主党派协作等思想，在其当前的欧洲左翼联合实践中也有明显体现。

2009年11月召开的西共第十八次全国代表大会，在以往理论发展的基础上，提出了一个新的概念——"21世纪的社会主义"。作为欧洲共产主义理论在新时代条件下的延伸，"21世纪的社会主义"成为当前西共一面新的理论旗帜。②

总的来说，"21世纪的社会主义"是西共围绕如何从现实资本主义过渡到共产主义社会构建的一种发展模式。西共之所以提出建设"21世纪的社会主义"问题，主要基于几个方面的考虑③：首先是变革资本主义的需要。资本主义不仅是这次危机的始作俑者，同时也是食物、能源、水资源、医疗教育等现实问题的主要责任者。西共认为需要关注现实斗争，提出应对资本主义危机的短期而具体的替代方案，但同时也不能放弃变革资本主义体制的斗争，

---

① 参见沃尔夫冈·莱昂哈德《欧洲共产主义对东西方的挑战》，人民出版社，1980，第299～305页。

② Raúl Martínez Turrero, "From 'Euprocommunism' to Present Opportunism", *International Communist Review*, Issue 2, 2010 – 2011.

③ PCE, Documento Político XVIII Congreso PCE, 06 – 08/11/09, http: //www.pce.es/xviiicongreso/.

因为"充分的民主发展与资本主义不能兼容"。其次是推动工人运动发展的需要。当前阶段资本主义统治机制正在不断完善，工人必须从主观和客观上推进资本主义体制的改进，但同时必须明确，关于阶级斗争已经消失的说法是错误的。现在面临的主要问题，是工人阶级缺乏一种集体意识，难以推动斗争达到更高水平，因此有必要明确设计一个资本主义的替代方案，以组织和协调反新自由主义政策和整个资本主义体制的斗争。再次是确立明确斗争方案的需要。反资本主义斗争应该有具体的政治、社会和文化方案，而不是抽象地反对权力和保守主义。如果民众不能获得任何具体建议，单纯地发出反权力呼求就毫无意义。只有提出一个多数民众能够参与其中的政治解放计划，才能实现必要的变革。最后，在资本主义危机的关键时刻缺乏有效的替代模式。欧洲左翼力量在对资本主义的全面批判中，未能提出一种以社会主义为目标的替代社会模式，这极大制约了欧洲反帝、反资本主义斗争和抗议的发展，因而需要对欧洲工人在政治、意识形态和组织等方面的战略方向缺失进行反思。

"21世纪的社会主义"的提出，也建立在西共对当代资本主义革命方式转变的认识基础之上。在十八大上取代弗鲁托斯当选西共总书记的森特利亚（José Luis Centella）指出，在当代资本主义条件下，通过职业革命家夺取政权已经不再可能，通过游击队发动革命进而建立革命的人民军队来夺取政权也不存在成功的可能性。真正的革命过程，是在广泛的社会基础上最大可能地动员民众参与人民政权的建构，参加社会运动成为革命的主角。这一过程的起点是参与资本主义体系强制推行的一些规则，即使是"虚伪的"选举体制，西共也可以首先设法通过选举进入政府。但进入政府是一回事，而掌握政权又是另一回事。因此，寻求最广泛地参与以及渗入国家机构（包括军队），应该成为转型战略的重要组成部分。①

那么，什么是"21世纪的社会主义"？在西共看来，"21世纪的社会主义"就是过渡到共产主义的一种民主过程，"是民主的连贯发展和充分实现过程"。在这一过程中，必须承认和保障个人自由的价值，坚持世俗国家原则和多元政党的民主衔接、工会自治、宗教和个人信仰自由以及保证质询、艺术和文化活动的充分自由。

民主是"21世纪的社会主义"方案的核心内容。西共认为，断言社会主义作为一种发达的民主形式，是源于民主思想传统和民主实践的产物。民主是任何一种社会主义定义的必要组成部分，无论是从人民权力还是绝大多

---

① José Luis Centella, "Building socialism in the XXI century", July 2009, http: //www. pce. es/ agora_ pl. php? id = 3292.

数人的意义上理解都是如此。"21世纪的社会主义"不是将人类还原或标准化为原子化的消费者，而是视之为人的各方面能力以及独特性发展的必要条件。"21世纪的社会主义"的实现，都需要依赖于各个层面的参与和民主决定，任何政治和社会运动提出的各种措施都需要在各个运动层面达成一致，并通过运用国家的民主机制清除阻碍其实现的障碍。而马克思主义理论的深化（包括在理论方面的发展、建设社会主义的经验、推进当前的社会主义革命进程），以及关于经济和公民充分参与构建无剥削社会的具体建议，是构建社会主义社会的基本要素。

此外，建立"21世纪的社会主义"也需要加强国际团结。西共强调，拉美和亚洲的政治和经济解放进程，是一个积极因素，是人民反帝斗争历史上的重要时刻，同时也极大促进了人类的全球解放。因此，欧洲建立社会主义的斗争必须比以往更加具有国际视野，在平等和互利基础上与其他各洲的社会主义运动建立一种新型合作关系。

由于西共在联合左翼中占主导地位，因此联合左翼的政治主张很大程度上是西共立场的翻版。作为一个新左翼政党，自建立伊始，联合左翼就在尝试强化其多元主义形象，向全球化批判者和新社会运动敞开大门，是西班牙在地区、全国、欧洲甚至全球层面各种社会论坛上积极的反全球化参与者。在2003年12月第七次联盟会议期间，联合左翼明确宣称支持社会主义，呼吁建立一个"参与性、批判性、替代现存统治模式"的社会。在2011年11月全国议会选举中，联合左翼提出了"反对危机、为建立社会替代和真正民主动员起来"的选举纲领。该纲领在反新自由主义霸权的共识基础上，提出了"七大革命"的基本主张。这"七大革命"不仅是联合左翼的反危机替代纲领，同时也可看做西共"21世纪的社会主义"理论的短期目标，其内容主要包括[1]：

第一，经济革命。这被视为全球资本主义替代的基础，核心观点是认为目前正在发生的危机是资本主义体系的全球危机，其全球特征表现为经济、金融体系、环境、原材料、食物、能源以至政治、文化和意识形态等多层面危机。主张各种抗议斗争的客观目标，是解决当前占统治地位的新自由主义社会、政治和文化模式，为最终消灭资本主义创造条件。

---

[1]　Convocatoria Social para 7 Revoluciones（Social Compact for Seven Revolutions），http：//www. convocatoriasocial. org/sites/default/files/documentos/7_ revoluciones_ 0. pdf，in Dominic Heilig，"The Spanish United Left"，in in Birgit Daiber，Cornelia Hildebrandt and Anna Striethorst（ed. ），*From Revolution to Coalition-Radical Left Parties in Europe*，Berlin：Rosa-Lxemburg Foundation，2012，pp. 265 – 266.

第二，民主革命。即替代左翼力量必须在联邦、共和制和以团结一致为基础的国家中推动实现发达民主，从而扩大自由和参与，保证公民获得经济、社会和文化福利。联合左翼认为，社会及其决策结构的民主化正是西班牙实现社会生态和可持续发展的出发点。

第三，生态革命。即建立一个能够推动人类发展，以及能够保证生态系统完整性的人类与自然关系的社会，因而必须改变自然资源的过度耗费以及日益增加的气体排放倾向等。

第四，公共服务革命。强调左翼面临的任务是捍卫社会福利体系和建立一种发达的社会国家模式，教育、医疗、公共交通、运动和文化等不是商品，而是依赖于国家责任的公共服务。诸如此类的服务必须导向公众需要，而非经济利益，因此必须反对这些领域的私有化。

第五，平等革命。女性主义是联合左翼的语言、行动和政治实践的哲学依据，也是其转型社会政策的支柱，因此它支持同性恋和异性恋的平等关系，反对一切歧视或建立在性别偏好基础上的统治。

第六，文化革命。呼吁建立一种新的政治文化，支持文化工作以及不同收入者都能接触文化。强调如同教育一样，文化工作不应再受市场机制影响。

第七，和平革命。认为人类的危机是资本主义和帝国主义体系发展的结果，各种暴力手段、违背国际法、国际军事贸易的增长等，都是争夺资源的工具。这种争夺阻碍了许多国家的发展，令无数人遭遇死亡、饥饿和贫困威胁。因此，联合左翼呼吁全面改革联合国，批评欧盟的民主赤字。

四 西班牙共产党面临的挑战与前景

从近年的实践看，西共和联合左翼完成领导层替代（尤其是拉腊当选联合左翼总协调员）之后，内部分裂状况已经发生了很大改观。有学者这样评价 2012 年 12 月召开的第十次联盟会议，"会议是在一种振奋、祥和的氛围中举行的……如果说第九次会议展现的是黯淡、痛苦和分裂，那么第十次会议则处处洋溢着团结和愉悦"。[1] 与曾经提交了 5 份联盟政治委员会竞选名单的第九次会议不同，在这次主题为"变革：动员形成组织、反抗建立替代、替代掌握政权"的会议上，没有发生严重的派别斗争和私下冲突，

---

[1] Ramón Cotarelo, La *Declaración de Madrid*, de IU, 17 de diciembre de 2012, http：//cotarelo. blogspot. co. uk/2012/12/la-declaracion-de-madrid-de-iu. html.

拉腊获得85%的高支持率，在联合左翼发展史上第一次几乎毫无异议地再次当选总协调员。同时，党的政治和经济文件、关于重构联合左翼和修订党章的建议等，也全部获得了90%以上的支持率。[①]

2012年9月，欧洲共产主义的主要倡导者、西共前总书记卡里略去世，世界的目光再次聚焦这个一直在尝试走独立自主发展道路的共产党。在20世纪80、90年代西欧共产党普遍面临发展困境和危机的关键时期，正是这个党率先迈出了改革步伐，其一手创立的"联合左翼"也成为欧洲现存历史最悠久的左翼联合组织形式。迄今20多年过去了，西共的变革存在哪些问题？笔者10年前曾经写过一篇探讨21世纪初西班牙共产党发展状况的文章[②]，从目前发展看，西共当时面临的核心问题一直没有得到根本解决，依然是今天需要面对的主要挑战。

首先，联合左翼作为一种社会运动的发展目标仍然没有实现。西共最初建立联合左翼的目的是通过左翼联盟的形式拯救濒临危机的共产党并扩大影响，之后它虽然正式登记为一个政党，但在组织、结构等方面缺乏传统意义的政党特征。西共就对联合左翼这种"党中有党"的结构形式提出质疑，认为其未来发展方向必然是"能够对资本主义提供真正替代，致力于实现21世纪社会主义的政党、运动和个人的政治和社会运动的保护伞"。[③] 而联合左翼本身的组织章程也明确规定，联合左翼是"一个满足于拥有合法和独立自主政策的社会运动"。

但从实际看，联合左翼作为"社会运动"的身份特征并未得到普遍承认，与广泛社会运动的联系也没有充分发展起来。在经济危机下西班牙风起云涌的社会反抗风潮中，联合左翼面临认同困境。比如始于2011年5月的西班牙占领运动——"愤怒者运动"，虽然与其拥有共同的反危机的政策立场，但却把联合左翼排斥在外，并不承认联合左翼是它们的"政治声音"。因此，在联合左翼第十次联盟会议提出的四大挑战，即扩大宣传联盟的新自由主义经济替代方案、将民众的民主反抗运动组织起来、把联合左翼及其联盟建设成为两党制政权的真正替代力量并进行深入的内部变革，这最后一大挑战被视为西共面临的所有挑战的核心，因为如果不实现所谓的"内部革命"，联合左翼将会继续被视为许多现实斗争的异化者甚至"政治阶级"的

① Dick Nichols, United Left national convention: 'This is the Spanish SYRIZA', Jan. 4, 2013, http://links.org.au/node/3173.

② 参见于海青《21世纪探索中前进的西班牙共产党》，载《国外理论动态》2003年第2期。

③ PCE, Documento Político XVIII Congreso PCE, 06 - 08/11/09, http://www.pce.es/xviiicongreso/.

组成部分。①

其次，联合左翼分散的组织形式无法确立统一行动的政治战略。西共将联合左翼视为其实现社会主义目标的"战略工具"，虽然强调自身在联合左翼中的主导地位，但一直反对联合左翼成为一个统一政党，反对西共和各成员党融于联盟之中，主张各党保持自治，尤其强调西共保持独立性以及强化西共自身结构和社会动员的重要性。因此，联合左翼虽然拥有形式上的中央领导机构，但却无法对联盟各党以及地区和地方组织形成有效约束力。从实践上看，这种多元、分散的组织模式导致的结果必然是：虽然能够制定统一的政治路线，但却不能转换为现实中的统一行动。这在对待工社党问题上表现得尤为明显。

在西共和联合左翼发展史上，如何处理与工社党的关系，一直是其面临的主要问题。2008 年后西共"重建"联合左翼的关键步骤，就是解除了与工社党的合作关系，推动联合左翼重新导向自治发展的轨道。但这一战略在实践中却因地方组织的独立性而难以形成集中一致的行动。目前，在联合左翼的地方组织中，至少存在三种对待工社党的不同倾向，比如在安达卢西亚，联合左翼作为少数派参与了工社党领导的地方政府；在埃斯特雷马杜拉，联合左翼虽然反对工社党，但却是通过部分地支持右翼人民党的少数派政府来实现的；在阿斯图里亚斯，联合左翼没有参加工社党政府，但却通过反对人民党的批评动议而对工社党形成了部分支持。对于这些与联盟决议不一致的做法，尽管联盟内部存在诸多批评声音，指责"这种实用主义只能导致政治犬儒主义"②，但鉴于地区组织相对于中央的自治性，实际上并不能制约或者改变其决定。

此外，采取何种战略策略，是西欧所有公开放弃了激进式社会主义革命道路的共产党（主要是法共、意大利重建共、西共）共同面临的问题。虽然不如法共党内围绕"新共产主义"理论的分歧那么巨大，西共和联合左翼内部在具体战略策略问题上目前仍然存在争论。比如，"革命派"主张强化西共理论战略的革命性，反对在资本主义和社会主义之间走第三条道路，呼吁打破资本主义的逻辑，用"争取劳工、社会和民主权利的持续斗争"，替代西共作为危机解决方案的"生产替代新模式"，强调"21 世纪的社会主义"只能通过阶级斗争才能实现；"温和派"则认为西共在现实资本主义中

① Dick Nichols, United Left national convention：'This is the Spanish SYRIZA', Jan. 4, 2013, http：//links. org. au/node/3173.

② Dick Nichols, United Left national convention：'This is the Spanish SYRIZA', Jan. 4, 2013, http：//links. org. au/node/3173.

进行的反抗斗争，比如捍卫公共卫生和教育改革，本身就具有革命性，而且历史上没有在野党建成社会主义的先例，因此西共当前的主要目标仍然是通过议会斗争赢得政权，等等。①

尽管党内存在争论，但从历史和现实发展趋向看，拥有欧洲共产主义渊源的当代西班牙共产党，不太可能重新转向希腊、葡萄牙共产党等带有激进色彩的社会主义革命战略。而问题在于，虽然能够因反紧缩战略而在2011年吸引了大量对工社党采取紧缩政策感到失望的左翼选民，但随着在野工社党重新导向"反紧缩"立场②，西共和联合左翼与工社党缺乏明显区别的这些理论主张，到底能在多大程度上转化为其支持优势呢？显然，尽管2012年底第十次代表大会提出了把联合左翼打造成西班牙的"激进左翼联盟"③的发展目标，但至少从目前看，联合左翼缺乏希腊"激进左翼联盟"异军突起的主客观条件，在议会斗争中实现根本突破仍然面临巨大挑战。

① Dick Nichols, United Left national convention: 'This is the Spanish SYRIZA ', Jan. 4, 2013, http://links. org. au/node/3173.

② EL PAÍS, Socialist leader augurs "broad" anti-auterity pact with government, May 30, 2013, http://elpais. com/elpais/2013/05/30/inenglish/1369927597_ 616819. html.

③ 激进左翼联盟（SYRIZA）是希腊一些激进左翼政党在2004年组建的一个选举联盟，2012年6月议会选举前组建为一个政党。在这次选举中，激进左翼联盟借助经济危机的有利形势，一举打破长期以来希腊政坛由中右翼新民主党和中左翼泛希腊社会主义运动把持的局面，跃升为议会第二大党，引发广泛关注。

第十一章　塞浦路斯劳动人民进步党的
　　　　　　历史、理论与现状

塞浦路斯劳动人民进步党简介

塞浦路斯劳动人民进步党（简称塞劳进党）是目前塞浦路斯最大、成立最早的政党。塞浦路斯劳动人民进步党的前身是成立于 1926 年 8 月 15 日的塞浦路斯共产党。1944 年 4 月 14 日，塞浦路斯共产党和塞浦路斯劳动人民进步党两党合并为塞浦路斯劳动人民进步党。在塞浦路斯劳动人民进步党的领导下，塞浦路斯人民取得了反帝国主义、反殖民主义和反对法西斯主义斗争的胜利，争取到了民族自治，捍卫了劳动人民的权益。

塞浦路斯劳动人民进步党也是亚洲政治舞台为数不多的更改了姓名却继续坚持马列主义原则和社会主义奋斗目标的党，是一个曾在 21 世纪初执政的马克思主义工人政党。在 2001 年和 2006 年议会选举中，塞浦路斯劳动人民进步党总书记赫里斯托菲亚斯当选为议长。2008 年 2 月，赫里斯托菲亚斯又当选为共和国总统。塞浦路斯劳动人民进步党联合其他党派组成联合政府。2013 年 2 月，由于各种原因，塞浦路斯劳动人民进步党在总统选举中失利，成为最大反对党。

塞浦路斯劳动人民进步党是工人阶级和劳动者的先锋队政党。党的最高目标是建设民主和人性化的社会主义社会。在当前反帝、反占领和争取解放的斗争阶段，党的斗争目标是建立一个主权独立、不结盟和非军事化的、无外国军队、外国银幕和外国基地的联邦制塞浦路斯和发达的民主社会。塞浦路斯劳动人民进步党党员人数由苏东剧变前的 1.4 万发展到现在的 1.8 万。现任党的总书记是安德罗斯·基普里亚努（Andros Kyprianou）。其外围组织主要有工会组织、农民组织、青年团、妇女组织和学生组织等。党的机关报是《黎明报》，党刊为《民主》周刊。拥有希腊语、土耳其语和英语三种语言网站，其英文网址为：http：//www. akel. org. cy。

塞浦路斯劳动人民进步党是在 80 多年艰辛的探索中不断前进的，它英勇反抗殖民统治并取得了民族解放；它多次被反动势力打入地下，但却坚贞不屈不断壮大；苏东剧变后它顶住反共产主义势力的攻击，坚持走一条革命道路与议会斗争道路相结合的发展道路，并成功上台执政。悠久的历史，创新型的理论和勇敢的实践斗争从多方面展示出塞劳进党是当今世界社会主义运动中的一朵奇葩。

一　塞浦路斯劳动人民进步党的历史

根据不同时期的历史任务，可以将塞浦路斯劳动人民进步党争取民族解放和社会主义的斗争划分为六个阶段。

（一）反对英国殖民主义的斗争时期（1926～1940 年）

1. 塞浦路斯共产党的成立

塞浦路斯共产党诞生于新的经济和社会条件下，它是随着 20 世纪塞浦路斯早期资本主义的发展而逐渐形成的。1917 年俄国的十月社会主义革命对工人和革命运动的影响是推动塞浦路斯共产党建立的第二个重要因素。1926 年 8 月 15 日，在利马索尔召开了塞浦路斯共产党第一次代表大会。第一届塞浦路斯共产党代表大会选举科斯特·斯基尔斯为党的总书记，制定了党的行动纲领，本次大会的召开标志着塞浦路斯共产党正式成立。党的首要任务是反对帝国主义，摆脱英国的殖民主义统治，建立统一的希、土两族统一战线。大会通过的党纲宣称努力改善工人阶级的经济状况，维护工人阶级的利益；摆脱英国的殖民统治，实现政治独立；发展国际劳动者同盟运动，团结其他国家的工人和农民。1931 年共产国际正式承认塞浦路斯共产党。塞浦路斯共产党是塞浦路斯出现的第一个具有社会主义意识形态外观的共产主义细胞。

2. 塞浦路斯人民反殖民主义斗争

塞浦路斯共产党成立后积极加入了反对英国殖民统治和捍卫工人阶级和其他被压迫人民利益的斗争。1929 年塞浦路斯共产党组织了一次大规模的游行示威活动。示威游行是由 600 名石棉矿工组成，他们集体辞职，要求公司缩短工作时间和提高工人工资。同年，塞浦路斯工人集体抗议，强烈要求当局取消外国人控制的矿产资源。但由于英国殖民主义势力的残酷镇压，工人阶级力量的弱小，抗议最终失败。虽然此次工人运动失败了，但却标志着塞浦路斯工人阶级登上了历史舞台，从此掀开了反抗英国殖民统治的新篇章。

1931 年 4 月 28 日，塞浦路斯希腊族人对英国殖民总督强行实施的增税提案进行了反抗，并展开了对英国殖民当局的斗争。这是塞浦路斯希腊族人自发的第一次大规模的反抗英国殖民统治的斗争，充分体现了塞浦路斯人民的觉醒。在斗争期间，塞浦路斯共产党立场坚定地支持民族主义暴动，并努力组成反殖民主义的统一战线。党尝试与民族主义阵营团结起来，同时也努力与土族塞人团体采取共同行动。斗争受到英国殖民当局的残酷镇压，1933 年塞浦路斯共产党及其组织也因此被英国殖民当局宣布非法，党的领导人也被流放到国外，塞浦路斯共产党几百名领导人和党员或者被关进监狱受尽折磨，或者被流放到隔离的村庄，党的刊物也被禁止。党组织陷于瘫痪，塞浦路斯共产党被迫转入地下。1937 年，塞浦路斯共产党领导人塞尔瓦斯重新改组，整顿和发展工人运动，逐步恢复和扩大了党的力量，继续领导反英殖民主义斗争。

（二）反法西斯主义的斗争时期（1941～1945 年）

1. 塞浦路斯劳动人民进步党成立

第二次世界大战爆发后，英国殖民当局为应对世界大战而对塞浦路斯的独裁措施明显减少，此时塞浦路斯共产党正确地预见到采取合法活动的新条件已经出现，所以决定利用这些新条件与资产阶级中的进步力量一起建立一个新政党。1941 年 4 月 14 日，在斯卡拉举办了一个有关塞浦路斯劳动人民进步党①成立的会议。大会宣布新政党体现的是"民主的、反法西斯主义的与反希特勒的②"有机结合。1941 年 10 月 5 日，第一次代表大会顺利召开，塞劳进党从宣布政治和意识形态立场的第一天开始就联合其他力量反对希特勒的法西斯主义。塞浦路斯共产党以非法形式以及塞劳进党以合法形式开展了 3 年的平行活动。1944 年，由于两个政党同时存在是没有必要的，所以塞浦路斯共产党与塞劳进党合并为塞浦路斯劳动人民进步党。

2. 反法西斯主义斗争

从塞浦路斯劳动人民进步党成立到第二次世界大战结束，塞浦路斯劳动人民进步党始终处于塞浦路斯人民反法西斯斗争的最前线。塞浦路斯劳动人民进步党反法西斯斗争的高潮是，1943 年 6 月 16 日党决定号召领导人和党

---

① AKEL: The Progressive Party of Cyprus Working People, which is referred to as Communist Party of Cyprus.

② AKEL is Founded Antifascist Struggle, http://www.akel.org.cy.

员自愿参加军队抵抗希特勒法西斯主义，为使希腊从希特勒的暴政下解放出来而斗争。中央委员会的 11 个成员和将近 800 名党员参军，他们为反法西斯斗争作出了伟大贡献。塞浦路斯劳动人民进步党的党员也在欧洲和中东地区进行了不同斗争。塞浦路斯劳动人民进步党在塞浦路斯进行的反法西斯主义斗争也是世界反法西斯主义斗争的重要组成部分，为世界反法西斯主义斗争的胜利作出了巨大贡献，同时也使党提高了军事实力，发展壮大。

（三）反殖民主义斗争的新时期（1945～1959 年）

1. 反殖民主义的地上斗争

1945～1954 年这十年不仅是政治斗争激烈和反殖民主义斗争发展的十年，同时，也是阶级斗争非常激烈的十年。塞浦路斯劳动人民进步党与左翼政党的组织始终冲在斗争的最前线。"二战"结束之后，英国殖民主义者不但没有履行对塞浦路斯人民的承诺，而且还拒绝给予塞浦路斯人民民族自决权。1945 年 7 月 13 日，英国殖民当局禁止了泛塞浦路斯工会委员会（PSE），逮捕了 18 名领导并对其判处 12 至 18 个月的监禁。塞浦路斯人民没有其他的选择，只能继续进行反殖民主义斗争。1948 年煤矿工人、金属制造工和建筑工人的大罢工构成了这些斗争的高潮。这些罢工在激烈程度、时间之长和战斗的精神上都是史无前例的，工人阶级付出了巨大牺牲。1949 年 8 月，塞浦路斯劳动人民进步党召开六大，党报《民主主义者》主编埃泽基阿斯·巴巴约安努当选为总书记，从此便开启了党的新阶段。1954 年塞浦路斯劳动人民进步党召开八大，此次会议确定了党的新路线，之后党同各进步团体组成"解放斗争联合阵线"，积极开展广泛而有效的斗争以摆脱英国的殖民统治。

2. 反殖民主义的地下斗争

1955 年 4 月 1 日，希腊族人的第一个武装组织"埃欧卡"炸毁了英国的军事设施。这一事件标志着武装组织"埃欧卡"反对英国殖民统治的军事行动的开始，也标志着塞浦路斯希腊族人第二次反英国殖民当局的开始。"埃欧卡"武装组织不断地进行武装斗争虽然显示了强烈的爱国主义和自我牺牲精神，但它使塞浦路斯局势不断恶化，使塞浦路斯问题陷入僵局。塞浦路斯劳动人民进步党以塞浦路斯人民的利益为出发点，不同意武装斗争的策略。1955 年 8 月塞浦路斯劳动人民进步党打算以和平集会的方式来反对"埃欧卡"武装组织的武装袭击。塞浦路斯劳动人民进步党在伦敦三方会谈前曾经表示，如果民族主义者同意合作，塞浦路斯劳动人民进步党将会修改和平集会的内容和时间。但遗憾的是，马卡里奥斯并没有重视塞浦路斯劳动人民进步党的建议。1955 年，塞浦路斯劳动人民进步党如期召开了和平会议。但 1955 年 12 月 14 日,"埃欧卡"武装组织在塞岛展开的全面武装袭击,引起塞岛一片混乱,英国殖民当局便开始禁止"埃欧卡"武装组织,同时塞浦路斯劳动人民进步党和所有左翼组织也被禁止。严峻的形势使党再一次被迫转入地下。党的总书记巴巴约安努也于 1956 年被捕入狱。直到 1959 年 12 月 4 日,即在伦敦苏黎世协定之后的十个月,塞浦路斯取消紧急状态,党随即便恢复了合法地位,并在议会选举中获得 5 个席位。英国殖民当局的残酷镇压和恐怖主义措施并没有摧毁塞浦路斯劳动人民进步党,反而使党发展壮大,与劳动人民联系更密切。

(四)反帝国主义和反沙文主义斗争时期(1959~1974 年)

1. 伦敦苏黎世协定

1959 年 2 月 19 日,希腊、土耳其、塞浦路斯希腊族和土耳其族在伦敦举行会议。伦敦苏黎世协定虽规定一年后塞浦路斯成立独立共和国,但它却使帝国主义在岛上继续存在下去,使塞浦路斯处于其权力监控之下,所以塞浦路斯劳动人民进步党反对苏黎世协定。同时,塞浦路斯劳动人民进步党建议马克里奥斯不要签订协议,而是继续团结人民为独立而战。不幸的是,塞浦路斯劳动人民进步党的建议被拒绝了。为了适应伦敦苏黎世协定造成的新形势,塞浦路斯劳动人民进步党认为新阶段的主要任务是争取塞浦路斯完全独立以及从苏黎世协定的消极影响下逐渐解放出来。

2. 反帝国主义阴谋

1960 年 8 月,塞浦路斯宣布独立,该党支持政府的独立政策,为维护国家的独立和领土完整进行不懈的努力。塞浦路斯共和国从一开始就面临着许多困难和难题。美国政府企图扼杀独立不结盟的塞浦路斯,企图将塞浦路斯分割给希腊和土耳其——安卡拉和北大西洋公约组织的领土扩张主义计划将塞浦路斯转变成一个东部地中海的大西洋联盟的不会沉没的航空母舰,这对塞浦路斯的独立构成威胁。塞浦路斯劳动人民进步党作为国内一支重要政治力量为捍卫塞浦路斯的独立、主权和不结盟政策而斗争。1964~1974 年这 10 年就是对抗帝国主义阴谋的 10 年,是保卫塞浦路斯独立和团结的十年。塞浦路斯劳动人民进步党通过全面的群众动员成功地抵制了北大西洋公约组织的计划。

3. 反沙文主义的斗争

针对国内希、土两族间的矛盾尖锐的状况,塞浦路斯劳动人民进步党提出了民族和解,恢复和加强希、土两族间的信任、友谊和合作的主张,得到两族广大人民的欢迎。即使在塞浦路斯劳动人民进步党的危机时刻,它也没有停止通过对话去解决有关两个民族的问题。党从一开始就是一个反抗民族沙文主义的战士。塞浦路斯劳动人民进步党中央委员会和泛塞浦路斯劳动者联盟 PEO 中的土耳其族成员德维斯·阿里·卡瓦泽古鲁（Dervis Ali Kavazoglou）就为两族的友谊与合作献出了宝贵生命。他的牺牲为两族和解、建设塞浦路斯共同家园以及所有塞浦路斯人民树立了良好榜样。

（五）反法西斯、反霸和反占领时期（1974~1989 年）

1. 北塞土耳其共和国

塞浦路斯共和国总统马卡里奥斯欲将塞浦路斯转变成一个既不受希腊操纵，也不受土耳其制约，而是由塞浦路斯多民族——希腊族人领导的，真正独立、自由、统一的共和国，他不赞成"意诺西斯①"。1974 年 7 月 15 日，希腊军政府为推翻马卡里奥斯而发动了塞浦路斯政变，7 月 20 日凌晨，土耳其开始实施"和平行动"计划，入侵塞浦路斯，占领塞浦路斯总面积的 37%，实现了分割塞浦路斯面积 1/3，并建立了"北塞土耳其共和国"，塞浦路斯问题成了世人瞩目的问题。塞浦路斯共和国的独立和统一已荡然无存。

2. 反法西斯主义与反霸斗争

对于希腊军政府发动的政变，塞浦路斯劳动人民进步党也作出反应。塞浦路斯劳动人民进步党适时提出塞浦路斯问题高于社会阶级矛盾，土耳其的入侵、占领和外国干涉是这一问题的症结。塞浦路斯劳动人民进步党为寻求一个和平、公正、双方都能接受的塞浦路斯问题解决方案，为建立一个独立的、领土完整的、统一的、联邦制的、不结盟的、非军事化的、没有外国军队和基地的塞浦路斯而奋斗。1974 年 7 月 15 日塞浦路斯劳动人民进步党的党员与干部首先参加了保卫民主、抵制外国怂恿的法西斯主义政变的斗争。几千个塞浦路斯劳动人民进步党员和左翼人士被希腊军政府和埃欧卡武装组织逮捕并投入监狱，有的人被处决。

3. 反占领斗争

1974 年 7 月 20 日后，塞浦路斯劳动人民进步党又号召保卫家园、反对土耳其占领的斗争。塞浦路斯劳动人民进步党员与干部再一次冲到保卫塞浦路斯独立斗争的前线，他们中的大部分人从监狱出来后立刻投入到战争前线。自从 1974 年 7 月后塞浦路斯的人民运动就包含了反占领的内容。鉴于塞浦路斯的条件、环境、力量对比，后来的反占领斗争采取了和平与政治的

---

① 意诺西斯：希腊语，意思是塞浦路斯与希腊合并。

方式。塞浦路斯劳动人民进步党考察了 1974 年以后的新情况并得出结论：为了避免分裂和对抗土耳其扩张主义计划，塞浦路斯问题的解决方式是联邦制。1974 年 11 月党中央委员会就向总统马卡里奥斯表达了这一立场。此后塞浦路斯劳动人民进步党一直坚定地支持联邦制的解决方案。

4. 议会斗争

与此同时，塞浦路斯劳动人民进步党还积极参加议会选举，通过政治渠道，为争取民主和社会主义而奋斗。在 1976 年新一届议会选举中，塞浦路斯劳动人民进步党获得了 9 个席位。1981 年升至 12 席。1986 年市政选举中，获得 18 个市中 9 个市长席位。在 1988 年 2 月的总统选举中，党与代表小资产阶级的政党合作，使无党派人士瓦西里乌当选为总统，阻止了极右势力大会党掌权。

（六）争取民主和革新社会主义的斗争时期（1989 年～至今）

1. 苏东剧变与十七大

1989 年以来，东欧剧变、苏联解体也对塞浦路斯劳动人民进步党造成了消极影响。1990 年 10 月，党的十七大胜利召开，大会重申了党坚持马列主义原则不变，坚持社会主义方向不变，坚持为劳动人民谋福利的宗旨不变。党坚持马列主义和无产阶级性质，以在塞浦路斯建设社会主义社会为自己的奋斗目标，提出社会主义具有巨大优越性，只有社会主义才能代表人类的未来。党的十七大的胜利召开，表明了以赫里斯托菲亚斯为首的塞浦路斯劳动人民进步党经受住了考验，成功地统一全党思想，增强了党的凝聚力和战斗力，战胜了党内分裂，顶住了苏东剧变的巨大压力。1995 年十八大，塞浦路斯劳动人民进步党修改党章，再次重申上述原则立场。2000 年十九大、2005 年二十大和 2010 年二十一大也坚持该立场不变。

2. 选举斗争新成就

21 世纪以来，塞浦路斯劳动人民进步党迅速发展。2001 年议会选举中塞浦路斯劳动人民进步党获得 35% 的支持率，从第二大党跃升为议会第一大党，塞浦路斯劳动人民进步党总书记赫里斯托菲亚斯当选为议会议长。2003 年，塞浦路斯劳动人民进步党联合其他中间势力赢得了总统选举，并首次入阁参政。此时塞浦路斯劳动人民进步党在真正意义上由从幕后走到台前，正式具有了参政资格。在 2006 年议会选举中，塞浦路斯劳动人民进步党获得了 31.16% 的选票，仍然是议会第一大党，总书记赫里斯托菲亚斯连任议长一职。2008 年 2 月 24 日，塞浦路斯劳动人民进步党总书记赫里斯托菲亚斯以 53.4% 的选票，成功当选为塞浦路斯总统。2013 年，由于经济危机和一些突发事件，赫里斯托菲亚斯没有竞选连任，失去执政地位。

二　塞浦路斯劳动人民进步党的理论主张

苏东剧变后，塞劳进党将马克思主义的基本原理与塞浦路斯的实际相结合，不断探索适合塞浦路斯的民主与社会主义发展道路，形成了新的理论体系。这一理论体系试图回答在新的历史条件下如何正确对待马克思主义、如何看待资本主义新变化、塞浦路斯如何实现社会主义、塞劳进党如何加强和完善党自身建设等一系列问题。

（一）塞劳进党对资本主义的总体认识

1. 关于资本主义发展阶段的看法

现代资本主义正处于这个社会制度发展的特殊阶段——国家垄断资本主义阶段。它鼓吹今天的国家垄断资本主义是一种加速前进的制度，自诩现代资本主义尤其是发达资本主义国家有能力从各种矛盾困境中走出来，甚至能够决定其他国家的命运。资本主义历史性的再调整过程在其社会经济体制的发展中成为一种新的现象，是伟大的十月社会主义革命和 20 世纪二三十年代资本主义经济大萧条之后现代资本主义的一个鲜明特点。这就是它能够在保留资本主义基本制度的同时，又能够跳出窠臼，不拘泥于一些旧的过时的形式。这种现象存在的原因在于：（1）资本主义自身的弱点以及新的社会制度——社会主义的出现对资本主义施加了一定的压力，同时又增强了劳动人民的斗争能力；（2）工人阶级为改善生活水平及提高工作条件而进行的斗争；（3）充分利用科技革命的成果导致生产力出现难以置信的快速发展；（4）资本主义国家新的作用和功能；（5）资本主义国际组织和相互信任的建立；等等。

然而资本主义在调整自己和努力克服自身的矛盾的同时却面临着一个僵局。无论是社会矛盾还是其他方面的矛盾，无论是旧的矛盾还是新的矛盾，它都无法解决。尽管资本主义没有放弃它的意识形态和世界政策，资产阶级的经济学家和理论家们依然认为资本主义是唯一能提供高水平的生活和自由的制度，但这些人忘记了不仅是在发达资本主义国家还是在发展中资本主义国家中，除了富人和暴利商人外，还生活着很多失业的、忍饥挨饿的、甚至是无家可归的人。这些人都是资本主义制度的产物。现代发达资本主义的一个重要现象就是三分之一的人口构成了社会最贫穷的一部分。因此，阶级矛盾和阶级斗争在发达资本主义国家中并未消失。而且，资本主义社会存在的种族、民族、性别歧视以及对人民群众基本人权的剥夺的事实也不应该被故意忽视，对第三世界长达几十年的掠夺是资本主义发展的一个基本因素的事实也不应被忘记。很明显，资本主义没有克服固有的危机也不能给人类面临的矛盾找到一个出路。

2. 关于帝国主义新秩序的看法

塞劳进党把帝国主义新秩序定义为：以美国为首的帝国主义寻求维持和扩大在经济、政治和军事战略领域的霸权。国际政治领域盛行的不是国际法和国际关系的互相尊重，而是列强——主要是美国及其盟友的特权。第二次世界大战形成的不干涉其他国家内部事务原则和主权国家原则以及尊重领土完整原则，今天已经被在"捍卫人类权力和民主"的名义下进行肆意的公开干预所替代。北约及其盟友通过破坏国际法和实施双重标准的政策和做法，通过侵略和战争实行帝国主义新秩序。对其他国家进行武力控制，通过所谓的维和与"人道主义使命"[1]，使国际关系不断军事化，升级军备竞赛企图不断扩大势力范围和扩大美国和北约的军事基地；挑起种族或宗教摩擦和支持腐败的司法制度；制造所谓的天鹅绒革命和颜色革命，遏制人权自由。人民自主选择发展道路的权力也因西方势力的干预而被质疑。美国及其盟友控制联合国已经发展到新阶段，这必将削弱国际组织，并对世界和平与稳定构成威胁。帝国主义新秩序根本不能保证和平、自由和社会公平。对于进步势力来说唯一正确的选择是坚决抵抗帝国主义新秩序和争取恢复国际法在国际关系中的作用。

国际恐怖主义甚嚣尘上并被帝国主义作为实现其新秩序的手段之一。恐怖主义被看做是争夺国家权力和发动民族解放与社会斗争的手段，而民主化不能通过实行武力威胁而取得。美国及其盟友想要维持并扩大其在世界各个角落的政治、经济和战略霸权。2001年"9·11"恐怖袭击使其以防御性战争为借口加强帝国主义政策。这一政策最具代表性的例子就是在阿富汗、伊拉克和利比亚战争，它以民主化为外衣，使用各种手段达到推翻所有这些国家的目的。帝国主义以打击恐怖主义为借口，制定和强加臭名昭著的法律，限制人权和政治自由，侵犯公民的个人信息，并在打击恐怖主义的名义下企图使他们的罪行和政策"合法化"。没有恐怖主义他们就图谋恐怖主义。塞劳进党谴责以任何形式给无辜的人带来灾难的恐怖主义。恐怖主义并没有推动人民斗争，恰恰相反，却给帝国主义的侵略斗争带来了借口。塞劳进党认

---

① Theses of the C. C. of AKEL for the 20th Congress, http：//www.akel.org.cy.

为打击恐怖主义是一项集体任务，应在联合国的主持下采取共同行动。打击恐怖主义必须消除其产生的根源，这就是帝国主义本身引起的困扰着整个世界的贫穷、饥饿、疾病、剥削、不公正、不平等和压迫。打击恐怖主义必须尊重国际法、每个国家的主权和领土完整以及人民尊严。

3. 关于全球经济危机的看法

全球经济危机是资本主义制度的结构性危机。资本主义的基本矛盾是资本主义危机的根本原因。资本主义发展生产力并使生产最大化。然而同时，它将财富和权力集中在拥有生产资料的少数人手中，尤其是跨国公司。同时，新自由主义也是其原因之一。塞劳进党认为，"新自由主义反人民的经济模式和使市场经济只为跨国公司的利益服务的政策，不断损害劳动人民的利益、削减国家福利、使失业急剧增加和使劳动人民的生活水平不断下降，甚至发达国家也遭受同样的破坏"。① 至于发展中国家和贫穷国家，他们更是承受着新自由主义的消极后果。这些国家按国际货币基金组织、世界银行和国际贸易组织的不合理条件接受贷款和援助，从而遏制了本国经济的发展。资本主义制度的本质特征是不公正和不平等，这不仅体现在一国之内，而且也延伸到国际社会。因此，在全球范围内实施的新自由主义已经导致了目前前所未有的经济危机，无论其广度和强度都是前所未有的。世界上的劳动人民都为危机付出了沉重代价。而且资产阶级政府正在寻求通过增加劳动人民的负担的途径来克服危机。所以塞劳进党认为，左翼政党和进步社会力量的责任就是在国际、欧洲和国内进一步发展与社会论坛的合作，使他们在抵制未经人民同意的国际经济模式中发挥重要作用。同时，阶级斗争在全球正在加强，世界上数百万的劳动人民为捍卫他们的权力而奋斗。世界经济危机更需要社会主义思想，需要没有剥削和追逐利益的社会，也需要从剥削中解放出来，并且需要社会团结。

（二）塞劳进党对社会主义的整体评价

人类沿着一条既艰辛又矛盾的道路迈进了 21 世纪。当今世界在各个领域都发生了翻天覆地的变化：生产方式的变化，自然环境的变化，人类意识的变化等，但也存在着很多复杂的矛盾，除了和平与战争的矛盾，资本主义与社会主义两种制度的矛盾，资产阶级与劳工阶级的矛盾外，新的矛盾诸如人类与其周围的环境的矛盾，发达国家与发展中国家矛盾，世界上三分之二的穷人与三分之一的富人之间的矛盾都一并呈现出来了，所有这些矛盾不可

---

① Theses of the C. C. of AKEL for the 20th Congress, http：//www. akel. org. cy.

避免地要拷问我们：这个世界是什么样的？社会主义的地位是什么？社会主义的未来又会是怎样的呢？

1. 塞劳进党对当今世界及其矛盾的分析

现代世界是一个复杂的多元世界，充满了对抗和矛盾。当今世界的主要矛盾是挽救人类的可能性和人类灭亡的危险之间的矛盾。解决这个问题需要全人类统一的行动。基本矛盾就是资本主义与社会主义以及资产阶级与劳工阶级之间的对抗。解决此矛盾势必要花费相当长的时间，因为目前这两种社会经济制度在和平、合作与竞争的精神下共处。当今世界资本主义国家尤其是帝国主义强国之间的矛盾将继续存在。发达资本主义国家和第三世界的矛盾是十分明显的，而且这种矛盾会日益尖锐。第三世界国家之间的矛盾也是存在的，并且对世界和平与稳定构成了严重的威胁。这些矛盾将在世界的相互依存和科学技术革命的巨大进步中进一步强化。在这种情形下，基于政治经济平等基础上的国家间关系的重新审查、界定和建构就是急需的。正是由于这个原因，革命性的重组就构成了人类前进运动的一个新阶段，这需要运用现代的批判性的新思维来重新审视资本主义和社会主义的历史地位。

同时，在当前统一和相互依存的世界中，对抗性矛盾凸显出国际主义和加强反帝国主义的重要性。国际主义和反帝国主义的团结构成了反对冷战、反对争霸战争，争取和平与进步的重要武器。而帝国主义势力的反动政策就是通过新殖民主义、种族主义和新法西斯主义加大对劳动人民的剥削，镇压民族解放运动。现在需要的不是破坏国际主义和反帝国主义的团结，而是要通过各种形式来加强它们。塞劳进党一直忠实于国际团结和不干预的原则，积极支持工人阶级的联合行动，支持反对帝国主义的斗争，支持世界社会主义运动。塞劳进党将本着同全世界工人阶级加强国际团结的精神，不断扩大自己的工人阶级基础，为反对帝国主义、殖民主义、新殖民主义和种族主义而不懈奋斗。

2. 塞劳进党对前苏联社会主义的辩证看法

塞劳进党认为，今天，用批判的方法去研究社会主义是很有必要的。伟大的十月社会主义革命是人类历史上的重大事件，它开启了人类历史的新纪元。人类从此迈进了社会主义时代。十月社会主义革命使受压迫和剥削的劳动人民看到了一个自由的社会主义社会，社会主义国家在改善人民生活方面的成功深刻地影响了资本主义国家的阶级斗争。"二战"期间，苏联为打败法西斯作出了决定性的贡献。世界民族解放运动也得到了社会主义国家的帮助与支持。社会主义对世界和平与进步所作的贡献是不能被忽视，更不能被否定的。

当然，社会主义在发挥它所拥有的巨大潜力方面也不是完全成功的。现实社会主义国家没有完全实现社会主义革命的既定目标。除了客观困难之外，主要是在苏联和其他社会主义国家出现了比较严重的社会矛盾。在列宁去世以后，特别是斯大林主义盛行的时期，这一情况在理论和实践中的表现就是不断扭曲列宁主义的社会主义观。特别是社会主义计划管理模式逐渐产生了不小的危机和挫折。因此，需要一种革命性的社会主义理念。戈尔巴乔夫在苏联为此进行了社会主义改革。改革的目的是恢复列宁主义的社会主义观和人道主义的社会主义，结束对社会主义理念的歪曲、教条主义以及官僚主义。它谴责以社会主义的名义犯下的罪过并试图以公开的方式找到解决当代问题的办法。改革将尊重人权、民主和公开性作为社会主义理念创新的主要方面。但这种改革在实践中以失败告终。

3. 关于中国特色社会主义的看法

塞劳进党领导人在多个场合表示他们对中国特色社会主义的赞赏之意。2009 年 9 月 8 日，正在中国访问的塞劳进党总书记基普里亚努接受中国记者联合采访时表示：我们应当正视 60 年来中国发生了很大的变化，国家实力增强，人民生活水平大幅度提高，这根本原因在于中国共产党的领导，在于中国共产党一直坚持的为人民服务的原则。2012 年 2 月底，塞劳进党政治局委员、组织书记赫里斯托斯·阿莱古访问中国时表示，要学习中国走出一条具有塞浦路斯特色的社会主义道路。塞劳进党总书记安德罗斯·基普里亚努在 2012 年 5 月访问中国接受采访时再次表示："现阶段人类已经处于一个历史关键点，经济危机不仅给全球经济带来各种问题，还影响了国际格局的变化。中国是个大国，无论从政治还是经济上，国际影响都在不断扩大。我肯定所有人会对中共十八大报告感兴趣，因为十八大报告将直接勾画出中国和中国人民的未来，以及中国共产党对国内国际事务的看法。我们诚挚祝愿中共十八大成功召开。我们也确信中国能为世界和平、安全和稳定发挥越来越大的作用"。[①]

（三）塞劳进党对塞浦路斯现实的社会主义分析

塞劳进党基于塞浦路斯的社会经济现实，从社会转型的动力、民族问题、经济基础、民主计划、社会上层建筑、社会主义与生态环境、塞浦路斯在当代世界中的地位等方面全面阐述了其理论主张。

---

① 钱颖超：《"共产党人的前途是光明的"—专访塞劳进党总书记安德罗斯·基普里亚努》，《当代世界》2012 年第 5 期。

1. 塞浦路斯的资本主义经济及社会结构

直到现在塞浦路斯仍是一个欠发达的农业国家。它是在继承了相对落后与欠发达的经济基础上宣布进入独立的国家状态的。但独立之后 30 年尤其是近 20 年来，塞浦路斯所取得的经济社会进步是显著的：经济的高速增长不断扩大和巩固国家的物质基础和和技术基础。经济规模不断扩大，新的产业如雨后春笋般出现，科技革命的成就成为生产方式不可分离的一部分，劳动生产率迅速提高。工业在物质生产部门一马当先，而服务业则在就业和国民生产总值所占的份额首屈一指。塞浦路斯在国际劳动分工中地位也得到加强。资本主义企业不断扩大其规模和活动，垄断资本也参与到中小型企业的生产中来。最终，一方面，劳动力水平得到提升从而适应了生产力的发展，另一方面，人民生活水平显著提高。基于以上变化，塞浦路斯可以被认为是一个发展中的中等发达资本主义国家，但同时，随着资本主义的发展，塞浦路斯的矛盾也日益突出。收入的分配与再分配愈加不公平，收入差距越来越大。很大程度上国家经济依靠国外贷款。一方面是毫无计划的经济发展，另一方面在社会发展中出现了大量社会问题，比如大学生失业的问题、农村发展缓慢问题、生态环境恶化问题，等等。需要特别指出的是，尽管人们的生活水平有所改善，但这并非资产阶级送给人们的礼物，主要是由于劳动人民在塞劳进党的组织指导下通过艰苦斗争换来的。

塞浦路斯资本主义发展的结果是形成了一个鲜明的社会阶级结构。对工人阶级运动的正确评价及其目标与责任的正确界定主要依赖于人们是否有能力从主观上认清当前的社会阶级结构。工薪人员的大量增加是当前社会阶级结构中十分显著的变化。这增加了工人阶级在整个国家人口中的比重。塞浦路斯的工薪人员多年来一直处于上升趋势，目前已经占到就业人口的 70%。因此，工人阶级是塞浦路斯人数最多的阶级。它包括不占有生产资料仅靠出卖劳动力而获取工资和薪水的人，也包括那些有一定的收入基础和地位的中产阶级。资产阶级不是同质的阶级，它分为小资产阶级、中等资产阶级和垄断资产阶级。资本主义企业大多数是中小型的，但大资产阶级企业在利润分配中享有最大份额。塞浦路斯的资产阶级在就业人口中只占 5% ~ 6%。农民阶级处于一个下降的趋势，他们在就业人口中只占约 13%，大多数是穷人和比较贫穷的人。中产阶级由自主创业的商人及工薪阶层组成。他们促进了生产力的发展，但没有形成一个同质阶级，他们中的大多数属于工人阶级，其中一些属于资产阶级。他们构成约 20% ~ 30% 的就业人口。知识分子在资产阶级、工人阶级和中产阶级中都存在。其中，带薪的知识分子加入到工人阶级的倾向愈加明显，他们在塞浦路斯的就业人口中占 10% ~ 13%。

塞浦路斯资本主义的发展及社会结构的变化是国家现实生活的基本元素。塞劳进党相信，依靠具有优良传统的人民，将爱国主义和国际主义结合在一起，新的社会主义大厦一定能够建成。因此，要统一行动，反对外国干涉和法西斯主义，加强希腊族塞人以及土族塞人的合作，巩固民主和法制，保卫人民的权利。

2. 社会转型的动力

塞浦路斯同其他任何地方一样，社会转型的动力来自在特殊条件下结成以社会主义为方向的政治联盟。实现社会主义须要通过日常的斗争获得全国大多数人民在政治上的支持，需要与各种社会主义性质的政治势力进行合作与联盟。这就须要联合广大工人阶级、雇员、农民、自主创业的商人、中产阶级、知识分子以及对社会正义与公平感兴趣的神职人员，等等，并从他们每一个人的切身利益出发获得人民的支持。因此，在建立社会主义的过程中必须经历很多过渡阶段，每一步都要解决大量的具体问题。在每一个过渡阶段，一定的社会和政治联盟将根据要实现的目标开展行动。希腊族和土耳其族以及亚美尼亚民族、拉丁人和马龙人都是民族运动的动力源泉。一个国家面临的问题必须公正解决。一个公正的解决办法是社会转型和建立社会主义的前提条件。

3. 民族问题

社会主义有能力解决所有民族问题，而不会人为地消除民族差异与民族特殊性。在殖民统治条件下，列宁提出了民族自决权。当前，去殖民化已经到了最后阶段。列宁曾说过，随着社会的发展，建立一个较大国家的有利条件将变得更加明显，这点已经得到了确认。一体化的客观趋势反对"种族"国家，支持多民族的发展，在一体化的国家里，各民族通过各种自治形式保留了各自的特性。人权是人民的最基本权利。以国家权利名义公然违抗人权是不合时宜的。塞浦路斯的民族问题主要是在外国的侵略、占领和干预下形成的希腊族塞人和土族塞人之间的关系。解决塞浦路斯民族问题的第一步就是要通过斗争实现社会主义的转型。整个塞浦路斯人民已下定决心使塞浦路斯在国际上是一个独立的、主权的和领土完整的国家状态存在，之后才能谈到国家内部的民族自决问题。到底是通过塞浦路斯共和国还是用联邦州来解决这个问题则要根据人民的意愿来决定。在特殊条件下，塞浦路斯社会主义的胜利与建立，是一个事关两个族区的事业。这两个族区的社会主义未来不是由直觉、分裂和猜忌决定的，而是在统一的塞浦路斯内实现的。社会主义联邦国家必须建立在尊重人的权利和自由以及尊重两族在政治平等框架下的各项权利的基础上，在这样的社会主义国家里，分裂政策将被塞浦路斯人民所唾弃。

4. 经济基础 – 社会主义所有制

所有制及其形式是社会主义概念的核心和基本元素。所有制构成社会关系、法律和其他机构，即马克思主义所定义的上层建筑的基础。生产资料的社会所有制（国家的、省的、市的、合作的）构成了社会主义制度最根本的特征。与资本主义不同的是，在社会主义制度下是劳动人民而不是少数人成为社会财富的合法拥有者。生产资料社会所有制为消灭剥削创造了条件。工人的劳动异化和劳动产品的异化现象表明必须保证所有制的社会化以及劳动人民的自我管理。将国家所有制理解为社会所有制，导致了在中央集权的管理体制下将国家所有制看做是社会所有制的唯一形式的结果。在社会主义条件下其他所有制形式的缺失，以暴力的方式强制进入合作制等行为都会给经济带来痛苦不堪的结果。今天社会主义所有制的多样性已经被普遍接受。全民的、合作的、私营的和个体的形式都可以看做是社会主义所有制的基本形式。同样的，可以将这些形式细化为各种其他形式，如全民所有制可以细化为国家所有制、州所有制、区所有制。当然，也可以将上述几种所有制搭配在一起，建立混合所有制。这在特殊的行业和领域是有优势的。当然，与不同所有制相适应的经济管理和运动机制要建立起来。一方面要建立经济和社会发展计划，另一方面在社会主义框架内要允许自由市场的存在和顺利运行。两个方面结合在一起才构成社会主义体制的基本要素。

5. 民主计划

社会主义的经济民主计划必须将中央的国民经济计划优势与地方和个人的积极性有机结合起来。中央的领导权威不在于它解决了多少问题而在于它解决问题的水平。这些问题包括：经济战略的制定；国民经济发展的优先顺序与目标；国民经济发展的均衡性；科学技术在调整经济结构和投资结构方面的运用；等等。这些问题都不能在低水平层次内解决。不能通过行政干预手段而是通过经济的方式进行解决。中央计划必须照顾到各方面的利益，通过制定正确的经济和社会发展计划，采取适当有效的措施保证各方面的利益。在社会主义条件下，所有制形式的多样性构成了成功的社会主义经济和社会发展计划的基本前提。人民代表和劳动人民必须亲自参与民主计划。市场在社会主义的框架内有效运作是社会主义社会发展的条件。因此，社会主义必须创造必要的条件保证市场的有效运作。可见，一个创新性的社会主义经济制度必须将计划和市场有机结合在一起，具体地说包括：根据既定目标使生产得到最大化最优质的发展；根据不同的工种及不同的工作效果给予不同的工作报酬；多余劳动力能够灵活地从一个经济部门转向另一个经济部门；合作制的巩固和发展成为生产和消费的基本形式；国民经济和公共服务部门劳动生产率和利润率的显著增加。上述几个方面的目的都是要将有计划发展与社会主义框架内市场作用的发挥结合起来，以确保经济的平衡发展的同时又能增加其灵活性。

6. 社会上层建筑

（1）社会民主与多党制

塞劳进党相信人民的主权意愿是权利的唯一源泉，认为要建立的公正的社会主义国家是反对任何阶级独裁的。即使在社会主义国家，各个民族的人民的利益是多样的也是不同的，因此就会形成各种不同的工会、党派。世界意识形态及政治进程的发展也表明了多个党派存在的必要性。而且权力的分离对国家的管理将提供必要的平衡，也保证了监督的存在，避免了特权。但是没有政党的自由存在，权力的分离是不可能的。政党是个人参与政治活动的主要形式，没有党派的存在，公民参入社会主义国家事务会面临很多困难。塞劳进步党不为自己垄断权力，并接受权力的民主交换和在宪法范围内的符合人民主权意愿的任何改变。

（2）社会主义国家的法律法规

法律法规的具体应用及阐释会由于不同的阶级、民族、传统及文化水平而不同。社会主义的经济、政治及社会条件能够将法律法规与各个方面的民主及人民的权利紧密相连。在社会主义法治范围内，构建一个保证个人自由、民主、平等和公正的法律制度。它主要由许多的章程法规以及社会各方面的规章制度组成。在整个国家范围内，在法律面前人人平等，没有歧视。独立的司法职能对于保证社会正义是必需的。塞浦路斯所有公民的宗教信仰自由在法律范围内也都能得到保证。社会主义社会将在实践中保证每个人平等的受教育权。社会主义教育将旨在培养具有自由个性和责任感的公民，他们接受了传统的社会价值、民主、和平、自由与社会正义，又通过教育吸收世界文明。学术自由将被尊重与保护。社会主义社会将对文化事业给予特别关注。

7. 社会主义与生态环境

生态问题在很大程度上影响到现代人的生活。科学和技术革命给现代人提供了很多积极的东西，也创造和积累了一系列问题，如果不采取果断而坚决的措施，将会使星球和国家面临极大的危险。在社会主义制度下，这些问题的解决方案极其重要。这些问题的解决必须通过完善法律体系，并加强执法监督来保证。塞劳进党当前关注的重心是如何协调城市平衡发展，持续提升生活和工作环境，保护自然、野生动物、大气、水和地球，创造一个适宜人类生存的环境。

8. 塞浦路斯在现代世界中的地位

（1）关于国际劳动分工的立场

塞浦路斯在国际劳动分工中的地位是由进出口贸易、对外投资和外来资本流动情况、劳动力出口和引进等因素决定的。塞劳进党坚决反对将塞浦路斯孤立于世界之外。相反，塞劳进党支持塞浦路斯参与实现欧洲和世界进程的一体化。塞浦路斯必须在这个框架内制定一个与所有国家和所有的经济体在平等与互利的基础上进行真诚合作的政策，要确保塞浦路斯没有把自己变成仆人或是依赖某些国家和垄断组织。塞劳进党的立场是为努力创造一个团结的欧洲，建立一个共同家园而奋斗。但是，塞劳进党拒绝接受资本主义占主导地位作为统一的欧洲的先决条件。他们认为欧洲共同家园中可以有资本主义国家、社会主义国家、不结盟和中立的国家。欧洲安全与合作会议是实现欧洲统一的基本手段。

（2）对外政策

社会主义法治国家不能不服从其外交政治活动的国际法。当前时代最重要的特点是未能解决对人类文明构成危险的一系列问题，世界的相互依存以及不同社会经济体制的求同存异等等。在这种情况下，不能在孤立的条件下求发展。没有哪个国家哪个联盟能确保自己在世界一体化的进程中平稳发展。但塞劳进党有能力解决这一世界难题以证明社会主义制度的优越性。同时吸收其他社会制度的有益经验通过相互影响不断完善社会主义制度。如果没有一个集体的军事、经济和生态保障体系，全球问题的解决是不可能的。联合国组织在这方面发挥着独特的作用。在这样一个体制下，没有一个国家将和平共处视作国家间斗争的一种形式。全球普遍价值将优先考虑。这种价值就是从社会发展日益多样化出发自由选择社会或政治制度。对任何其他国家的内部事务的干预将会对建立一个和平秩序带来消极后果。人类的兴趣、权利和自由构成最高价值。在当今的现实情况下，以人权和自由为代价取得进步是不可能的。这些并不意味着要放弃自己的思想、原则和国际主义的原则，国家间关系的行为应根据国际法而不是根据自己的意识形态和利益。塞劳进党认为要忠实于国际团结和不干预的原则，支持进步的国际势力与和平的社会主义，在互利合作基础上制定友好而不结盟的外交政策。

总之，综合对社会主义历史和现实社会主义的分析，结合塞浦路斯独有的特点，塞劳进党的社会主义观有以下特点：进一步提高人民的生活水平，维护和扩大劳动人民的权利和利益；积极利用社会遗留下来的一切积极因素；充分考虑和尊重对工薪收入者、雇员、商人、中下阶层和蚁族的利益；

绝对尊重和承认所有人民在塞浦路斯历史演变过程中的事实、传统、文明和现实；确保希族和土族塞人之间以及所有塞浦路斯人的权利平等；确保多党制和观点多元化；承认反对派的权利，尊重不同观点；确保社会主义法制和竞争框架内的所有政治和社会因素的活动；向社会主义的过渡一定是在赢得了广大人民支持的基础上以和平和民主的手段实现。

塞劳进党认为，通过以上的理论分析塞劳进党将毫无保留地宣称人类的未来在于社会主义。建立在马克思列宁主义基础上的社会主义被认为是人类已经发现的最佳的社会制度，并且它在整个 20 世纪的理论与实践中得到了丰富与发展。社会主义是摆脱了剥削和压迫，并保证人的自由即恩格斯所称的"自由王国"。塞劳进党所追求的社会主义的核心和价值目标就是以人为本[1]。

（四）　塞劳进党对党建的探索

塞浦路斯劳动人民进步党十分重视党的建设，特别强调党要坚持以马克思列宁主义理论为指导，针对塞浦路斯的经济、政治、社会和文化等方面的变化特点，针对不同时期党面临的问题，而不断建设和完善党的组织。塞浦路斯劳动人民进步党非常注重对党员的思想政治教育，注重党组织机构的建设，也重视党的工作作风建设。自 2008 年塞浦路斯劳动人民进步党上台执政以来，虽然党的执政时间并不长，但始终围绕"建设什么样的党，怎样建设党"这个重大课题，不断总结党自身建设的经验教训，同时也吸取世界上一些马克思主义执政党兴衰成败的经验教训，在理论和实践中不断探索党的自身发展。

1. 关于党的性质的基本观点

党的性质是党建的基本问题，党的性质在根本上决定着党建的目标和方向。因此，保持塞劳进党的先锋队性质，是加强党的自身建设的基本前提，必然也是党建的核心内容。

塞劳进党的十八大党章规定："塞劳进党是以马克思列宁主义为指导的政党，是工人阶级的先锋队组织，是工人阶级和劳动者的最高组织，是工人、职员、农民、企业主、手工业者、科学家、知识分子和其他劳动者自愿结合而成立的。他们来自不同民族，为了改善人民生活、在塞浦路斯建设民主和人性化的社会主义社会，而反对任何形式的剥削与压迫。"[2] 这一描述

---

① Our concept of socialism，http：//www. akel. org. cy.

② 刘洪才：《塞浦路斯劳动人民进步党党章，1995 年 11 月塞劳进党第十八次代表大会通过》，《当代世界共产党党章党纲选编》，当代世界出版社，2009，第 127 页。

突出了两个先锋队的性质。塞劳进党不仅是工人阶级的高级组织，同时也是广大劳动人民的高级组织，是塞浦路斯劳动人民完全可以信赖和依靠的政党。塞劳进党忠于工人阶级和劳动者事业，继承并不断丰富政治斗争、解放斗争和社会斗争的成果。人道主义和民主的思想贯穿于塞劳进党的全部活动。塞劳进党认为，自己的民族任务与国际主义义务以及全球性问题的解决是密不可分的。塞劳进党忠于国际团结、平等合作和不干涉的原则，在地区和国际事务中积极支持反帝、进步、和平运动，并与社会主义力量统一行动。塞劳进党用国际主义教育党员，教育他们与所有劳动者和人民实现国际团结，共同反对各种形式的政治、经济和民族压迫，反对帝国主义、新殖民主义和种族主义。

2. 关于党的目标的认识

塞劳进党的最终目标是建立民主和人道的社会主义，一个以和平与自由、政治和社会公正以及尊重人权为基础的高级社会。在塞浦路斯建立社会主义社会是塞浦路斯人民的愿望的自由民主地表达的结果。但在不同时期，其最低目标不同。

在 1926～1960 年间，即从塞劳进党成立到塞浦路斯共和国的建立这一时期，党的目标是反抗英国殖民当局的统治，反抗帝国主义和法西斯主义，争取国家的独立和解放。

在 1960～1974 年间，即从塞浦路斯共和国成立到塞岛政变和土耳其入侵之前，党的目标是维护共和国的统一，建立一个独立、主权、不结盟和非军事化、无外国军队和外国军事基地的联邦制塞浦路斯。

1974 年以来，即从塞岛政变和土耳其入侵之后，党的目标是反抗土耳其的占领及其背后的帝国主义势力、当地的支持者等塞浦路斯人民的主要敌人，争取塞浦路斯的彻底解放。

苏东剧变以来，塞劳进党的最低纲领是"建立一个发达的民主社会，这个社会的基本特征是：它是法治、民主、人民当家做主、享有人权、任人唯贤、现代和高效的国家，一个独立和执行以国际法与和平政策为基础的不结盟政策的、同各国人民友好合作的国家，一个在现代混合经济基础上执行为民为国服务、尊重和保护环境的经济发展政策的国家，一个执行保证人民生活水平、卫生、教育和体育事业不断改善的社会政策的国家，一个执行保护文学和艺术创作并尊重国家及人民文化遗产的文化政策的国家"。[1]

---

[1] 刘洪才：《塞浦路斯劳动人民进步党党章，1995 年 11 月塞劳进党第十八次代表大会通过》，《当代世界共产党党章党纲选编》，当代世界出版社，2009，第 128 页。

3. 关于党建的总体规划

（1）思想政治建设

对党员和干部的思想政治教育始终是塞浦路斯劳动人民进步党最基本的任务之一。党员和干部的思想教育是维护劳动人民和抱有社会主义设想的普通人利益的必要前提，也是保持党的先进性、党的战斗力和提高工作效率的前提条件。右翼政府的执政理念、帝国主义的"世界新秩序"以及跨国公司的全球化等理念模糊了意识形态并消除了"左"和右的界限，产生了远离政治的思想和世界大同主义，并产生了对组织斗争的冷漠。这严重影响了党内生活，使自愿性工作减少，并滋生了冷漠等个人主义现象。因此，加强党的思想政治建设也是成功打击这些不良现象的主要因素。

塞劳进党是以科学社会主义为指导的马克思主义工人政党。马克思列宁主义世界观，以及指导世界进步运动的社会主义和国际主义是塞劳进党思想工作的核心。塞劳进党强调运用马克思列宁主义思想提高工人和劳动人民的思想觉悟，把宣传马克思列宁主义理论、捍卫马克思列宁主义的纯洁性作为党的基本任务。塞劳进党在开展思想工作的同时，不但重视理论研究，而且还坚持用马克思列宁主义理论武装群众，只有这样，革命理论才能被群众所掌握，成为千百万群众斗争的强大精神力量。在当前的历史条件下，教育的任务是创造性地发展马克思列宁主义，总结并吸取国际共产主义和工人运动的经验教训，因为马克思列宁主义并不是教条，而是照耀着党前进道路的指南。同时，塞劳进党认为，党的思想政治工作要与塞浦路斯的社会经济条件相适应，做到与时俱进。为了提高思想政治工作，应该在更好地利用现代科技的基础上有组织、有计划地进行教育，而在计划和实施教育工作过程中完善参与组织机制是成功的必要前提。

《黎明报》作为塞劳进党党中央的机关报，是传播党的先进思想的重要工具，也是党员和干部学习党的思想的重要途径。塞劳进党认为自觉购买和学习《黎明报》是所有党员的永久性的思想政治责任，对于从中央到基层的各级党组织来说都是非常必要的。

（2）组织建设

入党实行自愿原则并履行单独手续。每一个塞浦路斯合法公民，以及居住在有塞劳进党组织活动的地方的塞浦路斯人，只要接受党的纲领、原则和章程，都可以成为塞劳进党党员。塞劳进党的章程规定，党员来自各民族男女工人、职员、农民、小业主、手工业者、科学工作者、知识分子和其他劳动者，但他们必须在社会活动中有良好表现。入党必须有两个清楚了解申请人的党员作介绍。党支部以多数通过原则做出决定，并向上一级党组织报告，以便由上一级组织重新审查申请人的申请。其他政党或组织的一般成员，在获得省级党委的批准后方可成为党员。其他政党或组织的领导干部，在获得中央委员会的批准后方可成为党员。塞劳进党党员不能参加其他任何政党或政治组织。

民主集中制是塞劳进党的组织原则。对于马克思主义工人政党来说，民主集中制是否健全，直接关系到党和国家民主政治的前途，关系到党和国家的团结统一和社会主义事业的发展。塞劳进党的组织结构和活动基础是民主集中制，主要包括党内民主、统一路线和集体领导、纪律的自觉遵守这三个相互联系不可分割的方面：（1）党内民主能够保证批评与自我批评的正常进行；党内民主能保证全体党员积极参加党内生活，制定党的路线和政策，讨论并解决党面临的一切问题；党内民主能保证有效的全面的检查党的决议的正确性并监督决议的执行，及时发现党的各级机关、党员和干部的缺点与不足；党内民主能保证集体领导原则的实施，使党的一切组织内部能自由、平等和民主的讨论问题，使每个党员、党的所有基层组织和各级党委能发挥积极主动性，并根据党的总原则处理党在活动中遇到的一切问题；党内民主意味着全体党员能够对党的基层组织直至中央领导的任命、选举或撤换积极发表意见。（2）集体领导表明所有党组织应该在一个统一的核心——中央委员会的领导下工作，中央委员会通过其决议把各级党组织和全体党员紧密地联系在一起。集体领导表明党不是单个人的集合体，而是一个有机联系的、密切的、集中的组织，它在生活和工作中是一个统一的整体。塞劳进党作为一个行动整体紧密团结，根据党章规定，下级机关、党组织和全体党员要服从决定并为执行决定而努力。不得成立有组织的派别或者小集团，不得在党的机构、组织及纪律之外根据自己的观点和政治主张开展活动。党的纪律对所有党员都具有约束力，不管你属于哪个组织或者领导机关。所有领导机关负有集体领导责任，但不能取代个人责任。党员要维护党的活动的集体性，抵制为所欲为、特权以及个人崇拜。（3）自觉守纪对于实现党的目标和完成党的历史使命是必要的。它意味着少数服从多数、接受多数的决定，在各级组织中有义务自觉支持多数决议。民主集中制的这三个要素是统一不可分割的整体。只有真正贯彻民主集中制，才能确保党的团结、凝聚力和有效行动，发挥党的作用，使全党工作顺利进行。①

塞劳进党十分重视党员干部队伍的建设。党的干部是党的事业的骨干，

---

① 刘洪才：《塞浦路斯劳动人民进步党党章，1995 年 11 月塞劳进党第十八次代表大会通过》，《当代世界共产党章党纲选编》，当代世界出版社，2009，第 129～130 页。

是党的路线、方针、政策的贯彻执行者，是人民群众的组织者和领导者。他们的觉悟高低、能力大小，对于党的事业发展至关重要。可以毫不夸张地说，干部决定政治路线的命运、党的未来和党工作的成败。塞劳进党认为，培养党的新干部是党的领导工作中不可分割的一部分。干部不是天生的，而是从工人阶级和劳动人民的斗争中产生的，在斗争中锻炼成长的。当然，干部的成长也需要一定的理论基础。但是，他们光具备这些因素还是不够的，一名成长中的干部应当是战斗员，应当对工人阶级、马克思列宁主义和无产阶级国际主义理想抱有坚定的信念，富有自我牺牲精神，热爱劳动人民的事业并愿意为之献身是干部必须具备的品格。

为了解决干部队伍匮乏问题，塞劳进党实行更新领导的正确政策，即对于党的任何一级干部，不管年龄多大，只要其身体状况允许他工作，就不会把他换下来，但要在他身旁安排另外的干部，以便准备在适当的时候接替他。通过这个办法，可以使新干部经受锻炼和考验，学习老干部的经验。因此，更换党各级领导干部的工作必须逐步的分阶段地进行。但那些因健康状况不能履行其职责的领导干部除外，这些干部应主动要求党派人接替。塞劳进党也不断培养新干部，帮助年轻干部提高素质，使他们能够胜任党的各项工作，在适当的时候接替老干部。

（3）作风建设

塞劳进党始终以革命化的精神改进党的工作作风。塞劳进党曾多次讲过要从根本上改变党的基层组织工作，使党的基层组织做到向群众传达党的政策，时刻关心所在地区群众的问题，并发动那里的群众去解决这些问题。领导不走单行线，它不仅可以自上而下，同时也可以自下而上。当某一问题没有引起领导注意时，广大党员能够向领导指出，并提出处理意见。党的基层组织是朝气蓬勃的组织，不仅能够按照上级领导机关的指示学习和工作，而且要积极发挥自己的主观能动作用。塞劳进党也重视村委、农村办公室、区委、市委、政治局、中央书记处和中央委员会等党的各级领导机关的工作作风，认为其重点应体现在提高工作质量上，深入群众和发扬战斗精神，并牢记只有通过群众性的动员才能解决人民问题的原则。

塞劳进党十分重视加强同群众的血肉联系。为了加强与人民群众的联系，劳进党从日常行动做起，这不仅仅表现在备战大选期间，更体现在平日。塞劳进党干部和党员不仅在政治集会地区、工作和娱乐场所保持与人民的联系，还有组织地挨家挨户开展联络，宣传党的立场，关心群众的疾苦并把这些从基层倾听到的声音带回党中央。由于塞浦路斯国土面积小，这个做起来相对比较容易。凭借这套体系，塞劳进党在塞浦路斯的每个区、每个街道都成立了基层党组织，还有体育、文化和教育协会，这些活动已在基层坚持开展了几十年。

塞劳进党充分意识到：只有加强党的自身建设，才能提高党的凝聚力、战斗力；只有加强党的自身建设，才能保证党内团结统一；只有加强党的自身建设，塞劳进党才能带领所有塞浦路斯人民实现公平正义的社会主义社会。因此，塞劳进党始终积极探索党建新思维、新方法。塞劳进党作为马克思主义工人政党、工人阶级和劳动人民的先锋队，只有在理论上更加成熟，思想上更加统一，政治上更加坚强，内部更加团结，同群众更加亲密，才能真正成为实现社会主义的坚强领导核心。

三　塞浦路斯劳动人民进步党的实践活动与现状

（一）塞劳进党加强党的团结和巩固的斗争

苏东剧变使国际共产主义运动遭受严重挫折，给世界上的共产主义政党也带来巨大影响，塞劳进党也未能幸免，但与其他政党不同的是，塞劳进党始终没有放弃马克思列宁主义原则和社会主义方向，并战胜党内分裂势力，使塞劳进党成为团结统一的党。

苏东剧变后，党内一些人攻击党中央墨守成规，不合改革浪潮，要求党重新评价过去，批判已故总书记巴巴约安努，要求改变现行的路线和政策，效仿东欧各党，走民主社会主义道路。以赫里斯托菲亚斯总书记为首的党的领导核心，坚决反对分裂势力。1989 年 12 月，塞劳进党召开中央全会，要求加强党的团结。党中央呼吁全党干部和党员、党的朋友和支持者紧密团结在党的周围，像保护自己眼球那样保护党的团结。1990 年 1 月，塞劳进党再次召开中央会议，在赫里斯托菲亚斯总书记领导下，撤销了凡蒂斯和齐亚蒂迪斯政治局委员、中央委员的职务，给予政治局委员丁格里斯和十多名中央委员严重警告处分，补选 4 名政治局委员和 2 名候补委员，从而确保了党中央决策机关的团结。随后，在全党范围内进行了一次深入的马列主义思想教育，让广大党员了解党内危机的真相，使广大党员明白，改革要根据本国情况，不能盲目照搬其他党的做法，从而稳定了党员思想，提高了广大党员的觉悟。同年 10 月，党的十七大胜利召开，大会重申了党坚持马列主义原则不变，坚持社会主义方向不变，坚持为劳动人民谋福利的宗旨不变。塞劳进党坚持马列主义和无产阶级性质，坚持社会主义社会的奋斗目标，提出社会主义具有巨大优越性，它在各个方面的成就都是任何人也否定不了的，只有社会主义才能代表人类的未来。

在第十七届代表大会的正确指导下，塞劳进党的力量并没有削弱，而是在逆境中提高了党的社会地位，扩大了党在广大人民中的影响，使党不断发展壮大。1991 年 10 月，塞劳进党邀请 76 个国家的共产党和社会党在尼科西亚召开题为"作为意识形态的社会主义和 21 世纪前夕左派力量的作用"的理论研讨会。塞劳进党认为，应该在肯定社会主义模式为全世界创造过伟大成就的前提下，总结过去的经验教训。在坚持党的基本原则的前提下，不断扩大意识形态的视野，科学地对待马恩列的遗产，学习和接受来自进步中间派、一般社会主义思想等各种思想。经过几次大型会议的讨论，塞劳进党统一了思想，使党进一步巩固和团结，这为塞劳进党走一条通过选举上台执政的道路奠定了思想和组织基础。

（二）通过选举走上执政舞台

塞浦路斯独立后，恢复了合法席位的塞劳进党积极参加议会选举和总统选举，并首先在议会选举中崭露头角。1960 年 8 月，塞劳进党在议会选举中获得 35 席中的 5 席。1970 年和 1976 年均为 9 个。20 世纪 80 年代，塞劳进党在议会选举和总统选举中表现出色。在 1981 年议会选举中，塞劳进党获得的议席由 9 个上升到 12 个。在 1986 年地方选举中，塞劳进党获得 18 个城市中的 9 个市长职位。1988 年 2 月，塞劳进党在总统选举中有所斩获，它早先和其他党派支持的候选人瓦西里乌当选为国家总统。

苏东剧变后，尽管面临着世界社会主义陷入低谷的逆境，塞劳进党继续巩固它在国家中的大党地位。塞劳进党新任总书记季米特里斯·赫里斯托菲亚斯力挽狂澜，不仅使党战胜党内分裂活动，而且不断调整战略策略，使党不断发展壮大。在 1996 年举行的议会选举中，塞劳进党支持率高达 30.6%，获得 56 个议席中的 19 个，一举使塞劳进党成为塞浦路斯第二大党。

进入新世纪以来，塞劳进党在议会选举打下牢固基础的前提下，终获执政地位。2001 年，塞劳进党在立法选举中创出新高，获得 34.7% 的选票和塞浦路斯议会 56 个议席中的 20 个议席，第一次战胜所有对手成为议会第一大党，其总书记赫里斯托菲亚斯当选为议会议长。2003 年，塞劳进党联合其他中间派势力赢得了总统选举，首次参政，并在政府中占有 4 个部长职位。2006 年，塞劳进党在议会选举中获得 31.16% 的选票和 18 个议席，总书记赫里斯托菲亚斯连任议长。2008 年 2 月 24 日，塞劳进党在总统选举中取得历史性突破，其总书记赫里斯托菲亚斯以 53.4% 的选票成功当选为塞浦路斯总统，并组建以劳进党为核心、民主党和社会民主运动参与的三党联合政府。同时，由于塞浦路斯 2004 年已经成为欧盟的一个重要成员，因此，塞劳进党也就成为当时欧盟国家中唯一执政的共产党。从一定意义上说，这是苏东剧变后发达资本主义国家中马克思主义工人政党所取得的最突出的成就。

2008 年塞劳进党上台后，在国家统一、社会改革和外交政策方面开展了卓有成效的工作，也得到了广大塞浦路斯民众的支持。不过，也面对着严重的挑战。在国家濒临破产的经济危机阴霾中，塞劳进党遇到了许多前所未有的困难，并最终导致了其在接下来的总统选举中失利。2013 年 2 月 24 日，塞浦路斯最大反对党民主大会党主席尼科斯·阿纳斯塔夏季斯在总统选举第二轮投票中得票率为 57.48%，而执政党塞劳进党支持的候选人斯塔夫罗斯·马拉斯得票率为 42.52%。这样，阿纳斯塔夏季斯就接替赫里斯托菲亚斯成为这个地中海岛国 1960 年独立以来的第七位总统。塞劳进党自此失去执政地位，成为在野党。

（三） 以联邦制方案解决塞浦路斯问题

作为一支马克思列宁主义的工人政党，塞劳进党一直致力于解决塞浦路斯问题，实现塞浦路斯的真正统一。根据塞浦路斯的民族和社会现实情况以及国际形势，塞劳进党提出建立两族两区联邦国家的解决方案，并且在 2010 年第 21 次代表大会上重申了党的这一立场，即塞浦路斯问题必须在联合国的框架内，在欧盟有关协议、1977 年和 1979 年高层协定、国际法和欧洲法的基础上得到解决。塞劳进党认为两族两区联邦解决方案必须满足以下条件："（1）土耳其撤出驻扎在塞浦路斯的占领军，并且结束殖民主义，除了联邦政府授予公民权的定居者，其他定居者必须回到自己的国家，但不改变塞浦路斯的人口结构。并且塞劳进党还认为独立的国际组织对所有今天定居在塞浦路斯的人进行登记是非常必要的；（2）恢复塞浦路斯共和国的领土完整和主权，以及恢复国家、人民、制度和经济的统一；（3）自 2004 年以来塞浦路斯就成为欧盟的成员国，所以要消除不合时宜的制度保证；（4）捍卫所有塞浦路斯人民的人权和自由，包括难民和合法拥有者回归国家的权利和财产权。塞浦路斯公民必须享有欧盟公民享有的一切权利"。①

塞劳进党进一步指出，塞浦路斯是世界上武装军队最密集的国家之一，只有非军事化的塞浦路斯才能保障国家、人民、地区的和平与稳定，所以解

---

① Political Resolution of the 21st Congress of AKEL, 2010. http：//www. akel. org. cy.

决塞浦路斯问题必须使塞浦路斯非军事化。英国军事基地破坏着塞浦路斯的领土完整，是帝国主义和殖民主义的残余。塞劳进党呼吁消除这些军事基地，巩固联邦国家的统一，希腊族和土耳其族的统一，使塞浦路斯摆脱英国的军事基地。只要军事基地依然存在，英国必须尊重塞浦路斯共和国，并承担有关军事基地的责任，必须尊重居住在塞浦路斯的公民或对军事基地领土有财产权的公民权利。同时塞劳进党指出，占领和分裂阻碍了希腊族人和土耳其族人之间的关系正常化。民族沙文主义一直是塞浦路斯邪恶的恶魔，是外国侵略的手段，所以必须坚决反抗民族沙文主义和所有极端右翼制造两族仇恨。塞劳进党将继续采取具体的措施和活动，与希腊族人和土耳其族人一起奋斗，早日实现塞浦路斯的真正统一。

（四）塞劳进党的施政方略

塞劳进党根据塞浦路斯经济社会的实际，在上台执政期间从塞浦路斯的经济、政治、文化和社会四个方面出发，对社会进行全方位的以社会主义为方向的改革。

1. 以经济民主计划为标志的现代混合经济发展道路

塞劳进党认为社会主义的所有制应该是多样性的，其运行过程中要注重将中央计划与市场结合起来，将中央和地方的积极性结合起来实行以现代混合经济为基础的经济发展政策。塞劳进党强调，这种现代混合经济具有很强的灵活性，但要以社会主义为方向。塞劳进党的经济哲学是以人为本的全面发展。而现代混合经济所遵循的原则是："一是建立现代的、动态的、灵活的和面向社会的混合经济；二是建立更加公正的财富分配和再分配；三是根据个人收入和在财富征税的基础上分配经济负担；四是建立对人民需要敏感的社会意识状态以保护和支持经济薄弱的社会阶层；五是监管资本主义市场的运作，使其运作不会损害阶层的利益。"①

2. 以政治民主和政治自由为核心的政治发展道路

塞劳进党主张社会民主与多党制，坚决不垄断权力，不搞一党专权。目的是使政党成为公民参与政治活动的主要方式，公民通过政党有效地表达群众意见，参与国家管理和决策，使国家能够更有效地处理国家事务面临的困难。

塞劳进党主张建立一个保证个人自由、民主、平等和公正的法律制度，以维护社会生活的秩序。因为正义、保护人权和民主思想是全球普遍

---

① Our View of Socialism, http://www.akel.org.cy.

认可的。

塞劳进党认为，"社会主义社会政策的基本原则是实现经济的持久繁荣和全体社会成员的自由而全面的发展"①。因此，在保障社会公平方面，塞劳进党主张："一是不论社会出身和宗教信仰有何不同，社会成员一律平等；二是全体人民共同参与社会物质文化生产过程，按劳分配；三是公民享有参与国家社会经济生活的权利；四是保护个人权利和自由，使人民享有更高水平的社会保障"②。塞劳进党深知塞浦路斯发展依然不平衡，因此为促进地区协调发展，城乡社会政治和文化生活均衡发展，塞劳进党继续提高和改善惠及全民的社会保障，扩大社会保障和社会救助的范围，并使其与经济社会协同发展。

3. 以多元统一为特征的文化发展道路

塞劳进党认为，文化对于塞浦路斯至关重要，到目前为止塞浦路斯仍然被土耳其占领，极端消费和艺术商业化等强烈入侵。塞劳进党认为，文化是抵制人民面临的来自于艺术商业化、极端消费主义和人类尊严的庸俗化的持续占领和强大攻击和压力的武器。在这个意义上，塞劳进党认为，文化和艺术是思想阵线的重要组成部分，要坚决反对虚假、反对歪曲历史、反对歪曲艺术和损害文化。塞劳进党关于文化建设的具体政策是："第一，建立一个统一的文化管理局；第二，建立文化遗产档案；第三，建立文化贡献联营；第四，建立文化委员会；第五，文化领域的代表参与决策等；第六，重组塞浦路斯剧院组织和其他相关组织"。③

塞劳进党相信文化应该成为国家建设的重要组成部分，也是发展反对占领和亚文化的有机组成部分，应该成为国家优先解决事项，应该有效利用财政资源促进文化发展，应该在文化领域促进地方自治，发展文化教育。地方自治政府必须以决定性的方式争取文化的理性发展，使其发展具有连续性和一致性。通过地方自治政府的活动，协助业余创作，使塞浦路斯作家和画家等为人所知。同时，有必要在城镇和乡村地区建立相应的文化基础设施。塞浦路斯加入欧盟为国家文化进入欧盟提供了机会，同时通过正确的政治决策能够将塞浦路斯转变为欧盟的文化中心，成为与邻国及其他国家开展文化活动的桥梁。

另外，塞劳进党十分重视与土耳其族同胞在文化领域合作和举办文化活

---

① Our View of Socialism，http：//www. akel. org. cy.

② Our View of Socialism，http：//www. akel. org. cy.

③ Theses of the C. C. of AKEL for the 20th Congress，http：//www. akel. org. cy.

动等。塞劳进党认为与土耳其族艺术家的合作是本岛统一的重要资产和推动力量。所以，与土耳其族同胞开展的文化会议和活动应该为了国家的共同利益而继续发展下去。

4. 以教育、体育、卫生、环境为代表的全面协调的社会发展道路

改革教育制度才能满足当代的需求和挑战。塞劳进党正努力改革以抵制保守主义、过时和落后，并带来教育制度的新时代。塞劳进党提出渐进、彻底地改革教育结构和内容，建设更加民主和灵活的管理以及更加民主和以人为本的多元化教育内容，并且使每个人都有公平的教育机会。塞劳进党始终坚信，建设"民主的以人为本的教育"①是实施教育改革的第一步。为了实现教育目标，建设以人为本的教育，党认为，教育政策针对的是教育系统的统一整体，进行一系列的科学研究和教学研究；把免费教育和终身教育作为社会发展和提高生活质量的必要前提条件，避免社会基础教育边缘化和逐渐消除社会教育的不平等；通过彻底解决文盲、学校失职和过早辍学问题，保障平等的教育机会；国家应在提高公共教育质量和维护教育平等中发挥决定性作用。与新自由主义的市场决定教育发展相反，塞劳进党提议在教育机构成为社会团体的基础上，给予教育社会角色和民主、平等、社会公正、团结、和平以及生态意识价值优先权；坚持教育多元化，把不同民族文化联系起来；尊重每个人的个性特点和差异，反对各种形式的民族沙文主义和种族歧视主义。与此同时，塞劳进党主张调整教育体系，实现教育管理的现代化，建立横向的跨部门结构。权力下放是塞浦路斯教育规划、组织和评价其运行结果的必要前提。加大计算机的普及教育和广泛应用互联网等先进技术。同时，教师应通过继续教育提高学历和能力以满足当代要求。如果不能保障教师的参与合作，教育改革就不能成功。

实施全民健康计划（NHP）满足塞浦路斯人民的健康需求。"全民健康计划（NHP）将为全体公民的医疗保健提供平等机会，不管他们社会经济地位和居住地，保障人民享有选择医生和诊所等医疗服务的权力。全民健康计划（NHP）向公民提供免费的和高质量的治疗。"② 国家应适当增加医疗卫生的资金投入，以解决日常医疗的严重短缺问题。同时应该着重提高农村卫生中心的服务质量，建立新的诊所以满足人民的需求。消除市中心和郊区之间的医疗保健的不平等现象。卫生部门的机构不生产消费品但提供

---

① Theses of the C. C. of AKEL for the 20th Congress，http：//www. akel. org. cy.

② Theses of the C. C. of AKEL for the 20th Congress，http：//www. akel. org. cy.

宝贵的服务，因为他们承担着社会责任。卫生部应该与社会保持坚固的双向关系以充分履行其工作职责。一个有效的卫生体系必须向全社会提供保健，保障所有公民获得医疗服务的平等机会，充分利用现有的人力和物力，避免浪费资源，通过提供人才激励措施保障医疗质量。卫生部不能无节制地使用经济资源，国家应该果断地限制卫生部门中追逐利益的大资本。

体育体现国家形象和展现国家综合国力。塞劳进党一直注重发展体育事业。塞劳进党已经努力提高对塞浦路斯体育的干预，努力实现体育的现代化。塞劳进党主张对体育运动进行民主改革，大力发展覆盖地方自治政府和工作场所的基础设施，以满足当代需求；为了促进体育事业的发展，加大对其的资金投入，但应占国家预算的合理比例；教育和倡导人民和运动员积极参加体育运动；杜绝体育运动中的暴力和使用违禁药物；并在科学研究成果的基础上使以上内容具体化。进一步促进和发展体育使其成为个人发展的组成部分，也成为社会发展的组成部分。在群众运动和党的倡议下，建立地方体育俱乐部是国家社会发展和体育发展的里程碑。塞劳进党始终认为体育的发展是国家发展壮大的重要组成部分，所以党一直致力于塞浦路斯体育事业的发展。2009 年举办的第 13 届欧洲小国运动会，塞浦路斯作为东道主以 139 块奖牌高居榜首，并且在 2012 年伦敦奥运会获得了首枚银牌，这是塞浦路斯自 1980 年首次参加奥运会以来所获得的第一枚奖牌。塞浦路斯在体育方面取得的成就和突破与塞劳进党的政策方针以及党的努力是分不开的。

塞劳进党的生态环境目标就是创造一个适宜人类生存的环境。积极促进可持续发展，加强有关保护环境和使环境管理结构现代化的立法，制定固体和危险废物的综合管理计划，使用清洁能源等。在此框架内，塞劳进党认为在生态资源开发的基础上建立一个实质性的可持续发展模式，以服务于当前一代和下一代社会的实际需求。塞劳进党的主要目标："第一，创立有效控制和监督机制，遵循环境立法和政策，并采取服务于人民的财政措施；第二，建立可信赖的程序，全面评估有关计划实施前和实施中的环境后果，建立鼓励公民参与环境政策的制定和实施的程序；第三，根据城市的特点加强城市规划与发展。城市不是人和空间的简单相加，还包含着独特的审美文化；第四，制定政策振兴乡村，为发展农业创造适宜条件，提高乡村经济以保护自然环境，承认农民在乡村建设中的多重作用；第五，通过教育使公民了解我们的文化和历史传统，并理解不同生活方式的价值，鼓励公民参与环境政策的制定和实施；第六，支持环境和生态组织联合会开展有组织的环境运动，并在共同目标的基础上加强与联合会的合作"。①

纵观塞浦路斯的国内外形势，透视塞浦路斯劳动人民进步党对社会主义发展道路的探索以及所取得的理论与实践上的显著成就，我们可以发现，塞浦路斯劳动人民进步党在未来一个时期会不断发展壮大，但与此同时，其发展道路不会一帆风顺，它既面临着机遇也面临着诸多的挑战。

---

① Theses of the C. C. of AKEL for the 20th Congress, http: //www. akel. org. cy.

第十二章 葡萄牙共产党争取"先进民主"和社会主义的理论与实践

葡萄牙共产党简介

葡萄牙共产党，简称葡共，成立于 1921 年 3 月，目前是葡萄牙的第三大党，有近 11 万党员。1926 年 5 月[①]至 1974 年 4 月，葡共在非法状态下进行了长达 48 年的反法西斯独裁统治和建立民主政权的斗争。1974 年 4 月，在"四月革命"中发挥了关键作用，并在其后参与政府执政一年半左右的时间里推进了卓有成效的民主改革。1975 年 11 月至今处于在野党地位，1988 年葡共十二大之后，形成并调整充实了"先进民主"纲领，树立了稳健探索的鲜明形象，被称为"传统共产主义发展模式的一座坚强堡垒"。

葡共《党章》规定："党的最终目标是在葡萄牙建设社会主义和共产主义"，现阶段的主要任务是为在葡萄牙实现包括政治、经济、文化、社会和对外政策的"先进民主"而斗争，认为"先进民主"的实现将为在葡萄牙实现社会主义提供必要条件。葡共不排除非和平方式，但同时认为，把议会斗争与群众斗争有机地结合起来，构建社会联合体系，建立反帝反垄断社会阵线，主要通过和平与民主的方式实现"先进民主"并在此基础上逐步过渡到社会主义，是葡萄牙革命的现实道路选择。强调"建设一个更加强大的党"，增强葡共在社会、政治和选举中的影响力，并确保其参与政府执政，是争取"先进民主"和社会主义的先决条件。

葡共出版物主要有：《前进报》

网站地址：http：//www. international. pcp. pt/

在当今发达国家共产党中，葡萄牙共产党（以下简称葡共）有着鲜明

---

① 帅能应主编《发达资本主义国家共产党的历史与现状》，中国人民大学出版社，1990，第92 页。

的特点，一是葡共是一个小国的大党。葡萄牙的总人口刚刚超过 1000 万，而葡共却有近 11 万党员，是葡萄牙的第三大党，是西欧共产党中仅次于法国共产党的第二大党；二是葡共的历史悠久，经历坎坷。葡共成立于 1921 年 3 月，至今已走过 92 年的奋斗历程。葡共在成立之后的近半个世纪中一直处于非法状态，"四月革命"后参与政府执政只有一年半左右的时间，此后的 30 多年来始终处于在野党的地位；三是苏东剧变后葡共的理论、纲领、政策调整变化不大，党的组织比较巩固，党的中央领导层比较团结，被称为"传统共产主义发展模式的一座坚强堡垒"①；四是 1988 年十二大之后，葡共根据形势的发展变化，形成并调整充实了"先进民主"纲领，树立了稳健探索的鲜明形象。在长期的实践中，葡共形成了比较系统的社会主义观和现阶段"先进民主"纲领，对走向社会主义的道路进行了艰辛的理论和实践探索。

一　葡共探索走向社会主义道路的历史演进

根据葡共所处的具体历史环境、面临的主要任务以及采取的战略策略，以理论和纲领政策的调整为主线，可以把葡共 90 多年来争取民主和社会主义的发展历程分为四个阶段：

（一）反法西斯的民族民主革命时期（1921.3～1974.4）

1921 年 3 月 6 日，葡共成立，1922 年加入共产国际，1926 年 5 月被法西斯政府宣布为非法，从此开始了长达 48 年的反法西斯独裁统治和建立民主政权的斗争。在此期间，葡共经历了 1929 年党的重组和 1943 年党的改组，逐步巩固和发展了党的组织。1946 年葡共四大提出把合法斗争和非法斗争紧密结合起来，通过全国起义推翻法西斯统治的方针。1965 年的葡共六大，纠正了 1957 年党的五大关于"争取和平解决国家政治问题"的路线，通过了新的纲领和章程，宣布党的目标是在葡萄牙建设社会主义和共产主义，现阶段的任务是"联合民主力量和爱国力量，开展群众斗争，推翻法西斯专政和在葡萄牙建立民主制度。"② 1974 年 4 月 25 日，葡萄牙发生了

---

① Marin Teresa Patricio and David Stoleroff, "The Portuguese Communist Party: Perestroika and its Aftermath,"《葡萄牙共产党：新思维及其后》, in *West European Communist Parties after the Revolutions of 1989*,《1989 年剧变后的西欧共产党》, Paul Heywood 1994, 第 90 页。

② 帅能应主编《发达资本主义国家共产党的历史与现状》, 中国人民大学出版社, 1990, 第 92 页。

被称为"四月革命"的中下层军官的武装起义，推翻了法西斯独裁统治，葡共获得了合法地位。

（二）"四月革命"后的民主改革时期（1974.4～1975.11）

获得了合法地位的葡共，参加了由"武装部队运动"① 处于核心地位的临时政府。由于葡共对参加武装起义的部队军官产生过很大影响，因此，葡共在政府中发挥着重要的有时甚至是决定性的作用。根据 1974 年 10 月葡共第七次非常代表大会制定的通过"人民运动和武装部队运动的联盟"向社会主义和平过渡的方针，葡共推动和支持以激进的桑托斯·贡萨尔维斯为总理的临时政府进行了一系列的民主改革，如对主要国民经济部门实行国有化、实行土地改革、恢复人民的各项民主权利、改善劳动人民的生活和工作条件、停止殖民战争等。但这些民主改革措施和激进政策受到了"武装部队运动"内部温和派和社会党的批评和反对。社会党和人民民主党不仅于 7 月先后退出政府，迫使临时政府于 7 月 17 日宣布解散，而且也拒绝参加 8 月 8 日组成的仍由贡萨尔维斯任总理的新政府，形成了实质上由葡共一党执政的局面。但这届政府只存在不到一个月的时间，8 月 29 日贡萨尔维斯政府被迫辞职。11 月 25 日～29 日，葡共支持的一批左翼军人发动政变失败，葡共被迫退出各个政府部门。

（三）争取"民主替代"和建立救国民主政府时期（1975.11～1988.12）

1976 年 4 月 25 日葡萄牙立宪大会制定并通过了新宪法。葡共认为，新宪法"确定了葡萄牙的民主制度"，"肯定了革命所取得的伟大民主变革"，"创造了向社会主义演变的条件"②。为此，1976 年 11 月葡共八大制定了主要通过和平道路过渡到社会主义的行动纲领。1979 年的葡共九大，针对右翼政府实行的国有企业私有化、取消土地改革和恢复大庄园、限制公民的自由和权利等一系列旨在"复辟资本主义"的政策，提出了争取民主抉择的政治纲领。1983 年葡共十大在此基础上又提出了实行"民主替代"和建立"救国民主政府"的方针，主张通过民主替代"使葡萄牙摆脱危机，解决国

---

① 1973 年在葡萄牙军队中以中下级军官为主体形成的反对法西斯主义的政治组织，是"四月革命"的发动者。

② 中共中央对外联络部八局：《葡萄牙共产党第九次全国代表大会文件集》（一九七九年五月），1982，第 5 页。

家的重大问题，保障葡萄牙经济在民主和国家独立的情况下得到发展"。[①]
但由于葡共在 1985 年议会选举、1986 年总统选举、1987 年议会选举中连续
失利，十大确定的目标未能实现。

（四）争取"先进民主"和社会主义时期（1988.12～）

1988 年 12 月葡共十二大分析了选举失利的原因，认为在当时的条件下
不太可能重新发动社会主义的改造进程，提出了争取在 21 世纪前夕实现
"先进民主"，为"葡萄牙通向社会主义社会创造了有利条件"的新的战略
任务。

1989 年 12 月和 1990 年 5 月分别召开的葡共中央全会和第十三次全国特
别代表大会，分析苏联和东欧的局势，指出东欧国家的变化并不意味着社会
主义彻底失败和资本主义制度优越。葡共将一如既往地坚持共产主义理想，
坚持社会主义道路，坚持马克思列宁主义和共产党的特征，坚持民主集中制
原则和无产阶级的国际主义。

1992 年 12 月召开的葡共十四大，深入讨论了苏东剧变的原因，深
刻剖析了 20 世纪末资本主义的新变化，对如何恢复、更新和振兴社会主
义达成了共识，认为 20 世纪末的资本主义其本质并未改变，它仍然保持
了自己的侵略性和剥削性，无法解决当今世界面临的最严重的社会问题，
历史的未来是属于社会主义的。大会丰富和充实了十二大提出的"先进
民主"纲领的具体内容和目标，重申党在现阶段的主要任务仍然是为在
葡萄牙实现"先进民主"而斗争，强调民主和社会主义是葡萄牙的未
来。

十四大以后，葡共根据世界社会主义运动处于低潮、经济全球化迅猛发
展、葡萄牙加入欧盟以及国际金融危机等新的历史条件，在 1996 年的十五
大、2000 年的十六大、2004 年的十七大、2008 年的十八大上，葡共重申和
进一步充实完善了"先进民主"纲领，提出了"建设一个更加强大的党"、
加强各国共产党之间的紧密联系、结成最广泛的反帝反垄断社会阵线的重大
任务，为增强党在社会、政治和选举中的影响力，参与政府执政，为在葡萄
牙的政治、经济、社会、文化和对外政策方面全面实现"先进民主"的目
标进行了不懈的实践探索。

[①]　吴彬康等主编《八十年代世界共产党代表大会重要文件选编》（下），中国广播电视出版
社，1988，第 474 页。

二 葡共的社会主义观及其"三个主要支柱"

在 92 年的奋斗历程中，葡共始终坚持社会主义和共产主义的奋斗目标，在实践中不断深化和调整了对社会主义和共产主义的认识。

（一）葡共社会主义观的基本内容

葡共《党章》规定："党的最终目标是在葡萄牙建设社会主义和共产主义。"[1] 实现社会主义和共产主义是葡共在"长期斗争中始终坚持的永恒的价值观"。[2]

1. 葡共对社会主义和共产主义的一般界定

葡共认为，社会主义代表了自由和社会公正的崇高价值，是人类社会最为可靠的美好前景，取代资本主义是历史发展的必然趋势。社会主义社会的基本内涵是消灭人剥削人、人压迫人的现象，建立一个没有阶级对立的社会；实行包括经济、社会、政治、文化相辅相成的民主，保证人民群众长期、创造性地参与国家生活的各个方面，不断提高劳动者和全体人民的物质文化生活水平；消除歧视、不平等、不公正和社会弊病；实现男女平等，把青年作为有活力和创造性的社会力量融入国家生活。

葡共认为，社会主义建成以后，社会发展将进入共产主义阶段。共产主义"是物质极大丰富的无阶级社会，是人人享有社会平等、自由和文化的社会，是集体和个人发挥积极性和创造性的社会，是自由和自觉的劳动者的社会。在这个社会中，劳动不仅是财富的源泉，也是一种创造性的活动，是快乐、自由和个人价值的源泉；在这个社会中，和平、健康、文化、休息、娱乐以及生态平衡、集体行动和个人价值都将是人类幸福的组成部分。"[3]

2. 葡萄牙未来社会主义社会的基本特征

葡共认为，由于各个国家面临的客观历史环境和文化、社会、政治、经济的发展状况各不相同，由于特定历史条件下的阶级斗争的具体形式各不相同，社会主义不可能有一个固定的模式。葡萄牙未来的社会主义制度，不可避免地有其特殊性和独创性：

---

[1] Portuguese Communist Party-Constitution，http：//www. pcp. pt/english.

[2] PCP Programme：Portugal-An Advanced Democracy on the Threshold of the 21st Century，http：//www. pcp. pt/english.

[3] PCP Programme：Portugal-An Advanced Democracy on the Threshold of the 21st Century，http：//www. pcp. pt/english.

（1）在政治领域：一切权力归人民所有，人民享有主权是实行政治民主的基础；国家机构应由自下而上的选举产生，国家机构之间应彼此独立又相互制约；劳动群众不仅通过对国家机构进行经常性的监督来掌握国家政权，而且通过国家权力机构、地方民主政权、阶级组织、工会、社会团体以及其他组织参与对国家政治、经济事务的管理；保障新闻自由和建党自由，实行多党制或各种社会革命力量的联合，实现国家政治生活的民主化；要构建保护公民合法权利，尊重各种不同的意见、社会利益和愿望，尊重宗教信仰和宗教活动的法律秩序。

（2）在经济领域：实行主要生产资料的公有制，允许国有企业、自主经营企业、合作企业、集体企业、家庭企业、个体经营企业以及不同规模的私人企业并存；把对经济的有计划管理与劳动者和生产单位的主动、直接参与相结合，重视市场的作用；充分尊重劳动者和农民的意愿，实行完全、彻底的土地改革；注重对全国和各个地区的经济资源进行协调开发，重视经济发展对环境的影响，加强对环境的保护，在更好实现科技进步的基础上发挥经济的活力和效力。

（3）在社会领域：社会主义社会应致力于把劳动者从各种形式的压迫剥削中解放出来，实现充分就业，实行按劳分配；保障劳动权利，特别是保障青年人初次就业的权利；保证生产发展中的物质奖励，尊重劳动所得的个人财产；在尊重每个公民的尊严和人格的基础上建立社会关系；发展社会服务，解决住房问题，普及体育运动和健康的业余活动；保护生态环境，消除诸如饥饿、文盲、贫困、堕落、毒品、卖淫、酗酒、犯罪等重大社会弊端。

（4）在文化和道德领域：社会主义社会应把文化变成全体人民的财富、工具和活动；实现科技进步，繁荣艺术创作，鼓励创造性；通过社会主义国家机构的政策与个人和集体的主动性、参与性和创造性的实践活动的长期结合，使人民群众充分接受教育，实现高水平的文化民主；基于自由、公民义务、尊重人的尊严、尊重自然、团结、友好、和平的理念，塑造社会和个人的道德与觉悟。

葡共强调，葡萄牙未来社会主义社会的这些基本特征不是一成不变的，它必须经受实践的检验，并根据人民的意志进行修改和完善。

（二）葡共社会主义观的"三个主要支柱"①

葡共强调，其坚定的社会主义和共产主义理想信念源于"三个主要支

---

① Theses-Draft Political Resolution. Monday, 13 October 2008, http：//www. international. pcp. pt/.

柱"：

1. 马克思列宁主义的科学性和实践性

葡共认为，马克思恩格斯创立的辩证唯物主义和历史唯物主义，科学阐明了人类社会发展的一般规律和无产阶级的历史作用，深刻揭示了资本主义的历史过渡性质，提出了通过革命推翻资本主义的历史任务。列宁在帝国主义时代进一步发展了马克思主义，十月革命的胜利使社会主义在历史上第一次变成了现实。这充分证明了马克思列宁主义的科学性。

葡共指出，马克思列宁主义是分析新情况和新形势、提高思想认识和理论探讨水平、创造性地解决问题、找到人类美好未来之路的有力武器。《共产党宣言》发表160多年来，尽管资本主义已经发生了巨大的变化，但马克思主义仍然具有强大的生命力。马克思列宁主义是发展的理论，而且必须同"实际相结合"，"根据认识和实践的发展不断更新和丰富"。在实践中日益丰富和更新的马克思列宁主义"涵盖了工人阶级运动、共产党的建设、十月革命及其他社会主义革命、建设一个新社会、民族解放运动、民主革命以及人类社会进步运动整个历史的经验和教训。"① 随着实践和认识的不断深化，会有越来越多的人相信和接受马克思列宁主义，反对教条主义、机会主义和修正主义，并把马克思列宁主义作为自己的行动指南，从而凝聚成变革社会的强大物质力量。

2. 20 世纪世界社会主义运动的成就和经验教训

葡共高度评价了十月革命的普遍历史意义以及苏联和其他社会主义国家的历史成就，认为20世纪初十月社会主义革命的胜利和第一个社会主义国家的建立，在人类历史上有着划时代的意义，标志着人类社会的发展开始了从资本主义社会向社会主义社会过渡的历史性转折。苏联和其他社会主义国家在很短的时间里取得的工业化建设成就、人民享有的各项民主权利，都是史无前例的。反法西斯战争的胜利、殖民主义体系的崩溃、亚非拉民族解放运动的兴起、葡萄牙"四月革命"的成功，都与社会主义国家取得的伟大历史成就密不可分。社会主义显示出了资本主义无可比拟的优越性。十月革命的胜利以及社会主义建设的伟大历史成就表明，以马克思列宁主义为指导的工人阶级政党的正确领导、工人阶级及其同盟军（特别是农民阶级）的英勇斗争和创造性实践、坚定的社会主义和共产主义理想信念以及采取正确的战略策略，是社会主义不断取得胜利的基本经验。这些伟大成就和基本经

---

① PCP Programme：Portugal-An Advanced Democracy on the Threshold of the 21st Century，http：// www.pcp.pt/english.

验将永远激励葡萄牙的共产党人和广大人民群众不屈不挠地开展反对资本主义剥削制度的斗争，直到社会主义的完全胜利。

同时，葡共也指出，社会主义虽然是一项令人鼓舞的革命事业，但其发展进程迂回曲折，甚至会遭到严重的挫折和失败，导致革命进程的逆转。20世纪末发生的苏东剧变就是明显的例证，它使世界社会主义运动遭受了沉重打击，对各国工人阶级和劳动人民斗争的影响至今仍不可估量。葡共认为苏联和东欧社会主义的失败，既有恶劣的外部环境这一客观原因，也有在后来的改革中迷失了正确方向这一主观原因，但更为根本的是这些国家建立了一种"背离了共产主义理想"甚至与之相对立的社会主义"模式"这一体制原因。苏联和东欧社会主义的失败，不是共产主义理想的失败，而是这种"模式"的失败。当前的根本任务，就是要克服和抛弃这一模式，恢复、更新和振兴社会主义，而不是要抛弃共产主义的理想和社会主义的原则。共产党人"在一定的历史时期内，通过各种途径，经过对斗争目标必要的修正和丰富，通过工人阶级和劳动人民的不懈斗争，社会主义取代资本主义仍将是一种现实的可能性，仍将是人类社会发展最为可靠的前景。"①

3. 资本主义制度不可克服的矛盾及其发展趋势

葡共深刻分析了20世纪70年代以来资本主义的新变化，认为新的科学技术革命推动了生产力的快速发展，使资本主义拥有巨大的资源和先进的手段来应对危机，资本主义在不断的调整中表现出了很强的适应能力。但是，这并没有也不可能解决其内部所固有的矛盾，恰恰相反，由于新自由主义政策的实施，经济全球化和区域经济一体化的发展，经济的日益金融化，跨国公司对资本和财富的垄断，资本主义的经济运行呈现出明显的不稳定性和不确定性，资本主义内部的各种矛盾——生产的社会化与生产资料私人占有制之间的矛盾、劳资矛盾以及垄断与非垄断阶层之间的矛盾、发达资本主义国家与第三世界国家之间的矛盾、帝国主义大国之间的矛盾、实体经济与虚拟经济之间的矛盾——日益尖锐，资本主义不可能解决人类面临的严重的经济和社会问题，只有用社会主义替代资本主义，才是历史发展的必然选择。

葡共还深刻剖析了当前资本主义金融危机的成因、性质和影响，认为此次金融危机作为1929年大萧条以来资本主义最为严重的经济危机和制度危机，根本原因是资本主义所固有的内在矛盾，直接原因是资产阶级政府奉行的"新自由主义"政策。资本主义生产方式所固有的生产过剩和积累过剩

---

① PCP Programme：Portugal-An Advanced Democracy on the Threshold of the 21st Century，http：//www. pcp. pt/english.

的矛盾运动、公共开支的减少、工人阶级的相对贫困化、收入分配两极分化的加剧、市场和消费水平的萎缩、经济的金融化、金融市场的自由化、对劳动人民剥削程度的提高等，这些因素相互作用，最终导致了金融危机的发生。这场危机表明新自由主义关于"更小的政府"、"非干预主义的政府"、"市场之看不见的手"以及"可调节的市场"的理论与实践是行不通的，证明了新自由主义的原教旨主义的失败，强有力地打击了20世纪90年代后资本主义胜利和社会主义失败的种种谬论，击碎了试图使人们相信资本主义已经能够克服自身的矛盾，能够避免由自身的生产方式所决定的极具破坏性的周期性经济危机的谎言。同时，这场危机还表明，资本主义制度不可能变得更人性化，也不可能进行实质的改革，它无法克服自身的结构性危机，无法摆脱自身的历史局限性。要想真正地解决当前的危机，就必须从根源着手，采取革命性的方式，实行深刻的社会的、反垄断的经济变革。只有社会主义才是克服资本主义制度危机的唯一出路。①

三 葡共"先进民主"纲领的立论基础与基本内容

葡共既有"对未来社会主义社会的设想和规划"，也根据具体历史条件制定了现阶段的奋斗目标，"有独特而具体的现阶段的'先进民主'纲领。"②

（一）"先进民主"纲领的立论基础

在21世纪初"建立包括政治民主、经济民主、社会民主和文化民主在内的'先进民主'"③，是葡共在高度评价"四月革命"的历史意义，分析判断"四月革命"后葡萄牙国家情势发展变迁的基础上，根据葡萄牙基本国情制定的使葡萄牙的政治、经济、社会、文化、外交朝着民主化方向发展的具体方针。

1. "四月革命"对葡萄牙历史发展的深远影响

葡共认为，"四月革命"是葡萄牙8个世纪以来所发生的最为重要的历史事件之一。它结束了法西斯的独裁统治；结束了葡萄牙的对外殖民战争；

---

① Contribution of Portuguese Communist Party By Ângelo Alves, member of Political Bureau of the CC, http: //11imcwp. in/presentations/portugal. pdf.

② PCP Programme: Portugal-An Advanced Democracy on the Threshold of the 21st Century, http: // www. pcp. pt/english.

③ Portuguese Communist Party-Constitution, http: //www. pcp. pt/english.

结束了葡萄牙在国际上的孤立地位及其对帝国主义俯首称臣的状况，与社会主义国家建立了外交关系，实现了对外关系的多样化，开创了一条发展和平与合作的对外关系的道路；实现了葡萄牙政治、经济、社会、文化的深刻变革，开创了国家生活的新局面，为葡共争取"先进民主"和社会主义积累了宝贵的经验。

葡共指出，"四月革命"是葡萄牙人民追求和争取自由、社会解放和国家独立的革命行动，是葡萄牙工人阶级、劳动者、人民群众以及民主力量长期英勇斗争的伟大胜利。工人阶级、人民群众和进步军人是"四月的统帅"，他们团结起来，组成军民联盟，为取得民主胜利发挥了根本性作用。葡共参与了"四月革命"的整个过程，"是发挥了决定性作用的根本政治力量"。葡共对"四月革命"的胜利和民主体制的建立所发挥的作用已载入史册，是党的历史上的最伟大成就。[1] 葡共强调，"四月革命"证明，葡共制定的民族民主革命的基本纲领不仅符合葡萄牙社会的客观状况以及葡萄牙经济发展、社会进步和人民生活条件改善的需要，而且也符合葡萄牙人民的意愿。"四月革命"深刻影响了葡萄牙的历史发展进程，开启了葡萄牙以自由和社会进步为标志的历史新时期。

2. "四月革命"后葡萄牙基本国情的重大变化

葡共认为，虽然"四月革命"取得了伟大的历史性成就，但"'四月革命'却是一场未尽的革命"。1975年底葡共被排挤出政府以后，民主改革进程被迫终止，而"1976年以来，由各个不同政党组成的一系列政府采取恢复垄断资本主义的政策、策略，加紧剥削劳动者，违反《共和国宪法》和民主法制的规定和要求"[2]，严重破坏了"四月革命"的民主成果，带来了极其严重的后果：经济上私有化和国家垄断资本主义的复辟，使有组织的生产计划被打乱，本应当在经济发展中发挥引擎作用的重要企业成了牺牲品，农业停滞不前、陷入危机，帝国主义在葡萄牙经济中占据了控制地位；政治上民主体制的堕落和极权体制倾向的出现，使共和国总统、议会以及法院等其他权力机构的独立性及其职能受到挑战，监控政府行为的民主机制遭到破坏，反对派的权利受到限制，选举的民主性以及公民的权利和自由受到严重损害；社会生活各个领域的商业化，使劳动者的社会权利和自由被剥夺，劳动者卫生、住房、教育等方面的条件日益恶化，贫困以及社会边缘化现象不

---

① PCP Programme：Portugal-An Advanced Democracy on the Threshold of the 21st Century，http：//www. pcp. pt/english.

② PCP Programme：Portugal-An Advanced Democracy on the Threshold of the 21st Century，http：//www. pcp. pt/english.

断扩大；文化意识形态上愚民政策的推行，对法西斯体制真正性质及其罪行的极力掩盖，对民主革命意义、成就和目的的极力贬低，使社会生活中个人主义和自私自利现象日益严重；对外政策上对国际资本主义体系的依附和对国家主权与独立的限制，使葡萄牙的国家独立与主权受到了严重威胁。

2010 年初欧洲债务危机全面爆发以来，葡共分析了葡萄牙债务危机的原因和性质，认为债务危机的出现是垄断资产阶级在欧洲范围内推行新自由主义政策的直接结果，也是 30 多年来葡萄牙右翼政府施行的私有化政策以及由此而导致的资本和财富的高度集中、财富分配的两极分化，对工人阶级和劳动人民利益和权益的剥夺，民主的削弱以及政治权力对经济权力的屈从的直接结果，也是国家屈从于欧盟和北约指令的政策的必然产物。

3. 葡萄牙社会的主要矛盾与葡共的主要任务

葡共认为，葡萄牙社会当前的主要矛盾是工人阶级和全体劳动者同垄断资产阶级之间的矛盾，是葡萄牙全体人民维护国家的主权与独立同发达国家和跨国公司领导的超国家机构对葡萄牙的控制之间的矛盾。

葡共强调，葡萄牙革命的性质仍然是民族民主革命，当前党的主要任务和奋斗目标就是：对内与右翼政策决裂，反对大资本势力对"四月革命"民主成果的进攻，坚决与现行的制度、体制、政策进行斗争，并对其进行替代，争取民主和自由，建设先进的民主国家；对外反对建立削弱国家主权与独立的欧洲联邦，反对实行共同的外交和安全政策，建立一个开放、合作、所有国家权利平等的新的欧洲，维护葡萄牙的主权、独立和国家利益，与世界各国人民保持和平、友好与合作的关系。通过党的不懈努力和葡萄牙人民的共同奋斗，在葡萄牙实现包括政治民主、经济民主、社会民主和文化民主在内的"先进民主"。

（二）"先进民主"纲领的主要内容

"先进民主"纲领是处于在野党地位的葡共为争取参政而向葡萄牙人民提出的带有总纲性质的竞选宣言，是葡共从执政党视角提出的治国方略，是葡共对葡萄牙社会发展的制度设计。其基本内容或目标包括五个方面：

1. 政治民主

葡共认为，"先进民主"纲领的政治民主，就是"在葡萄牙建立一个人民当家做主的自由政治制度，代表人民利益和全民民主参与的现代化国家。"①

---

① PCP Programme：Portugal-An Advanced Democracy on the Threshold of the 21st Century，http：//www. pcp. pt/english.

葡共认为，建立一个自由的政治制度必须承认和有效保障公民行使自由与权利；必须建立多元化的民主的和负责任的大众传媒机制；必须实行民主选举，保证人民真正表达自己的意愿，并在选择国家的执政者和政策时发挥决定性的参与作用。

葡共认为，"国家的性质，国家机构职能确立的标准、运作的准则和方向，以及人民对政治和行政决策的参与，既是国家自身的一个纲领目标，也是国家实现其他纲领目标的先决条件。"在垄断资本主义体系中，国家机器就其本质而言是资本的工具。因此，要实现先进民主，"应在民主法治的基础上对国家机器进行改造，使其为国家和人民的利益和需求提供充分服务"[①]。为此，葡共提出了服务于国家和人民的现代民主国家的基本要求：在全民定期不记名直接投票基础上组建政权，建立国家机构，国家权力机构之间既彼此独立又相互依存；保证民众通过代议制民主和直接的参与制民主长期参政；建立独立、民主、高效、低廉的法律制度，实行司法民主化和现代化；实行地方分权和政务公开，消除官僚习气；国家保障最基本的公共服务；武装部队负责国家的独立自主和领土完整；在尊重和保障个人与劳动者权利和自由的基础上，未雨绸缪地搞好公共安全和秩序。

2. 经济民主

葡共强调，"先进民主"纲领的经济民主，就是要促进建立在富有活力的现代化混合型经济基础上的服务于国家和人民的经济发展。"经济发展的目标是旨在提高葡萄牙人民的生活水平和生活质量，实现充分就业，最大限度地满足人民的需求，公正、公平地分享社会财富，维护国家的经济独立。"[②]

葡共认为，经济发展政策的制定，必须立足于发展生产力和提高生产量，立足于促进国民生产体系的协调、互补，加强环境保护，实现国内生产的协调发展，立足于保护葡萄牙在融入世界经济进程时的国家利益，克服外部经济失衡，积极参与国际分工，支持建立公正的世界经济秩序。

葡共认为，经济发展政策必须致力于促进有着更广泛更坚实的科学技术基础和新型专业化生产的现代经济的发展。实现这一目标，在对内战略方面，必须从国情出发，尤其是从现阶段的发展水平出发，打破部门和区域发展的不平衡，减少生产对外部的依赖程度，改变技术研发以及教育、职业培

---

① PCP Programme：Portugal-An Advanced Democracy on the Threshold of the 21st Century，http：//www. pcp. pt/english.

② PCP Programme：Portugal-An Advanced Democracy on the Threshold of the 21st Century，http：//www. pcp. pt/english.

训体系的滞后状态；在对外战略方面，必须努力减少国际分工中对葡萄牙经济发展的不利和限制因素，利用葡萄牙加入欧盟带来的各种机会和可能性，既不能忽略葡萄牙加入欧盟的现状，又要尊重本国利益，尊重本国经济特征，尤其是农业发展的特征，要正确使用欧盟资金，有效地将技术成果向有利于经济发展和现代化的方向转变，保障和加强劳动者的权利。要保证这些发展战略的贯彻落实，"必须建立一个不被垄断阶级所控制的混合经济结构，该结构应包含得到国家尊重和支持的多种所有制成分。"① 在国有经济部门、私营部门、社会合作部门等多种所有制经济成分中，国有经济部门应在发展生产力和加快经济建设中发挥决定性的作用。同时葡共强调："经济力量要服从民主政权，接受国家经济杠杆的调控，避免受到大资本的控制和国外势力的影响。"②

3. 社会民主

葡共认为，"先进民主"纲领的社会民主，就是要实行为葡萄牙人民提供更好生活条件的社会政策，消除严重的社会不平等和不公正现象，消灭失业、贫穷、卖淫、吸毒、犯罪等社会弊端，确保葡萄牙人民的生活水平以及物质和文化福利随着当代生产力发展的潜力和可能性的发挥而相应地得到改善和提高。

葡共认为，社会民主与经济民主相辅相成，不可分割。在垄断资本主义条件下，经济发展是建立在对劳动人民的剥削和深刻的社会不平等基础上的。先进民主所主张的为人民提供更好的生活和工作条件不仅与经济发展相一致，而且是经济发展的本质所在。

葡共认为，就业权、社会保障权、卫生保健权、受教育权、居住权、健康环境和生态平衡权、安全与和平权、男女平等权、青年实现个人愿望和职业愿望权、儿童和谐发展权、老人及退休人员过有尊严的生活权、残疾人融入社会生活权、出国移民权、外来移民权和少数民族权等是劳动人民和全体公民享有的基本社会权利。"这些基本社会权利的全面行使和有效实现，对于确保所有公民有尊严地生活和建设一个更加公正的社会是完全必要的。"③

4. 文化民主

葡共强调，"先进民主"纲领的文化民主，就是要实行保证人民普遍参

---

① PCP Programme: Portugal-An Advanced Democracy on the Threshold of the 21st Century, http://www.pcp.pt/english.

② PCP Programme: Portugal-An Advanced Democracy on the Threshold of the 21st Century, http://www.pcp.pt/english.

③ PCP Programme: Portugal-An Advanced Democracy on the Threshold of the 21st Century, http://www.pcp.pt/english.

与文化自由创造和享有文化成果的文化政策，为个人全面发展以及社会文化价值全面发展创造条件。其根本宗旨是致力于提高劳动人民和广大公民积极参与和组织社会生活各个领域活动的水平，提高对民主价值观的认同度。

葡共认为，无论是在当今世界，还是在葡萄牙，文化在社会生活中的作用日益凸显。文化民主与政治、经济和社会民主密不可分，它植根于社会运动之中，是人民生活的组成部分，是社会变革的因素之一。行使文化权利并为它的推广和深化进行斗争是促进实现全面民主的组成要素。发展文化民主，要致力于使全民普遍享有文化财产、参与文化活动，消除一切在获取知识和参与文化活动中的经济、社会、性别和地域性歧视；培育进步的社会意识，弘扬自由、平等、宽容、团结、民主与和平的人文主义价值观；承认和强化文化领域及文化机构内劳动者的社会职能，不断改善他们的工作条件，提高他们的职业素养；支持民间文化的自由发展，发挥其在构成民族文化特征方面的积极作用；为文化创作、生产、传播和享受创造必不可少的物质和精神条件，反对将文化发展商业化。

葡共强调："文化民主是个人、社会和民族解放的一个要素，是个人和社会全面发展的一个要素，是不同文化间进行对话的强有力的激励要素。""文化民主是民主国家的基本责任，但只有在国家行为与个人和集体的创造性参与结合起来，才能建立起文化的民主。"①

5. 对外政策

葡共认为，"先进民主"纲领的对外政策，就是要与各国人民和平共处、友好合作，实现葡萄牙的独立自主和领土完整。葡共既反对葡萄牙依附于强国和跨国公司，也反对闭关主义、孤立主义、沙文主义、民族主义和种族主义，尤其是反对建立削弱国家主权和民主的欧洲联邦，反对欧盟实行共同的外交和安全政策。葡共强调它"将为建立一个自由、主权国家之间真正合作的共同体而斗争"，并"支持建设一个和平、合作的完整欧洲，建设一个成为世界发展、安全和社会进步要素的欧洲大陆，而不是建立一个符合大垄断集团利益的欧共体。"②

葡共的"先进民主"纲领是一个完整的统一体，五个方面的内容紧密相连，不可分割。政治民主是实现先进民主的根本保障，经济民主是建设民主社会的物质保证，社会民主是经济发展的必要因素，文化民主渗透于政治

---

① PCP Programme：Portugal-An Advanced Democracy on the Threshold of the 21st Century，http：//www.pcp.pt/english.

② PCP Programme：Portugal-An Advanced Democracy on the Threshold of the 21st Century，http：//www.pcp.pt/english.

民主、经济民主和社会民主的各个方面，对外政策是实现先进民主的必然要求。葡共强调，先进民主的建设是一个社会与生活转变的过程，"其目的旨在解决当前存在的许多最严重的问题。但是，要消灭资本主义剥削，全面有效地消除歧视、不平等、不公正和社会弊端，只有通过社会主义革命才能实现。"为实现"先进民主"而奋斗虽然属于民族民主革命的范畴，但"建设社会主义社会的目标包涵并发展了先进民主的基本要素——经济、社会、政治和文化。"①"先进民主"的实现将为在葡萄牙实现社会主义提供必要条件。

四 葡共争取"先进民主"和社会主义的先决条件与基本政策

如何实现"先进民主"，进而在此基础上向社会主义过渡，是葡共面临和必须解决的关键问题。葡共强调，走向社会主义的道路没有固定的模式，要实现"先进民主"和社会主义，"其社会和政治进程不仅取决于拥护它的政治力量和意愿，而且还取决于反对力量的抵抗方式和行动等。在21世纪初的葡萄牙，社会主义道路是一条为深化民主而斗争的道路。工人阶级先锋队伍的行动，劳动者和人民群众的斗争，国家及其机构所采取的政策，选举中民主程度的多少，社会结构的发展，阶级力量的整合，党吸引群众实现其纲领的能力，所有这些都是决定葡萄牙进行社会主义改造的根本因素"② 因此，葡共并不排除非和平方式，但同时认为，把议会斗争与群众斗争有机地结合起来，主要通过和平与民主的方式实现"先进民主"并在此基础上逐步过渡到社会主义，是葡萄牙革命的现实道路选择。实现和平过渡的先决条件是"建设一个更加强大的党"，基本政策是构建社会联合体系，建立反帝反垄断社会阵线。

（一）"建设一个更加强大的党"，确保参与政府执政

葡共在总结"四月革命"及其后三十多年反对右翼政府和右翼政策的斗争经验时指出：在历史上，为反抗法西斯独裁，创造有利于1974年4月25日军人起义胜利的政治和社会条件，建立和建设一个由1976年立宪会议

---

① PCP Programme: Portugal-An Advanced Democracy on the Threshold of the 21st Century, http://www. pcp. pt/english.

② PCP Programme: Portugal-An Advanced Democracy on the Threshold of the 21st Century, http://www. pcp. pt/english.

通过的《共和国宪法》规定的新的民主体制，葡共真正发挥了决定性作用；在维护葡萄牙民主及其成果、维护国家的独立和主权方面，葡共不仅在过去，而且在现在都发挥着决定性的作用。当前，为争取"先进民主"和社会主义而斗争，具有决定性的先决条件就是"建设一个更加强大的党"，"增强葡共在社会、政治和选举中的影响力，并确保其参与政府执政。"① 葡共坚信，建设一个更加强大的党不仅是必要的，而且是可能的。

1. 坚持基本特征，保持党的独立性

葡共党章规定：葡共是与群众保持密切联系的葡萄牙工人阶级和全体劳动者的先锋队。既是爱国主义的党，又是国际主义的党；党的理论基础和指导思想是马克思列宁主义；党的组织原则和工作制度，是以深入的党内民主、统一的指导方针和统一的中央领导为基本特征的民主集中制；党的最终奋斗目标是在葡萄牙建设社会主义和共产主义。党在现阶段的目标，是在21世纪初实现"先进民主"，使人民群众创造性地参与社会生活，保证全体人民的生活水平日益得到提升。

葡共认为，要实现党的奋斗目标，必须保持党的独立性，使之不受资本力量的影响，不受资产阶级利益、意识形态和政策的左右和约束。而党的性质、指导思想、组织原则、奋斗目标等这些基本特征，则是党的组织、活动和目标的基础。坚持党的基本特征是保持党的独立性的内在要求。坚持党的这些基本特征，必然要求党的日常工作、领导方式、干部政策、经济政策、政治斗争、社会联盟以及党的生活的各个方面，必须反映和体现党的阶级性质、发展方向和奋斗目标。葡共认为，坚持党的基本特征是党发挥更大作用以及开展更为广泛活动的基础，是增强党的凝聚力的决定性因素，也是党反击各种反共叫嚣和大资本右翼势力削弱、消灭葡共企图的有力武器。

另外，葡共认为，为了保持党在政治上、思想上的独立，党必须在财务上保持独立。葡共指出，与社会党、社会民主党、人民党等其他政党的活动经费主要来源于国家的财政拨款和企业的政治捐款不同，葡共的经费则主要来自于党员的党费、党倡议下的募捐、经济活动的收入、担任国家机关工作人员的党员缴纳的公职收入、党员和党的同情者的捐助、各种馈赠、出售党报党刊的收入以及政府拨发的合法财政补贴。虽然党的经费往往入不敷出，但葡共决不接受企业特别是金融企业的政治捐款，以防止大资本对葡共的控制，防止有关经济力量操纵葡共的政治选举。

---

① Theses-Draft Political Resolution，Monday，13 October 2008，http：//www. international. pcp. pt/.

2. 加强组织建设，提高党的战斗力

葡共认为，切实加强党的组织建设，不断发展壮大党的队伍，是增强党的政治影响力，反对右翼政策，实现党的奋斗目标的重要组织基础。为此，葡共在十四大以来，在党的组织建设方面采取了多种措施：

（1）加强党的中央组织建设，增强领导工作的有效性

按照民主集中制原则组织起来的葡共，是由中央组织、地方组织和基层组织组成的严密体系。进入 20 世纪 90 年代以来，葡共积极主动地加强中央领导机构的建设：其一，实现中央领导层的新老交替，改革中央领导机构。1992 年葡共十四大，卡洛斯·卡瓦略斯代替库尼亚尔当选为党的总书记，并连任三届。2004 年党的十七大，热罗尼莫·德索萨代替卡瓦略斯当选为新一任总书记，并在 2008 年党的十八大、2012 年党的十九大实现连任。同时，严格按照德才兼备、年轻化、知识化的原则选拔了一大批年富力强的干部，进一步调整革新了中央领导班子，在十四大以来历届党的代表大会上，中央委员的更新率大都保持在 25% 左右。1996 年的葡共十五大，提出了精简中央领导机构，加强和完善领导工作，提高工作效率，加强党的各个工作部门的协调、沟通与配合，增强领导工作的有效性等任务，明确了具体的措施和要求。其二，注重中央委员会的结构优化。为了保持党的工人阶级先锋队的性质，葡共强调，在中央委员会的组成人员中，要保持工人和雇员占大多数。为了体现党也是葡萄牙全体劳动者的先锋队，葡共也注重中央委员来源的广泛性和代表性，同时，注重干部的知识、经验的多元化，提高青年和妇女所占的比例，努力优化中央委员会的年龄结构、性别结构和知识结构，以提高党的中央领导集体的工作活力。如在出席 2008 年党的十八大的 1457名代表中，工人代表占 58%；妇女代表占 26.7%；50 岁以下的代表 709 人，占 48.7%，其中 20 岁以下的 28 人，21～30 岁的 215 人，31～40 岁的 232人，41～50 岁 234 人；50 岁以上的代表 748 人。有 228 名人是十七大以后才入党的新党员。[①]

（2）加强党的地方组织和基层组织建设，巩固党的组织基础

葡共按照国家行政区设立党的地方组织。葡共党章规定，在企业、工作场所、社区、各类社会文化单位和行政机关等基层单位，凡是有 3 名以上正式党员的，都应当成立党的基层组织。葡共十分重视党的基层组织建设，认为党的基层组织是党的细胞，激发党的基层组织的活力，使之成为党联系工

---

① Report of the Mandates Verification Committee，Monday，01 December 2008，http：//www.international. pcp. pt/.

人阶级、劳动者和人民群众的基础和基本环节，成为党发动和领导群众开展斗争的基本支柱，对于促进党内民主的发展，活跃党内生活，调动广大党员参与政治活动的积极性和主动性，增强党的战斗力和凝聚力，扩大党的政治影响力，具有重要意义。为此，葡共规定：党的基层组织的首要任务是把支部建设成为党员工作区域和生活区域的活动中心，成为深入了解民情民意，帮助人民群众解决他们遇到的各种具体问题，密切与群众的联系，发动、组织和团结群众开展维护自身权益的斗争的活动中心。同时还要求党的基层组织要切实履行工作职责，定期召开会议，讨论、布置和贯彻党的政治路线和方针政策，组织党员认真学习马克思列宁主义和党的重要文献，努力提高党员的政治文化水平，要积极深化党内民主，重视党员的各种不同意见，开展批评与自我批评，要大力宣传党的理论和方针政策，扩大《前进报》和党的其他出版物的影响力，要监督党员定期缴纳党费并为党争取资助，要熟悉相关行业的情况，向党的上级机关通报涉及党的整体利益的问题，为党的政治路线献计献策，要做好发展新党员的工作，着力扩大党的组织建设的覆盖面，注重在企业尤其是在超过1000人的大企业建立党的组织，以克服党的企业支部不断削弱的问题。

（3）发展壮大党员队伍

葡共获得合法地位后至今，党员人数的发展变化走了一个n字形。1974年"四月革命"胜利时，葡共的党员人数尚不足5000人，到1975年3月激增至10万人，1983年十大时达到最高峰，20万人。苏东剧变后，党员人数大为减少，目前有近11万人。而且党员队伍的老化现象也日趋严重，党员参加党组织活动的积极性不断下降。为了巩固和发展壮大党员队伍，提高党员队伍的战斗力，进入新世纪以来，葡共对党员结构的调整，党员的教育、管理和监督，党员如何创造性地开展工作等提出了明确要求，采取了一些有针对性的措施：其一，调整党员队伍结构。葡共指出，一切接受葡共纲领和章程的人都可以成为葡共的一员。发展壮大党的队伍，就是要把志同道合的劳动者尽可能多地吸收到党的队伍中来，积极吸收在社会斗争中表现突出的工人和劳动者入党，特别注重在工人、青年和妇女中发展党员，以优化党员队伍的结构。在十七大和十八大之间入党的7000人中（这是在苏东剧变以来两次代表大会之间入党人数最多的一次），30岁以下的占33%，40岁以下的占58%，女性党员的比重也有显著提高，已达到29.7%。[①] 其二，重视对党员的教育、管理和监督。葡共要求党的各级组织要保持与党员的经常联

---

① Theses-Draft Political Resolution. Monday, 13 October 2008, http：//www. international. pcp. pt/.

系，给每个党员分配适当的任务，并监督党员的工作，帮助党员提高文化素质、政治思想水平和工作能力；加强对党员的管理，及时更新党员信息和更换党证。这些措施在一定程度上增强了党的凝聚力，提高了党员参加党内生活和党的活动的积极性和自觉性。其三，要求党员全面履行党员义务，正确行使党员权利，创造性地开展工作。葡共强调，所有党员均享有平等的权利和义务。坚持党的纲领、遵守党的章程、服从党的纪律、按时交纳党费，是党员的基本义务。党员要以党的章程约束自己的言行，坚持党的纲领、执行党的政治路线，为加强党的组织、提高党的威望、增强党的影响力而努力工作；要定期参加党组织举行的会议和活动，参加关于开展党的活动的讨论，向党提出建议，加强与劳动者、其他劳动阶层和人民的联系，维护他们的合法权益；要开展批评与自我批评，严格遵循党内问题党内解决的原则，维护党的团结和统一，增强党的凝聚力；要做伦理道德的楷模和表率，在营造良好的社会风气方面发挥先锋模范作用；党员参加党组织活动，个人要承担一切费用等。[①]

（4）加强干部队伍建设

进入 21 世纪，葡共把改善干部结构，提高干部素质作为党的建设的一项重要任务提上了日程，进一步明确了党的干部政策的基本方针，加强了对干部的管理，加大了对干部的培训力度，对改善干部队伍的结构提出了明确要求。其一，明确了党的干部政策的基本方针：就是在党的生活和斗争实践中培养和训练干部，把党的各级组织特别是基层组织建设成为培养和锻炼党的干部的不可替代的学校。通过必要的专门化训练，培养干部的集体主义观念，开阔干部从事斗争工作的视野，熟悉领导工作的原则和方法，养成从事领导工作的良好习惯，并以此作为促进党的政治、思想和道德等各方面工作作风的转变。其二，加强了对干部的管理：在干部的选拔任用上，反对任人唯亲和徇私情的现象，反对行业主义和个人主义，坚持德才兼备的标准，在斗争实践中发现干部、选拔干部。在干部的使用问题上，强调要在实践中锻炼干部，给他们分配适当的工作，让他们承担更大的责任，向他们提供必要的援助，帮助他们克服工作和生活中的困难，鼓励他们秉承坚定、诚实和全心全意为党工作的精神，广泛联系群众，承担起开展维护人民和国家利益，争取实现社会主义和共产主义的斗争重任。增强干部之间的团结，在干部之间形成兄弟式的同志关系。加强对干部的考核，在考核干部时，坚持公正、严肃的原则，避免偏听偏信，不仅要考虑上级机关的意见，还要听取与被考

---

① Portuguese Communist Party-Constitution，http：//www.pcp.pt/english.

核干部直接接触的其他机构党员的意见。其三，加大了对干部的培训力度：发挥中央党校和地方党校的作用，挖掘其潜力，丰富培训内容，制定干部培训的年度计划，有针对性地提高干部的认识事物、判断是非、运用理论和发动群众的能力。充分发挥地方党组织和基层党组织在教育、培训干部方面的作用，增强做好干部培训工作的自觉性和责任感，鼓励干部把培训与自学结合起来，努力提高自身素质。其四，积极改善干部队伍的结构：为了发展党的事业和维护党的基本特征，党不仅需要一支能力强、经验丰富且又相对稳定的专职干部队伍，也需要有一支利用业余时间为党奉献的干部队伍。对党的专职干部应予以特别的关注和扶持，不断提高他们的思想政治觉悟、文化素质，并给予业务上的指导，以使他们能更好地完成所承担的任务。注重在工人、妇女和青年中选拔和培养干部，并使他们在各级领导机构中担当重要职务。在十七大和十八大之间选拔的 1400 名干部中，35 岁以下有 712 人，超过了 50%，有效改善了干部队伍的年龄结构。①

3. 发展党内民主，增强党的凝聚力

葡共认为，"发展党内民主，是提高战斗力的关键问题之一"。② 维护党的团结，是增强党的凝聚力的内在要求。苏东剧变之后，葡共汲取苏联东欧国家共产党亡党亡国的深刻教训，为了避免重蹈其他国家共产党内部分裂的覆辙，非常突出地强调要坚持和创造性地发展民主集中制，积极发展党内民主，并把发展党内民主与严肃党的纪律结合起来，取得了对党内"革新派"斗争的胜利，维护了党的团结统一，为增强党的凝聚力和战斗力奠定了基础，创造了条件。

（1）创造性地坚持和发展民主集中制，发展党内民主

葡共认为，民主集中制"是党的力量、团结和纪律的基础，是党联系工人阶级和人民群众的基础，是提高党参与国家生活能力的基础。"③ 实行深入的党内民主，对于维护党的团结统一，发挥党员和党组织的积极主动精神，提高党的领导能力和领导水平，具有重要的意义。葡共反对在传统的民主集中制的保护伞下进行独裁和官僚主义的集中，认为真正的党内集中是通过有意识的思想交锋和经常性的民主参与实现的。

---

① "Opening Speech of the Congress", Monday, 01 December 2008, Jerónimo de Sousa. http：// www. international. pcp. pt/.

② PCP Programme：Portugal-An Advanced Democracy on the Threshold of the 21st Century, http：// www. pcp. pt/english.

③ PCP Programme：Portugal-An Advanced Democracy on the Threshold of the 21st Century, http：// www. pcp. pt/english.

葡共指出，集体领导、从基层到中央的任何领导职务均由选举产生并可以被罢免、领导干部和领导班子定期汇报工作、切实对领导干部和领导班子进行监督、经常深入劳动群众、密切与劳动群众的关系等，是党内民主的主要内容。发展党内民主，必须创造一个在讨论党的路线和政策时党员能够有效参与的条件。党的各级领导机关应鼓励党员参加各级机构和组织的会议，在会议及其筹备期间给党员参与讨论留有充分的时间，尊重党员的不同观点，容许不同意见的存在，保障党员享有异议、批评和建议的权利，要改进干部的工作作风，以确保每个党员能够充分表达自己的意见和观点。葡共强调，在坚持集体领导的前提下，党员意见的充分表达和观点的多样性是提高党的决策水平的重要保证，"是党的事业顺利发展、保证全党思想统一和行动一致、提高党员遵纪意识的必要条件。"① 坚持集体领导和集体工作，就是在日常工作中尊重党员的权利，重视党员在参与集体决策中的意见和作用，鼓励党员探讨和思考党的工作，反对工作中的个人主义、狂妄自大，反对将个人意见凌驾于集体意见之上，反对专制、管制主义和个人崇拜等倾向；在选举领导机构和通过决议时实行公开投票，每个投票人对自己的行为高度负责。

葡共认为，创造性地坚持和发展民主集中制，是发展党内民主的重要手段。创造性地坚持和发展民主集中制，就是要坚持深入的党内民主、统一的指导方针和统一的中央领导的有机统一，坚持党的统一领导与调动地方组织和基层组织工作的主动性、创造性的有机统一，坚持集体领导与个人分工负责的有机统一。正确处理民主与集中的关系、上下级之间的关系、领导班子内部的关系。既要反对以加强党的统一领导为名压制地方组织和基层组织创新能力的倾向，也要防范危及党的团结、削弱上级机关的领导、危害全党利益的地方主义和狭隘行业主义倾向。既要强调集体领导与集体责任，又要明确个人责任，发挥党员个人的创造力。

葡共认为，发展党内民主，必须创新党的工作作风。"应该在党的各级组织和机构中鼓励开展批评和自我批评"，认为批评与自我批评"是一种完善工作、克服缺点、纠正错误、教育党员和强化队伍的有效方法。"② 批评和自我批评应成为一种制度，而不应流于形式，任何组织和个人不得阻碍党员行使批评权，也不得由此引发任何歧视行为。

（2）严肃党的纪律，维护党的团结

葡共认为，党的纪律是"维护党的团结的决定性因素"。"不允许党内存在

---

① Portuguese Communist Party-Constitution，http：//www.pcp.pt/english.

② Portuguese Communist Party-Constitution，http：//www.pcp.pt/english.

有组织的小集体或派别，不允许党员公开发表违背党的方针政策的意见，党员必须遵守党的决定，不允许自行其是。"①　遵守党的纪律，就是要坚持党的纲领、章程和组织原则，就是要有利于开展政治活动，扩大党在群众中的影响，团结群众开展斗争，维护党的声誉，为党的发展积蓄力量。党的纪律适用于所有党员和党组织，任何违反党的纪律的行为都要受到纪律处分。而"处分的目的是为了加强党的纪律和全党的团结，振奋每一个党员的革命精神。"②

葡共强调，严肃党的纪律与发展党内民主并不矛盾，二者是有机统一的。发展党内民主，有利于保证全体党员和党组织自觉遵守党的纪律，有利于广大党员和党组织团结一致同违纪行为作斗争；严肃党的纪律，是维护党的团结统一的重要保证，有利于为党内民主的发展创造良好的环境和条件。20世纪80年代末90年代初，葡共在与党内"革新派"的斗争中，既注重发扬党内民主，又严肃了党的纪律，有效地维护了党的团结统一，为葡共经受住苏东剧变的考验和反共浪潮的冲击，奠定了重要的组织基础。

4. 加强群众工作，扩大党的影响力

葡共认为，共产主义运动是一个有着广泛群众基础的独立性的运动。为了进一步做好群众工作，葡共对加强党的新闻和宣传工作、党的组织和广大党员积极参与广泛的群众运动、加强对工会运动和葡共青年团的领导等问题提出了明确要求。

（1）加强党的新闻和宣传工作

葡共高度重视党的新闻和宣传工作，认为新闻和宣传工作是加强党的建设的一项重要任务，是宣传党的活动，扩大党的组织、政策和思想影响的主要手段，是党联系群众的重要渠道。随着新闻媒介的迅速发展，新闻和宣传工作对国家政治和社会生活的影响越来越大。加强新闻和宣传工作，对于让群众了解党的主张，拉近党与群众的距离，树立党的威信，具有特别重要的意义。

葡共强调，加强党的新闻和宣传工作，首先，要打破右翼政府在新闻和宣传上对葡共的限制，为争取和维护平等的新闻宣传权利而斗争；其次，要开展思想斗争，回击反共势力对葡共的诬蔑和攻击，大力宣传社会主义和共产主义的价值观，坚定广大党员和人民群众为争取"先进民主"和社会主义而斗争的信心。再次，要整合和充分利用党的网站、电台、刊物等信息和传媒工具，充分利用党报节（《前进报》节）等活动，宣传党的政策和政治

---

① Theses-Draft Political Resolution. Monday, 13 October 2008, http://www.international.pcp.pt/.

② Portuguese Communist Party-Constitution, http://www.pcp.pt/english.

主张。定期出版党报党刊，丰富宣传内容。编辑出版马克思列宁主义的经典著作和库尼亚尔的著作，加强党的思想理论建设和思想政治工作，提高人民群众的理论水平和政治觉悟。第四，建立健全党的中央组织与地方组织、基层组织之间在新闻宣传方面的协调机制及快速反应机制，加强党与社会新闻媒介的沟通与协调，大力培训新闻宣传方面的专业干部，提升新闻宣传干部运用新的信息通信技术的能力，增强做好新闻宣传工作的主动性和积极性，不断创新新闻宣传的手段、方法和形式，使新闻宣传工作适合人民群众的认识水平，满足人民群众多样性的现实需求，提高新闻宣传的及时性和针对性，克服和避免强加于人的做法，在宣传党的理论、纲领、政策的同时，生动地解答在不同领域党的活动遇到的不同问题。

（2）积极参与广泛的群众运动

葡共认为，虽然有大量的群众参加到社会运动和政治运动之中，但是，有相当一部分群众既不属于任何党派，也没有明确的政治倾向，他们是党教育、争取、动员和团结的对象。党的组织和广大党员应积极参与广泛的群众运动，为广大人民群众反对剥削、维护自身的权益而斗争，既能在实践中增强群众参与社会活动和政治斗争的意识，提高他们斗争的信心和能力，扩大党的政治和意识形态的影响，也能密切与群众的联系，了解群众的愿望和需求，帮助群众解决具体问题。葡共认为，积极参与广泛的群众运动的实践证明，党有开拓增强自身政治影响力的广阔舞台和巨大潜力，有发展壮大党的队伍的广泛群众基础。

葡共强调，积极参与广泛的群众运动，既要重视日常性的政治活动，做到有具体的目标、可行的计划、得力的措施和必要的监督检查，也要重视立法选举、地方选举、议会选举等大型的政治活动，认为这些选举活动为宣传党的理论和政策、密切与人民群众的联系、不断扩大党的政治影响力，提供了重要契机和活动平台。

葡共强调，积极参与广泛的群众运动，各级党组织和广大党员要有全局观念，要不断提高宣传、动员和组织群众的能力，要发扬党内民主，事前要对开展政治活动的方针、目标、措施等进行广泛深入的讨论，事后要对政治活动的效果进行客观的评价，对经验教训进行认真的总结。同时，日常性的政治活动必须围绕人民群众关心的具体问题，增强工作的针对性和实效性，要与各种进步力量建立经常性的联系，加强与他们的团结与合作。

（3）加强对工会运动和葡共青年团的领导

葡共与葡萄牙工会组织有密切的关系。葡共是葡萄牙最大的工会组织——葡萄牙工人总联盟的领导者。在金融危机的背景下，葡共强调要加强对工会运动的领导，要高度关注工会运动的发展，反对把工人运动淡化为为资本主义剥削机器服务的超国家的、改良主义的、官僚化的工会的现有倾向。

葡共认为，葡共青年团是共产主义青年独立开展活动的组织，对党的总体政治方针具有广泛倡议和自主决定的权利。葡共强调，"党负有深化与青年联系的使命，要加强党在青年中的影响，维护青年人的权益，鼓励青年人为实现自己的愿望而斗争，并在组织、政治和思想上关注青年运动的发展，加强葡共青年组织的凝聚力，推动党的年轻化。"[1]

（二）构建社会联合体系，建立反帝反垄断社会阵线

葡共认为："我们正生活在由十月革命开辟的从资本主义向社会主义过渡的时代。"[2] 虽然当前世界社会主义运动还处于低潮时期，但共产党和民主进步势力正在不断地积聚力量，蕴藏着世界社会主义运动复兴的巨大潜力，在葡萄牙国内也蕴藏着对右翼政策实行民主替代的巨大潜力。葡共强调，在不排除非和平方式的同时，在葡萄牙主要通过和平民主方式实现"先进民主"和社会主义是可能的。实现和平过渡的基本政策，就是葡共在为不断深化民主的斗争中肩负着重大的历史责任，坚定地维护工人阶级利益的同时，把葡萄牙的工人阶级、全体劳动者、反垄断社会阶层、各派民主爱国力量以及世界上一切反对垄断资本主义的革命力量整合和团结起来，构建社会联合体系，建立反帝反垄断的社会阵线，通过坚持不懈的斗争和努力，在反对右翼政府和右翼政策的同时，创造葡共能够参政或执政的条件，对右翼政府和右翼政策实行民主替代，在实现"先进民主"的基础上逐步向社会主义社会过渡。

1. 建立基本的社会联盟

葡共认为，党在现阶段的"先进民主"纲领，是在正确判断和科学分析党所面临的国际国内形势的基础上制定的，它客观上符合葡萄牙全体人民的根本利益。"根据葡萄牙社会的演变情况，党在现阶段的基本社会结盟政策是与工人阶级、农民阶级（中小资产农民）、知识分子和中间阶层结成广泛的社会同盟。"[3]"工人阶级与中小农民的联合，工人阶级与知识分子和其他中间阶层的联合，是社会联合体系的基础。"[4] 葡共强调，党在维护和深

---

[1] Portuguese Communist Party-Constitution, http：//www. pcp. pt/english.

[2] Theses-Draft Political Resolution. Monday, 13 October 2008, http：//www. international. pcp. pt/.

[3] Portuguese Communist Party-Constitution, http：//www. pcp. pt/english.

[4] PCP Programme：Portugal-An Advanced Democracy on the Threshold of the 21st Century, http：//www. pcp. pt/english.

化民主的斗争中，应注重营造一支包括工人、职员、知识分子、技术人员、中小资产农民、中小工商业者、妇女、青年、退休人员和靠社会帮扶的群体、残疾人在内的社会力量，联合他们参与国家的一切社会事务，加强与他们的相互协作，并带领他们实现他们的政治主张。

2. 构建政党联合体系

葡共认为，在葡萄牙实现"先进民主"，必须以不同的方式整合各种民主运动、组织和政党的力量，构建政党联合体系。在葡萄牙现行的政党体制中，葡共高度重视与社会党的关系和与绿党的合作。而对于葡萄牙社会民主党和社会民主中心党（人民党），葡共认为它们是右翼政党，是在政治上对立的力量。

葡共与社会党的关系源远流长，错综复杂。在法西斯统治时期，葡共和社会党人在反对法西斯独裁统治的斗争中曾进行过合作，并肩战斗。1974年四月革命后，葡共和社会党共同参加了临时政府。1976年和1983年大选后，社会党先后两次拒绝了葡共关于联合组阁的建议。1976年以来，葡共始终强调同社会党联合的重要性和必要性，但同时也认为在实现这一目标的道路上还有不少的困难。在注重同社会党联合的同时，葡共也重视同其他左翼政党和民主力量的团结与合作，并在1976年后的多次葡萄牙议会选举、地方选举和欧洲议会选举中，与葡萄牙民主运动联盟、绿党等民主进步力量组成联合选举阵线，进行过卓有成效的合作。

葡共强调，在政党联合体系中必须保持党的独立性。葡共主张，为了进一步扩大社会联合与政党联合，必须制定具体的目标，即使只是暂时性的目标，要维护参与到社会联合和政党联合体系中的各派社会力量和阶级的利益与需求。[1] 同时，葡共也不能忘记自己的身份和特征，不能忘记自己的理想和最终目标。担任国家公职和社会职务的共产党员，也不能忘记自己的党员身份和党员义务。[2]

3. 加强在反对帝国主义斗争中国家之间的合作

葡共认为，加强在反对帝国主义斗争中国家之间的合作，对于维护世界和平，遏制帝国主义的进攻，捍卫国家的主权与独立，创造有利于实现"先进民主"的外部条件，具有重要意义。

葡共认为，当前国际政治力量的变化正朝着有利于反帝斗争的方向发

---

① PCP Programme：Portugal-An Advanced Democracy on the Threshold of the 21st Century，http：//www.pcp.pt/english.

② Theses-Draft Political Resolution. Monday，13 October 2008，http：//www.international.pcp.pt/.

展。一方面，资本主义的全面反动和全面进攻，证明了帝国主义在政治和意识形态领域面临着严重困难，而且难以克服，这有利于唤醒世界各国人民的觉悟，有利于更多的社会进步力量加入到反对帝国主义的阵线中来，有利于反帝国主义斗争的发展。另一方面，反对帝国主义的力量在不断发展壮大。确立了社会主义的发展方向和奋斗目标的中国、古巴、越南、老挝、朝鲜等国的发展，是在国际舞台上抵制帝国主义"新秩序"的重要因素。尤其是中国的快速发展和日益提高的国际地位，使中国有可能在今后几十年里成为世界上最大的经济强国。印度、巴西、俄罗斯和其他国家也实现了经济的快速发展，业已成为反对和遏制美国霸权主义和欧盟、日本扩张政策的重要力量。近年来拉丁美洲反对帝国主义的斗争也获得了迅速的发展，有效抵制了美国对拉丁美洲的经济霸权，维护了国家主权和民族独立。

葡共认为，在当前全球化背景下，在反对帝国主义的斗争中，加强国家之间的团结与合作，有必要在更大程度上发挥国际统一组织的作用。应着重发挥联合国在维护世界和平中的不可替代的作用，同时要进一步发挥"二战"后产生的一些国际统一组织，如世界和平理事会、世界工会联合会、国际民主妇女联合会、世界民主青年联合会以及世界民主青年联合会支持的具有高度包容性的世界青年和学生运动节等的积极作用，创新开展斗争的有效方法和模式，增强这些组织对群众的吸引力。

4. 加强各国共产党之间的团结与国际合作

葡共指出，当前的世界社会主义运动还没有从苏东剧变造成的低谷中走出来，世界政治力量的对比对共产党和工人阶级仍然是非常不利的，现在的世界社会主义运动还处在积累革命力量的阶段。但各国共产党人有责任团结起来，并联合所有进步力量，建立起最广泛的反帝阵线。葡共强调，加强各国共产党之间的团结与国际合作，对于推动社会主义运动的发展和反帝国主义战线的扩大，具有决定性的作用。

葡共曾长期同苏共和东欧各国共产党（罗共除外）保持着密切的关系。苏东剧变后，葡共支持原苏联东欧国家的共产党人和人民群众为维护自身权益所开展的斗争，并同原苏联东欧国家新的共产党和类似共产党的政党建立了联系。葡共同西欧各国共产党曾保持过友好的合作关系，经常开展一些双边或多边活动。自欧洲共产主义理论出现后，葡共同西共、法共和原意共的关系开始疏远，交往减少。苏东剧变后，葡共同西共的关系不断改善，同法共、希腊共和意大利重建共等党的交往频繁。此外，葡共同古巴、朝鲜、越南等执政的共产党有着良好的关系，同印共（马）、日共、南非共和拉美一些共产党也有往来和接触。

葡共同中国共产党的关系经历了一个曲折的发展过程。1963 年以前，中葡两党关系良好，在斗争中相互同情，相互支持。1963 年，两党关系中断，1985 年 6 月，两党恢复接触和往来。1988 年 12 月，葡共十二大正式宣布葡中两党关系正常化。20 世纪 90 年代以来，中葡两党每年都派团互访，友好关系不断发展。中国共产党自葡共十四大之后，都派代表参加葡共的历次代表大会和每年一度的党报节。

葡共认为，在国际共产主义运动中不存在"中心"和"领导党"，"一方面每个共产党都是独立的，在没有外来干涉的情况下自己作出关于自己的路线和活动的决定；另一方面，各党的独立性不仅不排斥而且相反要求各党有责任更深入地交流经验和加强合作，采取一致行动和相互声援。"① 葡共主张各国共产党应在互相支援、平等独立和互不干涉内部事务的原则基础上发展关系，在爱国主义和国际主义原则基础上增强团结，加强各国共产党相互之间的信息沟通，促进各国共产党之间的组织、政治和思想交流。葡共是至今已召开过 12 次的世界共产党和工人党国际会议的积极参与者和第八次国际会议的主办者，是 1994 年成立的"联合欧洲左翼——北欧绿色左翼"的主要参加者，是"欧洲左翼党"的观察员。

葡共强调，作为一个爱国主义和国际主义有机统一的政党，葡共要承担其作为一个国际主义的党的责任，将尽一切力量，与世界上的共产党、革命政党和反帝国主义势力的进步力量联合行动，团结各国劳动者共同反对民族压迫和社会不公的政策，反对帝国主义、殖民主义和新殖民主义、种族主义、排外主义和法西斯主义，声援一切争取自由、民主、社会进步、民族独立、和平与社会主义的力量，以实现一个真正的替代资本主义制度的新的社会目标。

五 葡共发展面临的困境与前景展望

走过了 92 年风雨历程的葡共，在当前的国际国内形势下，仍然面临诸多不利的因素，党的自身建设也存在不少亟待解决的问题，在前进的道路上仍然充满曲折和坎坷；但同时，葡共的发展也有着良好的历史机遇和自身建设的坚实基础，在困境中存在着"复兴"的希望。

（一） 葡共发展面临的困境

葡共作为世界社会主义运动的一支重要力量，它的发展与当前世界社

---

① 1988 年第 3 期《和平和社会主义问题》杂志第 4 页。

主义运动的总体态势，与葡萄牙多党议会民主制的发展现状密切相关，更与能否创造性地解决自身建设存在的问题密切相关。因此，考察葡共发展面临的问题，必须综合考虑葡共发展的外部环境和自身建设等多方面的因素。

1. 世界社会主义运动总体处于低潮

受苏东剧变的影响，当前世界社会主义运动总体上还处于低潮之中，"资强社弱"的国际政治格局和"资强劳弱"的阶级力量对比没有得到根本改变，工人阶级和劳动人民对于社会主义的信心没有得到根本恢复，非执政的共产党对走向社会主义的道路探索没有获得根本突破。苏东剧变以来20年的历史发展表明，虽然资本主义既不是"历史的终结"，社会主义也不是因"在东方轰然倾覆"，而在西方就"在无声的啜泣中消失"[1]，但迎来世界社会主义运动的又一高潮尚有待时日。

2. 葡萄牙"不完全的两党制"基本稳定

"四月革命"后走上法制化、程序化发展道路的葡萄牙政党政治，经过30多年的发展已基本稳定，并带有鲜明的特点：意识形态色彩鲜明，分别以葡共、社会党、社会民主党为核心的左、中、右三大党派斗争激烈；社会民主党和社会党交替执政，"不完全的两党制"基本稳定。葡共要实现参政或执政的目标还有一段很长的路要走。

3. 葡共自身建设亟待解决的问题

虽然葡共历来十分重视党的建设，并在苏东剧变后采取了诸多创新性的举措，经受住了求生存、谋发展的种种考验，维护了党的团结统一，在实践中不断稳健探索、锐意进取，但党的建设还存在不少亟待解决的问题，突出的表现在以下两个方面：一是如何提高理论创新和用创新理论武装工人阶级的能力。葡共认识到在新的历史条件下，"必须提高精确阐释问题的能力，必须有能力辩证阐述用共产主义思想反击各种反共思潮的必要性，必须有能力辩证阐述为解决工人和人民大众的最迫切问题、保卫国家主权和国家发展权利而选择社会主义替代方案的可能性。"[2]二是如何加强党的组织建设和党员队伍建设。当前，葡共党的组织建设的覆盖面还有待进一步扩大，党组织动员、组织工人阶级和广大劳动者的能力还有待进一步提高，党员队伍老化和党员参加党的活动积极性不高等问题还有待进一步解决。

总之，在世界社会主义运动总体处于低潮的大背景下，在葡萄牙"不

---

① Christopher Pierson，Socialism After Communist，《共产主义之后的社会主义》，Polity Press，1995。第 2 页。

② Contribution of Portuguese Communist Party By Ângelo Alves，member of Political Bureau of the CC，http：//11imcwp. in/presentations/portugal. pdf.

完全的两党制"基本稳定的政党体制中，葡共在短期内很难有大的发展和大的作为。要克服党的自身建设存在的问题，"建设一个更加强大的党"，不断增强党在社会、政治和选举中的影响力，实现参与政府执政的目标，仍然任重而道远。

（二）葡共发展的前景展望

考察葡共的外部环境和自身建设的状况，我们既要看到葡共发展必须面对的困难、问题与挑战，也要看到葡共发展面临的机遇和蕴藏的巨大潜力。这种发展的机遇和潜力主要体现在以下两个方面：

1. 葡共发展的历史契机与有利环境

虽然当前的世界社会主义运动总体上还处于低潮，但在金融危机和债务危机背景下，世界社会主义运动日益活跃，呈现出了一定程度的复兴之势。这主要表现在：其一，马克思主义在西方重新"复兴"。在金融危机的严酷现实面前，新自由主义不可避免地要遭到唾弃和破产，而马克思主义则由于现实的需要再一次显示出强大的生命力。其二，发达国家特别是西欧的工人运动不断高涨。金融危机爆发以来，发达资本主义国家的工人运动迎来了新一轮反对资本主义特别是新自由主义的热潮，为欧洲发达国家共产党的振兴和社会主义运动的复兴提供了良好契机和发展动力。其三，各国共产党之间新的国际联系不断加强。苏东剧变之后，各国共产党工人党通过各种形式和途径不断加强相互间的国际交流与合作。金融危机和债务危机背景下世界社会主义运动一定程度的复兴，对于恢复工人阶级和人民群众的社会主义信心，对于提高各国共产党和工人党的政治影响力，对于改变社会主义与资本主义的力量对比，有着重要的促进作用。这无疑为葡共的发展提供了良好的外部环境和难得的机遇，而葡共积极参与的领导工人阶级和人民群众反对资本主义的丰富实践，也为葡共进一步的理论与实践探索积累了经验。

2. 葡共发展的坚实基础与强大动力

葡共在 92 年的奋斗历程中，积累的丰富经验、形成的优良传统，以及实现社会主义和共产主义的坚定理想信念，为葡共的发展壮大奠定了坚实基础，提供了强大动力：其一，葡共有坚持集体领导制度的团结的中央领导层。葡共在长期的斗争中，形成了以阿尔瓦罗·库尼亚尔为核心的坚持集体领导的中央领导层。葡共十四大以来的两任总书记卡洛斯·卡瓦利亚斯和热罗尼莫·德索萨，都承继了葡共坚持集体领导的优良传统。党的领导人都经过长期的锻炼和考验，在党内有很高的威信。其二，葡共有密切联系群众的工作作风和优良传统。密切联系群众，在斗争中紧紧依靠人民群众，是葡共发展壮大和在斗争中发挥决定性作用的一条宝贵经验。[1] 特别是在金融危机和债务危机的背景下，葡共强调要领导工人阶级和人民群众积极开展政治斗争和意识形态斗争，反对右翼政府把金融危机和债务危机的代价转嫁到其牺牲者身上的企图，从根本上进一步推动了劳动大众广泛地参与到同当前社会经济制度和政治制度决裂的普遍斗争中来。[2] 其三，葡共有正确的指导思想和坚定的理想信念。葡共坚持以马克思列宁主义为指导，并主张在实践中丰富和发展马克思列宁主义，把马克思列宁主义的基本原理同葡萄牙的实际相结合，既要反对教条主义，又要反对修正主义，强调社会主义革命和社会主义建设都不存在统一的模式。葡共始终坚持社会主义和共产主义的奋斗目标，强调共产主义理想是葡共以坚定的信心和巨大的勇气勇往直前的精神动力。其四，葡共有创造性地加强党的建设的科学态度和进取精神。葡共不仅主张创造性地坚持和发展民主集中制，大力发展党内民主，而且在金融危机和债务危机背景下，还提出了大力加强党的组织建设的任务，强调要赋予工厂企业中的党组织以发展的优先性，着力扩大党在工人和人民群众中的影响，要致力于通过党的重要政治和社会行动推动党的工作开展。所有这些都为葡共的发展和"复兴"奠定了坚实基础，为葡共经受风险考验提供了根本保证。

总之，考察葡共的理论与实践，正视葡共发展面临的困难和问题，分析葡共发展面临的机遇和蕴藏的巨大潜力，我们可以看到，苏东剧变20年来，葡共既没有在政治上被"边缘化"，也没有为了迎合多党议会民主制的政治规则而把自己塑造成纯粹的群众性选举政党的形象，而是在坚持马克思列宁主义的基础上稳健探索，走出了发展的谷底，并蕴藏着走向"复兴"的应有潜力。葡共的斗争实践有力回击了"社会主义失败论"，在一定程度上捍卫和维护了葡萄牙广大人民群众的政治、经济和社会权益。葡共的理论与实践探索，是世界社会主义运动的有机组成部分，是对世界社会主义运动的重要贡献。无论在未来的发展道路上会遇到什么样的困难，经历什么样的挫折或失败，只要资本主义制度仍然存在，共产主义就不会消亡，真正坚持马克思列宁主义的各国共产党就不会"在无声的啜泣中消失"，因为，历史发展的客观规律决定了"资产阶级的灭亡和无产阶级的胜利是同样不可避免的"[3]。

---

① Central Committee Resolution-The 90th Anniversary of the Portuguese Communist Party, Freedom, democracy, socialism. A project for the future, February 12, 2011. http：//www. pcp. pt/english.

② Contribution of Portuguese Communist Party By Ângelo Alves, member of Political Bureau of the CC。http：//11imcwp. in/presentations/portugal. pdf.

③ 《马克思恩格斯选集》第1卷，人民出版社，1995，第284页。

第十三章　意大利共产党的历史、
理论与现状

意大利共产党简介

意大利共产党于 1921 年 1 月 21 日在意大利西海岸城市里窝那成立，在相当长的历史时期内，它一直是国内第二大党，并曾数次参与组织联合政府。20 世纪 60 年代以后，意共的选票从未低于 25%，最高时甚至达到了 30% 以上，它的党员人数一直都保持在 150 万到 160 万人，最多时曾达到 200 多万人。经过多年的发展，意大利共产党成为西欧最大和最有影响的共产党。

意大利共产党在 70 年的发展历程中，不仅保持了无产阶级政党光荣的革命传统，而且还以独立自主和富于创新著称于世。在理论上，它提出了著名的领导权、工厂委员会、欧洲共产主义、历史性妥协、结构改革论和第三条道路等一系列思想和主张。在实践中，意共领导人民群众与法西斯主义作斗争，积极参与议会选举活动，努力开展群众性社会运动，不断实践着自身的政治经济文化和社会纲领，逐渐探索出一条独具特色的社会主义意大利道路。同时，意大利共产党在地方政治中的努力也非常成功，共产党人曾在多个区和省出任政府首脑，在许多大城市如罗马、那不勒斯、都灵、佛罗伦萨等，市长职位均由共产党人担任，这很大程度上提高了人们对意大利共产党的信任和尊敬。

国际国内形势的变化，特别是苏东剧变的巨大冲击，使得意大利共产党逐渐偏离了马克思主义方向，最终改名易帜发生分裂。1991 年 2 月 3 日，意大利共产党分裂成意大利左翼民主党和意大利重建共产党。意大利重建共产党仍然坚持共产党名称，坚持以马列主义为指导，在困境中谋求自身的生存和发展。近年来，意大利重建共产党坚持开展群众斗争，不断调整政策路线，经历了从弱到强、从分裂到团结的发展历程。目前，它已经成为意大利和西欧地区较有影响的左翼共产党力量。

意大利共产党的出版物主要有:《新秩序》、《共产党人》、《团结报》

意大利重建共产党网址:http://www.rifondazione.it/

意大利共产党人党网址:http://www.comunisti-italiani.it/

意大利民主党网址:http://www.dsonline.it/

意大利共产党 70 年的历史波澜壮阔,不仅涌现出了葛兰西、陶里亚蒂和贝林格等著名的国际共运领袖人物,而且在理论上和实践中均取得了令人瞩目的成就。特别是意共积极参与议会活动,充分利用议会选举来实践党的政策和目标,为资本主义国家的共产党开展斗争提供了良好示范和经验借鉴。1991 年成立的意大利重建共产党,继承了意共的光荣传统,继续沿着社会主义的方向前进,保留了意大利社会主义运动的火种。在 20 多年的发展过程中,重建共产党在世界社会主义进入低潮的严峻形势下,既能克服生存的挑战又能保持党的活力。目前,意重建共已经成为意大利甚至是西欧较有影响的左翼共产党力量。

一 意大利共产党的诞生与曲折发展

意大利共产党成立于 1921 年 1 月 21 日,解散于 1991 年 2 月 3 日。意共曾是欧洲最大和最有活力的共产党,党员最多时在 200 多万人。随着意大利国内和国际形势的变化,曾经辉煌的意共在进入 20 世纪 80 年代以后逐渐陷入严重的困境,在 1989 年东欧剧变的巨大冲击下,意共面临的诸多困境逐渐演化成生存危机,最终在 1991 年宣布解散。根据意共在不同历史时期的理论政策、路线的调整和转变,我们可以将意共的历史划分为三个阶段。

(一) 1921～1943:意共从成立到逐步发展壮大

第一次世界大战结束后,欧洲的旧秩序不复存在。随着苏联社会主义政权的建立,欧洲的政治格局有了新的变化。1919 年 3 月,列宁在莫斯科创建第三国际,号召继续开展世界革命,世界各国的革命形势持续高涨。从 1919 年到 1921 年,意大利无产阶级发动了数以千计的革命暴动。意大利革命形势和工人阶级革命浪潮的高涨,为意大利共产党的诞生奠定了政治和组织基础。

意大利共产党的诞生起源于意大利社会党内部派系之间的纷争。1921 年,意大利社会党在里窝那召开第十七次代表大会,会议一个重要的议程就是讨论是否接纳和通过第三国际的二十一条（列宁和第三国际关于对意大利社会党改革和建设的二十一条建议）。社会党的各个派系就第三国际二十一条问题争辩不休，彼此都不退让，会议最后决定由投票表决来决定是否接受二十一条。1921 年 1 月 21 日，波尔迪加呼吁那些投票支持二十一条的共产主义者离开会场，到邻近的圣马可剧院去参加新党的成立大会，这次大会正式宣告意大利共产党的诞生。

意大利共产党在成立大会上宣布加入第三国际，并成立共产国际意大利支部。意共在成立大会上起草了党章，设立总部于米兰，改《新秩序》周刊为日报，并发行《共产党人》杂志。意大利共产党在成立初期，有近 4 万名正式注册的党员。意共建立后，反对法西斯主义，争取和平和民主，建立统一的意大利共和国，都表明了意共大大超越了社会党原有的成就，发挥了无产阶级政党的巨大作用。

1922 年 3 月，意共在罗马召开了第二次代表大会，波尔迪加主持了这次会议并提出了《罗马纲领》，这一纲领对共产党的性质、组织形式、斗争策略以及活动路线都作出了相应的规定。波尔迪加在纲领中特别强调党的纪律，希望能把意共组织和建设成绝对服从上级的具有军队般意志的党。波尔迪加的《罗马纲领》一提出来，就遭到了葛兰西和陶里亚蒂等党内领导人的批评。

1926 年 1 月，意共在法国里昂召开了第三次代表大会。葛兰西和陶里亚蒂在这次大会上提出了《里昂纲领》，正式取代了二大通过的《罗马纲领》。《里昂纲领》清楚明白地表现了葛兰西主张和意共的新路线。在第三次代表大会上，葛兰西的里昂纲领获得了 90.8% 的支持，而波尔迪加的左派只得到了 9.2% 的赞成，意共三大正式确立了葛兰西在党内的领导地位。

从 1926 年开始，意大利爆发了严重的经济危机。里拉急剧贬值，人民的生活成本加大，激起了广泛的不满。意共动员工人阶级开展了积极的斗争，罢工浪潮席卷全国。国内的经济政治危机并没有使以墨索里尼为首的法西斯政府感到丝毫的惭愧，相反，在墨索里尼看来这是一次加强专政的绝佳时机，他借口局势动荡不安，加快了全国性镇压的步伐。意大利共产党在这次劫难中也遭到沉重的打击，法西斯政府解散了意大利境内所有的非法西斯组织，逮捕了大量的意共党员，葛兰西、特拉齐尼、斯科奇马罗和大部分中央委员会的同志遭到逮捕，同时成百上千名党员遭到警告、拘留、入狱和流放。葛兰西入狱后，仍然坚持斗争，写出了后来轰动世界的巨著《狱中札记》。陶里亚蒂则因是意共驻莫斯科的第三国际代表而躲过了法西斯政府的追捕，他开始接掌意共总书记，组建了流亡政党，继续领导意共反抗法西斯主义。

1931 年 4 月，意共在德国科伦召开了第四次代表大会，大约有 50 名代表出席。陶里亚蒂就党的任务作了政治报告，认为意大利国内的经济和政治危机已相当严重，工人罢工和其他形式的斗争将越来越频繁，党的任务是领导工农群众进行反法西斯斗争，并要争取中间阶层的联盟。1934 年 8 月，意大利共产党和意大利社会党签订了第一个统一行动公约，确立了反法西斯的统一战线。

1939 年 9 月，德国入侵波兰，第二次世界大战爆发。德军的铁蹄横扫整个欧洲，各国的共产党都转入地下活动，意共的巴黎支部也转入地下。1941 年，德国大举入侵苏联，1943 年斯大林为争取英美国家的援助，解散了第三国际。同年，英美联军在意大利的西西里岛登陆，墨索里尼政府被推翻，巴多里奥另组新政府。新政府宣布一切反对法西斯的政党都可以公开活动，意共从此结束了流亡岁月，重新活跃在意大利政坛上。

（二）1944～1971：意共探索社会主义的意大利道路

意大利法西斯政府倒台后，意大利南北实际形成了两个政权，在南部的英美占领区是大地主大资产阶级的巴多里奥政权，在北部意大利共产党与社会党等进步团体，建立了民族阵线委员会，1943 年改组为民族解放委员会，成为意大利北部人民反法西斯的最高领导机构。1944 年 1 月底，意大利社会党、行动党和共产党共同批评巴多里奥政府的相关政策，要求废除君主制，召开立宪会议，统一意大利。在这种错综复杂的政治局势下，1944 年 3 月，陶里亚蒂返回了阔别 18 年的祖国，继续领导意共开展斗争。

1944 年 4 月，陶里亚蒂在拿波里附近的萨勒诺发表公开演讲，阐明意共的全国统一政策，号召全国的反法西斯力量团结起来，推翻法西斯，实现全国统一，同时宣布意共加入以巴多里奥为首的资产阶级政府，希望各方能把国体与政体的争辩放在国家统一后再由制宪会议来决定。陶里亚蒂期望意共加入资产阶级政府，并准备把意共转变成一个群众性的政党，以民主的道路夺取政权，试图走出一条不同于苏联模式的社会主义道路。意共的这个新路线得到了党内大部分党员的支持，形成了历史上著名的萨勒诺转折。

1945 年 12 月 22 日至 1946 年 1 月 6 日，意共召开了第五次代表大会，通过了民主改革纲领，选举陶里亚蒂为总书记，标志着全党从武装斗争转向公开合法斗争。意共五大向全国提出了一项刻不容缓的任务：建立民主共和国，并对工业和农业实现根本改革。五大通过了意大利共产党党章，党章规定"凡年满十八岁并接受意大利共产党的政治纲领的公民，不分种族、不分宗教信仰和哲学信念，均可参加意大利共产党"①。1946 年 6 月，经过路线调整后的意共，在战后第一次大选中获得了 18.9% 的选票，在议会中得到 148 个席位，成为仅次于天主教民主党和社会党的第三大党，并在全国拥有 170 万党员。从 1944 年 4 月至 1947 年 5 月，意共连续参加了七届民族团结政府。此外，意共党员还在政府中担任财政、农业和司法三个部的部长职务，陶里亚蒂任司法部长。

1956 年 12 月 8 日至 14 日，意共第八次代表大会召开。陶里亚蒂作了题为《为走向社会主义的意大利道路，为劳动阶级的民主政府而奋斗》的报告。意共八大确立了以结构改革论为中心的意大利走向社会主义的民主道路，主张在宪法允许的范围内进行结构改革来实现社会向社会主义的转变。可以说八大是意共探索社会主义意大利道路的转折点，它初步确定了意共获取政权道路的理论、方针和政策的基本指导原则。

1960 年 1 月 30 日至 2 月 4 日，意共第九次代表大会召开。陶里亚蒂在大会上作了题为《争取意大利社会的民主革新，向社会主义前进》的报告，意共九大进一步主张采取一条不同于其他国家的新道路来建设社会主义，要在民主的基础上结成新联盟和新的合作形式，实现工人阶级的必要领导。九大确立了结构改革理论在实现意大利社会主义道路上的重要地位，结构改革理论成为意共的基本思想和路线，是意共新道路的中心内容。

1964 年 8 月 21 日，陶里亚蒂在苏联雅尔塔逝世，隆哥接替他成为新的意共总书记。隆哥在 1964 年 10 月的一次演讲中公开宣称将继续执行陶里亚蒂的路线和改革方向，并在《再生》周刊上公布了陶里亚蒂的《雅尔塔备忘录》。1966 年 7 月 25 日至 31 日，意共在罗马召开了第十一次代表大会，隆哥在会上作了报告。他指出意共的目标是保持中立，积极与天主教界进行对话，尽可能实现政治和社会力量的广泛的团结。"当我们说一切左翼力量团结起来，一切社会主义力量团结起来的时候，我们想到的不是一条强大的有选择的世俗阵线，而是一条真正能对天民党实行积极行动的左翼政策和左翼力量阵线。意共诚心诚意地相信理想主义力量以及首先是天主教力量能够对建设新社会所作出的贡献。"② 十一大更加明确地提出了进行结构改革理论，继续执行陶里亚蒂制定的路线，并且进一步发展了欧洲共产主义，这次大会对意共新路线理论基础的奠定起了重大作用。1969 年 2 月 8 日至 15

---

① 〔法〕热纳维埃夫·比布：《意大利政党》，上海译文出版社，1980，第 30 页。

② 倪力亚、李景治：《意大利共产党人对社会主义道路的探索》，学林出版社，1990，第 277 页。

日，意共第十二次代表大会在波洛尼亚举行。这次会议总结了近年来的斗争，确立了意共的政治路线。会议再次选举隆哥为意共总书记，贝林格为副书记。隆哥和贝林格分别在大会作了报告，这次会议进一步促进了党的民主化，更加重视青年群体，并积极吸收青年入党。

（三）1972～1991：意共遭遇困境到最终解散

1972年3月13日至17日，意共在总部米兰召开了第十三次代表大会，会议选举贝林格为意共总书记，隆哥当选为新设的党主席。在十三大上，"意共宣布到了民主的转折点，要努力实现共产党人、社会党人和天主教派的合作，并认为意共参加政府的客观条件可能具备了。贝林格第一次对北约组织发表了较为不同的看法，认为今天不能再以静止的冷战的眼光去看待"①。贝林格出任总书记，标志着意共战后的一代共产主义者已成为主流党员，他们将对意共的政治路线作出新的探索。

1973年智利发生了军事政变，右翼军人推翻了马克思主义者阿连德领导的人民统一政府，这一事件对贝林格的影响很大。从1973年9月开始，贝林格在《再生》周刊上发表了一系列的文章，在吸取智利事件教训的基础上，逐渐提出著名的历史性妥协战略的相关思想，形成了意共新的政治路线。1976年6月的意大利国会大选中，意共获得了34.4%的选票，拥有227个议席，这是意共在历次选举中的最高得票。共产党员因格劳当选为议长，另外还有7个立法委员会主席由意共党员担任。天民党虽然在大选中获胜，但是无法组成一个多数派的政府。最终意共以弃权的方式支持天民党少数派，这一决定正是历史性妥协战略的执行和延续。

进入20世纪80年代以后，国内外形势的变化使意共逐渐陷入一个较为严重的困境当中，在国际共运中因与苏联在社会主义发展模式等方面存在着分歧，长期受到苏联的批评和指责，在国内则要面对选票逐年下降的境况。1983年3月2日至7日，意共在米兰召开第十六次代表大会。贝林格在会上作了题为《意大利共产党人在经济与国家面临危机、欧洲与世界和平遭到严重威胁的情况下提出的倡议与建议》的报告。

在1983年的意大利大选中，意共因执行支持天民党的政策在这次大选中只获得了29.9%的选票，比上次大选下降了0.5%，在众议院中拥有198个议席，比上次少得3席，而天民党在大选中也只获得了32.9%的选票。

---

① 倪力亚、李景治：《意大利共产党人对社会主义道路的探索》，学林出版社，1990，第281页。

倒是第三大党社会党左右逢源，不但不赞同意共的民主代替路线，拒绝了意共要与其合作的建议，反而转头与天民党联合组阁，由社会党主席克拉克西担任政府总理。意共因此陷入孤立，再次沦为在野党。1984 年 6 月 11 日，总书记贝林格的逝世更是让处于困境中的意共雪上加霜。1984 年 6 月 26 日，意共中央委员会任命纳塔继任总书记一职。纳塔上任后，坚持民主代替，主张更换政府，实行公正廉明的政治。1985 年 5 月，意共在地方选举中失利，选票从原来平均占 35% 下降到 30.2%，落后于天主教民主党，还损失了罗马等重要城市的市长职位。

1987 年大选，意共所得选票再次下降。这次选票只占到了 26.6%，跌落到 20 年前的状况。6 月，意共召开中央会议对此次选举进行反思，并正式推举奥凯托担任党的副书记。1988 年 6 月，纳塔因为健康问题辞去了总书记一职，6 月 21 日，奥凯托作为唯一的候选人当选为新的意共总书记。奥凯托的当选，标志着意共重大转折的开始。

奥凯托在 1988 年发起了一场名为新进程的改革运动，期望通过改革党的各项政策，使意共获得新的活力。与新进程相伴随的是声势浩大的推动改革宣传运动，在 1988 年 8 月的一次演讲中，奥凯托公开指责陶里亚蒂在共产国际担任职务期间犯有一定的错误。1989 年 3 月 18 日，意共在罗马召开了第十八次代表大会。十八大通过新的政治文件、关于党的改革的文件和奥凯托的报告。奥凯托在政治报告中指出："新党应该适应社会的新进程，重新发现其群众性的特点。有必要向整个劳动界、文化界、中间阶层和妇女及青年最大限度地扩充党的社会代表性，以便起到服务于广大群众的作用，为保卫一切权利免遭践踏而斗争。"[1]

1990 年 3 月 7 日至 10 日，意共在波伦亚召开了第十九次代表大会。奥凯托作了题为《一个新开始——新的政治组织的筹建阶段》的政治报告，对意共的改建作了全面阐述。最后通过投票表决，结果 762 票（占 65.8%）赞成改变党的性质，322 票（占 30.8%）赞成在不改变党的名称的情况下实行革新，有 37 票（占 3.4%）坚持认为马列主义依然对资本主义有分析意义，主张不必根本改革。"十九大表明，意共在思想上政治上实现了一次根本性的转折，特别是在组织上继十八大正式宣布从党章中取消民主集中制之后，分裂的阴影已经潜伏在党内，在实践上已经允许党内派别存在合法化、组织化。"[2] 意共十九大通过的政治纲领说明已经进入了新党的筹备阶

---

① 吕裕阁：《意共新路线的由来和基本内容》，《当代世界社会主义问题》1990 年第 1 期。
② 史志钦：《意共的转型与意大利政治变革》，中央编译出版社，2006，第 36 页。

段，同年 10 月，奥凯托作为总书记就未来新党的名称、标志等问题发表了个人的"意向声明"。

1991 年 1 月 31 日至 2 月 3 日，意共在里米尼召开了第二十次代表大会。大会以投票方式通过决议，宣布正式改名为左翼民主党（Partito democratito Di sinistra）。就这样，一个有着 70 年光荣斗争历史，在国内国际都具有重要影响的意共，从此不复存在。

二 意大利共产党的主要理论和政策主张

意大利共产党是一个具有辉煌成就的无产阶级政党，在国际共产主义运动中也有着重要的地位。意共在 70 年的发展历史中富于理论创新，在探索意大利社会主义道路中提出和实践了许多极具价值的思想和理论。这些理论主要有萨勒诺转折战略、历史性妥协、结构改革论、欧洲共产主义思想和民主替代路线等，意共的这些思想和理论进一步丰富和发展了马克思主义，对 20 世纪的国际共产主义运动和当代世界社会主义运动的发展有着深远的影响。

（一）群众性政党理论

战后的意大利面临着极其复杂的情况，国内各个民主派别在国家政体是实行君主制还是共和制的问题上有着很大的争议。争论无休无止并陷入僵局，最终这个僵局由陶里亚蒂打破了。陶里亚蒂建议将政体争议搁置到战后，当务之急是建立一个合法的全国性政府，巩固反法西斯战争的胜利果实。为此，陶里亚蒂主张意共支持并参加巴多里奥的资产阶级政府，意共决心通过走出一条不同于苏联模式的道路来实现社会主义。意共的这个新路线得到了党内大部分党员的支持，形成了历史上著名的萨勒诺转折。萨勒诺转折主要是根据对当时意大利社会主要矛盾的全面考量，提出要团结国内一切可以团结的力量，完成反法西斯的主要任务，走合法的和平道路来实现意共的目标。

为了适应这一策略的转变，意共在组织上进行了改造和革新。陶里亚蒂决心将意共改造为群众性政党。所谓群众性政党指的是打破宗派主义和关门主义的束缚和制约，向全社会开放吸收党员，壮大无产阶级政党组织，同时无产阶级政党要深深扎根于群众，密切联系群众，充分依靠群众，大力发展群众中的先进分子入党。

群众性政党理论主要是根据意共在战后由武装斗争转向合法斗争这一新

的形势而提出的。意共过去长期处于武装斗争和地下抗争状态，因而党存在着一些关门主义倾向，党不善于扩大自己的队伍，不善于扩大同群众的联系以便展开大规模的、合法的群众斗争。即使在取得合法地位后，党仍然保留着一些在非法状态和游击战争时期所特有的官僚主义和个人专断现象，部分党员满足于老经验和旧教条，不能及时总结新经验，不能做到把马克思主义同意大利新的形势相结合。另外，意大利人民在法西斯的统治下生活了20多年，法西斯政府带给人民群众的都是谎言，他们禁止意识形态的争辩，麻痹人民的政治生活。在推翻法西斯后，意大利首要工作就是要恢复民主，让广大人民群众能够公开地自由地说话、讨论问题和参与政治。因此意共必须顺应历史潮流转变为群众性的政党，发扬群众路线，公开地进行宣传与组织活动。

1944年4月，陶里亚蒂在那不勒斯讲话中首次提出要建立新型群众性政党，他指出："我们必须成为一个大党、一个群众的党，我们要从工人阶级中吸取决定性的力量，并吸收进步知识分子及农民中最优秀的分子到党内来。"[1] 为了使意共适应从武装斗争向合法斗争转变的新形势，陶里亚蒂认为党应该具有一些之前没有的新特征，这就是群众性政党的特征。陶里亚蒂有志于将意共改造成最坚决和最明确反对法西斯主义与最接近人民群众的党。1944年9月，陶里亚蒂在罗马公开阐明了意共作为新型的工人阶级群众党的性质。"首先就其本质而论，这个新型的党是工人阶级的政党，但它已不只局限于批判和宣传，而是以自己的积极的建设性的活动参加了国家的生活，同时它应该成为意大利民族的党，即继承进步的民族传统、在我们生活和民族自由的范围内提出和解决劳动解放任务的党。"[2]

1945年12月19日至1946年1月6日，意共在罗马召开第五次全国代表大会，陶里亚蒂被选举为意共新的总书记。他在政治报告《争取建立民主进步的意大利》中指出，现阶段党的中心任务是建立民主制度，建立工人阶级统一政党。意共五大通过的党章规定："凡年满十八岁并接受意大利共产党的政治纲领的公民，不分种族、不分宗教信仰和哲学信念，均可参加意大利共产党。"[3]

为了成功实现向群众性政党的转变，意共不再区分意识形态和阶级成分

① 〔德〕沃尔夫冈·莱昂哈德：《欧洲共产主义对东西方的挑战》，人民出版社，1980，第217页。
② 倪力亚、李景治：《意大利共产党人对社会主义道路的探索》，学林出版社，1990，第94页。
③ 〔法〕热纳维埃夫·比布：《意大利政党》，上海译文出版社，1980，第30页。

吸收党员。"首先党不仅要从工人阶级中，而且还应到农民、广大知识分子、自由职业者、技术员、职员中去扩大自己的队伍，包括把拥护社会主义的天主教徒吸收入党。其次，党要接近社会各阶层人民，把自己的影响扩大到中等阶层劳动者特别是手工业者、小自耕农和职员中去。"① 遵循陶里亚蒂的建党路线，意共在组织上得到了重大的发展。意共从 1943 年只有 1.5 万党员，发展到 1945 年的 42 万，1946 年增至 177 万，1949 年更是达到了 260 万党员，意共一跃成为当时资本主义国家最大的共产党。这也充分说明，意共的萨勒诺转折战略和群众性政党理论，不仅在理论上正确，而且在实践中非常有效，是马克思主义的党建理论与意大利国情相结合的光辉典范。

（二）结构改革理论

结构改革理论是意共在 20 世纪五六十年代提出的关于意大利渐进和平进入社会主义的理论。意共认为通过对资本主义社会进行政治经济结构改革，意大利能够和平地过渡到社会主义。

在 1945 年 12 月意共五大上，"改革社会结构"这一概念被首次提出。意共支持召开立宪会议和建立意大利共和国，保证人人享有自由，根除法西斯主义。从这里我们可以看出，意共已经开始主张利用资产阶级宪法和议会，和平实现对意大利的社会主义改造。1948 年 1 月 4 日至 10 日，意共第六次代表大会在米兰举行。意共六大正式提出了结构改革论理论，并全面系统地论证和阐述了这一理论的基本内容。意共肯定了苏联社会主义模式的伟大成就和指导意义，但同时也明确表示社会主义苏联经验并不具备普遍意义，各国共产党应该立足本国的实际情况进行革命和建设。而在意大利，能够通过结构改革，在和平民主的基础上实现社会主义。

1956 年 12 月 8 日至 14 日，意共第八次代表大会在罗马举行，1058 名代表参加会议。这次会议被认为是意共探索意大利社会主义道路的转折点；意共八大要求在宪法允许的范围内进行结构改革，来实现意大利向社会主义的转变。八大认为结构改革理论的基本观点是"改革社会结构、生产结构、阶级关系和社会力量的对比，逐步扩大社会主义因素在其中的比重，最终实现社会制度的转变。革新社会结构的内容包括制定经济民主发展计划、进行土地改革和在农民中组织合作社、解决南部问题、改革保健和社会保障制

---

① 田作高：《陶里亚蒂的政治理论》，载蓝瑛主编《社会主义政治学说史（下编）》，上海人民出版社，1992，第 328 页。

度、整顿城市建设，以及实行国有化、限制垄断资本等方面。改变阶级关系和社会力量对比在于废除富有阶级的特权。扩大社会政治民主、确立工会自由和自治权利、扩大议会的主动作用和监督作用等内容"①。

1960年1月30日至2月4日，意共在罗马召开了第九次代表大会，会议有948名代表参加。意共九大在政治提纲中进一步论述了结构改革理论，"结构改革纲领就是共产党人向工人阶级、农民群众、城市中等阶层和知识分子提出的总的政治目标，这个纲领的内容是民主的，但其目的是建立一个朝社会主义方向发展的新型民主制度"②。意共认为，经过结构改革后建立的民主政府，以广泛的群众运动为基础，在体现旧保守集团的破裂和领导阶级革新的情况下，充分实现意大利宪法规定的改革，在尊重民主方法的条件下，使这些改革的全部精湛的民主和社会内容变得很明显并具体化为立宪措施，由此致力于筑起一条走向社会主义的意大利道路。

结构改革论理论包括许多方面的内容，但主要是在经济和政治方面。在政治方面，意共不主张打碎资产阶级国家机器，而是通过议会斗争和群众斗争相结合的合法途径，争取大多数群众支持，逐步改变国家内部均势和结构，使工人阶级及其同盟者强行进入国家的领导，实现工人阶级必要的领导权。"在按照宪法确定的民主原则，建立民主政府，确立民主政体。这个政府应该体现广泛的政治协议和联盟，代表大多数劳动人民和他们的政治组织，拥有广泛的人民参与，保证宪法的实施，推进国内结构改革，以摧毁大资产阶级的绝对权力，切实保证各阶层劳动人民的政治民主、经济民主和经济利益。为达到这一目标，至关重要的是建立共产党领导或推动的强有力的工人阶级和劳动群众的政治力量，取得议会斗争的胜利。"③ 同时还要和平改造国家机关组织，对其实行彻底民主化，根据司法完全自主原则改革司法制度，实行军队和警察民主化。改善公共事务的管理，加强人民同国家的联系以及人民对国家机关的监督，以此作为民主制度的保证，还要在民主国家范围内建立和发展各种自治制度。

在经济方面，意共认为实行经济改革的目的是打击垄断资本主义，以消除社会经济的不平等现象。"垄断资本是现阶段资本主义的领导力量，这是一支最有侵略性的、最反动的力量。集中火力打击大垄断资本，使它处于被告地位，使它孤立，设法采取措施限制它的权力，然后予以消灭，这是社会

---

① 《意大利共产党第八次代表大会重要文件汇编》，世界知识出版社，1957，第148页。
② 《意大利共产党第九次代表大会重要文件汇编》，世界知识出版社，1960，第152页。
③ 〔意〕陶里亚蒂：《陶里亚蒂言论集（第2卷）》，世界知识出版社，1966，第175页。

主义革命的目标和任务。"① "首先是运用国家职能进行土地改革，根据宪法中规定的一切公民有权占有土地以及普遍和永久地限制地产的原则，把土地分给耕田者，从而废除大地产所有制，实现耕者有其田。其次是进行工业改革，通过国家的干预和领导，使关键经济部门有计划、有步骤地实行国有化，从而消灭主要生产资料的垄断所有制，使工人和公众真正控制经济生活，包括工人有效地参与企业管理等。"② 此外，还要对国家生活的一切领域进行革新，包括对学校的教育方针实行改革。关于结构改革的性质和目标，意共认为，"结构改革并不是社会主义的纲领，而是民主革命的纲领"③，其直接目标是通过反对垄断资本的民主改革，建立新民主制度，以最终实现向社会主义的过渡。

结构改革理论的实质就是工人阶级在共产党的领导下，团结包括具有不同思想倾向的各民主力量，通过和平的群众斗争、群众运动方式，实现意大利宪法所规定的经济和政治改革，不断变革资本主义社会的经济、政治和社会结构，逐步争取和扩大工人阶级和其他各阶层人民的政治和经济利益，并进而实现国内各政治力量对比的根本变化，直至工人阶级和劳动群众掌握国家政权，最终确立社会主义制度。"意共的结构改革理论在西方工人运动中曾引起强烈反响，并为大多数共产党所赞同和接受。他们以结构改革思想为指导，继续进行探索适合本国特点的社会主义道路，并形成了震撼世界的欧洲共产主义思潮。陶里亚蒂被认为是欧洲共产主义新路线的开拓者。"④ 意共的结构改革理论是欧洲共产主义的重要理论依据，对意大利乃至整个国际共产主义运动都产生了重大而深远的影响。

（三）历史性妥协战略

共产党如何争取联盟，一直是意共在社会主义探索道路上无法回避的问题。意大利复杂的社会阶级结构，更要求意共必须做出选择。"如果说民主革新政策只有得到大多数人民的支持才能实现的话，那么，就不仅需要一项广泛的社会联盟政策，而且也需要一定的政治关系体系，这种关系要有助于各人民民主力量间的汇合和合作，直至实现它们之间的政治联盟。"⑤ 正

---

① 《意大利共产党第八次代表大会重要文件汇编》，世界知识出版社，1957，第185页。
② 田作高：《陶里亚蒂的政治理论》，载蓝瑛主编《社会主义政治学说史（下编）》，上海人民出版社，1992，第324页。
③ 〔意〕陶里亚蒂：《陶里亚蒂言论集（第2卷）》，世界知识出版社，1966，第210页。
④ 何宝骥：《世界社会主义思想通鉴》，人民出版社，1996，第518页。
⑤ 〔意〕贝林格：《贝林格言论选集（1973～1981）》，人民出版社，1984，第30页。

是在这个认识的基础上，1973 年 3 月，意共在第十三次代表大会上确立了共产党人、社会党人和天主教徒合作的新的政治路线。十三大指出意共已经到了民主的转折点，并认为意共参与政府的条件已经具备。"共产党人参加政府必须具备两个条件中的一个，或者是国家需要反击威胁民主的反动势力的进攻，或者是具备了允许实现有多数人积极支持的革新纲领的条件，而这两种意共参加政府的客观条件均已经具备了。"意共十三大政治报告就此宣布，意共已经把参与政府问题提上了日程。

1973 年智利发生军事政变，右翼军人推翻了马克思主义者阿连德领导的人民统一政府，这一事件更加促使了意共对联盟问题的思考。从 1973 年 9 月开始，贝林格在《再生》周刊上发表了一系列的文章，在《智利事件后对意大利问题的考虑》等文中，首次提出了历史性妥协战略。"由于我国的问题严重，由于反动派的冒险迫在眉睫，由于需要最终为国家经济发展、社会革新和民主进步打开一条可靠的出路，实现妥协——可以称之为团结和代表意大利人民大多数的各种力量之间新的伟大的'历史性妥协'，就变得越来越紧迫，越来越成熟了。"[1] 随后在 1975 年召开的意共第十四次代表大会上，历史性妥协作为党的长期战略被正式确定下来。

历史性妥协的首要内容是与天主教民主党达成谅解，结成新的联盟，组成包括意共在内的议会和政府的新多数派，其最终目的是实现意共能够参政议政和进入政府。"我们确信，意大利是一个需要巨大的社会、经济和政治变革的国家，这就是说，对结构、公共道德和社会组织来一次深刻革新。而没有各种大的社会力量（工人、从事生产的资产阶级、农民、青年群众、妇女群众）和大的政治力量（共产党人、社会党人、天主教徒、世俗力量）协同一致，就不可能开始和推进这些变革。共同肩负这一历史性责任并不是必然地要约束所有力量都得参加议会多数和政府。不同的政治协议形式、政府联盟和议会多数可以轮番地形成，只要始终共同负起责任，只要始终保持全国团结，始终为互相谅解而努力，特别是共同致力于变革国家。这就是历史性妥协。"[2]

意共之所以选择与天主教民主党妥协，是基于意大利国情和政党制度的深切考量。意大利共产党是欧洲资本主义国家中最大的共产党，它在长期的革命斗争中同其他进步力量密切合作，为实现历史性妥协创造了良好的条件。除此之外，历史性妥协在意大利也是客观条件使然。众所周知，意大利

---

① 〔意〕贝林格：《贝林格言论选集（1973~1981）》，人民出版社，1984，第 35~36 页。
② 〔意〕贝林格：《贝林格言论选集（1973~1981）》，人民出版社，1984，第 73 页。

是世界天主教的中心，它拥有人数众多的教徒和各种派别，这些派别具有明显的反资本主义和帝国主义的倾向，在这种独特的环境中，意大利共产党必须处理好同天主教民主党的关系。天主教民主党一方面同天主教组织和国家政权机构有着紧密的联系，另一方面又是一个人数众多的、社会成分复杂的、拥有雄厚群众基础的政党，这种别具一格的社会地位决定了它既同资产阶级统治集团有着千丝万缕的联系，又与广大的群众息息相关。

然而，天主教民主党并不同意意共历史性妥协战略的诚意，反而不断排斥、攻击和孤立意共，并指责意共是莫斯科的"掌上明珠"，因而这一战略以失败而告终。尽管如此，历史性妥协战略仍然对意共的发展有着积极的意义，"一方面历史性妥协是意共长期带领广大群众进行革命斗争实践经验的总结，是欧洲共产主义的重要内容之一。另一方面，历史性妥协战略给我们带来了各国政党要把马克思主义同本国实际情况相结合，具体问题具体分析的良好启示"[1]。

（四）欧洲共产主义理论

欧洲共产主义理论是意共在 20 世纪 60 年代开始孕育，70 年代中期逐步形成关于西欧发达资本主义国家走向社会主义的道路的观点和思想。这一理论最早可以追溯到 1975 年意共和西共、法共的联合声明。1975 年 6 月 20 日，意共总书记贝林格和西共总书记进行会晤，并发布了《意大利共产党和西班牙共产党联合声明》，声明中指出"意大利和西班牙共产党庄严地声明，它们在和平和自由中民主地走向社会主义的想法，不是权宜之计，而是对工人运动的全部经验和在西欧背景下的各国独特历史条件进行考虑之后产生的战略信念。这种建立在完全尊重各种力量和各种力量的完全自主之上的联合，是唯一能指明进步和自由的前途。从现在开始，就必须有一种基于人民为青年群众和他们的组织积极参与的新的政治态度和新的治理方式"[2]。贝林格在 1975 年 11 月 15 日和法共总书记马歇会晤时再次强调，必须确保各国人民有自主地决定自己的政治和社会制度的权利，反对所有的外国干涉，各党应该在恪守独立、互相尊重、互不干涉的原则下加强合作。

1976 年 6 月 3 日，意共总书记贝林格前往巴黎访问，在群众大会上他首次正式使用"欧洲共产主义"这一概念。6 月 30 日在欧洲共产党工人党

---

① 燕宏远：《当代哲学主流研究》，广西人民出版社，1994，第 346 页。
② 中共中央党校科社教研室：《欧洲共产主义资料选编》（上册），中共中央党校科研办公室，1985，第 2 页。

柏林会议上，他又重提欧洲共产主义，"十分有意义的是，西欧其他一些国家的共产党和工人党通过他们自主的探讨，在有关实现社会主义所应走的道路，以及在本国所要建设的社会主义社会的特点方面得出了同我们类似的结论。这是相同的意见与共同的特点，在我们同西班牙共产党、法国共产党和英国共产党的同志们共同发表的声明中都有所表示。人们把这些新的探讨和结论称之为'欧洲共产主义'。这个名称显然不是我们创造的，但是它如此广泛流传的事实本身，却正好说明，人们对于在西欧国家确定和实行社会主义意义的社会改造的新型解决办法的要求，是何等深广"①。贝林格指出这一理论的广泛传播恰恰反映了西欧共产党独立自主地探索社会主义新道路的强烈愿望，反映了意共对马克思主义所采取的非教条主义的态度。

1977年3月2日至3日，意共总书记贝林格与西共总书记卡里略以及法国总书记马歇在西班牙首都马德里举行会谈，三党共同发布了《西共、法国、意共三党联合声明》，声明论述了欧洲共产主义的基本主张，"三党将在各党独立自主、权利平等、互不干涉、尊重在自由选择符合各国情况的、争取和建设社会主义的独特道路的基础上，发展国际主义团结和友谊。三党设想一个和平、民主和独立、没有军事基地也没有军备竞赛的欧洲和地中海各沿岸国家和平合作的前景。为了达到这个目的，共产党、社会党和基督教力量以及各种民主力量之间虽然观点和传统各不相同，但是进行对话和寻求共同之处的全面谅解是必要的，也是可能的"②。从声明中我们可以看到欧洲共产主义的基本内容，即在民主与自由的前提下走向社会主义；主张多党制，保障人民的各项自由；各党独立自主、完全平等、互不干涉；建立一个没有国际干涉的独立欧洲。因此，这一声明也被看做是欧洲共产主义的宣言和宪章。

1979年召开的意共第十五次代表大会，更是将欧洲共产主义理论写进了意共党章，成为全党必须遵守的纲领，这也使得欧洲共产主义理论在党内具有了合法性。十五大指出："西方几个共产党通过欧洲共产主义所采取的那条路线使这种可能性更为显著。欧洲共产主义也反映出对于西欧国家劳动者的有组织运动因西欧国家的国际地位和它们的日益增长的经济国际化而面临的共同任务的一种认识。欧洲共产主义是一整套正在形成和发展的政策和理论主张，它已经为那些认识到当代世界的根本性危机并且不愿意放弃争取

---

① 〔意〕贝林格：《贝林格言论选集（1973～1981）》，人民出版社，1984，第60页。
② 中共中央党校科社教研室：《欧洲共产主义资料选编》（上册），中共中央党校科研办公室，1985，第41页。

为人类创造出一个进步命运的人们看作是个新的希望。"① 意共主张的欧洲共产主义理论并不是将欧洲看做是与其他地区的共产主义运动相对立，也不是妄图给人们指出一条普遍有效的革命方式。世界社会主义运动是多中心的，欧洲共产主义能够为社会主义在全世界的确立和发展作出独特的贡献。欧洲共产主义能够在促使西欧同发展中国家建立一种新型的而不再是殖民主义或新殖民主义的关系，并使这种关系占优势，从而为确立一个基于平等、正义、团结基础上的国际经济新秩序作出贡献。

意共的欧洲共产主义理论主张通向社会主义的道路不应只有一种固定模式，欧洲国家因其历史条件不同，革命道路也应该有所不同。西欧国家根据本国现实情况、历史文化传统和民族特点，可以走和平民主的社会主义道路，即不是采取暴力革命，而是充分利用现有的资产阶级民主制度逐步过渡到社会主义。"欧洲共产主义不是一个反对苏美的运动。它是从如下的必要性产生出来的一个运动，即：必须在每个国家采取和遵循走向社会主义的独特道路，而这条道路肯定是不同于苏联和其他社会主义国家的道路的。……这一点可以解释何以苏联报刊时常表现猜疑。同样也可以解释我们要超越资本主义制度的方案何以促使美国往往施加某些压力。"②

意共欧洲共产主义理论的形成有着深厚的历史渊源，从葛兰西时起，就强调在革命道路问题上东西方的差异性，主张因东西方国家制度的不同决定采取不同的革命策略。陶里亚蒂则主张走社会主义道路的"多中心论"，而贝林格时期的欧洲共产主义同"多中心论"比较，其内涵更加丰富，适用范围更加广阔，从意大利扩展到整个欧洲，这表明在西方发达的资本主义国家如何走社会主义道路的问题上，意共新一代领导集体眼界更加开阔、认识更加深化。

（五）民主替代路线

民主替代这个概念最早是由意共总书记贝林格提出来的，1973 年他在《再生》周刊发表《为何意共主张民主替代，而不是"左翼"代替》一文指出："如果认为左翼政党和左翼力量只要能获得百分之五十一的选票和议席（虽然事情本身会是意大利各党派之间力量对比的一大进步），就能够保证代表这个百分之五十一的政府的生存和活动，那完全是幻想。因此，我们

---

① 中共中央党校科社教研室：《欧洲共产主义资料选编》（上册），中共中央党校科研办公室，1985，第 164 页。

② 〔意〕贝林格：《贝林格在巴塞罗那同卡里略举行记者招待会上的讲话》，载《团结报》1978 年 5 月 30 日。

不说'左翼替代',而说'民主替代',这也就是具有共产主义和社会主义信念的人民力量同信仰天主教的人民力量以及具有其他民主倾向的力量合作和一致的政治前景。"① 在这里,贝林格就开始认识到了左翼替代的局限性,主张尽可能多地团结其他进步和民主力量,共同推动意大利走向繁荣稳定。

经过七年多的探索和实践,1980年意共正式提出了民主替代路线,取代历史性妥协成为意共新的战略路线。随后意共领导机构在一篇声明中表示:"天主教民主党既没有能力来领导这个国家,也没有能力来确保国家的社会道德风气的更新。在这样的形势下,意大利共产党将客观地成为构成一个国家最可靠的中坚力量,这个政府将反映出意大利民主制度的最宝贵的特点,并能团结各个党派和无党派的有能力可能办事的人士。"② 1982年4月,贝林格率团访问法国,在接受巴黎《世界报》的采访时明确阐述了民主替代路线的实质。贝林格认为,意共的新路线是要联合意大利全部的左翼力量,可能的话也将联合其他民主党派的力量,组成一个没有天主教民主党的政府。

实行民主替代路线的直接原因是1979年天主教民主党拒绝了意共与其结盟的提议,并采取与社会党结盟试图孤立意共的政策。民主替代的基本内容是意共不再向天主教民主党妥协,重新恢复反对党的角色,积极联合社会党和其他民主党派的左翼力量,争取建立以意共为主要动力的民主政权,取代以天主教民主党为主的政权。要取代天民党的权力,不仅要更换政府和政治人员,而且要更换管理方式、权力基础和统治阶级。

经过意共全党两年多的民主讨论,在1983年第十六次代表大会上民主替代被正式确认为意共新的路线。意共十六大通过了题为《关于争取变革的民主替代的建议》的政治文件,全面阐述了民主替代新路线。"实现民主代替和建立一个体现民主代替的政府的必要基础是左翼力量和其他民主力量之间的协议。但民主代替不只是政党集团或议会联合力量的总和。它意味着种种社会力量和运动的动员,种种文化潮流和民意的改变,以及政策和纲领的选择,这些选择的目的应是从今天起就对经济、社会和国家进行实质性的改革。因此,民主代替不是一个仅仅靠组成议会多数就可以实现的事情,而是一个从现在起就可以开始的进程。"③ 从中我们可以看出,民主替代路线指明了意共当前的任务和目标,这就是积极组建一个团结在统一纲领周围的

---

① 〔意〕贝林格:《贝林格言论选集(1973~1981)》,人民出版社,1984,第30页。
② 福建师范大学政教系资料室:《欧洲共产主义——第三条道路(第3集)》,内部资料,1985,第180页。
③ 《意大利共产党第十六和第十七次代表大会主要文件集》,人民出版社,1990,第76页。

民主势力，以此作为迈向替代政府的过渡性中间环节，并在国家决策的制订和重大问题上采取统一的行动，以此来与天民党抗衡。在此基础上，通过选举程序逐渐形成一个民主政党联盟，以多数票取代以天民党为核心的政治体系。

民主替代路线是意共对阶级联盟政策进行的重大调整和扩大，它特别强调工人阶级和脑力劳动者、农民阶层和新兴阶层在社会政治联盟中的重要作用。同时，要把天民党与天主教区分开来，民主替代不是用世俗力量去代替，不应导致世俗力量与天主教力量的对立。因此贝林格认为民主替代是一项对社会、国家、政治和政党进行革新的大规模的活动。

但是，在 1983 年意大利社会党总书记克拉克西出任总理后，按照天民党的意图，组织了五个政党参与的政府，并在全国各地区推广五党政府模式，削弱意共力量，排斥意共参政。克拉克西政府一再拒绝意共提出的民主替代政策，并公开声明已经与天民党结成政党联盟。意共则坚持其民主替代路线，反对社会党同天民党妥协政策，反对社会党向劳动人民转嫁经济危机的紧缩政策，意大利共产党和社会党的矛盾更加深化。

虽然意共民主替代路线，在短期内也难奏效，但意共总结经验教训，提出要在政治联盟中坚持又联合又批评的政策，以积极争取实现同社会党的联合。[①] 同时，该政策在争取西欧各国社会党、社会民主党、工党的支持，积极建立欧洲左翼联盟等方面，也产生了很大的影响。

（六）意共为实现政治经济文化和社会纲领而斗争

第二次世界大战结束后，意大利共产党和社会党、天主教民主党等反法西斯政党都获得合法地位。为了尽快使意大利建立起民主共和的合法政府，意共实行了萨勒诺转折战略，主张通过和平的方式走向社会主义。在 1945 年意共五大确定的建设群众性政党路线的指引下，意共获得很大的发展，一跃成为意大利的第二大政党。

从 1944 年到 1947 年，意共连续参加七届政府内阁，总书记陶里亚蒂先后出任政府副总理和司法部长等职务。1947 年 5 月以后，意共虽然被排挤出政府，但它仍然是意大利国内最大的反对党。因此，意共在国内各方面的政策主张及其实践，对意大利政治、经济和社会发展有着重要的影响。意共的政策主张及其实践也为资本主义各国共产党的探索提供了参考和借鉴。

---

① 见廖盖隆《社会主义百科要览》，人民日报出版社，1993，第 3260 页。

1. 政治实践活动

战后意共实行萨勒诺转折战略和建设群众性政党路线，确定了通过和平的方式实现社会主义。意共在政治上维护国家宪法，主张实现国家政治民主化。意共把国家政治民主化看成是工人阶级和劳动人民在反法西斯斗争中取得的牢固成果。意共主张在共和国宪法允许的范围内开展斗争走向社会主义。国家政治民主化在这里被意共视为最根本的价值目标，是共产党人不可改变的选择。事实上在实践中，意共一直都遵循着这条根本价值目标不断探索自己的道路。意共从1956年八大开始确立的结构改革路线，其根本目标就是在宪法范围内渐进和平地走向社会主义。结构改革路线的实质就是工人阶级在共产党的领导下，团结包括具有不同思想倾向的各民主力量，通过和平的群众斗争、群众运动方式，实现意大利宪法所规定的经济和政治改革，不断变革资本主义社会的经济、政治和社会结构，逐步争取和扩大工人阶级和其他各阶层人民的政治和经济利益，并进而实现国内各政治力量对比的根本变化，直至工人阶级和劳动群众掌握国家政权，最终确立社会主义制度。

在此基础上，意共充分肯定议会制度在国家政治生活中所具有的巨大作用和地位。同时，意共主张在多党制的基础上，积极开展政治联盟。意共的政治联盟策略比较灵活，在不同的历史时期有着不同的结盟对象。

总的来说，意共在政治主张和政治实践中，以国家政治民主化为价值基础，赞同多党制和议会制度，并在不同时期采取了不同的结盟策略。同时，意共主张完善地方自治，发扬基层民主。保证工会等社会组织的自由和资助，保障文化、科技、艺术和宗教的自由发展，维护民族权利。

2. 经济政策实践

意共作为国内的第二大党，它在经济方面的相关政策和措施对国家社会的发展有着重要的影响。

第一，意共主张在经济领域要实行民主规划。民主规划强调的是经济计划性，政府不能够完全放任市场经济的自我发展，要对经济发展进行一定的规划和监控，确保经济活动和经济发展有序进行。民主规划的根本目的是要克服资本主义固有的矛盾，通过经济的民主规划能够确保生产力的发展。意共认为，民主规划的目标是可以而且应该通过群众的政治斗争来实现的，为了实现这一规划，必须有一个民主政权，其特点是整个劳动者的参加和大多数公民的赞同。

第二，意共认为在经济成分比例方面，不应盲目地一味强调提高公营经济的比重，公营经济可以和其他经济成分并存，但要保持公营部门的引导作用。同时，意共强调在进行各种改革、规划和指导发展时，政权应该考虑到按经济进程的客观要求来规划意大利的开放市场的特点，反对垄断地位，并且特别要支持公营、私人和合作社的主动性。

第三，要对现有的公有经济进行改革。意共认为现阶段意大利面临的主要不是新的国有化问题，因为意大利的公有部分已经比任何其他资本主义国家都大。现在面临的恰恰是需要对这些公有工业部门进行彻底的改革，这些部门不能适应典型的大的垄断私有工业的行动准则，而是为适应整体的需要和新发展政策的方针。为此可以通过一系列的改革措施来改变这种情况，包括农村发展新的生产和市场结构的改革措施，城市改变工厂区使用方式的改革措施，工业改革措施，具体可以概括为把资金从消费方面转移到生产投资方面，特别需要减少非必要的个人消费，需要在公共开支方面作出难以作出的选择，改革政府收入的管理和财政制度的管理，还要改革公共行政和国家结构。这些措施是推行新发展政策必不可少的条件。在此基础上还要对国家机器的结构和作用进行一系列改变，其基本目标在于权力下放，发展区域和地方自治以及群众性的参与和监督。

第四，实行税制改革，实现公平分配。税制改革的目标是按照宪法原则实现真正的纳税公平，成功的税制改革要能够削减垄断集团的利润、阻止逃避纳税，并且还要能保证有利于公民投资的有序进行。同时，关税和对外贸易政策方针，应该按照国民经济发展的需要，尤其是按照南方地区的经济发展的需要，而不是用来为个别私有集团牟利。

从以上论述，我们可以总结出意共主要的经济政策实践包括：主张实行民主规划，不扩大公营经济成分，公营经济可以和合作部门并存，保持公营部门的引导作用，对多国公司进行干预，保障意大利的经济利益；解决南部问题，发展和改造农业，扩大国家投资，加强工业化，解决贫困和就业问题，实行税制改革，实现公平分配等。

3. 文化教育和社会福利政策实践

在文化教育政策方面，意共沿着葛兰西开辟的道路，在思想和行动上领导人民粉碎了唯心主义霸权，这影响了天主教的思想文化，使得这些思想在客观上有助于振兴意大利文化。而且，意共在领导反法西斯主义的民主解放斗争中，在构建民主政府和参与政治决策中，已经发展成了一支具有决定性意义的团结力量。这种力量在很大程度上能够改变意大利文化生活中一直以来存在的文化和民族生活脱节的现象。

在社会保障政策方面，意共认为对于意大利人民，尤其是对于农业地区、山区、南方和岛屿地区的最贫困的群众来说，社会保障制度的建立和实施是提高他们生活水平所不可或缺的措施，并且是文明和社会进步的要素。

为此意共在党的纲领中明确指出，为了克服落后状态，为了减轻人民极其严重的贫困状况，实现社会保险制度是必需的。社会保障制度应该依据宪法规定的精神，通过普遍征税的办法由国家出资来实现，以保证全体公民得到全面而有效的健康保险。社会保障政策能够在人民遇到失业、贫困、疾病、事故、分娩、家庭负担、残疾、年老时给予充分的救济。

总的来说，意共在文化教育方面主张维护文化自由，保证知识分子的尊严，注重学校教育，改革文化传播方式，制定公民教育计划等。在社会福利方面，意共主张建立和健全社会保险制度，改革全民医疗保健计划和退休金制度，实行救济制度，建立各种社会服务自愿性组织，完善职业培训体系等。

三　意大利重建共产党的发展现状与面临的困境

意大利重建共产党成立于 1991 年 2 月，它是在原意大利共产党改名为左翼民主党之时，由党内继续坚持社会主义的少数派组建起来的新党。重建共产党继承了意共的光荣传统，继续沿着社会主义的方向前进，保留了意大利社会主义运动的火种。在二十多年的发展过程中，重建共产党在世界社会主义处于低潮的严峻形势下，既能克服生存的挑战又能保持党的活力。在理论上，重建共产党在对社会主义进行反思的基础上提出了许多有价值的思想和理论。在实践中，重建共产党积极开展议会选举和参与政府，努力将党在政治、经济和社会福利等方面的政策变成具体措施和行动，影响着意大利的社会发展。目前重建共产党仍然是意大利国内第五大政治力量。它的党员人数最多曾达到过 15 万人，在议会获得过 8.6% 的选票，并曾两次参与政府，它在意大利的社会中发挥了积极的作用，并已经成为意大利甚至是西欧较有影响的左翼共产党力量。

（一）意大利重建共产党的发展现状

重建共产党从 1991 年成立到如今经历了二十多年的发展，党不断调整着自身的政策路线，完成了由反对党向参政党转变的过程。二十多年里，重建共产党召开了八次代表大会，制定了一系列的纲领和政策路线。同时，重建共产党经历了三次较大的分裂，给党的声誉和力量带来了损害。

2005 年 3 月 3 日至 6 日，重建共产党在威尼斯召开第六次代表大会。来自全国的 650 名代表参加了此次大会。大会形成了三个不同的派别，即多数派、共产党人派和托派，三个派别在是否参与政府、党的性质以及修改党章等方面均存在较大的分歧。经过激烈争论，贝尔蒂诺蒂代表的多数派最终以 143 票的优势获得胜利，决定再次与中左联盟合作参加当年举行的地方选举和 2006 年全国大选。

2005 年 10 月，贝尔蒂诺蒂与普罗迪达成共识，在中左联盟总理候选人初选中，贝尔蒂诺蒂得到 14.7% 的支持率（631592 票），位列第二名。在 2006 年的议会大选中，重建共产党分成两部分参加竞选，多数派参加中左联盟候选名单，代表党内 40.5% 党员的少数派选出 9 名候选人作为独立候选人参选，最终中左联盟大获全胜。重建共产党在参议院赢得 7.4% 的选票，在众议院获得 5.8% 的选票，并在参议院拥有 27 个席位，在众议院获得 41 个席位，实现了党参与政府的目标。贝尔蒂诺蒂当选众议院议长，保罗·费雷罗进入普罗迪政府担任社会团结部部长。[①] 5 月 7 日，贝尔蒂诺蒂辞去全国书记一职，弗朗西斯科·乔尔丹诺接任重建共产党全国书记。

重建共产党在加入普罗迪政府后，依然保持激进的左派强硬特色，在许多大政方针上对政府提出批评。例如，重建共产党依然强烈抨击政府派军队到阿富汗和黎巴嫩，并对经济政策的右倾依然强烈反对，反对帝国主义和新自由主义以及全球化。重建共产党的这种激进的政治态度必然会引起中左联盟内部其他政党的反感，它们不再把重建共产党当成可以信赖的伙伴。在 2007 年 5 月 27 日至 28 日的市政选举中，重建共产党的平均得票率从 6% 降低到 4%。2007 年 10 月，左翼民主党人党与雏菊花联盟以及其他几个中左小党合并成立民主党后，决定采用更加现实的选举策略，即只和赞同自己纲领的政党结盟，为此，重建共不得不提出"团结民主党左侧政党"的口号。2007 年 12 月重建共产党与意大利共产党人党、民主左翼、绿党组成了"彩虹左翼"，然而"彩虹左翼"在 2008 年 4 月的全国大选中惨败，重建共产党在参议院和众议院的得票率分别为 3% 和 3.2%，因未能达到法定 4% 的选票，重建共产党第一次未能进入议会，全国书记乔尔丹诺因此引咎辞职。

2008 年 7 月 24 日至 27 日，重建共产党在泰美尔市召开第七次代表大会。这次大会依然存在着两个派别的争论，一派是前政府社会团结部部长保罗·费雷罗代表的多数派，主张保持党最初的身份特征；一派是普利亚大区区长尼奇·文拉多代表的少数派，主张继续建立一个新的左翼团体，他得到了贝尔蒂诺蒂的支持。经过激烈的竞争，最终费雷罗以 142 票赞成、134 票反对和 5 票弃权的微弱优势当选第四任全国书记。费雷罗上台后采取了继续疏远中

① Communist Refoundation Party, http://en.wikipedia.org/wiki/Communist_Refoundation_Party.

左联盟的政策，重建共产党采用街头游行、广场示威的方式斗争，党的活动范围和影响力减弱。

2009 年 1 月，尼奇·文拉多及其支持者决定退出重建共产党，另组名为左派运动的新党。经历此次分裂，重建共产党的力量进一步减弱，在2009 年欧洲议会选举中，党只获得 3.4% 的选票而未能重新进入欧洲议会。此后，重建共产党的形势急转直下，党员人数急剧下降。2009 年党员人数从 7 万减少到约 5 万，2010 年，党员人数下降到约 4 万人，2011 年党员人数只剩下 37000 人，重建共产党对意大利政治生活的影响越来越弱。

（二）冷战后意大利重建共产党探索社会主义道路取得的成就

意大利重建共产党成立 20 多年来，一直根据国内外形势的变化在不断地进行政策调整。由于它始终保持无产阶级政党的身份特征和共产主义性质，使自己逐步摆脱了建党之初的被动局面，并逐步发展成为国内政治舞台上一支相对稳定的力量。总体看来，意大利重建共产党已经在群众斗争、政党政治实践以及党的建设等方面取得了一定的成就。

1. 坚持马克思主义基本理论，保留意大利社会主义运动的火种

意大利重建共产党是在原意大利共产党发生分裂之际，党内反对改变名称和性质的派别退出建立的新党。纵观 20 世纪 70 年代以来意大利共产党的衰落分裂，最终质变为信奉社会民主主义的政党，一个重要的原因就是意共逐步脱离了马克思主义的基本原则，丢掉了无产阶级政党的特征。新生的重建共产党明确地认识到这一点，在成立之初它就继续高举共产主义旗帜，坚持马克思主义基本原理，在世界社会主义运动的低潮中探索通往社会主义的道路。

在 20 多年的发展过程中，意大利重建共产党一直坚持使用共产党的称号和标志，并用马克思主义的基本理论来武装自己。意大利重建共产党认为苏东剧变仅仅是现实社会主义的失败，它只是向社会主义过渡的一种具体模式的失败。人们可以在吸取苏东剧变经验教训的基础上，继续沿着十月革命开辟的社会主义道路前进。意大利重建共产党认为，资本主义发展到今天已经失去了内在推动力，资本私有制成为了对自由的阻碍。只有共产主义才能将人类从资本主义剥削中拯救出来，才能保障全人类的自由。当今资本主义的发展现实，使马克思预言的以阶级斗争形式摧毁新帝国主义体系、超越资本主义变得可行。同时，意大利重建共产党也指出，今天所说的阶级斗争已不再是狭义的概念，革命也不应被简单理解为通过起义夺取一国的政权，也不能仅在一个国家进行，而应当是一个世界性的、长期的进程。

意大利重建共产党坚持以马克思主义的基本理论为指导，保持无产阶级政党的共产主义特性，反对意识形态的多元化，抵制住了各种错误思想的侵蚀。同时，意大利重建共产党还善于把马克思主义的普遍真理与本国实际相结合，探索和解决各种新问题。意大利重建共产党在坚持马克思主义基本理论的基础上，保留了意大利社会主义运动的火种。

2. 组织和领导群众斗争，维护劳动者的根本利益

意大利重建共产党注重保持共产党传统，积极组织和领导群众斗争，在维护劳动者根本利益方面，发挥了重要的作用。意大利重建共产党把维护劳动者的根本利益作为贯穿党的政治斗争的中心任务，把壮大劳动者联盟和在共同纲领中统一行动作为党组织群众斗争的基本目标。多年来，意大利重建共产党通过制定切实可行的群众斗争政策和策略，在维护劳动者的根本利益方面取得富有成效的成就。

意大利重建共产党主张通过公共投资环保项目、国土开发、新能源的使用、文化遗产的保护开发等领域，创造新的就业机会，并限制短期工作合同以稳定就业；强调保护下层劳动者的福利，反对简单地削减社会福利开支，主张通过改善国家财政、增加就业、调整财富再分配制度实现对福利制的改革；"必须在国家机构内外支持关于捍卫侵犯劳动岗位的劳资争议；根据实际通货膨胀情况，定期和自动调整工资、退休金；支持规范的劳动者与非规范劳动者会晤，要求在劳动关系当中注入新的内容，要求扩大劳动者章程对临时工和 15 人以下企业的权利保障；将合同的法定地位问题和联合工会代表团的作用问题重新提上日程，发挥联合工会在各种劳动场所的代表作用，投入人力资源。"[1] 主张保护公平竞争，要使劳动生产率的提高既有利于资力，也有利于劳动者；主张以人人纳税、少纳税为根本原则，改革现行税制；提高退休金标准、向失业青年发放"社会薪金"；反对各种形式的种族主义、歧视和剥削，保护外国移民的合法权益。

3. 积极参与议会选举，扩大了无产阶级政党在国家政治生活中的影响

在实行议会共和政体的意大利，任何一个政党都想把代表本阶级利益的意志上升为国家意志，将自己的纲领目标变成国家的具体政策并在贯彻中得以实现。要实现这种转变，政党必须通过议会竞选参与政府。意大利重建共产党一直都十分重视议会选举，并通过不断改变自身政策来吸引更多的选民。经过多年的发展，意大利重建共产党已经成为议会的第五大政治力量，曾先后两次参与政府。意大利重建共产党通过参与议会选举活动，扩大了自

---

① 刘洪才：《当代世界共产党党章党纲选编》，当代世界出版社，2009，第 664 页。

身在国家政治生活中的影响。

1992 年，新生的意大利重建共产党第一次参加议会竞选在众议院获得 5.6% 的选票和 35 个席位，在参议院获得 6.5% 的选票和 20 个席位。1993 年，意大利颁布了新的选举法（多数代表制），新的选举制度要求各政党必须建立起广泛的选举联盟。在 1994 年 3 月大选中，意大利重建共产党加入了左翼进步联盟，但进步联盟在竞选中输给了以贝卢斯科尼领导的力量党为首的中右联盟，意大利重建共产党在选举中获得 6% 的选票。1996 年，意大利重建共产党在选举中获得 8.6% 的支持率，并在众议院和参议院分别获得 34 个和 11 个席位，并第一次参与政府组阁。2001 年，意大利重建共产党独立参选，获得 5% 的选票。2006 年，意大利重建共产党再次加入中左联盟进行竞选，在参议院赢得 7.4% 的选票，在众议院获得 5.8% 的选票，并在参议院拥有 27 个席位，在众议院获得 41 个席位，再一次实现了党参与政府的目标。贝尔蒂诺蒂当选众议院议长，保罗·费雷罗进入普罗迪政府担任社会团结部长。

意大利重建共产党通过议会选举，不断扩大无产阶级政党在国家政治生活中的影响。在全国范围内，意大利重建共产党共建立了 2500 个党组织，通过重建垂直的层级组织网络，在全国范围内加强了党的影响力和号召力。此外，意大利重建共产党在北部大部分城市、中部和南方地区的许多大城市，如罗马、都灵等市都获得了执政地位。

4. 注重党的自我革新与开放，增强党的吸引力与凝聚力

21 世纪以来重建共产党面临着新的情况，一方面党内矛盾分歧加剧，另一方面党员人数和党的力量下降。在这种严峻的形势下，党的自我革新与开放就成为不可回避的中心问题。

2002 年，意重建共召开五大。正是在这次会上，党的自我革新与开放被当做新阶级的口号得以正式提出。意大利重建共产党认为"我们虽然在理论研究、政治路线和处理同各种运动的关系问题上，为党的重建作出了巨大努力，但党的功能仍被禁锢于僵化的传统形式中。因此，党仍然处于分裂状态……今天，当我们步入运动的新的发展阶段，当运动的性质和党的未来都处于紧急关头时，开放和革新绝对必要"[①]。意大利重建共产党自我革新与开放的目标是建设一个群众性的共产党，一个以重建共产主义理念与实践为理想的党，一个在现实和日常生活中为建立自由和公正的社会而奋斗的党，而这样的社会正是共产主义所期待能够实现的社会。

---

① 姜辉、于海青：《从温和到激进：意大利重建共产党的开放与革新》，《国外理论动态》2002 年第 10 期。

党的自我革新与开放，能够增强党的凝聚力和战斗力。"重建共产党着重加强党内民主、引进党内政治生活多元化、扩大党员参政议政权利、发挥妇女运动和青年团及其他群众运动的作用。重建共产党在党章中强调坚持马克思主义和社会主义的平等、自由、友爱的价值，允许党员公开发表和保留不同意见，在重大决策的制定过程中注意发挥党员的直接参与，并要求党的各级领导组织以通过民主讨论的方式保障党的团结。"①

（三）　意大利重建共产党现阶段面临的发展困境

意大利重建共产党在探索和实践社会主义的过程中取得成就的同时，现阶段也面临着许多困难和问题。其中，有原意共历史遗留的问题，也有当前在理论政策调整中出现的新问题。

1. 党的阶级基础弱化

"二战"结束后的几十年里，意大利的经济获得了飞速发展。意大利从战前贫穷落后的资本主义国家一跃成为世界第七大工业国。虽然经历了20世纪70年代的资本主义经济危机，但意大利的经济在20世纪90年代以后很快得到复苏，并在21世纪保持了持续增长的势头。

经济的飞速发展使得意大利的产业结构和阶级结构也发生了巨大的变化。意大利产业结构突出的变化是第三产业迅速发展，并在国民生产中占据最大的比例。第三产业的扩大伴随着从业人员激增，一方面导致共产党传统依靠的基本力量传统工人阶级队伍开始萎缩，另一方面也使工人阶级内部构成更加复杂、多层次化。产业结构和阶级结构的新变化反映到重建共产党内部表现为党员构成的多元化，冲击着党的工人阶级主体地位，同时也对党的凝聚力构成严重的冲击。在这种党员构成下，党的组织重心正从工人阶级转向中产阶级。随着这些基层组织变化导致的文化影响，工人阶级文化的衰落更大于其人数的衰落。而中产阶级的崛起，尤其是中产阶级知识分子崛起所产生的影响使党的符号、标志以及组织习惯都发生了变化。过去由工人担任的多数职务被掌握"权力语言"的知识阶层所取代。这一现实使工人阶级和普通人感到，左翼政党已不再是社会整合和交际的场所，也不再是实现个人物质需要和报酬的组织。于是，工人阶级背叛左翼政党的现象也就不足为怪了。

2. 党的身份定位不明确

自身究竟是作为"反对党"还是"参政党"？对于这个身份定位问题，

---

①　邹建军：《方向坚定策略灵活，意大利重建共产党的发展之路》，《当代世界》2001年第9期。

意重建共经历了几次反复。在成立之初，意大利重建共产党是以反对党的身份出现的。1993 年意大利选举制度的改革后，中小政党无法单靠自身的力量获得足够的选票，必须寻求政党联盟。在这种形势下，1994 年意大利重建共产党二大重新确定了党的政治斗争方向，改变了做坚定反对派的立场，提出了以参政为目标的政治纲领，实现了从反对党到参政党的转变。1996 年意大利重建共产党参与中左联盟参选并获得胜利，进一步加强了意大利重建共产党的政治地位。然而，由于在一系列国际国内问题上同中左联盟存在原则性分歧，意大利重建共产党于 1998 年毅然退出了议会多数，重新回到反对党的立场。2004 年，意大利重建共产党对中左联盟的态度发生改变，宣布重新加入中左联盟。2006 年大选，意大利重建共产党再次参与中左联盟联合竞选，并在参议院赢得 7.4% 的选票，在众议院获得 5.8% 的选票，再次实现了党参与政府的目标成为参政党，意大利重建共产党全国书记贝尔蒂诺蒂当选众议院议长。

意大利重建共产党在反对党和参政党之间徘徊，根本原因在于党的身份定位不明确。一方面，如果单纯将党定位为反对党，只注重维护党的共产主义性质，忽视当代资本主义的特殊斗争环境，也只会使党自身陷入孤立状态，从而不能取得显著的斗争成效。另一方面，如果单纯将党定位为参政党，只注重强调议会道路，就有取消党的特征，向社会民主主义方向发展的危险。走议会道路、进行议会斗争，就必须尽可能地争得选民支持，争取成为参政党以赢得在国家事务中的发言权。事实上，党的共产主义身份标志往往令其难以如愿以偿。[①] 意大利重建共产党由此陷入两难的境地，现阶段如何处理好党的身份定位是其面临的亟待解决的问题。

3. 选举策略失当，结盟对象不稳定

随着 1993 年意大利将选举制度改革为多数代表制，中小政党仅仅依靠自身的力量很难达到进入议会所要求的最低选票，因此各个政党之间组成政党联盟联合参与议会选举就成为意大利政治的常态。在这种情况下，意大利重建共产党也采取了相应的选举策略，积极寻求与其他政党进行结盟。作为无产阶级政党，意大利重建共产党也只会与左翼力量结成中左联盟，共同对抗国内的中右势力。1996 年和 2006 年的大选，意大利重建共产党先后两次加入中左联盟联合竞选取得胜利，并参与组建意大利中左联盟政府。但是由于组阁的左民党政府，"并未如其许诺的那样推行激烈的反资本主义政策，

---

① 于海青：《意大利重建共产党的理论政策调整及面临的问题》，《当代世界社会主义问题》2004 年第 1 期。

这令重建共产党大失所望，并愤然退出中左联盟政府"①，这个做法不但引起了党内高层领导人之间争论，而且也遭到了中左联盟内其他政党的指责，给意大利重建共产党的声誉和力量都造成了损害。

在随后的议会选举中，意大利重建共产党拒绝支持有左翼民主党参与的中左联盟，并制定了"重建替代性左翼"的联盟政策，尝试与其他左翼力量和运动的联合斗争。而此时的左翼民主党也不再主动联合意大利重建共产党组建中左联盟，而是在和"雏菊花联盟"以及其他几个中左小党合并成立民主党后，采用了更加现实的选举策略，即只和赞同自己纲领的政党结盟。重建共产党在议会中陷入孤立境地。2007 年 12 月重建共产党与意大利共产党人党、民主左翼、绿党组成了"彩虹左翼"，然而"彩虹左翼"在 2008 年 4 月的全国大选中惨败，意大利重建共产党在参议院和众议院的得票率分别为 3% 和 3.2%，因未能达到法定 4% 的选票，意大利重建共产党第一次未能进入议会。在 2009 年欧洲议会选举中，意大利重建共产党也只获得 3.4% 的选票同样未能重新进入欧洲议会。总的来说，现阶段意大利重建共产党需要做的，就是重新审视自己选举策略和结盟对象，避免党在议会中进一步陷入被边缘化的境地。

4. 党内意见不统一，容易发生分裂

重建共产党在 20 多年的发展过程中，已经经历了三次较大的分裂。第一次分裂是在 1995 年，由于在对待右翼迪尼政府的态度上产生分歧，以党的前全国书记加拉维尼和马格里为首的大约 400 人集体脱党，组建了联合共产党人党，后来该组织加入了左民党的中左联盟。第二次分裂是在 1998 年，重建共产党领导层在对待普罗迪政府的问题上再次产生矛盾，党的元老兼党主席科苏塔与现任全国书记贝尔蒂诺蒂公开对阵，召集约 3000 人另行建立了意大利共产党人党，在相关问题上采取支持橄榄树联盟的政策。第三次分裂是在 2009 年，党内实力派尼奇·文拉多不满现任全国书记费雷罗继续采取疏远中左联盟的政策，召集他的支持者退出意大利重建共产党，另组名为"左派运动"的新党。

党的分裂不仅造成了党员流失、力量削弱，而且极大影响了党的理论观点的确立和政策的制定。现阶段，意大利重建共产党内部仍然在一些诸如党的性质、党的基本纲领以及党的斗争策略等重大问题上存在分歧。因此，如何处理好党内分歧，维护党内的团结和统一，以免党内派别斗争威胁党的团结统一，并进而威胁到党的生存与发展，将是意大利重建共产党在新时期必须面对和考虑的问题。

---

① 于海青：《意大利重建共产党的理论政策调整及面临的问题》，《当代世界社会主义问题》2004 年第 1 期。

第十四章 巴西共产党的社会主义
理论与实践

巴西共产党简介

巴西共产党成立于 1922 年 3 月 25 日。1985 年 7 月 9 日获得合法地位。现有党员 30 多万人。至 2010 年，拥有 2 个联邦参议院席位，15 个联邦众议院席位，1 个联邦政府内阁部长（体育部长）席位。在圣保罗州等 13 个州拥有 18 个众议院席位，同时还拥有 608 个市议会席位，是拉美地区仅次于古巴共产党的第二大共产主义政党，也是拉美地区最大的非执政共产党。

在党的战略和策略上，巴西共产党坚持通过和平合法的议会斗争实现党的近期目标。党取得合法化地位后，同劳工党建立了牢固的盟友关系，并同劳工党结成竞选联盟，自 2003 年以来，连续三次赢得了大选的胜利。在党的建设上，巴西共产党提出要把党建设成为现代群众性共产党，坚持党的工人阶级政党性质，坚持民主集中制的根本原则，同时提出党要在国家现行法律范围内，按照党的章程开展活动。在探索巴西社会主义发展道路问题上，巴西共产党提出了走向社会主义的巴西式道路理论，建设巴西特色新型社会主义，并为此提出了具体的政治、经济、文化和社会变革的纲领计划。在党际关系上，巴西共产党坚持无产阶级国际主义，反对帝国主义、霸权主义和新自由主义。积极参与世界范围内的共产党和工人党之间的团结、交流与合作，巴西共产党特别注重发展同社会主义国家执政共产党的双边关系。

巴西共产党现任主席：雷纳托·拉贝罗

巴西共产党党报：《工人阶级》

巴西共产党党刊：《原则》

巴西共产党官网：www. pcdob. org. br

巴西社会主义运动是世界社会主义运动的重要组成部分。在 90 年的曲折发展历程中，巴西共产党始终坚定地捍卫马克思列宁主义，坚持无产阶级政党的基本原则，在复杂多变的政治斗争中为实现社会主义而不懈地奋斗。进入 21 世纪，巴西共产党提出了"走向社会主义的巴西式道路"理论。巴西共产党对走向社会主义的巴西式道路的探索，是在苏东剧变后世界社会主义运动发展的新的历史条件下进行的，是巴西共产党把马克思列宁主义和科学社会主义基本原理同当今时代特征和巴西具体实际相结合，独立地探索巴西特色社会主义的运动、理论和制度的体现。虽然与苏东剧变前相比，其探索的环境和条件有了很大的改善，目前这一探索仍然处于起步阶段，远未达到理论上的成熟和完备的程度，在实践中也可能会遭遇到意想不到的曲折和反复。但是只要巴西共产党继续坚定不移地坚持、捍卫和发展马克思列宁主义，坚定科学社会主义的理想信念，坚持独立思考的理论原则和灵活务实的实践精神，探索具有自身特色的社会主义革命发展道路，就一定能够推动当代巴西社会主义运动的发展，并对未来世界社会主义运动的复兴作出自己应有的贡献。

一 巴西共产党艰难曲折的发展历程

巴西共产党诞生于 1922 年 3 月 25 日，是一个具有光荣革命斗争传统的共产主义政党。从诞生之日起，它就遭到了代表国内大庄园主和大种植园主以及国内外大资产阶级利益的巴西军事独裁政府的残酷镇压。在艰难的抗争中，巴西共产党积极探索自己国家走向社会主义的发展道路。巴西共产党自身的发展变化，大致可划分为以下三个阶段。

（一）巴西共产党建党四十年的抗争与探索（1922～1961 年）

1922 年 3 月 25 日至 27 日，巴西共产党在里约热内卢召开成立大会，并于 1924 年 7 月正式加入共产国际，作为"共产国际巴西分部"。巴西共产党建立后，开始积极地组织和领导工人运动。与此同时，巴西共产党根据共产国际的指示，进行了反对军事独裁统治的民族解放运动，发动人民革命，搞武装斗争，建立人民政权。在巴西共产党努力下，共产党员当选为许多工会组织，如里约热内卢印刷工人革命联合会、纺织工人工会、水手和船工工会以及世界主义中心等的领导成员。1935 年 3 月巴西共产党同支持建立广泛民主反帝阵线的社会组织一道，建立了旨在发动起义、夺取政权的人民战线的全国性组织——民族解放联盟，普列斯特斯当选为联盟的名誉主席，巴西共产主义青年团领袖马里西奥·格拉博伊斯成为其重要领导人之一。该联盟成员一度发展到 150 万人，并在全国各地建立联盟支部 1500 个。但 1935

年 7 月 11 日遭到当局取缔。联盟的名誉主席普列斯特斯和巴西共产党随即把工作重点转入政府军，并于 1935 年 11 月 23 日在巴西东部城市的兵营发动武装暴动，甚至一度在北里约格朗德州首府纳塔尔市建立了"人民革命政府"。但因孤军奋战及其内部矛盾和分歧，起义部队遭到了政府军的残酷镇压。

1940 年代，在瓦加斯政府严酷的政治压迫下，巴西共产党内部出现了以西洛·梅雷莱斯、克里斯蒂亚诺·科尔德罗等为代表的取消主义倾向，要求党的全部地下组织自行解散，以确保反法西斯战争中的"民族统一"，无条件地支持瓦加斯政府。1943 年 8 月 27 日至 30 日，以迪奥热内斯·阿鲁达、若昂·阿马佐纳斯和马里西奥·格拉博伊斯等为代表的 13 名巴西共产党干部主持筹划的党的第二次全国代表会议在里约热内卢州的曼蒂格拉山支脉谢拉山区秘密召开，重建了党的中央领导机构，推举尚在狱中的普列斯特斯为党的总书记。格拉博伊斯当选为中央委员和中央执行委员会委员，并出任中央委员会秘书。阿马佐纳斯当选为中央委员，并于 1946 年 12 月当选为党的中央执行委员，成为党的重要领导人之一。曼蒂格拉全国代表会议提出了建立巴西无产阶级群众性革命政党的口号，强调利用合法工会组织来加强同群众联系的特别重要性，并统一了全国各地方党组织的活动，将取消主义分子驱逐出党。

曼蒂格拉全国代表会议后，巴西共产党迎来了极为短暂的合法斗争时期，并随之参加了大选。1945 年 12 月 2 日巴西共产党在议会选举和总统选举中取得了重大的胜利。它提名的总统候选人获得了 597000 张选票，约占参加选举人数的 10%。共产党共有包括阿马佐纳斯在内的 14 名候选人被选入众议院，普列斯特斯当选为参议员，巴西共产党由此一跃成为联邦议会第四大党。在 1947 年 1 月 19 日举行的地方选举中，巴西共产党共获得 80 万张选票，比 1945 年增加 25 万张。在各州议会中，共产党共取得 62 个席位。但这一切使杜特拉政府感到恐惧。1947 年 1 月 19 日选举结果被宣布无效，4 月 15 日，杜特拉政府宣布取缔共产主义青年联盟，5 月 7 日颁布法令，宣布共产党非法。在这种情况下，巴西共产党不得不改变工会运动的策略。1952 年巴西共产党中央七月全会通过的《关于工人阶级的统一与组织性》决议提出党必须在官办工会组织的普通会员中开展工作，并提出了加强工人运动的统一性的原则："每个工业部门只能有一个工会组织，每个工业部门只能有一个全国性联合会，全国只能有一个参加世界工会联合会的统一工会中心。①"

---

① Nova Abordagem（PCdoB），18 set. 1959（em anexo）.

（二）巴西共产党的分裂与重建（1962～1990 年）

1956 年苏共二十大对巴西共产党的思想路线方针产生了重大影响，直接导致了巴西共产主义运动的分裂，经过共产党人坚忍顽强的斗争，巴西共产党才得以重建。1958 年 3 月召开的巴西共产党中央全会，制定了新的政策方针，讨论通过了《巴西共产党的政策宣言》①，这标志着巴西共产党在社会主义革命的战略和策略上的重大转变。1960 年 9 月 8 日至 9 日在里约热内卢召开的巴西共产党第五次全国代表大会，是巴西共产党发展历程中的一次非常重要的会议。它不仅确认了 1958 年 3 月《政策宣言》所提出的各项政策方针，而且还对中央委员会进行了重大改组，经过激烈的党内争论，最后通过了以苏共二十大为基础的《关于国内外形势和巴西革命问题》的政治决议，制定了新的政治路线。② 新的政治路线是在反对所谓的"教条主义"、"宗派主义"和修正主义的基础上制定的。但这遭到了以阿马佐纳斯为代表的激进派的坚决反对，他们认为这是改良主义和右倾机会主义的路线。巴西共产党"五大"除了制定新的政治路线，还讨论了争取党的完全合法化地位问题，正式宣布放弃武装革命和暴力斗争，走和平革命的道路。党在思想和组织上的混乱状态最终形成了以党的总书记普列斯特斯为代表的"温和派"同以马里西奥·格拉博伊斯和若昂·阿马佐纳斯为代表的"激进派"尖锐对立的局面。

1957 年 8 月，巴西共产党中央政治局书记阿马佐纳斯被排挤出中央执行委员会，紧接着 1960 年 8 月又被排挤出中央委员会。在 1960 年党的五大上，12 名中央委员被开除出去。在 1961 年召开的巴西共产党中央九月全会上，为贯彻党的五大提出的各项政策方针，争取党的合法化地位，普列斯特斯等人正式宣布放弃巴西共产党的名称，改称"巴西的共产党"。巴西的共产党批判了党内所谓的"宗派主义"活动，并以"斯大林主义的派别活动分子"为名，把以阿马佐纳斯、格拉博伊斯和波尔马为代表的激进派开除出党。与此同时，1962 年 2 月 18 日，阿马佐纳斯等人在圣保罗召开巴西共产党第五次"全国特别代表会议"，宣布重建"巴西共产党"，并通过了《纲领宣言》，继续坚持暴力革命和无产阶级专政，选出了新的中央领导成员马里西奥·格拉博伊斯、若昂·阿马佐纳斯、吉杜·伊奈斯和曼努埃尔·

---

① 见《英勇斗争中的拉丁美洲各国共产党》，世界知识出版社，1961，第 28～52 页。
② 苏联科学院历史研究所编著《巴西史纲》（下册），辽宁人民出版社，1975，第 763～764 页。

费雷拉，阿马佐纳斯当选为党的总书记。

到苏东剧变前，巴西共产党和巴西的共产党经历了截然相反的命运和发展过程。重建后的巴西共产党先后经历了从武装斗争和暴力革命到和平、合法的议会斗争，这标志着巴西共产党革命斗争战略和策略的重大转变。而在这一转变过程中，党的力量不仅没有因此削弱，反而逐步发展壮大，这不仅得益于20世纪80年代巴西国内的民主化进程，更重要的是巴西共产党在思想上坚持和捍卫马克思列宁主义，在组织上实行严格的民主集中制，形成了以若昂·阿马佐纳斯为首的坚强领导集体，使党能够经受住苏东剧变的严峻考验而不断地向前发展。反观巴西的共产党，在长期激烈而残酷的党内派别斗争中，从来没有形成一个稳定的、有感召力的领导集团和领导核心，普列斯特斯在党内始终没有成为公认的领袖。与此同时，党的领导集团对马克思主义没有全面系统的理解，对其精神实质更是浅尝辄止，其思想路线及其政治立场和政治信念经常摇摆不定，在很大程度上受到共产国际和苏共的思想理论的影响，没有独立制定革命斗争的战略与策略的能力和魄力，加之苏东剧变前后巴西的共产党内部严重的思想分歧和组织斗争，在20世纪80年代以来拉美及巴西民主化浪潮的推动下，巴西的共产党走上了一条与巴西共产党完全不同的发展轨迹和发展道路，最终分化、瓦解。① 其教训是惨痛而深刻的。

（三）苏东剧变后巴西共产党的新发展和新探索（1991年至今）

巴西共产党在苏东剧变后对党的发展和巴西社会主义发展道路问题进行

---

① 1991年5月30日至6月2日，巴西的共产党在巴西利亚召开党的第九次全国代表大会。在党内，以里约热内卢大学原校长奥拉西奥·马塞多为首的"正统派"，以党主席萨洛芒·马利纳、副主席罗贝托·弗莱雷为首的"自由派"以及以多明戈·托德罗为首的"中间派"，围绕要不要坚持马克思列宁主义和无产阶级专政等问题展开了激烈争论，最终达成妥协，由众议院党团领袖弗莱雷出任党主席。1991年苏联"8·19事件"发生后，党主席弗莱雷公开宣称"社会主义模式及其建设者已经死亡"，为了实现"巴西的共产党的现代化"，现在"已经到了更换党名和党旗的时候了"。1992年1月25日，巴西的共产党召开党的第十次代表大会，决定放弃马列主义和社会主义，从党旗上去掉镰刀斧头的标志，并解散巴西的共产党，成立"民主左派党"，不久更名为"社会主义人民党"。弗莱雷宣称社会主义人民党是"工党和社会民主党的混合物"，并正式宣布放弃马列主义和无产阶级专政，建设"民主社会主义"。而以奥拉西奥·马塞多为首的"正统派"和以多明戈·托德罗为首的"中间派"宣布退党，并表示要努力重建一个新的"巴西的共产党"。1993年3月23日，马塞多等人召开重新召开第十次代表大会，宣布重建巴西的共产党。但是新党的力量和影响极为有限，日益地被边缘化。

了新的探索，并取得了新的成就。巴西共产党在以阿马佐纳斯为首的党中央领导下，在思想理论上坚持和捍卫马克思列宁主义，在政治实践中重新审视巴西国内现实，奉行灵活务实的方针，使党获得了长足的发展。党员人数由1990 年的 9 万人增至 2001 年的 32 万人，其中骨干党员约 2.5 万人，在全国27 个州的 1703 个市建立了基层组织。至 2010 年，巴西共产党获得了 2 个参议院席位，15 个众议院席位，1 个政府部长职位，取得了巴西政治民主化进程以来的最好成绩。巴西共产党之所以能在苏东剧变后取得新的发展，主要得益于以阿马佐纳斯为首的巴西共产党中央采取了一系列适应新的斗争形势的加强党的建设举措。这主要包括：在党的性质上，巴西共产党继续坚持无产阶级政党的基本原则，致力于建设马克思列宁主义的现代群众性共产党；在党的指导思想上，巴西共产党强调指出，党是以马克思恩格斯创立的、列宁和其他无产阶级革命家发展了的革命理论——科学社会主义理论为指导的。巴西共产党特别强调要克服"教条化的马克思主义"，要把马克思列宁主义普遍真理同时代发展和巴西具体实际相结合，不断创造性地发展马克思主义；在党的领导体制上，巴西共产党取消了党内最高领导职务终身制，实现了领导人的平稳、有序过渡；在党的组织建设上，巴西共产党强调民主集中制是党的组织结构和党内生活的根本原则。

在马克思列宁主义的科学精神指导下，巴西共产党对 20 世纪世界社会主义革命和建设的经验教训、党的建设的经验教训以及国际共产主义运动的基本原则等问题进行了深刻反思，从而使党对巴西社会主义发展道路的探索走上了马克思列宁主义的科学轨道。巴西共产党认为，总结苏东国家社会主义建设的经验教训可以得出如下结论：一是过渡的唯一模式——苏联模式是不能被接受的，过渡的方式必须要考虑到每　个国家和民族的历史特点和经济文化发展水平这一客观实际。二是这一过渡时期将是一个极其漫长的过程，不可能是短暂的；尽管社会主义意味着快速发展的节奏，但激进的共产主义是违背辩证法的，是强行冒进、一意孤行，因而是错误的。三是"过渡必须以现有的实际为依托，寻找一条使发展生产力和社会进步的链条都能运转起来的环节"。四是过渡时期是一个漫长的阶级斗争的过程，并表现出自己独有的特征，因而不能将其混同于"和平道路"、"阶级调和"。但是，"阶级之间的斗争，从其历史意义来讲，也将广泛借助于各种方式和工具"。

在关于如何根据巴西的特点来建设社会主义的问题上，巴西共产党认为，现阶段巴西正处于向社会主义过渡的预备性阶段。巴西可能会出现向共产主义过渡的三个阶段：一是从资本主义向社会主义过渡的预备性阶段，二是全面社会化阶段，三是全面建设社会主义并逐步向共产主义过渡阶段。^①与此相适应，党在当前及今后一个时期的主要任务及其斗争策略就是：一要最大限度地联合和团结各种民主的进步的社会政治力量，建立起反对新自由主义进攻的人民抵抗运动；二要争取实现民族、民主重组，加快制定新的国家发展计划；三要开辟战胜新自由主义的道路，推动先进的、改革的潮流的发展，逐步积蓄革命的力量，争取阶段性目标的实现，逐步朝"向社会主义过渡的计划"靠拢。

二　巴西共产党积极探索走向社会主义的巴西式道路

巴西共产党从巴西的社会历史条件出发，对巴西的社会性质和主要矛盾、现阶段革命的性质和主要任务、阶级力量和革命策略、向社会主义过渡的预备性阶段的基本纲领和变革计划等问题进行了深入探讨，积极探索巴西走向社会主义发展道路，确定"建设具有巴西特色的新型社会主义"的战略目标。

（一）走向社会主义的巴西式道路理论产生的社会历史条件

巴西共产党探索走向社会主义的巴西式道路，是巴西文明合乎逻辑的历史发展，是超越新自由主义发展模式以及解决其对巴西社会发展所造成的扭曲的现实需要，体现了和平与发展的时代背景下世界社会主义运动的总体态势及其发展趋势。

第一，从巴西文明发展的历史进程来看，自 1822 年巴西独立以来，国家的建设和发展经历了三个不同的阶段，即国家独立和民族解放的时期；"国家发展主义"与新自由主义所造成的国家衰退的时期；应对和解决由新自由主义模式所造成的经济社会结构性危机的时期。巴西共产党认为，无论是由瓦加斯革命所开启的民族工业化道路，还是新自由主义发展模式，都不能从根本上解决巴西的发展问题。这是由于依附性的民族工业化发展道路，不仅无法使民族资本得到真正的发展，而且还要受制于以美国为首的国际垄断资本，因而走一条独立的自主的工业化发展道路，开辟一条不同于新自由主义发展模式的巴西式道路，是应对和解决新自由主义发展模式所造成的经

---

① Partido Comunista do Brasil （PCdoB）, Programma Socialista：Construindo o Futuro do Brasil, Cf. Construindo o Futuro do Brasil：Documentos da 8a Conferência Nacional do PCdoB （coletanea de textos）. São Paulo：Anita Garibaldi, 1995, p. 34.

济社会发展危机的根本出路。巴西共产党强调，在新自由主义模式的主导下，巴西的经济社会发展已经走到了"一个历史性的十字路口（uma encruzilhada histórica）"——要么沿着巴西文明发展进程的轨迹继续向前推进国家建设，要么就继续受制于国内外金融垄断资本势力的摆布，听任经济社会发展走向衰退的境地。巴西共产党认为，只有开辟通往社会主义的道路，才能实现国家真正的独立和主权以及完全的民主化和社会进步。[①]

第二，从巴西经济政治发展状况来看，在长期的新自由主义模式主导下，巴西经济社会发展处于一种极度的不平衡状态之中。在新自由主义极度盛行的时期，巴西经济在一定程度上得到了快速的发展，但是也产生了诸多结构性的矛盾和问题。其中，最为突出的就是巴西在这一时期的发展中逐渐地形成了特有的二元经济结构，巴西除了具有发展中国家所普遍存在着的工业部门和农业部门之间的二元结构外，还具有独特的农业二元、地区二元和城市二元等特征。[②] 在造成这种独特的二元经济结构的各种影响因素中，除了落后的农村土地制度、过度放任自由的城市化政策和自然条件以及社会保障制度不完善以外，更为重要的因素就是巴西所采取的进口替代工业化战略。因而必须切实推进土地改革进程，实现土地的公平分配；加大对落后地区的开发力度，实现地区发展的平衡；同时还要完善社会保障体系，真正实现所有人都应享有社会保障这一基本的宪法权利。

在政治上，巴西政治民主化进程为实现经济社会变革提供了有利的政治条件。20世纪七八十年代的第三波世界民主化浪潮对巴西的政治民主化进程产生了重要影响。借助于"第三波"世界民主化浪潮，巴西开始了深入持久的政治民主化进程，以劳工党为代表的左翼政治力量登上了政治舞台。而巴西共产党则着眼于国内经济政治形势的新变化，调整了党的战略和策略，与劳工党结盟，参加大选，其政治社会地位发生了历史性的变化，从而为探索走向社会主义的巴西式道路提供了一个良好的政治平台。

第三，从外部环境来看，和平与发展的外部环境为巴西共产党探索走向社会主义的巴西式道路提供了难得的历史机遇。在和平与发展的时代背景下，在巴西政治民主化和政党政治日益成熟的条件下，巴西共产党不仅获得了比苏东剧变前更好的生存和发展环境，而且借助于参政党的政治地位，可

---

① Partido Comunista do Brasil（PCdoB），Programma Socialista para o Brasil: O Fortalecimento da Nação é o Caminho, o Socialismo é o Rumo! Cf. Novo-Programa Socialista e Estatuto do PCdoB. São Paulo: Anita Garibaldi, 2009, p.9.

② 参见何中正《巴西二元经济结构的特征、演进及政策评价》，《拉丁美洲研究》2010年第1期，第44~49页。

以更好地宣传和推动实施自己所提出的经济社会变革的各项政策方针。

第四，从巴西共产党自身条件来看，它已经发展成为一个比较成熟的马克思主义政党。在党的指导思想及其性质上，巴西共产党继续坚定不移地捍卫马克思列宁主义，坚持由马克思和恩格斯所创立的、由列宁和其他马克思主义革命家所发展的科学革命理论为指导，并结合巴西具体实际，加以创造性地运用和发展。在党的性质上，巴西共产党强调，党是巴西工人阶级和全体劳动者的政党，是劳动人民和国家利益的忠实代表，是无产阶级有觉悟的先锋队的政治组织。在新的历史条件下，必须把党建设成为一个现代群众性革命政党，即一个具有社会主义的、爱国的和反对帝国主义的性质特点的组织，一个在权利、自由和团结等价值观激励下承担着面向 21 世纪战斗责任和改革行动的组织，一个具有无产阶级的、人道主义的和民主的伦理和道德的组织。[①]

在巴西社会主义革命的手段和方式上，巴西共产党根据当今世界发展的形势以及世界社会主义革命运动的发展状况，并着眼于巴西国内现实，放弃了武装斗争和暴力革命的革命道路，积极进行争取民主和社会主义的斗争。与此同时，巴西共产党认为要按照无产阶级国际主义的精神，支持各国人民为争取民族和社会解放、国家主权与世界和平的反对帝国主义的斗争。

在党的组织和运行体制上，巴西共产党在苏东剧变后并没有简单地全盘否定民主集中制这一马克思主义政党的根本的政治和组织原则。而是认为必须在坚持民主集中制的前提下，积极扩大党内民主，把民主视为"党内生活的根本财富"。特别是在当前复杂的国内外政治斗争形势下，民主集中制对于加强和巩固巴西共产党的组织团结和政治行动的统一，并加强《巴西社会主义纲领》的斗争，具有极其重要的作用。

在巴西社会主义革命的发展道路上，苏东剧变后，巴西共产党坚持独立思考和灵活务实的马克思主义的科学精神，果断地抛弃了过去那种以外国党的成功经验为样板的教条式的革命发展道路，而且认为社会主义革命的发展道路不仅可以而且也应该多样化。巴西社会主义革命运动作为整个世界社会主义革命运动的一个重要组成部分，当然要汲取和借鉴其他国家的成功的有益的经验，但是决不能机械地照抄，而是要结合巴西现实，对巴西社会主义革命运动的基本问题进行创造性的探索，走具有巴西特色的社会主义革命发展道路，从而最终实现党的十二大所提出的"建设具有巴西特色的新型社会主义"的战略目标。

---

① 刘洪才主编《当代世界共产党党章党纲选编》，当代世界出版社，2009，第748页。

（二）　走向社会主义的巴西式道路理论的主要内容

第一，巴西社会的性质及其主要矛盾。

巴西共产党指出，在长期的新自由主义发展模式主导下，巴西是一个处于国际资本主义再生产模式（经济增长缓慢、失业率上升和不断发生金融危机）中的依附于国际金融垄断资本的国家。[①] 巴西共产党对巴西社会性质的这一判断，实际上包含了两个方面的内容：一是巴西现在已经是一个资本主义国家；二是巴西是一个依附于国际金融垄断资本的国家，巴西在国际金融垄断资本所主导的世界经济秩序中处于一种不平等的依附性的国际劳动分工地位。作为一个依附于国际金融垄断资本的国家，巴西虽然不是帝国主义的殖民地或半殖民地，但也不是完全独立的。它在经济上和政治上很大程度还受制于国际金融垄断资本，也就是说它在经济上和政治上还不是完全独立的，这严重地影响了巴西社会的发展和进步。

巴西共产党认为，现阶段巴西社会主义革命运动所面临的首要矛盾就是巴西人民谋求国家主权和经济独立的诉求同国际金融垄断资本——帝国主义的进攻之间的矛盾。在国内，则是巴西人民追求民主、进步和社会正义的要求同国内金融垄断资本、大土地所有者以及大众媒体垄断者之间的矛盾。巴西共产党对巴西社会的性质及其主要矛盾的认识和分析，为探索走向社会主义的巴西式道路奠定了重要的前提和基础。

第二，巴西现阶段革命的性质及其任务。

巴西共产党认为，现阶段巴西革命正处于"一个从资本主义向社会主义过渡的预备性阶段"（a da transição preliminar do capitalismo ao socialismo）[②]。向社会主义过渡的"预备性阶段"这一科学定位，实际上是对现阶段巴西社会革命的性质的判断，即现阶段既不是直接地向社会主义过渡的时期，更不是进行完全的社会主义革命的时期，而是处于为向社会主义过渡进行准备的阶段。也就是说，它属于资产阶级民主（民族）革命的范畴。现阶段巴西革命的主要任务，就是要以反对新自由主义为平台，通过一

---

① Partido Comunista do Brasil （PCdoB）, Project of Political Resolution to the Central Committee in the occasion of the 11th Congress of PCdoB: a renovated party, a sovereign and democratic Brazil, a socialist future, Cf. 11o Congresso do PCdoB-Documentos e Resoluções. São Paulo: Anita Garibaldi, 2005, pp. 33 – 34.

② Partido Comunista do Brasil （PCdoB）, Programma Socialista: Construindo o Futuro do Brasil, Cf. Construindo o Futuro do Brasil: Documentos da 8a Conferência Nacional do PCdoB （coletanea de textos）. São Paulo: Anita Garibaldi, 1995, p. 34.

系列经济、政治、文化和社会变革，在由新自由主义发展模式所造成的经济社会发展困境中，逐步积累变革社会的物质力量，改变自20世纪90年代科洛尔政府开始的、最终在卡多佐两届政府任期内形成的新自由主义发展模式，建立一个新的可持续的发展模式，从而在民主革命和社会主义革命之间架起一座现实的桥梁。这是实现民主革命进而走向社会主义的必由之路。

第三，巴西现阶段革命的阶级力量配置。

在革命的主要动力和依靠力量上，巴西共产党根据现阶段巴西社会的性质及其主要矛盾，以及革命的性质和任务，认为现阶段巴西革命的主要动力是工人阶级、劳动农民和进步知识分子，而包括农村和城市中的中产阶级、中小企业主以及青年人和妇女在内的一切致力于和平、民主和社会正义的力量，则是革命可以依靠和团结的力量。[1]

在革命的对象问题上，巴西共产党认为，大土地所有者、国内外大垄断资本是革命的主要对象。自1822年巴西独立以来，土地问题始终没有得到根本的解决。大种植园主和大庄园主垄断了超过一半的土地，因而导致了"无地农民运动"的兴起，并且在争取土地的过程中多次爆发大规模的流血冲突，对巴西政治和社会稳定带来了不利因素。[2] 金融垄断资产阶级把持了国家经济的命脉，造成了社会贫富差距越来越大，埋下了爆发社会危机的因子。而那些代表着新自由主义势力的处于垄断地位的大众媒体对传播新自由主义思想和意识形态起到了推波助澜的消极作用。

---

[1] Partido Comunista do Brasil (PCdoB), Programma Socialista para o Brasil: O Fortalecimento da Nação é o Caminho, o Socialismo é o Rumo! Cf. Novo-Programa Socialista e Estatuto do PCdoB. São Paulo: Anita Garibaldi, 2009, pp. 7 - 8.

[2] 无地农民运动是巴西最大的为争取土地而斗争的农民运动。巴西土地占有两极分化严重，尽管政府为缓解土地的高度集中状况进行过不懈的努力，土地集中仍在加剧。土地的基尼系数达到了0.78。据巴西地理统计局1995～1996年统计，占有1000公顷土地以上的大庄园主仅占地产户数的1%，而其所拥有的土地却占全国土地面积的45.1%（1970年仅占39.5%）；1995年占地在10公顷以下的农户数占农户总数的49.5%，而其仅占有全国土地面积的2.3%。自1970年代以来，无地农民开始为拥有土地而斗争，强占大庄园主和大地产主的土地，并要求政府实行土地改革，各州农民相继组织起相应的无地农民组织，到1984年出现了全国性的无地农民运动，为土改和反对大庄园主而斗争。1985年无地农民运动第一次全国代表大会确定了以强占土地作为其主要的斗争方式，成为巴西主要的社会运动的群众性组织。到1998年为止，巴西政府已经安置了41.66万户无地农民家庭，但是对1200万无地农民来说，政府的努力只是杯水车薪，无地农民的斗争从未停止过。2000年4月和9月，无地农民运动组织了两次冲击政府机关的事件。1980～2000年间，共有1520人在无地农民与大庄园主的冲突中死亡，其中仅帕拉亚州农民死亡人数就高达406人。无地农民运动已经逐步由一种社会运动转变为政治组织。——参见《列国志·巴西》，第164～165页。

第四，巴西现阶段革命的策略。

一是建立政党联盟。在巴西现行的政党政治格局中，任何一个政党都无法取得单独执政的地位。因而在左翼政党力量不断发展壮大的条件下，制定正确的政党联盟策略，对于像巴西共产党这样的中小政党来说尤其重要。自2003 年劳工党领袖卢拉首次当选总统以来，左翼政党在巴西政治和社会生活中的地位得到了空前的加强，而巴西共产党也已经连续三次同劳工党等其他左翼政党结成联盟，参加大选，相继赢得了选举的胜利，并参加左翼联合政府。

二是和平的合法的斗争方式。巴西共产党根据苏东剧变后国内外政治形势的发展变化，放弃了长期以来党所坚持的暴力革命和武装斗争是唯一的革命道路的理论以及一党专政的观点，认为阶级斗争的形式不仅可以而且也应该多样化，而无产阶级专政也不是一个人或一个集团的专政。社会主义革命运动的最终目的是实现无产阶级统治和领导下的人民民主。巴西共产党认为，在当前世界社会主义革命运动处于低潮和防御性的历史时期，"对于革命力量来说，阶级斗争的和平方式居于主要地位"①，因而党必须积极地积蓄新的力量，为实现其战略目标而努力。1980 年代以来巴西深入持久的政治民主化进程不仅为巴西共产党进行合法的议会斗争提供了现实的可能性，而且由于以劳工党为代表的左翼力量在政治民主化进程中异军突起，巴西共产党随之转变斗争方式，积极支持劳工党并同其结成联盟，参加总统选举和议会选举，由此确立了"在国家现行法律范围内开展活动"的基本方针。

（三）向社会主义过渡的预备性阶段的基本纲领和变革计划

在向社会主义过渡的预备性阶段，巴西共产党提出了党在政治、经济和文化等领域的基本纲领及其相应的变革计划。

第一，向社会主义过渡的预备性阶段的政治、经济和文化纲领。

在政治上，建立新的"人民民主共和国"（República de democracia popular）。巴西共产党指出，在向社会主义过渡的预备性阶段，党所面临的首要的政治任务就是争取政治权力的斗争。这是一个"根本性的问题"，也是在整个过渡的预备性阶段，党制定一切政治行动路线的出发点。巴西共产党认为，在一个新的人民民主共和国里，人民将会居于社会的主体地位，同

① Partido Comunista do Brasil（PCdoB），Project of Political Resolution to the Central Committee in the occasion of the 11th Congress of PCdoB：a renovated party，a sovereign and democratic Brazil，a socialist future，Cf. 11o Congresso do PCdoB-Documentos e Resoluções. São Paulo：Anita Garibaldi，2005，p. 69.

时实现了民主法治（legalidade democrática）和自由，人民获得了广泛的政治自由权利。只有这样的国家才能为向社会主义过渡提供政治上的先决条件，从而进入预备性的建设社会主义的阶段。

在经济上，逐步建立以生产资料社会所有制（formas de propriedade social dos meios de produção）为导向的混合经济体制。巴西共产党认为，社会主义是一个长期发展的过程，必须建立在发达的资本主义社会基础之上。市场只有经过在社会主义社会的充分发展之后，才能实现从社会主义向共产主义的历史性过渡。① 巴西共产党强调，在向新社会过渡的进程中，某些资本主义的生产方式及其原则将会被保留下来，因而社会主义社会所要建立的经济体制必然是一种多种所有制形式并存的混合经济体制②，其中包括了国有经济、公有制经济、私有经济、混合经济以及不同类型的企业组织形式如合作制。当然也容许国家资本主义形式（formas de capitalismo de Estado）的经济成分的存在以及处在新的政治权力（人民民主国家政权）监管之下的市场的存在。巴西共产党指出，社会主义社会的发展在所有制问题上不能仅仅止于混合经济，主要生产资料的社会所有制应该逐步地占据主导地位。

在文化上，推动发展多元化多样化的巴西民族文化。巴西共产党指出，巴西民族拥有自己独特的文化以及富有创造性的、充满活力的、开放包容的民族文明形态。③ 其中包括了美洲印第安文明、非洲文明以及葡萄牙文明。巴西民族和巴西文明就是土著印第安人、非洲裔黑人和葡萄牙人在长期的生产生活中，经过逐步的融合而形成的。巴西共产党提出，建设巴西特色社会主义，必须反对种族主义文化，"捍卫巴西文化"（defesa da cultura brasileira），坚持和发展多样性的巴西文化，增强巴西人民的文化自主性和文化创造力。

第二，向社会主义过渡的预备性阶段的变革计划。

1. 广泛的民主的政治改革：确保民主的多元化的政党体制，加强政党政治，扩大政治自由。实行新的具有代表性的政治选举政策，利用公共资金支持和保障政党的选举活动。建立参与式民主和直接民主而不仅仅是代议制

---

① José Renato Rabelo, Socialism Reloaded: Lessons from the Past for the Future, Political Affairs, Jan. 2008.

② Partido Comunista do Brasil (PCdoB), Programma Socialista para o Brasil: O Fortalecimento da Nação é o Caminho, o Socialismo é o Rumo! Cf. Novo-Programa Socialista e Estatuto do PCdoB. São Paulo: Anita Garibaldi, 2009, p. 8.

③ Partido Comunista do Brasil (PCdoB), Programma Socialista para o Brasil: O Fortalecimento da Nação é o Caminho, o Socialismo é o Rumo! Cf. Novo-Programa Socialista e Estatuto do PCdoB. São Paulo: Anita Garibaldi, 2009, p. 1.

民主。

2. 大众新闻传媒的改革：这是一项具有战略意义的改革。要反对垄断性的新闻媒体，修改私人新闻媒体的准入标准，建立社会控制机制。加强公共新闻媒体建设，促进新闻广播多样化，鼓励数字传媒发展并建立新的监管机制。推动实现大众新闻传媒的民主化，实现文化生产的多样性和独立性，保护国内文化产业，抵御外国文化入侵。

3. 教育改革：加强"国家教育体系"（Sistema Nacional de Educação）建设，把发展免费的公立教育置于优先地位。确保教育质量，实现教育的世俗化，给予每个学生享有公立教育资源的机会。加强对私立教育机构的公共控制，发展职业教育，普及基础教育，消除文盲。提升公立高等教育的战略地位，实现高等教育的民主化。增加国家对教育的投资。

4. 进步的税收改革：对投机者和食利主义者征收特别税。要通过税收调节来缩小地区差距和社会不平等，取消那些社会统治阶层的经济社会特权。

5. 土地改革：消灭非生产性的大土地所有者，土地要以家庭所有制的形式在合作制的基础上进行分配。加强对农业的信贷和技术支持，实行最低保护价，设立农业保险，提高农民的生活质量。实现农业生产的现代化和土地所有权的社会所有。抑制外国人对土地的买卖，反对对土地的强取豪夺和大庄园主及外国人对土地的垄断。

6. 城市改革：国家要实行民主的城市改革计划，并在宪法和法律上予以保障。要使人民享有应有的权利和服务——高质量的住房同时辅之以必要的基础设施、公共卫生体系、公共交通网、公共安全保障以及文化、体育和休闲设施。

7. 加强"统一医疗卫生体系"建设：把减轻人民的经济负担和痛苦放在医疗卫生工作的首位，对医疗卫生体系进行大规模的投资，建立现代的、民主的、高效的公共医疗卫生管理体制。制定私人医疗卫生服务机构的标准和界限。实现医疗卫生体系服务的人性化。

8. 加强和扩大社会保障制度的覆盖面：国家要确保人民享有社会保障和社会救济的权利，使社会保障制度惠及包括临时工（他们现在被排除在社会保障体系之外）在内的所有劳动者，提高退休者的养老金。加强"统一社会救助体系"（Sistema único de Assistência Social，SUAS）建设，要使每个人在工作和生活中都享有普遍的基本的社会保护这一宪法权利。

9. 加强公共安全：实行新的公共安全政策以保障公民基本的生活安全，建立联邦、州、市三级一体化的"统一公共安全体系"（Sistema único de Segurança Pública）。采取行动抑制暴力犯罪，打击有组织犯罪和毒品交易。

三　巴西共产党争取民主和社会主义的斗争实践

巴西共产党自 1985 年 7 月 9 日获得完全合法地位后，积极进行争取民主和社会主义的斗争，以加强国家主权，实现完全民主化和推动社会进步。在这一斗争中巴西共产党不断加强与群众组织的关系，积极参与和领导群众性的社会运动，不断扩大自己的社会基础。

（一）巴西共产党积极参与和领导群众性社会运动

在争取民主和社会主义的斗争中，巴西共产党特别强调要在战略上"同城市和农村地区有组织的社会运动以及最贫穷的社会阶层建立一种全面的、不断增强的联系"[1]，以便在广泛的社会支持下，不断地获得政治权力，坚定向社会主义过渡的目标。

第一，领导工会、青年和妇女组织为争取自身利益和权利而斗争。

巴西共产党十分重视巴西的工会运动。巴西共产党中央委员会设立了工会秘书处，专门负责党的工会工作。巴西共产党在巴西最具社会影响力的工会组织——劳动者统一中心（CUT）里起主要领导作用，该中心下设有3100 个分会，代表巴西 2200 万劳动者[2]，巴西共产党中央委员华格纳·戈麦斯担任该中心的副主席和全国委员会委员。

在同妇女运动的关系上，巴西共产党把反对歧视妇女的斗争置于党的活动和内部生活的优先地位。巴西共产党中央委员会设立了群众与社会秘书处，专门负责党的妇女工作和其他社会组织的工作。巴西共产党中央委员会还定期召开"关于妇女问题的全国会议"。巴西共产党设立了"全国常设论坛"（Fórum Nacional Permanente），将其作为制订妇女解放政策和跟踪党的各种政策的执行情况的平台。巴西共产党也是巴西妇女联盟（União Brasileira de Mulheres，UBM）的主要领导力量。

在同青年运动的关系上，巴西共产党积极支持青年争取自身利益和权利的斗争。巴西共产党中央委员会设立了青年秘书处，专门负责党与青年和学生的工作。巴西共产党在社会主义青年联盟、巴西大学生联合会和巴西中学生联合会中起主要领导作用，三个联合会的主席均为巴西共产党人，有八位

---

[1]　José Renato Rabelo，"Socialism Reloaded：Lessons from the Past for the Future"，Political Affairs，Jan. 2008.

[2]　吕银春、周俊南编著《列国志·巴西》，社会科学文献出版社，2004，第 166 页。

巴西共产党人担任三个组织的副主席。

在反对种族压迫的斗争中，巴西共产党将反对种族主义作为党的社会和民族解放斗争纲领的重要组成部分，提出共产党人要站在阶级斗争的立场上，对种族压迫进行马克思主义的分析，支持并参与黑人运动及其组织，制定反对偏见和歧视的政策，推动权利平等。巴西共产党在黑人和印第安人组织中也具有一定的影响力，并同"无地农民运动"保持着友好的关系。

第二，加强同进步的知识分子阶层和其他新社会阶层的联系。

巴西共产党认为，为了使党适应新的政治经济环境和新的政治斗争任务，必须要有意识地扩大党的社会群众基础，并将其作为党的一项重要的指导性方针，尤其要在工人阶级和进步知识分子中进行这项工作，同时要积极吸收其他新的社会成员。党必须成为当今时代先进思想的代表者，而这种思想在本质上又是同知识分子阶层和产业工人阶级中的先进分子的思想相一致的。巴西共产党指出："国家的进步知识分子阶层在社会改革进程中，在提高劳动者和巴西人民的觉悟水平，在国家的社会经济、文化、科学和技术发展进程中，在争取国家主权的斗争中，都起着突出的作用。共产党人与其一起行动，目的在于发展马克思主义，并加强《巴西社会主义纲领》的斗争。"① 因而，巴西共产党对"党是无产阶级的先锋队"提出了新的认识，认为先进生产力部门的工人阶级是工人阶级中最富有战斗力的部分，提出党要在巴西进步的知识分子中开展工作，并注意吸收知识分子和中产阶层中的个别优秀分子入党，以扩大党的社会群众基础，增强党的战斗力，以便有效地开展社会运动，最大限度地汇聚和团结新的社会力量，为向社会主义过渡提供坚实的社会基础。

（二）巴西共产党在国际范围内进行的争取民主和社会主义的斗争

在国际金融危机背景下，巴西共产党加入到各种形式的反对帝国主义和新殖民主义以及新自由主义全球化的群众斗争中去，提出了在国际范围内进行争取民主和社会主义斗争的主要目标：② 反对帝国主义战争，实现和平；反对美帝国主义的霸权主义和单边主义，消除核武器以及帝国主义的军事基

---

① 刘洪才主编《当代世界共产党党章党纲选编》，当代世界出版社，2009，第763页。

② Partido Comunista do Brasil （PCdoB），Project of Political Resolution to the Central Committee in the occasion of the 11th Congress of PCdoB: a renovated party, a sovereign and democratic Brazil, a socialist future, Cf. 11o Congresso do PCdoB-Documentos e Resoluções. São Paulo: Anita Garibaldi, 2005, pp. 32 - 33.

地；维护民族主权和独立，建立一个旨在促进发展、民主、社会进步和环境保护的世界经济政治新秩序；支持拉美一体化进程，反对《美洲自由贸易协定》；反对新自由主义政策，维护工人和广大劳动人民的权利；维护人民的自决权以及世界工人阶级和劳动人民的民族的社会自由权利；支持巴勒斯坦人民的民族斗争，支持社会主义古巴和委内瑞拉的玻利瓦尔革命；实现进步的反帝国主义力量的联合，壮大世界各国共产党的力量；实现工人阶级和劳动人民的民族解放事业。

为了实现上述目标，巴西共产党积极参与和支持世界范围内反对战争和维护和平以及争取民主和社会主义的各种形式的活动。2008 年 11 月巴西共产党同来自世界各国的 65 个共产党和工人党在圣保罗举行大型集会，表达了对拉美人民所进行的民族民主斗争的支持，并在古巴革命胜利 50 周年之际表达了对美国长期以来对古巴所实行的封锁政策的强烈谴责，捍卫古巴社会主义成果。在北约成立 60 周年之际反对其在世界各地所进行的帝国主义性质的军事行动。巴西共产党还强烈反对以反对恐怖主义为名而对其他国家和民族反动侵略战争，反对美国对拉美左翼政府，尤其是委内瑞拉玻利瓦尔革命的敌视态度。巴西共产党还积极参与"圣保罗论坛"和"世界社会论坛"的全部进程，并通过论坛，发出了反对帝国主义战争和新自由主义全球化的声音，在"另一个社会主义的世界是可能的"口号下，同世界民主的进步的力量一道，进行争取民主和社会主义的斗争。

（三）巴西共产党作为参政党的活动

巴西共产党在 2002 年、2006 年及 2010 年大选中，坚决贯彻党的政党联盟策略，同以劳工党为首的左翼政党联盟一道，积极投身于选举活动，相继建立了"人民力量联盟"和"为了巴西延续改变联盟"等各种形式的"人民民主阵线"，并同代表新自由主义势力的巴西社会民主党、资产阶级垄断媒体、保守的天主教势力以及外国垄断资本进行了激烈而紧张的选举斗争。

第一，巴西共产党在大选中的策略。

2002 年大选是巴西政治发展进程中的一个重要的历史时机，总结历次巴西大选的经验教训，左翼政党只有实现联合参选，方可获胜。因此，巴西共产党明确地提出要联合一切可以联合的力量，以反对新自由主义的共同纲领为基础，组成最广泛的反对新自由主义的人民民主阵线，争取成立一个重建民族民主的新政府，并呼吁各左翼反对党加强团结，求同存异，共同击败执政联盟的总统候选人。巴西共产党提出要实现左翼进步力量联合参选的主张，最终得到了包括劳工党、社会主义党和民主工党等在内的左翼政党的积极响应和支持。

2006 年大选与 2002 年大选的一个显著的不同之处在于, 2002 年大选是左翼进步力量为争取执政地位, 进而开辟一条不同于新自由主义发展道路的决定性的斗争, 而 2006 年大选则是在以劳工党为首的执政联盟处于执政地位的条件下, 为延续其政治地位, 巩固左翼进步政治力量, 继续推进民族民主的国家发展计划而进行的一场艰难复杂的政治斗争。面对 2006 年大选的严峻的选举形势和复杂的选举斗争, 巴西共产党全力地坚定地支持卢拉再次当选, 以进一步加强和巩固国家主权、民主和实现劳动者尊严的斗争。巴西共产党提出了党在大选中的行动纲领①。巴西共产党认为, 要最终取得大选胜利, 就必须使民主的、人民大众的、爱国的进步社会力量对保守力量保持警惕并以饱满的精神行动起来, 建立 "人民力量联盟" (*Força do Povo*) 而不是采取逃避、中立和 "例行公事" 的态度; 致力于推动社会变革的进步力量在大选的关键时刻, 要把抑制新自由主义逆流的斗争放在一个首要的优先地位, 从而抓住推动社会变革的历史性机会; 要捍卫国家主权、民主和人民权利, 就必须组成广泛的政治联盟并取得社会的支持, 孤立右翼势力, 巩固左翼力量; 要通过选举广告、电视辩论和群众集会及游行等形式, 提高人民力量联盟的行动能力。巴西共产党强调指出, 在选举的最后阶段, 党要放开手脚, 抛弃一切冷淡的沮丧的情绪, 展现出党作为 "真正的社会斗士" 的全部战斗力。为此, 党要采取直接的具体的行动, 动员党的各级委员会, 并凝聚起那些致力于民主、主权和社会正义的进步力量, 加强党在每个城市的存在, 在街道上布置红色标语、旗帜、宣传牌, 在主要的中心城市组织群众集会, 以推动选举进程。

2010 年巴西大选受到了国内外的广泛关注, 这不仅是因为后金融危机时期新选出的政府能否延续卢拉政府的一系列旨在改善民生、消除贫困、推进社会公平的稳健的经济社会政策, 而且由于巴西已经由资本主义世界的 "外围国家" 成为地区及国际事务的 "积极参与者", 并发挥着越来越重要的不可替代的建设性作用。因而, 执政联盟推举的劳工党总统候选人迪尔玛·罗塞夫和反对党推举的社会民主党总统候选人若泽·塞拉之间展开了激烈的竞争。罗塞夫最终以 56.05% 的得票率胜出, 当选为巴西第三十六任总统, 同时也成为巴西历史上首位女性总统, 这进一步巩固了左翼的政治地

① Partido Comunista do Brasil (PCdoB), Re-electing Lula and Progressive Governors in Order to Further the Struggle for National Sovereignty, Democracy and Labor Valorization, http: // mltoday. com, 2006 - 10 - 05.

位。巴西共产党强调指出,罗塞夫的当选是自 1970~1980 年代巴西政治民主化以来,巴西人民在争取民主、自由和社会正义的斗争中所取得的又一个"历史性的重大胜利",具有"特殊的重要性",因为这不仅关系到以劳工党为首的左翼进步力量在巴西的政治地位和政治前途问题,而且关系到卢拉政府开启的新的国家重建计划能否延续下去。以劳工党为首的执政联盟在竞选过程中,一直得到了人民大众的、爱国的、进步的左翼力量的大力支持,从而显示了巴西人民的力量以及左翼进步力量面对一切挑战的决心和勇气,开创了左翼进步力量在巴西政党政治斗争中的一个新的历史起点。

第二,巴西共产党在左翼联合政府中的原则立场。

巴西共产党反复申明,要建设性地和批判性地支持和参与联合政府,并发挥其在制定和实施民主的国家发展计划中的不可或缺的作用。作为联合政府的一员,巴西共产党必须在政府内外保持同那些真正致力于制定和捍卫一个旨在取代新自由主义议程的新发展计划的政党,尤其是左派政党以及社会组织和社会运动建立一种更加紧密的关系,并为此提出了"一个最低限度的直接纲领"①,其主要内容包括:"独立自主地、广泛地融入世界","广泛的政治自由","稳定的劳动价值"(Valorization of Labor),"以稳定、持久和可持续的高速增长为目标的自主的宏观经济政策"以及"以发展为导向的经济政策"。

与此同时,巴西共产党强调要保持党的性质和独立性。巴西共产党同以劳工党为首的左翼政党结成联盟,参加大选,并成为左翼联合政府的参政党,并不表明巴西共产党已经社会民主党化。巴西共产党与社会民主党仍有着根本的原则性区别。这主要表现为,社会民主党主张指导思想多元化,而巴西共产党仍然坚持和捍卫马克思列宁主义和无产阶级国际主义,不搞指导思想的多元化;社会民主党只要求改良资本主义,而巴西共产党则主张通过和平民主的方式走向社会主义;社会民主党主张建立混合经济,而巴西共产党则明确地提出要建立以生产资料社会所有制为导向的混合经济体制;社会民主党并不要求从根本上改变资本主义的国家政治结构,而巴西共产党则提出要建立以"人民民主共和国"为导向的人民民主政权;社会民主党已经演变为专门从事议会斗争的议会党,而巴西共产党只是把议会斗争作为党的政治斗争的形式之一,议会斗争的目的不仅是为了发展和壮大党的力量,而

---

① Partido Comunista do Brasil (PCdoB), Project of Political Resolution to the Central Committee in the occasion of the 11th Congress of PCdoB: a renovated party, a sovereign and democratic Brazil, a socialist future, Cf. 11o Congresso do PCdoB-Documentos e Resoluções. São Paulo: Anita Garibaldi, 2005, pp. 67 – 69.

且也是推动实施新国家发展计划的手段之一。因而从根本上说，巴西共产党仍然是领导工人阶级和广大劳动人民为实现科学社会主义而奋斗的现代群众性马克思主义政党。

（四）巴西共产党支持并积极参与拉美一体化进程

巴西共产党认为，争取民主和社会主义的斗争与实现"拉美一体化"是紧密相关的。拉美一体化是拉美发展进程中的"一场深刻的政治变革"，这是因为拉美一体化是以反对帝国主义和新自由主义的资本主义为导向的，其最终目标就是要逐步实现"向社会主义的过渡"①。巴西共产党认为，以1998年委内瑞拉查韦斯上台执政为标志，拉美大陆民族的、民主的和人民大众的进步力量迅速崛起，深刻地改变了拉美大陆的政治生态，使得拉美一体化具有了社会主义的向度。进入1990年代，在拉美一体化进程中，除了继续强调要加强拉美和加勒比国家之间的经济合作以外，一个明显的政治上的转向就是提出了以争取社会主义为目标从而推进一体化的进程。巴西共产党指出，拉美一体化的实质就是通过建立一种新的、独立的、独特的地区一体化模式，从而使其能够成为一支摆脱新自由主义和帝国主义剥削和控制的独立的地缘政治和经济力量。因而在一种民族的、民主的和人民大众的意义上，拉美一体化的范围越广泛、程度越深刻，拉美就越能够接近实现走向一个新社会的目标。②

与此同时，巴西共产党积极支持左翼联合政府的以自由贸易为主、以南方共同市场为基础的一体化发展模式。巴西共产党特别强调要发挥南方共同市场和南美洲国家联盟在推进拉美一体化进程中的战略性作用③，巴西应该在这一进程中起到一种决定性的战略领导作用，同拉美国家建立一种紧密的伙伴关系，并加强同它们的团结与合作，同时要同社会主义古巴建立一种兄弟般的关系（巴西是古巴的第一大贸易伙伴）④。

拉美一体化的内在本质决定了其与巴西共产党现阶段所进行的争取民主

---

① José Renato Rabelo，Brazil and Latin America：the Challenges Faced by the Struggle for Socialism in 21st Century，http：//www. vermelho. org. br/blogs/blogdorenato/articles – in – english/.

② 王建礼：《第十次世界共产党和工人党国际会议论当前世界资本主义金融和经济危机》，《国外理论动态》2009年第2期。

③ Partido Comunista do Brasil（PCdoB），Programma Socialista para o Brasil：O Fortalecimento da Nação é o Caminho, o Socialismo é o Rumo！Cf. Novo-Programa Socialista e Estatuto do PCdoB. São Paulo：Anita Garibaldi，2009，p. 13.

④ José Renato Rabelo，Brazil and Latin America：the Challenges Faced by the Struggle for Socialism in 21st Century，http：//www. vermelho. org. br/blogs/blogdorenato/articles – in – english/.

和社会主义的斗争是相一致的。巴西共产党指出，拉美大陆兄弟般的一体化计划只有在各个国家和整个大陆范围内"作为争取社会主义的斗争的一个基本组成部分的情况下才能完全实现"。因而对那些致力于推进拉美一体化进程的左翼力量来说，在当前帝国主义和右翼势力的反动进攻的形势下，巴西共产党要承担起反对帝国主义的威胁和压迫以及捍卫国家主权的使命，就必须"继续坚持走一条团结的、自由的和社会主义的拉美的道路"①。

（五）大力加强党的建设

巴西共产党认为，为加强和巩固争取民主和社会主义的斗争，必须在思想、组织和干部队伍建设等方面，全面加强党的建设，把党建设成为一个适应新的政治形势和应对新的政治任务的马克思列宁主义的政党。

一是加强党的思想理论建设，充分发挥马里西奥·格拉博伊斯学院在党的马克思主义理论学习和教育中的作用。巴西共产党重视加强对党员的思想教育和政治学习，要求党的所有成员都应结合巴西的政治、经济、社会、文化及环境等现实问题，学习马克思列宁主义，注重在党员和群众中宣传社会主义思想和党的政策方针。尤其是 2008 年国际经济和金融危机爆发后，巴西共产党通过各种形式，如召开理论研讨会、组织党员学习马克思主义经典著作以及召开中央委员会会议等，用马克思主义的原理、立场和观点对国际经济和金融危机的本质、表现及其后果进行全面深入的理论探讨，指出了新自由主义经济社会政策的必然社会后果及其历史局限性，阐述了社会主义替代方案的可能性和现实性，并积极宣传党在现阶段的一系列经济社会变革主张。巴西共产党注意办好党的通讯媒体如党报《工人阶级报》（A Classe Operária）、党刊《原则》（Princípios）以及电台和党的官方网站，把它们作为传播信息，政治指导，宣传党的理论、政策、方针和社会主义思想的工具。

在巴西共产党的马克思主义理论学习和教育活动中，巴西共产党特别重视发挥马里西奥·格拉博伊斯学院（Institute Maurício Grabois）的作用。马里西奥·格拉博伊斯学院成立于 1995 年 9 月 19 日，是一个理论、科学和文化性质的协会，由巴西共产党党员以及学术、文化和知识界的党外人士，即赞同党的主张并准备与巴西共产党合作的人士所组成。学院是巴西共产党从事政治和理论等研究活动的协作机构。巴西共产党提出，要把马里西奥·格

---

① Ricardo Abreu Alemão, Intervenção no 16o Encontro do Foro de São Paulo, http：//www.pcdob. org. br，2010 – 09 – 03.

拉博伊斯学院作为进行党的政治思想理论教育的重要阵地，作为共产党员参与思想斗争以及与马克思主义者和进步知识界进行对话和联系的工具。马里西奥·格拉博伊斯学院在 2008 年国际经济和金融危机爆发后，成为巴西共产党进行马克思主义理论宣传和教育的主渠道，深入探讨马克思主义在当代的发展并用马克思主义的立场和观点对危机进行了全面分析。2009 年 11 月党的十二大召开前，马里西奥·格拉博伊斯学院组织党员对党的十二大所要讨论审议的文件如《巴西社会主义纲领》和《当代共产党人的干部政策》等，进行了深入而且具体的讨论，对制定党在现阶段的路线、政策、方针，发挥了不可替代的推动和促进作用。马里西奥·格拉博伊斯学院对巴西共产党进行政治、经济、文化、社会、技术和环境保护等领域的学习、研究以及对巴西和国际现实进行分析提供了有力的支撑，同时学院还承担起了研究和宣传巴西人民、工人运动和巴西共产党的历史的任务。

二是加强党的组织建设，坚持和捍卫民主集中制，以巩固党的团结、统一。巴西共产党指出，为适应新的政治斗争现实，必须在组织上把党建设成为一个组织结构更加合理、群众基础更加深厚和社会代表性更加广泛的有战斗力的、团结统一的马克思列宁主义革命政党，以实现党的政治行动的统一。巴西共产党认为，在向社会主义过渡的预备性阶段，党必须以一种更加务实的辩证的态度来看待党在组织建设上存在的各种问题，深刻地认识加强党的团结、统一的重要性。巴西共产党指出，在劳工运动处于相对的防御态势以及政党政治运作日益制度化的情况之下，党内的功利主义倾向有所抬头。在巴西左右分立的政治格局中，功利主义者极有可能会倒向机会主义一边，那些曾经富有战斗精神的党员在思想理论上逐渐地同党的战略目标相背离，对党的生活逐渐地淡漠，追求个人私利，甚至加入到能为个人带来好处的其他组织中去。因此，要克服这种错误倾向就必须重新确立马克思主义的思想价值观——全心全意为人民服务和公共财产神圣不可侵犯以及在党的组织建设中强化党的革命性特征（revolutionary identity），同时要把批评与自我批评的方法这个马克思列宁主义党的建设中的一个基本理念作为巴西共产党人手中的一件重要武器。巴西共产党特别强调指出，为适应群众性社会运动的需要，党必须克服基层组织在动员和组织群众运动中软弱无力的、单一的、官僚主义的运行机制。

三是加强党的干部队伍建设，建设一个适应新的政治形势和应对新的政治任务的现代马克思主义的革命政党。苏东剧变以来，特别是 2003 年以劳工党为首的左翼政党联盟上台执政以来，加强党的干部队伍建设问题就成了巴西共产党政治议事日程中的一项重要课题。为此，2005 年 11 月巴西共产党第十一次全国代表大会审议通过的《政治决议》和修改通过的《巴西共产党章程》提出了新形势下制定党的干部政策的紧迫性，并对制定党的干部政策的具体要求和在培养党的干部的过程中应注意的问题进行了初步探讨。2009 年巴西共产党第十二次全国代表大会专门制定、审议并通过了加强党的干部队伍建设的指导性文件——《当代共产党人的干部政策》，明确提出了新时期党的干部政策要在保持党的工人阶级性质以及巩固和发展党的理论基础——科学社会主义的同时，为党所进行的争取政治权力的斗争和实现党纲所提出的各项变革任务提供坚强有力的组织和骨干领导力量。

在党的干部队伍建设的指导方针上，巴西共产党指出，作为一个马克思主义的革命政党，民主集中制是巴西共产党的政治组织原则和组织模式的总的指导性方针。这是在当今时代和巴西人民斗争发展的新形势下，仍然有效的唯一的党的组织模式，因而坚持、捍卫和发展民主集中制原则是党的组织建设中的一个根本任务。

在党的干部队伍建设的总目标上，巴西共产党提出，在当前资本主义发展和阶级斗争日益加剧的时刻，在巴西国内日益激烈的对政治权力和意识形态领导权的争夺中，为进行社会变革，推动实施新国家发展计划，必须把党建设成为一个富有战斗力的、团结统一的、具有政治影响力并致力于选举政治的，在政治、社会及思想领域进行积极的斗争，为实现党的纲领和目标而争取政治权力的马克思主义的现代群众性共产党。

在党的干部队伍建设的优先方向上，巴西共产党提出，要认真地大胆地在全国范围内发现、培养一大批党的新一代干部，提高其马克思主义理论水平以及运用马克思主义理论来分析当代世界和巴西现实的能力，并且使其能够在坚持和捍卫党的战略目标及社会主义前景的前提下，吸取党内富有经验的资深干部及党员的智慧，对现实生活中的是非曲直作出马克思主义的分析和判断。以此同时，要提高广大的党的中层和基层干部的组织纪律性并发挥其作用，这是保证党的组织体系及组织生活正常运作的先决条件；还要在政治、社会及思想领域的斗争中加强党的干部同青年人、妇女和劳动者之间的直接的联系，加快从劳动者、青年人、妇女和知识分子中发展、选拔更多的党的干部，这是保证党的政治和意识形态具有持久的活力的根本方法。

四 面向未来的巴西共产党：成就、经验与挑战

苏东剧变以来，巴西共产党不仅没有因为苏东剧变而出现思想上的混乱和组织上的分裂，反而得到了较快的发展，并且在这一发展过程中取得了极

其宝贵的经验。但与此同时，巴西共产党在未来发展中也面临着难以回避的现实挑战。

（一）苏东剧变后巴西共产党所取得的成就

苏东剧变后巴西共产党在争取民主和社会主义的斗争中所取得的发展成就主要体现在以下两个方面：

一是巴西共产党自身的发展及其在国内外影响力的提升。苏东剧变以来，巴西共产党在党的建设上取得了长足的发展，这主要表现为党员人数大幅度地增加。从1997年九大以来，巴西共产党党员人数以年均15%的速度递增，至2001年，四年累计增长75%，2001年达到32万人，并保持着稳定增长的势头。其中骨干党员约2.5万人，党的基层组织遍布全国1000多个城市。在整个拉丁美洲除古巴共产党外，非执政共产党党员人数40多万，而巴西共产党占了80%。在国内，巴西共产党积极参与、组织和领导群众性社会运动，而且还建立了自己的群众性组织和团体。作为一个马克思主义的现代群众性共产党，在二十多年的合法斗争中，巴西共产党重视对工人、学生、妇女等群众性组织的领导，已经成为了统一工会、大学生联合会、中学生联合会和巴西妇联等群众组织的主要领导力量。在国际上，特别是在当前的世界社会主义运动中，巴西共产党已经成为一支推动世界社会主义发展与振兴的积极力量。巴西共产党在世界社会主义运动中的地位和力量上升的一个重要标志，就是于2008年11月21日至23日主持召开了第十次世界共产党和工人党国际会议。会议本身即是对巴西共产党自身的力量及其在当前世界社会主义运动中的地位和影响力的肯定。

二是巴西共产党的政治地位的变化。巴西共产党在巴西国内政治地位的变化，不仅体现在它已经从一个处于非法地位的政党转变为一个处于完全合法地位的政党，而且还体现在它已经在巴西的政治民主化进程中成为了一个参与左翼联合政府运作的参政党。巴西共产党人不仅进入了左翼联合政府，担任行政职务，而且在议会选举中也取得了较之苏东剧变前更为可喜的成绩。自2003年左翼政党联盟首次取得执政地位以来，先后有两位巴西共产党人（阿格内罗·克罗斯和奥兰多·席尔瓦）担任卢拉政府和罗塞夫政府的体育部长。哈罗尔多·利马和阿尔多·雷贝洛曾分别担任卢拉政府的巴西国家石油管理局主席和政府协调部部长。自1986年巴西共产党参加联邦议会选举以来，不论是在参议院选举中，还是在众议院选举中，巴西共产党所获得的席位数和得票数以及得票率，都呈现出一种稳中有升的趋势。截止到2010年联邦议会选举，巴西共产党共赢得2个参议院席位和15个众议院席位。特别是在 2005 年 9 月至 2007 年 2 月，雷贝洛还出任了联邦众议院代议长。

（二）巴西共产党不断发展壮大的经验

经过 90 年的发展，巴西共产党在探索走向社会主义的巴西式道路上取得了很大的成就，积累了不少宝贵的经验。这对于巴西共产党今后的发展乃至对整个世界社会主义运动的发展都有着深刻的启迪作用。

一是以科学的态度对待马克思主义。马克思主义是不断发展的理论，不同历史时期的马克思主义，具有不同的时代的特点。巴西共产党主席拉贝罗在谈到新的历史条件下的革命理论时指出："在不同的历史时期，革命的理论是不尽相同的。每一个理论都体现了它所产生的那个时代的特点，并且由于它是革命的理论与实践的系统化的表现形式，因而能够对特定时代的革命运动起指导作用。一般来说，马克思那个时代的革命理论同列宁那个时代的革命理论是不尽相同的；而在当前中国、越南和古巴的社会主义实践中，它又获得了新的形式。"[①] 苏东剧变后，巴西共产党坚持独立思考的马克思主义的科学精神，正确看待当前国际共产主义运动的态势，认为苏东剧变只是一种共产主义模式的失败，而不是共产主义运动本身的失败；不是马克思列宁主义的失败，而是因为背离了马克思列宁主义的基本原则。20 世纪 90 年代由苏东剧变所引发的世界社会主义运动发展的危机，使放弃马克思主义的信仰和指导思想及其失败主义的情绪弥漫于整个世界社会主义运动中，马克思主义因而被看做 是"一种过时的主义"、"一种无用的主义"。巴西共产党对此强调指出，之所以产生这种失败主义情绪，其根源就在于人们没有认识到"马克思主义具有深刻的批判性和反教条主义的科学本质，它是在历史进程中不断地得到丰富和发展的理论"[②]。马克思主义永远是年轻的、不朽的，不能因为社会主义运动的暂时挫折而否定马克思主义的科学性和有效性。马克思主义非但不能被丢弃，而且在当今时代，如果革命的工人阶级及其先锋队政党要想用革命手段来推翻资本主义，建立一个自由、丰裕、进步和正义的世界，那么马克思主义将会为此提供行动指南。

二是加强党的制度化和年轻化建设，增强党的生机活力和创造能力。在加强党的领导体制的制度化建设方面，2001 年 12 月 9 日至 12 日巴西共

---

① José Renato Rabelo, Socialism Reloaded: Lessons from the Past for the Future, Political Affairs, Jan. 2008.

② José Reinaldo Carvalho, Long Live Marx! http://www.vermelho.org.br, 2003 - 06 - 26.

产党在里约热内卢举行了第十次全国代表大会。大会的一个重要议程就是
对党的领导班子进行重大调整，实现新老两代领导人的平稳交接。大会接
受了担任党中央主席职务近 40 年之久的若昂·阿马佐纳斯的辞职请求，
选举原副主席、党内理论家雷纳托·拉贝罗为党的新主席。同时，作为名
誉主席，阿马佐纳斯继续留在中央委员会、全国政治委员会和书记处工
作。大会强调新的中央领导班子坚持民主集中制原则，并相应地增设了三
名副主席，以加强集体领导。巴西共产党从制度上取消了党内最高领导职
务实际存在的终身制，明确规定任何党员担任党内某一领导职务的任期不
得超过 18 年。在加强党的队伍的年轻化建设方面，2009 年 11 月 5 日至 8
日，巴西共产党在圣保罗召开了第十二次全国代表大会，对中央领导班子
进行了新的调整，选出了新一届中央委员会和全国政治委员会。大会再次
选举党的著名理论家雷纳托·拉贝罗（Renato Rabelo）为党的全国委员会
主席，拉贝罗表示这是他连续第三次当选党的全国委员会主席，也是最后
一次担任这一职务，到 2013 年党的十三大时他将卸任党主席，改由其他
同志担任。大会选举伯南布哥州奥林达市前市长、巴西共产党伯南布哥州
委员会科学和技术委员、43 岁的卢西安娜·桑托斯（Luciana Santos）为党
的副主席。同时大会还选举出了由 105 人组成的中央委员会（原中央委员
会由 81 人组成）和由 26 人组成的全国政治委员会（原全国政治委员会由
23 人组成），其中新当选的中央委员中有 10 人年龄不到 30 岁，而且妇女
代表占 30% 以上。

　　三是坚持和发展马克思主义的民主集中制。民主集中制是马克思主义政
党的建党原则和组织原则，也是马克思主义政党的本质的重要体现。巴西共
产党作为一个具有长期的革命斗争传统和丰富的革命斗争经验的马克思主义
政党，注重总结马克思主义政党建设的经验教训，在组织和领导社会主义革
命运动的过程中特别重视加强党的组织建设，并逐步地建立了一套以民主集
中制为核心的比较严密的组织体系和比较完善的运行机制。巴西共产党通过
实行民主与集中相统一的民主集中制原则，达到全党政治行动的团结一致，
增强党的政治和思想凝聚力。巴西共产党强调指出："民主是党内生活的根
本财富"，而"集中制确保全党政治行动必不可少的一致"①。巴西共产党坚
决反对党内的自发主义、宗派主义和行业本位主义等思想倾向，提倡批评与
自我批评，以推动党的工作的不断完善。与此同时，党必须反对专断倾向，
反对个人崇拜，在党的行政职位和代表职位上实行轮换制。

---

　　①　刘洪才主编《当代世界共产党党章党纲选编》，当代世界出版社，2009，第 751 页。

（三） 巴西共产党在未来发展进程中所面临的挑战

我们应该清醒地看到，在巴西共产党取得历史性的成就的同时，也存在着不利于其发展的影响和制约性因素。

一是以美国为首的国际垄断资本对拉美的控制和干涉。美国对拉美和加勒比地区的干涉、介入和控制是巴西共产党发展的外部影响因素。长期以来，美国在世界范围内利用各种手段对共产主义运动进行遏制和打压，尤其是对其"后院"——拉丁美洲的共产主义运动有着一种与生俱来的恐惧和敌视，在任何情况下都绝不会允许在拉美再出现"第二个古巴"。2008 年，美国战略与国际问题研究中心制定了一项"巧战略"计划，旨在革新并延长美国在西半球的领导地位，致力于遏制甚至在可能的情况下推翻拉美改革派或革命政府，并得到了加拿大、墨西哥、洪都拉斯、哥斯达黎加、巴拿马、哥伦比亚、秘鲁和智利等右翼或"社会民主"派政府的支持。而奥巴马政府也力图重启关于"美洲关系新时代"的倡议①，以使拉美正在开展的政治协调、合作和一体化进程放缓。奥巴马政府的"巧战略"计划包括对所谓的"左派"政府采取行动，由美国国家和政治机器的各个机构向反对这些左派政府——特别是玻利维亚、古巴、厄瓜多尔、尼加拉瓜和委内瑞拉等国政府的"民间组织"提供政治、媒体和金融方面的支持；与拉美和加勒比地区大部分国家的政府签署新的防务和安全协议。与此同时扩大军队和安全机构在拉美和加勒比地区的军事和警察力量，继续推进美洲国家国防和公共安全部部长会议以及美洲国家之间的各项军事演习。② 因而，以美国为首的国际金融垄断资本对拉美民族的、民主的、人民大众的进步革命运动的敌视和干涉，是巴西共产党在拉美取得进一步发展的重大外部障碍。

二是反对新自由主义势力以及维护左翼政党联盟内部的团结的挑战。在2010 年大选中，以罗塞夫为首的执政联盟与以塞拉为首的反对党联盟的激烈选举竞争中，思想意识形态的分歧并不是选举斗争的焦点问题，因为保守的新自由主义力量在遭到连续的政治挫折后也大幅度地调整了其政策方针以

---

① 2009 年 4 月 17 日至 19 日美国总统奥巴马在特立尼达和多巴哥首都西班牙港举行的第五届美洲国家首脑会议上提出，美国将寻求和古巴关系的"新开端"，并承诺开启与其他美洲国家建立新型的平等伙伴关系的"新时代"和"新篇章"。奥巴马认为过去美国有时候与拉美国家缺乏沟通，而且试图将其意志强加于人，但今后将寻求建立新型的平等的伙伴关系。

② 《奥巴马访问拉美："巧战略"》，《拉美新闻》网站（西班牙）2011 年 3 月 18 日，转引自《重申美国利益 离间各国关系 奥巴马拉美之行展开"巧战略"》，《参考消息》2011 年 3 月 20 日。

及选举对策，以图东山再起。罗塞夫执政联盟没有能够如预期的那样在第一轮选举中胜出即说明了大选竞争的激烈和紧张状态。虽然执政联盟第一次掌握了联邦参众两院的绝对控制权，但却在地方议会和州长选举中处于不利地位。虽然在 2010 年大选中，如巴西共产党所说，社会民主党、垄断资本所掌控的大众媒体、保守的传统天主教势力以及跨国垄断资本和帝国主义势力遭到了挫败，但是它们仍然拥有较为广泛的社会基础和强大的经济力量，彻底铲除新自由主义仍然是左翼联盟所面临的一项艰巨的长期的历史任务。

另外，在左翼执政联盟内部，虽然同属于左派政党，但巴西共产党同其他党派（社会民主主义或民主社会主义性质的政党）在党的理论基础和指导思想上以及对待新自由主义的态度和党的最终政治目标上，都存在着诸多的差异。即使是像巴西劳工党这样的左派政党，也面临着来自党内激进派别的压力，不得不在"左"、"右"政治之间寻求平衡，以维持党的组织机构的正常运转。因而，巴西共产党作为一个以马克思列宁主义为理论基础和指导思想、坚持社会主义奋斗方向的无产阶级革命政党，在左翼联合政府的日常运作中，不仅面临着来自党内的不同声音的影响和压力，还要面对来自其他左派政党的有形或是无形的影响。虽然它们在现阶段面临着相同的政治任务以及振兴和发展左翼运动的历史使命，但是要想使执政联盟的执政基础更加稳固，就必须在各个不同的左翼政党之间进行政治利益的相对均衡的分配。

三是巴西政党制度和选举制度对巴西共产党政治发展的影响。在当前巴西独特的精英主义的多党制政治格局下，在历次大选中，主要政党往往必须同其他政党组成竞选联盟方能赢得选举胜利。至 2010 年大选，在联邦参议院中拥有席位的政党多达 15 个，而在联邦众议院中拥有席位的政党至少有16 个。其中许多政党自身意识形态倾向模糊，并没有明确、清晰的政治纲领。巴西共产党作为一个具有鲜明无产阶级性质的马克思主义政党，在巴西独特的政治格局中处于一种不利地位。由于历史的原因，巴西共产党要得到全社会的广泛认同并扩大其影响力，并不是一件十分容易的事情。而在现实的政党政治格局中，巴西共产党认为，虽然当今巴西处于"一个理性的政治自由的新阶段"[①]，左派政党日益活跃，但是其政治纲领在很大程度上受到了居于主导地位的保守的新自由主义势力的强烈抵制。

---

① Partido Comunista do Brasil（PCdoB），Project of Political Resolution to the Central Committee in the occasion of the 11th Congress of PCdoB: a renovated party, a sovereign and democratic Brazil, a socialist future, Cf. 11o Congresso do PCdoB-Documentos e Resoluções. São Paulo: Anita Garibaldi, 2005, p. 72.

　　巴西共产党在未来政党政治中所面临的挑战不仅取决于自身的发展，而且还要受制于巴西整体的政党竞争格局的影响。其中最为紧迫的任务就是如何应对以选举制度改革为核心的政治改革。巴西的选举制度改革一直是巴西国家政治议程中的一个争论不休的问题。选举制度的发展演变在很大程度上取决于政治精英的态度及其利益，并根据不同历史时期的巴西政治经济状况而进行着相应的调整和变革。1988 年宪法确立了两院制、多党制和比例代表制，但随着 20 世纪 90 年代社会经济改革被提到议事日程上来，中左派政党无一例外地接受了以市场为导向的改革计划，并强调政治权力（总统权威）的集中①。1987～1988 年制宪会议期间，宪法起草委员会建议实行新的议会选举制度，即设定了 3% 的全国得票率，而 1995 年新的政党组织法则将得票率提高到了 5%，而且规定各政党所获选票必须至少分布于全国 1/3 以上的州并且在每个州的得票率不得低于 2%。② 巴西选举制度的变革呈现出一种显著的独具特色的精英政治特征。由比例代表制带来的政党活动的空前活跃，特别是随着左翼政党力量持续不断地上升，巴西政党政治格局发生了重大变化，从而造成了传统政党同新兴左翼政党在全国及地方选举中更加激烈的政治竞争和对抗，由此也使政治竞争的成本急剧上升。这种情况对于像巴西共产党这样的力量相对弱小的政党来说，竞争将更加困难。

---

① Maria D'Alvā Kinzo, James Dunkerley, eds., Brazil since 1985: Economy, Policy and Society, Institute of Latin American Studies, University of London, 2003, pp. 42 - 61.

② Lincoln Gordon, Brazil's Second Chance: En Route Toward the First World, Brookings Institution Press, 2001, p. 157.

第十五章　美国共产党的历史、理论与实践

美国共产党简介

美国共产党（Communist Party of the United States of America）建立于1919 年 9 月 1 日，是一个具有 94 年光荣斗争传统的老党，它从一诞生就走着一条十分艰难曲折的发展道路。美国共产党在"二战"前曾利用国内外反法西斯的大好时机，建立广泛的人民阵线，把国内的反战和平运动推上高潮，党员人数曾一度达到 10 万之众，成为国内首屈一指的左翼力量，在国内的政治生活中发挥重大的影响。但在"二战"后，由于国内统治阶级的残酷镇压，加之党本身"左"倾错误的影响，党一度被迫转入地下，力量遭受了重大的损失。

苏东剧变一方面使美国共产党跌入低潮，出现党内分裂，党员减少等不利现象，另一方面也迫使美国共产党开始走向独立自主探索美国特色社会主义道路的新阶段。这包括美国建成社会主义的优势分析、和平方式实现美国社会主义的道路探索、扩大党的力量、建立广泛的社会联盟构建美国特色社会主义的重要保障、未来美国特色社会主义的构想等，这些探索对美国共产党的进一步发展有着积极的推动意义。

美共的青年组织为美国共产主义青年团（Young Communist League）。中央机关报为《人民世界周刊》（People's Weekly World），中央理论刊物《政治月刊》（People's Affairs）。现任党的领导人为全国委员会主席塞缪尔·韦伯（Samuel Webb）。现有党员数千人。

网址：http://www.cpusa.org

美国共产党是国际工人运动中的一支重要的力量，曾经对国际共产主义运动作出过重要的贡献。由于垄断资本的猖狂进攻和国际共产主义运动的曲折发展，还由于美共自身发展的不成熟性，美国的社会主义运动始终处于十

411

分艰难曲折的境地。尽管如此，美国共产党人始终英勇不屈，多次从逆境中奋起，并正以新的姿态走进新的世纪，投入新的斗争。

一　美国共产党的历史

1848 年欧洲革命失败以后，以德国人为主的大批政治移民，来到了美国，他们最早把马克思主义的思想带给了美国的工人阶级。美国早期社会主义思想传播的任务主要由社会劳工党和随后产生的社会党来完成。在第一次世界大战和俄国革命的影响下，1919 年秋季美国社会党发生了分裂，社会党的分裂产生了共产党。[①]

（一）　美国共产党的成立及其早期的斗争

1. 美国共产党的成立

1919 年 8 月 31 日，美国社会党左派内部以约翰·里德为首的一派势力在芝加哥成立美国共产主义劳工党，参加共产主义劳工党大会的代表共有 92 名。它没有公布党员人数，党员多为土生土长的美国人。[②] 第二天以查尔斯·鲁登堡为首的另一股力量，在芝加哥成立美国共产党，出席共产党代表大会的有 128 个正式和列席代表，并且宣布总共代表党员 58000 人，党员以各种不同语言联盟的移民为主。

美国共产党是在尖锐的国内外经济和政治斗争中诞生的，它的成立显示出美国工人阶级的英勇和战斗精神，也使当时的统治阶级感到非常恐慌。1919 年年末即发生了臭名远扬的帕麦尔大搜捕，在短短几个月内，两党估计共有 1 万人被捕，两个共产主义政党的大部分领袖都被关进了监狱，其中不少人被驱逐出境。党的力量遭受严重损失，不得不转入地下活动。共产国际为两党的合并作出了积极的贡献。1921 年 5 月，两党终于举行统一代表大会，合并成统一的美国共产党，总部设在纽约，鲁登堡当选总书记，党员12000 多人。

统一代表大会通过了《美国共产党章程和纲领》，鲜明地表述了"必须以暴力革命来摧毁资本主义国家和建立无产阶级专政"、"武装起义是推翻

---

① 威廉·福斯特著，梅豪士译：《美国共产党史》，世界知识出版社，1957，第 165 页。
② 威廉·福斯特著，梅豪士译：《美国共产党史》，世界知识出版社，1957，第 181～180 页。共产主义劳工党当时没有公布党员数量，但显然比共产党小，共产党说共产主义劳工党有党员 1 万名。

资本主义的唯一途径"等观点。①

为了争取合法地位，美共从 1921 年下半年起采取了一系列组织步骤。首先于 7 月成立合法的外围组织"美国劳工联盟"，以团结广大左翼力量，并于 12 月召开代表大会，宣布成立合法的"美国工人党"。这次大会后来被定为美共第一次全国代表大会。大会通过了党的纲领和章程，确定党的宗旨是"为废除资本主义、建立工人共和国而教育和组织工人阶级"。还提出工人应按各自行业参加工会，在工会中组织左派工人少数派，以制定战斗的纲领和解除反动工会领导的职务；支持黑人的解放斗争；组建美国青年工人联盟；加强妇女工作等最低纲领性要点。这次工人党代表大会在美国共产党发展史上有着重要的意义。② 1923 年 4 月 7 日，美共宣布与工人党完全合并，取消了暂时保留的地下组织机构。1925 年工人党举行代表大会，改名为工人（共产）党。1929 年又改称为美国共产党。

2. 反对"美国例外论"的斗争

1923～1928 年是美国经济相当稳定的时期。在这一时期，美共通过工会教育同盟参与组织和领导了一系列罢工斗争。党在把工作重心逐渐转向工会的同时，也开始注意在黑人、妇女、青年中开展工作。1928 年，美共在 32 个州参加选举，得票 48000 张。自 1927 年下半年开始，美工业生产开始下降，失业人口上升。1928 年上半年，当时美共负责人洛夫斯东对美国经济形势的分析是：美国虽出现经济衰退，但不会"立即发生像 1921 年那样严重的经济危机"；美国资本主义"仍具有巨大的资源和后备力量来延缓这场危机"，统治阶级可通过扩大合理化办法等解决某些产业部门的"暂时性危机"。因此，美国资本主义并没有开始衰落，并有可能"取得更大发展"；工人阶级的生活水平并未严重下降，思想也未"普遍激进化"。党内的少数派对此表示异议，批评洛夫斯东的论点低估了经济危机和群众激进化的程度。1929 年 10 月，美国股票市场崩溃，资本主义经济危机的爆发彻底打破了美国例外论。

1929 年 10 月经济危机爆发后，国内阶级矛盾激化，从而为美共的工作

---

① 转引自师能应主编《发达资本主义国家共产党的历史与现状》，中国人民大学出版社，1990，第 247 页。

② 福斯特认为这次大会是美国共产党发展史上的一个重要阶段。它完成了美国一切共产主义力量所长期追求的统一的任务，同时也结束了共产党的创立的阶段。它结束了几乎只是宣传社会主义的阶段，使这个新党走上群众工作的开端，它特别标志着党在公开活动方面走了重要的一步。总起来说，代表大会在马克思列宁主义同美国阶级斗争的特殊环境相结合的问题上有了真正的进步。参见威廉·福斯特著《美国共产党史》，梅豪士译，世界知识出版社，1957，第 202 页。

带来转机。美共抓住时机全力投入反对失业、反对削减工资、维护工人经济权益的斗争之中。1930年3月6日美共组织领导了全国性的反对失业大示威,全国各地参加者超过125万,这次大规模示威震惊了全国。失业者在共产党的领导下已经作为重要的政治力量出现,组织了一系列反对削减工资的罢工斗争,表现出工人阶级的英勇斗争精神。

(二) 人民阵线时期美共的斗争

1. 新政初期美共的斗争

在罗斯福新政初期,美共除猛烈抨击罗斯福政府"严重的法西斯危险"外,[①] 将主要精力放在在基本工业中组织工会和党的基层组织,组织和支持工人的罢工。从1933年起,美工会运动发展迅猛,美共的外围组织工会统一同盟的力量增至1~2.5万人。1935年3月,工会统一同盟召开特别代表大会,决定使所有下层工会组织全部参加到劳联中去,7月,工会统一同盟正式解散。

1934年4月,美共在克利夫兰召开八大,宣称有党员2 4500名,团员5 000名。

2. 人民阵线运动中美共的发展

1935年7月至8月间,共产国际七大要求各国党在建立工人阶级统一战线的基础上建立广泛的反法西斯人民阵线。美共在推动建立反法西斯统一阵线的工作中非常注重发展同工会的关系,积极与劳联的中间派力量建立中左联盟,这极大地推动了美国劳工运动的发展。

苏德签订互不侵犯条约的消息使一贯追随苏联的美共陷入困境,但美共很快便宣称,苏德条约是对慕尼黑背叛交易的"粉碎性打击","苏联大大限制了纳粹战争目标的方向"。1939年9月1日,大战正式爆发后,美共开始谴责战争。二次大战爆发后不久,罗斯福政府和国会亲西方的倾向越来越明显。1939年11月,国会通过新的中立法,美共对罗斯福及其新政又开始谴责。美共态度的转变对党的外部和内部均带来不良的影响。一方面,从外部来说,这一变化使不少党的同情者和基层群众感到不解,反共势力亦趁机攻击美共为"莫斯科的代理人"。另一方面,这一变化加重了党内的分歧。一些曾积极参加反法西斯斗争的党员,尤其是知识分子和犹太人党员纷纷退党,反法西斯人民阵线中的一些组织相继解散。尽管此后美共建立了不少的和平反战组织,但其规模影响都很有限。

---

① 参见威廉·福斯特著《美国共产党史》,梅豪士译,世界知识出版社,1957,第318页。

1941 年 6 月，德军入侵苏联。美共立即表示，世界大战的性质已改变，美共必须对战争采取新的态度。它呼吁全力援助苏联、英国及一切与希特勒作战的国家来保卫美国。同年 12 月 7 日，日军偷袭珍珠港，美国参战，美共摆脱了 1939 年以来的被动局面，积极投入反法西斯统一战线的工作，党的声誉日增，力量又开始回升。1943 年美共两名党员首次被选入纽约市议会。1944 年年初，党员人数增至 8 万人，其中 40% 是产业工人。战争结束时，美共的力量和影响达到顶峰。党在劳工运动中建立了广泛的基础，基本上打破了被孤立于劳工运动之外的被动局面，直接领导和影响着数百万工会成员和进步群众。

3. 反对白劳德主义的斗争

七大后，白劳德实际掌握了美共的领导权，白劳德右倾机会主义思想的核心是传统的"美国例外论"，幻想美国的资本主义制度有根本上的差别，它不受支配着其他资本主义国家的成长和衰朽的规律的支配。[1] 其主要论点是否定和抹杀国际上两大政治体系之间矛盾、对立和冲突的必然性；否定和抹杀国内阶级矛盾和阶级斗争；否认党存在的必要。1944 年 5 月 20 日至 22 日，美共召开十二大，认为没有必要存在一个革命的政党，随之正式宣布解散党，成立了非党组织——共产主义政治协会，由白劳德任会长。该协会的章程称，本协会是美国人的非政党性协会，谋求运用民主原则来解决当今的问题。1945 年 4 月，法国共产党领导人杜克洛在法共理论刊物《共产主义手册》上发表题为《论美国共产党的解散》的文章，对白劳德的错误提出尖锐批评，在协会内部引起极大震动。[2] 6 月中旬，全国委员会举行扩大会议，表示同意杜克洛的文章，并鉴于白劳德仍顽固坚持错误，决定正式撤销他的会长职务。7 月，协会紧急代表大会（即十三大）全面批判了白劳德的错误，决定解散协会，重建美国共产党。大会还正式选举福斯特、丹尼斯和威尔逊为书记处成员，恢复福斯特全国主席的职务。大会修改后的章程称，美共是美国工人阶级的政党，以科学社会主义——马列主义的原则为其基础，旨在争取社会主义。[3]

---

① 威廉·福斯特著《美国共产党史》，梅豪士译，世界知识出版社，1957，第 457 页。

② 福斯特认为杜克洛的文章对共产主义协会起了惊人的影响，党内正在发展着的反对白劳德政策的意见因此很快就成熟了。杜克洛的文章大大地有助于白劳德机会主义体系的摧毁；美国共产党对这件事始终深深感谢杜克洛和法国共产党。威廉·福斯特著《美国共产党史》，梅豪士译，世界知识出版社，1957，第 467～468 页。多数美共党员认为杜克洛的文章代表了苏共的态度。杜克洛文章的发表成为批判白劳德、重建美共的重要推动力量。——作者注。

③ 威廉·福斯特著《美国共产党史》，梅豪士译，世界知识出版社，1957，第 469 页。

白劳德的右倾机会主义路线不仅对美共的思想政治路线造成极大混乱，而且对其力量带来巨大损失，使党损失了 15000 名党员。1946 年 2 月，美共全国委员会通过决议将白劳德开除出党。

（三）战后的严峻形势与反对麦卡锡主义的斗争

1950 年 9 月 23 日，美国国会参众两院推翻了杜鲁门的否决之后通过了极端反动的"国内安全法"，即麦卡伦法。麦卡伦法推出三年后，国会于 1954 年 8 月 19 日又推出了更为凶恶的"共产党管制法"。共和党参议员约瑟夫·麦卡锡从 1950 年 2 月起就制造美国国务院中有大量的共产党人在破坏美国在世界事务中影响的传闻，1952 年他当上了"政府管理委员会"主席和常设的"调查小组委员会"主席后，更是肆无忌惮地用共产主义渗入政府内部的谎言来攻击民主党政府。他在美国政治生活中采用栽赃诬陷的方式，造成了一个"猜疑的年代"，"恐惧的年代"。

随着国内政治形势的不断恶化，美共不得不采取一系列防范措施尽可能地减少损失以避免更严峻局面的出现。从 1949 年年初到 1955 年的 7 年时间里，美共在组织活动中实行了大规模的退缩防御，这是他们历史上最为复杂的困难时期，在其防范措施中也出现了不少"左"倾的错误。

一是在组织上收缩党员队伍。1949 年年初正值美共中央 11 人审判案的反共迫害活动展开之际，美共中央暂停了发放党证活动，亦即停止了吸收党员的活动，同时在各基层组织开始收缩日常公开活动，尽量减少党组织之间的联系。[①] 到 1953 年年底，党员人数已降至 2.5 万人左右。[②]

二是领导骨干转入地下。面对反共压力，美共为了防患于未然，保存力量，隐蔽骨干，决定把部分干部转入地下，很多干部改名换姓背井离乡，处于相对分散的状态，很难建立有效的工作联系并开展工作。

三是利用资产阶级合法民主权利尽可能地减轻法庭审判的损害程度。1951 年 7 月，当美共加州领导人被加以种种罪名受到起诉时，他们采用在法庭上最大限度集中力量利用宪法规定的言论自由、集会和结社自由权力据理力争，最终在 1956 年 10 月获得胜诉。他们在艰难的环境中保持了党的公开活动，并减少了党员的损失数量。[③]

---

① David Shannon, The Decline of American Communism, New York, 1959, p. 218.

② Joseph Starobin, American Communist In Crisis, 1943 – 1957, Harvard Univ. Press, USA, 1972, pp. 220 – 221.

③ Al. Richmond, A Long View From the Left-Memories of An American Revolutionary, New York, 1972, pp. 275 – 367.

（四）　从地下走向公开的美国共产党

1. 争取合法地位

20 世纪 50 年代中期以来，美国国内外形势逐渐出现了某些缓和。进入 60 年代中期美国统治阶级在国内民权运动和反越战运动的压力下，不得不放松了对共产党人的直接迫害。1965 年 11 月，美国最高法院推翻了 1961 年 5 月的判决，宣布"麦卡伦法"违反宪法。美共在长达 15 年之久的反对麦卡伦法的斗争中，赢得了重大胜利，取得了合法存在的权利。美共随之积极投入声势浩大的民权运动和反越战运动并参加 1968 年的竞选活动。60 年代美共在争取合法权益斗争的同时寻求与工人运动的重新结合，并努力在工会中恢复失去的阵地。为了实现这一目标，美共发表了一系列文章，通过了新纲领，并且召开了第十八次和第十九次代表大会，着重阐明和宣传了自己的奋斗目标和对待工人运动的方针政策。在整个 60 年代美共和工人运动、民权运动、反战运动的结合是极其有限的。因此它未能通过自己的活动卓有成效地发展组织和壮大队伍。此外，1968 年苏军侵捷后，美共党内又发生严重分歧。美共领导人霍尔一方面称这是为"保卫社会主义"、"制止反革命威胁"的必要行动，另一方面又对军事解决表示遗憾。美共中央对这一事件经过激烈辩论后，赞同霍尔的立场。而对霍尔持异议的一些党员退党。根据美共总书记霍尔的估计，1969 年美共党员有 1.2 万人到 1.3 万人，美共的同情者和支持者大约为 10 万人。[①]

2. 七八十年代美共的主要活动及初步成就

进入 70 年代以后，资本主义发生世界性经济危机，美国受到最大冲击，失业人数高达 500 多万人，加之美国政府在全球遏制共产主义运动的政策彻底破产。在这种情况下，又使美共重新活跃起来，美共工作局面有了新的进展，其中较突出的表现为开展少数民族工作，建立中左联盟。在钢铁、汽车、电器、码头、农业、服务业、医院等部门积极开展活动，影响有所增长；在工会中发展力量。1970 年 6 月，美共成立了"争取工会行动和民主全国协调委员会"。1971 年 12 月，又组织召开了产业工人代表大会，呼吁白人和黑人工人实行团结；参加大选。霍尔与美共青年组织"青年工人解放同盟"主席贾维斯·泰纳作为美共正副总统候选人参加 1972 年大选，获得 25000 张选票。在其后两次大选中，美共总统候选人分别获得 59000 张和

---

① 《1970 年国际共产主义事务年鉴》，斯坦福，1971，第 479 页。转引自张友伦著《美国社会变革与美国工人运动》，中国社会科学出版社，1997，第 334 页。

45000 张选票。① 在 1975 年的纽约市区两级市政机构选举中，两名美共党员以个人身份入选为下属委员会的成员。

随着美共活动的开展，党员人数稍有增加，据美共中央 1976 年宣布，美共有党员 18000 人，（也有人估计为 5000 人），党员主要集中于纽约州和加利福尼亚州。此外，美共在 1970 年成立新的青年组织"青年工人解放同盟"，取代以前的青年组织"杜波依斯俱乐部"，以团结广大青年学生。

80 年代初期里根上台。里根政府在内政上采取收缩社会福利的政策，在对外政策上，里根政府开始大力扩充军备，从实力地位出发同苏联打交道。在这种背景下，美共主要开展了如下活动：

第一，制定新党纲。美共在 80 年代前期的最重要成果是在 1981 年通过了新的党纲。新党纲确认美共将按照"人先于利润"的原则进行日常活动；主张和平、就业、平等、民主和社会主义；当代处于从资本主义向社会主义过渡的时期，美共目前首要任务是建立致力于工人阶级和人民摆脱国家垄断资本控制的人民民主政府，这之后将是争取社会主义方向的革命；而社会主义革命是群众参加和多数人支持的事业，为避免暴力，必须争取群众形成一个具有压倒优势的多数，谋求尽可能和平过渡到社会主义。

第二，开展了和平反战活动。美共通过"和平理事会"等组织积极参加和平运动。在全国大规模反核游行示威中常常有美共的队伍出现。在开展和平运动的同时，美共还积极开展其他斗争活动，反对美国出兵中东和支持以色列、侵占格林纳达、干涉尼加拉瓜及中美洲、袒护南非种族主义当局等行径。

第三，坚强党的建设，改革组织机构。自 1982 年起，美共再次强调发展组织力量，加强党的建设的重要性。1983 年春，美共决定将其外围青年组织"青年工人解放同盟"改建为"美国共产主义青年团"。80 年代后期美共自称有党员 1 万多人。由于 1986 年 12 月美共全国主席亨利·温斯顿去世，为使组织机构更符合美国惯例，因而美共在 1987 年增设了"中央高级咨询理事会"，1988 年美共将党中央委员会和政治局分别改组为"全国委员会"和"全国理事会"，霍尔改任全国主席，取消总书记的职位。

第四，参加 80 年代前期大选。1980 年和 1984 年，霍尔再次作为总统候选人参加大选，分获 4.5 万张和近 3.6 万张选票。1988 年美共鉴于不少州通过不利于小党候选人参加选举的限制，决定不再推选本党候选人参加总统选举，以示抗议。

---

① 转引自帅能应主编《发达资本主义国家共产党的历史与现状》，中国人民大学出版社，1990，第 267 页。

二 美国共产党的主要理论主张

苏东剧变使美国共产党跌入低潮，出现党内分裂，党员减少等不利现象。造成美国社会主义运动曲折发展的因素是多方面的、是综合性的，然而，从根本上讲，阻碍美国社会主义运动发展的主要原因是美国共产党没有能够将马克思列宁主义的基本原理与美国的具体实际和时代特征相结合，没有找到一条适合本国国情的道路，这是其在今后的发展中需要解决的最根本的问题。

（一）苏东剧变后美共开始走上独立自主探索美国特色社会主义道路的新阶段

苏联的解体本来是一件坏事，但在美国共产党乃至世界各国共产党人认真总结历史的经验和教训、勇敢地探索各自国家社会主义发展道路的条件下，它又变成了一件好事。这就是苏联解体为美国共产党开始对社会主义的新探索提供有利条件：其一，苏联解体为美国社会主义的新探索提供了一个比较宽松和自由的环境，再没有一个自命的"中心"在那里任意挥舞"左"的大棒了。其二，苏联解体彻底破除了美国共产党人对苏共和苏联模式的迷信，如果说此前还有某些美国共产党人对苏共和苏联模式还存有一点点幻想的话，那么，苏联解体使这一点点幻想也破灭了，这对人们的思想解放是非常有益的。其三，苏联的解体为世界社会主义运动留下了第一个社会主义国家从产生、发展到衰亡的完整的经验和教训，这是用无比沉重的代价取得的宝贵的历史遗产，是社会主义新探索的理论和实践的前提。正是在苏联剧变以后，美国共产党人开始对社会主义进行了彻底的反思，认识到"左"倾教条主义的严重危害，认识到由别人替自己思考的危害，开始回到创造性的马克思主义的立场上来。

经过苏东剧变的阵痛，美国共产党在吸取过去经验教训的基础上，开始走向独立自主探索美国特色社会主义道路的阶段。美共主席格斯·霍尔1996年发表的《社会主义美国》、1999年《美国共产党的社会主义权利法案》比较全面地阐述了美国特色社会主义的核心内容。他明确指出："我们相信社会主义美国将根据美国的传统、历史、文化和状况建立起来。因此，他将与世界上其他社会主义国家有所不同，具有美国独特的模式。"[1] 现任

---

[1] Gus Hall: *Socialism USA* First published on Jan 1, 1996 by the Communist Party, USA http://www.cpusa.org.

美共全国主席山姆·韦伯自 2000 年上台以来陆续发表了《关于对社会主义的看法》、《共产党的性质、作用和工作》等文章，继承并发展了这一思想。他认为实现社会主义是美共的奋斗目标，也是美国人民的必然选择，但美国必将走一条美国特色的社会主义道路。用他自己的话说就是：要是由他来写一部美国社会主义道路的著作，美国特色将是书的主线，而不是附录①。近年来，美共在其带领下，根据时代的发展变化，围绕有关社会主义的重大理论问题进行了深入的思考和探讨。值得肯定的是，美共对社会主义的构想特别是社会主义的美国特色渐趋明朗化和具体化，其中的新探索既坚持了马克思主义的基本原理，又根据时代发展和美国国情的变化与时俱进提出了许多新理论，有的且已付诸实践，这对于美国共产党实现从低谷中回升具有重要的指导意义和现实意义。

（二）关于党的指导思想与党的性质

判断一个政党是不是无产阶级政党，除了看它是否代表无产阶级的利益，是否以建立社会主义和共产主义为目标，更重要的还要看它是否以马克思主义为指导。马克思主义是共产党的灵魂，离开了马克思主义理论，党就会蜕化变质。

1. 坚持马克思列宁主义

美国共产党一直把马克思列宁主义作为自己的指导思想。1957 年 2 月美国共产党通过的党章中指出，"美国共产党是以科学社会主义原则为基础的美国工人阶级的政治组织"，② 在 1981 年美共二十二大通过的党纲中，美共称："美共纲领一般来说以支配社会发展的客观规律为基础，具体来说以支配资本主义向社会主义过渡的客观规律为基础。这种社会发展的学说叫做科学社会主义即马克思列宁主义……我们的世界观是科学社会主义，马克思列宁主义是工人阶级的世界观。"③ 1987 年美共二十四大通过的党章中称美共建立于马克思列宁主义的社会科学之上。2001 年 5 月美共通过的党章中明确提出党的指导思想是马克思列宁主义的科学原理。美共二十七大重申了其世界观的理论基础是马克思主义，并要求以创造性的方式发展革命的马克思主义。

---

① SAM WEBB. Reflections on Socialism ［2005 - 06 - 03］. http：//www. cpusa. org.
② 为此党的主席福斯特曾加以批判，认为这是对马克思列宁主义的有条件地接受。见《美国共产党第十六次全国代表大会和加拿大劳工进步党第六次全国代表大会重要文件汇编》，世界知识出版社，1958，第 3 页，101～102 页。
③ 见中共中央对外联络部七局翻译《美国共产党纲领》，第 37～38 页。

美共之所以要坚持马克思列宁主义理论的指导，是因为美共认为，马克思列宁主义揭示了人类社会发展的客观规律，科学地分析了资本主义的本质及其发展的规律，揭示了工人阶级的历史地位，为工人阶级改造世界提供了强大的思想武器，即辩证唯物主义和历史唯物主义的世界观和方法论。

与此同时，美共又坚定地认为，马克思列宁主义是不断发展的科学。科学社会主义的创始人从来不把自己的理论创造看做是无所不包的，而仅仅看做是进一步分析更广泛问题的基础。这些创始人看到了资本主义世界变化的实质，并根据世界的变化情况，坚持以创造性的方式发展和调整自己的思想。他们从来不割裂实践和理论之间的联系，坚持在不同的情况下，对战略、战术和理论概念做出相应的调整。美共特别指出，在解决当前国际工人运动所面临的许多新问题时迫切需要这种科学的理论方法，并以此作为整个工作的指导思想。

美共承认马克思列宁主义的指导地位，但并不是把它作为教条，而是在理论上力求把马克思列宁主义的原理同美国的实际相结合，坚持把一般原理和已经过时的个别结论区别开来，坚持用发展的观点对待马克思主义。

2. 坚持工人阶级政党性质

2001 年 5 月通过的新党章再次明确规定了党的工人阶级性质，指出："美国共产党是美国工人阶级的政党，它在马克思列宁主义的科学原理指导下，继承美国工人阶级进步的历史斗争传统，为提高工人阶级和所有受压迫人民的利益而斗争。它为人民的利益和权利而战，它的最终目标是建立由工人阶级所领导的具有广泛人民基础的政府，用社会主义代替资本主义。"[1]新党章再次肯定党的组织原则建立在民主集中制的基础上，提出了对民主集中制的新的理解，即突出了民主集中制要靠民主的程序来保障的重要思想。

党的阶级基础和指导思想是判断党的性质的主要标准。从美共党章的规定来看，美共显示出其以马克思主义武装起来的工人阶级的政党的本色。党内派别斗争曾是美共历史的痼疾，严重影响了其战斗力的发挥。取消和削弱民主集中制，必然为党的各种派别活动开绿灯，造成思想、组织、政治上的混乱以致在反共、反社会主义势力的进攻面前丧失战斗力。但是类似前苏联党内权力长期过度集中于中央少数人，缺乏党内民主的错误又必须坚决改正。美共的这次调整旨在避免这两个极端的错误。事实上只有在共产党内造成既有集中又有民主，既有纪律又有自由，既有统一意志又有个人心情舒畅、生动活泼的政治局面，才能不断提高党的活力和战斗力。

---

[1]　参见 Organization Department of CPUSA：CPUSA Constitution CPUSA-Online。

在党的建设上，美共二十六大详尽地论述了建设群众性政党的方针，二十七大制定进一步实施这一方针的具体措施，强调要以群众喜闻乐见的形式宣传党的主张，以深入群众。

在组织发展上，美共认为美共是工人阶级的革命政党，所以党建的重点应该放在工人阶级身上，以及受种族压迫的少数民族工人和年轻人身上。在新科技革命的推动下，美国的产业结构、阶级结构、社会结构发生了重大变化，但广大产业工人的历史作用并没有改变，历史地位也没有改变。美国少数民族遭受资产阶级和种族主义的双重压迫，革命的热情超出一般的群众。年轻人是美国社会主义未来的希望。因此，美共把党建的重点放在广大产业工人、少数民族工人及年轻人身上是必要的。但美共要根据阶级结构变化的状况，扩大传统的工人阶级概念，更加关注吸收先进的脑力劳动无产者，把脑力劳动无产者作为党的主要阶级基础。只有这样，才能为党的队伍发展及影响扩大创造较好的条件。这是美共党建工作今后应该加强的方面。

（三）美国实现社会主义的独特优势

在世界社会主义运动中，一直存在着"美国例外论"的观点。德国学者威尔纳·桑巴特提出"烤牛肉和苹果馅饼使一切社会主义空想成为子虚乌有"的论断。弗里德里克·特纳的"边疆学派"提出了"安全阀"理论，他们认为"逃往边疆"缓和了尖锐的社会矛盾。"新保守主义学派"的路易斯·哈兹都认为美国没有封建因素，是自由平等的国家，社会主义也就失去了"发展的正常基础"。威斯康星学派的约翰·康芒斯把美国工人的强烈个人主义特性说成是社会主义在美国必然失败的原因。[1] 一言以蔽之，这些学者们普遍认为美国没有发展社会主义的基础和条件，美国发展社会主义存在先天不足。

美共则不这样看，他们认为美国资本主义与世界其他资本主义一样患有自身难以克服的疾病，在资本主义框架内无法克服。美共坚信社会主义是整个人类的未来，是资本主义最好的替代物，也是美国的未来。与"美国例外论"恰恰相反，美共在分析美国独特的历史地理自然社会条件后，认为美国建设社会主义具有一些其他国家建设社会主义所不可比拟的优势，[2] 将为美国社会主义的发展提供独特的有利条件，这些条件主要是：

---

① 参见陆镜生《美国社会主义运动史》，天津人民出版社，1986，第 403～423 页。

② Gus Hall: Socialism USA First published on Jan 1, 1996 by the Communist Party, USA http://www.cpusa.org.

　　第一，无与伦比的自然条件，如丰富的自然资源、肥沃的土地、适应农作物生长的良好的气候条件等。第二，高度发达的生产力，美国劳动力得到了极好的训练和教育，美国具有超过其他国家的生产水平和生活水平，美国已进入高度发展的工业社会，美国社会主义的发展将建立在深厚的物质基础上。第三，独特的地理优势，美国不受资本主义大国的包围，可以免除外来的干涉，不必为保卫社会主义分散人力与物力。特殊的时代背景和国情使社会主义美国避免极度贫困、文盲充斥、内战、外国干涉战争和世界战争等严重问题。

（四）具有美国特色的和平方式实现社会主义的策略

　　社会主义革命具有共同特征，政权必须实现从资产阶级向工人阶级转移，经济基础必然发生重大变化，上层建筑也必然随之改变，但是并不存在一条实现社会主义的普遍道路，社会主义是在特定国度内特定时期和特定条件下实现的。"由于每个国家具有自己独特的历史传统文化，每个国家的阶级斗争也各有特点，所以通往社会主义的道路应该因国而异。"[1] 美国独特的国情决定了美国通往社会主义的道路肯定有自己的鲜明特色。

1. 美国具备发生社会主义革命的条件

　　20 世纪初期俄国十月革命取得了胜利，社会主义首次取得了试验成功，在一些人看来最不可能发生革命的地方发生了社会主义革命。然而在 21 世纪，美共认为社会主义如果不是在最可能发生的地方发生，也是在比较可能的地方发生。[2] 美国经济高度发达，拥有强大的劳工运动、妇女运动做基础，美国人民和工人阶级在同资产阶级斗争中积累了丰富的斗争经验，此外美国悠久的民主传统，在争取非裔、墨裔以及所有受压迫者平等权益的斗争中所传承下来的光荣传统，都为美国发生社会主义革命创造了条件。美共的这一判断与马克思早年的设想是完全一致的。

2. 和平方式实现社会主义的道路[3]

　　美国资本主义民主制度尽管具有很大局限性，但必然为广大人民群众行使自己的民主权利开辟了一定渠道，因此在美共看来，美国资本主义议会民主制度对美国人民争取民主权利具有一定的可利用之处。美共认为美国人民

---

①　Gus Hall：The Communist Party，USA：New Politics for the New Year http：//www.cpusa.org.

②　Elena Mora：The Communist Party and the Winning of Socialism Political Affairs November 1999，p. 18.

③　Organization Department of CPUSA：CPUSA Online-CPUSA Constitution http：//www.cpusa.org.

的政治觉悟在慢慢提高，逐步认识到资本主义制度已经过时，社会主义前景光明，在保卫和扩展美国民主的英勇斗争中，美国很可能通过投票箱走上社会主义道路。美共根据不同时代背景制定出不同的选举策略，在 20 世纪 80 年代以前美共先后多次独立提出自己的总统候选人参与大选，但由于美国政治领域内对第三党参加大选设置了诸多限制，其候选人得票一直不多。近年来美共采取务实的做法，把击败共和党右翼势力，支持民主党上台执政作为参加大选的基本主张，把争取共产党人尽可能多地在各级议会选举中取得席位作为中心工作。不仅如此，美共认为和平过渡不仅要争取议会多数，还必须在议会外开展强大的群众运动，让社会主义思想在政治、经济、文化各个领域逐步站稳脚跟，造成工人阶级及其同盟军在社会各个阵地的优势。从而，实现议会外部和内部斗争的相互呼应和有机结合。

美共立足于发动群众，希望通过和平方式实现社会主义，但美共并不放弃工人阶级在实施社会主义变革时使用革命的手段反抗资产阶级暴力镇压的必要。工人阶级希望统治阶级主动交权，实现政权的和平交接。但是假如统治阶级动用了军队、警察和国民警卫队来镇压工人阶级的革命行动，工人阶级和他们的同盟军将被迫为自己的权益而战，这个时候，用革命的暴力反抗反革命的暴力将是不可避免的。

3. 改良和革命——共产主义的"加法"

美共认为改良和革命是两种不可偏废的实现社会主义的方式。[①] 争取改良的斗争易于开展，但这一斗争方式是有限的，因为它不触动资本主义制度。革命手段是彻底的，但是革命高潮不可能总是来临。因此，改良和革命两种手段要根据不同的情况采用，不可偏废。美共要算好共产主义的"加法"（communist plus），重视不断改良的叠加效果，决不忽视改良斗争的重要意义。同时，也不能忽视革命的重要性，要把握好量变到质变的关系，在量变的基础上推动社会主义革命发生质的飞跃。把改良和革命这两种斗争方式结合起来将会使争取社会主义的斗争更加有效。共产主义的"加法"并不替代争取改良的斗争，而为之增加一个深刻的内容，并为社会主义的斗争创造一个良好的基础，最终要求改变这一制度。

当前美国不存在革命的形势，但存在进行局部改良的可能。美共在现阶段重视改良的斗争，是从实际出发所采取的可行的策略。但美共不要满足于此，而争取以此为基础逐步积累进入革命的阶段，实现美国社会制度的根本变革。

---

① Gus Hall：The Communist Party，USA：New Politics for the New Year，http：//www.cpusa.org.

4. 当今处于反对垄断资本的民主革命阶段

当前美国社会共和党和民主党轮流执政，控制国家政治大权，垄断国民经济命脉，在经济政治和社会生活各个领域对工人阶级和广大人民已经取得的有限民主权利进行挑战，向工人阶级及其他社会阶层人民转嫁经济危机。垄断资本与广大人民之间的矛盾依然十分尖锐。此外，美国大量的个体农场主、知识分子、中间阶层、中等资产阶级与大垄断资产阶级之间的矛盾也十分突出。总之，当前美国资本主义制度下民主的发展还不充分，广大人民扩大民主权益的愿望远未实现。因此，美共认为美国社会主义革命不可能一蹴即就，将是一个漫长的过程。美国的社会主义革命应分为两个阶段，即反垄断资本的民主革命和社会主义革命两个阶段。

当今阶段世界无产阶级革命处于低潮，美国社会主义革命形势远未形成，美国社会主义革命尚处于反垄断资本的民主革命阶段。在现阶段，美共的主要任务是带领广大人民开展反对垄断资本的斗争，特别把斗争矛头指向共和党右翼势力，通过建立广泛的反垄断联盟，削弱垄断寡头的统治势力，不断为广大人民争取广泛的民主权利，为将来社会主义革命阶段的到来不断积蓄力量。

5. 美国社会主义第一阶段的政治模式

美国社会主义第一阶段的政治模式将会在许多方面与其他已建立的社会主义国家不同，人民通过选举产生一个反垄断联合政府行使经济、政治权力，通过立法限制资产阶级，在最初的阶段社会主义仍然是资本主义的继续。在这一阶段里社会主义的最大任务是最大限度地发展民主，当民主得到充分发展的时候，反垄断的政府将成为实现社会主义的第一步，美国社会主义也将随之不断完善。[①]

美共设想的未来社会主义政治模式并非是共产党一党执政，而是多个党派的联合执政，这一点和现在的社会主义国家及前社会主义国家有所不同。此外美共认为社会主义第一阶段存在一个完成民主革命的反垄断联合政府的时期，并在此基础上发展社会主义，这是美共从自己的国情出发对社会主义的合理展望，这是美国社会主义的又一特色。

（五）扩大党的力量，建立广泛的社会联盟是美国特色社会主义取得胜利的重要保障

美共要承担的历史使命重大而艰巨，与美共自身的影响太小难以承担这

---

① See：Political Affairs November 1999，p. 8.

一重大使命形成巨大的反差。目前美共有党员 3000 人左右，虽然在一些领域内具有一定影响，但始终不能步入主流社会，难以登上政治舞台。经过 94 年斗争的洗礼，美共愈发认识到建立强大的工人阶级的共产党和赢得社会主义的胜利密切联系，当前情况下及时扩大党的新成员，建立广泛的统一战线和反对垄断资本的社会联盟，提高党的影响力是党取得社会主义革命胜利的重要保障。

1. 加强党建，努力扩大党的力量

根据时代的变化，美共采取了一系列加强党建的措施，努力扩大新的成员。苏东剧变后，面对党内分裂，部分党员退党的严峻局面，美共及时召开思想政治会议，从思想层面统一党的认识，遏制住了党员下滑的状况。1995 年美共又提出了建设群众性的党的方针，力图用群众喜闻乐见的方式扩大党的影响力，发展新的党员。进入 21 世纪以来，美共通过修订党章，重视俱乐部建设，以期党的队伍有大的发展。这些措施可以归结为发动群众、完善制度建设、夯实基础三个方面。群众性共产党的方针的提出明确了共产党要打破封闭的状况，主动深入到群众运动中去争取群众，宣传扩大自身的影响。新党章规定党的基层单位是俱乐部，明确了过去不被重视的俱乐部的职能、任务、性质、人员构成等；放宽了党员入党和简化了转移党的关系程序；改进民主集中制和党内管理程序以稳定党的队伍，则从制度层面上为基层组织建设提供保障。美共把俱乐部建设作为基层组织建设的载体，深刻分析当前俱乐部存在的问题，为改变原来瘫痪半瘫痪的状况，提出为党员搭建交流的平台、发展党的队伍的明确目标，并提出加强领导、制度约束、加强教育等切实可行的改进措施。美共这一系列举措内在联系密切，与其实现扩大党的队伍、维护党的团结、提高党的影响力的目的是完全一致的。由于措施得力有效，美共目前队伍稳定，扭转了人数下滑的局面。

2. 建立广泛的社会联盟，团结更多的同盟军

美共自身的力量是弱小的，还不足以单独承担实现美国特色社会主义的重任。为此，美共必须改变过去唯我独革的状况，团结更多的盟友，奏出社会主义的大合唱，再也不要搞曲高和寡的独唱了。这一认识的得出是美共在过去斗争中付出沉重代价后才得来的。美共当前把建立广泛的统一战线，扩大工人阶级同其他劳动者和中间阶层的联系，联合一切可以联合的人，建立反对垄断资产阶级的广泛的社会联盟作为实现社会主义的首要任务。

首先，加强党与工会的团结，回归工人运动的大家庭。美共成立之初，曾经与工人运动紧密结合，在"二战"前把反战和平运动推向高潮，但由于党内"左"倾错误的影响导致党与劳联—产联关系决裂，从此美共一直游离于美国工人运动之外。恢复和发展党在工人阶级中的影响，建立与劳联—产联的广泛联系，这是 20 世纪 60 年代中期以来美共试图重振工运的一贯主张。从 20 世纪末开始整个劳工运动呈现向左转的趋势，劳联—产联的纲领中删除了反共的条款，并且在许多重大方针上和美共采取一致的立场。美共也决定以此为契机建立与工会良好的合作关系，这一点在新党章中得以肯定。共产党和工会的关系得到改善是 21 世纪美国工人运动的一大特点，这也是今后美国工人运动、社会主义运动顺利开展的一个有利条件。

其次，对阶级和阶级斗争重新定位，团结更多的左翼盟友。美共在世纪之交对阶级和阶级斗争的概念进行了深刻的反思，认为阶级的概念是有弹性和开放的，阶级斗争不存在纯粹的形式，认识到僵化静止的阶级概念是导致党与其他阶级联盟薄弱的原因所在。美共进一步分析尽管共产主义者与社会民主主义者在对待劳工运动态度上存在本质区别，但是这不妨碍他们在共同关心的问题上采取一致行动。因此，社会民主主义者不是党的敌人，而是党的朋友。美共强调党本身要注意超越与民主主义者、自由派人士及其他左翼盟友在意识形态上的差异，善于和他们求同存异，在某些方面联合行动，建立广泛的政治联盟。

再次，提倡宗教自由，团结宗教界进步力量。美共并不简单地排斥和反对宗教，美共只是反对那些宗教组织中的右翼势力。相反美共欢迎宗教界人士加入其行列，目前美共成员中有神父、牧师和宗教界积极分子。美共认为宗教界人士和无神论者实现社会公正、和平的愿望与社会主义的目标并无二致，两者并不存在冲突。美共的立场是宗教自由，热诚欢迎宗教界人士的加入，并支持所有那些为了穷人、工人和人类的幸福及社会正义而奋斗的宗教界进步分子。

最后，加强与其他阶层的团结，融入新的群众运动。进入 21 世纪，美国涌现出大量新的群众运动。这其中的参与者数量可观，包括当前反对右翼势力的广大劳工、非裔及墨裔等少数民族、所有受压迫的人民、妇女、退休者、农民和农场工人、环境与和平的积极分子、残疾人、争取同性恋权益者等等。美共把这些运动的积极参与者都作为联盟的对象。

（六）美国特色社会主义的宏伟蓝图

美国共产党从美国的国情出发，对未来美国特色社会主义进行了合理的展望，主要包括美国特色社会主义的经济特征、社会特征、政治特征以及民主美国特色社会主义核心价值等。

1. 美国特色社会主义的构想①

第一，经济特征。美国特色社会主义开始于劳动人民上台执政，实现主要生产方式的变革，实现工厂、设备、农场等的国有化。社会主义对大公司、银行、能源和自然资源实行公有制，把它们置于工人阶级和人民的集体领导之下。消灭剥削、不安全和贫穷，结束失业、饥饿和无家可归等现象。具有美国特色的是社会主义不废除私人全部拥有的小商业。对那些自己拥有、经营、不雇用别人谋取利润的小商业不实行国有化，个人的财产如私人的房子、汽车等仍然保持原样。社会主义政府实行计划经济，人民最大限度地参与计划的制订。社会主义实行按劳分配，社会主义的分配原则是从每个人的能力出发，根据每个人的工作成效进行分配。但社会主义不搞绝对平均主义，不实行平均工资，在保证每个人正常生活的工资基础上，个人的工资根据其本人的贡献多少和能力大小有所差别。

第二，社会特征。在社会主义制度下，工会将发挥重要的协调作用，保持工人劳动和所得之间的和谐；美国将建设大量的住房、学校、医院、娱乐场所、标准的基础设施和公共设施，公共服务事业和住房将得到极大的改善和提高，以改变现在的短缺状况。社会主义为全社会的人民提供充分就业和良好教育，每个人都可以得到免费的不受限制的医疗服务和健康照顾。在社会主义制度下唯一的特权阶级将是老人和孩子，他们有权利获得健康、幸福、安全的生活和退休金。社会主义创造一个真正人道、理性、计划的理想社会，最大限度地发挥每个人的个性、创造力和才能。

第三，政治特征。社会主义的政府由工人阶级组成，为工人阶级服务，实施工人阶级的政治统治。社会主义为广大人民提供切实可行的民主。消灭种族主义、民族压迫、反犹太主义，以及所有存在歧视、固执偏见的行为，改变妇女的不平等状况，为所有深受种族和民族压迫者带来彻底的平等。

2. 民主是美国特色社会主义的核心价值

没有民主，就没有社会主义，民主是社会主义的本质和目标的内在属性和必然要求。美国是一个有着丰富民主传统的国家，美国特色的社会主义与追求民主的斗争始终紧密联系在一起，美共认为未来美国特色的社会主义必然要建立在美国深厚的民主基础之上，并将其大大扩展。

美共认为资本主义民主局限性很大，资本主义把民主降低到仅限于投票的形式，资产阶级为了自己的利益试图阻止和压制人民参与民主，因此，资

---

① Political Affairs Jun 1999，p. 3，见黄宏志《美国共产党的社会主义权利法案》，《国外理论动态》2000 年第 1 期。

本主义的民主是不完善的。与此相反，社会主义鼓励人民参与工会、妇女组织等组织，参与政府的决策，社会主义将实现真正的民主，创造比资本主义更加完善的民主。美共强调社会主义和民主存在内在密切的联系，不可分离，社会主义自始至终是民主的。① 如果没有人民的参与，如果民主和社会主义相分离，美国的社会主义必将"胎死腹中"②。美共是民主的积极促进力量，代表广大人民的真实愿望，通过自身力量的壮大不断推动民主的发展。

美共认为该党所提出的"社会主义权利法案"是美国社会主义民主的集中表现形式，人民的广泛参与是民主的实质。③ "社会主义权利法案"源自于美国的"权利法案"。"权利法案"所提倡的宪制、民主、自由的精神在美国已经深入人心，美国民众的民主意识普遍较高。因此，"社会主义权利法案"应该继承和发展"权利法案"中的民主精神，而不应采取简单否定的态度。"社会主义权利法案"对"权利法案"精神的继承并不是说明当代美国的民主已经完美无缺，更不是说美国的"社会主义权利法案"就天然地优越于其他国家的社会主义。"社会主义权利法案"继承并发展"权利法案"所倡导的民主的核心精神，并在社会主义条件下使其发扬光大。"社会主义权利法案"向美国人民作出承诺，在社会主义的美国人民不会失去言论自由、出版和宗教自由，在政治生活中也不会只有一个政党存在，美共珍惜美国人民已经得到的自由并且继续扩展它，新闻会比现在更民主、更自由。除了《权利法案》所规定的自由将得到保障之外，自由将被赋予新的含义，人民将不再失业、贫穷、失学以及受到歧视和压迫。总之，在"社会主义权利法案"中，人民将享有真实而具体的民主。

（七）关于争取和平的对外关系准则

美共自成立以来一直把维护世界和平、反对战争视为己任。美共新党章规定："美共为所有国家、民族之间的和平、合作而战斗，为所有的人民和国家免受美帝国主义和其他帝国主义势力的干涉，走自己的道路而战斗……美共提倡国与国之间的公平贸易，保护人民来之不易的成果，保护环境，提高劳工权益和经济发展，造福所有国家的劳动人民。"④ "二战"后美共反对

---

① Elena Mora：The Communist Party and the Winning of Socialism Political Affairs Nov. 1999，p. 13.

② SAM WEBB. Keynote to the 28thNational Convention of the Communist Party，USA http：// www. cpusa. org.

③ Political Affairs July 1999，p. 8.

④ Organization Department of CPUSA：CPUSA Constitution CPUSA-Online.

朝鲜战争、越南战争，他们的身影经常出现于人民的反战游行之中。20 世纪 60 年代中期美共恢复公开活动以来，一直呼吁缓和世界局势，追求维护世界和平，实施核裁军。美国共产党呼吁消除大规模杀伤性武器、原子化学生物武器的生产和储备。① 90 年代美共反对以美国为首的北约对伊拉克和南斯拉夫动武的行径，强烈谴责以美国为首的北约对中国驻南大使馆的轰炸，反对引渡米洛舍维奇到海牙受审的行为。

世界和平是关系到人类共同命运和前途的根本问题，维护和平是全人类的共同愿望和不可抗拒的历史潮流。美共主张与本国人民及一切主张世界和平的人士一道，反对霸权主义，维护世界和平。这符合全人类的利益，有利于美共力量的发展。鉴于当今参加和平运动和反核运动的力量极为广泛复杂，和平运动和反核运动都是以维护人类生存、安全和发展为目标的全民性和全球性的运动，美共在这一活动中注意到了避免机械地教条地照搬一些传统的策略方针，把反战、反核运动纳入无产阶级变革的轨道的做法，以免脱离群众，孤立自己，导致和平运动的分裂。

首先，要正确认识美共所提出的具有美国特色的社会主义理论与现实社会主义国家的社会主义理论之间的差距。我们要看到两者的共同点很多，如对马克思列宁主义的认同，对公有制的认同，对民主、自由、平等、公平、正义价值的认同，对走符合本国国情的社会主义发展道路的认同等。但是也应该看到，两者在不少重要问题上的认识是不一致的，如对实现社会主义的道路等认识存在一定差异，从而表现出各自的特点，这正是社会主义多样性的表现，这也印证了社会主义并不存在千篇一律的模式的道理。产生这种差别的根源，在于美国高度发达的生产力，发达的经济基础，悠久的资产阶级民主传统和独特的政治文化，以及特有的民族传统、风俗和习惯等。所有这一切都与现实社会主义国家有所不同，从而造成了对社会主义的构想、社会主义建设的主要任务，以及在社会主义的整个发展道路的理论和实践上的差异。笔者相信承认这些差距、正确认识这些差距，采取开放的态度对待这些差距，将为世界社会主义理论与实践的丰富与发展带来勃勃生机。

其次，美共对美国特色社会主义发展道路的探索是一个长期的历史过程，它不可能是一蹴而就的。美共独立自主地探索本国社会主义的发展道路的工作还处在起步的阶段，远未达到完备和成熟的程度，因此，过高估计美共社会主义探索的意义是不恰当的。美共对美国特色社会主义的种种认证和

---

① Communist Party of USA Calls for Elimination of all Weapons of Mass Destruction, http: // www.cpusa.org.

设想，还必须经过实践的检验和修正，并需要在实践中不断发展和走向完备与成熟。然而，忽视这一探索的积极意义同样也是不恰当的，对于美共来说，坚冰已经打破，航道正在开通，美共只要坚持把马克思列宁主义的基本原理同本国具体实际相结合，坚持走自己的路，就一定能推动美国社会主义运动的不断发展，并将对世界社会主义运动的复兴作出自己的贡献。

三　美国共产党的实践

在 2000 年 4 月的中央全会上，美共完成了领导班子的新老接替工作，年富力强的萨姆·韦伯接任党的主席。新的领导集体上任后，根据世纪之交的新情况，对党的建设进行了重大调整，特别强调加强俱乐部建设，增强党的组织基础等。同时积极参加选举，采取有力措施应对金融危机。目前美国共产党已处于从低谷中回升，并积极独立探索美国式社会主义道路的新阶段。其主要举措如下：

（一）强化俱乐部建设，夯实基层党组织基础

美共原著名领导人亨利·温斯顿生前非常关心基层党组织的功能和作用，他曾这样比喻道：积极的、与群众紧密相连的、不断壮大的俱乐部是我们党的黄油和面包，是我们以工人阶级领导的、拥有广泛基础的群众运动的主食。2002 年 6 月 30 日，美共现任主席萨姆·韦伯在美国共产党全国委员会俱乐部会议的报告上更是指出：我们将来的发展将取决于俱乐部工作做得好与坏[1]。俱乐部建设，作为美共党建的一项重要举措，其重要性被美共在 2005 年和 2007 年召开的俱乐部会议中反复强调。

1. 发展俱乐部，搭建党员活动平台

美共认为发展俱乐部的原因有两个方面，其一是壮大党组织的需要。美共认为美国是一个大国，在一个大国开展共产主义运动，客观上需要一个更大的政党来领导，但事实上美共没有足够的强大。因而，党需要建设更加强大、更有活力、更有广泛性的俱乐部，作为基层活动和斗争的政治中心。以此扩大党的影响，吸纳更多的新成员。其二是搭建党员交流思想和经验的平台。建立俱乐部真正意义在于给党员提供一个"有所去有所从的地方"、"挂帽子的地方"，作为一名党员活动的"首选的""最合适"的地方。在这个地方，斗争的经验可以得到及时讨论、评价和总结。在这个地方党员可

---

[1]　Sam Web：Report to national committee/conference on clubs. http：//www. cpusa. org.

以碰撞出新的思想火花，在这里可以制定决策以扩大党的影响，推进各项工作。

2. 俱乐部存在的主要问题是与群众运动缺乏密切联系

美共认为俱乐部存在的第一个问题就是差异性太大，缺乏一致性。这种差异性表现在方方面面：在人数上，从3人到30人不等。开会的次数上有的经常，有的一个月只有两次，有的偶尔开一次，有的甚至根本就没开过会；开会的质量上也参差不齐，有的周密地计划和安排，有的临时应付。从俱乐部的建设方面，有的俱乐部设有日常行政人员，而有的俱乐部连张椅子都没有。其次，俱乐部存在的一个主要问题就是缺乏坚强有力的领导，这个问题已经严重影响到一些俱乐部的凝聚力和战斗力。最后，俱乐部存在的最大的问题是，俱乐部作为基层群众组织本身与群众斗争，与工人阶级之间的关系不够紧密。俱乐部成员积极地参加到各种组织和运动中，特别是劳工运动中。但是俱乐部作为一种组织，没有把各个地区的斗争联系起来，使之相互支持促进，因而没有发挥"思想交流中心"的作用。大多数没有与当地的媒体取得沟通与联系。俱乐部没有充分利用自己的各种媒体，也没有对此做过多的思考，并没有像革命导师列宁同志所说的那样把它当做"运动的支架"来利用。

3. 加强俱乐部建设中的若干新举措

第一，明确职责，改变原有领导体制。俱乐部的原有领导体制不够合理，其表现为：一是领导层头重脚轻；二是大多数领导对工作投入不够。针对以上情况，美共作出新的调整。首先，建立俱乐部领导退休制，一般以一年为一个期限。其次，建立俱乐部领导基金。此项基金除了对退休领导作一些补贴外，还要用于订阅刊物，俱乐部主席参加会议，组织各项活动的经费也包括在内。再次，规定俱乐部主席的职责及俱乐部生活。原则上，每个俱乐部每月要作一次会议安排，执行会议每隔一周举行一次，这样做的目的是让俱乐部的领导有充分的时间来为俱乐部会议作准备。俱乐部领导的其他职责包括：为《人民世界周报》承担撰稿和发行任务；参加群众聚会；同其他组织开展交流；与社会活动家建立关系；参与有关媒体方面的工作；等等。

第二，建立制度，重视俱乐部工作。俱乐部作用要想充分发挥，必须强化制度约束。为此，美共从以下几个方面努力：其一，俱乐部主席要融入地方领导集体中，成为他们中的一员。更重要的是经常列席他们的会议，定期地同他们讨论俱乐部工作、俱乐部经验、俱乐部面临的新问题；建立俱乐部主席与地方组织者的定期会晤制，可以用电视电话系统确保公务繁忙的人也可以参加。其二，在每年举行的全国理事会会议日程中，加入每个地方向大会作报告的内容。报告的主要内容是地方组织的地位和作用，特别是俱乐部的地位和作用。其三，重新恢复每年召开一次的俱乐部会议，举行此会议的目的在于更好地让俱乐部适应时代的变化的需要，而不是总是按照过去的模式照抄照搬。

第三，加强教育，提高认识。在俱乐部集体的背景下，党的教育工作能够确立有益和积极的目的。教育工作的目的主要包括：创造一个环境，在这个环境中，俱乐部的成员不仅有机会了解现象，而且更重要的是能理解现象与过程及它们两者之间的联系；帮助俱乐部成员理解工人阶级的地位、政党的地位及其相互关系；理解政党（工人阶级先锋队）的眼前任务和长远任务之间的关系；让成员理解本地工人阶级、本国工人阶级同国际工人阶级之间的关系；让成员理解工人阶级及其政党是建立在科学理论的基础之上的，肩负着神圣的历史使命，让成员对无产阶级及其政党颠扑不破的真理坚定信心；培养成员的"革命乐观主义精神"，培养成员对国内外工人阶级利益的"无限的忠诚"。为了完成教育工作的目的，美共认为有必要建立"全国性学校"（The national school），每个俱乐部的成员都可以参加这个学校，在这个学校里成员可以获得"丰富的经验"。

第四，创新转变，重点突破。既然俱乐部存在以上种种问题，美共就要经过多次讨论研究，想出办法来改善它。主要是：其一，转变与创新。"关于俱乐部的问题最难的就是能想出一些具体的办法来改变和完善它，怎样能A到B"①。必须采取具体的步骤来改变它。在思想上，我们需要有"创新性、灵活性和尝试性"。在俱乐部的生活中，我们需注入更多"新鲜的内容"。这要求各个地区乃至全国的领导协同工作，互相帮助。其二，重点突破。建立几个新俱乐部或者改变几个现有的俱乐部，把它作为改革的重点，让它为建设其他俱乐部提供重要的经验。其三，另外一个重要的步骤（不是新作法）就是广泛利用媒体。首先就是办好《世界人民周报》，还要善于利用当地的媒体和互联网来促进思想的传播，促进组织的拓展。

基层组织的建设是党的战斗力、生命力的全部，是党在基层的战斗堡垒。俱乐部建设是美共从美国国情出发所开展的基层组织建设的一种形式。美共对此高度重视，认为俱乐部建设在党建工作中具有举足轻重的地位和作

---

① Elena Mora：Report to national committee/Communist party clubs as organizing centers grassroots struggle：how to get here for there. http：//www. cpusa. org.

用。美共副主席、劳动委员会主席斯格特·马歇尔对俱乐部在党建中的重要性作过这样的评价"更确切地说，在党的基层我们可以把具体的任务集中在俱乐部上，进一步扩大其影响，作为工人阶级斗争策略的核心"①。对于俱乐部建设与党的建设二者的关系，美共组织书记艾伦·默说"一句话，我把党建的目标概括成这样：建设一个更大、更有组织性的政党，它由许多积极的、充满活力的俱乐部组成，这些俱乐部致力于工人阶级运动的开展，致力于当今的阶级斗争之中"②。

（二）参加大选彰显实力

进入 21 世纪，美国共产党积极参加国内大选。在美国共和、民主两党之间，美共弃共和党，选民主党，这一选举政策的制定与其对两党的认识有关。美共认为，共和党和民主党都是代表垄断资产阶级利益的政党，两党在意识形态上、在本质上并没有根本性的区别。但共和党是右翼政党，是民主和工人利益的大敌，两恶相较取其轻。如在 2000 年 3 月美共机关报《人民世界周刊》明确提出这样的观点，我们对两个资产阶级的政党都无好感，但我们要掌握斗争策略，善于分清并利用统治阶级内部的、哪怕是细小的不同或分裂，相对说来，"共和党法西斯倾向更强，更愿意对工人阶级和受压迫种族实施更严厉的镇压性政策"，因此，反对共和党，"击败较大的威胁，可以为我们反对所有压迫者，为我们社会主义事业的斗争赢得较好的处境"。针对 2004 年大选，美共于 2003 年 6 月 28 日至 29 日在纽约召开了中央委员会，提出"今后 17 个月工人阶级及其同盟军最急迫的任务是在 2004 年选举中，结成广泛的人民联盟以击败布什和极右翼"，一切活动都应服务于这项中心工作。

1. 强化组织与领导

第一，美共组建了选举委员会，与美共政治行动委员会一道构成强有力的专门领导班子。在选举进行的过程中，美共中央的领导人还经常到各地巡视，指导选举工作。

第二，美共号召各俱乐部和共青团组织发挥战斗堡垒作用，在选举活动中体现出共产党和共青团的领导和骨干作用。

第三，确定了明确的选举政策，包括纲领、任务和基本斗争方法等。纲

---

① Scott Marshall：Report to national committee/conference on clubs. http：//www. cpusa. org.

② Elena Mora：Report to national committee/Communist party clubs as organizing centers grassroots struggle：how to get here for there. http：//www. cpusa. org.

领就是"建立最广泛的人民联合阵线，击败布什和极右翼"。目标是：让共和党在总统选举中失败；在参众院及各级地方选举中，将尽可能多的能代表工人利益的人选进去；此次美共有四位同志参加地方职位竞选，要确保获胜。美共在这次选举中担负的任务主要是：揭露布什和极右翼的帝国主义本质及其反工人的目标；揭露以布什和极右翼为核心的种族主义；鼓动和唤起那些被剥夺公民权的人及那些犹豫者、旁观者，投入到选举斗争中来；使击败布什的斗争变成为在我们国家建立人民政府必须要走的一步；我们开展的工作要有利于建成强大的共产党和共青团。最基本的斗争方法是与以劳工为核心的民主阵线一起战斗。具体斗争策略上，提出必须汲取 2000 年失败的教训。争取每一张选票，争取所有州的胜利，同时做好重点区域和重点人群的工作。重点区域是中西部的战场州，即竞选斗争最激烈的州，如俄亥俄州、佛罗里达州、威斯康星州和明尼苏达州等（美共专门制定了"中西部计划"，由美共副主席、劳工委员会主席斯考特·马歇尔负责，并筹措了45334.51 美元的活动经费）。重点人群是工会成员、非裔、拉丁裔、妇女等，力争使他们的选民比 2000 年再提高 5%。以上这些方面工作为美共的选举斗争提供了强有力的组织保障和明确的思想路线指导。

2. 建立最广泛的反布什及右翼的阵线

号召各俱乐部和所有党团员务必要与其他组织结盟，与其他组织的成员一道，挨门挨户去做选民的说服、登记工作，并在选举日当天，将选举人引领到投票箱。结成反右翼的选举阵线，这一方法在 2000 年大选时，美共已提出并采用，但在 2004 年添加了新内容。这表现在：第一，阵线更广泛。2000 年虽提出了团结和联合一切左翼和中间力量，组成广泛的多种族劳工和人民的选举阵线，但主要还是左翼力量，如工会及其他工人组织、少数民族等。2004 年美共明确指出，要建立所有受现政府伤害的全体美国人民的联合阵线，包括劳工、非裔、拉丁裔、其他受种族压迫者、妇女、青年、老年人、环保主义者、和平主义者、同性恋者、宗教人士、网络精英、艺术家和初次选举人等，就是说只要反对布什和共和党右翼，那就是同一个战壕的战友。第二，对这个联合阵线的地位和功能认识更清，定位更准。2000 年提出的左翼及中间力量的联盟，主要就是个临时选举阵线。而 2004 年美共已明确提出了"在建立广泛统一战线中建设党"的思想，认为"建立了这个左翼为中心的联盟，我们的党和共青团就变得更有基础。扎根于广泛基础之上的众多俱乐部更有潜力，使我们党成长为一个大的群众性组织，在更大程度上影响我们的事业"。这说明美共已清楚地认识到了这个联合阵线与美共建设乃至社会主义运动的内在关联和深远意义。

3. 注重媒体宣传

现今世界早已不是"默默耕耘",光做不说便能成功的时代了,尤其是对于美国总统大选这样最终结果紧紧牵系在民众意见和倾向的事情上。媒体因其声音的扩大器、社会事实的放大镜和政治人物的表演台的作用,早已成为影响美国总统大选最终结果的重要力量。鉴于此,美共在2003年6月就指出,"报纸是我们戳穿布什和极右翼政府谎言及其对人民蛊惑的最好工具"。因此,"我们应从战略意义的高度用好我们的报纸"。基于上述认识,美共一方面在机关报《人民世界周刊》及《政治事务》和共青团的《动力》杂志上连续组织选举专辑,另一方面要求各俱乐部和党团员尽力开拓销售渠道,扩大发行量,以揭露布什及右翼的阴谋,为普通民众排忧解惑,在选举斗争中发挥了非凡的作用。此外,美共还出版了许多有关选举斗争的小册子,如《联合起来,击败布什》(发行2万份)、《美共2004年选举纲领》(发行1万5千份)、《击败布什的十大理由》(发行3万份)、《改变国会》、《医疗保险属于所有人》、《利益面前的人民和自然》等。还在美共网站上发表相关文章,如《共和党人压制黑人选举:一个种族主义的阴谋》、《为什么拉丁裔人要打倒布什》等①,在宣传共产党的主张,教育说服美国民众上起到了重要作用。

(三) 金融危机与美共的应对

美国金融危机来势汹汹,企业大量倒闭,失业率居高不下,经济普遍萧条,经济总量与经济规模大幅缩水,美国经济增长受到沉重打击。美共认为当前美国面临的金融危机根源于由自私贪婪的新自由主义主导的、由次贷危机所引发的长期的金融化。美共网站刊登了美共主席萨姆·韦伯题为《金融与眼前的危机:危机如何发生?出路何在?》的文章,该文深刻地分析了金融化的利弊及其对美国经济所造成的各种影响,面对当前严峻的危机形势及共和民主两党在此问题上的分歧,韦伯号召美国人民积极地参与到当前的斗争中来。韦伯认为,要解决当前的金融危机,就应该从罗斯福新政中汲取灵感和力量,变革新自由主义的经济治理模式,以更好地反映美国社会各阶层人民的利益。

1. 选举民主党总统候选人巴拉克·奥巴马上台执政

韦伯认为当前美国资本主义正经历着一场大规模的思想意识、政治和经

---

① Joelie Fishman:Build the Party Build the Coalition,http:www.cpusa.org.

济上的失败，但金融化、由金融化引领的全球化以及新自由主义仍然没有走到尽头，其未来也是极不确定的。就思想意识本身的发展历史来看，错误的思想意识及其实践从来不会主动地退出历史舞台。这必须依靠外力的推动，由一个具有广泛性的、来自基层支持的、新的政治联盟来推动，这个联盟应该采取统一的行动，同时要制定出一个代表人民利益的替代方案。美共正是这个联盟中的一员。

这个联盟要采取必要的行动，要以一种压倒性的优势来选举民主党候选人奥巴马和参众两院中的绝大多数民主党议员上台。韦伯热切地希望美国人民积极地参与到这个行动中来。同时通过宣传活动让美国人民明白，这次选举因为近期金融危机的爆发，其重要性是在以指数方式增加的。从另一个角度也让美国人民明白，美国金融市场的危机是对这个虚弱的资本主义体系沉重的一击，击碎了美帝国主义希望在 21 世纪保住其无可匹敌的霸权的美梦。伊拉克的灾难、对全球新自由主义的普遍愤怒、在全球几乎每个地区都出现了新兴的全球大国——首先是中国，所有这些因素联系起来，都显示出美帝国主义霸权的危机进入了一个新的阶段，也即是单极世界的最后一程。

2. 采取新的经济治理模式

对于联邦政府高达 7000 亿美元的庞大救市计划，韦伯指出这并不是社会主义，其实质是寄生性的国家垄断金融资本主义，也可说是不受控制的牛仔—赌博资本主义。

韦伯指出，美国人民及其在国会中的朋友正面临着最严峻的挑战。在近期，必须采取一些措施来恢复金融市场的有序运行，恢复美国经济的活力，最重要的是改善美国人民的生活条件。从长期来看，韦伯指出要建立一种在国家和企业层面上的新的经济治理模式，重新调整政府和企业的角色及其功能，以使之有利于劳动人民、那些处于受压迫地位的少数族裔和土著居民、妇女、青年以及其他的社会群体。

韦伯认为，一个新的经济管理模式应该吸取罗斯福新政的经验，它首先要同当今的现实和美国劳动人民进步的政治经济要求相适应。尽管这并不是社会主义，但是它将会挑战资本主义代理人的权力及其行为；它坚持和平与平等原则，主张由国家接管能源及金融综合体，实现经济社会的非军事化和绿色化。大萧条促使富兰克林·D·罗斯福及其顾问们重新调整了国家的角色及其功能，以照顾到普通美国人民的利益。美国人民应该从中汲取灵感和力量，走一条与此相似的路子。

第十六章　加拿大共产党的历史、
理论与现状

加拿大共产党简介

加拿大共产党成立于 1921 年 5 月 28 日。成立之后曾长期处于非法状态。1936 年，加共派遣 1200 名志愿者赴西班牙参加法西斯斗争，并和美国共产党一起派遣白求恩大夫到西班牙和中国解放区工作。1943 年取得合法地位，积极推行全力支援反法西斯战争、工人不罢工的政策。1947 年党员人数得到较大增长，达到 2.3 万人，两名党员先后当选国会议员，并在一些省议会获得议席。1946 年加共开始遭到镇压，1950 年议席丧失殆尽，在工会中的领导地位也被削弱。冷战期间，加共参加了历届大选，但得票率均在 0.1% 之下。1992 年，加共发生分裂，前总书记乔治·休伊森和部分中央委员加入了从事社会科学教育的全国性非政治团体——塞西尔罗斯学会（Cecil Ross Society）。以米格尔·菲格罗亚为首的部分党员组成了现加拿大共产党（仍沿用旧名）。1992 年 12 月召开加共三十大，米格尔·菲格罗亚当选为总书记。2005 年，重建的加共内部又一次面临了分裂的危机——魁北克共产党的分裂。

2001 年 2 月，加共三十三大通过题为《加拿大的未来是社会主义》的新纲领。2004 年 1 月，加共三十四大对该党党章进行了修订，根据新党章，加共是致力于社会主义事业的、马克思列宁主义的工人阶级政党；党坚持民主集中制的组织原则，准备为实现工人阶级的国家政权和社会主义加拿大而努力奋斗。该党未公布党员具体人数。

加共领导的青年组织为加拿大共产主义青年团（The Communist Youth League of Canada），党报为《人民之声报》（People's Voice），现任领导人是米格尔·菲格罗亚（Miguel Figueroa）。

网址：http://www.communist-party.ca

加拿大共产党（以下简称"加共"）成立于 1921 年 5 月 28 日，是一个具有光荣革命斗争传统的马克思列宁主义政党，迄今已经走过了 92 年的峥嵘岁月。在长期的革命斗争中，加共曾经多次遭到统治阶级的反对和迫害，但是它始终坚定地捍卫马克思列宁主义，坚持无产阶级政党的基本原则，高举和平、民主、主权和社会主义的旗帜，为在加拿大实现社会主义进行着不懈的努力与艰辛的探索。

一 加共的曲折发展历程

（一）加共的建立与早期活动

加共成立于 1921 年 5 月 28 日，加共的诞生是马克思主义与加拿大工人运动相结合的产物，顺应了近代加拿大社会发展和人民斗争的需要。它自成立之日起，就为自身的生存和发展，为加拿大工人阶级的利益，为争取世界和平和人类的美好未来开始了艰难的抗争与探索。加共领导加拿大工人阶级反对资产阶级及其政府的斗争，积极争取人民群众的民主权利的斗争，反对法西斯主义的英勇行为，在加拿大历史上乃至人类历史上写下了光辉的一页。

1. 加共的建立

和其他资本主义国家一样，加拿大的近代社会主义运动，也是资本主义发展的直接结果。随着贯穿整个 19 世纪的加拿大资本主义工业的发展和对西部地区的成功开发，马克思主义思想也在工人阶级中迅速传播。20 世纪初，加拿大出现了一些独立的工人阶级政党组织，他们积极组织领导工人罢工，要求集体谈判的权利，要求摆脱资产阶级政党的影响而独立参加各级政府的选举，甚至提出了暴力革命和无产阶级专政的主张，在思想上达到了前所未有的高度，这是加拿大工人运动对社会主义的早期探索。工人阶级政党的积极政治活动，扩大了社会主义思想在加拿大的影响，为加共的诞生奠定了初步的基础。

在第三国际的推动下，在不断高涨的加拿大工人运动和社会主义运动的影响下，分属美国统一共产党和美国共产党①的加拿大籍共产党员逐步清楚

---

① 第一次世界大战后，美国社会党内部发生分裂，其左翼脱离社会党，分别于 1919 年 8 月 31 日、9 月 1 日成立了以约翰·里德为首的美国共产主义劳工党和以查尔斯·鲁登堡为首的美国共产党。两党都表示赞成共产国际的路线，并且都加入了共产国际。为了使美国共产主义运动中革命力量统一，共产国际执委会认为这种分裂是不必要的，而是应该尽快地统一起来。因此，共产国际执委会召集两党代表共同商讨，制定了一份统一协议。但两党并未立即执行。1920 年 5 月，美国共产党部分党员先与美国共产主义劳工党 （转下页注）

地认识到了建立一个统一的加共组织的必要性。根据共产国际第一次代表大会提出的将"团结分散的共产主义力量，建立统一的共产党"的要求，1921 年 5 月 28 日至 29 日，全加拿大 650 名党员中的 22 名代表（其中包括一位共产国际的代表 C·哈里森），在安大略省奎尔夫市郊秘密举行了一次代表会议，宣告"统一的加共"正式建立，大会选举汤姆·伯比为党的总书记②，党的最高权力机构是中央执行委员会。大会通过了党章、党纲，并承认共产国际在领导、组织世界工人运动方面所作出的杰出贡献，决定接受加入共产国际的二十一项原则。1924 年加共正式加入共产国际，成为"共产国际加拿大分部"。

2."二战"时期的主要政治活动

20 世纪三四十年代，加共积极投身于反法西斯斗争中，为人类的和平事业作出了杰出的贡献。它所进行的广泛斗争也使党逐渐树立了威信，在政治领域扩大了自身的影响，并吸引了广泛的工人群众和同情者，党员人数迅速上升。1939 年，党员人数达到 1.6 万人。"二战"结束时，党员人数增长至 2.3 万人。这一时期加共的政治活动主要有：

（1）支持和参与反法西斯的正义战争

在 1936 年西班牙内战期间，加共动员了加拿大民主社会中一切最优秀的力量去支持西班牙的民主政府。1936 年 9 月，党的总书记蒂姆·布克参加了在马德里举行的共产国际会议，此次会议决定向世界民主力量呼吁，要他们成立组织支持西班牙民主政府的事业。加共联合加拿大的各民主力量成立了全国援助西班牙民主政治委员会，并组建了加拿大志愿营在国际纵队中与所有国家的民主力量的代表们并肩作战。当时加共党员诺尔曼·白求恩志愿组织并领导的战地输血服务队很快就投入到援助西班牙人民的队伍中，并随后于 1938 年率医疗队来到中国解放区，援助中国人民的抗日战争，这是加共在反法西斯战争的岁月中谱写的光辉篇章。

（2）积极争取人民群众的民主权利

1940 年 6 月，加共为了配合苏联对德国的和平政策而反对加拿大联邦

（接上页注①）联合组成美国统一共产党。1920 年 8 月、9 月，执委会的两次会议决定限令美国统一共产党和美国共产党两党合并，但统一仍未实现。1921 年 3 月，执委会再次召开有两党代表参加的会议，认为两党拒绝合并就等于是一种反对共产国际的行为，如果两党在共产国际第三次代表大会（1921 年 6 月）之前还不合并，共产国际执委会就建议两党代表不得出席大会。1921 年 5 月 15 日至 30 日，美国共产党和美国统一共产党经过多次谈判，终于在纽约州渥斯托克召开了统一代表大会，实现了合并，组成以 C.E. 鲁滕堡为执行书记的美国共产党。

② 中共中央对外联络部编《各国共产党总览》，当代世界出版社，2000，第 575 页。

政府对德战争的宣传，被政府宣布为非法组织并遭到逮捕。那些没有被拘留起来或被迫转入地下工作的共产党员，一方面积极奔走，全力以赴地争取营救被押的共产党员，另一方面继续为争取广大人民群众的民主权利而斗争。

（3）积极参加各级政府的选举活动

"二战"期间，加共积极参加各级政府的选举，致力于使政府能够代表民主的、进步的大多数加拿大人的利益和愿望，为维持世界和平和促进加拿大的经济社会发展而努力。1940年3月，来自萨斯喀彻温省的多拉斯·卫·尼埃尔森在联邦选举中被工人选进下议院，成为加拿大议会中的第一个共产党员议员。继多拉斯·卫·尼埃尔森在下议院当选之后，威·艾·卡戴施于1941年当选为马尼托巴省议会的议员。1943年8月4日，杰·比·塞尔斯伯格和爱·尔·迈克尔劳德分别当选为安大略省议会议员和多伦多市行政区委员。几天后，弗莱德·罗斯赢得了蒙特利尔—卡特尔联合行政区的替补选举。共产党在联邦和省级选举中取得不小的成绩以后，紧接着在市一级的选举中也表现斐然。[①] 在1945年6月举行的联邦选举中，加共仅在67个议席上进行竞选，但还是有11万人投票支持加共，这一事实说明加共在当时获得了一种强有力的民主舆论的支持，它已经在工人运动中有了一定的政治影响和地位，逐步成为一个在加拿大立法制度中被考虑在内的力量。

（二）冷战时期加共的艰难处境与可贵探索

从"二战"结束到苏东剧变长达40多年的冷战时期，加共遭到国内反共势力的残酷镇压，处境极其艰难。如果说战后加拿大政府在经济领域积极地鼓励和加强与美国的联系，使加拿大经济日甚一日地依赖于美国市场和资本的话，那么在外交领域其对美国的追随则是有过之而无不及。随着冷战格局的形成，加拿大便身不由己地卷入了美国领导的在全球"遏制共产主义扩张"的潮流之中。

冷战时期，加拿大政府视共产主义为洪水猛兽，反共产主义的宣传达到了顶峰。它把东欧、亚洲、拉美的民族解放运动与世界社会主义运动混在一起，不加分析地相信美国政府的宣传，把民族解放斗争视为"世界共产主义的阴谋"。结果导致许多加拿大人认为东欧国家和中国走上社会主义道路是"共产主义在世界上危险扩张"的结果，对加拿大造成了威胁，并要求

---

① Canada's Party of Socialism, History of the Communist Party of Canada 1921 – 1976, Progress Books Toronto, 1982, pp. 139 – 141.

政府与其他西方国家尤其是美国进行合作,共同遏制共产主义在世界范围内的传播。1950年,加共的议席丧失殆尽,在工会中的领导职务均被剥夺,所领导的少数几个工会也被逐出工会联合组织。1952年,魁北克省发生了几次大罢工,魁北克省总理借机指责纺织工人罢工领袖是无政府主义者和共产主义革命者。结果,1953年魁北克省政府出台了第19号和第20号政府令,禁止共产党人担任地方工会的领导人。

在这种白色恐怖气氛中,保守的美国国际工会也开始在40年代末和50年代初清洗加共在加拿大工会分会中的影响。这一时期,加拿大"平民合作联盟"①也加紧展开了与加共争夺工会领导权的运动。他们利用政府、工商业界和资产阶级媒体充满"冷战"心理的机会,以共产党反对朝鲜战争为借口发起了一个把共产党从产业工会中驱逐出去的运动。没有驱逐共产党的工会被排斥在工会运动的大门之外,它们在工厂和公司中的合法地位则被新的工会所取代。一时间,加共处于孤立无援的境地。

60年代末70年代初,面对贫困、种族冲突、核武器竞赛和美国侵越战争,在北美地区兴起了一股"新左翼"思潮。许多出身于中产阶级的"新左翼"成员对战后工人阶级的状况较为同情,以示威、游行和室内静坐等形式表达革除社会弊端的愿望。他们重新组成了民主社会主义或共产主义组织,把工人阶级置于革命的中心,在蓝领工人中进行宣传,帮助他们组织起来。在这一运动中,加共发挥了重要作用。然而,由于集体谈判制度妨碍了多数工人与本行业以外的工人团结起来,工人阶级当时很少举行同情罢工。总体上讲,虽然当时的活动对工人阶级产生了一定的影响,但是在工人阶级当中并没有出现共产党所期待的战前的那种高涨的阶级觉悟。②

70年代,国际紧张局势有所缓和,加拿大与苏联的外交关系得到明显改善,产生了有利于加共活动的条件。1965年建立的魁北克共产党,作为加共组成部分的一个独立组织,在魁北克省的范围内独立自主地确定自己的政策,这对于提高党的工作水平以及扩大共产党在这一地区的影响有着重要

---

① 平民合作联盟,是1933年8月26日成立的加拿大历史上第一个统一的、旨在问鼎全国政权的民主社会主义性质的政党。平民合作联盟早期思想比较激进,主张"和平长入社会主义",实行计划经济和国有化。1956年平民合作联盟的《温尼伯宣言》对这一思想予以了修正,提出了改良主义性质的民主社会主义思想。1961年,加拿大新民主党成立,平民合作联盟正式解散。

② 参见李巍《加拿大工人运动史研究(1800~1990)》,山东大学博士学位论文,2000,第72~75页。

意义。这一时期，加共还积极从事选举活动，加共的一些候选人进入了少数城市的政府教育机构。[①] 加共还是不断增长着的反战运动中的最积极和最有影响的力量之一。他们拥护禁止核试验、冻结核武器库和完全销毁核武器的号召，力争使加拿大退出北大西洋公约组织和北美防空联合司令部，削减军事开支，使军工生产转变为和平生产；谴责把军备竞赛转向宇宙空间的美国计划和在加拿大领土上试验美国巡航导弹；加共提出的使加拿大成为无核武器地区的口号得到了全国人民的广泛响应。进入 80 年代，随着工人运动转入低潮和现实社会主义国家遭遇改革的困境与挫折，加共在社会中的影响开始减弱。

（三）苏东剧变后加共的两次分裂

苏东剧变的发生，对加共产生了重大的影响，党内思想出现混乱，一些不坚定分子纷纷退党或自行脱党，党自身的生存面临着严重的威胁。为了克服党内出现的分歧，加共作了不少努力但收效不大。特别是在 1990 年 10 月召开的第二十八次代表大会上，党内两派在党的未来发展方向、党的革新和作用、党的选举政策和组织原则以及从苏东剧变中应吸取的教训问题上产生了尖锐的分歧。当时任总书记的乔治·休伊森在内的加共部分领导人认为，苏东剧变表明共产主义和社会主义已"走进了绝路"，他们主张将加共转变为改良主义和社会民主主义性质的组织，并取消加共；安大略省部分党员反对总书记乔治·休伊森等改革加共的主张，坚持加共传统的纲领主张，因而一大批党员干部被开除了党籍。[②] 1992 年 6 月，党内对立的两派通过谈判划分了党的资产并宣布各行其道。加共的前总书记乔治·休伊森和大部分中央委员侵吞了党的大部分资产并加入了一个以原加共总部所在街道命名的从事科学教育的全国性非政治团体——塞西尔罗斯学会（Cecil Ross Society）。同时，魁北克法语区重建了魁北克共产党（隶属而又相对独立于加共），其党员人数估计有数百人。同年 7 月，原加共一些老资格领导成员和部分地方党组织表示，要继续沿用"加共"这一名称，重新恢复党的组织及其纲领和政策。坚持马克思主义立场的一派于同年 12 月，召开了加共第三十次全国代表大会，批判了乔治·休伊森的"改革主义"路线，选出了以米格尔·菲格罗亚为党的总书记的新的中央委员会和中央执行委员会，创办了《人

---

① George Hewinson, The Hard but Necessary Task of Renewal, in World Marxist Review, V. 32, 1989, pp. 3 - 7.

② 中共中央对外联络部编《各国共产党总览》，当代世界出版社，2000，第 569 页。

民之声报》以取代旧的党报《加拿大论坛报》，其在魁北克省的党组织——魁北克共产党周期性地出版理论刊物《火星》。这样原来的加共一分为二。然而，加共在此次分裂后力量受到极大的削弱。加共在剧变前约有3000名党员，一分为二后，仍沿用原名的重建党不足1000人。[①] 重建的加共重申，加共是建立在马克思列宁主义科学原理之上的加拿大工人阶级的革命政党，继续坚持"民主集中制"、"无产阶级国际主义"和"批评与自我批评"原则，努力捍卫"民主"和"社会主义"，"实现社会主义的加拿大"，"用社会主义经济体制取代加拿大的资本主义经济体制，彻底解决现行制度内部的所有矛盾和危机"。[②]

2005年，重建的加共内部又一次面临了分裂的危机——魁北克共产党的分裂。分裂的苗头始于2004年11月中央执行委员安德烈·帕里佐和其他6位中央执行委员之间的大辩论。帕里佐提议对2001年加共第三十三次代表大会通过的党纲《加拿大的未来是社会主义》进行修改，号召党扩大对魁北克民族主义者的支持。加共一直以来支持魁北克法语区民族的"民族自决权，直至包括分离权"。但是，它不支持加拿大的分裂，而是主张加拿大土著民族、魁北克法语区民族和英语区加拿大民族在平等、自愿联合的基础上争取一个新的、民主的宪法。因此，帕里佐的主张立即遭到多数党员的反对，被认为是典型的狭隘的魁北克民族主义的表现。中央执行委员会以7:1的表决结果（在投票中，仅帕利佐独自一人投了赞成票）否决了帕利佐的提议，魁北克共产党的民族事务委员会也以4:2的表决结果反对帕里佐的修改提议。

2005年1月，帕里佐给魁北克共产党党员写信，声称魁北克共产党正面临着一场危机，他把反对他的四个中央委员称为"四人帮"和"亲联邦主义阵营"的一部分，并单方面开除四个中央委员的党内职务。而"四人帮"则请求党解除帕里佐的党内职务，并对其分裂党的行为展开调查。同年4月，魁北克共产党召开大会，帕里佐及其支持者决定成立新的全国执行委员会，并于6月退出加共，指责加共犯有严重的"民族沙文主义"错误。与此同时，加共中央执行委员会在2005年4月27日作出决议，以"宗派主义活动和右倾机会主义路线"为名开除帕里佐等人的党籍，并禁止他们使用魁北克共产党的名称。此外，加共继续在魁北克省展开积极活动，并在魁

---

① 肖枫主编《社会主义向何处去——冷战后世界社会主义运动大扫描》，当代世界出版社，1998，第700~701页。

② 中共中央对外联络部编《各国共产党总览》，当代世界出版社，2000，第570页。

北克省创办报刊《清澈》。直至今日，双方都坚称自己才是党组织的唯一合法代表。[①]

二　加共走向社会主义的理论主张与路径选择

从资本主义向社会主义过渡，是人类社会发展的总趋势，尽管当代资本主义发生了重大的变化，但资本主义的实质并未发生改变，人类社会走向社会主义的总趋势不会终止，世界社会主义的复兴将是历史之必然。不过，世界社会主义的复兴绝不会是简单的重复，这就意味着全世界共产党人应站在新的历史基点上结合本国实际，解放思想，以新的目光审视和探索走向社会主义的道路问题。苏东剧变之后特别是进入 21 世纪以来，正是在对新的国际国内形势分析的基础上，加共提出了未来社会主义社会的理论构想，并为在加拿大实现社会主义道路进行着积极的探索。

（一）未来社会主义社会的原则与基本纲领

1. 未来社会主义社会的基本原则

加共认为，社会主义是把人民的需要和愿望放在首位，把人民的利益放在利润之上，能够利用科学和技术革命的好处造福于所有加拿大人，而不是让少数人发财致富和发动战争的社会。加拿大未来的社会主义社会必须是：

第一，建立在高度发达的生产力基础之上。加共指出，与前苏联和其他社会主义国家初期的情况形成鲜明对照的是，加拿大的社会主义将会在高度发达的经济基础和技术基础上建设，拥有受过良好训练和教育的工人阶级、发达的基础设施、宝贵的自然资源以及形式多样的第二产业和第三产业。这些实际情况加上从早先社会主义国家建设中汲取的正反两方面的经验教训，将有可能为建设社会主义的加拿大奠定广泛而坚实的基础。

第二，主要生产资料归社会共同所有，消灭剥削。加共认为，在社会主义的加拿大，主要的生产资料和分配的财富是整个社会的共同财产，在未来的社会主义社会，对劳动者的剥削将被废除。起因于资本主义剥削的匮乏、贫困、无安全感和歧视将会结束；社会主义的国家将有计划地组织生产和分配，推翻资产阶级的统治并扩大民主，从而使工人阶级的创造力转向建设新的社会主义社会；生态退化将被制止，并将采取有计划的方式处理人类生活与自然环境的关系；社会主义的发展，将为共产主义（无阶级社会）奠定

---

① 余维海：《冷战后的加共》，《天津师范大学学报（社会科学版）》2009 年第 6 期。

真正的基础。在这个社会里，正如马克思和恩格斯在《共产党宣言》中所阐明的："代替那存在着阶级和阶级对立的资产阶级旧社会的，将是这样一个联合体，在那里，每个人的自由发展是一切人的自由发展的条件。"①这在历史上将是第一次。

第三，建立一个以团结、平等和解放为基础的新社会关系。一个阶级对另一个阶级的剥削被废除，这是建设一个保证人权的新社会的必要条件。社会主义不仅会从根本上改变社会的基本制度，社会主义社会还会最终改变日常人际关系的基调，逐步增强人们的才智和实现团结一致的能力。人们将开始越来越直接地集体掌管自己的事务。用马克思的话说，劳动"已经不仅仅是谋生的手段，而且本身成了生活的第一需要"②。在社会生活中，人们往往会变得不那么消极冷漠和喜欢竞争，而是富有批评思想和合作愿意。崭新的人民最终会出现，摆脱盲从和偏见，生活在一种人道、友好的气氛中。为社会和个人利益的创造性劳动，将是一个加拿大社会主义公民的特点。他们将建立人类数百年来一直梦寐以求的共产主义社会——一个以充裕的物质和精神财富为基础的无产阶级社会。在这个社会里，国家将会消失，人们将各尽所能，按需分配。

第四，与所有其他国家的关系将遵循平等、和平、友好、公开外交、文化和科学交流以及互惠贸易的原则。

2. 加拿大社会主义社会的基本纲领

（1）在经济上，实行生产资料的社会所有制和社会主义计划经济

在未来的共产主义社会，社会产品的分配原则将是"各尽所能，按需分配"③。因此，在加拿大要实现真正的人民统治，就必须控制加拿大的经济。它的基础是通过生产资料的社会公有制，有计划、平衡和按比例发展经济。为此，加共指出，必须在涉及国家经济的金融和工业部门、土地、资源以及交通和通信等领域制订保障社会所有制的法律；取消资产阶级以利润、租金、利息以及寄生性投机形式施加的重赋；消除军工生产、战争、经济危机、过度生产、消费品的有计划淘汰、失业、激烈竞争和竞争性广告等造成的巨大浪费，把以前浪费的大量资源由社会支配。

加共认为，在向社会主义过渡的进程中，在规定的条件下，某些资本主义的所有权和生产方式将继续经营一段时间。加拿大人民自己将根据具体情

---

① 《马克思恩格斯选集》（第1卷），人民出版社，1995，第294页。

② 《马克思恩格斯选集》（第3卷），人民出版社，1995，第12页。

③ 《马克思恩格斯选集》（第1卷），人民出版社，1995，第307页。

况决定对没收大资产阶级的财产的补偿。社会的生产将按计划进行，以满足人民不断变化的物质和文化需要，同时停止和扭转资本主义制度下造成的环境退化和破坏。社会主义的经济计划，将采用最新的科学技术并依靠劳动人民的创造力，提供充分就业，消除加拿大各地区之间的发展不平衡。在社会主义制度下，创造社会财富只有一个目标，那就是促进人民的利益，提高生活水平，改善和扩大社会服务。

（2）在政治上，建立一个工人阶级及其同盟掌握国家政权的多党政府

加共认为，虽然目前还不可能肯定地预知社会主义的加拿大将采取何种具体形式，但是，未来设想的加拿大社会主义国家应包括以下内容[①]：

①建立一个由各种政治力量组成的多党政府。这些政治力量一致同意实现和建立一个社会主义社会。在这样的多党政府里，所有愿意参加社会主义建设的政党都将作出自己的贡献，反对党如果遵守法律和社会主义宪法，也可作出积极的贡献。

②虽然资本主义准备了物质上的先决条件，但是社会主义并不是自动地出现的，是必须在破旧立新的长期斗争中建设的。在取得国家政权之后，将由工人阶级承担起组织和领导加拿大逐步向社会主义过渡的任务。

③现在还不能说这个历史进程必须经过什么阶段，或者它只会前进，不会倒退。社会主义建设的进展将取决于加拿大工人阶级和普通民众的民主意志和阶级斗争，也取决于资本主义剥削者抵抗的程度以及国际形势。

④社会主义政府必须以一个新的社会主义国家取代旧的资本主义国家。它将有责任实施加拿大社会主义共和国的宪法和法律，维护人民的统治地位，保护社会主义财产以及个人权利和个人财产，以便为劳动人民的利益改造加拿大经济和整个社会。

（3）在社会民主方面，以保障和扩大人民的各项社会民主权利为重点发展社会民主

加共指出，在社会民主方面，将宣布人民的各种权利，并充分提供每个人行使这些权利的方式。总的来说，集体权利将得到保护和促进，加拿大人的个人基本权利也将得到充分保障。这些权利包括：第一，必须保护民主决策权；第二，保证言论自由、新闻自由、结社自由和集会自由；第三，依法保证每一个加拿大人的工作权利；第四，保障妇女、儿童、青年等的权利；第五，保障少数民族和种族群体的权利。

---

① Canada's Future is Socialism！Program of the Communist Party of Canada，http：//www. parti - communiste. ca/？page_ id = 17.

（4）在民族政策上，以承认民族自决权原则为基础，保证各民族的自由、平等

加拿大包括一百多个大小民族①，每一个民族都是历史上形成的群体，形成的基础是共同的语言、地域、经济生活和在共同文化中表现出来的民族意识。各民族通过暴力的历史进程及和平的历史进程，或同时通过这两个进程出现或消亡。它是一个动态的进程，在每一种情况下，各民族的发展道路都是特别的、不同的。因此，加共主张争取以民主的方式解决民族问题，需从以下三个方面入手：第一，以了解并尊重各民族之间客观存在的差异为前提，纠正历史上的错误政策。第二，承认民族自决权，甚至从联邦中分离的权利。第三，彻底地解决加拿大的民族问题，还需要制定一部真正民主的充分保障各民族权利的宪法。

（二）加拿大现阶段的革命性质与主要任务

正确认识自己国家的社会性质、社会发展阶段、各阶级状况及社会的主要矛盾，是各国共产党探索并进行社会主义革命的客观前提。为此，加共详细地阐述了加拿大当前的社会性质与主要矛盾，并据此阐明了加拿大革命的性质和主要任务等理论主张。

1. 加拿大的社会性质与主要矛盾

加共指出，加拿大是一个帝国主义国家——一个高度发达的垄断资本主

---

① 虽然所有加拿大人都是移民的后代，其间的区别只是他们祖先到这块土地上的时间早晚而已，但加拿大官方一般将这些民族分为三大类：（1）土著民族（印第安人、因纽特人和梅蒂人）。据 2006 年人口统计，土著人约有 117 万，占全国人口的 3.8%，其中印第安人占60%，因纽特人占 4%，梅蒂人（早期法国殖民者与印第安妇女结合的后代）占 33%，东部滨海诸省的阿卡迪亚人也是加拿大的一个小民族。土著人是加拿大较小的民族，他们正在行使自主的权利，要求民族自治和自管。这些土著民族多分布在安大略省、不列颠哥伦比亚省、新成立的自治地区努纳瓦特、草原诸省和魁北克北部地区。（2）建国民族（英裔、法裔）。不过，"建国民族"概念并没有得到许多少数民族的认可。如犹太人团体认为，建国民族只包括英、法裔是不合逻辑的，或许称英、法裔为多数民族更合适些，因为他们在人数上占有绝对多数。尽管加拿大民族成分日趋多元化，但目前仍是以英、法民族为主体的社会。按照 2006 年以英、法语为母语的人数统计，英裔有 1810 万人，约占全国人口的 58%，分布在全国各地，除魁北克省以外，在各省均占多数。法裔有 690 万人，约占全国人口的 22%，多数聚居在圣劳伦斯河谷地区，以魁北克省最为集中，占法裔人口的86%。（3）移民民族（以上两类以外的民族）。英法以外的移民民族约占全国人口的 20%。其中来自英法两国以外的欧洲地区的人最多，有 374 万；来自东亚和东南亚地区的人次之，有 127 万；以下依次为南亚人 59 万、加勒比地区人 30 万、阿拉伯人 19 万、非洲人 13 万、西亚人 10 万。按移民的母国计算，华人 71 万、意大利人 48 万和德国人 45 万是目前加拿大籍人中人数最多的 3 个外来的少数民族族裔。

义国家。加拿大社会政治生活的事实是，国家权力掌握在加拿大金融资本手里，大量生产资料、贸易和金融的所有者控制着国家机器——武装部队、警察、司法和公务员等。因此，国家成为垄断资产阶级统治的工具。极少数人（剥削阶级）事实上统治着创造所有财富和提供所有财富的大多数人。

在加拿大，如同在其他资本主义国家一样，资本主义将财富和生产资料集中在越来越少的人手里，小生产者、商人和农民被大资本主义公司逼到绝路。银行和工业资本相结合的金融资本，现在已经成为加拿大的主要资本形式，垄断了加拿大的整个经济，加拿大越来越直接地从属于金融资本的利益和控制。加拿大和外国的金融资本控制的大型跨国公司和银行在世界各地经营，越来越忽视加拿大的民族利益。加共指出："这是垄断资本主义阶段，即帝国主义的经济基础：资本主义发展的最高和最后阶段。"①由此决定了加拿大社会的主要矛盾是加拿大人民与外国资本尤其是美国垄断资本的矛盾，加拿大垄断资本与广大人民群众尤其是工人阶级的尖锐矛盾。

2. 加拿大现阶段的革命性质与主要任务

加共指出，随着资本主义危机的加深，国家金融资本剥掉中立的面纱，越来越多地使用国家的高压力量，国家及其机构并不是被置于社会冲突之上，而是站在金融资本一边，成为偏袒一方的、活跃的、越来越独裁的力量，国家作为阶级统治工具的镇压作用更加暴露无遗，势力最大的垄断资产阶级利益集团以牺牲工人阶级的利益和人民的民主权利为代价进行扩张，本已有限的民主表达和政治参与渠道继续受到严重的损害。因此，"团结工人阶级和人民的力量捍卫民主的斗争已经成为一项迫在眉睫的中心任务"②。

加共进而指出，现在加拿大统治阶级的背叛使美国得以支配加拿大的经济、政治和文化生活。反对美国主宰、争取加拿大的真正独立以及奉行独立外交政策的斗争，是反对资本主义全球化、帝国主义侵略和战争的全球性斗争的一部分，也是加拿大革命进程的一个必要的和不可分割的组成部分——"争取加拿大的主权和独立的斗争是维护加拿大前途的斗争，是向社会主义前进的必要条件和步骤"③。

---

① Canada's Future is Socialism! Program of the Communist Party of Canada. http：//www. parti - communiste. ca/？ page_ id = 17.

② Canada's Future is Socialism! Program of the Communist Party of Canada. http：//www. parti - communiste. ca/？ page_ id = 17.

③ Canada's Future is Socialism! Program of the Communist Party of Canada. http：//www. parti - communiste. ca/？ page_ id = 17.

加共认为，这需要对加拿大人民的主要敌人（加拿大国内垄断资本和国际垄断资本）展开协调一致的斗争。党必须充分参与到这一斗争当中来，加强党的活动，与工会运动和其他进步力量和反帝国主义力量一起，维护广大人民的普遍利益，捍卫加拿大的主权。同时也强调指出，为把这场民主（民族）革命进行到底，工人阶级必须发挥主导作用。

（三）　向社会主义和平过渡的基本途径

加共认为，在加拿大，经过一百多年的资产阶级议会民主制度的发展，民主、法治的观念已经深入人心，资本主义的民主和自由有了很大的发展，而且加拿大资产阶级为了缓和阶级矛盾、延长自身寿命不断对资本主义政治制度的弊病进行多方面的调整与改革，在民主、法治的前提下不断完善政治民主制度。虽然其在政治体制上的改革措施与力度带有一定程度的虚伪性与局限性，但是客观上又推动了社会政治文明的进步，也为各政党的政治活动及其生存提供了较大的空间与自由，从而有了发展群众性党员队伍的条件，这也就使共产党获得了不通过暴力革命而夺得国家政权的可能性。在当前的条件下，加拿大不具备暴力革命的条件，而出现的是和平过渡的因素。正是基于此，加共在 21 世纪通过的党纲中指出，"向社会主义的和平过渡是可以实现的"[①]，它不仅取决于人民的意愿，而且还取决于当时各种力量之间的关系。人民大众最大限度的团结与志同道合，最广泛的工人阶级联合起来参加政治斗争以及与小生产者（农场主、渔民和小企业主等）和中间阶层的团结，对于抵挡和制止资本主义的暴力行径和政治反动势力至关重要。

加共认为，革命的成功是一个长期而复杂的过程，要使大多数加拿大人脱离资本主义的控制和影响，就需要展开深入持久的斗争，做好充足的长期过渡的思想准备，并根据具体实际采取灵活务实的政治策略。在加拿大，工会运动、和平运动和民主运动等力量联盟的独立政治行动，是赢得人民大众的胜利、摆脱资本主义政党统治的重要手段，也会使他们走上政治独立和根本变革的社会主义道路。加共将充分利用人民反抗运动不断扩大的这一时代特点，致力于赢得广大人民群众的支持以制约垄断势力的人民的政府和新的人民计划方案的实施，来推进这一个革命性的间接的过渡过程。

---

① Canada's Future is Socialism! Program of the Communist Party of Canada. http：//www. parti - communiste. ca/？page_ id = 17.

1. 建立一个人民的政府

加共指出，在人民力量中间所建立的民主的、反垄断的、反帝国主义的联盟将把加拿大社会的民主结构调整作为它的目标，从而把大多数加拿大人的利益放在首位，并且打破金融资本对生活的各个方面的束缚。它将寻求通过所有可行的斗争途径，在议会外的大规模联合行动的基础上促进工人阶级的利益。这个联盟将努力取得选举上的进展，由一个人民的政府赢得政权，致力于实行符合工人阶级和全体加拿大人民利益的社会民主化，变革经济关系的各种措施。

针对未来人民政府的具体蓝图，加共设想如下：

第一，人民的政府将让人民以真正的有意义的方式参政；人民的政府将实行把人民的利益置于利润之上的行动计划。

第二，人民的政府还会制定一项以和平和裁军为基础的独立的新外交政策，在全面平等和相互尊重的基础上发展与各国的经济、文化和外交关系。

第三，加拿大国家及其镇压机构——军队、警察以及法院和监狱系统——将置于真正的民主控制和监督之下，解散反动的、反民主的加拿大安全情报部门。

加共认为，虽然这样的措施不会构成社会主义，但是一个致力于执行这样一项广泛计划的人民政府的胜利，将标志着向争取社会的根本变革和社会主义改造的斗争迈出了重要的一步。[1]

2. 发展人民的计划方案

加共指出，社会革命的过程要争取最广泛的人民支持和阶级基础，就必须根据不断变化的情况努力发展最进步的政治、经济和社会变革计划方案：①应对和限制国内外金融资本的力量，并且扩大主要经济部门的公有制；②重新分配财富，改善大多数人的生活水平和条件；③实现全面的民主改革，在各级政府加强人民对加拿大国家的控制和管理。

（四）切实增强加共的政治和社会影响力

加共强调，"一旦政治路线被确立，组织决定一切"[2]。为了改变加共目前的"小党"生存现状并使党成长为一个能够大大扩大自身影响并对国内主要政治问题起到关键性的影响作用的政治力量，在使马克思列宁主义的原

---

[1]　Canada's Future is Socialism! Program of the Communist Party of Canada. http：//www. parti － communiste. ca/？ page_ id = 17.

[2]　Documents of the 36th Convention Communist Party of Canada. http：//communist － party. ca/pdf/ 36th％ 20Convention％ 20 － ％ 20Communist％ 20Party％ 20of％ 20Canada. pdf.

则——民主集中制、批评与自我批评、个人负责制与集体领导制——不断改进的基础之上，必须严格审视党在各个方面的工作：党的理论与思想教育工作，党的内部组织和纪律，党的曝光率以及公共形象等。

1. 总结经验教训，明确发展方向

在世界社会主义运动已经发生重大而深刻变化的新的历史条件下，加共直面现实的困难与问题，反思过去，对建党以来自身探索社会主义发展道路的成败得失进行了深刻的总结。主要有以下三个方面：

（1）"加拿大需要共产主义者政党"[1]

加共指出，"我们过去、现在和今后永远都保持首先对我们加拿大民族利益的忠实。我们是加拿大民主的产物。加拿大的民族利益，包括它同各民主国家人民的兄弟合作，是我们所有见解和所有建议的决定性因素。……我们在代表加拿大工人阶级和为他们的利益进行的斗争中所做的工作就是这方面的明显而确凿的证明。"[2]并强调指出，加拿大的共产主义事业离不开共产主义政党，党将继续高举起男女劳动者的民主的希望的旗帜，继续发扬牢不可破的工人阶级传统——不怕困难艰苦奋斗的传统，加强同一切具有进步民主思想的加拿大人之间的共同行动，而不论他们是在加拿大的法语地区还是在英语地区。

（2）要坚持理论联系实际[3]

正确认识和把握实际情况，是无产阶级政党制定战略策略的基础。而正是由于没有能够使党的理论政策适应已经变化了的实际，加共在过去的历史中，曾数度犯了严重错误。

1943 年加共取得合法地位后曾正确地强调了同加拿大平民合作联盟团结斗争的必要性。但是，由于认为在战后的政治力量组合和劳工的政治前途方面会有急剧的进展的错误估计，1944～1945 年加共提出了"自由党—劳工联合"的口号，这不仅使加共同平民合作联盟拥护者的关系恶化了，而且使党脱离了工人和农民运动。类似的错误也表现在"可以越过平民合作联盟"的理论上，这导致了对于达成工农团结的形式有了不现实的宗派主义观念，并且没能考虑到合作联盟继续发展的力量，对平民合作联盟右派领导的机会主义的正确批评往往被歪曲成为对合作联盟盟员和选民的宗派主义

---

[1] 《美国共产党第十六次全国代表大会和加共第六次全国代表大会重要文件汇编》，世界知识出版社，1958，第 148 页。

[2] 《美国共产党第十六次全国代表大会和加共第六次全国代表大会重要文件汇编》，第 148 页。

[3] 《美国共产党第十六次全国代表大会和加共第六次全国代表大会重要文件汇编》，第 152～153 页。

态度。加共总结指出："我们这方面有过于简单化，因而是错误的倾向，认为社会改良主义的幻想会铲除得相当快。"①

在战后时期，加共在估计经济形势和前途方面也犯了错误。党曾错误地估计加拿大的经济很快就会受到经济危机的袭击。严重地低估了国家垄断资本主义在经济上的影响和由于加拿大和美国垄断资本的投资而出现的生产力的发展；低估了马歇尔计划的影响和欧洲战争所破坏的生产力的恢复能力以及它们对加拿大经济的影响；低估了冷战军备开支的影响和美国加紧掠取和开发加拿大天然资源的步伐。总之，加共当时对资本主义的内在力量估计不足，虽然认为"人民不会甘心回到饥饿的三十年代"的论断是正确的，但是却过高估计了工人阶级政治意识提高的速度和程度并且得出了"左"倾的结论。

加共还总结指出，虽然党在反对美国对加拿大文化的进攻以及捍卫加拿大的民主文化生活方面作出了一定的贡献，但是党的工作因夸大这类活动在唤醒民主意识、民族意识中的地位的宗派主义情绪而受到损失。例如，加共对待加拿大人民文化表现的态度还比较狭隘，未能充分估计加拿大文化的深度、多样化和民主内容，等等。

（3）必须坚持党的独立地位

在加共的历史上，在同其他国家共产党的关系方面，他们曾犯过严重错误。加共在总结以往教训时指出，加共对一切国家共产党的关系，应当具有独立政党之间批判式的兄弟关系性质，坚持无产阶级国际主义原则，而每一个独立政党都要为制订和进一步发展自己的政策、为自己对马克思列宁主义问题的国际研究的贡献负完全责任。"我们是国际主义者。完全独立的批判式的兄弟关系，丝毫也不同无产阶级国际主义相抵触。"②因此，党必须在政治上坚持独立自主原则，在组织上独立自主地发展自己的力量，以使党在革命斗争中发挥越来越大的作用。

2. 加强党的理论修养，保持党的思想先进性

加共在第三十四次代表大会上强调指出，思想严谨必须是一个革命性共产党的基石。"思想战"不是一个抽象的概念，它是阶级斗争中的日常生活内容。资产阶级思想的传播是无情的和普遍的，而且它比任何法律或暴力行动都更能迷惑和削弱工人阶级的反抗与反击。打退这种意识形态进攻的最为

---

① 《美国共产党第十六次全国代表大会和加共第六次全国代表大会重要文件汇编》，世界知识出版社，1958，第 152 页。

② Canada's Future is Socialism! Program of the Communist Party of Canada, http：//www. parti - communiste. ca/？ page_ id = 17.

强大的"解毒剂"是科学的马克思列宁主义以及针对目前的情势对马克思列宁主义的创造性运用。为此，加共自 21 世纪初召开第三十三次中央代表大会以来，就决心努力改善这一关键领域的问题，已取得一些进展，但是同时仍然存在严重的不足：

第一，在党的理论刊物方面。加共指出，虽然党的刊物已刊载了一系列的理论文章，然而目前还没有建立定期特色栏目以处理理论上和思想上存在的问题。《星火！》（Spark！）——加共的政治理论刊物，目前还不能定期出刊，而且其发行范围还有待继续扩大。对此，加共指出，更多的党的知识分子及其领导干部必须把时间和精力放到《星火！》杂志上来，把它从一个讨论时政的杂志发展成为一个成熟的共产主义理论刊物。同时加共也指出，不应该把注意力仅仅局限在这些正在不断出版发行的刊物上面，必须积极争取开发新的优质教育资源，出版更多的、更大范围的小册子以对具体问题进行跟踪研究，并确保这些刊物的最广泛范围的发行；必须要定期并增加向全党提供有质量的教育材料和理论刊物，在党的网站上更广泛地使用这些材料的电子资源；共产党员在打击资产阶级的思想文化的影响以及在人民运动中传播这些宣传材料方面要开展更加广泛的工作。

第二，在党校和理论研讨会方面。在 2003 年，加共成功开办了三次省级党校、在大多数地区成功启动或扩大了公共论坛和理论教育机构。2008 年 8 月，加共又最终成功地举办了有很多党员参加学习的中央党校。这些事例都表明加共在此项工作方面已略有改善。但是总体来讲，还有许多值得改进与加强之处。自第三十三次中央代表大会召开以来，加入共产党组织的新党员的情绪都非常高昂，而且大部分新党员在其加入的俱乐部中都非常活跃，其中有许多人对党的教育工作和理论工作非常感兴趣，但是除了不列颠哥伦比亚省每年夏季都会举办夏令营学校之外，就全加拿大来讲，加共的党校开办工作还不够系统，还不能做到定期开办。对此，加共建议应争取每隔一年开办一次党校，各省与各地区的党校可以轮流举办，以确保每年至少有一个主要的党校开班；各级的理论教育工作，特别对新党员的教育工作必须尽可能地完善和正规化，并密切协调全国各地的党校教育活动的日程安排，以避免时间上的冲突。

第三，在党的理论研究工作方面。加共认为，共产党和工人阶级尤其需要更加关注的领域是党的理论研究工作，并指出，这项研究的重点应针对当前和未来国内工人阶级所面临的挑战，诸如，在加拿大不断加深的国际资本主义金融危机，垄断资产阶级对工人阶级和人民大众的反动进攻，争取土著民族和魁北克省法语区的民族权利的斗争，能源问题、环境问题以及捍卫加拿大国家主权的斗争等。同时，加共也指出，鉴于资产阶级正在进行且不断加强的对共产主义思想的进攻以及竭力歪曲和篡改共产主义运动历史的事实，党的理论研究也应集中精力重点研究争取实现资本主义制度的唯一替代方案——社会主义实现的最有可能的事例，捍卫加共的历史（特别是在 1990 年召开第二十七次中央代表大会之后的党内斗争的历史——一段还没有被完整记录与整理的历史），以及国际共产主义运动的历史。

3. 加强党的组织建设，提高党的工作成效

要增强党的发展势头，就必须要通过有效的途径和手段来进行。加共主要通过以下一些方面的努力，来加强党的组织建设，提高党的工作成效。

（1）在党的内部组织方面

第一，改进党的中央组织——中央委员会①的工作。

加共在 2009 年 1 月召开的中央会议上，就党的内部组织，尤其是中央层面上的党组织所面临的各种各样的问题与挑战以及要加强的工作进行了分析与论述。指出，其中一个比较突出的问题涉及党的中央委员会——大会的领导班子——召开会议的情况，即由于财政拮据的原因，大会召开会议的次数并不频繁。现在已经采取了一些措施，通过基于互联网的远程会议来召开中央委员会的全体会议。在此基础上，还必须努力争取使党的中央委员会和中央执行委员会②更加活跃、曝光率更高——成为一个更加具有影响力、视野更加宽阔的领导层。

另一个问题则涉及中央委员会的实际运行。首先，党中央必须加强与其他各级党组织的交流，包括与党的俱乐部和党员个人的更多的直接接触。因此，应该向所有党组织和党员定期发送（或在适当的情况下直接邮寄）电子公告；其次，就全国来看，中央委员会要给予党的各级委员会以更多的帮助，首先是草原地区和大西洋沿岸各省以及多伦多和魁北克地区的党委会；再次，中央委员会和中央执行委员会还必须解决目前在对党的文件、声明等进行及时的和全面的两种官方语言（英语和法语）的翻译工作中存在的严重问题。指出，翻译是全党的责任，必须采取紧急措施从全国各地来建立翻译队伍以推动这项工作的顺利进行。

---

① 中央委员会是加共的中央代表大会闭会期间的最高权力机构。中央委员会负责确保中央代表大会制定的政策和决议得到执行并负责实施党的章程。

② 在中央委员会闭会期间，中央执行委员会负责贯彻中央委员会的决议，并对党的所有委员会和全体党员给予及时、有效的领导。中央执行委员会须开展党的社会工作，并根据党的总路线进一步执行党的政策。

第二，加强党的基层组织——俱乐部的建设。

对于加共基层党组织的名称，有不同的译法。就笔者的目线所及，绝大部分的中文译著中都把它翻译为"党支部"，只是在极少数的论文中把它译为"俱乐部"，但是为了忠于英文原文（The primary organization of the Communist Party is the Club）的含义，本文采用后一种译法，即"俱乐部"的名称。

在加强党的基层组织建设的必要性方面，加共认为，党能够而且必须推动党的建设步伐继续前进，但是全党上下共同努力的最终成功与否将取决于党在各个地方的"基层"工作。这就直接指向了关键角色——党的基层组织俱乐部。加共进一步阐释指出，党的俱乐部是新成员不断修正、完善自己的思想和行为以成为共产党员的地方，也是党的各个成员学习、发展成为经验丰富的党的革命骨干的地方，这正是为什么党的俱乐部政治清明且十分活跃的原因之所在，而且俱乐部对于政治形势的发展变化和发起运动的快速反应能力也是使之成为党建工作中的具有决定性因素的原因所在。正是在以上思想的指导下，加共一直积极致力于党的基层组织——俱乐部的建设。

加共自 2007 年第三十五次中央代表大会召开以来，在多伦多已经建立了两个新的俱乐部，并重建了一个俱乐部；在不列颠哥伦比亚省，2008 年成立的 Upper Fraser 俱乐部在南亚人种族社区非常活跃，而且在不懈的努力下，加共和共产主义青年团在那里拥有了新的朋友和支持者；在魁北克省，过去几年中，魁北克共产党从 2005 年的重大内部分裂的创伤中继续获得恢复，在诸多方面表现活跃，诸如，在联邦政府的选举中提出了党的候选人，在省级政府的选举中与魁北克团结党联合提出党的候选人，共产主义青年团也扩大了自身的规模并且在魁北克省表现活跃，等等。在俱乐部的建设问题上，最近召开的魁北克共产党大会一致决定要采取措施改善这一问题，以增强党的领导力量。

第三，必须继续并加强对共产主义青年团的支持。

在 2007 年加共的第三十五次中央代表大会之后不久，加拿大共产主义青年团成功地进行了重建（自 1991 年之后加拿大共产主义青年团就长期处于消亡时期）。从重建伊始到现在的短短几年时间内，加拿大共产主义青年团已经成长为一个在加拿大的讲英语地区和魁北克法语地区有一定力量基础的、非常活跃的组织。共产主义青年团在大学校园尤其活跃，而且已经与许多其他的青年组织建立了联系，并恢复了其在世界民主青年联合会中的成员地位；其理论刊物《反叛青年》（REBEL YOUTH）正在定期出版，并通过维护其自己的网站、博客等现代传媒手段来接触政治上比较活跃的青年和学生。虽然该组织由于成员的流动率较高和领导干部的缺乏而面临着一定的困难，但是总体看来，他们正在全国各地的不同地区取得良好发展势头。

（2）在吸纳新党员方面

首先，在党的纲领和章程的基础上维护党的团结和政治的完整性的同时，要尽一切可能便利新党员的入党。党的中央委员会应该为中央、省级以及各地方的党组织准备入党使用的材料，并确保及时与对加入党的队伍感兴趣的所有潜在的新党员及时取得联系——通过网络或者通过其他快捷简便的联系方式。加拿大是一个网络使用率较高的国家，因此要使加共的理论电子刊物与网站——《人民之声》、《星火!》、《清晰》、魁北克共产党网站以及共产党的主要网站——成为与左翼激进分子和新党员联系的一个重要渠道。

其次，作为一个革命性的工人阶级的政党，加共吸纳新党员入党的重点应放在工人运动中最先进的积极分子以及在土著民族运动、和平运动、团结运动、妇女运动、青年运动和其他运动中的最激进的、阶级意识最强的积极分子上。近些年党的队伍构成继续发生着重大变化，总体看来党员队伍不断年轻化。其中，土著民族正在积极加入共产党组织，党必须继续努力进一步促进他们入党。这需要进一步深化加共对民族问题的理解与认识，并改善党的领导工作以增强党在土著民族中的政治影响力。最近新党员的另一个重要来源是来到加拿大的新移民，或者是来自于移民社区中的人群。许多新党员来自南亚人社区、拉丁美洲人社区、中东地区民族社区以及其他的新移民社区。对此，加共热情洋溢地指出："我们应该热烈欢迎这些新同志，他们往往拥有才华和技艺，有着在革命斗争中积累的丰富经验，我们应该迅速行动使他们融入我党的生活。我们必须努力与这些新移民社区接触，增强我党在他们中间的活动和影响力，找出并动员政治上最先进、志向最忠纯的分子，使之加入我党的队伍。"[1]

再次，戒骄戒躁，做好"打持久战"的准备。在2002年12月召开的中央全会上，加共特别强调指出："目前，可以看到几个俱乐部在吸纳新党员入党方面取得了一些积极的成果，特别是在阿尔伯塔省和魁北克省。总体看来，党员人数在稳步增长（尽管有一些损失）。随着年轻的同志加入我们的队伍，党员的结构组成也显著改善。然而，我们决不能满足于这些部分的成绩，因为尽管已经取得了这些进展，但是党的力量仍然过于薄弱，党的活

---

① Communist Party of Canada. Peace, Jobs, Sovereignty and Democracy, Documents of the 34th Central Convention Communist Party of Canada ［EB/OL］. http：// www. communist – party. ca, 2004 – 02 – 01.

动水平在全国各地还不平衡；虽然党的力量有了一些增长，党员的整体规模和其新闻的读者人数仍然相对滞后。从长远来看，除非它的覆盖面和影响力开始成长，否则我们就不能够维持党的活动。"①因此，加共强调指出，在未来时期必须加倍努力扩大党的队伍规模。

4. 加强党的思想宣传，扩大党的影响范围

加共非常重视党的思想宣传工作，但是加共并没有满足于既有的成绩，而是进一步指出："在党的思想宣传方面，我党的工作已经取得了相当大的进步，我党在公共场合的曝光率也有了很大提高。然而我们还必须在党的曝光率问题上以及在党的理论宣传问题上继续努力。"②并提出要根据党目前所掌握的资源情况，主要通过以下三种途径来提高党的公共形象：

（1）通过党的理论报刊

加共认为，党的报刊是党的思想宣传工作中最不可缺少的部分之一，必须继续得到优先重视，而且必须成为党联系群众的首要手段。在这方面，自2007年党的第三十五次中央代表大会召开以来，在报刊的发行方面已经取得了一些重要的进步，尤其是用英语撰写的报刊自2007年以来其发行量已经增加了40％；党报订阅的地区分布方面也同样取得了很大的进步。然而总体来看，党报的发行量还太小，努力在新读者群中提高党报的持有率和扩大党报的发行量必须成为党的主要工作。党的俱乐部是发展党的新闻媒体的最重要的工具。凡是党的俱乐部中设有媒体指导者的，在那里党与媒体宣传工作就保持着良好的联系；反之，党与媒体宣传工作的联系就差，发行量也就越差。因此，必须确保党的所有俱乐部中都至少有一名报刊指导者，而且定期向所有俱乐部提供已经更新的订阅者清单以及其他有关最近更新的读者情况的资料，以促进这项工作的顺利进行。

（2）通过党的网站和相关媒体

在思想宣传手段方面，加共认为，需要把报刊和网站以新的方式结合起来，这将有助于大大增强党的整体实力，有助于赢得更多的新成员和读者。因此必须改善党的互联网宣传工作。由于加拿大各地的青年和劳动人民使用互联网范围的扩大，互联网这种沟通手段正变得越来越重要，党的网站正在迅速成为党与工人阶级特别是青年工人交流的重要窗口之一，但是加共还没有充分利用互联网这一现代化的通信技术手段接触和影响人民群众的优势，

---

① CPC Convention meets, http：//www. parti – communiste. ca/？ p＝208.

② Documents of the 36th Convention Communist Party of Canada. http：//communist – party. ca/pdf/ 36th％20Convention％20 – ％20Communist％20Party％20of％20Canada. pdf.

并吸引先进分子更加接近或者加入党组织;维护和更新党的官方网站还存在诸多不足,网站需要非常彻底的设计改进;而且党还未能充分利用其他的宣传途径,如通过博客、社交网络服务网站、YouTube 等来接触更多人群。

(3)通过参加选举以及议会外的反抗运动

马克思曾经指出:"批判的武器当然不能代替武器的批判,物质力量只能用物质力量来摧毁;但是理论一经掌握群众,也会变成物质力量。"①加共认为,群众运动是而且必须成为党的整体公共宣传活动的一个重要方面。加共公开宣传活动的表现形式是:一是选举工作;二是议会外的活动。

第一,积极参加选举活动,扩大社会主义的理论宣传。

加共认为,党在选举活动中的积极参与,不管是对于提高党自身和群众运动的水平而言,还是对于争取和巩固广大劳动人民及其同盟的支持而言,都将是一个重要的机遇和挑战。依靠强大的、团结的群众运动来解决工人阶级当前所面临的问题与共产党在加拿大实现社会主义的目标这两者之间不存在矛盾。事实上,一个更大、更强的共产党将有助于克服加拿大总工会的最高领导人及新民主党右翼领导人的消极和退却。共产党的公开选举活动是政治斗争和意识形态斗争的一个必要组成部分,这将有助于提高大规模群众反击行动以及克服今日加拿大的政治危机所迫切需要的人民联盟的团结。为此,加共决定再次参加联邦大选,并在 2011 年春季联邦选举活动前夕,加共中央委员会再次动员全体党员在即将开始的大选中积极参与,按照在 2010 年 2 月所召开的第三十六次中央代表大会所通过的主要的政治决议中所要求的那样,在全国选定的选区内提名 20~25 名候选人,积极着手制定选举策划,包括确立党的候选人和主要竞选干部、更新党的主要施政纲领、准备与选举有关的主要材料、维护选举网站等。

第二,积极促进社会主义革命思想与议会外反抗运动的广泛结合。

加共认为,必须继续扩大党在议会外的政治运动。因为这些政治活动的优势在于他们是对在任何时候加拿大工人阶级所面临的最棘手的问题的即时的(或相对即时的)回应。并指出,在这方面"让哈珀保守党下台"的运动以及"反经济危机"的运动具有深远的意义,虽然党并没有实现这些活动的所有预计目标,但是总体看来这些运动是非常成功的,党的绝大多数俱乐部和各方面的同志都参与了进来。在运动中,不管是党的主要宣传材料,还是党的领导人在宣传旅行期间所召开的公开会议都深受人民群众的广泛欢迎。

---

① 《马克思恩格斯选集》(第 1 卷),人民出版社,1995,第 9 页。

但是加共也指出，尽管在这方面取得了一些改善，但是党的知名度仍然不够，在某些情况下，甚至被完全忽视。对于许多党员同志来说，他们的群众工作与预期目标仍然存在着较大的差距，而且这个问题不只是存在于个别的俱乐部成员中。出现这些困难和弱点主要是因为，党的力量和影响力仍然太小，资源太有限，有时还不允许圆满完成整个任务和党所确定的目标。因此，一方面，党今后必须在各个领域制订任务目标时要更为周到和谨慎；另一方面，全党上下必须立即采取协调一致的措施，特别是中央和省两级较高水平的委员会必须更加主动地推进党在群众活动中的公开参与，并向党员提供必要的工具和组织帮助来保证加共被更多的工人阶级以及所有与共产党并肩作战的人民群众看到、听到和接触到。

（五）实现社会主义的基本策略

加共在 21 世纪初通过的《加拿大的未来是社会主义》纲领中旗帜鲜明地指出，社会主义没有普遍的模式，也没有预先制定的时间表或必须遵循的日程安排。加拿大的社会主义将沿着工人阶级及其同盟民主决定的路线发展。它将展现加拿大独有的特点，反映加拿大的历史状况和当前的发展水平以及丰富多样的文化和社会传统。加拿大的社会主义将按照自己的进度发展并有专属于自己的内容。

1. 加拿大现阶段社会革命的阶级力量配置

（1）关于革命的打击对象

加共指出，大多数加拿大人的利益与跨国公司和金融垄断资本的反民主的新自由主义政策相抵触。加拿大人民现阶段为实现民主、主权、和平与社会进步而展开的斗争，基本上是一场反对大企业及其对加拿大国际控制的政治斗争。因此，革命的对象是加拿大垄断资产阶级及其外国垄断资本尤其是美国垄断资本。

（2）关于革命的领导力量

苏东剧变造成了世界各地社会主义事业的历史性逆转，不仅导致社会主义阵营的解体和世界政治力量向资本主义方向的急剧倾斜，而且也对人们的思想观念产生了深远的影响，其中之一就是世界各地信仰共产主义的人们对工人阶级的领导地位产生了质疑，从而怀疑社会主义社会的阶级基础。但是加共依然认为，工人阶级将在推进民主进步和革命性转变方面，扮演中心的和日益重要的角色。它指出，工人阶级人数众多，在商品生产和服务业方面拥有战略地位，因而是所有民主力量和进步力量的天然领导者。由于现代的社会化大生产，它逐渐成为一支被迫反击的、有凝聚力的、不断壮大的力量。而且由于它并不占有社会生产资料，它在经济中的地位，也决定了它的阶级利益与金融资本的利益截然对立、水火不容。

加共也同时指出，工人阶级需要同盟才能应战并击败金融资本的协调一致的强大势力。因此，作为工人阶级的有组织的运动，工会运动必须与加拿大的其他群体和运动加强团结。这些群体和运动受到金融资本统治的不利影响，并在客观上与加拿大赢得新的民主进程有利害关系。但是，反对金融资本的斗争要想卓有成效并取得成功，就必须以工人阶级作为核心推动力和领导者。加共必须致力于建立一个民主的、反垄断的、反帝国主义的联盟，这个联盟将团结所有的劳工运动和其他民主运动，并由工人阶级领导。

（3）关于革命的依靠力量

加共指出，由于垄断资本损害工人阶级和其他阶层人民的生活水平和利益，不同阶层的广大加拿大人不得不出于自身的经济和政治利益反击金融资本和国家的势力。将这些力量和工人阶级联合起来，建立广泛的联盟，抵制金融资本的进攻，将为民主和社会进步奠定基础，也为建立一个全面发展的民主、反垄断、反帝国主义的联盟奠定基础。

加共指出，这些力量包括与大资产阶级的利益发生冲突的其他所有阶级和社会阶层。加共认为，农场主和其他初级生产者、专业技术人员、知识分子以及小资产阶级和独立的非垄断资产阶级在反对金融资本及其政府的反动政策方面有着共同的利益。这些力量还包括魁北克民族运动内部的进步力量。加共认为，虽然魁北克民族运动目前主要是由资产阶级和小资产阶级领导的，但是很多抱有民主和进步思想的人士也被吸引到了运动的队伍中。同样，土著人争取社会正义和固有权利包括自治权利的斗争，使他们成为争取民主和反对垄断统治斗争中的重要力量。妇女运动已经能够成为反对反动势力和新自由主义的人民运动中的一支越来越强有力的重要力量。对青年人有直接影响的资本主义危机，引起了青年人越来越强烈的斗争和抵抗，青年工人、学生和中等阶层的青年越来越希望社会变革。

2. 有组织的工人阶级是实现社会主义的关键要素

马克思曾经指出，"资本主义不仅锻造了置自身于死地的武器；它还产生了将要运用这种武器的人——现代工人，即无产者"。[①]实际上，加拿大工人阶级在战后始终没有停止过斗争，但是总体看来加拿大工人运动中还存在着一些"不和谐音符"，主要表现就是工人阶级还没有被完全组织起来，工会在思想和组织上还不够团结统一，这些都影响了工人阶级整体战斗力的提

---

① 《马克思恩格斯全集》（第23卷），人民出版社，1972，第829页。

高。而与此同时，"不管是在加拿大还是全世界范围内的工人阶级正面临着危险的处境，其原因在于不断加深的资本主义体制危机，帝国主义的侵略和战争对人类生存的严重挑战，以及日益恶化的全球环境"①。因此，改变工人阶级仍然处于"被支配"地位的处境，共产党的最重要的任务之一就是分析反击行动目前所处的阶段，确定改进的方法及前进的方向，以便于能够最有效地促进工人阶级的反抗热潮。

（1）反对改良主义，提高工人阶级的政治意识

"改良主义者对工人影响愈厉害，工人就愈软弱无力，就愈依附于资产阶级，资产阶级就愈容易利用各种诡计把改良化为乌有。"②在工人运动中反对资本主义幻想的意识形态斗争，成为争取工人阶级的政策和工人阶级团结的斗争的必要组成部分，而且"资本主义的一般法律使工人阶级没有选择，只能反击制度性危机的后果，应对和打破金融资本的势力，并最终推翻资本主义制度，由社会主义制度取而代之"③。因此，如果工人阶级要反抗资本主义的攻击以维护和促进自身的利益，他们就要更加被迫起来斗争，不仅要反对垄断资产阶级及其政府，而且还要反对工人阶级队伍中存在的主张屈从于资产阶级政策的改良主义分子，对他们予以毫不留情的揭露和孤立；要实现工人阶级和人民的团结斗争并最终夺取国家政权，就更需要一种独立的工人阶级意识形态。然而，工人阶级的政治意识不是从工作场所中自发产生和提高的。共产党必须将科学社会主义思想与阶级斗争相融合，同资产阶级意识形态及其宣传者进行坚持不懈的斗争，以此在工人阶级中间传播和提高政治思想和社会主义意识——也就是促使工人阶级意识到自身作为一个革命阶级的历史使命。

就像加共在党的理论宣传媒体《人民之声》（People's Voice）、《清晰》（Clarté）、《星火!》（Spark!）以及经常出版发行的许多小册子和传单中所努力做到的那样，加共一直积极致力于向工人阶级宣传"世界正在发生什么，工人阶级能做什么以及加拿大和世界其他地区的工人斗争正在怎么做"④的真实性的报导，剥离掉资产阶级的观点，向工人阶级及其组织提供

---

① Documents of the 36th Convention Communist Party of Canada, http：//communist – party. ca/pdf/36th％20Convention％20 – ％20Communist％20Party％20of％20Canada. pdf.

② 《列宁选集》（第2卷），人民出版社，1995，第328页。

③ Canada's Future is Socialism！Program of the Communist Party of Canada, http：//www. parti – communiste. ca/？page_ id = 17.

④ Communist Party of Canada. Peace, Jobs, Sovereignty and Democracy, Documents of the 34th Central Convention Communist Party of Canada, http： // www. communist – party. ca, 2004 – 02 – 01.

全面的分析。加共指出，与资产阶级的思想攻势作斗争，提高工人阶级的政治意识，这是一个思想阵地，也是共产党能够在现在和将来做出更多、更大贡献的一个竞技场。有关目前所面临的一些紧迫问题的更多宣传材料、分发范围更为广泛的材料和更大的发行量与订阅量，能够增强左翼和进步力量并给那些正在与邪恶的资产阶级及其反动政府进行斗争的工人阶级提供思想上的武装。并认为，这一形势的紧迫性是显而易见的。当然，这也需要经过长期不懈的努力。

（2）消除分歧，加强工人阶级的团结与合作

工会是劳动人民进行阶级斗争的基本组织。工会运动取得的成果服务于所有组织起来和没有组织起来的劳动人民的利益。工会赢得的经济和社会进步，有助于提高工人阶级和一般劳动人民的生活水准和社会地位。强大和团结的工会运动，对于捍卫和推进整个工人阶级的利益至关重要。这也正是统治阶级打压工会力量以及有计划地发动一场意识形态运动使劳动人民与工会运动对立的原因。

加共指出，虽然就目前情况来看，工会运动还存在着许多弱点和局限性，但是总体看来它仍然是工人阶级中最有组织的部分。有组织的工会运动是唯一的力量，它能够把各种斗争最终汇聚成团结的反击行动，能够汇集各省的所有劳动人民的反击行动。要与垄断资本的力量作斗争，工会运动必须团结一致，采取高度协调一致的战略和行动。有组织的工会运动面临的最紧迫任务就是围绕阶级斗争的政策团结起来，采取斗争行动应对资产阶级的进攻，实现民主和反垄断的变革，使阶级力量的对比有利于工人阶级及其同盟。为此：

首先，加强工会运动中的左翼力量。加共指出，为了让加拿大工会运动团结在一个独立的劳工政治行动方案的周围，并发挥其在协调、团结反对新自由主义、全球化和战争的广泛而多样的人民群众斗争中的作用，劳工运动中的左翼力量必须加强并在斗争中发挥核心作用。只有这样，广大劳工运动才有可能不断赢得胜利并走向一个新的发展方向。但是加共同时也指出，不幸的是，左翼的力量还太弱小，缺乏一个团结劳工组织及其必要的同盟组织共同实现这一根本性转变的全面的左翼纲领。因此，为了推动工人阶级的全面斗争，工会运动必须致力于制定一项工人独立政治行动的全面计划，以动员有组织的工人参加民主和政治斗争。

其次，同样刻不容缓的任务是，更加重视无组织的工人——这一收入最少、受剥削和压迫程度最深的工人阶级——的情况，将大多数没有组织的工人阶级组织起来，帮助他们提高生活水准，参与反对金融资本的政治行动和

斗争。失业工人的权利必须得到捍卫，必须竭尽全力帮助他们组织起来，争取获得全部失业福利和体面的工作。这就要求将越来越多的技术、科学和专业工作者组织起来，将雇用大量妇女、青年和移民的服务业的工人组织起来。此外，还需要作出特别努力来组织非全日制工人、临时工、合同工和失业者。它还包括开展积极的斗争，实现平等，反对工作场所的歧视。加共在组织无组织的工人方面拥有一段令人自豪的历史，而且这个问题在今天也同样重要。加共在这一领域的胜利，不仅会直接帮助到这些工人，而且这些进步也将给整个工人运动注入新的血液与活力，给工人阶级的队伍带来新的、激进的思想与经验。

再次，加强共产党在工人运动中的作用。共产国际第三次代表大会文件中曾经指出，"共产党只能通过斗争来发展自己。即使是最小的共产主义政党也不应把自己局限为单纯的宣传和鼓动工作。他们必须成为所有的无产阶级群众组织的先锋，领导那些犹豫不决的、落后的群众，通过为他们制订具体的斗争目标，鼓励他们去争取自身的基本利益……"。①因此，共产党不仅仅是一个志同道合的积极分子和左派的集合体，它更是一个充满活力的有机体，其主要目的是帮助工人阶级充分意识到它的历史使命，并使用最佳战术和战略来武装工人阶级，以赢得自身的解放。从这一根本意义上说，共产党人没有任何自己的独立于整个工人阶级之外的利益。这要求必须在工会运动中加强共产党队伍的建设并加强其在工会运动中的所有活动，在任何存在阶级斗争的地方，对每一个革命火花给予更有效的支持。

3. 构建广泛的力量联盟是实现社会主义的力量保证

共产党在争取实现社会主义的斗争中，必须在全球范围内巩固和扩大具有广泛基础的反帝国主义阵线，构建广泛的力量联盟。这个阵线和联盟是一个能够汇集所有民主和进步力量共同抗衡跨国金融资本以及帝国主义经济和政治统治，并赢得社会和经济的替代方案的力量保证。在共产党的工作中，这是一个非常重要的且具有关键意义的问题。正因为此，加共强调指出："将这些力量与工人阶级联合起来，建立广泛的联盟，抵制金融资本的进攻，将为民主和社会进步奠定基础，也为建立一个全面发展的民主、反垄断、反帝国主义联盟奠定基础。"②

---

① 《共产国际第三次代表大会文件》，中国人民大学出版社，1988，第178页。

② Canada's Future is Socialism! Program of the Communist Party of Canada, http://www.parti-communiste.ca/?page_id=17.

（1）致力于遭受歧视和压迫的阶级之间的广泛人民联盟

加共指出，要热烈欢迎近些年来土著民族的武装斗争——保卫其固有的民族权利，结束法西斯主义和几个世纪以来由殖民统治强加在其头上的骇人听闻的生活条件。而且这些斗争的胜利都证明，加拿大的土著人民不仅没有被消灭，而且他们依然是抵抗资本主义反动行径的强大力量。加共要继续对所有这些斗争表示团结与支持，并鼓励一切致力于发展所有土著和非土著人民运动力量——建立在承认和支持土著人民赢得其固有的民族权利、部落主权和领土主权的正义斗争的基础上的——之间的更广泛的团结的努力。

加共指出，青年和学生运动仍然是反对资本主义进攻的另一个主要力量。在加拿大以英语为母语的地区，学生运动虽然受到了右翼势力在许多大学和学生联盟中间蓄意制造的分裂的阻碍，但是魁北克省学生运动中的激进分子和进步分子还是继续积极反对不断迅速增长的学费。大专学生在反战行动中，在反对以色列国家的种族隔离政策中，在倡导言论自由运动和许多其他进步问题上都一直非常活跃。青年工人团体与工人委员会，在争取提高最低工资水平、工厂中青年人的权利以及许多领域的有关要求的斗争方面，都一直处于显著位置。在广泛的青年和学生运动中，共产主义青年团及其杂志《叛逆青年》的影响力不断增强，这将有助于推动这些斗争的发展，并有利于在加拿大青年中构建社会主义未来的愿景。

加共认为，争取完全平等权利的少数民族团体和社区是人民联盟的又一潜在民主力量。南亚加拿大人继续进行着反对种族主义包括反印度教、反锡克教以及反对伊斯兰恐惧症的斗争；加拿大华人——加拿大第二大少数民族团体，最近成功地赢得了哈珀保守党的道歉以及对种族主义人头税和排华法案的局部纠正，但是仍在继续反对多种形式的种族主义，如对亚裔混血种族的攻击。呼吁人民团结起来实现社会变革的加共反对民族沙文主义，并重申对于反种族压迫政策和纲领的支持。

（2）增强同国内左翼政党及中间力量之间的团结与合作

共产党不害怕寻求与其他力量之间的团结。恰恰相反，只有通过建立广泛的团结（不管是在工人阶级内部还是与阶级同盟建立团结），阶级斗争才能向前发展并取得胜利。在对国内的主要左翼政党和中间力量进行分析的基础上，加共重申与所有真正的民主和进步力量，无论是在选举中还是在议会外的斗争中，围绕战争与和平问题、捍卫加拿大主权的问题、反对破坏社会方案和公共服务的问题、捍卫民主权利问题以及争取民主选举改革的问题等进行合作的愿望和期待。

加共强调指出，团结与合作的各种形式——无论他们是各种政党力量，还是政治或选举联盟——其本质都是动态的、暂时的、在形式和内容上是不断发生变化的，在不同的情况下将以不同的形式、不同的目的和目标出现，而且显然，可能在特定时间在某一方面具有突出的、有影响力的合作形式，在其他方面很可能无法适用。因此，共产党必须避免对这个问题采取简单主义或机械主义的方法和态度。

（3）加强与世界各国共产党和工人党之间的广泛团结与合作

无产阶级革命是"世界性的革命"，共产主义不可能"作为某种地域性的东西而存在"，而"交往的任何扩大都会消灭地域性的共产主义"①，共产主义社会的实现是以生产力的普遍发展和与此相联系的世界交往的不断扩大为前提的。因此，仅限于某一民族地区或某一狭隘地域性的无产阶级是不能完成解放自身以及解放全人类的历史任务的，必然要求"全世界无产者，联合起来"②。

第一，苏东剧变前加共的党际交往。

20世纪的前半叶，曾经出现了第三国际和共产党和工人党情报局等共产主义运动的国际联合组织，五六十年代，虽然没有有形的共产主义运动的国际联合组织，但是以一定的国际会议为中心形成的无形的国际共产主义运动的联合是存在的，如1957年和1960年的两次莫斯科会议等。在60年代中期之后，这种有形的或无形的国际联合实际上都已经不存在了。但是直至苏东剧变前，加共在党际交往方面，在很大程度上还是深受苏共指挥棒的影响，以意识形态画线，这一特点突出表现在与中共、苏共等其他国外政党的关系方面。

首先，与中国共产党的关系。

自20世纪20年代起，加共同中国共产党就在斗争中相互支持。加共曾积极支持和声援中国的抗日战争和解放战争。新中国成立后，加共在国内积极开展斗争，要求加政府承认中国并与中国开展贸易合作，同时呼吁恢复中国在联合国的合法席位。50年代两党关系良好。后来在60年代的国际共运大论战中，两党关系中断。70年代，加共在中美关系、中苏关系、中越关系、印支问题和阿富汗等问题上，不断对中国进行指责。1985年以后，加共逐步停止对中国的指责，并希望恢复与中国共产党的联系。1987年4月，应中国共产党的邀请，以卡什坦总书记为团长的加共代表团访华，中共中央书记处书记胡启立会见了卡什坦，两党恢复了中断多年的关系。1987年6

① 《马克思恩格斯选集》（第1卷），人民出版社，1995，第86页。
② 《马克思恩格斯选集》（第1卷），第307页。

月，以政治局委员、书记处书记约翰·比泽尔为首的加共代表团访华，了解并学习中国经济体制改革的情况。1988 年，以政治局委员、党报总编汤姆·莫里斯为团长的加共党报编辑代表团访华。1988 年 8 月底，中国共产党应邀派人参加加共党报节。对于 1989 年春夏之交的政治风波，加共表示"遗憾"，但认为国际媒体歪曲事实，是企图诋毁社会主义国家的良好国际形象和搞乱社会主义中国，呼吁世界力量支持中国的社会主义改革。但与中国的交往中断，只保持比较有限的资料、信件的交换联系。

其次，同苏联共产党的关系。

加共长期与苏联共产党保持了密切的联系。苏联共产党第二十二次代表大会以后，加共领导完全赞同苏联共产党的立场和观点，积极支持苏联的对外政策。虽然在 1968 年前后，曾经一度批评苏联的民族政策和出兵捷克斯洛伐克的行为，但很快又转变了立场。总书记卡什坦曾经在加共第二十五次代表大会上强调指出，苏联是世界和平的堡垒，它的存在本身就加强了国际共产主义运动。加共支持苏联出兵阿富汗。80 年代后期，加共认为苏联的"新思维"重新发现了社会主义的根本核心，即民主和人权。直至苏联解体，加共一直与苏联共产党保持了密切的友好关系。

此外，加共还与美国共产党，与东欧各国的共产党及蒙、越、古、朝等国共产党保持了较好关系，同亚非拉的一些共产党也有联系。

第二，苏东剧变后加共的党际交往及政策主张。

加共认为，虽然当代资本主义发生了很多新变化，但是国家机器的强制职能仍是保护垄断资本的利益和压制反对派的重要工具。"现在比以往任何时候更迫切需要在全球范围内扩大和巩固具有广泛基础的民主和反帝国主义战线，这个阵线是一个是能够汇集所有的民主力量、工人阶级力量和进步力量以抗衡跨国金融资本及其帝国主义国家的经济和政治，并赢得社会和经济的替代方案的阵线。"① 加共强调指出，在国际范围内存在的所有进步运动和潮流中，没有一个比共产主义运动本身更重要的了。因为历史一次又一次地证明，正是共产党，它共享一个建立在马克思列宁主义和工人阶级的国际主义基础上的世界观，汇集了各个国家最先进、纪律最严明、最遵守承诺的阶级战士，而这些一直是更广泛的运动——反对帝国主义、争取和平和实现社会主义——的基础和动力。国际共产主义运动能够并且必须在建立这样一个广泛的国际反帝阵线方面扮演主要角色。因此，加强共产党和工人党之间

---

① Communist Party of Canada. Constitution of the Communist Party of Canada, Amendedat the 35th Convention, http：∥www. communist – party. ca, 2007 – 03 – 02.

的合作、政治凝聚力和行动统一，具有决定性的重要意义。[①]

经过苏东剧变的打击所带来的一段时期的迷茫之后，国际共产主义运动开始逐渐恢复。从 90 年代开始，社会主义运动的国际合作出现了新的形式。党与党之间的相互关系获得新的发展，避免了过去以某个大党为中心的国际联合所产生的强制性、不平等性、依附性和干涉别国党内部事务等不正常现象的发生。各国共产党进行国际联系、交流经验和相互支持的重要形式——地区性的共产党或左派政党的国际会议经常性地召开。[②] 其中，比较有影响的合作形式之一就是世界共产党和工人党国际会议。世界共产党和工人党国际会议——特别是在雅典举行的国际会议——已经成为各国共产党和工人党交流观点和经验的重要论坛。加共也为发展各国共产党之间的国际交流与合作进行着不懈的努力，1998 年 3 月，加共发表了给各国共产党的信，建议召开世界共产党和工人党国际会议，目的就是为了在各党平等协商的基础上形成共同的立场。而且加共还与美共、澳共共同筹建了工作委员会，准备为即将召开的世界共产党和工人党国际会议起草共同草案。此后，在每年召开的世界共产党和工人党国际会议上，由加共提出的有助于扩大和加强国际共产主义合作的许多提案多次受到了许多重要政党的热烈欢迎。

---

① 刘卫卫：《世界共产党和工人党如何看待当前经济危机和社会主义前景——2008 年金融危机爆发以来第 10、11、12 次世界共产党和工人党国际会议述评》，《科学社会主义》2011 年第 3 期。

② 参见聂运麟《21 世纪初世界社会主义运动的若干特点》，《当代世界与社会主义》2003 年第 4 期。

第十七章　不断开拓前进的
南非共产党

南非共产党简介

南非共产党成立于 1921 年 7 月，总部设在约翰内斯堡，是非洲第一个马克思主义工人政党，现有党员 16 万人，① 是当今非洲力量最大和影响最广的共产党。该党成立后不久，即加入共产国际，并与南非主要民族解放组织非洲人国民大会（以下简称非国大）结成联盟，进行反对南非白人种族主义的斗争。

南非共产党的组织包括中央和地方两级。中央组织包括党的代表大会、党的中央委员会、政治局、总书记和全国主席；地方组织包括南非共产党按全国 9 个省的行政区设立 9 个省级机构，在各个省设以下党的组织：省委员会和省执行委员会、区委员会和区执行委员会，支部和支部执行委员会。1921 年南非共产党制定了第一个党章，之后分别于 1984 年、1991 年进行了修改。现在的党章是 2002 年 7 月第十一次全国代表大会在 1991 年党章基础上修订的。南非共产党纲领规定："党的最终目标是建立一个消灭了一切人剥削人的制度、所有人类劳动成果均实行按需分配的共产主义社会。在此之前需有一个社会主义过渡阶段，在社会主义社会里，实行按劳取酬的原则。"② "党的近期目标是开展争取非洲人的民族解放、摧毁种族主义统治阶级的政治和经济权利，建立人民政权统一国家的民族民主革命。"现阶段党的任务是深化、巩固民族民主革命。现任总书记：恩齐曼迪（Cde Blade Nzimande）。机关刊物有《非洲共产主义》（The African Communist），机关报有《劳动》（Umsebenzi）等。网站地址：http://www.sacp.org.za。

---

① SACP Political Programme adopted by the13th Congress, 12 – 15 July. 2012. http://www.sacp.org.za.

② SACP Political Programme adopted by the11th Congress, 24July. 2002. http://www.sacp.org.za.

经历 90 多年艰苦斗争的南非共产党，在马克思列宁主义的指引下，既没有被反动势力的残酷镇压所摧垮，也没有被党内机会主义的错误路线所断送，更没有被国际政治风云的变幻所迷惑，而是不断总结经验教训，努力将马克思列宁主义的普遍原理同南非革命斗争实践相结合，在争取民主、平等和社会主义的斗争中不断开拓前进。下文从南非共产党的斗争历程、南非共产党未来社会主义社会理论主张及基本特点和南非共产党探索走向社会主义社会的实践三个方面力求展现南非共产党的立体形象。

一 南非共产党的斗争历程

南非共产党 90 多年的艰难斗争历程，可大致分为三个阶段：第一阶段，"初创时期的斗争与被迫解散"时期（从 1921 年至 1952 年）；第二阶段，"党的重建与反种族主义斗争"时期（从 1953 年至 1994 年）；第三阶段，"南非共产党争取民主和社会主义的斗争"时期（从 1995 年至今）。

（一）初创时期的斗争与被迫解散（1921～1952 年）

从 20 世纪 20 年代至 50 年代，南非共产党经历了诞生、产生矛盾、被迫解散的重大变化。

1. 南非共产党的创立

南非共产党是在南非的阶级矛盾、种族矛盾不断激化，工人阶级作为独立的政治力量登上历史舞台，伟大的十月革命的影响日益深化的历史条件下建立的。

自 17 世纪以来，南非历经了 3 个多世纪种族主义制度的统治。在种族主义的统治之下，白人统治集团垄断了南非的政治、经济、文化和社会生活，享有种种特权，而南非黑人则失去了各种生存和发展的权利。

在种族主义统治制度下，南非的阶级矛盾和种族矛盾十分尖锐。第一次世界大战后，随着采矿业的繁荣和制造业的兴起，南非的无产阶级队伍不断发展壮大，并作为一支独立的政治力量登上了历史舞台，为南非共产党的建立打下了坚实的阶级基础。南非共产党的建立还直接受到了 1917 年俄国伟大十月革命的深刻影响。[①] 在十月革命的影响下，南非建立了工业社会主义者联盟等数个革命团体，为南非共产党的建立奠定了组织基础。

---

① SACP Political Programme adopted by the7th Congress, 1 July. 1989. http://www.sacp.org.za.

1921 年 7 月 29 日，南非工党的左翼——南非国际社会主义者联盟与开普敦犹太人社会主义学会、开普敦共产党、约翰内斯堡犹太人社会主义学会、德班马克思俱乐部等白人革命团体联合召开会议，筹备组建南非的共产主义组织，并将名称定为"南非的共产党"，决定参加共产国际。7 月 30 日至 8 月 1 日在开普敦召开了南非的共产党的成立大会，会议选举威廉·安德鲁斯为党的总书记，泰勒为党的主席，西德尼·珀西瓦尔·邦廷为司库，戴维·伊玛·琼斯为出席共产国际的代表；大会还通过了《推翻资本主义制度》的宣言。这次会议标志着南非共产党的成立。

2. 成立初期的斗争与党内矛盾

南非共产党成立之初便积极开展工作，在维护工人阶级的基本权益，参与和领导反对种族主义统治的斗争中作出了自己的贡献，并使党的力量获得了一定的发展。

20 世纪 20 年代初，南非共产党参与领导了南非白人矿工的罢工斗争，把矛头直接对准了资产阶级。20 年代末，南非共产党开始同南非其他群众组织，如（南非）非国大、工商业工人大会等建立了合作关系，并成立了民族统一战线组织——"非洲民族权利同盟"。30 年代早期，受共产国际的负面影响，南非共产党内出现了党派之争。40 年代到 60 年代，南非共产党发动群众，以非暴力不合作方式进行斗争。

南非共产党在其发展过程中，也承受着来自自身的两个方面的限制：一是"白人沙文主义"导致的内部矛盾。南非共产党在建党之初党员以白人为主，主要维护白人利益，这严重影响了党员队伍的团结和党的发展壮大。二是共产国际的错误指导引起的党的内部矛盾。20 世纪 20 年代初至 30 年代初，因共产国际要求南非共产党采取"非白人民族主义"政策，使党"布尔什维克化"，结果导致了对拒绝接受共产国际指示的党员大"清洗"，包括党的创始人威廉·亨利·安德鲁斯等数十位领导人和大批党员被开除出党，党的力量遭到严重削弱，党的组织也陷入瘫痪。

3. 南非共产党被迫解散

对南非共产党生存和发展的最大威胁，是来自白人种族主义统治者的残酷镇压。1946 年 8 月兰德矿工大罢工之后，南非政府以"扰乱治安"的罪名，逮捕了南非共产党总书记科台尼和中央委员会全体成员，并对他们进行了长达两年之久的审判。1950 年 5 月，南非国民党政府颁布了《镇压共产主义条例》，宣布共产党为"非法"组织。这项法律赋予南非当局有权用共产主义罪名控告任何一个公民。南非共产党失去了公开、合法地反对种族主义斗争的条件。在这种形势下，南非共产党中央因受合法主义思想的影响，同时也为了保存党的实力，在未征询基层组织意见的情况下做出了关于党自行解散的决议。

（二）南非共产党的重建与反种族主义斗争的胜利时期（1953～1994年）

从20世纪50年代初至90年代，南非共产党进行了重建，并取得了反种族主义斗争的阶段性胜利。

1. 南非共产党的重建

南非共产党解散后，党员仍在（南非）非国大等合法群众组织掩护下继续从事政治活动。1953年年初，南非共产党重新秘密建立党的地下组织，制定了纲领，并改称现名，即南非共产党。

秘密重建后的南非共产党，吸取了历史经验教训，决定同时采取公开和地下两种方式进行斗争。1960～1963年间，南非共产党部分中央领导人在国内被捕。此后，南非当局进一步加强对南非共产党打击的力度，到1965年，在国内的地下组织受到严重破坏的情况下，大部分领导人被迫流亡国外，党的总部于1963年迁至伦敦。1981年，从伦敦迁至安哥拉的罗安达，次年迁至莫桑比克的马普托，1984年又迁至赞比亚的卢萨卡。此后，南非共产党以伦敦和达累斯萨拉姆为中心，在南非流亡人士较多的非洲国家建立了秘密的党组织，与国内的秘密的党组织相配合。

2. 南非共产党领导的反对种族主义斗争

在党的中央领导机构流亡国外期间，南非共产党与（南非）非国大等民族民主力量合作，领导和组织南非人民进行了多种形式的反对种族主义的斗争。

首先，南非共产党自1962年11月至1991年12月先后秘密召开了七次党的代表大会，为南非人民反对种族主义的斗争从理论、纲领和策略上提供了正确指导。其次，南非共产党直接参与和领导群众性运动，英勇反对种族主义者的统治。通过派党员秘密回国、在国内建立秘密党组织等方式，对国内工人、学生及其他群众民主运动进行直接领导。再次，南非共产党致力于南非各民主进步力量联合行动，组成了反对种族主义的统一阵线。1955年，南非共产党与（南非）非国大等四个群众组织共同建立了统一战线组织——人民大会联盟运动，发起并召开了多种族的"人民大会"，以共同反对白人种族主义的统治。最后，南非共产党在20世纪60年代至80年代，采取了武装斗争的策略反对种族主义者的统治。

由于南非国内外反种族主义力量的斗争不断加强，以（南非）非国大为代表的民族解放运动日益得到各个民主阶级和进步力量的广泛支持；与此同时，南非国内经济危机日益加深。1990 年 2 月，南非总统德克勒克宣布解除对南非共产党的禁令，南非共产党在经历了 40 年的非法状态后终于实现了合法化。

3. 恢复合法地位初期南非共产党的新发展（1991～1994 年）

恢复合法地位无疑给南非共产党带来了新的发展机遇，但恰在此时苏东剧变发生了，这使南非共产党面临着严峻的考验。在苏东剧变的巨大冲击下，包括南非前任总统姆贝基在内的一些南非共产党的领导成员自动脱党，一些党员不再参加党的活动，党内的思想陷于极度的混乱，甚至出现了取消主义的倾向。为此，以乔·斯洛沃、克里斯·哈尼为首的党中央沉着冷静地分析了苏东剧变的原因，科学地回答了苏东社会主义国家为什么失败、社会主义向何处去等重大理论与实践问题，阐述了党的理论观点和政策主张，从而获得南非广大人民的认同和支持，同时也统一了党内思想认识，党的组织不仅避免了分裂，而且还获得新的发展。1989 年仅为 5000 人。受苏东剧变影响，1990 年南非共产党恢复合法地位时党员人数又减少到 2000 余人。1991 年南非共产党八大时立即增加到 21000 人，增长了近 10 倍。1992 年又增至 40000 人，1993 年更是达到 50000 人。①

南非共产党是 1994 年南非大选前制宪谈判中的一支重要力量。1994 年 4 月 26 日至 29 日，南非各族人民进行了历史上首次平等、民主和多种族的大选。南非共产党总书记乔·斯洛沃当选为南非民族团结政府的内政部长。南非共产党成为以（南非）非国大为首新政府"三方执政联盟"（另一方为南非工会大会）的重要一方，在其 90 多年的艰难历程中首次成为"参与国家管理的党"②，并成为南非国内仅次于（南非）非国大的政治力量，在社会生活中发挥着独特的重要作用。南非共产党员在（南非）非国大全国执委中占 1/3，（南非）非国大总书记、副总书记都是南非共产党员。在南非议会 400 个议席中，南非共产党成员约占 1/5；有 7 名南非共产党员在中央政府担任部长职务。

1994 年南非民主政权的建立，标志着南非 300 多年种族隔离制度的彻底结束，一个民主的新南非从此诞生。南非共产党由此进入了一个新的历史发展阶段。

---

① Adams, Simon, Comrade minister: the south African Communist Party and the transition from apartheid to democra, Approximate, Communist Membership, 1921 – 1995, Nova Science Publisher, LnC, New York, USA, 2001, p. 14.

② SACP Political Programme adopted by the 12th Congress, July. 2007. http://www.sacp.org.za.

（三）南非共产党争取民主和社会主义的斗争时期（1995年至今）

从20世纪90年代初至今，南非共产党在取得反种族主义重大胜利的基础上，积极开展了争取民主和社会主义的一系列斗争。

1995年至今，是南非共产党争取民主和社会主义斗争的新阶段。南非共产党自1995年九大制定"未来属于社会主义，建设自今日开始"的政治路线后，紧接着又制定了争取民主和社会主义的纲领和策略，经过1998年十大，2002年十一大的补充修改，2007年十二大形成了争取民主和社会主义的比较完整的理论、纲领和策略，为南非人民胜利开展争取民主和社会主义的斗争提供了行动指南。

1994年民主南非新政府成立以来，以（南非）非国大为领导，由南非共产党、（南非）非国大、南非工会大会组成了"三方执政联盟"，开启了南非发展的新时代。南非共产党作为南非执政联盟的一部分，南非共产党为南非人民争取南非民主和社会主义事业奠定了政治基础。在这一新的阶段，一方面，制定了争取民主和社会主义的理论、纲领、策略，另一方面，南非共产党又积极领导和推动开展了一些卓有成效的争取民主和社会主义的斗争，从而不断推动南非的社会进步和发展。

二　南非共产党关于未来社会主义社会的理论

南非共产党在长期的民族民主革命的斗争实践中，始终坚持以实现社会主义和共产主义为奋斗目标，并对什么是社会主义和如何实现社会主义的重大理论问题进行了艰难的探索。随着南非民族民主革命的胜利推进和世界社会主义运动的深刻变化，南非共产党对社会主义的认识也不断发展和不断深化。当前，南非共产党关于未来社会主义社会的认识已经形成为了一个相对成熟和稳定的理论体系，具有自己鲜明的特点。

（一）未来社会主义社会理论的基本内容

梳理南非共产党在长期探索中提出的理论观点，可以看到，南非共产党对未来社会主义社会的理论主张，有其独特的内容。南非共产党认为，未来的社会主义社会应是一个民主、平等和自由的社会，是通过社会主义革命废除了生产资料私有制和各种形式的剥削压迫的社会，是促进社会中每个人自由、全面发展的社会。

1. 社会主义的经济制度

南非共产党认为社会主义首先是指一种经济制度①。这种经济制度，是在所有制结构上实行以生产资料公有制占主导地位，其他形式所有制并存的混合经济；在收入分配上实行"各尽所能，按劳分配"的原则；在经济生活中坚持工人阶级对经济活动的民主管理；在经济体制上实行"有效率的计划"和"有效益的市场"的有机结合。

2. 社会主义的政治制度

南非共产党认为社会主义的政治制度是要由工人阶级与其他进步群众结成的同盟掌握政权，对绝大多数人实行最广泛的民主，消灭包括民族压迫和性别歧视在内的一切形式的歧视，防止国内外被推翻阶级的反攻倒算。南非共产党强调，以广大民众的支持为基石的工人阶级及其联盟的统治，是消灭剥削制度、通过民主方式把社会剩余价值分配给绝大多数人，战胜阶级压迫、民族压迫和父权压迫的政治保证。

3. 社会主义的文化制度

南非共产党认为未来社会主义应该实行"多元文化主义"。南非共产党第十一次代表大会修改的《党章》明确规定："反对种族主义、部族主义、性别歧视、地区主义、沙文主义和各种形式的狭隘民族主义②"，即未来社会主义应承认多样性，照顾少数人的利益。"承认多样性"，主要指承认民族文化的多元。南非共产党指出，保障民族语言、文化、宗教的自由，包括生活方式、政治取向、宗教信仰和文化归属的自由是未来社会主义社会的重要目标。未来社会主义社会应以宪法形式明确规定各民族均可平等地使用、发展本民族语言的权利，国家应采取实际的积极措施以提高各民族语言的地位并推进其使用。中央和各省政府必须至少使用两种官方语言，并尊重所有南非人使用自己语言的权利。重视多民族语言的文学作品，鼓励使用各种民族语言从事创作活动。未来社会主义还应以宪法的形式确保宗教信仰和主张的自由，宗教活动遵循自由和自愿原则。

4. 社会主义的社会建设

南非共产党认为社会主义的社会财富将用于提高人民的生活水平，向人民提供低租住房、廉价交通、免费教育、公费医疗等各种福利保障。把民主的文化融入到社会生活的各个领域。根除连最发达的资本主义国家都无法克

---

① Build A Working Class-led Momentum for Socio-Economic Transformation：With and For the Workers and the Poor, South African Communist Party adopted, the11th Congress. July. 2002. http：//www. sacp. org. za.

② SACP Political Programme adopted by the 11th Congress, July. 2002. http：//www. sacp. org. za.

服的大量失业、通货膨胀、周期性危机以及社会浪费等顽症。确保经济社会的发展是为了满足整个社会的需要，使整个社会受益，使全体公民在收入、财富、权利和机会方面达到基本平等，并使自由领域不断扩展。

南非共产党认为，社会主义社会具有"过渡性"，是人类历史发展过程的一个阶段，是资本主义（以及其他以阶级压迫和剥削为基础的社会制度）和没有阶级的共产主义社会之间的一个过渡性质的社会。即社会主义社会不是一种独立的社会形态，而是具有"过渡性"的社会制度。这种"过渡性"包含三个方面的内容：一是就人类向共产主义社会前进而言，社会主义社会是非独立性的社会形态；二是社会主义社会是一个长期的历史过程，在这个过程中什么时间向共产主义社会过渡是不确定的；三是就某个民族或国家而言，在其从社会主义社会向共产主义社会的过渡过程中，发展的结果是不确定的。社会主义社会的建设过程可能充满矛盾、停滞甚至倒退。南非共产党强调，社会主义社会之所以具有过渡性质，根本的原因在于社会主义社会的经济本身是一种过渡性的混合经济。在社会主义社会，虽然公有制经济占据着主导地位，但公有制经济并不是纯粹的全民所有制经济，它不仅包括国有经济，而且还包括其他公有制形式如充满活力的合作经济体制。同时，各种非公有制经济还存在，资本主义的因素还存在。

关于社会主义发展的前景，南非共产党认为社会主义是通向人类社会的更高阶段——共产主义的过渡阶段。共产主义是一个无阶级的社会制度，它实行生产资料的社会公有制，生产力不断增长，足以提供丰富的商品，使"各尽所能，按需分配"的原则得以贯彻。南非共产党强调，建设社会主义和逐步向共产主义过渡是一个漫长而艰辛的过程，不能急于求成。这一点已在工人政权取得胜利的各国得到证实。

（二）未来社会主义社会理论主张的基本特点

纵观南非共产党关于未来社会主义社会的理论主张，有四个突出的基本特点：一是强调民主、平等、自由；二是强调主要经济部门的社会化；三是强调社会主义应坚持"有效率的计划"和"有效益的市场"的有机结合；四是强调社会主义社会要坚持可持续发展。

1. 把民主、平等、自由作为未来社会主义社会的基本特点

南非在种族主义统治之下，长期受以荷兰、英国为代表的西方民主、平等、自由政治思想的影响，同时，南非共产党在吸取苏东剧变的深刻教训的基础上，以马克思列宁主义的民主、平等、自由思想为理论指导，把民主、

平等、自由作为未来社会主义社会的基本特点之一。

　　南非共产党主张的民主、平等、自由，内容极其丰富。南非共产党认为，民主是社会主义社会的基本特征。社会主义社会就是使民主广泛深入地体现在社会生活的各个方面。南非共产党认为，社会主义并不否定一人一票、定期多党选举、宪政、司法独立等政治民主的内容，而且，长期以来南非共产党就是为实现这些基本的民主权利而努力奋斗的。但社会主义的民主不在于是否实行这样的民主形式或制度，而在于是否把民主广泛深入地体现在社会生活的各个方面，实现真实而广泛的民主。南非共产党强调，如果南非共产党不能在社会生活的各个领域广泛地推进和深化1994年4月所确立的民主成果，如果南非政府不实行真实民主所要求的间接民主、直接民主、参与式民主等一系列的民主形式，就将不可避免地造成南非共产党与广大群众的冲突。

　　南非共产党认为，平等是社会主义的内在要求。南非共产党致力于消除资本主义社会在收入、财富、权利和机会等方面的巨大差异。南非共产党认同平等主义，但不是像资本家所说的那样，要在所有人之间实现机械的、强制性的一致。南非共产党承认，在社会主义制度下，所有人都有相对的独立性，人们仍然有不同的技能、态度、爱好、文化，仍然存在劳动分工，管理仍然会发挥作用。南非共产党不寻求取消这些差别，所要实现的是使全体公民在收入、财富、权利和机会方面达到基本的平等。

　　南非共产党认为，彻底的民主和平等要以自由为基础。资本主义的支持者特别强调"自由选择"和"个人主义"。但是，资本主义由于对绝大多数人的控制，大大地减少了大多数人真正自由选择的权利和机会。社会主义是增多了，而不是减少了大多数人的个人和集体选择权。社会主义就是要消除贫穷和饥饿，消除卑贱和无知，消除失业的恐惧以及阶级、性别、种族和民族压迫。

　　南非共产党指出，社会主义社会的民主、平等、自由是在资产阶级民主、平等、自由的基础上发展而来的，但二者有着本质的区别。南非共产党高度评价了资产阶级民主、平等、自由在历史上的进步作用，认为资本主义不仅创造了比以往任何社会都无法比拟的物质财富，而且相应地也推进了人类文明的发展，扩大了人们的政治、经济、文化等方面的权利。资产阶级的民主、平等、自由大大超过封建社会为人们提供的平等自由权利。资本主义在物质保障及政治制度两方面发展了民主、平等、自由。"从历史观点来说，在18世纪和19世纪，许多（但不是所有）欧洲国家的资产阶级民主革命见证了在民主方面取得的重大进步，民主不仅是革命的主要受益者——

新兴资产阶级的民主，也是广大民众阶层的民主。"① "这些早期的资产阶级
民主革命所取得的成就标志着重大的历史进步，它们关于平等权、选举权、
自决权等的要求，对 20 世纪反殖民主义的民族民主革命仍然有着巨大的鼓
舞作用（通常指像英国、法国等这些从早期资产阶级民主革命中兴起的国
家）。"② 未来的社会主义的民主、平等、自由正是以资产阶级民主、平等、
自由为基础的。但是未来社会主义社会的民主、平等、自由不是对资产阶级
民主、平等、自由的简单继承和发展，而是对其进行革命性的扬弃。"如果
说早期民主与资产阶级有一定关联的话，那么现在这种关联也是微乎其微
的。"③

　　南非共产党认为，未来社会主义社会的民主、平等、自由与资产阶级的
民主、平等、自由有着根本性的区别，这主要表现在：其一，二者本质不
同。社会主义社会民主、平等、自由的主体是工人阶级（无产阶级）和穷
人大众，在内容上是真实的、全面的，而资产阶级民主、平等、自由的主体
是资产阶级，在内容上具有极大的欺骗性和虚伪性。资产阶级把自由定义为
可以自由选择雇主的范围，把民主局限在看起来很热闹的一人一票，把平等
定义为司法上的平等。这种民主、平等和自由，对资产阶级来说是真实的，
而对工人阶级和穷人来说则是可望而不可即的。其二，二者形成的过程不
同。社会主义社会的民主、平等、自由是要经过艰难的社会主义斗争才能取
得的，是要通过社会主义革命途径才能实现的，并且在此基础上必须经过漫
长的政治改革、经济发展、文化培育才能真正实现。实现这一目标的途径是
努力取得工人阶级在全社会的统治地位，特别是对经济的所有权和控制权，
建立一个统一的由人民掌权的国家。与此截然不同，资产阶级民主自由平等
是通过资产阶级革命途径实现的，是资产阶级通过推翻封建地主政权，并发
展资本主义经济而取得的。其三，二者的内容不同。南非共产党认为，社会
主义的民主应广泛深入地进入社会生活的各个方面。社会主义的平等应致力
于消除资本主义社会在收入、财富、权利和机会等方面的巨大差异。社会主
义的自由则增进了个体在生活中的选择与机会，而不是减少了大多数人的个
人和集体的选择权。使人民免于贫穷和饥饿，免于卑贱和无知，免于失业的
恐惧以及阶级、性别、种族和民族的压迫。其四，二者的保障条件不同，即
是否消灭私有制。南非共产党指出，其提出的民主、平等、自由，只有在消

---

①　SACP Political Programme adopted by the 12th Congress, July. 2007. http：//www. sacp. org. za.

②　SACP Political Programme adopted by the 12th Congress, July. 2007. http：//www. sacp. org. za.

③　SACP Political Programme adopted by the 12th Congress, July. 2007. http：//www. sacp. org. za.

灭资本主义私有制的基础上建立社会主义的公有制，消灭资产阶级统治，建立无产阶级专政的工人阶级和广大劳动人民的政权，使人民能够真正当家做主，消灭阶级和阶级差别，才能真正实现社会主义的民主、平等和自由。恰恰相反，资产阶级虽然口口声声大肆宣扬民主、自由、平等，但它们都在从经济基础、政治制度、文化价值等方面极力维护私有制，宣称私有财产不可侵犯，将私人自由置于社会需求之上，在此情况下，工人阶级和穷人大众根本就没有实现民主、自由、平等的最基本条件，也就根本享受不到民主、自由、平等权利。而且，一旦触及要推翻资产阶级国家，他们就会毫无迟疑地实行残酷的镇压，而不会讲什么温情。一旦要在国家内废除私有制，他们就会毫无迟疑地限制人的自由。马克思说过，当资产阶级统治受到威胁时，民主、自由、平等的格言就会代之以毫不含糊的暴力镇压。

2. 主要经济部门的社会化

基于实现"主要经济部门的社会化"是实现彻底民主、实质平等与扩大自由的根本条件，区别于当代大多数社会民主党的主张；总结已建成的社会主义国家存在经济"异化"现象，同时以马克思主义关于"社会化"基本理论为根据，南非共产党提出"主要经济部门的社会化"① 是未来社会主义社会的另一个特点。

关于"主要经济部门的社会化"的基本内容。首先，南非共产党特别指出，"经济社会化"是个更广泛和内涵更丰富的概念，不同于"国有化加国家计划"②。"社会化"不同于"国有化"，与"国有化"有明显的区别。"国有化"是将私人企业的生产资料收归国家所有，是国家所有制经济形成过程中的一个重要途径。"国有化"有资本主义的"国有化"和社会主义的"国有化"之分。社会主义"国有化"是无产阶级掌握国民经济命脉，巩固政权，进行社会主义建设的重要基础。"国有化"的出现，是"社会化"生产发展的客观需要。从某种意义上讲，"国有化"是"社会化"的基础，"国有化"发展到一定水平才可能转变为"社会化"。生产资料"国有化"（国有制）并不是生产资料的"社会化"（社会共同占有）。不过"国有化"（国有制）将会是"社会化"（社会共同占有）生产资料的最初形式，作为个人私有制向社会所有制（"社会化"）的过渡，"国有化"是低水平的"社会化"，"社会化"是高水平的"国有化"。"国有化"绝不等同于"社

---

① SACP Political Programme adopted by the 10th Congress, July. 1995. http：//www. sacp. org. za.

② Programme of South African Communist Party, SACP adopted by the 9th Congress, April. 1995. http：//www. sacp. org. za.

会化", "国有化" 仅仅是 "社会化" 的一种。因为, 尽管国家的确有代表社会这一方面, 但是, 国家是阶级统治的工具, 首先代表统治阶级的利益, 而不是整个社会的利益。其次, 南非共产党认为, "经济社会化" 实质为 "赋予工人阶级经济权力"①。"经济社会化" 不再简单强调所有制的法律形式, 而是将重点转向强调劳动人民真正拥有对所有权的控制力, 包括加强对支配性权力的控制。这表现在两个方面: 一是扩大工人实际影响工作场所的能力; 二是加强工人对由经济所有制产生的社会权力的控制, 比如, 扩大工人对分配社会盈余投资政策、国家预算优先项目等的决策权力。南非共产党之所以不单单强调法律上的所有权形式, 是因为南非共产党认为法律上的所有权形式虽然是实现社会化的一个因素, 但不是唯一的因素。经济社会化则需要一系列社会所有权形式。

南非共产党提出 "主要经济部门的社会化"② 有三个原因: 一是实现 "主要经济部门的社会化" 是实现彻底民主、实质平等与扩大自由的根本条件; 二是这一主张是南非共产党区别于当代大多数社会民主党的重要标志; 三是总结已建成的社会主义国家存在经济 "异化" 现象而提出。关于第一个原因, 南非共产党认为, 在资本主义社会, 民主、平等、自由也通过各种形式被宣传, 但资产阶级是打着 "民主、平等、自由" 旗号, 谋取自身的经济、政治利益。所以, 在资本主义社会, 民主是不彻底的, 平等也是形式的, 自由更是受限制的。从形式上, 甚至从法律上, 资本主义社会规定了普通民众可以享有各种权利, 但因为生产资料是归私人所有, 不是归社会本身所有——没有实现 "社会化"。换言之, 资本主义社会普通民众只能共同创造财富, 但不能共同占有财富, 更不可能共同分配财富, 因此, 民主、平等、自由都是徒有虚名的, 是大打折扣的。而社会主义国家, 本可能实现真正的民主、平等、自由的, 但因为 "主要经济部门的社会化" 没有执行好, 因此在这方面也不尽如人意。有鉴于此, 南非共产党指出, 实现 "主要经济部门的社会化" 是实现彻底民主、实质平等与扩大自由的根本条件。关于第二个原因, 南非共产党认为, 社会民主党一般不关注 "主要经济部门的社会化" 问题, 他们大多过分关注眼前此时此地的事务, 而对更广泛范围的结构转型和革命性的社会主义变革的目标却忘记了。最为关键的是, 社会民主党的视野日益局限于在资本主义范围内进行社会改良, 而不触动所有

① Programme of South African Communist Party, SACP adopted by the 9th Congress, April. 1995. http://www.sacp.org.za.

② SACP Political Programme adopted by the 10th Congress, July. 1995. http://www.sacp.org.za.

制的性质。南非共产党认为，社会主义社会从经济上有着实实在在的可能性来利用社会所有权占优势的条件，逐步消灭资本主义市场，使人的基本需求非商品化，它能够极大提高社会民主化，能够战胜资本家积累的制度剥削，能够逐渐废除父权制和给妇女授权。这种社会化的经济是以满足社会需求而不是以个人利益为前提的。因此，提出"主要经济部门的社会化"就成为南非共产党与社会民主党的重要区别。关于第三个原因，南非共产党指出，已建成的社会主义国家仍然存在经济"异化"现象，即社会主义国家财富的创造与财富的占有及分配之间是分离的，生产者个人不能完全控制和参与社会生活的各个方面，没有真正成为所有社会化生产的掌握者。社会主义经济存在"异化"，就意味着社会主义经济效益没有预期的好，甚至低于资本主义经济效益。社会主义政府首先要认识到，资本的政治、经济权力的破灭——建成社会主义社会只是"去异化"的第一步。生产性财产的合法所有权从私有制资本转移到国家，自身既没有创造完全的社会主义生产关系，也没有明显改变生产者的工作生活。只有真正的社会主义生产关系才可以开始"去异化"的过程——必须等到共产主义阶段才能完成——不能只通过教育和意识形态推进；必须创造条件，逐步实现每个人（作为"社会化"的一部分）都真正参与和控制社会生活的各个方面。社会主义只有实行真正的"社会化"，才能"去异化"，才可能发挥社会主义经济的全部潜力。

3. 坚持"有效率的计划"和"有效益的市场"的有机结合

南非共产党认为，社会主义社会经济体制应将"有效率的计划"和"有效益的市场"结合起来。南非共产党这一理论是在汲取苏东改革的失败教训、借鉴中国采取"计划"与"市场"的成功经验、受西方"市场"经济影响的历史背景下提出的。

南非共产党这一理论主张包括三方面内容：首先，社会主义社会应实行"有效率的计划"。南非共产党认为，一些社会主义国家实行的行政命令的计划模式被证明是无效率的和无法满足现代经济日益增长需求的。社会主义民主中的计划必须从全部的、综合的和详细的行政命令体制中剥离。社会主义经济需要"计划"，但需要的是"有效率"的计划。另一方面，如果没有政府层面的、有效率的计划与协调，现代资本主义经济也无法正常运行。在社会主义社会，社会化部门占主导地位，一个更加有效率的、理性的计划是有可能的。社会主义国家的政府将为关键的经济部门如基础设施、公共服务部门等制定目标，为培训、教育和其他部门制订计划。计划服从于不同的民主过程，包括谈判。计划同样也服从于定期评估和调整。其次，社会主义经济也需要"有效益的市场"。在社会主义经济中，市场将继续在分配和规划方面发挥作用，但它没有最终决定权。社会重要领域需要完全或基本的非商品化。这些领域包括卫生、教育、住房、邮政、通信、城市公交、水、电等部门以及文化事业。但这并不意味着这些领域不需要付费，它只是意味着其价格和分配不能完全由市场决定，即可以削弱市场的作用，实现基本需求供给的非商品化。关键领域的非商品化并不意味着完全取消市场，而是缩小其发挥作用的范围。在市场继续发挥分配调节重要作用的领域，必须与市场进行接触。市场不是"中性"的，也没有"自由市场"这回事。再次，"有效率的计划"和"有效益的市场"应相互结合。社会主义经济不能只要"有效率的计划"，"计划"固然重要，如果完全忽视"市场"，社会主义经济必然死气沉沉；反之，社会主义如果只要"有效益的市场"，完全没有"计划"，则"市场"的缺陷必然阻碍社会主义经济的健康、可持续发展。二者如同唇齿相依，共同推动社会主义经济车轮前进。

南非共产党提出该理论有三个原因。其一，汲取苏东改革的失败教训而提出。其二，借鉴中国采取"计划"与"市场"的成功经验而提出。其三，与西方国家长期联系，受西方"市场"经济对南非影响深远而提出。关于第一个原因，也即是南非共产党对社会主义"计划"与"市场"关系实践教训的思考。南非共产党指出，前苏联东欧国家的改革与开放进行得太慢、太晚严重危及了（前苏联东欧国家）社会主义前途。后来，尽管开始了经济改革，但过于集中这一致命的错误则没有被高层领导认识到，因此也没有得以纠正。东欧有些国家虽然曾经进行过社会主义"市场"经济的试验，甚至开始初见成效，但因各种干扰，尤其是前苏联的阻挠，而没有取得成功。南非共产党认为，在前苏联东欧国家发展的早期阶段，中央计划取得了显著的成功。但是，行政命令的计划模式最终被证明是缺乏民主、无效率、浪费和无法满足现代经济日益增长需求的。因此，必须发挥社会主义"市场"的功效。关于第二个原因，也即是南非共产党对中国社会主义"计划"与"市场"关系经验总结。我国改革开放的总设计师邓小平很早就入木三分地指出，"计划"多一点还是"市场"多一点，不是社会主义和资本主义的本质区别，"计划"和"市场"都是经济手段，资本主义有"计划"，社会主义也可以有"市场"。以此为指导，中国正式确定全面建设社会主义市场经济。正是这一重要理论彻底解放了中国人民的思想，从中央到地方，从领导到群众，都对"市场"和"计划"二者扬长避短，从而全面激发了中国人发展经济的热情，中国改革开放取得了举世瞩目的成就。南非共产党认为，中国经济之所以成功，很大程度上应归功于充分使用了社会主义"市场"这只无形之手，同时没有遗弃社会主义"计划"这只有形之手。关于第三个原因，也即是历史的原因。自荷兰殖民统治开始至今，西方"市场"经济对南非已有360年的影响。19世纪以前南非土著民族社会的经济属于自给自足的自然经济，包括桑人的狩猎采集经济，科伊人的单纯游牧经济，班图人农牧混合经济。1652年，荷兰人范吕贝奉荷兰东印度公司之命，率领80名公司雇员组成的远征船队到达开普半岛南端的海湾，开始在这里种地、养畜，为往来的荷兰船队提供肉类、蔬菜和水果。荷兰人一来到南非，传给南非人的信息就是"市场"，因为他们做的就是"海上贸易"，赚取更多的财物。1795年英国占领开普殖民地后，英国人的到来和英国殖民当局的政策使南非的资本主义经济发展加快了步伐，西方"市场"全面植入了南非。南非共产党认为，南非的经济一直以来是依附性的，这主要因为南非没有实现经济独立，而西方"市场"本身的积极作用是应该承认的。

4. 坚持可持续发展

依据马克思主义的生态世界观①，南非共产党强调，社会主义要坚持可持续发展。马克思主义的生态世界观是从马克思的唯物史观所引出的。南非共产党认为，马克思主义的生态世界观是当今世界唯一能指引人们消除生态危机，建设生态文明的思想武器。马克思在《1844年经济学—哲学手稿》、《共产党宣言》和《资本论》等著作中所阐述的生态世界观主要内容如下：人与自然界中的其他存在物的关系是伙伴关系，它们之间是完全平等的。理想的社会应当是人与自然和谐相处的社会。人无止境地侵犯自然，自然界也会对人类做出报复，其结果是人类社会必然毁灭。我们人类社会究竟能否继续下去，就取决于当今人类能否跨过生态危机这个坎。当今人类最重要的是要知道生态危机究竟是如何造成的？生态危机不是像一些人所说的那样是由于科学技术、现代性、工业化本身造成的，也不是人类追求现代文明的一个必然归宿。生态危机是由资本主义的生产方式和生活方式，由资本主义的利润原则，由资本逻辑带来的。因此，生态危机并不是不可消除的，只要人类限制和消除资本逻辑，人类就可以走出生态危机。解决生态危机的最终出路就是变资本主义为社会主义。固然，消除生态危机是一项综合工程，它需要各种因素综合地进行，但是其中最本质最核心的就是一场反对资本主义的斗争，人类反对生态危机与反对资本主义应当是同步的。任何反对生态危机的斗争都必须紧紧地与反对资本主义结合在一起，而建设生态文明与建设社会

---

① 陈学明，《马克思主义哲学对处于改革开放新起点上的中国的现实意义》，《复旦学报（社会科学版）》2011年第6期，第41～42页。

主义是一致的。正是依据马克思主义生态观，南非共产党才强调社会主义要坚持可持续发展。

南非共产党指出，强调社会主义要坚持可持续发展，首先要转变不合适的认识。20 世纪 20 年代初，南非共产党在首次开始尝试规划社会主义社会的构想时，认为社会主义同资本主义一样，必须建立在无限制地利用自然资源和生产不断增长的基础之上①。而到了 20 世纪 80 年代，南非共产党在论及"已建成的社会主义社会"时，其言论又都严重偏向"迎头赶上"的经济主义和加速"现代化"的过程。到 21 世纪初，南非共产党在深化走向社会主义道路的探索中，才明白需要不一样的发展理念和措施。其次，强调可持续发展，要有科学的发展观，即是在建成和建设社会主义社会过程中，要兼顾眼前利益和长远利益，兼顾当代人利益和后代人利益，兼顾经济效益和社会效益，兼顾经济效益和环境效益。在实现"现代化"的过程中，不能让劳动人民、民主主义和环境付出巨大代价。南非共产党指出，未来的社会主义社会将保证人民的食品安全，倡导可持续生活、可持续型家庭与社会以及对自然资源进行可持续利用。

三 南非共产党探索走向社会主义社会的实践

未来理想的社会主义目标是令人向往的，但如何将理想变成现实则是一条漫长的路。南非共产党认为，南非是一个依附型的、发展中的资本主义国家，南非人民与以英国为代表的帝国主义的矛盾，少数白人垄断资本及大地主与绝大多数（南非）非洲人（包括亚洲人、有色人、印度人）之间的矛盾，是南非社会的主要矛盾。基于此，南非共产党在理论上阐明了南非社会革命的发展阶段，提出了两种革命的结合论；制订了向社会主义过渡的基本策略，提出了革命性改良理论；明确了向社会主义过渡的基本纲领，提出了"四个支柱"的理论。在实践上积极开展争取民主与社会主义的活动，并着眼于加强党的建设，提高党的战斗力。

（一）南非共产党争取民主与社会主义的活动

为扩大反对种族主义斗争的成果，探索南非走向社会主义的发展道路，南非共产党在取得民主突破的胜利后，从政治、经济、社会和对外关系等方

---

① South African Communist Party Constitution, SACP adopted the12th Congress, July. 2007. http：//www. sacp. org. za.

面进行了积极的探索。

1. 积极发挥参政党作用，与（南非）非国大既联合又斗争

在反对种族主义统治的斗争中，南非共产党与（南非）非国大进行了长期的卓有成效的合作。民主南非新政府成立后，南非共产党又参加了以（南非）非国大为首的执政联盟，成为重要的参政党。由于南非社会的发展变化，南非共产党与（南非）非国大的关系，由此前的偏重合作转向既联合又斗争，进入了力求独立地发挥参政党作用的历史新时期。

早在20世纪20年代末，为推翻种族主义统治，完成民族民主革命的任务，南非共产党就提出并与（南非）非国大建立联盟的合作关系。30年代由于受共产国际"左"倾错误的干扰，以及两个组织各自内部的矛盾与分歧，双方关系中断。40年代后双方关系有所恢复，但不稳固。60年代以后两个组织逐步建立起了正式密切的联盟合作关系并共同创建和领导了武装斗争组织——"民族之矛"，积极开展武装斗争。

在与（南非）非国大长期的合作中，南非共产党一方面把（南非）非国大看做是民族民主革命的领导力量，另一方面注重保持自己在组织上的独立性，并在理论指导、干部支持和政策制定等方面对（南非）非国大产生了重要影响，在民族民主革命中发挥了重要作用。

1994年民主南非新政府成立后，南非共产党由非法政党变成为合法政党，由在野党变为了参政党。参与执政的17年来，由于与（南非）非国大在实现社会主义这一长远目标方面存在一定分歧，南非共产党采取了与（南非）非国大既联合又斗争的策略，既在议会选举中既联合又斗争，又在以（南非）非国大为领导的政府中既联合又斗争。

2. 反对白人种族主义残余，争取民主和平等

南非共产党认为，虽然南非废除了种族主义制度，但真正实现南非的民主政治，仍然任重道远，在前进的道路上布满荆棘。南非共产党强调，要争取民主和平等，必须着重开展反对白人种族主义残余的斗争。为此，南非共产党采取了一系列的行动和措施：

一是利用重要节日通过发表声明阐明自己的立场和观点。南非共产党认为，利用重要的节日发表对南非国内外时局的重要声明，表明争取民主和平等的立场，是反对白人种族主义残余的一种途径。二是警惕和反对南非反革命右翼势力的发展。南非共产党指出，民主新南非成立后，南非的反革命右翼力量仍在秘密地发展，并且与自由媒体和民主联盟（DA）进行合作。他们试图利用民族解放运动所创建的民主制度来侵蚀南非在1994年4月27日取得的革命民主成果，如他们在选举期间散布反动言论，把（南非）非国大和民族解放力量描绘成人民的新敌人，怀疑进步力量能够真心诚意地建立起不分种族的南非，干扰正常的选举。反动派还时常以错误信息欺骗民众。三是批评南非政府对人民的民主和平等权利保障不力。南非共产党指出，尽管在（南非）非国大领导下，民主南非新政府取得了许多进步，但是南非数百万人民的生活依然处于贫困和落后之中，人民的民主和平等权利并没有得到有效保障。南非共产党认为，南非的经济转型没有取得实质性的进展，为贯彻"黑人经济授权法"① 而实施的经济建设工程，既没有改善黑人的生活条件，也没有扩建南非的工业和生产基地。

3. 促进"具有社会主义倾向的经济形式"的发展

对如何在经济发展中增加社会主义因素，南非共产党利用作为参政党的有利条件进行了有益尝试。一是积极促进国有企业的发展。南非共产党认为，探索实现新的、"具有社会主义倾向的经济形式"，主要是提高经济的社会化程度和增加经济中的合作制成分，使国有企业在增长与发展战略中起到关键作用。在民族民主革命现阶段，应当为国有企业和社会资本运营树立牢固的基础，并使之成为最终过渡到社会主义建设的要素。二是大力扶持合作银行。南非共产党主张通过立法、积极的政府扶持计划、优惠的投资等方法培养和扶持合作银行的发展。三是渐进式地推进城乡合作社运动。南非共产党认为，渐进式合作社运动是社会主义斗争的重要基础。关于如何促进合作社发展，南非共产党指出，可从以下三个方面着手：政府必须制定适当的法律，形成强有力的政策框架，以创造有利环境，建设和维护有活力的渐进式合作社运动。利用其他金融资源。要发挥人民群众的力量，使数百万劳动人民与城市及农村穷人团结起来，发挥主观能动性和集体智慧，否则，不可能有合作社事业的最终成功。

4. 积极开展应对金融危机的斗争

2008 年席卷全球的金融危机爆发后，南非共产党分析了金融危机的成因及给南非经济造成的负面影响。南非共产党认为，金融危机的根源在于资本主义制度的贪婪。为了尽可能降低金融危机给南非工人阶级、广大穷苦大众带来的损失，南非共产党采取了积极措施，提出了应对金融危机的有效对策与建议：一是坚持贸易多样化。南非共产党认为，"就政策而言，克服当前经济危机首先需要南非加强与'南半球'一些国家（中国、印度、巴西）

---

① 法规是 1994 年后南非新政府为了纠正种族隔离制度对"非白人"（包括非洲人、印度人和其他"有色人"）在生产资料与发展机会（就业、教育）方面的剥夺颁布的一部法规，以推动并帮助黑人在经济上得到发展。其目的不仅是为了改善黑人的生活条件，而且要"使所有权和管理结构的种族构成实现实质性变化"。

交往及继续坚持贸易多样化"①。二是重新审视外汇管制。南非共产党认为：
"就现阶段政策而言，这场经济危机提醒南非要重新审视其取消外汇管制以
逐步推动经济发展的决策，南非必须确保通过南非金融机构使'杠杆经济'
和'衍生性贸易'得到适度的和有效的规范，同时南非要加紧采取措施降
低对短期国外资本的依赖。"② 三是消灭资本主义制度。南非共产党认为：
"就长期政策而言，当前资本主义经济危机的出现，是要加倍努力结束我们
生活的由华尔街少数投资商掌握全世界工人阶级和穷苦人民命运的资本主义
制度的时候了。"③ 即只有摧毁资本主义制度，建立社会主义制度，才能真
正克服南非国内的经济危机。

5. 领导"红十月运动"，增强工人阶级的影响力

南非共产党领导的"红十月运动"，是受伟大的十月社会主义革命的启
发而创立的。自 1999 年起，南非共产党在每年 10 月都要发起"红十月运
动"，以每年举行的群众性运动的方式进行。南非共产党发起的这个运动，
是要通过加强群众性工作和群众性活动，使南非共产党员能够有效参与政府
和其他国家机构的决策，增强工人阶级在国家、经济、工作场所、思想和国
际主义团结等五个关键权力领域的影响，并以此为基础推进争取社会主义
的斗争。"红十月运动"每年的活动主题是根据事关民众生活的各个方面
问题而定的，如金融改革、土地改革、农业、就业等。"红十月运动"的
目标是在南非争取早日实现民主和社会主义，并通过全国性群众运动的方
式推动全社会加深对关系人民生活质量问题的认识，推动政府解决这些问
题。十多年来，"红十月运动"收到一定效果，如在 2000 年的"红十月运
动"中，南非共产党重点在金融领域开展了斗争，斗争形式包括游行、示
威以及组织工人纠察队等。有 4 万多人参加了南非共产党著名的"红色星
期六"运动。2011 年的"红十月运动"的主题是发展教育和"反失业"。

6. 支持"非洲发展新伙伴关系计划"，致力于非洲大陆的复兴

南非共产党认为，在新的形势下，南非面临的主要挑战之一就是如何积
极参与、支持"非洲发展新伙伴关系计划"④，进而实现非洲大陆的复兴。

---

① Rob Davies, The Current Global Financial Crisis and its Implications for South Africa, Wednesday, 1 October 2008. http：//www. sacp. org. za.

② Rob Davies, The Current Global Financial Crisis and its Implications for South Africa, Wednesday, 1 October 2008. http：//www. sacp. org. za.

③ Rob Davies, The Current Global Financial Crisis and its Implications for South Africa, Wednesday, 1 October 2008. http：//www. sacp. org. za.

④ SACP Political Programme adopted by the 11th Congress, July. 2002. http：//www. sacp. org. za.

"非洲发展新伙伴关系计划"是由包括南非总统姆贝基在内的几位非洲领导人发起的，2001 年 7 月在赞比亚首都卢萨卡召开的第 37 届非洲联盟（前身为非洲统一组织）首脑会议上一致通过的。它是非洲自主制定的第一个全面规划非洲政治、经济和社会发展目标的蓝图，旨在解决非洲大陆面临的包括贫困加剧、经济落后和被边缘化等问题。

基于对"非洲发展新伙伴关系计划"内容与实施现状的分析，南非共产党对"非洲发展新伙伴关系计划"提出了向社会主义过渡的富有建设性的主张，并促使（南非）非国大政府实施其主张。

一是要明确"非洲发展新伙伴关系计划"的发展方向。南非共产党愿意积极参与"非洲发展新伙伴关系"进程，动员南非选民、南非共产党的非洲盟友与国际力量，讨论、辩论和帮助制定基本战略计划，消除非洲与发达的北半球国家之间不平等的伙伴关系，建立平等互利的关系。二要对西方国家的本质有一个清醒的认识。南非共产党指出，非洲各国必须看到西方国家的支持有可能只限于口头。一些西方国家出于政治需要，对"非洲发展新伙伴关系计划"表示出较多的承诺，但很可能是口惠而实不至。他们的真正目的是要加强对非洲政治、经济的操纵与控制，不太可能花力气使非洲从一个贫穷的大陆变成一个繁荣的大陆。三是要采取有效措施应对面临的挑战。首先，要应对新自由主义企图操控"非洲发展新伙伴关系计划"的挑战。其次，要反对依赖外国直接投资这一解决方案。再次，在"与工人阶级和穷人一道，为工人阶级和穷人谋福利"[1] 的原则指导下，南非共产党强烈支持广泛推进下列改革措施，这些也是非洲首创的克服不发达危机的战略。

7. 反对帝国主义主导的全球化，争取实现"团结的全球化"

在新的形势下，南非面临的主要挑战之一就是如何了解和响应众所周知的"全球化"，以及如何在全球化背景下与世界经济进行最佳结合。南非共产党认为，当今资本主义"全球化"，在促进了生产力飞速发展的同时导致全球更加不平等和更加穷困。南非共产党指出，"全球化"从意识形态上讲，全球化与跨国资本利益一致的特殊政策指向相关。这种指向——普遍的全球化、单方面解除管制、私有化和允许市场自由支配——就是"华盛顿共识"和新自由主义。因此，资本主义"全球化"实质上是帝国主义的发展，是帝国主义的高级发展阶段。[2] 资本主义"全球化"导致国家之间的日

---

① SACP Political Programme adopted by the 11th Congress, July. 2002. http：//www. sacp. org. za.

② SACP Political Programme adopted by the 11th Congress, July. 2002. http：//www. sacp. org. za.

益不平等。

南非共产党指出，全球化的资本主义制度激起了全世界成千上万革命者的抗争。"团结的全球化"，这是早期工人阶级、工会和国际共产主义运动开创的"全球大团结"趋势是长期斗争和首创精神的产物。团结的全球化包括五个方面：支持和平，反对军国主义与帝国主义的单边主义；支持发展和取消债务重负；支持将经济和可持续的基础服务开放给大众，反对私有化；支持妇女解放，反对压迫加深；支持可持续的发展，反对利益驱动毁掉我们的环境。

（二）南非共产党加强党的建设的实践

南非共产党充分认识到党的建设成功与否决定着南非社会主义革命斗争的成败。南非共产党指出，在争取民主和社会主义社会斗争中，南非共产党必须成为一个结构合理、纪律严明、作风优良并富有战斗力的队伍，必须成为一个能够真正领导南非工人阶级和穷苦大众的组织，成为一个群众性的先锋队政党，否则，南非共产党的战略、战术就无法实施，革命目标就不可能实现。因此，南非共产党一直重视加强党的自身建设，这主要表现在以下五个方面：

1. 建设群众性的先锋队政党

民主新南非的成立，不仅使南非共产党的地位和作用发生了巨大的变化，而且也促使南非共产党在组织形态上逐步实现了重大转型，即从"革命党"向"群众性的先锋队政党"转变。

其一，坚持党的性质。南非共产党在成立之时就明确宣布党是社会主义工人阶级政党。在长期的民族民主革命斗争中，南非共产党始终强调要确保和提高工人阶级在各权力或势力领域——特别是政治、群众和经济权力领域——发挥决定性的、实质性的影响力。1990年取得合法地位后，南非共产党党内出现了建设"先锋党"还是"群众党"的争论。对此，南非共产党明确提出，为适应新形势的发展，南非共产党有必要将自己建成一个群众性的"先锋党"，使党既有基层代表性，又保持先锋队的性质，而这个先锋队应该始终是工人阶级的政治先锋队。南非共产党认为，加强党的自身建设，必须实现党的组织建设的转型。

其二，加强思想理论建设。南非共产党在民族民主革命斗争中，特别是在与（南非）非国大的合作中，能够根据形势的发展变化，不断发展和创新党的理论。不仅对南非争取民主和社会主义的斗争给予了正确、及时的引领和指导，而且在苏东剧变的巨大冲击之下，南非共产党中央领导层能够沉着应战，加强党的思想政治工作，有序开展党内全面、认真、真诚、深入的讨论，很快稳定了党员思想，统一了全党认识，使党经受住了苏东剧变的严峻考验。

其三，加强党的组织建设。南非共产党坚持和发展民主集中制原则，积极发展党内民主，健全党的组织机构。南非共产党认为，前苏联忽视党自身存在的问题，没有抓好党的自身建设，是苏联解体的重要原因。一个党如果不能扩大党的组织，不能统一全体党员的思想认识，这个党就是缺乏战斗力的党，是不成熟的党。南非共产党认为，发展壮大党的队伍，一方面，要坚持"求质不求量"的组织发展原则，不该把任何人都招进党的队伍中，而应该按照党章的规定吸收新党员。另一方面，要尽可能吸收新党员，从不同阶级、不同阶层、不同部门、不同行业中吸收更多党员。动员和吸纳一些非政府组织、工会、大学及其他地方的社会主义学者，动员移民、有色人种及白人工人阶级的先进分子加入党的组织，不断扩大女性党员的比例，并致力培养和发展党的妇女干部。

其四，筹集足够的可持续的发展经费。具有足够的、可持续的党的活动经费是使南非共产党执行目前的战略目标和计划必不可少的，对于提高南非共产党的战术作战能力也是必不可少的。筹款是南非共产党的一个长期存在的问题。从党的盟友处获得支持、商品和出版物的售卖以及国际援助和支持，一直是南非共产党获得资金的一部分。南非共产党也曾举办过一些活动来筹集资金。南非共产党还拟定了国家、省和地区的核心筹款计划和一个全面的短中期筹资战略，但效果如何还有待实践检验。

其五，提高党的"管理"能力。南非共产党认为，作为参政党，南非共产党的角色已从原来参与、领导民族民主革命的革命党变为现在向社会主义过渡的身兼"革命党、参政党"双重身份的政党。作为一个"参与国家管理的党"[1]，有数千名党员承担参政的责任。如果不提高管理国家的能力，势必影响党的参政能力，损害南非共产党参政党的形象，从而降低争取社会主义的革命影响力和凝聚力。南非共产党指出，需要对干部进行教育和培训，巩固现有成员并将他们转变成党的骨干，需要巩固、整顿并深入开展南非共产党的思想政治工作。在这方面，一项重要任务就是对南非共产党不同层面的领导和成员进行专门适当的政治教育。一方面，既包括南非共产党组织内的各级干部，也包括南非共产党组织外的各级干部。

---

[1]　SACP Political Programme adopted by the 12th Congress，July. 2007. http：//www. sacp. org. za.

2. 加强党的思想政治工作

关于党的思想政治工作，南非共产党认为，首先，全党要高度重视党的思想政治工作；其次，要采取切实有效的措施健全党的相关组织机构；再次，要采取多种方式和手段开展党的思想政治工作。

南非共产党指出，党的思想政治宣传也是党的建设所不能忽视的。南非共产党认为自己是社会主义的工人阶级先锋队组织，革命的目标是建立工人阶级领导的社会主义共和国。为实现工人阶级的社会主义理想，需要不断扩大党的群众基础，南非共产党大力在工人阶级、知识分子、社区群众和妇女群众中培养积极分子，把思想成熟者发展为党员。随着党员群众基础的扩大，党的成员的增加，就需要强化党的阶级属性，以确保党能把自己同南非及本国人民的命运紧密地联系在一起，使党"既对我们的成员负责，又对我们更广大的工人阶级支持者们负责"①。这就需要对党员进行思想政治教育工作，使广大党员牢记自己争取社会主义的责任和坚定社会主义的信念。虽然现在南非共产党和（南非）非国大是一种合作关系，大家也能在一些问题上达成一致意见，但是在完成民主革命和向社会主义过渡完成后，南非共产党必须毫不犹豫地带领广大党员和工人阶级努力实现南非向社会主义过渡，建立真正的社会主义社会。要实现这些目标，毫无疑问需要保持党的阶级先进性，需要有大量富有社会主义理想的党的优秀分子。

为了使思想政治教育更有效果，南非共产党开展了很多具体的活动。针对南非在历史上由于长期执行种族隔离政策，造成黑人群众普遍比较贫困的问题，南非共产党进行广泛的宣传活动，要求各民族都有平等发展和拥有财产的机会。针对南非在白人种族主义政权倒台后，人们由于财产多寡造成的事实上的不平等以及由此造成的有产者对无产者的剥削，南非共产党在社会上和政府以及议会中宣传和呼吁减小贫富差距，消除人们不平等的社会根源。南非共产党积极利用自己掌握的社会资源和参政党的便利条件，在黑人群众中大力开展扫除青壮年文盲活动，给工人和农民开办扫盲教学班，给他们送去基本的文化知识。南非共产党还派出大批干部深入到社会基层，帮助贫困人群、艾滋病患者等解决他们面临的发展、教育、医疗等实际问题。南非共产党想尽一切办法，采取积极措施帮助失业者再就业。这些行动和措施使社会底层民众认识到南非共产党才是真正愿意帮助他们的政党组织，大大加强了南非共产党在人民群众中的威望和凝聚力，使南非共产党的社会主义

---

① 陆轶之：《冷战后南非共产党党的建设研究》，《连云港师范高等专科学校学报》2010年3月，第94页。

主张更加深入人心。

进入 21 世纪，南非共产党在思想理论战线上着重开展了反对新自由主义的斗争。南非共产党认为，新自由主义计划鼓吹更大的自由化、快速私有化、灵活的劳动力市场、向富人收取更低的税收、保护南非跨国公司的利益和白人商业农场主的利益，其结果将是竭力保护和加深种族、阶级和性别的不平等。南非共产党认为，在南非主张实施新自由主义计划的主要阶级力量是来自于长期主导的资本小集团——白人，其力量源于新自由主义计划的全球霸权，以及无处不在的新自由主义价值观，包括源于其影响的媒体的能力以及通过经济投资而挟持政府的能力。新自由主义计划不能解决南非和非洲大陆面临的挑战，而且对捍卫、推进和深化民族民主革命构成了严重的威胁。因此，南非共产党强调必须对此保持高度警惕，保证不让反革命极右派以这样或那样的形式与新自由主义计划会合，或甚至渗入和破坏民主革命的运动。如果不能正确分析民族民主革命的主要战略威胁的性质，就会导致不合适的、自乱阵脚的对策，或被误导放弃政治与思想斗争阵地。

3. 加强与各国共产党的团结与合作

加强与各国共产党的团结与合作，是南非共产党加强党的建设的一个重要方面。南非共产党不仅在总结和汲取世界社会主义运动处理党际关系经验教训基础上制定了党际交往应遵循的原则，而且按照这一原则积极发展党际关系，促进了南非共产党的发展，扩大了南非共产党的社会影响力。

首先，南非共产党制定了党际交往应遵循的原则和立场。

南非共产党认为，在 20 世纪的大部分时期，各国共产党都努力建立一个国际联合体来促进和推动世界社会主义运动的发展。1919 年成立了共产国际，1947 年又成立了欧洲九国共产党和工人党情报局，后来还召开了较不正式的共产党和工人党国际会议，等等。这其中有许多重要的成就都已载入史册，但也有负面影响，特别是苏联共产党以"老子党"自居，把自己作为世界共产党的"领导党"。苏联共产党从斯大林开始在国际共产主义运动中不尊重别国共产党的独立平等地位，而是把自己的意志强加于别国共产党，甚至粗暴干涉别国共产党的内部事务，侵犯别国共产党的利益，损害别国的主权。苏联共产党在与其他国家共产党打交道时，动辄以"制裁"和"坦克"逼迫友党改变自己国家的内外方针，以自己党的意志强加于其他党。这种霸权主义作风大大损害了各国共产党的友好往来，最终，助长了各国共产党内部的教条主义和宗派主义的发展，导致世界共产主义运动的"分裂"，最严重的是 60 年代末中苏两大共产党激烈论战而"分裂"。南非共产党认为，在当今世界，随着共产党、工人党和左派政治组织的日益多样化，随着世界社会主义运动的不断发展，为了维护世界和平、抵抗帝国主义和军国主义，旧的思维方式与行为模式已经行不通了，各国共产党以及其他社会进步力量应加强团结与合作。

南非共产党认为，"社会主义无疑是具有国际性的运动，但这种国际性是植根于民族性的，两者是辨证的统一"①。无产阶级不应放弃在争取和平、民主、进步和社会主义的斗争中致力于全世界工人的团结和联合的任务。2002 年南非共产党党章明确规定："党将承认所有在南非宪法范围内活动的社会团体和政党的独立的权利""鼓励继续同国内外所有致力于和平、性别关系改造、非种族主义、民主和环境保护的组织组织进行对话"②。南非共产党强调，南非共产党自成立以来始终坚决奉行无产阶级的国际主义原则，并将"国际主义"作为党的基本特点，在当前，坚持独立自主、相互尊重、平等相待、互不干涉内部事务，应成为党际交往必须遵循的基本原则。南非共产党认为，在党际交往中坚持独立自主，就是要避免一个党因受控于另一个党而失去独立性，就是使自己能够根据客观情况独立地制定自己的路线、方针和政策；坚持相互尊重、平等相待、互不干涉内部事务，才能巩固和发展正常的党际关系，才能在斗争中相互支持和援助。

其次，南非共产党在实践中致力于发展与各国共产党的友好关系。

南非共产党认为，在当今反抗全球帝国主义野蛮行为的斗争中，南非共产党的重要任务之一就是要建立国际工人阶级同广大城市与农村贫困人口的团结。长期以来，南非共产党与众多国家共产党（工人党、社会党）如中国共产党、前苏联共产党、法国共产党、葡萄牙共产党、德国社会民主党、意大利左翼民主党、澳大利亚共产党、古巴共产党、印度共产党（马）、巴西共产党、越南共产党、留尼汪共产党等友好往来，保持和发展了正常的党际关系。一方面，南非共产党得到了世界各国共产党的积极援助。比如，1989 年 7 月南非共产党召开的第七次党的全国代表大会，当时正处于苏东剧变的前夕，虽然世界社会主义运动形势渐趋不利，但来自亚洲、欧洲、非洲、美洲等世界各国 47 个共产党（工人党、社会党）参加了南非共产党七大。很多国家的共产党（工人党、社会党），如苏联共产党、古巴共产党、美国共产党等纷纷在会上发表支持南非共产党争取社会主义斗争的声明，并与南非共产党一起经过数天的讨论，形成并通过了南非共产党关于开展未来

---

① 聂运麟：《变革与转型时期的社会主义研究》，社会科学出版社，2008，第 282 页。

② South African Communist Party Constitution, SACP adopted by the 8th Congress, November, 1991 (SACP revised by the 11th Congress, July, 2002), http://www.sacp.org.za.

民族解放斗争并向社会主义方向前进的决议。另一方面，南非共产党对非洲、世界各国共产党争取民主的斗争积极声援。如支持古巴（共产党）对美国的反封锁斗争，支持受压迫民族进行包括文化、土地斗争在内的种种地方性斗争，积极与开展这些斗争的各国共产党建立联系，以实现从帝国主义的劫掠中拯救人类文明与自然界的目标。

南非共产党积极参加或举办世界共产党、工人党会议。南非共产党认为，这是加强与各国共产党的团结与合作的一个非常重要的平台，利用此重要机会，南非共产党宣传了争取南非社会主义的理论、政策、纲领，加深了与世界各国共产党和工人党的相互了解，从而增强了南非共产党的影响。2010 年 12 月 3 日至 5 日，由南非共产党主办的第十二次世界共产党工人党国际会议在南非茨瓦尼召开。南非共产党总书记布雷德·恩齐曼迪在开幕式上就南非共产党参政方式与作用发表了重要讲话，他指出：南非共产党一直是南非民族解放运动的一个不可分割的组成部分。南非共产党之所以主办世界共产党工人党国际会议，是基于此活动对于促进南非共产党与世界各国共产党、工人党的团结合作具有举足轻重的作用。在这次会议上，南非共产党就金融危机与世界社会主义运动的相关问题，与参会的其他共产党、工人党进行了广泛深入的交流和讨论，为加强各国共产党之间的团结与合作做出了积极努力。

南非共产党和中国共产党有着传统的友好关系。1994 年以前，南非共产党在（南非）非国大主导下，以（南非）非国大名义与中国共产党发展关系。早在新中国成立之初，毛泽东主席和周恩来总理就于 1950 年和 1952 年先后致电，支持（南非）非国大发动反对种族隔离法的群众运动。周恩来总理在电报中表示："站起来的中国人民完全理解并深切同情南非的非白色人民以及一切被压迫民族的苦难，相信他们一定能够在始终不渝的斗争中求得自由幸福与解放。"[①] 1953 年，担任（南非）非国大总书记的沃尔特·西苏鲁（当时为南非共产党领导人）在前往捷克首都布拉格参加"世界青年学生和平友谊联欢会"临行前，曼德拉建议西苏鲁访问中国，争取中国对武装斗争的支持。西苏鲁一行在布加勒斯特会议之后来到中国，在 5 周的访华期间，西苏鲁和诺克韦（另一个南非共产党领导人）受到了中国领导人和人民的热情欢迎。回到南非后，沃尔特·西苏鲁和诺克韦在当年 12 月召开的（南非）非国大代表大会上报告了访问中国的情况。沃尔特·西苏鲁还在《解放》杂志上发表题为《我看到了中国》的文章。以沃尔特·西

---

① 杨立华主编《列国志·南非》，社会科学文献出版社，2010，第 584 页。

苏鲁一行访华为起点，南非黑人解放运动与中国的联系一直延续下来。在1955 年的万隆会议上，（南非）非国大代表拜见了周恩来总理。会后，周恩来总理还邀请（南非）非国大领导人摩西·科塔尼（当时也是南非共产党党员）一行访问了中国。60 年代初，为开展武装斗争做准备，（南非）非国大曾派遣几批游击战士到中国接受军事训练。最早一批战士由来自东开普地区的雷蒙德·姆拉巴（时任南非共产党领导人）带队。1975 年，（南非）非国大主席立弗·坦博（时任南非共产党领导人）率团访华。1994 年以后，南非共产党成为参政党，以独立名义发展与中国共产党的健康关系。1998 年 1 月 1 日中国与南非正式建立外交关系。南非共产党多次派代表团访华。1998 年 11 月 13 日，中共中央总书记、国家主席江泽民在钓鱼台国宾馆会见由总书记布莱德·恩齐曼迪率领的南非共产党代表团。2002 年，南非共产党副总书记杰里米·克罗宁率领南非共产党代表团访问中国，其间他还专门到上海参观了中共一大会址，他把那次访问形容为"感动之旅"。2006 年7 月南非共产党总书记布莱德·恩齐曼迪访华，布莱德·恩齐曼迪这次访华的主要目的，是参观共和国缔造者毛泽东的故居，并学习农业大省湖南农村扶贫的宝贵经验。2008 年 10 月 24 日，南非共产党中央政治局委员索罗门·格贝里·马派拉带领考察团来到安徽省凤阳县小岗村考察。考察团一行先后参观了大包干纪念馆、"当年农家"，亲身感受小岗三十年来发生的翻天覆地的变化。为了尽可能学习中国共产党在治国理政方面的宝贵经验，（南非）非国大于 2009 年 11 月、2010 年 8 月和 2010 年 11 月，先后派了 3批包括南非共产党员在内的高级干部来中国进行培训。南非共产党重视发展同中国共产党的关系，愿意借鉴中国共产党加强党的建设和改革开放的成功经验，希望两党加强交流、扩大合作。2012 年 7 月 12 日至 15 日南非共产党在南非祖鲁兰大学召开十三大。中国共产党派出中央党史研究室主任欧阳淞一行出席，并会见了新当选的总书记恩齐曼迪。欧阳淞代表中共中央热烈祝贺南非共产党十三大胜利召开，积极评价两党关系，并表示，中国共产党重视与南非共产党的关系，愿与南非共产党新当选领导人一道，把两党业已存在的良好关系进一步推向前进。恩齐曼迪感谢中国共产党派代表出席十三大，并表示，南非共产党新一届中央将一如既往，继续加强与中国共产党的友好合作关系，进一步加强互访，深化有关重大理论和实践问题的交流，为中南全面战略伙伴关系发展服务。

综上所述，在民主新南非成立的背景下，作为参政党的南非共产党，能否有效地应对挑战，直接关系着南非共产党今后的发展趋势。在向社会主义过渡的过程中，南非共产党面临的挑战也有三个方面：

一是"资强社弱",世界社会主义运动仍暂时处于低潮;二是南非工人阶级趋向"多层化",谋求更多支持难度加大;三是党的自身建设还存在着亟待解决的问题。

展望 21 世纪南非共产党争取社会主义革命的发展态势,除了要解决面临的挑战,同时也有一些发展机遇:比如金融危机下资本主义国家矛盾凸现,各种进步性的社会运动方兴未艾;有利的国内形势;南非共产党参政后的便利条件。总之,国内外形势的发展变化,既给南非共产党带来了发展的良好机遇,也使南非共产党面临着严峻的挑战。在作为参政党的新形势下,南非共产党只有不断提高党的自身建设水平和对社会的影响力,在新的实践探索中不断修正和完善党的纲领和策略,不断深化对民族民主革命与社会主义革命相互关系的理解和认识,才能日益走向成熟,才能利用好发展机遇,有效应对各种挑战,才能在世界社会主义运动处于低潮的大背景下继续孕育和积累走向社会主义的不竭力量。

第十八章　澳大利亚共产党的历史、理论与现状

澳大利亚共产党简介

澳大利亚共产党（以下简称澳共）成立于 1920 年 10 月 30 日。1922 年加入共产国际。澳共成立后，坚持以马克思列宁主义作为党的指导思想，对内团结澳大利亚的工人和劳动人民共同为反对腐朽的垄断资本的反动统治而斗争；对外为反对以美国为首的帝国主义的侵略政策和战争政策，争取澳大利亚的真正独立而斗争。成立初期，澳共十分重视党的基层工作。党的工作重点也放在为广大劳动人民谋取切身利益上。在此期间，澳共多次发动、组织大规模的工人运动和罢工活动，让党的各项政策纲领深入民心，同时扩大了党在劳动人民中的影响力。"二战"后，澳共党内在马克思主义基本问题以及是否跟随苏共等问题上存在分歧而多次发生分裂。到 20 世纪 70 年代末，受到重创的澳共已失去对工人阶级的信心，认为学生和学者已经代替工人阶级成为社会的革命部分，因此，其领导人撤销了许多工厂的党组织。他们放弃了马克思主义，宣称马克思主义已经过时，革命政党已不符合时代特征。这些观点最终导致澳共于 1990 年年底解散。

1971 年从原澳大利亚共产党中分裂出来澳大利亚社会主义党。该党于 1996 年 10 月 6 日改名为"澳大利亚共产党"。在 21 世纪初，澳共审时度势根据不断变化的国内国外形势，正确判断本国的社会性质、社会主要矛盾，提出澳大利亚社会主义发展道路分两步走的设想，即先进行反垄断反帝国主义的民主革命，再进行社会主义革命。

澳共现任总书记为鲍勃·布立吞（Bob Briton），主席为温尼·莫利纳（Vinnie Molina）。

澳共的出版物：党报《卫报》（The Guardian）和党刊《澳大利亚马克思主义评论》（Australian Marxist Review）

澳共网站地址：http：//www.cpa.org.au/

澳大利亚共产党领导本国人民开展的社会主义运动是世界社会主义运动中极为重要的组成部分。自成立之日起，澳共就坚持马克思列宁主义的理论指导，团结澳大利亚的工人阶级和劳动人民，为反对腐朽的垄断资本的反动统治，为维护澳大利亚人民的政治经济权益，为争取社会进步而进行了英勇的奋斗。原澳共在苏东剧变的直接冲击下于 1990 年年底解散。1971 年从原澳共中分裂出来的澳大利亚社会主义党于 1996 年 10 月 6 日改名为"澳大利亚共产党"。重建后的澳共坚持以马列主义为指导思想，努力将马列主义的基本原理与澳大利亚的国情相结合，不断探索适合本国国情的社会主义发展道路。

一 澳共艰难曲折的发展历程

（一）建党初期

1917 年俄国十月革命的胜利大大地推动了马列主义在澳大利亚工人阶级中的传播。1920 年 10 月 30 日，由澳大利亚社会党发起，在悉尼召开澳大利亚各社会主义者小组和左翼团体会议，一致决定成立共产党。

澳共成立后，就立刻投入到维护工人阶级利益的斗争中。建党后澳共的一个工作重点是在工会中进行活动，通过宣传鼓动支持工人的经济斗争。1923 年 8 月，新南威尔士的失业现象不断恶化，严重威胁到工人的生存。澳共为维护失业工人权益而发起了一系列抗议示威运动，并运用统一战线策略联合多个工会和地方劳工联盟组织了一个左翼运动。这个左翼运动将党的革命目标同反映当前工人利益要求的纲领结合起来。

在 1929～1933 年资本主义经济危机期间，以迈尔斯为总书记的澳共新中央委员会将工作重点放在帮助被解雇的煤矿矿工，并在煤矿区建立了许多基层委员会，提出"全体罢工"的口号。虽然总罢工因遭到改良主义的背叛而失败，但是却为澳共赢得了煤矿区工人的大力支持。在 1930 年 10 月新南威尔士举行的州选中，澳共得到 54 个议席，获得 19000 张选票。1932 年澳共的党员数量增加了 4 倍。

（二）发展壮大期

在资本主义经济危机不断加剧的背景下，法西斯主义开始在全世界抬头，德意日法西斯在欧洲和亚洲形成了两个战争策源地。为反对法西斯主义，澳共开始了保卫和平与民主的新时期。澳共发动了抵制日货运动，并组织罢工运动，反对把战争物资运往日本，大力支持中国人民的抗日斗争；澳共要求政府对意大利实行全面经济制裁并封闭苏伊士运河；澳共号召人民全力支持西班牙共和政府的反法西斯斗争。

1941 年 6 月 22 日，纳粹德国进攻苏联。澳共宣布全力支持反法西斯人民解放战争，号召全国与苏联建立最密切的关系，全力支持苏联，并呼吁西方国家在欧洲开辟第二战场，以便使英国和苏联能对共同敌人给以联合的打击。同时，澳共号召全力加强军事力量，号召工业中的工人以最大的努力来生产一切战争所需的物资。在反法西斯战争期间，大约有 4000 名澳共党员在军队中服役。

在领导人民开展反法西斯斗争的过程中，澳共提高并扩大了在人民中的影响力，但却招致本国资产阶级政府的恐惧和攻击。1940 年 6 月 15 日，孟席斯政府宣布澳共为非法团体。1941 年 10 月 3 日柯廷工党政府上台，它解除了对澳共的禁令，从而使澳共的发展更加迅速。在 1943 年联邦选举中，澳共和新南威尔士州工党达成了统一战线的协议，最终于 1944 年 1 月完成了合并工作。这次合并使澳共人数发展到历史最高峰，达到 2.3 万人。至此，澳共成为公认的国家事务中的一支重要政治力量。

战后，由于受到当时整个资本主义世界中反苏反共浪潮的冲击，澳大利亚的右翼势力抬头。自由党领袖孟席斯在 1949 年 12 月的澳大利亚联邦大选中获胜。孟席斯上台后不遗余力地进行迫害澳共和进步工会的活动，澳共领导广大的工人群众与之进行了英勇的斗争。1949 年 3 月 5 日澳共总书记夏基发表谈话，支持法共领袖多列士的反战声明，反对侵略性的北大西洋公约。澳大利亚"联邦特种法庭"竟然因此而指控夏基，并予以判刑。夏基对最高法院的上诉也被驳回。这个事件激起了澳大利亚工人阶级的抗议怒潮。迫于人民的压力，澳大利亚政府于 1950 年 11 月 24 日把夏基从悉尼监狱中释放。

澳共在这一时期进行的另一个重大斗争，是反对孟席斯政府"解散共产党法案"的斗争。1950 年 4 月 27 日，孟席斯向众议院提出一个"解散共产党法案"。该法案于 10 月 19 日在参院通过。接着，孟席斯政府于第二天在该法案经总督麦克尔批准后予以公布施行。然而，孟席斯政府所有这一切反共、反人民的行为都遭到了工人阶级和共产党人的有力反击。澳大利亚司法部长慑于广大人民的反对，不得不于 10 月 21 日下令由最高法院发布临时禁令，限制反共法案某些条款的实施，随后又于 10 月 25 日宣布将该项禁令的有效期间无限期延长。经过几个月的斗争，到 1951 年 3 月 9 日，高等法院以 6 票对 1 票否决了孟席斯的"解散共产党法案"。

（三）逐渐衰落期

在 20 世纪六七十年代，澳共发生的两次大分裂严重削弱了党的力量。

20 世纪 50 年代中期，国际共运出现的一系列事件，如苏共二十大、波兰"波兹南事件"和匈牙利"十月事件"，造成澳共党内出现意见分歧，不少党员提出退党。到 1958 年，澳共党员人数降至 5850 人，直接削弱了澳共的力量。

在 20 世纪 60 年代初期，中苏大论战直接引起国际共产主义运动的分裂，这也突出地表现在澳共的内部。中苏两党的分歧公开化和加剧之后，澳共领导层采取了支持苏共的立场，并于 1963 年中断同中国共产党的关系。但是希尔、鲁塞尔、米勒、马隆和其他一些党员干部反对这一做法。1963 年 6 月 20 日，亲苏的澳共中央执行委员会把维多利亚州的七名委员中的五名委员（即希尔、约翰逊、罗素、米勒和马隆）清洗出去。1963 年 11 月 11 日，以希尔为首的数百名党员发表《澳大利亚马克思列宁主义者宣言》，反对澳共中央在许多问题上的观点，支持中国共产党的立场。1964 年 3 月 24 日，澳大利亚马列主义者创办的《先锋报》一项声明讲："澳大利亚马克思列宁主义者最近举行了会议。会议经过充分讨论后决定摒弃阿隆斯先生、狄克逊先生和夏基先生的领导，而以澳共（马列主义者）的名称重新建立澳大利亚共产主义运动。"①

1965 年 6 月 9 日，澳共中央书记处书记、副主席劳里·阿隆斯接替劳伦斯·夏基任澳共总书记。1966 年澳共开始对苏联国内的一些问题提出批评。1968 年，苏联出兵捷克斯洛伐克。澳共全国委员会通过投票决定对苏联的侵略行为进行谴责。其中，有 37 票支持，2 票反对。然而，以政治局委员帕·克兰西为首的亲苏派却表示支持苏联，指责以阿隆斯为首的领导层反苏和反对国际共产主义运动，认为他们日益在澳大利亚走上一条机会主义的路线，放弃了无产阶级国际主义的马列主义原则，陷入了狭隘的民族主义。亲苏派是少数派，出版了自己的刊物《澳大利亚社会主义者》（The Australian Socialist)，并拒绝遵守党的规则。阿隆斯以此为借口驱逐了亲苏派的关键领导人。1970 年 3 月澳共第二十二次代表大会通过了《澳共的目标、方式和组织》的纲领性文件，取消了马克思列宁主义在党的意识形态中的指导地位以及党应在对澳大利亚社会进行社会主义改造过程中发挥主导作用的提法。在此期间，支持苏共路线的澳共党员在悉尼召开代表大会，宣

---

① 《高举马列主义旗帜、反对现代修正主义——希尔当选为主席、马隆和奥谢当选为副主席》，《参考消息》1964 年 3 月 28 日。

布成立澳大利亚社会主义党。1971 年约 400 名澳共党员由于反对澳共领导层的政策而集体退党。1971 年 12 月 5 日澳大利亚社会主义党正式脱离澳共。在这次分裂之前澳共党员数量为四五千名，在分裂之后的 1972 年年初澳共党员数量减少至 2500 名。[①]

到 20 世纪 70 年代末，澳共已失去对工人阶级的信心，认为学生和学者已经代替工人阶级成为社会的革命部分。因此，澳共领导人撤销了许多工厂的党组织。他们放弃马克思主义，宣称马克思主义已经过时，革命政党已不合时宜。到 20 世纪 80 年代初，澳共党员不足 2000 人。

1984 年 4 月 17 日以澳共全国领导核心成员马克·塔夫特和全国执行委员会委员伯尼·塔夫特为首的 23 名维多利亚州州委会委员突然宣布退出澳共。18 日，全国委员李·伯明翰等 14 人在昆士兰州宣布退出澳共。随后又有维多利亚州 5 名党员退党。这是二次大战结束以来澳共的第三次大分裂，给澳共带来了极大的困难。

1984 年 11 月 3 日至 4 日澳共在悉尼召开第二十八次全国代表大会。大会提出了筹建"独立的社会主义党"——"新左翼党"的设想，号召左翼和进步运动积极分子共同努力，在澳大利亚建立更有效的、更具感召力和更充满信心的社会主义。1987 年 11 月底，澳共同其他一些左翼政党代表及独立人士举行会议，并把该会议作为建党磋商第一阶段结束的标志。

1989 年东欧剧变对澳大利亚社会主义运动造成重大冲击，使澳共党内思想更加混乱，加速了它的演变。同年 12 月，澳共召开第三十次特别代表大会，决定澳共将逐渐停止其自身的政治活动，要求党员同其他左翼人士磋商，加快新左翼党的筹建工作。1990 年 7 月，新左翼党宣告成立，有数百人。澳共于 1990 年年底前自动解散，但其党报《论坛报》一直坚持到 1991 年 4 月 3 日最后一期为止。

（四）重建时期

从原澳共中分裂出来的澳大利亚社会主义党一直努力把马列主义的原则正确地应用于澳大利亚社会的现实，努力把工人阶级联合起来为了和平和社会进步而斗争，目标是建立工人阶级的统一战线来与垄断资本主义作斗争。[②] 针对苏东剧变带来的困难局面，澳大利亚社会主义党在 1990 年 9 月

---

① Richard F. Stear（editor），Yearbook on International Communist Affairs，Hoover Institution Publications，1973，p. 408.

② Pat Clancy，'The formation of the Socialist Party of Australia'，in Communists and the Labour Movement National Conference，Melbourne，22，23，24 August 1980，1980，p. 2.

28 日至 10 月 1 日及时地召开特别会议,就苏联的经验和戈尔巴乔夫的改革等问题在全党内进行了广泛而深入的讨论,在此基础上形成了决议,发布了政治声明,以马克思主义为指导对苏东剧变进行了辩证而深刻的分析,对统一全党的思想、坚定党员的社会主义信念、稳定党的队伍和巩固党的组织发挥了关键的作用。①

1996 年 10 月 4 日至 7 日澳大利亚社会主义召开了第八次全国代表大会,会上通过决议改名为"澳共",并声称将继承原澳共的优秀传统。这次更名是澳大利亚社会主义党对共产主义和马克思列宁主义信仰的重申,受到多数工会会员的欢迎。澳大利亚社会主义党主席米德叶顿指出,这次改名的原因主要有:澳大利亚社会主义党自成立之日起,一直视自己为一个共产主义性质的政党;改名为共产党更能明确无疑地表明,该党是以马列主义为指导思想的,并能证明该党对社会主义的承诺。而且,霍华德政府的政策正使工人在工资、工作条件和行业工会等方面受到史无前例的打击,而共产主义的思想则能给普通工人提供安全保障。此次改名,有利于联合其他政党的力量,从而成为主流政治中一支可供选民选择的力量。

2005 年 9 月 30 日至 10 月 3 日澳共在悉尼召开了第十次全国代表大会,大会的口号是"在工人阶级中建党,每一个党员都是活动家"。大会选举出新的中央委员会,通过了新党纲和政治决议。这次大会对资本主义制度进行了深刻分析,进一步总结了 20 世纪社会主义历史进程的经验教训,阐明了澳共对未来社会主义社会的新构想,并对澳大利亚社会主义发展道路进行了系统的规划,对澳共在 21 世纪的活动具有根本性的指导意义。

2009 年 10 月 2 日至 5 日,澳共在悉尼召开了第十一次全国代表大会。来自澳大利亚全国各地的 70 名代表及约 200 名支持者参加了大会。大会以"资本主义的失败和社会主义的必要性"为主题,讨论了党自十大以来的工作,选举产生了新一届中央委员会,通过了新的政治决议,并通过了声援洪都拉斯和哥伦比亚的斗争以及危地马拉共产党成立一周年的特别决议。澳共总书记米德叶顿在澳共十一大开幕式上说:"我们的目标是建立一个解决战争、剥削、环境破坏、压迫、贫穷、失业、愚昧、种族主义和不公正等资本主义固有问题的社会……旧制度一次又一次地失败,而社会主义的中国、古巴和越南在人类责任、经济责任和环境责任等方面发挥了领头羊的作用。社会主义对于我们的生存和未来是至关重要的。这就是我们把共产党称作未来

① Socialist Party of Australia, Political Statement, http://www.agitprop.org.au/lefthistory/199009_special_congress_statement.htm.

的党的根本原因。"①

在资本主义经济危机席卷全球的背景之下，澳共正在扭转苏东剧变以来的被动局面，加强党的凝聚力，并进入一个更加活跃的阶段，正在更加努力地探索一条适合澳大利亚国情的社会主义发展道路。

二　澳共对苏联东欧剧变的批判性分析

苏东剧变对于世界社会主义运动和澳大利亚的马克思主义政党都产生了深远的影响。澳共主张，应以坦率和开放的态度分析苏东剧变，不能掩盖错误，也不能忽视社会主义国家取得的无可置疑的成就；必须全面地审查事实，避免简单的解释和结论。目的是揭示事件和问题的本质，从中吸取教训，以便使党员和支持者更好地在澳大利亚开展争取社会主义的工作。帝国主义及其政治代表得出的结论是社会主义已经失败。澳共不能接受这样的结论，它强调必须避免被这种反社会主义的宣传所误导。

（一）20世纪社会主义国家的历史性成就

澳共认为，评价苏东剧变不能离开社会主义运动的历史。澳共对于20世纪世界社会主义运动取得的历史性成就给予了高度评价。澳共指出，20世纪各民族进行的社会主义革命和民族独立运动取得了具有世界意义的胜利。社会主义革命的第一次胜利是1917年伟大的俄国十月社会主义革命，这次革命使人民首次掌握了政权，并开始建设一个没有私有制和没有剥削的、不以追逐利润为目的的社会。世界的政治版图也随之发生了根本性的改变，人类社会由资本主义向社会主义过渡的历史进程开始了。"二战"后，欧洲、亚洲和加勒比海地区的一些国家加入社会主义国家的行列。这些国家原有的工业基础和农业基础薄弱，又遭受了战争和冷战的毁坏，但是它们不畏艰难，克服了重重困难，取得社会主义建设的巨大的成就，对整个世界的发展产生了深远的影响，这些历史功绩是永远不能从人类历史上抹去的。

1. 消灭了剥削现象，使工人阶级和其他进步民主力量掌握了国家政权。社会主义建立了生产资料的公有制和工人阶级领导的劳动人民政权，从而结束了资本家阶级的统治，消除为了私人利润而剥削劳工的现象，使工人阶级和其他进步民主力量掌握了国家的权力，真正成为国家的主人。澳共认为，社会主义是人道的社会形态，它使满足人民的需要和发展人的能力成为社会

---

① Dr Hannah Middleton, The 21st century-the century of socialism, http://www.cpa.org.au/.

发展的动力，从而取代了以追求利润作为社会发展的动力的社会。

2. 提高了人民的生活水平。社会主义国家发展了强大的公有工业和集体农业；减少甚至消除了失业现象；大力发展各具民族特色的文化，根除了文盲现象，向所有人提供了受教育的机会；广泛地建立了公共健康服务机构和社会安全服务机构。澳共特别举例指出，古巴在医疗服务、教育水平、住房和工作条件等方面超过了任何其他拉美国家。中国在取得了新民主主义革命的胜利和成功进行了社会主义改造之后，工农业发展取得了巨大进步，并逐渐跃升为一个世界强国。若不是共产党领导的社会主义革命，中国将仍然是一个落后的、受帝国主义列强侵略的国家。

3. 提出了新的民主概念——社会主义参与式民主。人民的工作权利和休息权利得到了保障，妇女的经济平等和社会平等权得到优先考虑。

4. 促进了科技进步。澳共认为，社会主义国家在空间技术和其他科学领域走在了最前列。随着其经济的增长，也必将在世界的生产和贸易方面占据相当大的比例。

5. 实现了民族平等。各民族之间确立了新的平等原则，以前受剥削和压迫的人民在社会主义社会中开始了全新的生活。少数民族受到保护，他们的民族语言进一步发展，其经济利益得到了维护。

6. 推动着资本主义国家人民的斗争。社会主义国家人民地位的提高，鼓舞着资本主义国家的人民进行坚决的斗争，从而在民主权利、社会福利和经济权利等许多方面取得巨大的进展。

7. 维护了世界和平。第二次世界大战期间，苏联在击败法西斯主义方面发挥了关键性作用。欧洲、亚洲和加勒比地区的社会主义国家在人类历史上第一次把为和平而斗争作为自己的责任，并且宣布"世界战争是可以避免的"。澳共认为，"二战"后由于社会主义国家在军事力量上与帝国主义国家形成了平衡，从而使帝国主义的侵略受到了限制，出现了避免世界大战的可能性。

8. 提出了国际经济关系的新形式——互助、合作、专业化与综合，目的是提高每个参与国家的经济发展水平，消除它们之间的经济不平等。澳共指出，随着世界殖民体系的土崩瓦解，被压迫人民赢得了民族独立。但是，这种独立在一定程度上依然受到帝国主义列强的控制。而另一方面，社会主义国家却给予第三世界国家慷慨的经济援助和其他形式的支持，如通过互利贸易极大地促进了许多发展中国家的经济发展。

所有这一切都是历史性飞跃，开辟了创建一个没有剥削和压迫的无阶级社会的广阔前景。澳共指出，社会主义的成就鼓舞着世界各地成千上万的民众，表明建立一个新的社会制度是可能的，并指明了劳动人民和进步人士获取政权的道路。

（二）苏东剧变的原因

20 世纪的社会主义虽然取得了巨大的成就，但同时在建设社会主义的过程中也犯了一些严重的错误，并长期得不到纠正。澳共认为，这些失误偏离了马克思主义，也不是社会主义所固有的，它阻碍了社会主义事业的发展，使领导这些国家的共产党不能发挥社会主义在促进生产力发展方面的优越性，也不能够充分发挥社会主义民主的优越性和潜力，从而逐渐地丧失了广大人民群众的拥护和信任，使其执政基础逐渐萎缩。由此可见，苏联东欧剧变的发生，除了帝国主义国家在思想上、军事上、政治上和经济上的围堵之外，其自身所犯的错误，则是剧变发生的更为主要的原因。这些错误是：

1. 超越社会发展阶段的错误

澳共认为，苏联犯了超越社会主义发展阶段的错误。以斯大林为首的苏共领导人在 20 世纪 30 年代也认识到社会主义应分阶段进行发展，但是他们的错误在于对社会变革推进得过快，在条件不具备的情况下就消除了一切形式的私有制，只留下国有制和集体所有制形式。这导致苏共领导层过早地宣布社会主义已经赢得了胜利。苏共领导层忽视了巩固政治、思想和文化的步伐要慢得多，而这正是其他所有制形式在过渡时期所能够发挥作用的领域。而且这种超越社会发展阶段的错误并没有随着斯大林的逝去而停止。赫鲁晓夫在 20 世纪 60 年代宣布说苏联已开始"为共产主义奠定物质和技术的基础"，赫鲁晓夫的后继者又宣布苏联已经进入"发达社会主义"的阶段。这是继续过高估计社会主义的成就，并继续在"超越社会阶段"。这种错误对经济、政治和社会生活各个领域产生了负面的影响，也是安德罗波夫成为苏共总书记后开始进行变革的原因。

列宁在 1919 年实行新经济政策时多次指出，直接从资本主义向共产主义过渡的思想是错误的。在谈到通过把个人的、分散的小商品生产转变为大规模社会生产来重建整个社会经济时，他指出"这个转变必将是非常漫长的"。他警告说不要追求过快的速度或企图缩短这个进程。

但是，列宁的后继者没有认识到这一问题对于在落后国家建设社会主义的重要性；没有认识到在从资本主义向社会主义过渡的长时期内，虽然公有制和社会主义经济规律将占主导地位，但是货币关系或商品关系以及支配资本主义经济制度的一些规律将继续适用。澳共认为，社会主义过渡时期并不否定在一段时间内私营企业和集体企业、租赁企业、合资企业以及其他所有

制形式将在某些领域继续存在。但是，社会主义确实要求公有制成为工业
（特别是重点行业）、土地和资源、矿产和能源、发电、运输和通信以及银
行等领域的占主导地位的所有制形式。与此同时，要维持中央计划以确定经
济和社会发展的主要方向和重点，使工人民主地参与生产过程，实行高效而
精干的管理，并采用先进技术，就可以确保社会主义经济充满活力地发展。
社会主义计划并不要求经济发展的每一个细节都由计划机构批准，但是必须
确定总的目标和指导方针。

2. 形成了高度集中的经济体制

苏联在向社会主义过渡的时期出现了一些扭曲现象——形成了僵化的、
过于集中的、官僚的经济体制。这种体制不能正确处理中央与地方、管理者
与工人群众之间的关系，并造成平均主义的盛行，完全违反了按劳分配的社
会主义原则。苏联的僵化和过分集中的体制在"二战"时期进一步发展，
并在战后成为其他社会主义国家经济发展的一种固定的模式。

这种过度集中的体制存在着很多弊端，它助长了社会主义国家官僚主义
的增长，这些官僚机构往往发出不切实际的命令，频繁地滥用权力，遏制了
工人群众和基础管理部门的主动性和积极性，并导致生产缺乏效率、产品种
类单一以及产品质量的下降等。更严重的是这种体制导致工人与生产过程的
异化现象，生产产品和为社会提供服务的劳动人民既不能控制社会产品的生
产，又不能掌握社会的财产，以至社会主义国家的领导层与人民的联系日益
疏远了。为此，必须不断调整和变革经济体制。但是僵化的经济体制拒绝变
革与创新，其结果是，苏联和东欧社会主义国家在经济上落后于最发达的资
本主义国家，在技术的应用方面输给了最发达资本主义国家，在消费品的数
量、质量和多样性等方面未能满足国内市场的需求。人民的生活水平停滞不
前，其投资和积累能力被削弱，经济增长率下降。这就使社会主义国家在与
资本主义国家的和平经济竞赛中败下阵来。

3. 社会主义民主建设的停滞

1917 年的俄国革命是由布尔什维克领导的，社会革命党作为同盟者参
加了革命，并参加了布尔什维克党领导的苏维埃。1918 年 7 月社会革命党
发动的反革命政变被粉碎，苏维埃成为布尔什维克一党领导的政权。在苏维
埃国家发展的早期阶段，曾面临着 14 国武装干涉和国内反革命武装叛乱的
严峻局势，为此，年轻的无产阶级政权不得不建立强大的国家机器，打败帝
国主义的武装干涉，同时对内进行严格的控制，并对反革命的破坏行动采取
严厉的镇压措施。在此情况下，国家就不能不对民主权利的实现实行一定的
限制，以便于集中权力和强化国家机器，从而形成了苏维埃国家高度集中的

政治体制。

随着反对帝国主义武装干涉的胜利和国内战争的结束，苏维埃国家的国民经济也逐渐恢复，国内局势日益好转，社会主义建设时期已经到来，此时条件已经发生了根本性的变化。然而，在反对外国武装干涉和镇压国内反革命叛乱时期所采用的阶级斗争方法却没有因此而发生转变，反而是机械地延用到和平的社会主义建设时期。虽然社会主义建设不断取得新的胜利，但一种偏执、敌视和怀疑的气氛却仍然在苏联延续着，阶级斗争不断尖锐化的错误理论指导着苏维埃国家的社会主义实践，这就导致高度集中的政治体制的进一步发展，致使苏维埃国家和苏联共产党的内部都没有确立起健全的社会主义民主的形式和构架。这就严重地损害了社会主义民主的发展，人民的民主权利、选举的民主性、对个人的尊重，以及个人参与和表达不同意见的机会都受到了限制，破坏社会主义法制的现象不断发生，等等。所有这一切就使人民缺乏真正的机会来影响或控制政府的决策，人民的创造力和主动性不断被削弱，并导致群众参与率的严重下降，工人阶级和广大劳动群众日益疏远了政治生活，政权也越来越远离人民。

4. 共产党在发挥领导作用过程中的失误

共产党的领导和先锋队作用源于它们对马克思主义这个最先进、最科学的社会理论的坚持；源于它们对社会进行科学的阶级分析、对各种社会力量和不同阶级利益的理解，并懂得应该如何维护工人阶级和所有劳动人民的利益；源于它们深刻地理解社会发展的规律和方向。然而在苏联和东欧国家的社会主义实践中，关于共产党领导作用的正确观念在实践中被扭曲了。

其一，在苏联和东欧社会主义国家，虽然工人阶级被宣布为统治阶级，但是在现实生活中，工人阶级并没有在经济和政治领域发挥领导作用。在很大程度上作为先锋队的苏联共产党代替了工人阶级对国家进行统治。苏联共产党成为了统治者，而不是苏联工人阶级。工人阶级的义务是工作，但它却不能充分地参与对社会的领导和管理。

其二，模糊了共产党的职能和国家职能之间的区别，在很多情况下两者被混淆在一起，造成了党政不分。在前苏联，共产党的党委会接管了经济、社会和国家的职能，这些职能原本是属于规划部门、工厂管理部门、社会组织和国家机关的。政治、经济和公共生活中的专制的官僚机构还损害了社会主义财产关系内在的民主性质，虽然说它并没有完全破坏其民主性质。这种状况为追逐名利和腐败堕落现象的产生创造了条件。

其三，工会、妇女和青年等人民群众的社会组织往往成为一种官方的组织结构，而非人民群众的积极发动者。许多共产党员参与社会组织的管理，他们把自己的责任归结为领导工人阶级。然而，他们认识不到其主要职责是为维护工人阶级的利益而斗争，在工人阶级的利益和工人阶级的国家政权利益之间，是不应有任何冲突的。

澳共认为，苏联和东欧许多社会主义国家存在着严重违反民主集中制的现象，如批评和纠正机制的缺失，问责制的缺失，甚至还存在镇压来自党内外的批评的现象，等等，这就导致党领导工作中失误的持久化。所有这一切就导致这些国家的共产党无法完成对人民做政治工作、对人民进行解释工作，以及为党的决策争取支持的关键任务。其结果是，党与人民之间的血肉联系开始疏远，人民对共产党的信任感被削弱。虽然后来共产党的领导作用被写入苏联和东欧国家的社会主义宪法，但这只是使党的领导成为一个法律问题，却不一定能够得到人民的真正信任和支持。

其四，意识形态领域的工作未得到应有的重视。在苏联和东欧社会主义国家，意识形态领域的工作没有受到应有的重视。澳共认为，在世界范围内，辩证唯物主义不像唯心主义那样广泛传播和根深蒂固，而唯心主义是资本主义和封建主义意识形态的哲学基础。在社会主义建设过程中产生了一些错误的思想，其中包括错误地认为可以飞快地从资本主义向社会主义过渡，认为在社会主义巩固之后阶级斗争仍将激化，否认在社会主义条件下人民内部会出现非对抗性矛盾，以及各种小资产阶级的思想观点的泛滥等，都是唯心主义世界观的表现。苏联和东欧国家虽然有马克思主义教育，但这往往是形式的、教条主义的，许多人理解和应用的只是马克思主义的零碎东西，而非马克思主义的体系和本质。

在20世纪80年代末，尽管过去的许多错误得到了承认，但是仍有一些错误在持续，如变革时追求过快的速度；教条主义受到了谴责，然而自由的、非阶级的理论抬头；以唯心主义和形而上学思想为核心的资产阶级思想以及来自旧社会长达数世纪的旧观念和旧习惯在人们心中根深蒂固。与此相反，工人阶级的辩证唯物主义、社会主义道德和文化却没有得到广泛传播。马克思列宁主义是一种创造性的科学，必须把它作为解决问题的根本指导，并把解放方案置于现实世界的基础之上。如果思想落后于正在发生的客观变化，就必然为资产阶级思想的侵入留下缺口，从而无法有效地回应新出现的问题。

澳共认为，尽管苏东社会主义国家自身存在着种种严重的失误，但是苏东社会主义国家的剧变并不是不可避免的。澳共认为，对于过度集中的经济政治体制没有及时进行改革，这才是导致苏东剧变的根本原因。而戈尔巴乔夫倡导的"人道的、民主的社会主义"，在"公开性"、"民主化"、"多党制"、"多元化"和"选择"的旗帜下，照搬西欧的政治形式和经济形式，完全改变了改革的社会主义发展方向。这些改革上的严重失误以及高速度"变革"带来的困难和不稳定的局势，最后摧毁了社会主义。

澳共结论是：苏东社会主义国家的危机并不是公有制经济和工人政权造成的，而是对社会主义原则的误解和不正确运用所造成的。苏东剧变是复杂的内部和外部因素综合作用的结果。这些问题不是社会主义所固有的，是可以避免的，是可以改变的。因此，苏东剧变并不是社会主义本身的失败。现存的社会主义国家就避免了这些问题，未来的社会主义社会也可以避免这些问题。因此，苏东剧变所带来的困难和挫折不会改变从资本主义向社会主义过渡的历史进程。

三　澳共对社会主义发展道路的探索

澳共对社会主义发展道路的探索是其关于社会主义理论的精华部分。澳共在吸取自己以及其他社会主义国家探索社会主义发展道路的经验与教训的基础上，对澳大利亚社会革命的性质和发展阶段进行了分析，并提出了关于澳大利亚未来社会主义社会的新构想。

（一）澳大利亚社会革命的性质和发展阶段

马克思在《哥达纲领批判》中，将未来共产主义社会划分为两个阶段：低级阶段和高级阶段。列宁在《国家与革命》中将未来社会的低级阶段直接称为社会主义社会。在苏东剧变以前，一般马克思主义者认为，经济文化落后的国家走向社会主义的革命需要分为两个阶段：人民民主革命阶段和社会主义革命阶段；而发达资本主义国家在革命成功后可以直接向社会主义过渡。毛泽东同志把马克思主义的普遍原理与中国革命的实际相结合，创造性地提出了新民主主义革命理论，继承和发展了马列主义关于分阶段革命的理论。

澳共以马列主义为指导，根据当前澳大利亚的国情，创造性地提出了澳大利亚的社会革命也要分阶段进行的思想，认为作为发达资本主义国家的澳大利亚，其社会革命的第一阶段是反垄断反帝国主义的民主革命阶段，使工人阶级获得政权，建立人民联盟政府，对国家的经济和政治实行民主的改造；第二阶段是社会主义革命阶段，对国家的政治经济进行社会主义改造，建设社会主义社会。当前，澳大利亚的社会革命正处于反垄断反帝国主义的民主革命阶段。这一思想是对马列主义关于分阶段革命的理论的继承和发展。澳共在 2005 年十大上通过的新党纲指出："从资本主义生产方式向社会主义转变需要经过一系列阶段。社会首先要经历一个反垄断反帝国主义的民主革命阶段，之后工人阶级才能获得政权，并建立一个社会主义国家。"①"澳大利亚及其他国家的经验显示，实现社会主义的变革进程至少要经过两个甚至更长的阶段。"②

1. 民主革命阶段

澳共认为，澳大利亚社会革命的第一阶段是反帝反垄断的民主革命，而实现反帝反垄断的民主革命任务的中心环节是建立人民联盟政府。

澳共所要建立的人民联盟政府必须是民主的，包括许多政党。它主要由所有进步和民主的爱国力量的政治代表所组成，来自于社会主义政党和工人党、工会、各种进步的社会组织、个体农户、自由职业者和中产阶级。它将包括所有致力于消灭垄断资产阶级的剥削和支配的人民，是人民联盟的具体体现。由于澳大利亚人口的绝大多数是工人阶级，因此工人阶级的代表将组成新型人民联盟政府的核心。

澳共提出，人民联盟政府将实行新的政策，采取措施反对国内外的垄断资本，大大地遏制其权力，实行符合工人阶级利益的政策。人民联盟政府保护人民的民主权利，尤其是工人阶级和工会运动的权利，并支持社会组织、工会和公民团体等组织的活动。人民联盟政府将支持成立群众组织，使人民的观点能够得以表达；支持人民的纲领，击败反动派不可避免的破坏新政府的企图。人民联盟政府需要民主化，其途径是改变法律，使其满足人民的需要，而不是去满足大资本的需要。这种法律修正必须写进宪法，以推动实行必要的政治和经济政策。

澳共指出，人民联盟政府将加强和扩大公共部门，反对私有化。在这一阶段，私营部门将发挥重要的作用。人民联盟政府将鼓励对农村产业以及大土地所有者和大公司在生产中所使用的土地实行公有制或合作所有制。住房和小企业用地将仍为私有财产，其中包括小农场。人民联盟政府将通过综合运用计划和市场两种手段来发展经济，中央计划将与地方积极性和责任感相结合，中央计划与市场机制相结合。人民联盟政府将在社会福利、国家发展、公共工程、商业、银行和其他领域发挥更大的作用。

人民联盟政府将利用一切机会来挑战垄断资本的支配，为正在进行的阶级斗争建立基础。随着工人阶级运动的发展，这些斗争将为社会更加进步的

---

① CPA, Program, http://www.cpa.org.au/resources/index.html.

② CPA, Program, http://www.cpa.org.au/resources/index.html.

发展提供基础，并将加强革命力量，成为革命性社会主义变革的催化剂。

2. 社会主义革命阶段

澳共指出，在向社会主义过渡的过程中，人民联盟政府的阶段将削弱垄断资本的力量，扩大人民的民主权利和参与度。但是不能就此停止不前。社会变革是一个持续的过程，将不可避免地产生建设社会主义社会的必要性。

在社会主义社会的阶段，需要建立工人阶级政权，使工人阶级控制国家机器，并采取进一步的措施来打破资产阶级对经济的控制和所有权。必须重建国家，以确保工人阶级的利益和需要得到满足。工人阶级政府将开始按照社会主义原则来重建政治经济关系。

在这个阶段，必须加强反垄断力量的联盟，以实现新的目标。工人阶级不能仅仅为了自己的利益而行动，它还必须通过发现、支持和发展其他反垄断进步社会组织的政治要求和经济要求，从而表明它能够在社会发展中发挥领导作用。

变革的进程将会遇到特权受到挑战的阶层和反动分子的抵制。被打败的资产阶级将会要尽各种思想和政治的花招，通过施加压力、有组织地进行资本外逃、实施国际制裁、怠工以及其他活动使变革的进程更加复杂和困难。革命运动和工人阶级必须掌握各种斗争形式，并准备使用它们。对斗争形式的任何限制都将产生统治阶级可以利用的弱点。对人民所获胜利果实的最好防卫是加强工人阶级的活动和团结以及工人阶级与其他进步力量之间的团结。同样重要的是澳共党员要与参与斗争的人民建立生机勃勃的紧密联系。

然而，并非每个为了改革而参与斗争的人都会支持社会主义的目标。一部分小资产阶级可能会退出去，并反对进一步的社会主义革命。那些支持进一步改善条件、增进民主权利、保护环境与和平、认识到必须继续前进的人们将继续支持巩固社会主义。

（二）澳大利亚未来社会主义社会的构想

澳共在深刻反思 20 世纪世界社会主义运动的经验教训和剖析澳大利亚国情的基础上，提出了关于澳大利亚未来社会主义社会的新构想。2005 年澳共十大通过的新党纲对这种新构想进行了系统的阐释。

澳共认为，澳大利亚未来的社会主义社会应具有以下特征：

1. 社会主义社会的经济政策

（1）未来社会主义社会将以公有制为主体

社会主义社会的主要所有制形式将是公有和公共控制的企业，尤其是公有制企业要控制经济的关键领域，比如自然资源、交通、钢铁、大型机器制造、银行、通信和基本食物供应等。工业必须高效率，并保持收支平衡，然而生产增加的利益必须由劳动者所享有。这意味着限制赚取私有利润，然而这并不排除一些私有制企业的长期存在。

（2）未来社会主义社会将实行经济计划

澳共认为，经济计划是社会主义制度的重要方面，是防止资本主义那种大起大落经济现象的必要措施。宏观经济计划在充分利用国家资源、工人技术和资本，满足人民的全面需要等方面是必不可少的，社会主义政府将建立计划机构来规划国民经济发展的总目标。总计划制定以后，其具体实施则是地方政府、管理人员、技术工人、工程师和工人的责任。虽然说社会主义政府将在现代社会中发挥重大作用，然而社会主义政府并非要经营一切。社会主义需要劳动人民积极参与管理国家和工业。工人将协助管理，在所有层次参与决策，这有助于防止官僚主义，确保管理者根据社会总体需要来决策。

（3）未来社会主义社会将充分利用科学技术

社会主义社会将充分利用新科技，但不是像资本主义社会那样把新科技作为加强剥削的手段，而是为了减少工作时间和消除脏活累活。工人将以提高工资或其他福利的形式享受生产力增长的好处。社会主义社会将利用现代计算机技术来制定工业发展计划，将考虑到许多社会因素、经济因素、环境因素及其他因素，以得到全面有利的结果。

2. 发展社会主义民主

澳共吸取苏东国家没有处理好民主与社会主义的关系而导致社会主义挫折的历史教训，认为民主是社会主义社会的核心和本质特征。澳共新党纲指出，社会主义和民主必须共同发展。社会主义民主意味着人民参与政府和社会的事务（这既包括决策，又包括政策的执行），意味着人民拥有选举权和被选举权。社会主义政府主要由工人阶级、科学家、技工、知识分子、个体农户和小商人的代表组成，在选举中有多个候选人。当选者将按照最有利于工人阶级的方式进行决策和管理经济。人民将有撤换代表的权利，确保不称职的代表被替换。民主也意味着言论自由、游行示威权利和工人罢工权利。这些社会主义民主权利只有在推翻资本主义制度以及大企业与跨国公司的政治经济专制之后才能够实现。

3. 建设社会主义文化

文化在凝聚人民方面发挥着关键的作用。澳大利亚未来社会主义社会将实行多元文化主义政策，因为移民从其祖国带来进步的高标准的文化，这应为所有人所共享，成为澳大利亚全部文化传统中的一部分。同时，澳共强调要充分利用传统文化精华，因为它可以创造全新的催人奋进的社会新景象，可以加强同志间的友谊，实现集体创造性劳动，提高工人的阶级意识。

澳共指出，发展工人阶级文化是建设社会主义社会不可缺少的一部分，而这在社会主义思想没有广泛传播的情况下是不可能的。社会主义文化将消除剥削思想、父权制、异化、个人主义、种族主义以及根源于资本主义社会和资本主义文化的逃避现实的倾向。社会主义将通过为文化工作者提供一个安全的生活环境和保护进步与民主的文化成果来促进文化生活的繁荣。社会主义政府将注意不让文化垃圾扰乱文化生活。

4. 推行和平的外交政策

澳共认为，澳大利亚只有建立一个以与别国和平相处为目的、以和平谈判方式解决国家间矛盾、支持国际裁军、对邻国实行友好合作政策的社会主义政府，才能够真正改变澳大利亚外交政策的方向。社会主义政府将停止对别国的侵略，放弃"先发制人的袭击"政策，并停止对别国内部事务的干涉，而代之以友好的政策，尊重别国人民自己选择自己的社会制度的权利。

社会主义政府将采取所有必要措施来保护澳大利亚的真正独立，不会因受到任何经济压力或政治压力而实行违反国家利益的政策。澳大利亚与美国的屈从性军事关系或与任何国家的这种屈从性依附关系都与这种政策不相符合。社会主义政府将终止《太平洋共同防御组织条约》，并将勒令美国撤出在澳大利亚领土上建立的军事基地。那些现在生产侵略性和攻击性武器的工业企业在未来社会主义社会将为了和平目的而生产，这将会增加更多的就业岗位。如果在一定时期内别国不实行这种和平的政策，那么未来的澳大利亚社会主义社会将需要一些武器，但是这些武器将仅仅用于防御，而不会用于侵略其他国家。

5. 实施环保政策

环保问题必须通过所有国家（无论该国实行什么社会制度）的合作才能得以解决，其原因在于国家间的相互依赖已十分明显。澳共新党纲指出，澳大利亚社会主义政府将执行京都议定书的目标和责任以及其他可能制定的类似国际协议；社会主义政府的一大任务是教育人民，使其具有保护环境的意识和生活方式；社会主义政府将确立研究项目，确保现在和将来的工业在环境上是可持续的；每个新的工业企业必须满足严格的环保标准；将优先考虑太阳能的使用，因为澳大利亚的气候十分适宜这种能源；将鼓励和支持环保组织。

6. 培育社会主义社会的个人

澳共认为，每个人关于某个问题都有自己的个人兴趣和观点。当组成社会的个人由于教育、文化活动、健康身体、工作、娱乐活动和安全而得到充分发展时，社会就会变得更加丰富多彩。与此同时，如果社会不能集体地提供许多个人所需的商品和服务时，个人便无法生存。

"工人生产他人所需的产品，他们集体劳动。当发生自然灾害（如森林大火或洪水）时，每个人都去支援。当发生罢工时，工人们团结一致，许多人为了集体经常做出巨大牺牲。事实证明，澳大利亚人能够共同工作，合作的结果远比个别行动要好得多。"① 建立社会主义社会必须要大多数人的合作，在实现这一伟大任务的过程中合作与相互关心的特征将变得更加强烈。

澳共相信，以上社会主义社会的特征是澳大利亚大多数工人所追求的，资本主义社会不能实现这些目标。因此，变革的要求将不可避免地产生，这确保了澳大利亚的未来是社会主义。

四　战后澳共衰落的原因分析与前景展望

"二战"后，澳共在多种因素的作用下逐渐衰落。这其中既有第三次新科技革命导致工人阶级结构新变化的因素，也有国际共产主义运动内部分裂造成澳共党内分歧的因素，也有资产阶级的打压的因素，还有澳大利亚工人运动和工会运动衰落的因素。虽然国际金融危机为澳共的复兴带来极大的机遇，但是在当前多元化的世界上，澳共仍面临着巨大的挑战。

（一）战后澳共衰落的原因探析

在"二战"以前，虽然澳共的发展历尽曲折，但是总体上处于上升趋势，党员数量逐渐增加，党的影响不断扩大，在"二战"后期达到历史的顶峰，到1944年1月党员数量达到2.3万人，成为国内的一支重要的政治力量。然而，在"二战"后澳共的力量不断遭到削弱。到1958年，澳共党员人数降至5850人。到1972年年初党员数量减少至2500名。到1982年澳共党员数量在名义上约为2000人，但是一些党员说澳共党员数量已经下降到1500人，有的党员甚至说已降到1300人。最终在苏东剧变的冲击下，原澳共于1990年年底解散。从原澳共分裂出来的澳大利亚社会主义党的党员数量长期处于较低的水平，在1979年，党员数约为650人，到20世纪80年代初增长到近千人，然而1983年的内部分裂使其党员数量降至500人左

---

① CPA, Program, http://www.cpa.org.au/resources/index.html.

右。

战后导致澳共衰落的因素是多方面的，具体而言，主要包括以下几个方面：

1. 战后资产阶级及其政府的打压

阶级斗争是有文字记载的人类社会的一个特征，其历史至少已有三四千年。马克思和恩格斯在《共产党宣言》中指出：自原始社会解体以来，"至今一切社会的历史都是阶级斗争的历史"，"从封建社会的灭亡中产生出来的现代资产阶级社会并没有消灭阶级对立。它只是用新的阶级、新的压迫条件、新的斗争形式代替了旧的。但是，我们的时代，资产阶级时代，却有一个特点：它使阶级对立简单化了。整个社会日益分裂为两大敌对的阵营，分裂为两大相互直接对立的阶级：资产阶级和无产阶级。"[①] 马克思和恩格斯的分析已被事实所证明，在今天仍有很强的有效性。澳大利亚资产阶级作为统治阶级为了防止变革力量挑战其统治地位，企图转移视线，甚至否认阶级斗争的存在。然而，作为现代社会的主要阶级，资产阶级和工人阶级在经济、政治、思想和社会问题上总是不断发生冲突。澳大利亚资产阶级认识到工会是工人阶级的主要群众组织，因此他们要么企图把工会作为伙伴纳入资本主义制度内，要么摧毁工会。澳大利亚统治阶级更乐意劝说工人阶级及其组织自愿放弃权利。当这种劝说失败、工会为其会员的利益进行激烈斗争或与其他工会采取联合行动时，资产阶级就对工会领导人和个别工会处以重罚或判刑。同样的，坚决捍卫澳大利亚工人阶级利益的澳共更是成为澳大利亚资产阶级的肉中刺和眼中钉，非要拔除而后快。

在战后，在美国的主导下，西方帝国主义列强对社会主义国家发动了冷战。马歇尔计划要求西方接受援助的资本主义国家要驱逐政府内部的共产党员和其他左翼人士。澳大利亚资产阶级及其代理人趁机加紧对共产党和其他左翼人士发动进攻。他们以澳共总书记夏基发表的正义言论为借口，迫害夏基，借以打击澳共，并在随后企图使澳共非法化。工党内部的工业集团也是澳大利亚资产阶级的代表，他们在工党内部采取各种反共、限共的行动，并支持孟席斯政府打击澳共的反动政策。澳大利亚资产阶级及其代理人主导着意识形态，左右着社会舆论，并通过其控制的媒体不断地对澳共和左翼人士进行造谣中伤和污蔑，企图使民众对共产主义产生恐惧心理。"与其他西方国家相比，澳大利亚的媒体机构高度集中化。事实上，所有的媒体都被操纵在两个政要人物的手里——鲁拍特·默多克和克里·帕克。而工党大多数成

---

① 《马克思恩格斯选集》第 1 卷，人民出版社，1995，第 272~273 页。

员认为，如与这些媒体巨子唱反调，或宣传对当权者具有威胁性的政策，都会不利于自己在选举中获胜。"①"意识形态工业——电视、音乐、声像等在六十年代的大规模发展，严重摧毁了工人阶级的文化概念，削弱了工会的阶级斗争意识和社会主义伦理道德观念的影响。然而左翼力量，特别是老一代左翼战士却对这些严重事实'泰然处之'，他们认为，资本主义的文化宣传不可能动摇'忠诚'的左翼队伍的革命意志。他们不仅不为抵制资本主义的意识形态进行公开的斗争，而且自己队伍内部也不开展无产阶级的思想教育工作。结果，工人阶级组织的纪律松弛，思想涣散；各种社会主义的文化机构越来越少，以致使整个左翼运动都感觉不到自己是一个具有共同思想的统一体。"②

战后资产阶级及其代理人对共产党人发动的猛烈进攻，是澳共的力量不断削弱的一个主要因素。

2. 世界社会主义运动挫折与失败的影响

苏联社会主义建设所取得的重大成就曾极大地鼓舞了澳大利亚工人阶级为了自身的解放而斗争。然而，斯大林作为苏共领导人期间也犯下了一些十分严重的错误。在苏共二十大上，赫鲁晓夫为了击败政敌，发表了"秘密报告"，全盘否定斯大林。由于斯大林是苏联社会主义建设的最高领导人，斯大林与苏联社会主义建设取得的成就是分不开的。全盘否定斯大林，就会造成否定社会主义建设伟大成就和社会主义制度的结果。包括澳大利亚在内的西方发达国家借机抹黑社会主义，掀起新一轮的反共浪潮。这一事件也引起澳共党内的思想混乱，动摇了一部分党员干部对社会主义的理想信念，甚至部分党员退党。

苏东剧变对世界社会主义运动造成的打击规模空前，而且打击的深度也是前所未有的。苏东剧变对澳大利亚共产主义政党的冲击尤其严重，导致原澳共解散，其大部分党员加入了新成立的左翼党。虽然澳大利亚社会主义党及时地对苏东剧变的原因和经验教训进行了深刻的剖析，使大部分党员坚定了对社会主义的理想信念，从而使党稳住了阵脚，但是苏东剧变对广大澳大利亚人民的冲击是巨大的，引起许多人对这种新社会制度的失望，甚至丧失了理想信念，认为"没有资本主义的替代方案"。来自澳大利亚墨尔本的贝尔尼·塔夫脱认为：左翼面临危机的一个原因是"苏联社会主义模式的崩溃。这种对资本主义具有挑战性的社会体制曾在大半个世纪里影响着资本主

---

① 朱毅编写：《澳大利亚左翼面临的现实问题》，《国外理论动态》2003 年第 2 期。

② 王宏周：《澳大利亚左翼》，《国外社会科学》1986 年 10 期。

义社会的行为方式。它的消失使得西方资本主义国家的主流人物更加自信、狂妄。苏联体制的崩溃使整个左翼力量、包括斯大林模式的反对者都受到沉重打击。这其中包括要求走改革之路的共产党人、欧洲共产党人、社会民主党的左翼以及所有寻求资本主义制度替代形式的人士。现在左翼萎靡不振的程度远远超出了我们的预料。这使得许多人回避现实，寻求与资本主义的互利合作以及所谓的'第三条道路'。许多左派感到对现实无能为力：资本主义已是不争的事实，最多只能对它实施改良。政权更迭这个关键问题一般情况下已不再被提及"。①

要想使广大人民群众重新回到社会主义的理想和信念的基础上，澳共需要花费比较长的时间和比较大的力气，需要做更多耐心和细致的工作。2008年始发于美国的国际金融危机使澳大利亚人民对资本主义更加失望，而中国的社会主义建设取得了伟大的成就，对此澳共给予了高度的评价和大力的宣传。这无疑会有助于澳大利亚人民恢复对社会主义的理想和信念。

3. 多次分裂使其大伤元气

在"二战"时期和"二战"后初期，澳共曾获得重大的发展，党员一度增加到两万多人，而且多次带领工人阶级进行罢工、并获得了胜利，维护了工人阶级的利益，对澳大利亚政坛形成重大的影响。然而在20世纪六七十年代，澳共发生了多次分裂。苏共二十大后的中苏论战在澳共党内引发了思想争论和分裂。澳共领导层支持苏共的立场。而以希尔为首的部分党员支持中国共产党的立场和观点，他们在1963年从澳共内分裂出来，组建了澳共（马列），认为自己继承了澳共的革命传统。

苏共入侵捷克斯洛伐克的行为再次引起澳共党内的思想分歧，澳共领导人谴责了苏共的行为，而部分党员不同意领导人的做法，认为澳共领导人在反苏，最终这部分党员在1971年分裂出去，成立了澳大利亚社会主义党，大大地削弱了澳共的力量。

1983年3月，澳大利亚社会主义党也发生了一次大的分裂，党员人数从近千人减少到500人左右，并失去了工会中的许多阵地。1984年，澳大利亚社会主义党再次发生分裂，进一步削弱了它的力量。

1984年11月3日至4日原澳共二十八大对于澳大利亚社会主义运动处于分裂状态和困境的原因进行了分析，提出其原因主要包括："战后长期繁荣和冷战的影响使资本主义和保守思想牢固地统治了意识形态领域；澳大利亚社会主义运动内部缺乏统一的思想意识，党派林立，地方主义和宗派主义

---

① 朱毅编写：《澳大利亚左翼面临的现实问题》，《国外理论动态》2003年第2期。

盛行；澳社会主义者一直未能找到符合国情的社会主义道路，也未能就群众关心的问题提出可行的社会主义方针政策。"① 这种分析具有一定的道理。但是，虽然原澳共明白了问题所在，但是它并没有找到解决这些问题的方法。

在苏东剧变的冲击下，原澳共于 1990 年年底解散。澳大利亚社会主义党在 1996 年八大上将党改名为"澳共"。至今在澳大利亚的共产主义运动中，存在着澳共和澳共（马列）两党并存的局面。这种分裂的局面限制了两党作用的发挥，是澳大利亚共产主义运动面临的一大挑战。

1996 年澳大利亚社会主义党八大通过的政治决议指出："多年来澳大利亚共产主义运动的分裂严重地削弱了左派的工作及其对公众的吸引力。此外，国际共产主义运动中的困难和挫折也带来了冲击。澳共必须耐心而坚决地承担起改善共产主义运动状况的任务。1995 年纪念澳共成立 75 周年的活动有助于汇集许多前共产党员和积极分子，他们由于共产主义运动的多次分裂而变得极其分散和毫无组织……左派政党之间进行会谈和开展共同活动，为克服左派政党之间的误解、打破人们和政党之间的障碍提供了良好的契机……政策和意识形态上的意见分歧是多年来共产主义运动发生分裂的主要原因。政策和意识形态的差异难以避免，甚至适当地进行讨论也无法克服。虽然如此，求同存异、给双方充足的时间来达成谅解仍是最可取的。与此相反的另一种方法是企图达到立竿见影的效果，却使意见分歧激化，导致双方陷入对抗的境况。"②

4. 20 世纪 70 年代中期以来澳大利亚工人运动和工会运动的衰落

2005 年澳共十大通过的新党纲指出："澳大利亚资产阶级在历届政府和媒体的帮助下对工会及其会员发动了全方位的进攻。其表现形式是发动阴险的思想战争，并通过立法之类的方式对工会及其权利进行公开的袭击。在过去三十年里，由于右翼社会民主主义者的领导以及共产党和左翼力量的衰落，澳大利亚的工会运动在工会会员数量和思想领域等方面已被大大削弱了，工人阶级的战斗性、阶级意识和开展工业运动的积极性处于极低的水平。"③ 澳大利亚工人们对加入工会的兴趣下降，工人入会率下降。在 1974 年以前，大约 70% 的工人加入了工会，今天澳大利亚的工会会员约占工人

① 吴彬康、姜士林、钟清清主编《八十年代世界共产党代表大会重要文件选编》，中国广播电视出版社，1989 年 4 月版，第 807 页。

② Australian Socialist Party, Political Resolution of 8th Congress, http：//www. agitprop. org. au/ lefthistory.

③ CPA, Program, http：//www. cpa. org. au/resources/index. html.

总人口的 18%。①

20 世纪 70 年代中期以来澳大利亚工人运动和工会运动衰落的原因主要包括以下几个方面：

（1）由于澳大利亚的工会组织遭到打击，澳大利亚工人阶级越来越处于无组织状态。

澳大利亚的工会仍是澳大利亚工人阶级主要的阶级组织和群众组织，在实现工人阶级的联合方面具有十分重要的作用。工会在某个特定的工业领域或商业领域把工人们联合起来，关心其日常的利益和需要。然而，澳大利亚资产阶级通过其在政府里的代理人不断地打击工会，其目的是要彻底摧毁工会运动，削弱澳大利亚工人阶级集体谈判的能力，使工会不能有效地代表工人的利益。历任澳大利亚政府都通过了许多严厉的反工会和反工人的法律，特别是自由党和国家党联盟政府。罢工和其他劳工运动几乎被取缔。"黄色"工会（即在资本主义国家中提倡改良主义的工会）代替了激进的工会。"霍华德政府告诉工人们说，工人有一个'选择'——即不要参加工会。媒体和政府说工会脱离了其会员。然而，工会有着民主的结构，工会会员可以参与决策。政府和媒体也不断指责'工会老板'（union bosses），企图离间工会会员与其领导之间的关系，使工人脱离工会。雇主不断地对工会和个别工人采取法律行动，以防止工人罢工和罢工工人劝阻工人上班。资产阶级的其他严酷措施包括在工会纠纷中使用军队、雇用破坏罢工者以及宣布戒严等。工会抵抗雇主的能力已被层层限制性的法律所削弱，同时产业事宜被转交给民事法庭，使工会耗费了数百万美元。"② 澳大利亚工党对工人和工会领导的思想影响，工会缺乏维护工人阶级利益的明确承诺，工会任何时候都要与雇主达成妥协、不愿进行任何形式的斗争等问题，都增加了工会开展活动的难度。

（2）澳大利亚资产阶级不断地向工人阶级灌输阶级合作主义，削弱工人阶级的斗争精神。

1983 年澳大利亚工党政府与澳大利亚工会理事会签订《价格和收入协议》。该协议的宗旨是使工会作为合作伙伴与资本家融为一体，阶级斗争和冲突将被工作场所的合作所取代。工会接受了这种观点：工资增长是价格增长和就业岗位减少的根源；更低的工资、更高的利润将导致更多的投资，从而创造更多的就业岗位。根据这个协议，工会运动同意限制工资，作为其回

① CPA, 11th Congress Political Resolution, http：//www.cpa.org.au/ resources/index.html.

② CPA, 11th Congress Political Resolution, http：//www.cpa.org.au/ resources/index.html.

报，工人获得诸如医疗保险之类的社会福利。该协议在组织和思想上解除了工人阶级的武装，使工人阶级误认为在工人与雇主之间有共同的利益，使他们认为解决所有问题的方法是谈判桌，通过谈判可以解决所有问题，从而使工人在有利条件下也不愿斗争。"工业关系委员会"（Industrial Relations Commission）定期少量提高工资，这不需要经过工人阶级的斗争。雇主和工会官员代表工人达成协议，普通工会成员没有参与其中或者是消极被动地参与。工人提出的大幅加薪的要求被工会领导人所压制，其理由是违反了《价格和收入协议》。《价格与收入协定》的签订标志着澳大利亚开始进入阶级合作主义和工人运动衰退的时期。

这种阶级合作主义的政策导致许多工人生活水平的下降，工作时间的延长，健康和安全规则被忽视，工作加速，事故频发，兼职工作泛滥，失业率上升以及其他许多不利于工人阶级的变化。[1] 例如，1995 年 12 月澳大利亚的失业率为 8.1%，1995 年全年平均失业率为 8.5%。[2]

（3）澳大利亚资产阶级掌握着意识形态的主导权，他们通过各种各样的手段对工人运动发动思想攻击，向工人阶级灌输个人主义和无阶级、超阶级的思想，模糊工人阶级的阶级意识。

个人主义的推广和泛滥是澳大利亚工人运动和工会运动衰落的一个关键因素。数十年来澳大利亚工人阶级一直承受着这种思潮的攻击。这种思潮反对集体主义，提倡自身利益和"自我雇佣"。霍华德政府极力推动这种思潮，指责社会各个领域的集体活动，尤其是工人的集体活动。它与推动产业关系的个人合同密切联系，在破坏工会及其基本的集体平台方面发挥了重要作用。

此外，使用临时工和非全时工的禁令被解除，雇用临时工制得以推行，兼职工作日益泛滥。临时工的生活非常不稳定、不安全，总是不知道在何时才能够找到工作。若他们被发现与工会有联系，就意味着找不到工作。使用临时工导致工会会员的丧失，使工会招募工人更加困难，使工人的工作条件和生活条件遭到破坏，并使工人之间相互竞争，这是对集体主义和团结精神的又一大袭击。

导致澳大利亚工人阶级的阶级意识模糊的另一个因素是资产阶级企图把工人的命运与其雇主绑在一起。从 20 世纪 80 年代中期开始强制性推行的退休金计划现在几乎使每个工人都十分关心股市行情。因为企业获得的利润越

---

① See CPA, Program, http://www.cpa.org.au/resources/index.html。

② 金太军：《当代各国政治体制：澳大利亚》，兰州大学出版社，1998，第 11 页。

多，工人获得的退休储蓄（retirement savings）就越多。工人的强制性退休储蓄被投资于股票中，使澳大利亚成为世界上股票普及率最高的国家之一。雇员股份计划（Employee share schemes）"使工人们认为'罢工或者提高工资，都是在伤害自己'！这使工人们相信一种谎言：工人不再是被剥削者，他们本身也变成了资本家。这就是骗人的人民资本主义的思想，加强了雇主思想对工人们的影响"①。

（4）与提倡个人主义和企图使工人脱离工会相联系，承包商和分包商得到广泛使用。企业不用为他们的公休假日、病假和长期服务假支付报酬，而他们必须为自己的工人支付工资、退休金和其他保险。聘用承包商不仅使工人们远离了工会，而且破坏了工人们的基本工作条件。这不仅加大了对工人的剥削，而且分化了工人阶级，削弱了工会运动。

澳大利亚工人阶级是澳共的阶级基础。战后澳大利亚工人运动和工会运动的衰落，导致支持澳共之类激进左派政党的激进工人数量减少，愿意参加澳共的激进工人数量更是大大减少，这是战后澳共的力量不断遭到削弱的一个重要因素。

（二）对澳共发展前景的展望

苏东剧变是世界社会主义运动的一大挫折，使资本主义世界体系扩展至原苏联和东欧国家。随着能够制衡美国的原苏联的解体，美国成为世界唯一的超级大国。美国凭借自己超强的经济和军事势力，大力推行霸权主义和全球扩张政策，在全世界到处干涉，并在全世界推广新自由主义政策。福山的所谓历史将终结于资本主义的"历史终结论"甚嚣尘上。在此背景下，包括澳共在内的多数资本主义国家共产党都处于十分困难的境地。但是资本主义世界在面临金融危机所暴露出的反人民的本质，以及当今社会主义国家所显现出的制度优越性，为澳共的发展提供了有利的外部形势。

1. 澳共面临的机遇

2008 年夏天爆发的席卷全球的资本主义经济危机是自 1929 年经济大萧条以来最严重的一次危机。这次资本主义经济危机使所谓资本主义将永世长存的谎言不攻自破，再次把资本主义制度摆上了历史的审判台。此次资本主义经济危机也给澳大利亚的经济带来了较大的冲击，澳大利亚的资产阶级为了转嫁危机，对澳大利亚工人阶级和劳动人民的社会保障权和民主权利发动了猛烈的攻势，导致广大工人阶级的收入水平和生活水平急剧下降，失业工

---

① 12 IMCWP, Intervention by CP of Australia, http：//www. cpa. org. au.

人的生活更是苦不堪言，从而使越来越多的工人逐渐认识到资本主义的本质。

与资本主义国家陷入经济危机形成鲜明对比的是，现实社会主义国家却保持着经济的稳定增长。"2009～2010 年，中国、越南、老挝、朝鲜、古巴等社会主义国家政局稳定，年均国内生产总值增长率在世界上的排名均位于前列，2009 年的增长率分别为：9.1%、5.3%、6.5%、3.7% 和 1.4%。2010 年，中国经济增长率为 10.3%，越南为 6.78%，其他社会主义国家经济情况也很稳定。"[①] 在国际金融危机背景下中国和越南等现实社会主义国家的持续发展使社会主义制度焕发了新的活力，也引起了西方学者的反思。甚至"历史终结论"的始作俑者福山也承认："客观事实证明，西方自由民主可能并非人类历史进化的终点。随着中国崛起，所谓'历史终结论'有待进一步推敲和完善。"[②] 这种强烈的对比，突出地显示了社会主义制度的优越性，将使全世界越来越多的人民对社会主义重拾信心，尤其是与中国和越南相邻的澳大利亚的工人阶级。

此次资本主义经济危机的爆发也证明了马克思主义的真理性。马克思的著作在澳大利亚成为畅销书籍。马克思主义的信仰者努力通过学习马克思的著作来认清资本主义经济危机的根源和本质，而资产阶级也试图从马克思的著作中寻找解决资本主义经济危机的方法和途径，以便能够对资本主义的经济体制进行调整和修补。然而，马克思所揭示的真理是，只有以社会主义代替资本主义，才能够从根本上解决和避免资本主义经济危机。越来越多的澳大利亚工人将从马克思的著作中学到这一真理，从而为澳共带来越来越多的支持者和新党员。

资本主义经济危机的迅猛爆发改变了苏东剧变以来澳共在道义上的被动局面，无疑为澳共的发展带来了难得的机遇。2009 年 10 月参加澳共十一大的代表斯特拉托斯强调了澳共的重要性和必要性，并指出"经济危机使更多的人了解了资本主义的本质。这种情况为工人斗争开辟了新的机遇。它创造了新情况，为群众斗争的增长带来新机遇"。[③]

2. 澳共将面临的挑战

当前澳共也面临着众多的挑战，其中包括：

---

① 参见潘金娥、陈硕颖《世界社会主义前沿：社会主义的现状与前景》2010 年度报告。转引自刘淑春《全球经济危机背景下世界社会主义面临的机遇与挑战》，《科学社会主义》2011 年第 6 期。

② 《日本要直面中国世纪》，日本《中央公论》杂志 2009 年第 9 号。转引自刘淑春《全球经济危机背景下世界社会主义面临的机遇与挑战》，《科学社会主义》2011 年第 6 期。

③ CPA, Delegates speak in 11th National Congress, http://www.cpa.org.au/congress/index.html.

（1）改良主义在澳大利亚的泛滥。

战后，改良主义逐渐在澳大利亚泛滥，其主要原因包括：

其一，战后，在新科技革命的推动下，澳大利亚的生产获得了较大的发展，尤其是在 1950~1970 年期间澳大利亚的经济持续繁荣。同时，澳大利亚与美国结成了经济、政治和军事的联盟。在经济全球化进程中，它们利用世界各国相互联系日益加深的条件，通过跨国公司、国际贸易和对外援助等途径，进一步加强了对发展中国家的剥削，获得了大量的利润。战后在澳共领导下，澳大利亚工人阶级与资产阶级进行了激烈的斗争，迫使资产阶级作出了许多让步。为了消除澳共对工人阶级的影响，维护自己的长期统治，使自己能够长治久安，澳大利亚资产阶级利用自己获得的大量利润的一小部分建立了福利制度和社会保障制度，在一定程度上改善了国内劳动人民的生活，使"福利资本主义国家"得以发展，从而使内部的阶级矛盾和危机暂时得以缓和。贝尔尼·塔夫脱指出：澳大利亚是一个"相对富裕的国家。它的社会保险体制——例如在免费医疗和养老保险普及方面，比美国要完善"。[①] 这是战后改良主义在澳大利亚盛行的最重要因素之一。

其二，战后澳大利亚出现了"新中间阶级"（包括经理、监工和专家）。在 1991 年，贾尼恩·巴克斯特（Janeen Baxter）、M. 艾米逊（M. Emmison）和 J. 韦斯特恩（J. Western）对澳大利亚的劳动人口数量进行了计算，得到了如下图表：

表 1　澳大利亚的劳动人口结构图

生产资料所有者	不拥有生产资料者（雇佣劳动者）		
1. 大垄断资本家　1%	4. 专家经理　6%	7. 有技术的经理　10%	10. 无技术的经理　7%
2. 小垄断资本家　4%	5. 专家监工　2%	8. 有技术的监工　6%	11. 无技术的监工　8%
3. 小资产阶级　9%	6. 不参加管理的专家　3%	9. 有技术的工人　12%	12. 无技术的工人　32%

（本表的劳动人口指的是有薪金的人，排除了失业者和家庭妇女等）

资料来源：Janeen Baxter, M. Emmison and J. Western, Class analysis and contemporary Australia, South Melbourne：Macmillan Co. of Australia, 1991, p67。

从表 1 中可以看到，在 20 世纪 90 年代初，澳大利亚的新中间阶层包括两个部分：第一个部分是专家（11%），包括专家经理（6%）、专家监工（2%）和不参加管理的专家（3%）。第二部分包括有技术的经理（10%）、

---

① 朱毅编写：《澳大利亚左翼面临的现实问题》，《国外理论动态》2003 年第 2 期。

有技术的监工（6%）、无技术的经理（7%）和无技术的监工（8%）。因此，澳大利亚的新中间阶层占劳动人口的44%。

新中间阶层处于矛盾的地位，拥有矛盾的利益，他们的收入要远远高于普通的工人，因而往往安于现状，害怕社会动荡，倾向于改良主义。

其三，澳大利亚是一个移民国家，其国民构成中多达90%以上的英国移民又使得澳大利亚工人阶级更多地接触到的是英国工人中盛行的工联主义、社会改良主义，而不是在欧洲大陆上流行的马克思主义。澳大利亚人反对"以暴力的形式来参政"，认为"人民凭借的强大武器应该是法律而不是暴力"。渐进、妥协、强调合作而不是斗争，淡化意识形态，讲求实际是澳大利亚政治文化的核心内容。①

以上因素导致当前在澳大利亚人民中比较普遍存在的是改良主义的要求，而要求用社会主义取代资本主义的只是少数先进分子。要改变这种状况，需要一个较长的发展过程。这种社会环境，对于以实现社会主义为奋斗目标的澳共而言，是十分不利的。

（2）澳大利亚选举制度对小党的限制和工党的强大挑战。

在澳大利亚，包括宣传费在内的竞选费用不断增长，竞选已变成为一种金钱政治。澳大利亚自由党和工党凭借着资产阶级的大量捐助和贿赂，耗费大量资金用于竞选广告和宣传，控制着社会的舆论。主要由工人阶级先进分子组成的澳共的资金来源比较缺乏，除了党员所交的党费外，主要靠其周报《卫报》的销售收入。资金的缺乏使澳共在参加竞选时处于一个十分不利的地位。

另外，一百多年来澳大利亚工党和自由党两大政党主宰着澳大利亚的政治舞台，而澳大利亚的选举制度使无党派独立人士或小党很难赢得众议院席位。澳大利亚选举联邦众议院议员时采用单议席选区制，在单一选区胜者得全票。虽然有的小党或无党派独立人士在选区得到了一定数量的选票，但是如果这些选票没有达到相对多数，那么这些选票就毫无价值。澳大利亚工党现在是澳大利亚最大的工人阶级组织。而在工党内部存在着强大的反对共产党的势力，他们把持着工党，使工党实施了许多限制和反对共产党的政策。在选举中，澳大利亚大部分工人把选票投给了工党。这是澳共所面临的一大挑战。

与此同时，许多澳大利亚民众对澳共仍持有偏见。例如，一些人认为澳共"很小，缺乏活力，其政治方法不切实际"。②

---

① 参见韩隽《澳大利亚工党研究》，新疆大学出版社，2003，第196页。
② Bob Briton, Elections and the CPA—getting serious, ISSUE 52 of AUSTRALIAN MARXIST REVIEW, July 2010.

（3）澳大利亚工人阶级流动性增强，不利于澳共招募党员和加强党建。

战后，澳大利亚资产阶级为了降低成本、加强剥削，大量雇用临时工和兼职工。他们得到的是极低的工资，工作又极不稳定，不断地变换岗位，流动性较强，是工人阶级中受剥削最严重的阶层。其较强的流动性对于组织工会和澳共招募党员、加强党建而言加大了难度。

（4）多数澳大利亚人信仰宗教，不利于马克思主义的传播。

澳大利亚人拥有各种宗教信仰。2001 年的普查数据显示，圣公会教徒占 21%，罗马天主教教徒占 27%，其他基督教徒占 21%，信奉佛教、伊斯兰教、印度教和犹太教等宗教的占 5.9%，无宗教信仰或宗教信仰不明人口仅占澳大利亚总人口的 20.2%。这种情况对于以辩证唯物主义和历史唯物主义为哲学基础的马克思主义在澳大利亚的传播而言是一种障碍。而澳共在澳大利亚实现社会主义的一个重要条件是使澳大利亚人民尤其是广大工人阶级了解和支持马克思主义，信仰社会主义的理想。这无疑是澳共所面临的另一个挑战。

总体来看，目前澳共面临的挑战要大于机遇，澳共离成长为一个具有重大影响的群众性政党的目标还有一段不短的距离，因此澳共在探索澳大利亚社会主义发展道路的征程上还会遇到不少的曲折和坎坷。然而，坚定地以马列主义为指导、以社会主义为奋斗目标的澳共决不会气馁，它一定会通过不断地调整政策以团结广大的工人阶级、劳动人民和其他进步人士，坚决地反对澳大利亚垄断资产阶级对工人阶级和广大人民的剥削和压迫，克服重重困难，最终在澳大利亚实现社会主义。

参考文献

印度共产党（马克思主义）

（1）世界知识出版社编《印度共产党在喀拉拉邦的胜利》，世界知识出版社，1958。

（2）世界知识出版社编《印度共产党在喀拉拉邦的成就和斗争》，世界知识出版社，1960。

（3）〔印〕莫汉·拉姆著《印度共产主义运动分裂再分裂》（内部资料），陈峰君译，中共中央对外联络部一局（1980～1985）。

（4）Jyoti Basu, Sailen Dasgupta, Buddhadev Bhattacharya, Anil Biswas and Shanti Shekhar Bose, *Documents of the Communist Movement in India* [Vol. I – Vol. XXVI (1917 – 1998)], National Book Agency Private Limited, Calcutta, 1997 – 1999.

（5）*Documents of the 17th Congress of the Communist Party of India (Marxist)* (Hyderrabad, March 19 – 24, 2002), A. K. Gopalan Bhawan, New Delhi, 2002.

（6）*Communist Party of India (Marxist)*, *Programme*, Published by Hari Singh Kang on behalf of the Communist Party of India (Marxist), New Delhi, 2001.

（7）Harkishan Singh Surjeet, *An Outline History of the Communist Movement in India*, National Book Centre, New Delhi, 1993.

（8）*The 18th Party Congress Documents of the Communist Party of India*, (Thiruvananthapuram, March 26 – 31, 2002), Communist Party Publication, New Delhi, 2002.

（9）Chandrika Singh, *Communist and Socialist Movement in India (a Critical*

Account）, Mittal Publications, Delhi, 1987.

（10） Ross Mallick, *Development Policy of a Communist Government*：*West Bengal since 1977*, Cambridage University Press, Cambridge, England, 1993.

（11） E. M. S. Namboodiripad, *Reminiscences of an Indian Communist*, National Book Center, New Delhi, 1987.

（12） T. J. Nossiter, *Marxist State Governments in India*：*Politics*，*Economics and Society*, Printer Publishers, London and New York, 1988.

（13） http：//www. cpim. org/about－us.

（14） *Communist Party of India*（*Marxist*）, *Political－Organization Report Adopted at the 19th Congress*. http：//www. cpim. org.

（15） *Communist Party of India*（*Marxist*）, *Review Report of the Assembly Elections*. http：//www. cpim. org/documents/2011－June－election% 20review. pdf.

尼泊尔共产党（毛泽东主义）

（1）〔尼〕I. R. 阿里亚尔、T. P. 顿格亚尔：《新编尼泊尔史》，四川人民出版社，1973。

（2）王宏纬：《高山王国尼泊尔》，中国社会科学出版社，1980。

（3）王宏纬、鲁正华编《尼泊尔民族志》，中国藏学出版社，1989。

（4）张惠兰：《传统与现代：尼泊尔文化述论》，世界知识出版社，2003。

（5）王宏纬：《列国志·尼泊尔》，中国社会科学文献出版社，2004。

（6）王宏纬：《尼泊尔 人民和文化》，昆仑出版社，2007。

（7） Arjun Karki and David Seddon, *The People's War in Nepal*：New Delhi：Adriot Publishers, Left Perspectives, 2003.

（8） John Whelpton, *A History of Nepal*, Cambridge University Press, 2005.

（9） Li Onesto, *Dispatches from the People's War in Nepal*, Pluto Press& Insight Press, 2005.

（10） Bhim Rawal, *The Communist Movement in Nepal*：*Origin and Development*. Katmandu：Accham-Kathmandu Contact Forum, 2007.

（11） Uddhab P. Pyakurel, *Maoist movement in Nepal*：*a sociological perspective*, New Delhi：Adriot Publishers, 2007.

（12） N. Dinamani, *Democracy and politics in Nepal*, New Delhi：Sumit Enterprises, 2009.

（13）Mahendra Lawoti and Anup K. Pahari edited, *The Maoist insurgency in Nepal: revolution in the twenty-first century*, London ; New York: Routledge, 2010.

（14）Susan I. Hangen, *The rise of ethnic politics in Nepal: democracy in the margins*, London ; New York: Routledge, 2010.

（15）Surendra R. Devkota, edited, *Nepal in the 21ˢᵗ century*, New York: Nova Science Publishers, 2010.

（16）Nishchal Nath Pandey, *New Nepal: the fault lines*, Los Angeles: SAGE Publications ; [Singapore]: ISAS, 2010.

（17）B. C. Upreti, Nepal: *Transition to democratic republican state* (2008 *constituent assembly*), Delhi: Kalpaz Publications, 2010.

（18）Bishnu Raj Upreti, *Political change and challenges of Nepal.* Volume 1: Reflection on armed conflict, peace process and state building, [S. l.]: LAP LAMBERT Academic Publishing, 2010.

日本共产党

（1）日共中央委员会编写《日本共产党六十年》，人民出版社，1985。

（2）日共中央委员会出版局《介绍日本共产党》，陈立旭译，中共中央党校科研办公室，1986。

（3）中央党校科社教研室编《战后日本社会主义理论资料汇编》，中共中央党校科研办公室，1985。

（4）〔日〕上田耕一郎：《发达资本主义国家革命的理论》，陈殿栋等译，山东人民出版社，1982。

（5）〔日〕不破哲三：《科学社会主义研究》，张碧清、陈应年等译，人民出版社，1982。

（6）〔日〕不破哲三：《科学社会主义研究》（续编），张碧清、陈应年等译，人民出版社，1982。

（7）〔日〕幸德秋水：《社会主义精髓》，马采译，商务印书馆，1985。

（8）〔日〕伊藤诚：《现代社会主义问题》，鲁永学译，社会科学文献出版社，1996。

（9）〔日〕日本共产党中央委员会出版局《日本共產黨綱領文獻集》，新日本出版社，1996。

印度共产党（毛主义）

（1）《马克思恩格斯选集》（1~4卷），人民出版社，1995。

（2）《列宁专题文集》（1~5卷），人民出版社，2009。

（3）《毛泽东选集》（第1~4卷），人民出版社，1991。

（4）《邓小平文选》（第1~3卷），人民出版社，1993。

（5）〔印〕莫汉·拉姆著《印度共产主义运动分裂再分裂》，中共中央对外联络部一局，1980~1985。

（6）陈峰君著《共产国际与印度》，北京大学出版社，1989。

（7）聂运麟等著《历史的丰碑与艰难的探索——20世纪社会主义发展的历史进程》，福建人民出版社，2006。

（8）尚庆飞著《国外毛泽东学研究》，江苏人民出版社，2008。

（9）〔英〕戴维·麦克莱伦著《马克思以后的马克思主义》，李智译，中国人民大学出版社，2008。

（10）〔英〕梅格纳德·德赛著《马克思的复仇——资本主义的复苏和苏联集权社会主义的灭亡》，汪澄清译，中国人民大学出版社，2008。

（11）〔美〕本杰明·I. 史华慈著《中国的共产主义与毛泽东的崛起》，陈玮译，中国人民大学出版社，2008。

（12）聂运麟著《变革与转型时期的社会主义研究》，社会科学文献出版社，2008。

（13）张一兵主编《资本主义理解史》（第1~6卷），江苏人民出版社，2009。

（14）苗光新著《印共（马）"人民民主革命"理论与实践研究》，中国社会科学出版社，2010。

（15）沈云锁等主编《共产党通史》（第1~3卷），人民出版社，2011。

（16）俞良早著《马克思主义东方学》，人民出版社，2011。

（17）袁群著《尼泊尔联合共产党（毛主义）"新民主主义革命"的理论与实践》，中国社会科学出版社，2012。

（18）陈峰君主编《世界现代化历程：南亚卷》，江苏人民出版社，2012。

（19）Manoranjan Mohanty：*Revolutionary Violence*，Sterling Publishers Pvt. Ltd.，1977.

（20）Laurent Gayer：*Armed Militias of South Asia*，United Kingdom：C. Hurst & Co. Ltd.，2009.

(21) Mahendra Lawoti：*The Maoist Insurgency in Nepal*，Published by Routledge，2010.

土耳其共产党

（1）彭树智：《20 世纪中东史》，高等教育出版社，2004。

（2）哈全安、周术情：《土耳其共和国政治民主化进程研究》，上海三联书店，2010。

（3）刘云：《土耳其政治现代化思考》，甘肃人民出版社，2002。

（4）王长江：《政党现代化论》，江苏人民出版社，2004。

（5）聂运麟：《当代资本主义国家共产党低潮中的奋进、变革与转型》，社会科学文献出版社，2007。

（6）戴维森：《从瓦解到新生——土耳其的现代化历程》，学林出版社，1996。

（7）聂运麟：《论当代世界社会主义运动的重大变化及其转型》，载《马克思主义研究》2010 年第 12 期。

（8）刘春元：《土耳其共产党对社会主义的探索》，载《当代世界与社会主义》2010 年第 5 期。

（9）Barry Rubin and Metin Heper，*Political parties in Turkey*，Frank Cass，2002.

（10）Sabri Sayari and Yilmaz Esmer，*Politics，parties，and elections in Turkey*，Lynne Rienner Pub. ，2002.

（11）William Hale and Ali Carkoglu，*The politics of modern Turkey. v. 1 – 4，Historical heritage of politics in modern Turkey*，Routledge，2008.

（12）Özbudun，Ergun，*Democratization and the politics of constitution-making in Turkey*，Central European University Press，2009.

（13）Siret Hürsoy，"The Paradox of Modernity in Turkey：Issues in the Transformation of a State"，*India Quarterly：A Journal of International Affairs*，68，1（2012）.

（14）Brian Mello，"Communists and Compromisers：Explaining Divergences within Turkish Labor Activism，1960 – 1980"，*European Journal of Turkish Studies*，11（2010）.

（15）http：//www. tkp. org. tr/.

俄罗斯共产党

（1）刘淑春等：《当代俄罗斯政党》，中央编译出版社，2006。

（2）黄宗良、林勋健主编《冷战后的世界社会主义运动》，北京大学出版社，2003。

（3）刘淑春：《为建设"21 世纪社会主义"而斗争——俄共十三大述评》，《俄罗斯中亚东欧研究》2009 年第 4 期。

（4）李兴耕：《俄罗斯各政党围绕俄政府应对金融危机措施的争论》，《国外理论动态》2009 年第 8 期。

（5）刘淑春：《经受大选考验的俄共——俄共大选结果解读》，《当代世界与社会主义》2008 年第 3 期。

（6）李兴耕：《新世纪初俄罗斯共产主义运动的嬗变及其内部争论》，《社会科学研究》2006 年第 5 期。

（7）于洪君：《俄联邦共产党的目前状况及其发展趋势》，《当代世界社会主义问题》1994 年第 2 期。

（8）李兴耕：《俄共的危机及其出路》，《国外理论动态》2004 年第 10 期。

（9）聂运麟：《普京的策略与俄罗斯共产党的困境》，《华中师范大学学报（人文社会科学版）》2003 年第 1 期。

（10）吴雄丞：《俄共是怎样总结历史教训的》，《当代世界社会主义问题》1996 年第 4 期。

（11）刘沛汉：《俄共的反对党策略选择》，《俄罗斯研究》1997 年第 4 期。

（12）范建中：《世纪之交的俄共：基本主张与策略方针分析》，《当代世界与社会主义》1999 年第 4 期。

（13）Зюганов Г. А. Идти вперед. Москва，Молодая гвардия，2005.

（14）Жуков А. А. Российские политические партии и движения в последнее десятилетие XX века. Москва，1999.

（15）Машкарин М. И. КПРФ на рубеже веков：от создания до развала（омский вариант）. Омск，［б. и.］，2007.

（16）Защитим русскую культуру. Москва，Правда-Пресс，2007.

（17）Кашин В. И. Экономическая и социальная стратегия КПРФ. Москва，Правда-Пресс，2005.

（18）Зюганов Г. А. Сила партии - залог победы. Москва，ИТРК，2006.

（19）Вернуть народу право на референдум. Москва，Правда-Пресс，2007.

（20）От победы к победе. Москва，Правда-Пресс，2005.

（21）Зюганов Г. А. Верность. Москва，Молодая гвардия，2003.

（22）Материалы X Съезда КПРФ：доклады на 10 Съезде КПРФ. Москва，ИТРК，2004.

（23）Зюганов Г. А. О русских и России. Москва，Молодая гвардия，2004.

（24）Побеждают коммунисты-побеждает народ！Доклад Г. А. Зюганова на XII（внеочередном）съезде КПРФ. http：//kprf. ru /24. 09. 2007.

英国共产党

（1）中共中央党校科学社会主义教研室编《欧洲共产主义资料选编》（下册），中央党校科研办公室，1985。

（2）陈林、侯玉兰等著《激进，温和，还是僭越》，中央编译出版社，1998。

（3）罗伊·戈德森、斯蒂芬·哈斯勒著《"欧洲共产主义"对东西方的影响》，新华出版社，1980。

（4）Martin J. Bull and Paul Heywood（ed），*West European Communist Parties after the Revaluation of 1989*《1989 革命后的西欧共产党》，New York：St Martin's Press，1994。

（5）Noreen Branson：*History of the Communist Party in Britain*：*1941 – 1951*，London：Lawrence & Wishart，1997。

（6）高兰等：《英国共产党三十年》，人民出版社，1953。

（7）肖枫主编《社会主义向何处去》，当代世界出版社，1997。

（8）钱乘旦等著《日落斜阳——20 世纪英国》，华东师范大学出版社，1999。

（9）陈晓律等著《当代英国——需要支点的夕阳帝国》，贵州人民出版社，2001。

（10）刘成著《理想与现实——英国工党与公有制》，江苏人民出版社，2003。

（11）刘建飞等著《英国议会》，华夏出版社，2002。

（12）徐崇温著《当代资本主义新变化》，重庆出版社，2004。

（13）商文斌著《战后英共的社会主义理论及其衰退成因研究》，中国社会科学出版社，2010。

法国共产党

（1）《法国共产党和意共论当前时局和党的任务》，世界知识出版社，1957。

（2）《法国共产党第十五次代表大会文件》，世界知识出版社，1959。

（3）《法国共产主义第十六次代表大会文件》，世界知识出版社，1962。

（4）《法国共产党第二十次代表大会文件选编》，中共中央对外联络部欧美澳组编印，1975。

（5）《法国共产党第二十二次代表大会文件选编》，中联部编印，1979。

（6）《法国共产党第二十三次代表大会文件选编》，中联部七局编印，1979。

（7）中共中央马恩列斯著作编译局《葛兰西文选》（1916～1935），人民出版社，1992。

（8）肖枫主编《社会主义向何处去》，当代世界出版社，1999。

（9）侯玉兰著《法国左翼联盟的兴衰》，中央编译出版社，1995。

（10）吴国庆著《战后法国政治史》，社会科学文献出版社，1990。

（11）王坚红：《冷战后的世界共产党》，中央党校出版社，1996。

（12）俞可平主编《当代各国政治体制——法国》，兰州大学出版，1998。

（13）Messidor Editions sociales：*Realites et strategie.*

（14）Messidor Editions sociales：*Le Particommuniste francais.*

（15）Albin Michel：*Les nouveaux secrets des communistes.*

（16）Regards sur La cite-N. 43/févriers 1999：*Projet communiste.*

（17）www. paf. fr：Texte adopte par le 32e congres du PCF-5 avril 2003 *Communisme*：*écrire ensemble une page noueue.*

希腊共产党

（1）《走向民主复兴和社会主义的希腊道路》，中共中央对外联络部八局，1983。

（2）《希腊共产党第十一次代表大会文件》，中共中央对外联络部八局，1983。

（3）《希腊共产党（国内派）第三次代表大会的政治决议》，中共中央对外联络部八局，1983。

（4）http：//inter. kke. gr/，*Thoughts about the factors that determined the reversal of the socialist system in Europe. 1995.*

（5）http：//inter. kke. gr/，*Report of the CC of Communist Party of Greece to the 16th Congress*，Dec. 2000.

（6）http：//inter. kke. gr/，*Programme of KKE*，1996. Also see http：//inter. kke. gr/，*Theses of the CC for the 18th Congresss*，Nov. 2008.

（7）http：//inter. kke. gr/，*Declaration of the CC on the 90th Anniversary of KKE*，2008.

（8）http：//inter. kke. gr/，*Theses of the CC for the 18th Congresss*，Nov. 2008.

（9）http：//inter. kke. gr/，*Statutes of KKE*，1996.

（10）王喜满：《希腊共产党关于十月革命的评价》，《国外理论动态》2008年第5期。

（11）George Pagoulatos，*Greece's New Political Economy*，Palgrave Macmillan，New. York，2003.

西班牙共产党

（1）圣地亚哥·卡里略：《"欧洲共产主义"与国家》，商务印书馆，1982。

（2）肖枫主编《社会主义向何处去》，当代世界出版社，1999

（3）Birgit Daiber，Cornelia Hildebrandt and Anna Striethorst（ed.），*From Revolution to Coalition-Radical Left Parties in Europe*，Berlin：Rosa-Lxemburg Foundation，2012.

（4）Uwe Backes and Patrick Moreau，*Communist and Post-Communist Parties in Europe*，Göttingen：Vandenhoeck & Rupreche GmbH &Co. KG，2008.

（5）Kate Hudson，*The New European Left：A Socialism for the Twenty-First Century?*，UK：Palgrave Macmillan，2012.

（6）Cornelia Hildebrant/Birgit Daiber（ed），*The Left in Europe：Political Party and Party Alliances between Norway and Turkey*，Rosa Luxemburg Foundation Brussels Office，2009.

（7）Luke March，*Radical Left Parties in Europe*，Rutledge，2011.

（8）Javier Navascués，"The Development and Challenges of the Spanish United Left（IU）"，*Transform!*，Issue 2，2008.

（9）Luis Ramiro-Fernández Lecturer，"Electoral competition，organizational constraints and party change：the Communist Party of Spain（PCE）and United Left（IU），1986－2000"，*Journal of Communist Studies and Transition Politics*，2004.

（10）Mathieu Vieira，"The Anti-capitalist Left in Western Europe：A comparative Analysis（1989－2009）"，paper presented at the 3rd ECPR Graduate Conference，Dublin，Aug. 30－Sep. 1，2010.

塞浦路斯劳动人民进步党

（1）Andreas Panayiotou，*Island radicals：the emergence and consolidation of the Cypriot left*，*1920－1960*，University of California，1999.

（2）Sonyel，Salahi R. *Cyprus the Destruction of a Republic：British Documets 1960－1965*，The Eothen Press，1997.

（3）Thomas W. Adams，*AKEL：the communist party of Cyprus*，Hoover Institution Press，1971.

（4）〔英〕迈克尔·李、汉卡·李合著《塞浦路斯》，北京师范学院翻译小组译，人民出版社，1977。

（5）*AKEL：Our View of Socialism*，1990.

（6）Charalambous Giorgos，"The Strongest Communist in Europe：Accounting for AKEL's Electoral Success"，*Journal of Communist Studies and Translation Pollitics*，Vol. 23，No. 3，September 2007，pp. 425－456.

（7）*The republic of Cyprus：An Overview*，Nicosia：The Press and Information Office of Reoublic Cyprus，2003.

（8）王喜满、周东华：《21世纪初塞浦路斯劳动人民进步党的发展现状与理论主张》，《江西师范大学学报》2011年第10期。

（9）伍书湖：《塞浦路斯共产党总书记赫里斯托菲亚斯当选总统》，《当代世界》2008年第4期。

葡萄牙共产党

（1）PCP Programme：*Portugal-An Advanced Democracy on the Threshold of the 21st Century*，http：//www. pcp. pt/english.

（2）*Portuguese Communist Party-Constitution*，http：//www. pcp. pt/english.

（3）*In West European Communist Parties after the Revolutions of 1989*，Paul Heywood 1994.

（4）帅能应主编《发达资本主义国家共产党的历史与现状》，中国人民大学出版社，1990。

（5）吴彬康等主编《八十年代世界共产党代表大会重要文件选编》（下），中国广播电视出版社，1988。

（6）《马克思恩格斯文集》（第1～10卷），人民出版社，2009。

（7）李慎明主编《世界社会主义跟踪研究报告（2010～2011）——且听低谷新潮声（之七）》，社会科学文献出版社，2011。

（8）聂运麟：《变革与转型时期的社会主义研究》，社会科学文献出版社，2008。

（9）于海青：《债务危机下南欧四国共产党的发展动态》，《党建》2011年第1期。

（10）沈学君：《世界体系理论与资本主义批评——以社会发展问题为视角》，《学术界》2011年第2期。

意大利共产党

（1）《意大利共产党第四次代表大会文件选辑：1955年1月9日至14日》，世界知识出版社，1956。

（2）《意大利共产党第八次代表大会重要文件汇编：1956年12月8日至14日》，世界知识出版社，1957。

（3）《意大利共产党第十次代表大会提纲》，世界知识出版社，1963。

（4）《意大利共产党第十六和第十七次代表大会主要文件集》，人民出版社，1990。

（5）聂运麟：《当代资本主义国家共产党》，社会科学文献出版社，2007。

（6）胡谨：《意大利社会主义运动》，山东大学出版社，1993。

（7）倪力亚、李景治：《意大利共产党人对社会主义道路的探索》，学林出版社，1990。

（8）熊自健：《意大利共产党的历史道路》，台湾商务印书馆，1989。

（9）史志钦：《意共的转型与意大利政治变革》，中央编译出版社，2006。

（10）于海青：《意大利重建共产党的理论政策调整及面临的问题》，《当代世界社会主义问题》2004年第1期。

（11）孙丽慧：《参政而不执政的意大利重建共产党》，《当代世界》1997年第9期。

（12）姜辉、于海青：《从温和到激进：意大利重建共产党的开放与革新》，《国外理论动态》2002年第10期。

（13）邹建军：《方向坚定 策略灵活—意大利重建共的发展之路》，《当代世界》2001年第9期。

巴西共产党

（1）《马克思恩格斯文集》（第1~10卷），人民出版社，2009。

（2）聂运麟等著《历史的丰碑与艰难的探索——20世纪社会主义发展的历史进程》，福建人民出版社，2006。

（3）聂运麟著《变革与转型时期的社会主义研究》，社会科学文献出版社，2008。

（4）肖枫主编《社会主义向何处去——冷战后世界社会主义运动大扫描》（上、下册），当代世界出版社，1998。

（5）王家瑞主编《当代国外政党概览》，当代世界出版社，2009。

（6）吕银春、周俊南编著《列国志·巴西》，社会科学文献出版社，2004。

（7）徐世澄主编《拉丁美洲现代思潮》，当代世界出版社，2010。

（8）张凡著《当代拉丁美洲政治研究》，当代世界出版社，2009。

（9）聂运麟：《论当代世界社会主义运动的重大变化及其转型》，《马克思主义研究》2010年第12期。

（10）周志伟：《2010年巴西大选、政治新格局及未来政策走向》，《当代世界》2010年第12期。

美国共产党

（1）丁淑杰：《世纪之交美共对社会主义的新探索》，《高校理论战线》2003年第1期。

（2）丁淑杰：《美国社会主义运动曲折发展的原因分析》，《华中师范大学学报》2003年第1期。

（3）丁淑杰：《从新党章看美国共产党的新变化》，《咸宁师专学报》2002年第1期。

（4）丁淑杰：《美共方针政策的调整及其对社会主义的新认识》，《中共郑州市委党校学报》2004年第3期。

（5）丁淑杰：《美国共产党对社会主义理论的新探索》，《科学社会主义》2007年第2期。

（6）丁淑杰：《新时期美国共产党加强基层党建的若干新举措》，《社会主义研究》2010年第3期。

（7）丁淑杰：《美国共产党积极探索美国特色社会主义》，《求实》2010年第 10 期。

（8）丁淑杰《美国共产党的社会主义理论与实践》，中国社会科学出版社，2010。

加拿大共产党

（1）《加拿大劳工进步党第五次全国代表大会文件选辑》，世界知识出版社，1955。

（2）中共中央对外联络部：《各国共产党总览》，当代世界出版社，2000。

（3）吴彬康、姜士林、钟清清：《八十年代世界共产党代表大会重要文件选编》，中国广播电视出版社，1989。

（4）肖枫：《社会主义向何处去——冷战后世界社会主义运动大扫描》（上、下册），当代世界出版社，1998。

（5）刘洪才：《当代世界共产党党章党纲选编》，当代世界出版社，2009。

（6）《美国共产党第十六次全国代表大会和加拿大劳工进步党第六次全国代表大会重要文件汇编》，世界知识出版社，1958。

（7）蒂姆·布克：《加拿大共产主义运动三十年》，世界知识出版社，1953。

（8）李剑鸣、杨令侠：《20世纪美国和加拿大社会发展研究》，人民出版社，2005。

（9）李巍：《加拿大工人运动史研究（1800~1990）》，《山东大学博士学位论文》，2000。

（10）Tim Buck, *Power：the key to the future*, Toronto：Published for the Communist Party by Progress Books, 1963.

（11）Ian Angus, *Canadian Bolsheviks：the early years of the Communist Party of Canada*, Montreal：Vanguard Publications, 1981.

（12）Busky, Donald F, *Communism in History and Theory*. 3v. Praeger Pub. 2002.

南非共产党

（1）江流主编《当代国外社会主义的理论和实践》，中共中央党校出版社，1987。

（2）吴江著《社会主义前途与马克思主义的命运》，中国社会科学出版社，2001。

（3）高放主编《当代世界社会主义新论》，云南人民出版社，2002。

（4）赵曜等主编《当代社会主义若干问题》，中共中央党校出版社，1990。

（5）聂运麟等著《历史的丰碑与艰难的探索——20世纪社会主义发展的历史进程》，福建人民出版社，2006。

（6）聂运麟著《变革与转型时期的社会主义研究》，社会科学文献出版社，2008。

（7）俞良早：《东方视域中的列宁学说》，中共中央党校出版社，2001。

（8）段瑞华：《科学技术革命与社会主义的历史演进》，华中理工大学出版社，1996。

（9）中国社会科学院《列国志》编辑委员会编著《列国志》系列丛书（英、美、日、法、俄、印度、希腊、巴西、西班牙、澳大利亚、尼泊尔等），社会科学文献出版社，2003~2008。

（10）〔美〕弗兰著《技术年代的政党》，商务印书馆，2004。

（11）Henry R. Pike, ph. D: *A history of communism in south Africa*. Sigma Press, Pretoria, South Africa, 1985.

（12）Waller, Michael and Meindert Fennema: *Communist Parties in Western Europe: Decline or Adaptation?* Oxford, UK: B. Blackwell, 1988.

（13）Robert Strayer: *The communist experiment revolution, socialism and global conflict in the twentieth century*, Boston, Mass. : McGraw-Hill, 2007.

（14）Harvey Klehr and John Earl Haynes: *The American Commnist Movement Storming Heaven Itself*, Twayne Publishers, New York, 1992.

澳大利亚共产党

（1）*CPA Constitution-adopted 1992 & amended 2005*, http://www. cpa. org. au/resources/index. html.

（2）*CPA Program-adopted 2005*, http://www. cpa. org. au/resources/index. html.

（3）*CPA Political Resolution-adopted 2009*, http://www. cpa. org. au/resources/index. html.

（4）Warren Smith, *A Brief history of Australian unionism and the role of the Communist Party*, http://www. cpa. org. au/resources/index. html.

（5）Stuart Macintyre, *The Reds: the Communist Party of Australia from origins to illegality*, St. Leonards, N. S. W. , 1998.

(6) Tom O'Lincoln, *Into The Mainstream: The Decline of Australian Communism*, Stained Wattle Press, Sydney, 1985.

(7) Alastair Davidson, *The Communist Party of Australia: A short history*, Hoover Institution Press, 1969.

(8) E. F. Hill, *The Australian socialist movement at the crossroads*, Typo Art Printing Co., 1964.

(9) CPA, *Our Unswerving Loyalty: A documentary survey of relations between the Communist Party of Australia and Moscow*, 1920 – 1940.

(10) http: //epress. anu. edu. au/oul/mobile_ devices/index. html.

(11) CPA, *A Proposal for a people's government-a CPA discussion paper*, http: // www. cpa. org. au/resources/index. html.

(12) 刘淑春:《全球经济危机背景下世界社会主义面临的机遇与挑战》,《科学社会主义》2011 年第 6 期。

(13)《澳大利亚共产党第十七次代表大会文件选辑》,梅山译,世界知识出版社,1956。

后　记

　　1917 年伟大十月社会主义革命开辟了人类历史的新纪元。列宁在世界革命的高潮中亲手缔造了共产国际，并帮助世界五大洲的几十个国家建立了以马克思列宁主义为指导的共产党。1991 年的苏联东欧剧变使世界社会主义事业遭受无比沉重的打击，国际阶级力量对比关系也因此发生了有利于资本主义而不利于社会主义的巨大变化，资本主义各国共产党都陷入了极端困难的境地。然而，令人振奋的是，资本主义各国共产党并没有被逆境和困难所折服，他们顶住反共反社会主义的强大逆流，奋力克服各种艰难险阻，高擎马克思列宁主义的革命大旗，勇敢地进行新的探索与变革，从而开启了走向社会主义的新的历史征程。

　　从 20 世纪 90 年代中期开始，华中师范大学国外马克思主义政党研究中心的研究团队就开始了有关资本主义国家共产党的研究，最先从研究美国、英国、法国、日本、印度等五个国家的共产党开始，后来扩展到对葡萄牙、希腊、巴西、尼泊尔、俄罗斯、南非、加拿大、澳大利亚、意大利、土耳其、塞浦路斯、西班牙等五大洲的 17 个国家中的 18 个共产党的研究。在教育部哲学社会科学重大课题攻关项目"当代资本主义共产党的理论与实践研究"的支持下，我们于 2013 年 5 月完成了该课题的研究，即将出版《新时期、新探索、新征程——当代资本主义国家共产党的理论与实践研究》一书。该书以宏观的理论视角论证了世界社会主义运动在当代的新发展，系统阐述了当代资本主义国家共产党的社会主义理论，并以 10 个资本主义国家共产党的个案研究为基础，论证了当代资本主义国家共产党从低潮中奋进的客观事实。

　　《探索与变革——资本主义国家共产党的历史、理论与现状》一书，则是把对资本主义国家共产党的个案研究从 10 个扩展至 18 个，力图从历史、理论与现状的新视角，全面、客观地展示资本主义国家共产党的全貌。

　　本书是 2013 年度教育部重大课题攻关项目"世界社会主义主要流派的

历史演进研究"的阶段性研究成果。教育部社会科学司在 2008 年专门为资本主义国家共产党研究立题,并于 2013 年再度设立"世界社会主义主要流派的历史演进研究"的研究项目。教育部社科司的高瞻远瞩和鼎力支持,使我们有幸能够对资本主义各国共产党和世界社会主义运动展开全面、系统和深入的研究。在此,首先要感谢中华人民共和国教育部社会科学司的立项、指导和帮助。

本书在写作过程中,广泛阅读和借鉴了国内外学术同仁的研究成果,没有他们提供的学术台阶,我们就不可能达到现有的高度,尽管这一高度离社会的期待还有相当的距离。在此我们对学界同仁提供的帮助表示感谢。

本书的研究和出版得到了中国社会科学院世界社会主义研究中心的大力支持和资助,该书已被列入中国社会科学院《世界社会主义研究丛书·研究系列》,在此我们对中国社会科学院世界社会主义研究中心表示感谢。

本书的研究得到华中师范大学社会科学研究部和政治学研究院的领导和职能部门的指导、支持和帮助。没有这种指导、支持和帮助,我们的立项和持续地开展研究也是难以进行的。在此我们对华中师大社科部和政治学研究院表示感谢。

社会科学文献出版社的有关领导和同志对本书的出版也给予了很大关注和支持,没有他们的努力,本书也无法如此顺利地出版。在此我们对社会科学文献出版社表示感谢。

本书由华中师范大学政治学研究院、国外马克思主义政党研究中心主任聂运麟教授主持编写,19 位教授和博士参与了课题的研究和撰稿。

写作分工如下:

聂运麟教授负责全书的组织、策划、审稿、定稿,并完成了序言的研究与撰写。商文斌、余维海两位同志协助完成了全书的审稿和定稿工作。

聂运麟教授撰写本书的导论。

陕西省委党校苗光新教授撰写第一章印共(马)"人民民主革命"的历史、理论与现状。

云南大学袁群教授撰写第二章尼泊尔联合共产党(毛主义)的历史、理论与现状。

深圳职业技术学院曹天禄教授撰写第三章日本共产党的历史、理论与实践。

华中师范大学吴国富博士撰写第四章印度共产党(毛主义)的历史、理论与现状。

华中师范大学余维海副教授撰写第五章土耳其共产党的艰难探索与斗

争。

山东大学李亚洲教授撰写第六章俄罗斯联邦共产党的历史、理论与现状。

湖北科技学院商文斌教授撰写第七章英国共产党的历史、理论与现状。

北京理工大学珠海学院李周教授撰写第八章法国共产党的历史、理论与现状。

辽宁大学王喜满副教授撰写第九章希腊共产党的历史、理论与现状。

中国社会科学院于海青副教授撰写第十章西班牙共产党的历史、现状与发展前景。

辽宁大学王喜满副教授、王子凤博士撰写第十一章塞浦路斯劳动人民进步党的历史、理论与现状。

中共郑州市委党校张文化教授撰写第十二章葡萄牙共产党争取"先进民主"和社会主义的理论与实践。

华中师范大学周华平博士撰写第十三章意大利共产党的历史、理论与现状。

湖南第一师范学院王建礼博士撰写第十四章巴西共产党的社会主义理论与实践。

中共郑州市委党校丁淑杰教授撰写第十五章美国共产党的历史、理论与实践。

华侨大学刘卫卫博士撰写第十六章加拿大共产党的历史、理论与现状。

武汉理工大学程光德博士撰写第十七章不断开拓前进的南非共产党。

温州大学杨成果副教授撰写第十八章澳大利亚共产党的历史、理论与现状。

"探索与变革：资本主义国家共产党的历史、理论与现状"是一个系统性的研究项目，由我们 19 个人来完成，实有势单力薄之感，研究成果的不足之处诸多，祈望各位专家、学者和广大读者批评指正。

华中师范大学政治学研究院　聂运麟
2013 年 11 月于武昌玉龙岛花园寓所

世界社会主义研究丛书·相关链接

　　《世界社会主义研究丛书》是由中国社会科学院世界社会主义研究中心与社会科学文献出版社组织出版的一套以世界社会主义研究为宗旨的学术著作，分"皮书系列"、"研究系列"和"参考系列"。"研究系列"以国内的优秀研究成果为主，作者均为具有代表性和权威性的专家学者；"参考系列"以译著为主，收录国外著名学者的代表性作品。"皮书系列"主要是《世界社会主义黄皮书》，2006年我们出版了首部《世界社会主义黄皮书》，此后每年"两会"期间出版。这套丛书于2000年开始出版，目前已出版数十种。

　　世界社会主义研究中心成立于1994年，是中国社会科学院会同中央党校、中央编译局、中央对外联络部、新华社共同成立的学术研究机构。在中宣部的指导和支持下，"中心"以马克思主义为指导，高举科学社会主义的旗帜，对当今世界范围内的社会主义思潮、理论、运动与制度做了大量的、多视角、深层次的研究探讨，撰写出版了一批高质量的学术研究成果。

皮书系列

李慎明　主编
2014年3月出版
198.00元

ISBN 978-7-5097-5671-3

李慎明　主编
2013年5月出版
189.00元

ISBN 978-7-5097-4482-6

李慎明　主编
2012年3月出版
99.00元

ISBN 978-7-5097-3156-7

李慎明　主编
2011年3月出版
79.00元

ISBN 978-7-5097-2130-8

皮书系列（续）

李慎明　主编

2010 年 2 月出版

89.00 元

ISBN 978-7-5097-1296-2

9 787509 712962 >

李慎明　主编

2009 年 3 月出版

79.00 元（含光盘）

ISBN 978-7-5097-0657-2

9 787509 706572 >

李慎明　主编

2008 年 3 月出版

98.00 元（含光盘）

ISBN 978-7-5097-0073-0

9 787509 700730 >

李慎明　主编

2007 年 3 月出版

80.00 元（含光盘）

ISBN 978-7-80230-509-0

9 787802 305090 >

李慎明　主编

2006 年 5 月出版

80.00 元（含光盘）

ISBN 7-80190-429-X

9 787801 904294 >

李慎明　主编

2006 年 3 月出版

68.00 元（含光盘）

ISBN 7-80190-971-2

9 787801 909718 >

更多信息请查询：www.ssap.com.cn

研究系列

李慎明 主编

王立强 曹苏红 陈爱茹 副主编

2013 年 11 月出版

99.00元

ISBN 978-7-5097-5195-4

李慎明 主编

2012 年 12 月出版

49.00元

ISBN 978-7-5097-3977-8

李慎明 主编

王立强 傅军胜 曹苏红 陈爱茹 副主编

2012 年 11 月出版

69.00元

ISBN 978-7-5097-3695-1

李瑞琴 著

2012 年 9 月出版

59.00元

ISBN 978-7-5097-3684-5

杨鸿玺 著

2012 年 9 月出版

59.00元

ISBN 978-7-5097-3155-0

李慎明 主编

张树华 等译

2012 年 5 月出版

59.00元

ISBN 978-7-5097-3366-0

李慎明 主编

王立强 傅军胜 钱小平 陈爱茹 副主编

2012 年 3 月出版

69.00元

ISBN 978-7-5097-2969-4

蔡文鹏 著

2012 年 1 月出版

49.00元

ISBN 978-7-5097-1604-5

更多信息请查询：www.ssap.com.cn

研究系列（续）

李慎明　主编
2011 年 9 月出版
129.00 元

ISBN 978-7-5097-2639-6

赵常庆　主编
2011 年 1 月出版
45.00 元

ISBN 978-7-5097-1462-1

何秉孟　主编　傅军胜　副主编
2010 年 7 月出版
59.00 元

ISBN 978-7-5097-1529-1

李慎明　主编
王立强　傅军胜　曹苏红　副主编
2010 年 7 月出版
59.00 元

ISBN 978-7-5097-1565-9

李慎明　主编
王立强　傅军胜　曹苏红　副主编
2010 年 7 月出版
59.00 元

ISBN 978-7-5097-1527-7

何秉孟　姜辉　张顺洪　编著
2010 年 5 月出版
59.00 元

ISBN 978-7-5097-1377-8

刘书林　蔡文鹏　张小川　著
2009 年 10 月出版
35.00 元

ISBN 978-7-5097-1086-9

研究系列（续）

李慎明　主编

王立强　傅军胜　曹苏红　副主编

2009 年 7 月出版　88.00 元

（上、下册）

ISBN 978-7-5097-0784-5

谭索　著

2009 年 6 月出版

69.00 元

ISBN 978-7-5097-0767-8

李慎明　主编

吴恩远　王立强　曹苏红　副主编

2008 年 11 月出版　89.00 元

ISBN 978-7-5097-0483-7

王金存　著

2008 年 6 月出版

49.00 元

ISBN 978-7-5097-0207-9

聂运麟　著

2008 年 5 月出版

85.00 元

ISBN 978-7-5097-0173-7

李慎明　主编

姜述贤　王立强　副主编

2008 年 5 月出版　59.00 元

ISBN 978-7-5097-0171-3

研究系列（续）

周新城 著

2008 年 4 月出版

39.00 元

ISBN 978-7-5097-0148-5

姜琳 著

2008 年 3 月出版

39.00 元

ISBN 978-7-80230-984-5

周新城 张旭 著

2008 年 2 月出版

48.00 元

ISBN 978-7-5097-0049-5

聂运麟 等著

2007 年 11 月出版

38.00 元

ISBN 978-7-80230-875-6

谭索 著

2006 年 9 月出版

79.00 元

ISBN 7-80230-259-5

刘国平 著

2006 年 8 月出版

45.00 元

ISBN 7-80230-157-2

相关链接

更多信息请查询：www.ssap.com.cn

研究系列（续）

李慎明　主编

2005 年 2 月出版　80.00 元

（上、下册）

ISBN 7-80190-429-X

毛相麟　著

2005 年 10 月出版

28.00 元

ISBN 7-80190-740-X

靳辉明　主编

2004 年 5 月出版　58.00 元

（上、下册）

ISBN 7-80190-178-9

李慎明　主编

2001 年 4 月出版

58.00 元（精）

ISBN 7-80149-482-2

更多信息请查询：www.ssap.com.cn

参考系列

伊曼纽尔·沃勒斯坦
兰德尔·柯林斯
迈克尔·曼
格奥吉·杰尔卢吉扬
克雷格·卡尔霍恩 著
2014 年 4 月出版
49.00 元

〔美〕约翰·尼古拉斯 著
2013 年 11 月出版
69.00 元

〔俄〕瓦连京·拉斯普京 著
2013 年 11 月出版
69.00 元

〔日〕鹤田满彦 著
2013 年 4 月出版
59.00 元

〔俄〕叶·季·盖达尔 著
2013 年 1 月出版
69.00 元

〔俄罗斯〕根纳季·亚纳耶夫 著
2012 年 11 月出版
39.00 元

李慎明 主编
2012 年 5 月出版
59.00 元

更多信息请查询：www.ssap.com.cn

参考系列（续）

〔英〕莱斯利·斯克莱尔 著

梁光严等 译

2012 年 4 月出版

89.00 元

ISBN 978-7-5097-3055-3

〔巴西〕特奥托尼奥·多斯桑托斯 著

郝名玮 译

2012 年 2 月出版

79.00 元

ISBN 978-7-5097-2894-9

李慎明 主编

张树华 副主编

2012 年 1 月出版

59.00 元

ISBN 978-7-5097-3027-0

〔英〕拉斐尔·塞缪尔 著

陈志刚 李晓江 译

2010 年 8 月出版

35.00 元

ISBN 978-7-5097-1604-5

〔日〕中谷岩 著

郑萍 译

2010 年 7 月出版

35.00 元

ISBN 978-7-5097-1443-0

〔古巴〕萨洛蒙·苏希·萨尔法蒂

宋晓平 徐世澄 张颖 译

2010 年 6 月出版

39.00 元

ISBN 978-7-5097-1422-5

相关链接

更多信息请查询：www.ssap.com.cn

参考系列（续）

〔法〕弗朗索瓦·巴富瓦尔 著
陆象淦 王淑英 译
2010 年 3 月出版
49.00 元

ISBN 978-7-5097-1338-9

〔俄〕罗伊·麦德维杰夫 著
王晓玉 姚强 译
2009 年 6 月出版
39.00 元

ISBN 978-7-5097-0791-3

〔英〕张夏准／著
2009 年 1 月出版
29.00 元 （修订本）

ISBN 978-7-5097-0593-3

〔英〕张夏准／著
2009 年 1 月出版
39.00 元

ISBN 978-7-5097-0592-6

〔埃及〕萨米尔·阿明 著
杨明柱 杨光 李宝源 译
李宝源 杨光 校
2008 年 11 月出版 79.00 元

ISBN 978-7-5097-0426-4

〔古巴〕菲德尔·卡斯特罗 著
2008 年 10 月出版
49.00 元

ISBN 978-7-5097-0386-1

更多信息请查询: www.ssap.com.cn

参考系列（续）

〔日〕伊藤 诚 著

孙仲涛 宋颖 韩玲 译

2008 年 5 月出版　29.00 元

ISBN 978-7-5097-0193-5

〔英〕唐纳德·萨松 著

姜辉 于海青 庞晓明 译

2008 年 1 月出版　138.00 元

（上、下册）

ISBN 978-7-80230-881-7

〔保〕亚历山大·利洛夫 著

马细谱 葛志强 余志和 赵雪林 选译

2007 年 9 月出版

48.00 元

ISBN 978-7-80230-752-0

〔俄〕A. T. 雅科夫列夫 著

孟秀云 孙黎明 译

2007 年 5 月出版

58.00 元

ISBN 978-7-80230-636-3

〔英〕张夏准 著

肖炼 倪延硕 等译

2007 年 1 月出版

35.00 元

ISBN 978-7-80230-362-1

〔俄〕弗拉基米尔·卡尔波夫 著

何宏江 等译

2005 年 9 月出版

85.00 元(精)

ISBN 7-80190-701-9

参考系列（续）

〔俄〕罗伊·麦德维杰夫 著

王晓玉 姚强 译

2005 年 1 月出版

25.00 元

ISBN 7-80190-263-7

〔俄〕谢·卡拉-穆尔扎 著

徐昌翰 等译

2004 年 2 月出版 66.00 元

（上、下册）

ISBN 7-80190-085-5

〔俄〕B．A．利西奇金

JI．A．谢列平 著

徐昌翰 等译

2003 年 9 月出版 28.00 元

ISBN 7-80149-874-7

〔澳〕科伊乔·佩特罗夫 著

葛志强 马细谱 等译

2001 年 6 月出版

28.00 元

ISBN 7-80149-528-4

〔古巴〕菲德尔·卡斯特罗 著

王玫 等译

2000 年 11 月出版

27.00 元

ISBN 7-80149-336-2

D.施诺卡尔 P.A.塔维奥 编

宋晓平 杨仲林 译

2000 年 11 月出版

10.00 元

ISBN 7-80149-419-9

图书在版编目（CIP）数据

探索与变革：资本主义国家共产党的历史、理论与现状/
聂运麟主编 . —北京：社会科学文献出版社，2014.6
（世界社会主义研究丛书 . 研究系列）
ISBN 978 - 7 - 5097 - 5754 - 3

Ⅰ.①探… Ⅱ.①聂… Ⅲ.①资本主义国家 - 共产党 -
研究 Ⅳ.①D18

中国版本图书馆 CIP 数据核字 （2014） 第 044429 号

世界社会主义研究丛书·研究系列 63
探索与变革
　　——资本主义国家共产党的历史、理论与现状

主　　编 / 聂运麟
副 主 编 / 商文斌　余维海

出 版 人 / 谢寿光
出 版 者 / 社会科学文献出版社
地　　址 / 北京市西城区北三环中路甲 29 号院 3 号楼华龙大厦
邮政编码 / 100029

责任部门 / 全球与地区问题出版中心 （010） 59367004　　　　责任编辑 / 陈　荻
电子信箱 / bianyibu@ ssap. cn　　　　　　　　　　　　　　责任校对 / 张　曲　张　羡
项目统筹 / 祝得彬　　　　　　　　　　　　　　　　　　　　责任印制 / 岳　阳
经　　销 / 社会科学文献出版社市场营销中心 （010） 59367081　59367089
读者服务 / 读者服务中心 （010） 59367028

印　　装 / 北京季蜂印刷有限公司
开　　本 / 787mm×1092mm　1/16　　　　　　　　　　印　　张 / 35.25
版　　次 / 2014 年 6 月第 1 版　　　　　　　　　　　　字　　数 / 638 千字
印　　次 / 2014 年 6 月第 1 次印刷
书　　号 / ISBN 978 - 7 - 5097 - 5754 - 3
定　　价 / 128.00 元